史记

本纪 | 天子行事 |

〔西汉〕司马迁 / 原著

王　昊　王建明 / 编著

SPM 南方出版传媒
广东人民出版社
·广州·

图书在版编目（CIP）数据

史记：青少年版 / 王昊，王建明编著 . — 广州：
广东人民出版社，2022.3

ISBN 978-7-218-15419-0

Ⅰ . ①史… Ⅱ . ①王… ②王… Ⅲ . ①《史记》—青
少年读物Ⅳ . ① K204.2-49

中国版本图书馆 CIP 数据核字（2021）第 247411 号

SHIJI:QINGSHAONIAN BAN

史记：青少年版

王昊　王建明　编著

出 版 人：肖风华

责任编辑：李力夫
责任技编：吴彦斌　周星奎
装帧设计：智慧树

出版发行：广东人民出版社
地　　址：广州市海珠区新港西路 204 号 2 号楼（邮政编码：510300）
电　　话：（020）85716809（总编室）
传　　真：（020）85716872
网　　址：http://www.gdpph.com
印　　刷：涿州市旭峰德源印刷有限公司
开　　本：880mm×1230mm　1/32
印　　张：36　**字　数：**835 千
版　　次：2022 年 3 月第 1 版
印　　次：2022 年 3 月第 1 次印刷
定　　价：198.00 元（全 8 册）

如发现印装质量问题，影响阅读，请与出版社（020-85716849）联系调换。
售书热线：（020）85716826

导读

　　嗨，同学们，又有一套"《史记》青少年版"新鲜出炉了，快快来看看有啥不一样吧。说到《史记》，它的名气可大了呢，称得上"顶级明星""实力派"。《史记》是我国历史上的第一部纪传体通史，记载了上至黄帝时代下到汉武帝太初四年间三千多年间的历史。一本书就囊括了三千多年的历史，是不是很震惊呢？这就是《史记》的魅力，就是中华文化的博大精深之所在呀。

　　大语文时代，减负不减知识。我们这套"《史记》青少年版"也绝对不会让家长朋友和同学们失望。"文史哲不分家"，学好语文，历史、政治等都不在话下了。

　　"《史记》青少年版"应广大同学们的需要，将文学、史学、国学、哲学萃于一编，让同学们在阅读这套书的时候，既能收获语文、历史、地理等学科知识，又能启迪理性思维，提升个人素养，丰富人生阅历。更重要的是，同学们能从古代先贤的成败得失中，认清前行的路，总结出自己如何走好人生之路的方法。

　　我们这套"《史记》青少年版"共有八本，在编选过程中，考虑到孩子们的学习压力都非常大，可能没有精力阅读《史记》全文，于是决定尊重原著的编排顺序，保留《史记》原貌，使得同学们能够窥见《史记》真正的文本结构，以期达到一套书在手《史记》原貌了然于心的效果。

　　下面我们就为家长朋友和孩子们说说"《史记》青少年版"的个性之处吧。

　　首先，市面上个别的有关《史记》的图书往往简化了一些不能简化、不该简化的字词，导致孩子们读到的《史记》很多都是丧失了原有的味道。比如，《项羽本纪》中写钜鹿之战项羽"破釜沉舟"时有句"皆沈船"，"沈"字在很多版本中被简化为"沉"。其实，简体"沈"和繁体"沈"也就是"瀋"是两个完全不同的字，"沈"是"沉"的本来写法，后讹变成"沉"，"沉"的本来写法"沈"则被拿来做了"瀋"的简体字。在《史记》原文中，这个"沉"就写作"沈"，简体版中直接改为"沉"是不当的、不严谨的。

像"沈"这类不宜简化的字词，直接出现在选文中孩子们难免不认识，甚至以为是错字，就算加上注释，在阅读过程中翻检文后注释也是件很麻烦的事，由此还会对阅读过程造成干扰。因此在本套书中，我们在原文的通假字及不当简化字词后面，都用小字附注了对应的通行字，比如"皆沈沉船"，如此可以帮助孩子们摆脱阅读古文时的一大困扰。是不是特别好呢？

其次，"《史记》青少年版"这套书中包含将近100张蕴含古风古韵的历史图片，如周文王像、项羽像、信陵君战退秦师图等；包含100余位历史上著名的人物历史故事，如武王伐纣、霸王自刎乌江、陈胜吴广起义、张骞凿空西域等；包含200余个知识点，如包茅之贡、周公吐哺、封狼居胥、子虚乌有等。覆盖了中小学语文教材，囊括了文言文常考篇目。

可以说，我们在内容的编选上充分考虑了同学们在日常阅读学习中遇到的问题，选择了近几年阅读理解习题中频繁出现的典型篇章加以解读，让孩子们在沉浸于书中精彩故事的同时，快速提高阅读理解能力。

最后，为了顺应孩子们的阅读思维习惯，我们在每篇文章的前面都编写了通俗易懂、有趣有料的导语，期望同学们能带着问题开始阅读，在阅读的过程中找到答案，学习到更多的历史知识。我们还在每篇文章的结尾设置了小问题，期望孩子们认真阅读内容，充分发挥主观能动性，自己找到答案，进而养成凡事"有所思"的好习惯。

少年强则国强。"《史记》青少年版"站在孩子的角度考虑内容编写，希望能对提高同学们的语文阅读能力以及人文素养尽到绵薄之力。这是我们做这套书的初衷，也是我们一直努力的方向。

编者

目录 本纪

01 五帝本纪第一
轩辕称帝

同学们知道我们为什么叫"炎黄子孙"吗？那是因为在很久以前，中国大地上分别有炎帝部落、黄帝部落和蚩尤部落，后来炎帝和黄帝打了起来，黄帝部落赢了，于是炎黄部落合并。再后来，炎黄部落合起伙来攻打蚩尤部落，把蚩尤打败，其子民又融入炎黄部落。于是，我们便以炎黄子孙自居。

黄帝是少典部族的子孙，姓公孙，名轩辕。他生下来就与众不同，才几个月就能说话，年幼时机敏过人，长大些又诚实勤奋，成年后见闻广博，看事透彻。

后来，神农氏后代的势力日渐衰落，诸侯间争战不断，而神农氏又没有实力去征讨。在这个时候，

◎明弘治十一年刻
《历代古人像赞》之《黄帝像》

很多诸侯也不来朝贡，于是黄帝开始训练士兵，征讨不来朝贡的诸侯，打得诸侯们不得不臣服。有一个叫蚩尤的最为残忍暴戾，没人敢去征讨他。还有一个炎帝，他想进攻欺压诸侯，结果诸侯都归顺黄帝了。黄帝推行德政，整肃军队，并且认真研究节气变化，丈量土地，种植黍、稷、菽、麦、稻等农作物，使人们安居乐业。除此之外，黄帝还训练了一批熊罴（pí）、貔（pí）貅（xiū）、貙（chū）虎等猛兽。黄帝用这些猛兽与炎帝打仗。最终，黄帝打败了炎帝。后来，可恶的蚩尤不服从黄帝的管束，再次发动叛乱。于是，黄帝又调派四方诸侯的军队与蚩尤进行决战，这一次，黄帝放下了仁慈之心，擒获并杀死了蚩尤。从这之后，黄帝即轩辕正式取代了神农氏，诸侯们都顺服、尊崇他。天下有谁敢不归顺的，黄帝便去征讨谁。可以说，为了天下太平，黄帝从未有一刻放松过，他殚精竭虑，勤勤恳恳，只为民众能过得富足安定。经过多年的努力，黄帝终于统一了中原，组建了大部落联盟——华夏部落。

黄帝向东到过东海，登过丸山和泰山。向西到达空桐，登上了鸡头山。向南到达长江流域，登过熊山、湘山。向北驱逐过少数民族荤（xūn）粥（yù），在釜山召集诸侯，然后在涿鹿山下广阔的平原上建立了都邑。

黄帝带领军队四处迁徙，用云彩来命名官职，军队称为云师。他设置了左右大监，由他们监督各诸侯国。后来，黄帝获得了上天赐给的宝鼎，用蓍（shī）草推算历数，预测未来的节气。他任用风后、力牧、常先、大鸿来治理民众。黄帝还顺应天地四时的规律，推测阴阳五行的变化，讲解生死的道理，论述存与亡的原因，按照季节播种百谷草木，驯养鸟兽蚕虫，测定日月星辰以定历法，开采土石金玉以供民用，他劳心劳力，有节制地使用水、火、木等要素。他做天子有土这种属性的祥瑞征兆，因为土是黄色的，所以号称黄帝。

亲近原典

《五帝本纪第一》节选一

轩辕之时，神农氏世衰。诸侯相侵伐，暴虐百姓①，而神农氏弗能征。于是轩辕乃习用干戈②，以征不享③，诸侯咸来宾从④。而蚩尤最为暴，莫能伐。炎帝欲侵陵诸侯，诸侯咸归轩辕。轩辕乃修德振兵，治五气⑤，蓺五种⑥，抚万民，度四方⑦，教熊罴貔貅貙虎⑧，以与炎帝战于阪泉之野。三战，然后得其志。蚩尤作乱，不用帝命。于是黄帝乃征师诸侯，与蚩尤战于涿鹿之野，遂禽杀蚩尤。而诸侯咸尊轩辕为天子，代神农氏，是为黄帝。天下有不顺者，黄帝从而征之，平者去之，披山通道⑨，未尝宁居。

注释

①暴虐：侵害，侵侮。百姓：指贵族、百官。百姓在战国以前是对贵族的总称，因为当时只有贵族才有姓。

②习：演习，操练。干戈：古代兵器。

③不享：指不来朝拜的诸侯。诸侯向天子进贡朝拜叫享。

④咸：都。宾从：归顺，归从。

⑤五气：五行之气。古代把五行和四时相配：春为木，夏为火，季夏（夏季的第三个月，即阴历六月）为土，秋为金，冬为水。"治五气"是指研究四时节气变化。

⑥蓺：同"艺"，种植。五种：指黍、稷、稻、麦、

菽等谷物。

⑦度四方：指丈量四方土地，加以规划。度：量长短。

⑧熊罴、貔貅、䝙虎：都是猛兽名。

⑨披：开，打开。

译文

在那个时代，神农氏后代的势力日渐衰落，各诸侯间战乱不断，但是神农氏没有能力征讨他们。在这种情况下，黄帝操练士兵，去征讨不来朝贡的诸侯，把诸侯们打得都来称臣归服。其中有一个叫蚩尤的最为残暴，没有人能去征讨他。炎帝想进攻欺压诸侯，结果诸侯都跑去归顺轩辕了。于是轩辕推行德政，整肃军旅，研究四时五方的节气变化，种植黍、稷、菽、麦、稻等农作物，抚慰千千万万的民众，丈量四方的土地，使人们安居乐业。轩辕还训练了一批如熊罴、貔貅、䝙虎般勇猛的士兵，用来和炎帝在阪泉的郊野打仗。经过几番交战，黄帝获得了胜利，实现了征服炎帝的心愿。蚩尤发动变乱，不服从黄帝的命令。于是，黄帝就征调四方诸侯的军队，和蚩尤在涿鹿的郊野进行决战，最后擒获并杀死了蚩尤。这样，四方诸侯都尊崇轩辕为天子，取代了神农氏，这就是黄帝。天下有不归顺的，黄帝便去征讨他们，平定了以后就离开那个地方，他一路上披荆斩棘，开山通道，从来都没有在哪儿踏踏实实地居住过。

明 地 理

　　涿鹿：涿鹿县位于河北省西北部，地处华北平原，桑干河流经此地，气候四季分明，适宜农作物生长，蓄养牲畜。因此从远古时期开始，古代先民就在此地繁衍生息。约5000年前，炎、黄两帝在涿鹿大战蚩尤，合符釜山，开启了中华文明的先河。

析词义

炎黄子孙： 在中国古代传说中，炎帝和皇帝是华夏民族的始祖。黄帝、炎帝的部落曾经发生战争，最终以黄帝获胜告终，两个部落也渐渐融合在一起。炎黄及其臣子、后代开创了农耕、医疗等重要技术，所以炎黄时代也被视为华夏文化和技术的源头。历朝历代，统治者及人民都视黄帝为"祖先"，称自己为"炎黄子孙"，并一直延续到今天。

有所思

《史记》何以略过三皇，直接从五帝讲起？

02 五帝本纪第一
尧舜禅让

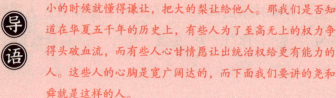

相信大家都读过《孔融让梨》这个故事吧。孔融很小的时候就懂得谦让，把大的梨让给他人。那我们是否知道在华夏五千年的历史上，有些人为了至高无上的权力争得头破血流，而有些人心甘情愿让出统治权给更有能力的人。这些人的心胸是宽广阔达的，而下面我们要讲的尧和舜就是这样的人。

由黄帝开启华夏一统时代后，经过几代人的努力，华夏联盟的实力越发强大。黄帝的曾孙帝喾（kù）驾崩后，国家被继位的帝挚治理得不好，便由放勋继承了帝位。他的另一个名字大家非常熟悉——尧。

帝尧宅心仁厚，聪慧机敏，待人温暖亲切。他富有却不骄狂，尊贵却不傲慢。他能够尊老爱幼，使九族亲密无间，然后再明确地划分百官的职责，最后使各地诸侯之间也能和睦共处。

这些事做完后，帝尧就命令羲氏、和氏，遵循上天的意旨，根据日月的出没、星辰的位次，制定历法，慎重地教民众利用节令进行耕种生产。帝尧一再告诫百官各守其职，终于把各种事业都兴办起来了。

◎台北故宫博物院
藏《帝舜像》

尧寻找继承人的时候，诸侯纷纷辞让，不敢接受帝位。这时有人提议立尧的儿子丹朱做继承人，还有人提到共工，都被他否决了。

有人推荐了虞舜。为了试探他，尧把自己的两个女儿嫁给舜，通过这两个女儿来观察他的德行。舜让她们放下架子，住在妫（guī）水边的家中去，遵守妇道。尧认为舜做得很好，就让舜担任司徒的职务，谨慎地推行父子、君臣、夫妇、兄弟、朋友间的五种伦理道德，人们都能遵从；尧就又让舜广泛地参与处理百官事务，舜也能把各种事务处理得当；尧最后让舜在四门主持迎接宾客的事务，四门的人对宾客非常亲切和睦，诸侯及远方宾客都对舜肃然起敬。尧认为舜非常了不起，把他叫来说："三年来，你谋划事务非常周密，说过的事都能够做到。你来继承我的帝位吧。"舜认为自己的德行还不够，不愿接受帝位，几番推辞之后，最终还是在众人的坚持下于正月初一在文祖庙接受了尧禅让的帝位。

尧知道自己的儿子丹朱不成器，不能把天下传授给他，所以才把帝位禅让给舜。尧让位二十八年后去世，百姓都像自己的父母去世一样悲痛。三年之内，全国各地都不演奏喜庆的音乐，用这样的方式表示对尧的怀念。

三年的丧期结束，舜把帝位让给丹朱，迁居到了南河的南岸。然而诸侯到晋见天子时，都不去朝见丹朱，反而去舜那里，有诉讼纠纷的人都去找舜评断，歌功颂德的人都称颂舜。舜见到诸侯和百姓都来找他，就说："这是上天的意旨啊！"于是才回到京都登上了天子之位，这就是帝舜。

◎法国国家图书馆藏
《彩绘帝鉴图说》之《任贤图治》

亲近原典

《五帝本纪第一》节选二

尧曰："嗟！四岳：朕在位七十载，汝能庸用命①，践朕位？"岳应曰："鄙德忝帝位②。"尧曰："悉举贵戚及疏远隐匿者。"众皆言于尧曰："有矜鳏在民间③，曰虞舜。"尧曰："然，朕闻之。其何如？"岳曰："盲者子。父顽，母嚣④，弟傲，能和以孝，烝烝治⑤，不至奸。"尧曰："吾其试哉。"于是尧妻之二女⑥，观其德于二女。舜饬下二女于妫汭，如妇礼。尧善之，乃使舜慎和五典⑦，五典能从。乃遍入百官，百官时是序⑧。宾于四门，四门穆穆，诸侯远方宾皆敬。尧使舜入山林川泽，暴风雷雨，舜行不迷。尧以为圣，召舜曰："女汝谋事至而言可绩⑨，三年矣。女汝登帝位。"舜让于德不怿。正月上日，舜受终于文祖。文祖者，尧大祖也。

注释

①庸命：指顺应天命。庸：同"用"。

②鄙德：德行浅薄。 忝（tiǎn）：辱，玷污。

③矜（guān）：通"鳏"，无妻的成年男子。

④嚚（yín）：愚顽。

⑤烝烝：形容孝德厚美的样子。

⑥妻之二女：把两个女儿嫁给他。尧之二女即娥皇和女英。

⑦五典：即五常之教，为父义、母慈、兄友、弟恭、子孝。

⑧时：通"是"，这里是因此、就的意思。序：有秩序。

⑨女（rǔ）：同"汝"，你。至：周到。绩：成，这里指做到。

尧说："啊！四方诸侯，我在位已经七十年了，你们中有谁能够顺应天命，接替我的帝位呢？"诸侯们回答说："我们缺乏应有的德行，不敢玷污帝位。"尧说："那么，你们都来推举吧，哪怕是你们的亲戚或者是隐居的人才。"大家都对尧说："在民间有一个单身汉，名叫虞舜。"尧说："是的，我也听说了，他这个人怎么样？"诸侯们说："他是一个盲人的儿子。他父亲顽劣，母亲愚笨，弟弟傲慢，而舜却能用孝道来感化他们，使他们渐渐向好处发展，不再干坏事了。"尧说："那我就来试试他吧！"于是尧把自己的两个女儿嫁给舜，通过这两个女儿来观察他的德行。舜让她们放下架子，住在妫水边的家中去，遵守妇道。尧认为舜做得很好，就让舜担任司徒的职务，谨慎地推行父子、君臣、夫妇、兄弟、朋友间的五种伦理道德，人们都能遵从；尧又让舜普遍参与处理百官事务，百官们因此很有秩序；尧最后让舜在四门主持迎接宾客的事务，四门的人对宾客非常亲切和睦，诸侯及远方宾客都对舜肃然起敬。尧派遣舜进入山林川泽，遇到暴风雷雨，舜也没有迷路误事。尧认为舜非常了不起，把他叫来说："三年来，你谋划事务非常周密，说过的事都能够做到。你来继承我的帝位吧。"舜认为自己的德行还不够，不愿接受帝位。正月初一，舜在文祖庙接受了尧禅让的帝位。文祖也就是尧的太祖。

文祖庙：文祖庙坐落于山东省济南市章丘区文祖镇。

相传远古时代，在这里有两个部落为争夺地盘大打出手，以至元气大伤，面临被其他部落吞并的危险。舜受命调停，重新划定两部落的边界，并在界碑上刻下"尧文德之祖界"几个大字。此碑后不知所踪，永乐年间被村民挖出，虽已断为数截，但前四字依旧清晰，而后两字只剩半截。后经人指点，知道这里是尧帝祖庙，因此人们在这里重新修庙立碑。碑上的字也改为"尧文德之祖庙"。再后来，庙所在的村子便被称为"文祖村"。

尧天舜日：意思是尧、舜在位的时期。在古时候用来称颂帝王治国有方，也比喻天下太平的时候。典出南朝·梁·沈约的《四时白纻歌》。该词可用作宾语、定语。

有关尧舜禹相互禅让，有没有别的说法？

夏本纪第二
大禹治水

　　大家知道"三过家门而不入"说的是谁吗？说的是大禹。大禹治理水患，三次从家门口路过都没有进去。大家想想，我们是否能做得到呢？如果我们路过家门口而不能进，我们会不会很难过呢？但是大禹没有难过，因为治理水患是他肩上的责任，为了这份责任，他选择公而忘私。所以，大禹是值得我们学习的榜样。

　　舜继位后，确实没有让尧失望，继承了尧的治国理念，以仁政为主，刑罚为辅，使得天下太平。只是洪水依然泛滥，让他头疼不已，这时有人推荐让鲧（gǔn）的儿子——禹去治水。

　　禹的名字叫作文命，是黄帝的玄孙，也就是颛顼帝的孙子。禹的曾祖父昌意以及父亲鲧都没能登上帝位，只是做了天子的臣子。

　　禹这个人很聪明，而且任劳任怨，遵纪守法，平易近人，大家都很信服他。禹和益、后稷接受舜帝的旨意，让诸侯和百官发动民众动土治水。而他自己也从来没有忘记自己的父亲鲧是因为治水没有成功而受到惩罚的，于是他以身作则，走遍了山川河谷，观察各处地形地貌，制订出治水的方案。他不怕辛苦，把毕生的心血都用到了治理水患上面，在外奔波了十三年，几次经过家门都没有进去。

禹知道利用四季的气候变化，以及相应的工具，比如准绳和规矩，来测量地形。依靠这些，禹准确地测量了九大山系，疏浚了九条河道，为九处湖泽修筑了堤坝，开发了广阔的土地。治理好水患后，禹又将稻种分发给民众，让他们在合适的地方种植粮食，然后又分发给人们特别缺乏的食物。为了让各个地方的民众都有食物吃，他还注意食物的均衡分配，如果一个地方的食物少，就从食物富足的地方调粮给他们。除此之外，禹还帮民

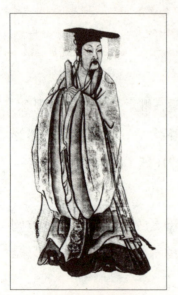

◎台北故宫博物院藏
宋马麟绘《夏禹像》

众确定了上交贡品的便捷的交通路线。

通过禹的治理，天下安定太平了。于是舜帝赐给禹一块黑色玉圭，来昭告天下治水已获得成功。后来，舜帝让禹说一下治理天下的心得。禹谦虚地说，自己只是努力不懈地做事而已，并且劝谏舜帝任用有德行的大臣。

最终，舜帝推荐禹当继承人。十七年后舜帝去世。三年丧礼结束后，禹也像舜帝当年那样，回避舜的儿子商均，去阳城居住。而诸侯们也都离开商均，去朝见禹。于是禹登上天子之位，接受诸侯的朝拜，国号叫夏。

《夏本纪第二》节选

禹乃遂与益、后稷奉帝命，命诸侯百姓兴人徒以傅土①，行山表木②，定高山大川。禹伤先人父鲧功之不成受诛，乃劳身焦思③，居外十三年，过家门不敢入。薄衣食④，致孝于鬼神。卑宫室，致费于沟减。陆行乘车，水行乘船，泥行乘橇，山行乘檋⑤。左准绳⑥，右规矩⑦，载四时，以开九州，通九道，陂九泽，度九山。令益予众庶稻，可种卑湿⑧。命后稷予众庶难得之食。食少，调有馀相给，以均诸侯。禹乃行相地宜所有以贡，及山川之便利。

注释

　　①百姓：即百官。战国以前，百姓是对贵族的通称，因为当时只有贵族才有姓，而平民没有姓。兴：发动。人徒：指被罚服劳役的人。傅：《尚书》作"敷"，是分的意思，指分治九州土地。一说傅即"付"，指付出功役。

　　②表木：立木作标记。表：标记。

　　③劳身：劳累自己，即不怕劳累的意思。焦思：苦苦思索。焦：着急，焦躁。

　　④薄：少，使少，即节俭的意思。

　　⑤檋（jū）：古代一种登山鞋，把长半寸的铁钉安在鞋底上，以防止上山时滑倒。《史记正义》："上山，前齿短，后齿长；下山，前齿长，后齿短也。"

　　⑥准：取平的工具。绳：取直的工具。

　　⑦规：画圆的工具。矩：画方的工具。这里"规矩"指测量高低远近的工具。

⑧卑湿：低湿之地。

于是禹和益、后稷接到舜帝的旨意，命令诸侯和百官都要发动民众动土治水。他踏遍了山山岭岭，用木头做标记，制订出治理高山大川的规划。禹谨记父亲鲧是因治水没有成功而受到惩罚，便不怕劳累，一心扑在治水事业上。在外面奔波十三年，几次经过家门也不敢懈怠而进去休息。自己的居室器用简陋，却致力以大量费用来修筑沟减。为了更准确地测量地形，有时用准绳，有时用规矩，依靠仪器充分利用春夏秋冬的时节，开发了九州广阔的土地，疏通了九条河道，筑堤围起了九处湖泽，测量了九大山系。他命益将稻种分发给民众，让他们能在低洼潮湿的土地上种植。又命后稷分发给人们特别缺乏的食物。这里食物少，就从食物富足的地方调运食物供给他们，以此使各诸侯国利益均衡。禹在巡行中根据各地的出产特色来确定他们要进贡的物产，以及将贡品顺利运到京城所经山川的便捷路线。

明 地 理

合黎山：也叫要涂山、人祖山，位于甘肃省张掖市。古人认为合黎山就是古代的昆仑山，是上古神话中的仙境。上古燧人氏就是在这里参拜上天，观测星象。合黎山山势平缓，气候干燥，植被以灌木、草本类植物为主。《隋书·地理志》对其也有记载。

三过家门而不入：据传说，大禹治理水患，第一次路过家门，正逢妻子分娩；第二次路过家门，儿子在妻子怀中向他招手；第三次路过家门，10岁的儿子拽着他的手往家里拉，但大禹心系治水的进度，每次都没有回家。后来，人们用"三过家门而不入"来表示舍小家为大家的精神。

夏禹"三过家门而不入"的原因是什么？

04 殷本纪第三
成汤伐桀

"得道者多助，失道者寡助"，心怀仁慈的人总能得到更多人的拥戴，而暴虐残忍的人即使一时得意，最终也会被人抛弃。捕猎人在四面拉起了网来抓动物，成汤说："你这样会把飞禽走兽都抓完的。"于是，很多人都认为他善良。夏桀为人残暴，他被善良的成汤打败也是必然的。

殷的始祖是契，他的母亲叫简狄，是有娀（sōng）氏部族的女子，是帝喾的第二个妃子。长大之后的契辅佐夏禹治水立有功劳。舜帝就对契说："现今百官贵族间不和睦，父子、君臣、夫妇、长幼、朋友间的关系不顺畅，你去当司徒，要恭敬地宣传五伦的教诲，五伦教诲的中心思想是宽厚。"于是舜帝将契分封在商这个地方，赐姓子。契在唐尧、虞舜、大禹当政时期兴起，成了方伯，他的功业在教导百官贵族方面显现出来，由此百官贵族就安定了。

经历了十四代的传承，天乙继位，就是成汤。汤开始定居在南亳（bó），帝喾曾将这里作为国都，为了追随先王，汤才迁过来，并写成了《帝诰》。汤是夏朝的方伯，他有权讨伐诸侯。葛伯不举行祭祀，汤就举兵征讨葛伯。

◎清乾隆五十三年姚文翰绘
《历代帝王真像》之《商汤王真像》

汤有个得力大臣伊尹。起初伊尹打算见汤，却没有合适的渠道，便去当有莘氏部族女子的陪嫁男仆，背着厨具来求见汤。他借用烹饪之道劝说汤，让汤致力于施行王道政治。也有人说，伊尹是个隐士，是汤派人去召请他，去了五次才把人请来。伊尹对汤说了各个帝王的治国之道。汤觉得有道理，便提拔伊尹并让他管理国家政务。伊尹曾经离开汤的封地到夏，看到夏桀（jié）施行暴政，便选择回到南亳，继续追随汤。

汤外出时，在野外看到捕猎的人在四面都张开大网。捕猎人祈祷说："希望从天上地下四面来的都进入我的网。"

汤说："喂，你这样会捕尽飞禽走兽的！"于是让捕猎人去掉网的三面，只留一面，并祷告说："命该绝的，进我网中来。"四方诸侯听说了这件事，都说："汤真是太仁义了，他的恩惠都扩展到了动物身上。"

这时夏朝传到了桀的手里。夏桀为人暴虐荒淫，夏朝政治混乱，诸侯国昆吾氏也发动叛乱。汤就亲自手执武器，联合诸侯起兵，伊尹也一路跟随。这支联军浩浩荡荡，先攻打昆吾，进而征伐桀。

汤向诸侯发表演说道："我听到大家对出兵有怨言，而我不是存心发动叛乱，实在是因夏桀恶行累累，如今是上天要使他受到惩罚。你们问，为什么要舍弃农事时节来讨伐他？夏桀究竟犯了什么罪？桀消耗尽了民众的力量，掠夺光了国家的资财。百姓与他势不两立，

◎清光绪年间孙家鼐、张百熙等纂辑《钦定书经图说》之《有夏昏德图》

023

说：'这个太阳（暗指夏桀，因为老百姓不敢直接指责夏桀）什么时候毁灭啊？我宁愿与他同归于尽！'夏桀如此失德，现在我一定要去讨伐他。你们若是能和我一起去替天行道，我说到做到，之后会大力赏赐你们。假若你们不依从誓言，我决不饶恕。"

桀在有娀部族的旧墟被打败，逃到了鸣条，夏桀的军队溃败。在战争中，汤缴获了宝器，仍然保留了夏朝的祭祀。之后，伊尹对诸侯通报了情况，历数夏桀失德，于是四方诸侯全都来归附，汤就登上了帝位，平定天下，建立了中国历史上的第二个朝代——商朝。

亲近原典

《殷本纪第三》节选一

当是时，夏桀为虐政淫荒，而诸侯昆吾氏为乱。汤乃兴师率诸侯，伊尹从汤，汤自把钺以伐昆吾①，遂伐桀。汤曰："格女汝众庶②，来，女汝悉听朕言。匪非台（yí）小子敢行举乱③，有夏多罪，予维虽闻女汝众言④，夏氏有罪。予畏上帝，不敢不正征⑤。今夏多罪，天命殛之。今女汝有众，女_汝曰'我君不恤我众，舍我啬事而割政'。女_汝其曰'有罪，其奈何'？夏王率止众力，率夺夏国。有众率怠不和^⑥，曰：'是日何时丧？予与女_汝皆亡！'夏德若兹，今朕必往。尔尚_倘及予一人致天之罚^⑦，予其大理_赉女_汝^⑧。女_汝毋不信，朕不食言。女_汝不从誓言，予则帑_孥僇_戮女_汝，无有攸赦。"以告令师，作《汤誓》。于是汤曰"吾甚武"，号曰武王。

注释

①钺（yuè）：古代兵器，类似大斧。

②格：来。女：同"汝"，你，你们。下文"闻女众言""予与女皆亡"等句之"女"都同"汝"。众庶：众人。

③匪：同"非"。台（yí）：我。小子：汤自称。举乱：作乱。

④维：通"虽"。

⑤正：通"征"。

⑥不和：指不与夏王合作。和：和洽。

⑦尚：通"倘"，如果。

⑧理：通"赉"（lài），赏赐。

这时夏桀施行的政治暴虐荒淫，并且诸侯国昆吾氏也发动叛乱。汤就起兵并率领四方诸侯，伊尹也跟从汤，汤亲自拿着武器指挥军队，先攻打昆吾，进而征伐桀。汤说："告诉你们，都到我这里来，你们仔细听我说。不是我敢发动叛乱，实在是因夏桀罪孽深重，我虽听到大家对出兵有怨言，可是夏氏是有罪的啊。我畏惧上帝，不敢不进行讨伐。如今夏桀恶行累累，上天要使他受到惩罚。现在你们说：'我们的君主不抚恤大家，舍弃了我们的农事时节而来大力征伐。'你们还要问：'夏桀的罪，究竟是怎么样的啊？'夏王消耗尽了民众的力量，掠夺光了国家的资财，民众懒惰不与他合作，说：'这个太阳什么时候消灭啊？我宁愿同他一起灭亡！'夏桀的德行已堕落成这样，现在我一定要去讨伐他。你们若是能和我一起去执行上天的惩罚，我会大力赏赐你们。你们要相信，我说话是算数的。假若你们不依从誓言，我就会狠狠惩罚你们，决不会加以赦免。"商汤将这些话告诉传令官，就被写成了《汤誓》。由于汤说"我非常勇武"，于是被称为武王。

明 地 理

南亳： 古地名，在今天的河南省商丘市睢阳区高辛镇至坞墙镇一带，是商汤初期的国都，与西亳、北亳合称"三亳"。

识典故

网开一面： 比喻对罪犯从宽处理，给罪犯一条改过自新的出路。典出《史记·殷本纪第三》。有一天汤出门，在野外看到捕猎的人张开四面的大网，汤说这样捕猎太残忍，会让动物灭绝，就让捕猎人去掉网的三面。诸侯和部落首领们听说此事，都觉得商汤是个仁慈仁爱的好君王，于是纷纷前来归顺。在各部落的支持下，商汤终于灭了夏。这个成语可作谓语、宾语。

"桀"是什么意思，他为何被称为"桀"？

05 殷本纪第三
盘庚迁殷

　　盘庚是商朝的第二十任国君，综合考虑当时的政治和经济形势后，盘庚决定将都城迁到殷地。其实，在初中的历史课本上就提到过"盘庚迁都"这个历史事件，可见，盘庚迁都在历史上还是很有名的。而盘庚也是商朝历史上很有才能的君主，他可是当时衰弱的商朝的"大救星"呢。

　　汤建立商朝以后，商氏族的部落向奴隶制国家转化，初步建立了专制的王权，但王位继承制度还没有固定为只能传给儿子的制度。

　　仲丁在位时，更是废除嫡子继承制度，改让其他弟兄或弟兄的儿子继位。王族们为了能够继位就相互争斗，连着九代朝廷混乱，造成了纷争的"九世之乱"。

　　身为奴隶主的王公贵族整天只顾吃喝玩乐，忙于争夺权力，完全不理国家大事，不顾奴隶的死活。生活在水深火热之中的奴隶，纷纷起来反抗，社会动荡不安。各诸侯国趁着商王朝内部混乱，迅速发展起来，与商王室分庭抗礼，于是四方的诸侯们没有谁再来朝见。

"九世之乱"平息后，王位传给了盘庚。盘庚一继位，就面临着国势衰弱的复杂局面，王朝统治危机四伏，内部矛盾斗争激烈。

盘庚是一位非常能干的君主，他深知商朝正处于一个非常危险的时期，如果再不进行改革，抑制奢侈恶习，那商朝势必走向衰亡。经过长期思考，盘庚决定迁都到殷这个地

◎清光绪年间孙家鼐、张百熙等纂辑
《钦定书经图说》之《盘庚迁殷图》

方。殷处于黄河之北，洹水之滨，从政治上来说，离旧都比较远，这样就能够削弱王公贵族的旧势力，缓和统治阶级的内部矛盾，摆脱争夺王位的混乱局面；从经济上来说，避开水涝较多的泗水流域，更有利于发展农牧业；从战略上来说，可以更好地防御北方地区和西北地区各方国的侵扰，

同时控制四方诸侯。但是，当盘庚提出迁都到殷之时，遭到了强烈反对，大多数王公贵族公然反对，一部分有势力的贵族甚至煽动奴隶起来闹事。

　　原来，从汤到盘庚，商朝已经迁都五次，始终没有固定的国都。百姓们谁也不想再迁移了。因此盘庚对四方的诸侯和大臣们说："先王英明，我们应该学习借鉴祖先合作成事的做法。丢弃这样的先例不去效仿，怎么可能做成事情呢！"于是就渡过黄河向南，营建了亳都。但迁都并不能改变政治混乱和国力衰退的局势，盘庚迁都后立即实行了一系列有效的措施，重新以法度正天下，施行成汤时期的政治规范，一改昔日王族骄奢淫逸的风习。慢慢地，商朝又得到了

◎法国国家图书馆藏《彩绘帝鉴图说》之《妲己害政》

人民的支持和拥护，商朝的政治威德又兴盛起来，四方诸侯又都前来朝见。这都是因为盘庚遵循了成汤的德政。

盘庚迁都是商朝历史上一个重要的转折点，对商朝重新巩固统治地位和发展起到了非常重要的作用。在以后的两百多年里，商朝一直没有再迁都，所以后世也称商朝为殷商。

亲近原典

《殷本纪第三》节选二

帝盘庚之时，殷已都河北，盘庚渡河南①，复居成汤之故居，乃五迁，无定处②。殷民咨胥皆怨③，不欲徙。盘庚乃告谕诸侯大臣曰④："昔高后成汤与尔之先祖俱定天下⑤，法则可修⑥。舍而弗勉，何以成德！"乃遂涉河南，治亳，行汤之政，然后百姓由宁⑦，殷道复兴。诸侯来朝，以其遵成汤之德也。

注释

①渡河南：渡过黄河南迁。

②乃五迁：已经是五次迁都。五迁：汤自南亳迁

西亳，仲丁迁隞，河亶甲居相，祖乙迁邢，盘庚再迁西亳。实际上盘庚是自奄（今山东曲阜）迁于北蒙（今河南安阳），改国号为殷。无定处：没有固定的居处。

③咨：嗟叹。胥：互相。皆：都。

④告谕（yù）：晓喻，向大家宣布说明。谕：上告下的通称。

⑤高后：即成汤。高祖为汤的庙号。后：君主的意思，为夏商两朝君主的称谓，多加在名前。

⑥法则可修：指他们订下的法度原则可以遵循。

⑦由宁：因此安宁。

 译文

　　帝盘庚在位时，殷朝原来已在黄河以北建都，盘庚渡过黄河再向南，重又定居在成汤原来定都的地方，从汤到盘庚商已经迁都五次，没有一个固定的居所。百姓们都有怨言，谁也不想再迁移了。因此盘庚谕告四方的诸侯和大臣们说："高明的先王成汤和你们的祖先一同平定了天下，这样合作成事的先例我们可以好好地借鉴。丢弃这样的先例不去勤勉地实施，怎

么可能会成就德业！"于是就渡过黄河向南，营建了
亳都。但迁都并不能改变政治混乱和国力衰退的根
本，盘庚立即实行了一系列有效的措施——选贤任
能，整顿朝政，重新以法度正天下，施行成汤时期的
政治规范。盘庚一改昔日王族奢侈淫逸的风习，团结
民心，得到了人民的支持和拥护，商朝的政治威德又
兴盛起来。四方诸侯又都前来朝见，是因为盘庚遵循
了成汤的德政。

探古迹

殷墟：即现在的河南省安阳市小屯村一带。大约前
1300 年，商王盘庚出于革新政治，发展经济的目的，将都
城迁到殷地。在周武王伐纣灭商后，殷地作为旧朝国都逐渐
荒芜，成为一片废墟，后人称其为殷墟。20 世纪初，考古
学家在这里发现了甲骨文、青铜器、骨器等大量珍贵文物。
现存遗迹主要包括宫殿宗庙遗址、王陵遗址、商城遗址、后
冈遗址等。1961 年 3 月，殷墟被列入首批全国重点文物保
护单位。2006 年 7 月，殷墟被列入世界文化遗产名录。

格古物

后母戊鼎：1939 年 3 月，河南安阳出土后母戊鼎，因在抗战时期，为防日军觊觎，被重埋地下，直到 1946 年才再次挖出。1959 年，这尊青铜鼎被运往北京，郭沫若依据大鼎上的铭文为其命名"司母戊鼎"，至今一直藏于中国国家博物馆。直到 2011 年，经学者考释定论，大鼎更名为"后母戊鼎"。后母戊鼎造型雄伟庄重，表面装饰繁复，重达 832.84 千克，是商文王丁为了祭祀母亲"戊"而专门铸造的。这是我国目前发现最大、最重的青铜器，充分反映了古代先民成熟而发达的青铜器铸造工艺。

有所思 盘庚迁殷的原因有啥？民众何以不乐意？

06 周本纪第四
文王施仁演《易》

同学们都看过《封神榜》吧，那对姜子牙、苏妲己、商纣王更是不会陌生了。本节要说的周文王姬昌也是《封神榜》里面的重要人物呢。在《封神榜》中，我们可能更多地听到的是"武王伐纣"，而周文王正是"伐纣"的周武王的父亲呢。

周朝始祖后稷的名字叫弃。他母亲是有邰（tái）氏的女儿，名叫姜原，是帝喾的原配夫人。他小时候就喜欢耕种农作物，观察土地适宜种什么，在适宜种庄稼的地方从事农业生产，民众都仿效他。尧帝知道了，任命弃当主管农业生产的农师，整个天下都因他的工作而得到好处，弃因此立了功。舜帝把弃封在邰地，称号为后稷。弃为了同原来的部落有所区别而改姓姬。

后稷死后，他的儿子不窋（zhú）继位。在不窋晚年的时候，夏后氏政治衰败，废弃农师，不再务农，不窋因为失了官职就流浪到戎狄地区。到不窋的孙子公刘时，他仍然坚持治理后稷的基业，从事农业生产，民众的生活都因他好起来，各姓的人都感念他，很多人迁来归附他，周朝事业的兴盛就是从这时候开始的。公刘去世后，儿子庆节继位，在豳（bīn）地建立了国都。

经过几代之后，西伯继位。西伯也就是后来的文王。他延续后稷、公刘的事业，效仿古公、公季的方法，笃行仁义，尊老爱幼，并且礼贤下士。他为了接见士人，过了正午仍不想抽出时间去吃饭，所以大多数士人都来归顺他。伯

◎明万历元年潘允端刊本
《帝鉴图说》之《泽及枯骨》

夷、叔齐在孤竹隐居，听说西伯善于奉养老人，一同去归附他。太颠、闳（hóng）夭、散宜生、鬻（yù）子、辛甲大夫等贤人都前往归附他。

此时的商朝，在盘庚迁都后虽然又繁盛了几代，但是却传到了和夏桀

一样暴虐的昏君帝辛手里。帝辛就是纣王。

崇侯虎在纣面前诋毁西伯说："西伯广积善德，诸侯都去归顺他，这对您很不利。"于是纣就将西伯囚禁起来。闳夭等人忧虑这件事，害怕西伯受到伤害，就找来美女、骏马，以及其他奇珍异物，通过殷朝的宠臣费仲全都献给纣。纣很高兴，于是就赦免西伯，还赐给他弓箭斧钺等武器，叫西伯去征伐其他部族。西伯后来进献洛水西岸的一大片土地，请求纣废除炮格酷刑。纣答应了。

西伯暗中推行善德，四方的诸侯有了争执，都来让他做出公平裁决。有一次，虞、芮两地的人因为一起纠纷不能裁决来到周地。进入周后，只见耕作的人互让地界，民间习俗是礼让长者。虞、芮两地的人还没有见到西伯，就都感到十分惭愧，彼此跟对方说："我们所争执的，正是周人感到羞耻的，哪里还用去找西伯，那样只会自取耻辱

◎台北故宫博物院藏
《周文王像》

啊。"于是都谦让着回去了。四方的诸侯听说了这件事，说："西伯或许会是承受天命的君主。"

第二年，西伯征讨犬戎部族。接下来的一年，征讨密须部族。再一年，打败了耆国。殷朝的祖伊听说了这些事，感到非常恐惧，就去禀告纣。纣说："我不是天命所在的天子吗？既然这样，他又能有什么作为？"之后的一年，西伯征讨邘（yú）国。接着又征伐崇侯虎，并且营建了丰邑，把国都从岐下迁移到丰。

西伯在位大约五十年。他被囚禁在羑（yǒu）里的时候，据说曾经把《易》的八卦增演到了六十四卦。世人都称道西伯，在他化解虞、芮的争执以后，诸侯都尊他为王。十年后，他就去世了，谥号为文王。周文王的功绩还在于改变了殷的法令制度，制定了周的历法。

亲近原典

《周本纪第四》节选一

崇侯虎潛西伯于殷纣曰①："西伯积善累德，诸侯皆向之，将不利于帝。"帝纣乃囚西伯于羑里。闳夭之徒患之，乃求有莘氏美女，骊戎之文马②，有熊九驷③，他奇怪物④，因殷嬖臣费仲而献之纣⑤。纣大说_悦，曰："此一物足以释西伯，况其多乎！"乃赦西伯，赐之弓矢斧钺⑥，使西伯得征伐。曰："谮西伯者，崇侯虎也。"西伯乃献洛西之地，以请纣去炮格之刑⑦。纣许之。

注释

①谮（zèn）：进谗言，说人的坏话。

②文马：有彩色花纹的马。《史记正义》："骏马赤鬣缟身，目如黄金，文王以献纣也。"

③九驷：三十六匹马。驷，古代一车驾四马，因称同驾一车的四马为驷。

④他奇怪物：其他珍奇、稀有的宝物。

⑤因：通过。嬖臣：亲信、宠幸之臣。

⑥钺：大斧，古代兵器。

⑦炮格：商纣时酷刑之一。《列女传》："纣乃为炮格之法，膏铜柱，加之炭，令有罪者行其上，辄堕炭中，妲己乃笑。"

译文

　　崇侯虎在殷纣面前诋毁西伯说：“西伯广积善德，四方的诸侯都去归顺他，这对您很不利啊。”纣于是就将西伯囚禁在羑里。闳夭等人忧虑这件事，于是寻求有莘（shēn）氏部族的美女，骊（lí）戎国赤鬣（liè）缟（gǎo）身的骏马，有熊部族九辆驷车总共三十六匹马，还有其他奇珍异物，通过殷朝的宠臣费仲全都献给纣。纣很高兴，说：“一个美女就足以释放西伯，更何况还有这么多的物品呢！”于是就赦免西伯，还赐给他弓箭斧钺等武器，叫西伯有权力去征伐其他部族，说：“诋毁西伯的是崇侯虎。”西伯于是进献洛水西岸的一大片土地，请求纣废除炮格酷刑。纣答应了。

探 古 迹

　　羑里城遗址： 位于今河南省汤阴县北，是世界遗存最早的国家监狱。商朝末年，西伯侯姬昌曾被商纣王拘禁在此。姬昌被困羑里城七年，潜心研究伏羲八卦，创作出《周易》。羑里城遗址主要景点有文王庙、文王铜塑、御碑、演易台、吐儿冢等。1996 年，遗址被列为全国第四批重点文物保护单位。

识典故

酒池肉林： 意思是池子里装满酒，池边挂满肉。比喻荒淫腐化、极端奢侈的生活。典出《史记·殷本纪》。商纣王是商朝最后一个帝王，他不理政务，为人暴虐，喜好玩乐。为了尽情享乐，他不惜劳民伤财，修建鹿台等奢华宫殿，还搜刮民脂，供他在宫廷中日日饮宴，加重了民众的苦难。这个成语可作宾语、定语，带有贬义。

有所思
周文王姬昌的姓"姬"为什么是女字旁？

07 周本纪第四
武王伐纣

纣王奢靡无度，喜欢喝酒，就让人凿地为池，池中注酒，然后和姬妾们在池上饮酒划船。他还非常残暴，挖了大臣比干的心，还把人扔到满是毒虫的坑里去。大家听了会不会觉得很恐怖呢。除了这些，他还做了很多令人发指的事情。正因为他的昏庸无道，才有了历史上"武王伐纣"一事。

西伯去世，太子发继位，他就是武王。武王登上王位，太公望任太师，周公旦为宰辅，还有召公、毕公这些人辅佐帮助，以文王为榜样，承继文王的事业。

武王即位的第九年，祭祀过文王后，向东要去盟津检阅军队。他做了一个文王的牌位，用车载着，供奉在中军帐内。他则自称太子发，说是奉了文王的旨意前去讨伐殷朝，不敢擅自做主。武王乘船渡过黄河后，发现八百多名诸侯没有事先约定，此时都齐聚盟津。诸侯们见武王到来都说："可以去伐纣了。"武王说："现在还不是时候。"于是命令军队各自回去了。

后来，纣王更加昏乱暴虐，不仅杀死了叔叔比干，还囚禁了箕子。太师疵、少师彊也逃到了周。武王见时机成熟，就对诸侯说："殷朝纣王残暴昏庸，必须讨伐他。"于是就遵奉文王的遗旨，带领三百辆战车，三千

◎清乾隆五十三年姚文翰绘
《历代帝王真像》之《周武王真像》

名勇士，四万五千名穿戴盔甲的士兵，向东去征伐纣。

二月甲子那日天刚亮，武王一早来到商都郊外的牧野，举行誓师。武王左手握着黄钺，右手举着装饰有牦牛尾的白色大旗，用来指挥军队，说："辛苦了，从西方来的将士们！"武王接着说："我的友邦国君们，司徒、司马、司空、亚旅、师氏各位卿大夫们，千夫长、百夫长各位将领们，以及庸、蜀、羌、髳（máo）、微、纑（lú）、彭、濮各地部族的人们，拿起你们的戈，排好你们的盾牌，立好你们的矛，让我们来发誓。"武王说："古人有这样的话，'母鸡不

报晓。母鸡要是报晓，这家将会彻底毁灭'。如今殷王纣只听妇人之言，他不再祭祀祖先，放弃国家大政，抛开亲族兄弟不予任用，却纠合了一批罪恶多端的逃犯，对他们尊崇备至，委以重任，让他们欺压百姓，在商国为非作歹。如今我姬发只能替天行道。在今天进行的征讨战事中，希望大家勠力同心，你们每前进六七步，就要停下来整齐队伍；每刺击四五次、六七次，就要停下来整齐队伍！希望大家威风勇武，像猛虎，像熊罴，像豺狼，像蛟龙。遇到前来投奔的殷纣士兵，不能残暴地杀害他们，要让他们到我们的土地上去耕作。假若你们谁要是不卖力，就会被杀死！"宣誓完毕，四方诸侯的军队共有战车四千辆，军队在牧野摆开了阵势。

纣王听说武王来伐，就调兵七十万抵抗武王的军队。武王派出师尚父和少数勇士先冲进敌阵挑战，再让大部队向前疾驰，冲垮纣王的军队。纣王的军队虽然人数众多，但都没有作战的心思，心中反倒希望武王赶快攻进来，士兵们甚至倒戈来为武王开路。就这样，纣王的军队很快就都溃散了。纣王趁乱逃跑，返回城里登上鹿台，穿上用珍贵的美玉所镶制的衣服，跳到火中自焚而死。

于是诸侯们都来拜贺武王，并且归顺他。武王则作揖回谢诸侯。武王来到商的国都，商都的百官贵族都等在郊外迎接。武王便让臣属告诉商朝的百官贵族们，饶他们无罪。这些人都两次叩头跪拜，武王回拜。进入都城，武王派人找出纣王的尸首示众。武王做完这些事就出城返回军中。武王另选良辰吉日，命人清理道路，修缮宗庙和宫殿，宣读了纣王的罪行，宣布改朝换代。

亲近原典

《周本纪第四》节选二

居二年，闻纣昏乱暴虐滋甚，杀王子比干，囚箕子。太师疵、少师彊强抱其乐器而奔周。于是武王遍告诸侯曰："殷有重罪，不可以不毕伐。"乃遵文王，遂率戎车三百乘①，虎贲三千人②，甲士四万五千人③，以东伐纣。十一年十二月戊午，师毕渡盟津，诸侯咸会。曰："孳孜孳孜无怠④！"武王乃作《太誓》，告于众庶："今殷王纣乃用其妇人之言⑤，自绝于天，毁坏其三正，离逷逖其王父母弟⑥，乃断弃其先祖之乐，乃为淫声⑦，用变乱正声⑧，怡说悦妇人。故今予发维共_恭行天罚⑨，勉哉夫子，不可再，不可三！"

注释

①戎车：战车。乘（shèng）：古代一车四马为一乘，这里可译为辆。

②虎贲（bēn）：勇士。

③甲士：披甲之士。

④孳孳：同"孜孜"，努力不懈的样子。

⑤乃：竟，竟然。

⑥离逖（tì）：疏远。逖：同"逷"（tì），远。

⑦淫声：指淫靡的音乐。

⑧用：以，以致，从而。正声：雅正的音乐。

⑨维：句首语气词，可不译。共（gōng）：通"恭"。天罚：指上天降下的惩罚。

译文

过了两年，武王听说纣更加昏乱暴虐，杀死了王子比干，囚禁了箕子。太师疵、少师彊拿着他们的乐器逃奔到了周。于是武王对诸侯说："殷朝罪恶深重，不能不去讨伐了。"于是就遵奉文王的遗旨，带领三百辆战车，三千名勇士，四万五千名穿戴盔甲的战士，向东去征伐纣。十一年十二月戊午这天，军队都渡过了盟津，四方诸侯都会合来了。武王说："要奋进不止，不要懈怠啊！"武王写了《太誓》，告诫大家："如今殷王纣听从宠妇的言辞，自绝于上天，毁坏天、地、人的正道，疏远自祖父母以下的亲族，舍弃他先祖时代的乐曲，谱写一些淫词艳曲，扰乱雅正的音乐，去讨宠妇欢心。因此，我姬发如今要恭敬地执行上天对他的惩罚。大家努力吧，这样的征伐不能有第二次，更不能有第三次！"

明地理

牧野：古地名，在现在的河南省新乡市北部。商朝时期，朝歌城从内到外分别叫作城、郭、郊、牧、野。殷商末年，武王带领诸侯在此讨伐纣王，史称"牧野之战"。牧野之战的胜利标志着殷商历史的终结。现在，牧野还留存有姜太公祠、比干庙、姜太公故里等名胜。

倒戈相向：戈：古代的兵器。倒戈相向意为手持武器反过来对峙，比喻帮助敌人反对自己。典出《尚书·武成》。商纣王听说武王兵临城下，就紧急征调奴隶和俘虏，凑出了七十万大军迎敌。两军对垒，武王这边士气高昂，士兵纷纷奋勇杀敌。纣王这边则节节败退，再加上这些奴隶和俘虏平日里受尽了虐待和压迫，非常痛恨纣王。于是，他们纷纷调转戈头，跟随周军一起攻打商军。

商后期国都为殷，纣王为何爱住在朝歌？

08 周本纪第四
烽火戏诸侯

《伊索寓言》中的故事《狼来了》说的是山坡上放羊的孩子总是用"狼来了"来欺骗山下耕作的大人，大人们被接连欺骗了几次后，当狼真的来时，没有人来救孩子和他的羊了。而本节中周幽王"烽火戏诸侯"也是这样的一个"害人害己"的故事。所以说，同学们在平时也千万不能说谎呀，不然，最后吃亏的将是我们自己。

　　武王灭了纣，确立了周朝的统治地位，但是他并没有把商纣的后人都杀死，而是分封商纣的儿子禄父，仍然让他统辖殷朝的遗民，并且派管叔鲜、蔡叔度帮助禄父治理殷。武王还释放了被囚禁的百官和贵族，将鹿台里的财物和粮食分发给百姓，以此来赈济贫弱的普通百姓。武王追念先代的圣王，于是褒奖分封神农的后人于焦、黄帝的后人于祝、尧的后人于蓟、舜的后人于陈、禹的后人于杞，对其他功臣谋士也是论功行赏。他解散了军队，向天下表明不再动用武力了。

没过几年，武王就病死了，他的儿子太子诵继承王位，就是成王。成王年纪还小，周朝刚刚平定天下，周公担心诸侯背叛周朝，于是自己代行政治权力主持国家大事。周公行使了七年政治权力，成王长大后，周公将行政权力交还给成王，面朝北站在臣子的位置上。在成王的治理下，周朝民众和睦，颂扬太平的歌声四处兴起。

周朝经过了几代，传到了厉王手里。厉王在位三十年，贪财好利，和同样贪财好利的荣夷公十分亲近。大夫芮良夫进谏，厉王不听劝告，还是任命荣夷公当卿士，让他来掌权。

厉王暴虐傲慢，国内的民众对他议论纷纷。厉王听说后非常恼怒，就派人去监视发表议论的那些人，只要发现了就来报告，将他们全都治罪。这样做，议论的人是减少了，可四方的诸侯们也不来朝拜了。几年后，厉王变本加厉，国内的民众没有谁敢开口说话，在道路上相见也只是用目光示意。厉王对此很满意，召公劝谏他不能禁止民众议论，可是他完全不听，终于导致民众暴乱。厉王逃亡到彘地，国家的政事全都由辅相召公、周公负责处理，这一时期的名号叫"共和"。

十四年后，厉王在彘地死去。厉王的儿子宣王登上王位。二相辅佐他，修治政事，仿效文王、武王、成王、康王的良好传统风尚，四方的诸侯这才重新尊崇周王室。然而宣王不重视农业，他不肯到田地里去耕种籍田，为民众做表率，诸侯向他进谏，他也不听从。后来，宣王的军队被姜戎打败，他就在太原地区清查人口，想要征兵。大臣仲山甫劝他不要兴兵，宣王没有听从，仍然执意要征兵。宣王去世后，他的儿子幽王宫湦（shēng）继位。

幽王宠爱妃子褒姒（sì），褒姒生下了儿子伯服。于是幽王废掉了申后和太子，让褒姒当了王后，立伯服为太子。太史伯阳甫就说："祸患已经形成了，无可奈何了！"

褒姒不爱笑，幽王想尽各种各样的办法想让她笑。当时，边境上到国都有高筑的烽火台，若有敌寇来袭就点燃烽火，召集四方诸侯带兵前来救援。周幽王为了让褒姒笑，烽火戏诸侯。诸侯被戏弄的次数多了，后来再看到烽火，就不带兵来了。

幽王让虢（guó）石父当卿士，执掌权力，然而虢石父为人谄佞巧诈，擅长奉承，又贪好财利，偏偏幽王对他十分信任。虢石父还曾经参与了废掉申后、太子的行动。国内的民众对此都很怨恨。

终于，申后父亲申侯联合了缯（zēng）国、西方夷族犬戎攻打幽王。幽王点燃烽火向各诸侯求援，可是没有一个诸侯派救兵前来。申侯在骊山脚下杀死了幽王，俘虏了褒姒，掠走了周朝的所有财物，回到西方去了。四方诸侯们则按着申侯的愿望共同拥立原来的太子宜臼，这便是平王，由他来继承周朝。

◎法国国家图书馆藏《彩绘帝鉴图说》之《戏举烽火》

亲近原典

《周本纪第四》节选三

褒姒不好笑，幽王欲其笑万方[1]，故不笑[2]。幽王为燧烽燧大鼓[3]，有寇至则举燧烽火[4]。诸侯悉至[5]，至而无寇，褒姒乃大笑。幽王说悦之[6]，为数举燧烽火[7]。其后不信，诸侯益亦不至[8]。

注释

[1] 万方：各种方法。

[2] 故：依旧，终究。

[3] 燧燧：同"烽燧"。古时遇敌人来犯，边防人员点火报警，夜里点的火叫烽，白天烧的烟叫燧。《史记正义》："昼日燃燧以望火烟，夜举燧以望火光也。"

[4] 寇：盗匪或入侵的敌人。燧火：泛指上文的烽燧。

[5] 悉：全都。

[6] 说：同"悦"。

[7] 数：多次，屡次。

[8] 益：渐渐。

译文

　　褒姒不爱笑，幽王想尽了各种各样的办法想让她笑，却始终没成功。在边境上，有高筑的烽火台和大的鼓风箱，若是有敌寇来就点燃烽火，召集四方诸侯带兵前来。周幽王为了让褒姒笑，竟然点燃了烽火。四方的诸侯们看到烽火，以为有敌人，就都带兵前来。到了一看，并没有敌寇，褒姒因此大笑。这个做法能让褒姒大笑，幽王特别高兴，因此就多次点燃烽火。诸侯被戏弄的次数多了，就失去了对他的信任，后来看到烽火，也不带兵来了。

访名人

　　周公： 姓姬名旦，是文王姬昌的儿子，武王姬发的弟弟。因封地在周，所以叫周公。周公先是辅佐武王，武王死后，其子成王年幼，周公便摄政七年，最终还政成王，功勋卓著。在政治上，他吸取前朝灭亡的教训，实行封邦建国的方针，将王公大臣封为诸侯，作为拱卫王室的屏障；在文化上，他制定了完整的礼乐制度，配合分封制与宗法制，成为维护西周统治秩序的主要制度。

识典故

> **道路以目：**目：目光，眼神。意思是在道路上相见，只敢用目光彼此示意。形容人民对残暴统治的憎恨和恐惧。典出《国语·周语上》。周厉王在位时，暴虐傲慢，民众怨声载道，便公开议论他的残暴。厉王听说后非常恼怒，就派人专门监视那些发表议论的人，并给这些人判罪。结果民众嘴上虽然不再议论，但是四方的诸侯们也不来朝拜了，人们在路上碰面，只敢匆匆看上一眼，不敢多说一句话，整个国家的气氛十分压抑。这个成语常用作谓语。

有所思

约犬戎灭西周的申侯跟周王室是何关系？

09 秦本纪第五
秦晋之好

孟子在《生于忧患，死于安乐》中写道："管夷吾举于士，孙叔敖举于海，百里奚举于市。"在本节中，我们也会提到百里奚。百里奚被称为"五羖大夫"，那是因为他是秦穆公用五张黑色公羊皮从集市上换来的。百里奚发迹于市井之中，这不也正验证了我们常说的那句话——是金子在哪里都会发光的。

平王继位，将京城东迁到洛邑，以避免西部戎族的祸害。这就是周平王迁都，东周开始。平王时期，周朝王室微弱衰败，诸侯间强国兼并弱国，齐国、楚国、秦国、晋国开始变得强大，政治形势被四方诸侯中的首领所左右。

其中秦国的祖先是颛（zhuān）项（xū）帝后代的孙女，名字叫女脩（xiū）。她生了儿子大业。大业的儿子大费曾与大禹一同治理过水土。治水成功后，舜帝赐他有黑色悬垂饰物的旌旗，还将一个姓姚的漂亮女子嫁给他为妻，赐他姓嬴。

大费的后人秦襄公在周幽王被杀死在骊山的时候，率领军队援助周王室，奋力作战，立有战功。周王室为了躲避犬戎的骚扰，将国都东迁至洛邑，襄公派兵护送周平王往东迁徙。为了表彰襄公的忠心，平王就封他为诸侯，赏赐他岐山以西的土地。平王对襄公说："西戎无道，侵占我岐山、丰水的土地，秦国假若能攻打并驱逐戎人，就可拥有这片土地。"并与襄公盟誓，赏赐他封地与爵位。秦国跻身为诸侯国后，襄公开始与诸侯互派使节往来。从此，秦国的世世代代都以驱逐戎人为使命。

秦国与各诸侯国之间世代征伐，到穆公即位时，他迎娶了晋国太子申生的姐姐做夫人。一年后，晋献公声称要送给虞国国君玉璧和良马，打算借道虞国去讨伐虢国，虞国国君就答应了。没想到，晋献公趁机灭了虞国、虢国，俘虏了虞国国君与他的大夫百里傒。百里傒被俘虏之后，作为秦穆公夫人陪嫁的仆役来到了秦国。后来百里傒从秦国逃跑，跑到楚国边境时被捉住。穆公就以五张黑色公羊皮把他赎了回来。

这时，百里傒已有七十多岁了。穆公亲自将他释放出来，诚恳地向他请教国事，两人讨论了三天，穆公十分高兴，授予他掌管国家大政的权力，称号为五羖（gǔ）大夫。穆公听百里傒说蹇叔也是个人才，于是派人拿贵重的礼物去请蹇叔，并任命他做上大夫。这年秋天，穆公亲率军队攻打晋国，在河曲一带展开了激战。当时，晋国的骊姬正在作乱，太子申生在新城死去，公子重耳、夷吾从晋国逃出。

　　夷吾就是后来的晋惠公，当时他派人到秦国请求援助，希望秦国帮他回到晋国。于是穆公派百里傒带领军队护送他。夷吾对秦人说："要是我真的能被立为晋国国君，将让出晋国河西的八座城邑来献给秦。"等到他回到了晋国，被拥立为晋君后，却违背约定，派出丕郑到秦去推脱，不肯把河西的城邑给秦国。丕郑得知后，认为晋国是让他去送死，便向穆公坦白了一切，谋划拥立重耳回国做国君。结果事情败露，夷吾抢先杀了丕郑。丕郑的儿子丕豹逃到了秦国，暗中受到穆公重用。

　　有一年晋国遭受旱灾，到秦国请求借粮度过灾难。丕豹劝阻穆公不给晋国粮食，并提议趁着晋国闹饥荒去攻打它。穆公询问大夫公孙支，公孙支认为应该借给它。又询问百里傒，百里傒也说："是夷吾得罪了您，晋国的民众何罪之有啊？"于是穆公还是将粮食借给了晋国。从水路和陆路，用船和车，将粮食络绎不绝地从雍城运送到绛城。

　　隔年，秦国遭受了饥荒，到晋国去请求借粮。晋国不仅不借粮给秦国，还派兵攻打秦国。穆公也调动军队，委任丕豹当将军，亲自领兵前去反击晋军。穆公俘虏了夷吾回国，要用他祭天。周天子听说了这件事，就来为晋君说情。穆公的夫人是夷吾的姐姐，得知弟弟要被祭天后，就穿着丧服、光着脚来为他求情。于是穆公和晋君订立盟约，十一月放夷吾回国，夷吾献出晋国河西的土地给秦国，并让太子圉（yǔ）到秦国去做人质。穆公并没有慢待晋国太子，而是将宗室中的女子嫁给太子圉为妻。

　　又过了七八年，晋国国君夷吾生病，太子圉听说后丢下夫人，逃回晋国，即位为国君，是为怀公。秦国怨恨怀公抛妻弃子独自逃跑，就从楚国把晋国的公子重耳迎回来，而且将怀公的妻子改嫁给重耳为妻。

　　前636年春天，秦国派人护送重耳归国。二月，重耳被立为晋国国君，他就是晋文公。文公派人杀掉了背信弃义的怀公。秦晋此后和睦相处，直到晋文公去世。

《秦本纪第五》节选

晋旱，来请粟。丕豹说缪穆公勿与①，因其饥而伐之②。缪穆公问公孙支，支曰："饥穰更事耳③，不可不与。"问百里傒，傒曰："夷吾得罪于君，其百姓何罪？"于是用百里傒、公孙支言，卒与之粟。以船漕车转④，自雍相望至绛。

注释

①说：劝说，说服。

②因：趁。饥：饥荒，年成不好。

③穰：丰收。更事：交替出现的事。

④漕：水运。

译文

晋国遭受旱灾，到秦国请求借粮度过灾难。丕豹对穆公说别给晋国粮食，趁着它遭受饥荒去攻打晋国。穆公询问大夫公孙支，公孙支说："灾荒与丰收是变化无常的事情，不应该不借给它啊。"又询问百里傒，百里傒说："夷吾得罪了您，晋国的民众又有什么罪过啊？"于是穆公采纳百里傒、公孙支的意见，最终将粮食借给了晋国。从水路和陆路，用船和车，将粮食络绎不绝地从雍城运送到绛城。

雍城：位于今陕西省宝鸡市凤翔县。春秋时期，这里曾是秦国都城，建都时间长达294年，总计有19位秦国国君在这里执政，是定都时间最长的秦国都城。西汉时期，还有多位皇帝到雍城祭祀天地。20世纪初，考古工作者开始在雍城遗址进行勘测和发掘。1949年后大型宗庙建筑和大量青铜建筑构件被陆续发掘，其中发掘出总面积约10.56平方公里的城垣遗址。1988年，雍城遗址被国务院列为第三批全国重点文物保护单位。

羊皮换相：秦穆公用五张黑公羊皮换回一代名相百里奚的传奇故事。百里奚饱读诗书，才学过人，当了虞国宰相。然而虞国被晋国所灭，他不肯投降晋国，拒绝了晋国高官厚禄的诱惑，于是便被充做奴隶，在穆姬出嫁时陪嫁到秦国。在去秦国的路上，百里奚逃到了楚国。秦穆公听说百里奚是个人才，就想用重金将他赎回，又怕楚国不给，就说陪嫁奴仆百里奚如今在楚国，希望用五张黑公羊皮赎回他。楚国果然答应了。当百里奚被押回秦国后，秦穆公亲自接见了他，与他商讨国事，并拜他为大夫，把秦国的军政大权都交给他。因为百里奚是秦穆公用五张黑公羊皮换回来的，当时人们又管黑公羊叫"羖"，所以百里奚被称为"五羖大夫"。

有所思

秦欢晋爱是如何一步步变成秦晋之恶的？

10 秦始皇本纪第六
统一六国

同学们在看电视剧时常听到"把人质带上来"这句话吧，在古代的时候，"人质"也被称为"质子"，这里的"质子"可不是物理上说的"质子"呦，而是指古代派往敌国或他国的人质，多是王子或世子等出身贵族的人。历史上，秦始皇的父亲和曾祖父，战国的燕太子都当过质子呢。

晋文公死后，秦国和晋国失和，相互攻伐起来。各诸侯国之间也互相征战不断，轮流称霸。直到庄襄王时，秦国逐渐成为诸侯国中最强大的一个。

庄襄王即位前，曾在赵国做人质，他见到了吕不韦的姬妾赵姬，很喜欢她，于是娶了她。秦昭王四十八年（前259年）正月，赵姬在邯郸生下一子，起名政，姓赵。他十三岁那年，庄襄王死了，政成为秦王，就是后来的秦始皇。

这时，秦国已经兼并了巴、蜀和汉中，并且穿越了宛

而占有了郢（yǐng），在这里设置了南郡；在北方据有上郡
以东地区，占据了河东、太原、上党郡；东面侵占到荥阳，
消灭了东西二周，在此设置了三川郡。接着吕不韦做了丞
相，受封十万户，封为文信侯。他广招宾客游士，凭借他
们出谋划策，使秦国得以吞并天下。当时李斯为舍人，蒙
骜、王龁（yǐ）、麃公等人任将军。秦王年纪小，且刚即位，
于是委托大臣们处理国家大事。

　　随后，伴太后避居雍城的宠侍嫪毐受封为长信侯，以
山阳（今河南修武县）为住地。这时雍城的宫室、车马、
衣服和苑囿、畋（tián）猎场等，太后一概任嫪毐随意使用；
雍城和宫中无论大事小情，都由嫪毐决定。之后，秦国
又改河西太原郡为毐国，作为嫪毐的封地。

　　秦王举行成年加冠典礼后，已经能佩带刀剑。这时
长信侯嫪毐谋反，他伪造秦王的御玺及太后玺印，动用
县里的军队以及侍卫兵卒、

◎明万历刻本《三才图会》之
《秦始皇帝像》

官骑、戎狄族首领、家臣，准备进攻蕲年宫，发动叛乱，后被平定。

第二年，相国吕不韦因受嫪毐叛乱的牵连而被免去官职，太后也被囚居于雍城。桓齮被任命为将军。齐、赵二国有使臣到来，秦王设酒宴款待他们。齐国人茅焦游说秦王说："此时秦国正处在以经略天下为大业的时候，可是大王却有流放太后的名声，诸侯们听到这样的事，恐怕会为此而背叛秦国。"秦王便将太后从雍城接回咸阳，依旧让她居住在甘泉宫里。

紧接着，秦国大规模地搜查、驱逐各国来此任职的宾客。李斯上书陈述利弊，驱逐客卿的命令才由此废止。李斯进而规劝秦王，恳请先攻取韩国，以震慑其他诸侯国家，于是秦王派李斯攻取韩国。韩王听说秦国来犯，十分忧虑，就与韩非商议削弱秦国的计策。

随后，大梁人尉缭赶到秦国，向秦王游说，建议秦王去贿赂各诸侯国的权贵大臣，以此打乱他们的合纵联盟。秦王采纳了他的策略，对他盛情款待。然而尉缭一眼看穿了秦王的本质，他说秦王外貌凶恶，缺乏恩德，有虎狼心肠，处在不得志的时候会轻易对人表示谦卑，得志的时候便会轻易吞食别人。一旦让其夺得天下，天下人便都成了其俘虏。

此后，秦军又经过多年的征战，逐个消灭诸侯国。直到前221年，秦国派将军王贲从燕地南下攻打齐国，俘虏了齐王建。至此，天下第一次实现了统一。

亲近原典

《秦始皇本纪第六》节选一

九年，彗星见现，或竟天①。攻魏垣、蒲阳。四月，上宿雍。己酉，王冠，带剑。长信侯毐作乱而觉，矫王御玺及太后玺以发县卒及卫卒、官骑、戎翟君公、舍人②，将欲攻蕲年宫为乱。王知之，令相国昌平君、昌文君发卒攻毐。战咸阳，斩首数百，皆拜爵，及宦者皆在战中，亦拜爵一级。毐等败走。即令国中：有生得毐，赐钱百万；杀之，五十万。尽得毐等。卫尉竭、内史肆、佐弋竭、中大夫令齐等二十人皆枭首。车裂以徇，灭其宗③。及其舍人④，轻者为鬼薪⑤。及夺爵迁蜀四千馀家，家房陵⑥。是月寒冻，有死者。杨端和攻衍氏。彗星见现西方，又见现北方，从斗以南八十日⑦。

注释

①竟天：划过整个天空。竟：从头至尾。

②矫：假托，盗用。御玺：皇帝的印。县：古代天子所管辖之地，在京都千里以内，即王畿。君公：首领。

③宗：同祖，同族。

④及：至于。

⑤鬼薪：拾柴以供王家宗庙之用，即为王家宗庙服劳役，是秦国的徒刑之一，刑期三年。

⑥家：安家，居住。

⑦从斗以南：从北斗往南。斗：北斗星。

译文

秦王政九年，有彗星出现，光芒贯穿长空。秦军攻打魏国的垣城和蒲阳。四月，秦王在雍城留宿。己酉日，秦王举行成年加冠典礼，能佩带刀剑。长信侯嫪毐阴谋叛乱，他伪造秦王的御玺及太后玺印，动用县里的军队以及侍卫兵卒、官骑、戎狄族首领、家臣，准备进攻蕲年宫，发动叛乱。秦王得知后命令相国、昌平君、昌文君调集军队攻打嫪毐。双方在咸阳交战，斩杀叛军数百人。事后，平叛的功臣都提升了爵位，就连那些参加作战的宦官也升了一级爵位。嫪毐等人战败逃跑。秦王在全国下令通缉：活捉嫪毐者，赏钱一百万；将其杀死者，赏钱五十万。最终嫪毐等人全部被抓获。卫尉竭、内史肆、佐弋竭、中大夫令齐等二十人都被斩首、车裂示众，并且诛灭了嫪毐的家族。他的门客也不能幸免，罪轻的也要罚劳役三年。至于那些被剥夺官爵而流放到蜀地的四千多家，都被安置在房陵居住。这时候虽然是初夏，但是依然很寒冷，有人被冻死。秦将杨端和攻打衍氏邑。彗星在西方出现，又在北方出现，再从北斗周围转向南方，持续八十天。

明地理

邯郸：河北省下辖的地级市，国家历史文化名城。春秋战国时期，邯郸作为赵国的都城，历经八代国君，是当时北方的政治、经济、文化、交通中心。现在，邯郸的著名景点有娲皇宫、武灵丛台、赵王城、学步桥、129 师司令部旧址、邺城遗址、兰陵王墓等。

朝秦暮楚：意为小诸侯国为了自身的利益与安全，时而交好秦国，时而倾向楚国，比喻为人处世反复无常。典出宋代晁补之的《鸡肋集·北渚亭赋》："托生理于四方，固朝秦而暮楚。"战国时期，秦、楚两大诸侯国经常相互攻伐。在两国交界处有个荆紫关，两国交战后，获胜一方就占领此关，这样就有了朝秦暮楚的说法。这个成语可作谓语、定语，含有贬义。

秦并天下后小国卫独存，这是为什么呢？

11

秦始皇本纪第六
宰治天下

同学们知道历史上第一个称"皇帝"的人是谁吗？是秦始皇，秦始皇又被称为"始皇帝"。在中国历史上，秦始皇既有功劳也有过失，功劳是首次完成中国大一统的局面，修驰道，统一度量衡和货币；过失是焚书坑儒，修筑万里长城，劳民伤财。历史如烟，功过自有后人评说。

秦国刚刚统一了天下，秦王命令丞相、御史议定他的称号。丞相王绾、御史大夫冯劫、廷尉李斯等人都说："在古代有天皇，有地皇，有泰皇，泰皇最尊贵。臣等冒死奉上尊号，王应称为'泰皇'。天子之命称为'制'，天子之令称为'诏'，天子自称为'朕'。"秦王说："除掉'泰'字，沿用'皇'字，再采取上古'帝'位的称号，尊号为'皇帝'。其他就按照你们的建议。"之后秦王追尊庄襄王为太上皇，又下达制书废掉谥法。秦王为始皇帝，后世以数字标记，自二世、三世直到万世，想永远传递。

　　始皇帝将全国分为三十六个郡，将百姓改称为"黔首"。他还下令把天下的兵器都收集起来，熔化后铸成大钟，又铸了十二个各重千石的铜人。他还统一法律与度量衡，统一了车辆的规格，统一了文字。

　　始皇帝还把天下十二万户豪富迁徙到咸阳，并在渭水南岸地区设了陵庙、章台宫和上林苑。

　　始皇帝在咸阳宫大摆酒宴，七十位博士前去祝酒。仆射周青臣称颂始皇帝，认为自上古以来没有人能赶得上始皇帝的威望和功德。始皇帝很开心。但齐地的博士淳于越进谏说："我从来没有听说过不秉承古之法文能长久。现在周青臣当面奉承而使陛下过失加重，他算不上忠臣。"

　　始皇帝让群臣讨论这件事。丞相李斯说："现在天下已经平定，各种法令已经统一，那些儒生不遵守如今的法令，而要学习古代，这是要搞乱民众的思想，弄得天下大乱。那些私家之学彼此勾结，诋毁法令教化，这些人一听到颁布法令，他们就用各自所学的主张妄加评论。这些人身在朝中就暗自腹诽，离宫后就在街巷议论，在君主面前他们显摆自己所主张的学识来争名夺利，用有别于当今的观念来表示高明，由此又集结了一群追随者对朝廷诽谤造谣。这样的情况不禁止的话，就会使君主威望降低，臣子结成朋党。我认为这种趋势必须遏制。我恳请命令史官把除《秦记》以外的史书都烧掉。非博士官的职务需要，有私藏《诗》《书》及百家典籍的，必须上交并烧毁。若有人敢集会论说《诗》《书》的，必须处死。用古事来诋毁当今的人要被诛灭家族。官吏中如果有知情瞒报的要与他们同罪。只留有关医药、占卜和种植类的书籍不用烧。"始皇帝同意了。

秦始皇三十五年（前212年），始皇帝下令修筑道路，经由九原郡直达云阳，填谷挖山，笔直贯通。这时候始皇帝认为咸阳人口多，先王的宫廷又小，听说周文王定都于丰，武王定都于镐，丰、镐两城之间该是帝王定都的地方。于是就在渭水南面的上林苑中建造朝会的宫殿。先建前殿，这个宫殿特别大，能容纳万人。周围环绕着回廊通道，从殿下直通到南山。在南山之巅建造宫阙。又修造天桥，自前殿跨过渭水，连接到咸阳，来象征天空中的阁道星跨越银河抵达营室星。这座宫因为建在阿房，天下的人便将它称为阿房宫。

此前，始皇帝命侯生、卢生等人去寻找不死的仙药。然而他们认为始皇帝天性刚烈凶狠，而且自以为是，喜欢用刑法杀戮的方式来确立他的帝王权力，所以不应为他寻求仙药。于是他们二人就逃跑了。始皇帝听说后很生气，派御史审问那些方士儒生。那些方士儒生相互揭发，查出触犯法令的竟有四百六十多人。始皇帝一怒之下，下令在咸阳将他们全部活埋。始皇帝就是要让天下的人都知道这件事，借以警告后人。

◎法国国家图书馆藏
《彩绘帝鉴图说》之《遣使求仙》

《秦始皇本纪第六》节选二

分天下以为三十六郡，郡置守、尉、监。更名民曰"黔首"①。大酺。收天下兵，聚之咸阳，销以为钟鐻②，金人十二，重各千石，置廷宫中。一法度衡石丈尺③。车同轨④。书同文字。地东至海暨朝鲜⑤，西至临洮、羌中，南至北向户，北据河为塞，并阴山至辽东⑥。徙天下豪富于咸阳十二万户。诸庙及章台、上林皆在渭南。秦每破诸侯，写放仿其宫室⑦，作之咸阳北阪上⑧，南临渭，自雍门以东至泾、渭，殿屋复道周阁相属⑨。所得诸侯美人钟鼓，以充入之。

注释

①黔首：也称"黎首"，指百姓。黔：黑色。

②销：熔化（金属）。镰（jù）：似钟的乐器，夹置在钟旁，作猛兽形，由木或铜制成。

③衡：秤。又《史记新证》以为当以"一法"为句。

④同轨：指车辆两轮之间的距离都相同。

⑤暨（jì）：和，同。

⑥并：傍，沿着。

⑦写：描摹。放：通"仿"。

⑧阪（bǎn）：山坡。

⑨复道：阁道，天桥。周阁：环行的长廊之类。一说是周围的楼阁之意。

译文

始皇帝将全国分为三十六郡，郡中设有郡守、郡尉、监御史等官职。将百姓改称为"黔首"。赏赐天下的人同饮庆贺统一。把天下的兵器收集到咸阳，熔化之后铸成大钟，又铸了十二个铜人，各重千石，摆放在宫廷中。统一法律与度量衡。并统一了车辆的规格。还统一了书写的文字。秦朝的版图向东直达大海及朝鲜，向西到达临洮、羌中，向南抵达北向户，向北依黄河设置关塞，沿着阴山直至辽东。天下十二万户豪富被迁徙到咸阳。各代先祖的陵庙以及章台宫和上林苑都设在渭水南岸地区。秦每灭亡一个诸侯国，都绘制出这个国家宫室的图形，在咸阳北阪地区依样建造，众宫室南临渭水，从雍门向东直至泾水、渭水的交汇处，殿屋之间有天桥和环行的长廊相连。秦皇把从诸侯国所获得的美人、钟鼓，都安置在这些宫殿里。

阿房宫： 位于今陕西省西安市西咸新区。秦始皇统一六国后，为彰显国力，兴修阿房宫，工程未完成秦朝就灭亡了，阿房宫也在战乱中被焚毁。现在仅存部分夯土建筑基址，占地面积约 15 万平方千米。阿房宫是中国古代宫殿建筑的代表作，有着独特的历史文化价值，唐代诗人杜牧写下的《阿房宫赋》成为千古名篇。1956年，阿房宫遗址被陕西省列为省级文物保护单位。1961年，被国务院列为第一批全国重点文物保护单位。1991年，又被联合国教科文组织认定为世界上最大的宫殿基址。

泾渭分明：泾河水清澈，渭河水浑浊，两条河流于西安市高陵区相汇，河水却不混合，而是清浊分明。典出《诗经·邶风·谷风》。这个成语用来比喻界限分明，可以用作主语、谓语、宾语、定语，含褒义。

秦始皇焚书是把书全烧掉了吗？为什么？

12 项羽本纪第七
少年英雄

"取法乎上，得乎其中，取法乎中，得乎其下。"年轻时的项羽见到秦始皇帝出巡的排场隆重，便说："我可以取而代之。"那时的项羽就志向高远，非同一般。虽然在后来因为性格的原因败给刘邦，但他总算也在历史上留下了浓墨重彩的一笔。作为祖国的未来，我们也应该从小树立下远大的人生的志向。

项羽名籍，字羽，下相人。他爷爷是楚国大将项燕，就是被秦国将军王翦杀害的那位将军。他叔叔叫项梁。项氏世代任楚国的将军，被封在项城县，所以姓项。项羽开始起事的时候，才二十四岁。

项羽小的时候曾学习写字

◎明万历刻本
《三才图会》之《项王图》

识字，没有学成就不学了；又学习剑术，也没有学成。项梁为此很生气。项羽却说："学写字，能够用来记姓名就行了；练剑术，也只能敌一个人，这些都不值得学。我要学习能敌万人的本事。"于是项梁就教项羽兵法，项羽非常高兴，可是刚刚懂得了一点儿兵法的大意，又不肯学到底了。

项梁曾经因罪案受牵连在栎阳被捕入狱，他请蕲县狱掾（yuàn）曹咎写一封说情信给栎阳狱掾司马欣，犯罪的事最后不了了之。后来项梁又杀了人，便带项羽逃到吴中地区躲避仇家的报复。吴中地区的贤士大夫都敬重他，当地每遇到有大的徭役与丧葬的事，经常由项梁做主管人。他暗地里用兵法来组织宾客和青年，久而久之，吴中地区的人都知道他的能力。

秦始皇到会稽去巡查，当他经过浙江的时候，项梁与项羽一起去观看。项羽说："我可以取而代之。"项梁连忙捂住了他的嘴，说："别胡说，会被灭族的！"由此，项梁认为项羽志向高远，非同一般。项羽身材高大，力气大得足够扛起大鼎，还有过人的才气，虽然吴中年轻人勇猛好斗，却都畏惧项羽。

秦二世元年（前 209 年）七月，陈涉等人开始在大泽乡起义。九月，会稽郡守殷通对项梁说："长江以西地区全反叛了，这正是天要灭亡秦国。我听说先动手就可以控制大局，晚动手会受别人压制。我打算起兵反秦，任命您与桓楚做将军。"项梁说："桓楚如今逃亡在外，没有人清楚他在何方，只有项羽知道他的藏身之处。"于是项梁出来，让项羽随身携带宝剑在屋外等候。项梁又回到屋内，和郡守一起坐下，他说："请您召见项羽，让他奉命去寻找桓楚。"郡守答应后，项梁把项羽叫了进来。过了一会儿，项梁示意项羽说："能动手了！"于是项羽就拔出宝剑斩下了郡守的头。项梁手里提着郡守的头，身上挂着郡守的官印走出来。郡守的部下大为惊慌，一片混乱，项羽一连杀了有一百来人。整个郡府上下都吓得趴倒在地，没有一个人敢起来。

项梁见控制住郡府，就召集起熟悉的豪强官吏，向他们说明起事反秦的道理，然后就在吴中地区起事。项梁派人去接收吴中郡下属各县，共得精兵八千人。又部署郡中豪杰，委任他们担任各种职务。其中有一个人没有被任用，他找到项梁询问原因，项梁说："前些日子某家办丧事，我让你去做一件事，你没有办成，所以不能任用你。"众人听了都心服口服。于是项梁做了会稽郡守，项羽为副将，去巡行占领下属各县。从此，项羽就开启了自己的称霸之路。

亲近原典

《项羽本纪第七》节选一

项羽已杀卿子冠军，威震楚国，名闻诸侯。乃遣当阳君、蒲将军将卒二万渡河①，救钜鹿。战少利②，陈馀复请兵。项羽乃悉引兵渡河，皆沈_沉船，破釜甑③，烧庐舍，持三日粮，以示士卒必死，无一还心。于是至则围王离，与秦军遇，九战，绝其甬道，大破之，杀苏角，虏王离。涉间_间不降楚，自烧杀。当是时，楚兵冠诸侯④。诸侯军救钜鹿下者十馀壁⑤，莫敢纵兵⑥。及楚击秦，诸将皆从壁上观。楚战士无不一以当十，楚兵呼声动天，诸侯军无不人人惴恐⑦。于是已破秦军，项羽召见诸侯将，入辕门⑧，无不膝行而前⑨，莫敢仰视。项羽由是始为诸侯上将军，诸侯皆属焉。

注释

①河：这里指漳河。

②少利：胜利不多。

③釜：锅。甑（zèng）：做饭用的一种瓦器。

④冠诸侯：在诸侯军当中居第一。

⑤壁：壁垒，营垒。

⑥纵兵：出动军队。纵：放。

⑦惴（zhuì）恐：恐惧。

⑧辕门：即营门。古时军营用两辆兵车竖起车辕相对为门，所以叫辕门。

⑨膝行而前：跪着向前走。膝行：用膝盖行走。

译文

　　项羽诛杀了卿子冠军，威震楚国，名扬诸侯。他首先派遣当阳君、蒲将军率领二万人渡过漳河，援救钜鹿。战争只有一些小的胜利，陈馀又来请求增援。项羽就率领全部军队渡过漳河，把船只全部弄沉，把锅碗全部砸破，把军营全部烧毁，只带上三天的干粮，以此向士卒表示一定要决死战斗，毫无退还之心。部队抵达前线，就包围了王离，与秦军相遇，交战多次，阻断了秦军所筑甬道，大败秦军，杀了苏角，俘虏了王离。涉间拒不降楚，自焚而死。这时，楚军强大居诸侯之首，前来援救钜鹿的诸侯各军筑有十几座营垒，没有一个敢发兵出战。到楚军攻击秦军时，他们都只在营垒中观望。楚军战士无不一以当十，士兵们杀声震天，诸侯军人人战栗胆寒。项羽在打败秦军以后，召见诸侯将领，当他们进入军门时，一个个都跪着用膝盖向前走，没有谁敢抬头仰视。自此，项羽真正成了诸侯的上将军，各路诸侯都隶属于他。

访名人

项燕：周王族姬姓项国后代，战国末年楚国名将。项氏世代为楚国将领，受封于项，后用为姓氏。前224年，秦王嬴政以王翦为将帅，率军六十万大举攻楚。楚国危在旦夕，项燕作为主将，带领军队准备与秦军决一死战。王翦采取坚壁固守的方针，避其锋芒。楚军多次挑战，秦军始终不出。楚军以为秦军将长期驻守新占领土，于是撤军东归。王翦伺机起兵追击，突袭楚军，楚军大败，项燕兵败自杀。

识典故

破釜沉舟：意思是把饭锅打破，把渡船凿沉。形容做事不留退路，决心坚持到底。典出《史记·项羽本纪》。秦朝末年，项羽率二万精兵进攻秦将王离及章邯。渡过漳水后，项羽命令兵士凿沉船只，打破煮食物用的锅，再放火烧掉岸边的房屋，只带三天的口粮，不给自己留一点退路，以此激励士兵，奋勇向前，决不退缩。经过九次激烈的交锋，最终楚军打败了秦军，取得了胜利。这个成语可作谓语、宾语、状语，含褒义。

有所思

是哪些原因使得项羽决心坑杀秦军降卒？

13 项羽本纪第七
鸿门宴

　　历史上有两个著名的酒局，一个是"杯酒释兵权"，另一个是"鸿门宴"，"鸿门宴"是一场决定了后来天下归属的酒局。在这场酒局上，每个人都怀有心事，气氛异常紧张。而就是在这场酒局上，项羽因其优柔寡断的性格，放走了刘邦，自此放虎归山，错失良机，失败也就成了必然。

　　陈胜、吴广在大泽乡起义后，六国故地纷纷起兵反秦。项羽带着部队一路向西与秦军作战，还有一支人马在沛公刘邦的带领下从另一路攻打秦军。大家约定好，谁先攻入关中，就封谁关中王。

　　项羽带兵到了函谷关，关内有士兵把守，没能进去。又听说刘邦已经攻下了咸阳，项羽非常生气，就派当阳君等攻打函谷关。这样项羽才进了关，并自称霸王。当时，刘邦的军队驻扎在霸上，没能跟项羽相见。结果刘邦的左司马曹无伤派人告诉项羽说："沛公想在关中称王，让秦王子婴为相，珍奇宝物都占为己有了。"项羽大为愤怒，范增也劝项羽要赶快去攻打刘邦，不要错失良机！

楚国的左尹项伯是项羽的叔父，他一向跟张良要好。张良这时正追随刘邦，项伯连夜跑去见了张良，想叫张良跟他一起离开。张良是个有情有义的人，他把项羽要发难的事告诉了刘邦。刘邦知道自己现在敌不过项羽，吓得惊慌失措。张良就给刘邦出主意说："我去告诉项伯，就说您万万不敢背叛项王。"于是刘邦让张良把项伯请进来，以对待兄长的礼节向项伯敬酒，又定下了儿女婚姻。接着，刘邦向项伯表达了自己的臣服之心，项伯相信了，嘱咐刘邦让他第二天去向项羽谢罪，然后就连夜回到军营，把刘邦的话转告给项羽，建议项羽善待刘邦，借此收买人心。项羽答应了。

第二天一清早，刘邦带着一百多名侍从人马到鸿门向项羽赔罪。项羽说："是您的左司马曹无伤亲口说的，不然，我怎么会起疑心呢！"两人表面上解开了误会，项羽就让刘邦留下一起喝酒。席间范增好几次给项羽递眼色，让他赶紧杀了刘邦。然而项羽始终沉默，不作回应。

范增只好起身出去，叫来项庄，让他借舞剑助兴的机会刺杀刘邦。于是项庄进来敬酒，并请求为宾客舞剑助兴。项羽同意后，项庄便拔剑起舞。此时项伯也拔剑舞起来，屡屡用身体掩护沛公，使项庄难以刺击刘邦。

　　见此情景，张良走到军门，找来樊哙，告诉他现在形势十分危急，项庄正在舞剑，打算杀了刘邦！樊哙知道事不宜迟，带着宝剑拿着盾牌闯进军门，怒视项羽。项羽伸手握住宝剑，挺直身子，问："这位客人是干什么的？"张良说："是沛公的护卫樊哙。"项羽欣赏樊哙勇猛，赐给他一杯酒。樊哙拜谢，起身站着喝了。项羽又赐他一只猪肘。樊哙把盾牌反扣在地上，把猪肘放在上面，拔出剑来边切边吃。项羽说："好一位壮士！还能再喝吗？"樊哙说："我连死都不在乎，一杯酒又有什么可推辞的！那秦王有虎狼一样凶狠之心，杀人无数，天下人都叛离了他。怀王曾经和诸将约定说'谁先击败秦军进入咸阳，就让他在关中为王'。如今沛公先击败秦军进入咸阳，对城中财物丝毫没敢动，封闭秦王宫室，把军队撤回到霸上，等大王您来。还特地派遣将士把守函谷关，防备其他盗贼窜入。沛公如此劳苦功高，没有得到赏赐，您反而听信小人的谗言要杀害他。这只能是走秦朝的老路，大王您不会这么做！"一番话说得项羽无话回答，只好让樊哙坐下。

坐了一会儿，刘邦起身上厕所，顺便把樊哙叫了出来。刘邦还在犹豫要不要趁机逃跑，樊哙一再催促他快走。最终刘邦决定留下张良去向项羽致歉，自己则跑回军营。张良估计刘邦已经回到军营才归座，捧上一双白璧，恭敬地献给项羽，又将一对玉斗献给范增。项羽问道："沛公在什么地方？"张良答道："听说大王有意责怪他，他就脱身一个人走了，现在已经回到军营。"项羽接过白璧，放在座位上。范增接过玉斗，扔在地上，拔出剑来砸碎了，说："唉！这不成器的小子，真没法跟他共谋大事。将来夺取项王天下的一定是沛公了。我们这班人就要成为俘虏了！"刘邦回到军中，立即杀了曹无伤。

《项羽本纪第七》节选二

沛公旦日从百馀骑来见项王，至鸿门，谢曰："臣与将军戮力而攻秦，将军战河北，臣战河南，然不自意能先入关破秦①，得复见将军于此。今者有小人之言，令将军与臣有郤郄。"项王曰："此沛公左司马曹无伤言之；不然，籍何以至此。"项王即日因留沛公与饮。项王、项伯东向坐②，亚父南向坐。亚父者，范增也。沛公北向坐，张良西向侍。范增数目项王③，举所佩玉玦以示之者三④，项王默然不应。范增起，出召项庄，谓曰："君王为人不忍⑤，若入前为寿⑥，寿毕，请以剑舞，因击沛公于坐，杀之。不否者⑦，若属皆且为所虏⑧。"庄则入为寿。寿毕，曰："君王与沛公饮，军中无以为乐，请以剑舞。"项王曰："诺。"项庄拔剑起舞，项伯亦拔剑起舞，常以身翼蔽沛公⑨，庄不得击。

注释

①不自意：自己想不到。

②东向坐：面朝东坐。这是表示尊贵的主位。

③目：用眼色示意。

④玦（jué）：环形而有缺口的佩玉。三：表示好几次，非确指。

⑤忍：狠心。

⑥若：汝，你。

⑦不者：不然的话。不：同"否"。

⑧若属：你们这班人。且：将。为所虏：被他俘虏。

⑨翼蔽：遮蔽，掩护。翼：用翼遮盖，保护。

　　第二天一清早，沛公带着一百多名侍从人马来见项王，到达鸿门，向项王赔罪说："我跟将军合力攻秦，将军在河北作战，我在河南作战。却没想到我能先入关攻破秦朝，能够在这里又见到您。现在是有小人说了什么坏话，才使得将军和我之间产生了嫌隙。"项王说："是您的左司马曹无伤说的，不然，我怎么会这样！"项王当日就让沛公留下一起喝酒。项王、项伯面朝东坐，亚父面朝南坐。亚父也就是范增。沛公面朝北坐，张良面朝西陪侍着。范增好几次给项王递眼色，又好几次举起身上佩戴的玉玦向他示意，项王只是沉默着，没有反应。范增起身出去，叫来项庄，对他说："君王为人心肠太软，你进去上前献酒祝寿，然后请求舞剑，趁机刺击沛公，将其杀死在坐席上。不然的话，你们这班人都将成为人家的俘虏啦。"项庄进来，上前献酒祝寿。祝酒完毕，对项王说："君王和沛公饮酒，军营中没有什么可以娱乐的，就让我来舞剑吧。"项王说："那好。"项庄就拔剑起舞，项伯也拔剑起舞，常常用身体掩护沛公，项庄没有办法刺击沛公。

明地理

鸿门：位于陕西省西安市临潼区。因为受雨水冲刷，形状像一条鸿沟，北端出口处像门，所以有了"鸿门"这个名字。楚汉争霸之初，各路起义军约定好，谁先攻入关中，就给谁封王，结果刘邦率先入主关中。项羽匆匆赶来，对刘邦心生嫉恨。在谋士范增的计划下，项羽在这里宴请刘邦，以借机除掉他，这次宴会史称鸿门宴。

识典故

人为刀俎，我为鱼肉：俎：菜板。比喻双方实力悬殊，生杀大权掌握在别人手里，自己处在任人宰割的地位。典出《史记·项羽本纪》。鸿门宴上，范增多次暗示项羽杀掉刘邦。张良叫来樊哙救刘邦，刘邦借上厕所的机会与樊哙商量，找什么理由辞行。樊哙说："现在人家是刀子，我们是案板上的鱼肉，还辞行做什么？"刘邦这才与樊哙一起逃走。这个成语可用作定语、分句。

鸿门宴的座次是随便安排的吗？为什么？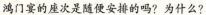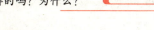

14 项羽本纪第七
自刎乌江

《霸王别姬》最早是李碧华写的一部小说，后由陈凯歌改编为电影，后来人们也用"霸王别姬"四个字形容英雄末路的悲壮情景。那么，大家知道"霸王"是谁吗？"姬"又指的谁呢？霸王为什么又要"别"姬呢？一代霸王又为何要自杀呢？带着这些问题，我们来看看下面这节内容吧。

鸿门宴之后几天，项羽率领军队在咸阳屠杀，杀死了投降的子婴，烧毁了秦朝宫室，大火烧了三个月都没熄灭。然后项羽准备将宫里的宝货、妇女向东运去。这时，有人劝他在关中称霸天下。可是项羽看着被大火烧得破烂不堪的宫室，再加上思念故土，还是想回到家乡，便说："富贵不回乡，就像穿着锦绣衣裳在夜间走路一样，谁知道我的荣华富贵呢！"那个劝说的人于是出言讥讽道："人们都说楚国人如同戴了帽子的猕猴，如今看来，果不其然。"项羽听后大怒，便将那人杀了。接下来，项王派人向怀王报告入关破秦的情况。怀王回复说："遵循之前的盟约行事。"然后项羽尊崇怀王为义帝。

项羽准备自立为王，就分封天下，封诸位将相为侯王。他和范增私下商量，认为巴、蜀地区道路艰险，而又属于关中地区，正适合把刘邦封到那里。于是项羽就封刘邦为汉王，统辖巴、蜀、汉中地区，建都南郑。又将关中地区一分为三，封秦朝的降将为王，用来阻断刘邦。

◎清上官周绘
《晚笑堂画传》之《项羽像》

汉元年（前206年）四月，诸侯各自去封国就位。但其实他们都还有野心，各怀鬼胎，于是开始互相厮杀抢地盘。他们窝里斗的时候，汉军却回师平定了三秦。

项羽听说刘邦早已把关中所有地区都吞并了，并且东方的齐国和赵国也背叛了他，归顺了刘邦，顿时大怒，便要去讨伐刘邦。

双方经过几年的征战，各有胜负，可逐渐地，刘邦占据了上风。项羽的军队就在垓下修筑壁垒防守，到了兵少粮尽的地步。这时汉军与诸侯的军队将他们团团围住。夜晚，汉军营中竟然唱起了楚地的民歌，项羽大惊失色，认为汉军已经占领了楚国，他悲愤交加，作诗说："力拔山兮气盖世，时不利兮骓不逝。骓不逝兮可奈何，虞兮虞兮奈若何！"他唱得泪流满面，身边人都跟着哭泣。

最后，项羽趁着夜色，带着八百多名壮士组成的骑兵从南面突出重围。一路拼杀到乌江，准备往东渡过乌江。

◎清上官周绘
《晚笑堂画传》之《霸王别姬》

乌江亭长把船划靠在岸边等候项王。他对项王说："江东地区虽然小，但方圆千里，有几十万百姓，也足够您称王了。希望大王能够即刻渡江。如今只有我有渡船，汉军到了也无法渡过去。"项王大笑说："天要亡我，渡江还有什么用呢！况且我和江东八千名子弟兵渡江向西，现在没有一人能够回来，纵然江东父老可怜我而拥立我为王，可我又有什么脸面去见他们？即使他们不说什么，难道我就不感到惭愧吗？"于是将坐骑赠给乌江亭长，和属下下马步行，手持短兵器与汉军作战。在这一战中，项羽杀死的汉军士卒有几百人，自己身上也有十多处伤，最后拔剑自刎。

太史公说：秦朝无道，由陈涉最先发难，而后豪杰们蜂拥而起，彼此之间争夺天下，不计其数。其中项羽没有半点儿封地，乘势起兵，经过三年，最终率领五路诸侯的军队灭亡了秦朝，分割天下，继而封王封侯，号称"霸王"。尽管他没有个好结局，然而也取得了近古以来不曾有过的功绩。等到项羽离开关中而思念楚地，放逐义帝而自立为王，又埋怨王侯们背叛自己，这样就难以成就大业了。他居功自傲，一意孤行，不遵循古法，以为成就霸业就要靠武力征服来整治天下。五年后他的国家就灭亡了，他自己也难逃一死，可他至死都不能觉悟，也不自责，把这一切都归结为"天要亡我"，这不是很荒谬吗！

《项羽本纪第七》节选三

项王之救彭城，追汉王至荥阳，田横亦得收齐，立田荣子广为齐王。汉王之败彭城，诸侯皆复与楚而背汉①。汉军荥阳，筑甬道属之河②，以取敖仓粟。汉之三年，项王数侵夺汉甬道，汉王食乏，恐，请和，割荥阳以西为汉。

项王欲听之。历阳侯范增曰："汉易与耳③，今释弗取④，后必悔之。"项王乃与范增急围荥阳。汉王患之，乃用陈平计间项王⑤。项王使者来，为太牢具⑥，举欲进之。见使者，详伴惊愕曰⑦："吾以为亚父使者，乃反项王使者。"更持去，以恶食食项王使者⑧。使者归报项王，项王乃疑范增与汉有私，稍夺之权。范增大怒，曰："天下事大定矣，君王自为之。愿赐骸骨归卒伍⑨。"项王许之。行未至彭城，疽发背而死⑩。

注释

①与：归附。

②属之河：意思是把荥阳和黄河南岸连接起来。

属：连接。

③易与：容易对付。

④释：放，指放走汉军。

⑤间：离间，指离间项王与范增的关系。

⑥太牢具：指极丰盛的筵席。古代祭祀或宴会，牛、羊、豕三者齐备叫太牢。具：饭食，酒肴。

⑦详：通"佯"，假装。

⑧恶食：粗劣的饭食。食（sì）项王使者：给项王使者吃。

⑨赐骸骨：意思是乞身告老。古人把做官看作委身于君，年老要求退休叫作乞骸骨。归卒伍：意思是回乡为民。古时户籍以五户为伍，三百家为卒。卒伍：指乡里。

⑩疽：毒疮。

译文

　　项王增援彭城，猛追汉王到荥阳，使得田横也能够收取齐国的土地，拥立田荣的儿子田广为齐王。在彭城汉王战败，使得诸侯又全都重新归附楚国而背叛汉国。汉军屯驻在荥阳，修筑了连接至黄河岸边的甬道，用来取得敖仓的粮食。汉王三年，项王屡次入侵甬道夺取汉军的粮食，汉王军粮缺乏，很恐惧，请求与楚国和解，割荥阳以西地区作为汉国的封土。

　　项王准备答应这个和约。历阳侯范增说："汉军很容易打败，假若现在放手而不攻下荥阳，以后一定要后悔。"于是项王立刻和范增包围了荥阳。汉王对此深感忧虑，就采用陈平的奇计来离间范增和项王之间的关系。项王的使者赶来，汉王置办了有猪、牛、羊在内的丰盛宴席，准备端过来进献的时候，看见了使者，假装惊奇地说："我以为是亚父的使者，怎么是项王的使者？"接着便端走换掉，让项王的使者吃粗劣的饭菜。使者回去报告项王后，项王便怀疑范增和汉王有交情，逐渐剥夺了他的一些权力。范增大怒说："天下的形势已定，君王自己治理天下吧。希望您将我这把老骨头赐还给我，让我回乡为民吧。"项王答应了。范增启程后还没能到达彭城，因背上的毒痈恶化而死去。

探古迹

垓下：古地名，位于今安徽省宿州市灵璧县境内。垓下古战场遗址已被列为安徽省重点文物保护单位。前202年，楚汉之争进入尾声，项羽率领的楚军逐渐失去主动，被刘邦的汉军围困在垓下，最终败没。垓下战役奠定了汉王朝400多年历史，在中国和世界战争史上影响深远。

识典故

沐猴而冠：意思是猕猴戴帽子，装成人的样子。比喻表面上装扮得像个人物，但掩盖不了他的本质。典出《史记·项羽本纪》。秦朝末年，项羽带领楚军进入咸阳城，大肆烧杀抢掠。于是就有人讽刺说楚人是戴着帽子的猴子，实际上野蛮。这个成语可作谓语、定语、状语，含贬义。

项羽作为失败者，何以深受司马迁同情？

15 高祖本纪第八
楚汉之争

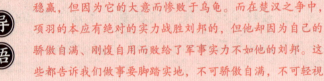

《龟兔赛跑》的故事我们从小就听过吧，兔子本来能稳赢，但因为它的大意而惨败于乌龟。而在楚汉之争中，项羽的本应有绝对的实力战胜刘邦的，但他却因为自己的骄傲自满、刚愎自用而败给了军事实力不如他的刘邦。这些都告诉我们做事要脚踏实地，不可骄傲自满，不可轻视他人。

汉高祖刘邦是沛县丰邑中阳里人，字季。他的父亲名太公，母亲名刘媪。刘邦长得高鼻梁，还留着一副很美的胡须，左腿上长有七十二颗黑痣。他的性情仁厚善良，爱帮助人，有豁达的心胸，常常表现出大度宽宏的气魄，不愿像平常人家从事生产和经营活动。等到他成年之后，曾试着去当官，当上了泗水亭长。刘邦曾到咸阳服徭役，这一趟不仅使他大开眼界，还有机会看到了秦始皇出行，他由衷感慨道："哦，大丈夫就要这样！"

单（shàn）父（fǔ）人吕公与沛县县令交好，他为了躲避仇人而跟随沛县县令到沛县客居。当时沛县地区的豪杰跟官吏们听说县令有贵客到来，全部前往祝贺，刘邦也去了。结果吕公看到刘邦就对他另眼相看，引他入座。宴席结束后，吕公留下刘邦，还把女儿许配给了他。吕公的女儿，就是后来的吕后，她生了孝惠帝与鲁元公主。

　　秦二世元年（前209年），因为不满秦国暴政，陈胜等人在蕲县起义。刘邦写了一封帛书射到城上，向沛县的父老们宣称："天下的人苦于秦朝的暴政已经很久了。如今乡亲们虽然替县令守城，诸侯却因为反秦而要血洗沛县。假使现在大家共同杀掉县令，从子弟当中选择能人拥立他，以此响应诸侯起义，那样就可以保全家室。否则，大家父子们都要被杀掉，就不会有任何作为了。"于是沛县人一起杀死了县令，打开城门迎接刘邦，并

◎清上官周绘
《晚笑堂画传》之《汉高祖像》

101

且推举他为沛县县令，尊称他为沛公。接下来，刘邦召集了像萧何、曹参、樊哙等这类少年豪吏在内的沛县子弟二三千人，向胡陵、方与等地进攻，退回后驻守在丰邑。

后来，刘邦听说项梁在薛地，就带着一百多名随从骑兵前去会见项梁，项梁给了他五千兵卒和十名五大夫级别的将领。此时项羽业已攻克襄城并回师。项梁听说陈王确实是死了，就拥立楚王后代怀王的孙子做楚王，把盱台当作都城。项梁号称武信君。

几个月后，项梁向北进攻亢父，增援东阿，打败了秦军。齐国的军队返回齐地，项梁带着楚军单独追击败逃的敌人，委派刘邦和项羽另外率领军队攻打城阳。他们屠戮了城阳的守军，在濮阳的东面驻军，与秦军作战，秦军被打败。

秦二世三年（前207年），楚怀王见项梁的军队战败了，很害怕，就把都城由盱台迁徙到了彭城，把吕臣和项羽的军队聚合到一处，亲自统率他们。怀王任命刘邦为砀郡长，封他为武安侯，统率砀郡的军队，又封项羽为长安侯，号为鲁公。赵国多次请求楚军援助，怀王便任命宋义为上将军，项羽为次将，范增为末将，领兵北上援救赵国。怀王还命令刘邦向西攻掠土地，以进入关中地区，并和各路将领订立盟约，先进入关中的便可在这个地区称王。

当时，秦军实力很强，经常乘胜追击败逃的诸侯国军队，因此没有人认为最先进入关中是件有利的事情。只有项羽愿意和刘邦一同向西进军攻入关中。

汉王元年（前207年）十月，刘邦的军队比诸侯们的军队先抵达霸上。秦王子婴乘坐白马拉着的素车，把绳子套在脖颈上，封藏了皇帝的玺印符节，在轵道旁向沛公投降。刘邦听取了樊哙、张良的建议，封藏了秦国的宝库，退回霸上驻军，还和民众约法三章，承诺不侵扰当地人。

◎日本长庆十一年古活字本《帝鉴图说》之《入关约法》

民众见刘邦的军队军纪严明，都希望受他的统治。

亲近原典

《高祖本纪第八》节选一

当是时，秦兵强，常乘胜逐北，诸将莫利先入关①。独项羽怨秦破项梁军，奋②，愿与沛公西入关。怀王诸老将皆曰："项羽为人僄悍猾贼③。项羽尝攻襄城，襄城无遗类④，皆阬坑之⑤，诸所过无不残灭⑥。且楚数进取⑦，前陈王、项梁皆败。不如更遣长者扶义而西⑧，告谕秦父兄⑨。秦父兄苦其主久矣，今诚得长者往，毋侵暴⑩，宜可下。今项羽僄悍，今不可遣。独沛公素宽大长者，可遣。"卒不许项羽，而遣沛公西略地，收陈王、项梁散卒。乃道砀至成阳，与杠里秦军夹壁，破秦二军。楚军出兵击王离，大破之。

注释

①诸将莫利先入关：诸将没有谁认为先入关对自己有利。利：以为有利。

②奋：这里是气愤、愤激的意思。

104

③僄悍：轻捷勇猛。猾贼：奸狡伤人。贼：伤害。

④无遗类：一个没留下。

⑤阬：同"坑"，坑杀，活埋。

⑥诸所过：指项羽带兵经过的地方。残灭：杀光。

⑦且：而且，再说。进取：进攻。

⑧长者：忠厚老实的人。扶义：扶持仁义，等于说实行仁义。

⑨告谕：通告，告诉。

⑩侵暴：侵害，欺凌。"侵""暴"同义。

译文

当时，秦国的军队还很强大，经常乘胜追击败逃的诸侯国的军队，没有将领认为最先进入关中地区去攻打秦军是件有利的事情。只有项羽因为痛恨秦军打败了项梁的军队，愿意和沛公一同向西进军攻入关中。一些老将军们都对怀王说："项羽为人急躁凶狠而好兴灾祸。项羽曾攻打襄城，攻下后襄城没有谁能够生存下来，全城人都被他坑杀了，他所到之处无不受到残酷的毁灭。而且楚军多次进攻关中地区，之前陈王和项梁的西进都失败了。不如派一位仁义宽厚的长者采用施仁政的方式向西进攻，向秦国的父老兄弟们阐明道理。因为他们的君主残暴，秦国的父老兄弟已经受苦很久了，现在如果真的能得到一位宽厚长者前往，不用侵凌残暴的手段，应该是能够把秦地攻下来的。项羽暴戾残忍，不能派他去。只有沛公是一位向来宽宏大量的长者，可以派遣他。"项羽的恳请最终没有被允许，怀王派遣了沛公向西进军攻取土地。沛公收纳原隶属于陈王、项梁而被秦军打散的士卒。随后经由砀城到达成阳，与杠里的秦军作战，消灭了秦的两支军队。楚军这时在河北出兵围攻王离的军队，大败秦军。

明 地 理

　　沛县： 位于江苏省西北端，地处苏、鲁、豫、皖四省交界之地，因古有"沛泽"，故名，至今已有2200余年的历史。沛县为汉高祖刘邦的故乡和发迹之地，亦是明太祖朱元璋祖籍，向有"汉汤沐邑""明先世家"和"千古龙飞地"之称。沛县春秋战国时，沛地属宋国，后齐、楚、魏灭宋，楚得沛地，设县。秦统一中国后，建沛县，属泗水郡。西汉改为沛郡，辖沛县。沛县今隶属徐州市。

识典故

约法三章：原指订立简单的法律与人民相约遵守，现在也常指事先订立简单的条款。典出《史记·高祖本纪》。秦朝末年，刘邦进入咸阳城后，为了获取民心，他把关中各县的父老和豪杰召集起来，向大家宣布："秦朝的刑法严苛，把百姓都害苦了，应该废除。现在我和诸位约定，所有人都要遵守三条法律：杀人的要被处死，伤人的要抵罪，偷盗的也要判处罪行。"百姓们听了，都纷纷拥护刘邦。这个成语用作谓语、宾语，含褒义。

有所思

刘邦缘何得胜称帝？项羽因何失败自刭？

16 高祖本纪第八
平定内乱

刘邦是汉朝的开国君主，即汉朝的第一个皇帝。关于刘邦的出生，有一些有趣的传说，其中一个是说刘邦是其母亲与一条大蟒蛇结合生下的。大家想想，这肯定是不可能的了。那为什么民间会有这样奇幻的传说呢，其实啊，这都是古时候为了给帝王身上增加传奇色彩而刻意杜撰的呢。

　　刘邦率先入关后，不敢在咸阳轻举妄动。等到项羽到来，项羽身边的范增力主除掉刘邦，这才有著名的鸿门宴，楚汉双方在会面时暗中角力。此后，刘邦和项羽之间的矛盾逐步升级。项羽逐渐失去人心，诸侯都背弃了他，自愿追随刘邦。最终刘邦在垓下围困楚军，项羽拼死冲出重围，在乌江边兵败自刎。

　　前202年正月，诸侯与将相们聚在一起共同恳请尊奉刘邦为皇帝。刘邦再三推辞，却抵不过群臣们的坚持，最后，迫不得已于甲午日，在氾水的北岸即皇帝位，后人尊称他为高祖。

高祖即位后，在洛阳南宫摆酒设宴。席间，高祖和群臣畅所欲言，他说："大家来说一说，我之所以能取得天下，究其原因是什么？项氏失去天下又是为什么？"高起和王陵答复说："陛下为人孤傲而好轻视戏谑别人，项羽为人仁厚而关爱别人。然而陛下派将领去略地攻城，就把所攻克的地区赐给将领，这是陛下能与天下人共享其利。项

◎清乾隆五十三年姚文翰绘《历代帝王真像》之《汉高祖真像》

羽则嫉贤妒能，他加害有功劳的人，猜疑有贤才的人，他手下将士作战取得了胜利，他既不记功，也不封地，这便是他失去天下的原因。"高祖说："你们只知其一，不知其二。在帷帐当中运筹谋划而能决胜于千里之外，我比不上张良。在镇守国家、抚慰民众、供给粮食、保证运输军粮不断绝这方面，我比不上萧何。在统领百万大军、作战必胜、攻城必克这方面，我比不上韩信。这三位全是人中豪杰，而我能起用他们，这便是我能够取得天下的原因。项羽有范增却不能信任重用他，这便是他被我打败的原因。"

汉朝建立后，高祖定都洛阳，诸侯全都向他称臣。之后，高祖让兵士们全都解甲归田，视情况减免诸侯后代的徭役赋税，让民众休养生息。

此后，诸侯陆续有人造反，或有被人告发意图谋反的，高祖就派兵去平乱，或是用重金利诱分化叛军。就这样，高祖剿灭了韩信、陈豨（xī）、彭越、黥布这些昔日战友，诛杀了他们的亲族。

另一方面，萧何主持了未央宫的建设。高祖在平乱间隙回来视察未央宫的营建情况，见到壮观的宫室，认为萧何奢侈浪费。萧何则说："就是因为如今天下未定，才要兴建未央宫，如果不把宫室建得壮丽，就无法显示天子地位的尊贵和威严。"高祖听了又转怒为喜。

有一次，高祖征战结束回到关中，途经沛县，暂住下来。在沛宫设置酒宴，招来所有的父老乡亲纵情豪饮，还征集到沛地一百二十个小孩，教他们唱歌。酒酣之际，高祖亲自奏乐，作诗吟唱："大风起兮云飞扬，威加海内兮归故乡，安得猛士兮守四方！"并且命令那些孩子们练习并演唱这支歌。高祖就在孩子们的唱和声中起舞，悲情万端，洒下了行行热泪。高祖因为自己出身沛县，为表示不忘本，于是下令永远免除沛县民众的徭役赋税。沛县的男女老少从此每日都举杯欢宴，生活过得其乐融融。

十几天以后，高祖打算离去，沛县的乡亲们热情地挽留他。高祖说："我带的人很多，再待下去，恐怕你们就负担不起他们的供给了。"沛县百姓又把县里所有的特产都拿了出来，进献给高祖。高祖又逗留了三日，还比照沛县的规定免除了丰邑的赋税徭役。

高祖在追击黥布的时候，曾被流箭击中，在行军途中伤口发作，病得很严重。吕后趁机问高祖："陛下百年之后，如果萧相国也死了，让谁代替他做相国呢？"高祖说："曹参。"吕后又问曹参的继任者，高祖说："王陵也可以，然而王陵太过耿直，可以让陈平协助他。陈平的谋略有余，但是他却难以单独胜任。周勃为人稳重诚实，只是没什么文化，但是他必能使刘氏天下安定，所以可以任命他担任太尉。"吕后再追问，高祖就不说了。前150年四月甲辰，高祖于长乐宫死去。

亲近原典

《高祖本纪第八》节选二

八月，汉王用韩信之计，从故道还，袭雍王章邯。邯迎击汉陈仓，雍兵败，还走；止战好畤，又复败，走废丘。汉王遂定雍地。东至咸阳，引兵围雍王废丘，而遣诸将略定陇西、北地、上郡。令将军薛欧、王吸出武关，因王陵兵南阳，以迎太公、吕后于沛。楚闻之，发兵距之阳夏，不得前①。令故吴令郑昌为韩王，距汉兵。

注释

①前：向前，前进。

译文

汉元年八月，汉王采用韩信的计谋，从原先来到汉中时所走过的道路回师关中，袭击了雍王章邯。在陈仓章邯迎击汉军，雍国的军队战败后逃走，在好畤县停下来与汉军交战，再一次失败，逃到了废丘。汉王于是平定了雍地。汉王向东进军抵达了咸阳，率领军队将雍王包围在废丘，而后又派遣诸位将领攻占平定陇西、北地、上郡。汉王命令将军薛欧与王吸率军出武关，借助王陵在南阳的军队，来到沛县迎接太公与吕后。楚国得知此事后发动军队在阳夏阻截他们，他们无法前行。楚国又任命原吴令郑昌为韩王，在韩地阻截汉王的军队。

新丰遗址： 位于陕西省西安市临潼区新丰镇西南 2.5 公里处的沙河村南，是西安市重点文物保护单位。汉高祖刘邦建立汉王朝后，将其父（刘煓）从今江苏徐州丰县家乡接到长安。太上皇思念家乡，不习惯都市生活，刘邦便在长安城东南秦骊邑的基础上为其修建宫邸，置新丰县，并迁丰县的一些邻里街坊来此居住。遗址四周有夯筑城遗迹，城为长方形，东西 600 米，南北 670 米；城墙基础夯土宽 7 米。城外有城壕。在城墙西南角墙下发现一排五角形排水管道。在遗址的西南部到处散见秦代砖瓦，为秦代大型建筑群。城内有汉代建筑群遗址。出土遗物有板瓦、筒瓦、瓦当、砖等。另外还出土有铁削、铜镞等遗物。

四面楚歌：四面唱起楚地民歌。形容局势极为不利，四面受敌，处于孤立危急的困境。典出《史记·项羽本纪》。楚汉相争临近尾声，项羽的军队在垓下遭到围困。夜间，楚军将士听到四面传来楚歌，思乡之情泛滥以致军心大乱。这个成语作定语，含贬义。

异姓王何以接连被灭？只因兔死狗烹吗？

17 吕太后本纪第九

吕后专权

"人彘"这个词不知道同学们是否听说过，这是汉高祖刘邦的皇后吕雉发明的用来对付戚夫人的酷刑。这个酷刑是把人的四肢剁掉，挖出眼睛，用铜注入耳朵，割去舌头，破坏声带，使其不能言语，然后扔到厕所里……看到这里大家会不会觉得有点毛骨悚然呢？那么这一节我们就看看吕雉到底是个怎样的人。

　　吕太后，名雉，是刘邦做泗水亭长时的妻子，生有孝惠帝刘盈、女儿鲁元太后。她嫁给刘邦后，跟着刘邦过了一段苦日子，甚至在楚汉争霸时被楚军抓去做过人质。刘邦当了汉王之后，又娶了定陶人戚姬，对其宠爱有加，对吕太后也就越来越疏远了，还总想废黜太子，改立戚姬的儿子如意，这让吕后非常生气。如意被封为赵王之后，差一点就要做太子。大臣们据理力争，再加上留侯的计策，太子才没有被废。吕太后便彻底恨上了戚姬母子。

高祖病逝后，太子刘盈即位，是为孝惠帝。吕太后下令将戚夫人囚禁在永巷，并用计招来赵王。惠帝生性仁慈，他知道吕太后发怒，就亲自到霸上把赵王迎接回来，处处保护他。然而吕太后还是趁皇帝出宫狩猎时下手了，她派人给赵王喝下毒酒。等到惠帝回来时，赵王已经死了。接着，吕太后就动手残害戚夫人，还召唤惠帝去观看戚夫人的惨状。惠帝得知戚夫人是被太后所害，便大哭起来，而后就病倒了，一年多都不能起床。他不满吕太后如此狠毒，便整天饮酒作乐，不理政事，不久就患病去世了。

吕太后只有这一个儿子，可是在发布惠帝死讯时，她只是干号，却没流下眼泪。张良的儿子张辟疆私下和丞相陈平议论这件事，张辟疆说只有主动提出让吕氏子弟进入朝廷，担任要职，太后才能安心，才不会对老臣们下毒手。陈平只好听从了他的话。

孝惠帝的太子继位后，朝廷的号令都出自吕太后，于是

◎《蒲城刘氏五修族谱》载
《楚元王刘交像》

她便打算封吕家子弟为王。她先找到右丞相王陵商量。王陵反对道："高祖曾和我们立誓说'非刘氏的子弟而称王的，天下的人要一起征伐他'。"吕太后听了很不高兴。又问左丞相陈平和绛侯周勃。陈平和周勃同意了。不久吕太后剥夺了王陵的右丞相之职，提拔了陈平，由此拉开了封诸吕为王的序幕。

没过几年，吕太后废了皇帝，立常山王刘义为帝。原来，孝惠帝的皇后为了稳固地位，杀了后宫中的一位美人，还抢走了她的儿子抚养。小皇帝得知真相后，发誓要报复。吕太后怕他作乱，就把他囚禁在永巷，后来秘密杀害了。从此以后，吕太后不仅让许多吕家的人当官，还排挤高祖的其他儿子。汉王朝几乎沦为了吕氏家族的天下。

后来，吕太后病重，她招来吕产、吕禄说："如今吕家的人被封为王，大臣们气愤不已。假若我去世了，你们不要给我送丧，务必要掌握住军队，严守皇宫，千万不能被他人掌控。"不久吕太后就去世了。

太史公说：孝惠皇帝以及吕太后统治时，民众能够摆脱战国以来的疾苦，君臣们都期盼休养生息而相安无事，因此惠帝不问政务，由太后临朝称制，颁行政令，天下依

然能够安然太平。当时极少施行刑罚，所以犯罪的人非常
稀少。百姓专心从事农耕，人们丰衣足食。

亲近原典

《吕太后本纪第九》节选

　　二年，楚元王、齐悼惠王皆来朝。十月，孝惠与齐王
燕饮太后前①，孝惠以为齐王兄，置上坐，如家人之礼②。
太后怒，乃令酌两卮酖③，置前，令齐王起为寿④。齐王起，
孝惠亦起，取卮欲俱为寿。太后乃恐，自起泛孝惠卮⑤。齐
王怪之，因不敢饮，详佯醉去。问，知其酖，齐王恐，自以
为不得脱长安，忧。齐内史士说王曰："太后独有孝惠与鲁
元公主。今王有七十余城，而公主乃食数城⑥。王诚以一郡
上太后，为公主汤沐邑⑦，太后必喜，王必无忧。"于是齐
王乃上城阳之郡，尊公主为王太后⑧。吕后喜，许之。乃置
酒齐邸⑨，乐饮，罢，归齐王。

注释

　　①燕饮：安闲快乐，不太讲礼仪的宴饮。燕：安。

②如：按照。

③卮（zhī）：酒器。

④为寿：献酒祝寿。

⑤泛（fěng）：翻，覆。

⑥食：受享，指享食封地的赋税物产。

⑦汤沐邑：古代诸侯入京朝见天子，天子赐给他一小块领地，以供其斋戒沐浴的费用，称汤沐邑。后世用以指皇室收取赋税的私邑。

⑧尊公主为王太后：齐王与鲁元公主为异母兄妹，不得以母礼事之，今尊公主为王太后，是为了取悦于吕后。

⑨齐邸：齐王在京的府邸。按汉法，诸侯王可在京筑府舍，以供入朝时使用。

译文

　　惠帝二年，楚元王、齐悼惠王都来朝觐。十月，在太后面前，惠帝和齐王宴饮，惠帝认为齐王是兄长就让他坐在上位，一切都按家人的礼节。太后被激怒了，就令人斟两杯毒酒，放在齐王面前，命令齐王站起来为她祝寿。齐王起身，惠帝也起身，取过杯子打算与齐王一同饮酒祝寿。太后因此感到很恐慌，起身碰洒了惠帝的酒。齐王觉得不可思议，于是就不敢再饮，佯装酒醉离去。齐王一打听，才明白原来那两杯是毒酒，于是十分害怕，自认为不能够逃离长安了，心中忧虑。齐国名叫士的内史劝导齐王说："太后仅仅生有惠帝和鲁元公主。大王现在拥有七十多座城池的封地，而公主却只有几座城池作为食邑。假若大王将一个郡的封地献给太后，作为公主的汤沐邑，太后一定高兴，您就一定不会有事了。"齐王便将城阳郡奉献给太后，并尊公主为王太后。吕后很高兴，答应了他的请求。因此太后就在齐王府邸设置酒宴，尽情欢饮。便不再追究齐王的过失，放他回封国去了。

访 名 人

周勃：汉朝的开国功臣之一。他于秦二世元年（前209年）跟随刘邦起兵反秦，历经灭秦、楚汉争霸、平定诸侯叛乱、抵御匈奴等军事行动。凭借军功，周勃被刘邦封为威武侯。刘邦去世后，吕后专政，周勃选择隐忍。直至吕后去世，周勃与丞相陈平智夺吕氏军权，并与朱虚侯刘章合力剿灭吕氏，拥立代王刘恒即位，再次出任丞相。

识典故

吕后筵席：指充满杀机或者有阴谋的筵席，比喻即将遭受暗算或遭遇灾祸。典出《史记·齐悼惠王世家》。西汉初期，高祖刘邦的妻子吕后执政八年。执政期间，大肆分封吕氏族人，排斥刘邦的旧臣，引起诸多不满。在一次宴会上，朱虚侯刘章提出用军法行酒令劝酒。一个吕氏成员醉酒后擅离筵席，于是，刘章追上去杀掉了他。

有所思

吕后当政时有哪几任皇帝？都有何作为？

18 孝文本纪第十
广施仁政

同学们，汉文帝刘恒与吕雉之间还有关系呢，刘恒称吕雉为母后，但两个人并不是真正的母子关系。刘恒是一个善良的君王，他可没有吕雉那样残忍，他广施恩德，改革刑律，废除了很多惨无人道的律法。除此之外，他的善良还体现在很多方面，我们看看本节内容就知道了。

吕太后去世后，吕氏家族的人以吕产为首妄图发动叛乱，以夺取刘氏天下。这事儿让朱虚侯刘章知道了，虽然他是吕家的女婿，但是他不愿与吕家人为伍，就把消息告诉了哥哥齐王刘襄。于是齐王就起兵了。

老将军灌婴知道后，决定联络齐王，先按兵不动，等待时机铲除吕家人。陈平和周勃等一众老臣也在朝中策应刘氏诸王。终于在大家的齐心合力下，将吕家人一网打尽。天下平定后，群臣都觉得高祖的嫡长孙代王宽厚仁孝，而且母亲薄氏娘家也是善良严谨的，于是大臣们都前去拜见代王，将天子的印玺献给他，尊立他为天子。

代王见丞相陈平与太尉周勃派人来拥立自己称帝，就询问左右侍从郎中令张武等人，张武担心有诈，让代王称病，再观望一阵子。中尉宋昌则认为此事可信，因为民众刚经历了秦朝的暴政，好不容易过上安定的日子，现在朝廷扫除了吕氏专权，即便有大臣有心发动暴乱，也难以获得民心。况且代王是高祖现存儿子中年龄最大的，又有贤德仁爱的名声，群臣前来拥立顺应了民心，代王可以去国都即位。

代王和薄太后商量了一番，决定派太后的弟弟薄昭前往会见绛侯周勃。绛侯等人详细地对薄昭说明了他们为什么要迎请代王。薄昭回来报告，也说此事可信。代王这才放下心来，笑着对宋昌说："果真如你所言。"便命宋昌陪他乘一辆车，张武等六人也乘坐传驿之车一并前去长安。代王到达高陵县后停了下来，派宋昌先驾快车进入长安探察时局变化。

宋昌抵达了长安城西北的渭桥，自丞相以下的大臣全都恭候相迎。宋昌回去向代王报告，代王便驾快车抵达渭桥，群臣称臣拜见。代王下车向群臣还礼。到了代王在长安的府邸，群臣恳请代王即天子位，代王再三推辞，可是群臣非常坚持，于是只好接受。

◎台北故宫博物院藏宋人绘
《却坐图》局部

前180年，代王登基，就是孝文帝，他改封原先的琅邪王刘泽为燕王，右丞相陈平被降为左丞相，太尉周勃升任右丞相，大将军灌婴升任太尉。被吕氏族人篡夺的原属齐国和楚国的封地都还给了原主。之后，孝文帝派遣车骑将军薄昭到代国迎接皇太后。

孝文帝广施恩德，改革刑律，废除了连坐、肉刑等惨无人道的律法；重视农业，免去田地的租税，并且亲自带头耕作；妥善处理汉朝与南越、匈奴的民族关系。对南越实行安抚政策；匈奴入侵时，孝文帝率丞相灌婴亲征，收服匈奴后，一边实行和亲政策，一边加强边防。

孝文帝从代国来到京师，在位二十三年，宫室、苑囿、狗马、衣服、车驾没有增加。如果遇到天灾，孝文帝就免除诸侯的进贡，解除禁猎禁渔的规定，减轻民众的受灾程度，还开放仓库发放粮食，赈济贫民。

前157年6月，孝文帝在未央宫去世。遗诏要求丧礼期间一切从简，丧礼不超过三天，免除其余的服孝规定。不能禁止民间娶妻嫁女、祭祀、饮宴等活动。但凡应当参加丧礼的人，都不必光着脚行大礼。示孝的绖带不能超过三寸，不要陈列车队与手持兵器仪仗，不要动员民众去宫殿哭丧。霸陵一带的山水仍然保持它的原貌，别有所改变。后宫中至少将夫人以下女仆全都遣送回家。

之后太子刘启在高祖庙里即位，这就是孝景帝。孝景帝在位期间，施行"推恩"政策并分封王侯诸子，使国家安定太平。历史上把文帝和景帝统治时期，合称"文景之治"。

《孝文本纪第十》节选

丞相陈平、太尉周勃等使人迎代王。代王问左右郎中令张武等。张武等议曰："汉大臣皆故高帝时大将，习兵①，多谋诈，此其属意非止此也②，特畏高帝、吕太后威耳。今已诛诸吕，新啑蹀血京师③，此以迎大王为名，实不可信。愿大王称疾毋往，以观其变。"中尉宋昌进曰："群臣之议皆非也。夫秦失其政，诸侯豪桀杰并起，人人自以为得之者以万数，然卒践天子之位者④，刘氏也，天下绝望⑤，一矣。高帝封王子弟，地犬牙相制⑥，此所谓磐石之宗也⑦，天下服其强，二矣。汉兴，除秦苛政，约法令，施德惠，人人自安，难动摇，三矣。夫以吕太后之严，立诸吕为三王，擅权专制，然而太尉以一节入北军，一呼士皆左袒⑧，为刘氏，叛诸吕，卒以灭之。此乃天授，非人力也。今大臣虽欲为变，百姓弗为使，其党宁能专一邪？方今内有朱虚、东牟之亲⑨，外畏吴、楚、淮南、琅邪、齐、代之强。方今高帝子独淮南王与大王，大王又长，贤圣仁孝，闻于天下，故大臣因天下之心而欲迎立大王，大王勿疑也。"

①习兵：熟习军事。

②属意：真实意图。

③啑血：踩着死人的血行走，指平定诸吕之乱。啑：同"蹀"。

④践：登上。

⑤天下绝望：天下人对天子之位已断绝希望。

⑥地犬牙相制：封地边界如犬牙相互交错，既能相助，又能相制。

⑦磐石之宗：指汉朝江山坚如磐石，不可动摇。磐石：大石。

⑧左袒：露出左边的臂膀。

⑨朱虚、东牟：朱虚侯刘章、东牟侯刘兴居，皆齐王刘肥之子，诛诸吕的宗室重臣。

译文

　　丞相陈平与太尉周勃等人派人去迎接代王。代王询问左右侍从郎中令张武等人，张武等人商量说："朝廷大臣都是高帝在世时的大将，熟习军事，多有谋略，他们的意图决不仅仅只是做大臣，不过是因为畏惧高帝与吕太后的威权罢了。他们现在已经杀掉了吕氏的族人，血洗了京都，如今只是名义上迎请大王，实际的意图却不可信。请大王称病而不要前去，先来观望事态的变化。"中尉宋昌进言说："群臣们的建议都是有失偏颇的。秦朝政治失道，豪杰诸侯并起，谁都觉得自己可以拥有天下，到最后登上天子之位的人却是刘氏。由此天下的诸侯豪杰们消除了幻想，此其一。高帝分封了诸子弟为王，使各王国与郡县的土地犬牙交错并相互制约，这正是所谓如磐石般稳固的宗族根基，天下的人都信服刘氏的强大，此其二。汉朝兴起之后，废除了秦朝的苛政，简约了法令，施行德政恩惠，使人人自安，人心难以动摇，此其三。至于吕太后凭借威严，封吕家的人为三王，他们掌握政权，独断专行，然而太尉不过持一信节进入北军，一声呐喊兵士全都露出左边的臂膀，表示效忠刘氏，反叛吕氏，结果将吕氏消灭了。这是天意，不是人力所能及的。现在大臣们虽然准备发动暴乱，民众也不愿被他们所驱使，他们的党羽难道能从一而终地追随而不变吗？在朝内现在有朱虚侯与东牟侯这样的宗亲，在朝外他们又惧怕吴、楚、淮南、琅邪、齐、代等王国的强大。高帝的儿子现在只有淮南王与大王，大王又为长兄，为人圣明贤德孝顺仁爱，闻名天下，于是大臣们顺应天下的民心而准备迎请大王拥立为帝，大王不必再怀疑了。"

访名人

宋昌： 宋昌原本是代王刘恒的中尉。吕氏被剿灭后，太尉周勃、丞相陈平等大臣想拥立代王刘恒即位。消息传来，代王手下的诸多大臣都认为这是圈套，建议代王以生病为由拒绝前往，只有宋昌力劝代王前往。最终，代王刘恒即位为汉文帝，宋昌被封为大将军，掌管南北军。之后，宋昌又凭借军功被封为壮武侯。

探古迹

霸陵： 亦作"灞陵"，位于陕西省西安市东郊，是汉孝文帝刘恒和窦太后的合葬陵寝，因临近灞水而得名。霸陵开创了帝陵"因山为陵"的先例，对后世的帝王陵寝修建产生了很大影响。霸陵2001 年被列入第五批全国重点文物保护单位。

有所思

何以汉文帝习法家刑名之学却施政宽平？

19 孝武本纪第十二
封禅泰山

在历史书中，"秦皇汉武"经常连并出现，汉武帝刘彻和秦始皇嬴政都是具有雄才大略的君王。同学们可能会问，那汉武帝和秦始皇谁更厉害呢？其实，两个人都是中国历史发展中非常关键的人物，两个人的能力不分上下，两个人都有功劳也有过失。这一节，我们就好好了解下汉武帝刘彻吧。

  孝武皇帝是孝景帝排行中间的儿子，母亲是王太后。孝景帝即位后不久，就封年仅四岁的刘彻为胶东王。几年后，栗太子被废为临江王后，胶东王做了太子。孝景帝在位十六年后去世。前141年，太子即位，便是孝武皇帝。孝武皇帝特别重视对鬼神的祭祀。

  武帝登基时，汉朝建立已经有六十多个年头了，天下太平，群臣都希望天子举行封禅大典，以及更新服色等制度。然而当时汉武帝一心研究儒学，招纳赵绾、王臧等贤士，委任他们做公卿，商议按照古代制度在长安城南门外建立明堂，来接受诸侯们的朝见。就在拟定巡行视察制度、举行封禅仪式、改革律历与服饰颜色等事宜正在进行时，他们触怒了窦太后。原来，窦太后奉行黄老道家言论，厌恶儒家学说，于是她派人暗中搜集赵绾等人的罪证，以非法谋求私利判了这些儒生的罪，逼得他们在狱中自杀，最终他们所主持的事都被废除了。直到六年后窦太后去世，武帝才重新召集儒学大家，如公孙弘等人入朝。

◎明万历刻本《三才图会》之《汉武帝像》

　　直到有一年的六月中旬，封禅的事才重新被提及。汾阴一个名叫锦的巫者在后土神庙地界旁边替百姓祭祀祈祷，看见地面突起如钩的形状，用手扒开土查看，得到了一尊鼎。鼎的大小跟其他的鼎都不同，有花纹雕刻但没有文字印记，巫者觉得很奇怪，就报告给当地官吏。这件事被一路上报给武帝，武帝便派遣使者调查这件事，确认其中没有作假之后，就把鼎运送到甘泉宫安置。自从获得了宝鼎，武帝就与公卿以及各位儒生们计划举行封禅大典。

有一次武帝向东驾临缑氏县，登上中岳太室山行祭礼。随从官员在山下好像听到有喊"万岁"的声音，就问山上的人，山上的人全说没有呼喊；问山下的人，山下所有的人也说没有呼喊。于是将三百户人家封给太室山用来供奉祭祀，称为崇高邑。接着，汉武帝向东登上泰山，泰山上草和树木的叶子都还没有长出来，便命令人把石碑抬上去立在泰山顶上。

汉武帝到达梁父山后，用礼祭祠地神。他命令侍中与儒生戴上用白鹿皮制成的礼帽，穿上在腰间插笏（hù）的官服，行天子射牛以表亲祭的礼仪。来到泰山顶下的东面举行封礼，采取郊祭泰一神的礼仪。举行封礼的坛宽一丈二尺，高九尺，它的下边放置了用玉装饰的简牒祭文，祭文内容是保密的。封礼完毕后，武帝单独与侍中、掌管皇帝车马的奉车都尉霍子侯登上泰山，同样举行了封礼。这件事禁止外传。第二天，从北边的道路下山。几天后，又到泰山脚下东北的肃然山举行禅祭，用和祭后土神一样的礼仪。武帝都是亲临参见跪拜，穿的祭服是黄色的，而且典礼全都演奏了音乐。封禅时汉武帝用长江、淮河之间出产的一种一根茅草有三条棱脊的灵茅做垫席，在封坛上交错放置五种颜色的土，又放飞了从边远地方捕获来的飞鸟奇兽以及白雉等各种动物，这一次祭祀办得尤为盛大。最后，武帝一行来到泰山脚下的明堂，接受百官庆贺，他传下口谕，要修身立德，和群臣治理国家。

前104年，武帝下令更改历法，把正月作为一年的开始，车马服饰以黄色来显示尊贵，凡印章官名都改为五个字。不过，武帝举行过封禅大典后的十二年间，那些求仙问道的方士始终一无所获。因此武帝开始对他们的奇谈怪论越来越厌倦。虽然这些方士花样百出，可几乎没什么效果。

《孝武本纪第十二》节选

上遂郊雍，至陇西，西登空桐，幸甘泉。令祠官宽舒等具泰一祠坛，坛放薄忌泰一坛①，坛三垓②。五帝坛环居其下，各如其方③，黄帝西南，除八通鬼道④。泰一所用，如雍一畤物，而加醴枣脯之属，杀一犛牛以为俎豆牢具⑤。而五帝独有俎豆醴进。其下四方地，为餲食群神从者及北斗云⑥。已祠，胙馀皆燎之⑦。其牛色白，鹿居其中，彘在鹿中，水而洎之⑧。祭日以牛，祭月以羊彘特⑨。泰一祝宰则衣紫及绣。五帝各如其色，日赤，月白。

注释

①放：同"仿"，仿照。

②坛三垓：坛三级阶，即三重。垓：重。

③各如其方：（五帝）各自在其方位上。

④除八通鬼道：开辟八条通鬼道。

⑤以为俎豆牢具：把（杀掉的牦牛）用俎豆装作祭品。俎：置肉的几。豆：盛干肉一类食物的器皿。具：供设。

⑥为馂食群神从者及北斗云：祭座一个接一个地祭祀群神及北斗。馂（chuò）：连缀而祭。

⑦胙馀皆燎之：剩下的祭肉都用火烧化。胙：祭肉。

⑧鹿居其中，彘在鹿中，水而洎之：将鹿置于白色的牛中，又将猪放在鹿中，用玄酒参以肉汁。水：玄酒。洎（jì）：肉汁。

⑨祭月以羊彘特：用一头羊（或）猪祭月。特：

一牲叫特。

　　皇上到雍县郊祭，接着又到了陇西，向西登上了空桐山，驾临甘泉宫。派祠官宽舒等筹建泰一神的祭祀坛，祭祀坛遵照亳人薄诱忌所说的泰一坛模式，坛筑为三层。五色帝的坛设在它下面的四周，分别设在各自所主的一方，黄色帝在西南方安置，之后清理出通往八方的鬼道。泰一坛所用的祭品与雍县一座時的祭物大体一样，而另外加上醴酒枣脯之类，还杀一头牦牛盛放在俎豆等祭具里，形成一套完备的祭品，而五色帝的祭品只有俎豆所盛的和进献的醴酒。它们下边的四方地是些绕着坛设置并相互连缀的给群神跟从者及北斗星神供奉贡品的祭座。祭祀完之后，胙肉以及剩余祭品全部焚化。祭品牛用白色，鹿放在牛的体腔内，猪放到鹿的体腔内，用水浸泡。祭日神用牛，祭月神用一头羊或者是猪。泰一坛的祭祀主管官员穿紫色绣花的祭服。祭祀五色帝穿的祭服颜色跟所祭的帝神是一样的，祭日神穿赤色衣，祭月神穿白色衣。

探 · 古 · 迹

阳关： 位于甘肃省敦煌市西南。汉武帝时期，为沟通西域，在河西地区修建了阳关和玉门关，二者共同把守着通往西域的道路。古人将阳关视为边境，出关后就不再是中原，因此唐代诗人王维才会写下"西出阳关无故人"。宋代以后，与西方的陆路交通一时断绝，阳关也随之废弃。1972 年，考古工作者对此地进行挖掘、测量，逐渐使阳关遗迹显现出来。如今当地只有一座汉代烽燧伫立在那里。

识 · 典 · 故

金屋藏娇： 娇：指陈阿娇，汉武帝表妹。形容男人十分宠爱妻子。典出杂史杂传类志怪小说《汉武故事》。汉武帝年幼时，姑母长公主曾指着自己的女儿阿娇问他："阿娇好不好？"武帝少不更事，笑着回答："阿娇很好！如果能娶她为妻，就造一个金屋子给她住。"这个成语可作谓语、宾语、定语。

汉武帝有何功过？何以其本纪与众不同？

史记

世家一 | 王侯开国

[西汉] 司马迁 / 原著

王 昊 王建明 / 编著

SPM 南方出版传媒
广东人民出版社
·广州·

图书在版编目（CIP）数据

史记：青少年版 / 王昊，王建明编著 . — 广州：
广东人民出版社，2022.3

ISBN 978-7-218-15419-0

Ⅰ.①史… Ⅱ.①王… ②王… Ⅲ.①《史记》—青
少年读物Ⅳ.① K204.2-49

中国版本图书馆 CIP 数据核字（2021）第 247411 号

SHIJI:QINGSHAONIAN BAN

史记：青少年版

王昊　王建明　编著

出 版 人：肖风华

责任编辑：李力夫
责任技编：吴彦斌　周星奎
装帧设计：智慧树

出版发行　广东人民出版社
地　　址：广州市海珠区新港西路 204 号 2 号楼（邮政编码：510300）
电　　话：（020）85716809（总编室）
传　　真：（020）85716872
网　　址：http://www.gdpph.com
印　　刷：涿州市旭峰德源印刷有限公司
开　　本：880mm×1230mm　1/32
印　　张：36　字　数：835 千
版　　次：2022 年 3 月第 1 版
印　　次：2022 年 3 月第 1 次印刷
定　　价：198.00 元（全 8 册）

如发现印装质量问题，影响阅读，请与出版社（020-85716849）联系调换。
售书热线：（020）85716826

目录 世家 一

01 吴太伯世家第一
阖闾篡位

　　越王勾践"卧薪尝胆"的故事我们都听过，越王勾践的死对头是吴王夫差。本节中的吴王阖闾即公子光，是夫差的父亲。吴王阖闾到底是一个怎样的人？他是通过怎样的手段登上王位的？作为吴国大夫的军事家伍子胥又在其中起到了什么作用呢？同学们将从本节中找到答案。

　　吴王阖（hé）闾（lú）名光，是吴王诸樊的儿子。他执政的时候，吴国屡次进攻楚国，一度占领楚国国都郢（yǐng）都，逼得楚昭王出逃，可谓一时霸主。不过，阖闾当上吴王的过程并不光彩，他是通过刺杀吴王僚夺取的王位。

　　原来吴王阖闾的爷爷吴王寿

◎清道光十年刊
《古圣贤像传略》载《吴太伯像》

001

梦有四个儿子，大儿子名叫诸樊，二儿子名叫馀祭，三儿子名叫馀眛，四儿子名叫季札。季札贤能聪慧，吴王寿梦便想将王位直接传给他。然而，季札认为这不合规矩，再三拒绝，最终王位传给了大儿子诸樊。

吴王诸樊为人宽厚，他不但没有嫉妒季札，还牢记父亲的遗愿，要把王位传给最小的弟弟。于是，他临死前留下遗言，把王位传给二弟馀祭，这样王位一个接一个传下去，就能传给季札了。

可是等到馀眛要传位给季札时，季札为了不当吴王，选择离开吴国。国家不能没有君主，吴国大臣商量后认为，既然季札没有接受王位，应该由馀眛的儿子来当王，这就是吴王僚。

对于这个新的国君，公子光心怀怨恨，因为他认为，他的父亲诸樊身为长子做了吴王，既然季札不愿意执掌国政，那么接下来应该由他这个长孙来继承王位。于是他暗中招贤纳士，等待机会刺杀吴王僚。

就在这时，伍子胥逃离楚国，来投奔吴国。他积极劝说吴王僚讨伐楚国，还历数这样做的好处。就在吴王僚犹豫不决的时候，公子光说："伍子胥的父亲和哥哥被楚王杀了，他想借吴国的兵力为自己报仇，这么做对吴国未必有好处。"

伍子胥听到公子光的话，察觉到他另有企图，便找到勇士专诸，把他引荐给公子光。公子光很高兴，立刻以招待贵宾的礼节款待伍子胥。这下，伍子胥更确定公子光有篡夺王位的野心了。为了躲开国都中的这些是非，他找了个借口隐居到郊外，只等公子光有下一步行动。

后来，楚平王去世，吴国打算趁楚国举办丧事时发兵突袭。于是吴王僚便命盖馀和烛庸率军围攻楚国的六、灊（qián）两邑。又派遣季札到晋国，监视诸侯国的反应。

眼见楚军和吴军打得难分难解，国内兵力空虚，公子光意识到机会来了。他对专诸说："此时不动手，更待何时啊！我才是正统的王位继承人，如今正是我夺回王位的大好时机。一旦我当上吴王，即便季子返回国内，也没办法废掉我了。"专诸也赞同他的想法，说："如今吴王僚身边只有他的老母和幼子，他的亲信部队被楚兵截断退路，正在苦战。如今吴国外被楚兵围困，内无忠诚正直的臣子，这时候杀掉吴王僚，没人会阻拦。"公子光再三嘱托专诸说："所有的事就拜托您了。"

几天后，公子光邀吴王僚来家中宴饮，指使专诸将其刺死。随后，公子光趁机篡夺了王位，成了吴王阖闾，为了表彰专诸的功绩，他任命专诸的儿子为卿。

等到季札返回吴国，听说发生了政变，他无奈地说："我能有什么想法呢？我又敢怨恨谁呢？只有哀悼死去的，侍奉活着的。谁是君王我就会效忠服从谁。"于是，季札到吴王僚墓前祭奠，报告了出使晋国的情况，最后大哭了一场。烛庸和盖馀听说这件事，知道吴国是回不去了，便率兵投降了楚国。

◎汉武氏祠画像石《专诸刺吴王僚》拓片

吴王阖闾即位后，任命伍子胥为行人官并参与谋划国家大事。后来，吴王阖闾又接纳了楚国的伯嚭（pǐ），任命他为大夫。

　　几年后，吴王阖闾、伍子胥和伯嚭率军攻打楚国，攻占了舒邑，杀了叛逃的烛庸和盖馀。这时，吴王阖闾想一口气攻占郢都，被将军孙武阻止了。休养生息几年后，吴国打败了楚国、越国，攻占了多座城池。

　　后来，吴王阖闾实在按捺不住，便问伍子胥、孙武说："之前你们说士兵困乏，难以攻进郢都，现在能不能攻下呢？"二人回答说："唐国、蔡国跟楚国有仇怨。您如果要大举讨伐楚国，一定要得到这两国的援助。"于是吴王阖闾便联络唐国、蔡国，一起攻打楚国。楚国见三国攻来，连忙派兵抵御，双方便在汉水边对峙。

　　吴王阖闾的弟弟夫概此时自告奋勇，率领五千人突袭楚军，打得楚军落荒而逃。吴王阖闾下令大军乘胜追击，一直打到郢都。几个回合下来，楚军惨败。楚昭王眼见大势已去，慌忙出逃，最后投奔了随国。越王听说吴王阖闾攻占郢都，便趁机攻打吴国。楚国见机会来了，便向秦国求救，联合秦军收复失地。

　　前496年，吴国和越国争霸，越军在姑苏打败了吴军，并击伤吴王阖闾的脚趾，吴军为此退兵七里。最终，吴王阖闾由于创伤发作，性命垂危。临终时，他立公子夫差为王，嘱咐他为自己报仇。

亲近原典

《吴太伯世家第一》节选

四月丙子，光伏甲士于窟室①，而谒王僚饮②。王僚使兵陈于道，自王宫至光之家，门阶户席，皆王僚之亲也，人夹持铍③。公子光详为足疾④，入于窟室，使专诸置匕首于炙鱼之中以进食。手匕首刺王僚，铍交于匈胸⑤，遂弑王僚。公子光竟代立为王，是为吴王阖庐。阖庐乃以专诸子为卿。

注释

① 窟室：地下室。

② 谒：请求，邀请。

③ 铍（pī）：两边有刃的剑一类的兵器。

④ 详：通"佯"，佯装，假装。

⑤ 匈：通"胸"，胸膛。

译文

　　吴王僚十二年四月丙子日，公子光在地下室里埋伏下了士兵，邀吴王僚宴饮。吴王僚派兵列队在路上，从王宫到公子光的家，外门、台阶、内门、座位，都布满了他的亲兵，各自手持短刀严阵以待。公子光假装脚疼，进入地下室，让专诸将匕首藏在熟鱼肚中去上菜。鱼端上来，专诸抽出匕首刺杀吴王僚，他也被卫兵用刀刺透胸膛，但还是杀了吴王僚。公子光最终代立为王，这便是吴王阖庐。阖庐任命专诸的儿子为卿。

访名人

　　季札：为吴王寿梦四子，品格高尚，性情温和，具备远见卓识。季札曾三次谢绝即位为吴王，一心辅佐几代君王。有一次季札出使鲁国，从周乐中听到了周朝的兴衰，以及文王的德行，提出了礼乐对人具有重要的教化作用的看法。季札死后，孔子曾为其撰写碑铭。

格古物

战国铜铍： 铍是一种两侧开刃的兵器，外形类似现在的剑，不过铍不是直接拿在手中，而是装在长柄上，类似于长矛、长枪。1972 年，河南长葛县官亭乡孟寨村出土了一件铜铍。这件铜铍没有使用痕迹，表面有黑色保护层，刃部仍然锋利。铜铍一面上刻有铭文，据历史学家推测，这件铜铍是战国晚期韩国制造的。

有所思

《史记》的"世家"为何将吴太伯置于篇首？

02 齐太公世家第二
桓公称霸

"管鲍之交"称得上是一段美谈，除此之外，管仲和齐桓公之间的君臣之礼也为后人称道。齐桓公听取鲍叔牙的话，以德报怨，不计前嫌重用管仲；而管仲也知恩图报，为齐桓公开创霸业立下了汗马功劳，居功至伟，受世人称赞。本节我们就来看看齐桓公到底是如何"九合诸侯，一匡天下"的。

齐桓公名叫小白，是齐襄公的弟弟。齐襄公在位时，派人刺杀了鲁桓公，他的弟弟们害怕受牵连，都逃离了齐国。二弟公子纠在管仲、召忽的辅佐下逃到鲁国。三弟公子小白在鲍叔牙的护送下逃到了莒（jǔ）国。后来，齐国接连发生了几次变故，先

◎明万历刻本《三才图会》之《管夷吾像》

是齐襄公被堂弟无知杀害，无知当上齐君后，有一次到雍林游玩，被当地人杀死了。就这样，齐君的宝座空了出来，急需一位公子来即位。

齐国大夫高傒和小白是至交，他派人赶往莒国，让小白尽早启程，回齐国即位。没想到，小白在半路上却遭遇了管仲设的埋伏，原来，公子纠也收到了消息，鲁国不仅派出士兵护送他回国，还分出一路兵马在半路截杀小白。在战斗中，小白腰带上的钩子被箭射中，他趁机倒下装死。小白中箭身亡的消息传到公子纠这里，他认为自己肯定是齐君了，慢悠悠地走了六天才到齐国。然而这时小白已经先一步赶回齐国，被高傒等人拥立为国君，也就是齐桓公。

齐桓公记恨鲁国帮助公子纠，当年便出兵攻打鲁国，把鲁军打得节节败退。这时，齐君给鲁国国君写信说："齐国可以撤兵，但要鲁国办几件事。公子纠是我的兄长，我实在不忍心杀他，请鲁国杀了他吧。还有召忽、管仲这两个人，请把他们绑起来送回齐国，我一定要亲自处决他们，才能解心头之恨。"鲁国为了自保，连忙杀了公子纠，又四处搜捕召忽和管仲。最终召忽畏罪自杀，管仲被抓起来送回了齐国。

齐桓公一开始的确有杀了管仲的心。但是鲍叔牙却劝他说："能辅佐您当上齐君，是我的荣幸，可是我的能力只到这里了。您如果要把齐国治理好，有高傒与我就足够了。可您如果想称霸天下，那就一定要得到管仲。他在哪个国家，哪个国家就会强盛，您千万不要因为一时冲动而杀了他。"就这样，齐桓公表面上是要杀管仲，实际上是把他接回了齐国。

鲍叔牙和管仲是故交，他不仅几句话保住了管仲，还亲自去迎接老朋友，帮他解除镣铐。等他沐浴更衣后，领他去拜见了齐桓公。齐桓公和管仲交谈，发现他果然有治国之才，便任命他为大夫，主管国家政务。就这样，齐桓公在这些贤臣的辅佐下，发展鱼盐生产，鼓励商业贸易，救济贫民，让齐国百姓过上了好日子。

后来，齐桓公再次进攻鲁国，鲁庄公请求割让遂邑议和。两国便在柯地签订盟约。期间，鲁国将军曹沫突然拔出匕首，劫持了齐桓公，并且威胁道："请齐国归还霸占的鲁国领土！"齐桓公为保命，只好答应了他。曹沫这才放下匕首，退了下去。

这时齐桓公隐隐有些后悔，想杀了曹沫毁约。管仲在旁边劝说道："您被劫持时答应了他，现在却反悔要杀他。您为争一时之气而当着诸侯的面失信，就会失去人心，万万不可这样做。"于是，齐桓公如约把占领的土地归还了鲁国。诸侯听说这件事后，都对齐国心服口服，齐桓公从此开始称霸。

二十多年后，齐国的势力越来越大，齐桓公常常打着周王的旗号讨伐诸侯。有一次，齐国发兵攻打楚国，楚成王气急败坏地质问齐国为什么突然发难。管仲回答说："周王曾经给予齐国讨伐诸侯，辅佐周室的权力。如今楚国不进贡包茅，影响了周王的祭祀，所以齐国特地来问罪。另外，从前周昭王南巡没有返回，又是怎么一回事呢？"楚成王不卑不亢地说："楚国确实没有进贡包茅，以后再也不敢了！至于周昭王南巡未归的事，你应该到汉水去问。"然而齐军仍然不肯善罢甘休，楚王便命屈完率军抵抗。屈完面对齐军毫无惧色，义正词严地说："你齐国无论有多少士兵，也要讲道理。否则，楚国以方城山为城堡，以长江、汉水为沟壑，也要与你斗争到底。"齐桓公眼见难以攻下楚国，只好与屈完签订

◎清道光十年刊《古圣贤像传略》载《管敬仲像》

停战条约后离去。

之后，齐桓公受到周襄王赏赐，态度越来越傲慢。有一次，他主持诸侯会盟，声称要在泰山祭天，在梁父祭地。管仲竭力劝阻，他才打消了这个念头。然而诸侯国对齐国的所作所为开始不满。

几年后，管仲病重。齐桓公去探病，向他询问朝中大臣谁可以担任国相，提到了易牙、开方、竖刁三个人。管仲说这些人做出的事违反人伦，不合情理，不能任命他们当宰相。然而管仲死后，桓公把管仲的忠告丢到脑后，最终还是重用了这三个人。

齐桓公死后，他的儿子们争夺君位。易牙和竖刁便趁机兴风作浪，残害以往对他们不满的大臣，最终拥立公子无诡做国君。称霸一时的齐桓公被放在一边无人收葬，直到六十多天后，夺位风波平息，人们才安葬了他。

亲近原典

《齐太公世家第二》节选一

鲁庄公请献遂邑以平，桓公许，与鲁会柯而盟。鲁将盟，曹沫以匕首劫桓公于坛上，曰："反_返鲁之侵地^①！"桓公许之^②。已而曹沫去匕首^③，北面就臣位。桓公后悔，欲无与鲁地而杀曹沫。管仲曰："夫劫许之而倍_背信杀之^④，愈一小快耳，而弃信于诸侯，失天下之援，不可。"于是遂与曹沫三败所亡地于鲁。诸侯闻之，皆信齐而欲附焉。

注释

①反：通"返"，返还，归还。

②许：答应，应允。

③去：放下。

④倍信：违背约定。倍：通"背"，违背。

译文

鲁庄公请求割让遂邑议和，桓公答应了，与鲁国在柯地签订盟约。鲁君准备签约，曹沫持匕首在坛上劫持桓公说："归还霸占的鲁国领土！"桓公答应了他。随后曹沫放下匕首，面向北站在臣子的位置上。桓公后悔，想不归还鲁国的领土并杀死曹沫。管仲说："被劫持时答应他而如今背信杀他，想以微小的快意而在诸侯面前表现出不守信用，失去天下的援助，不可。"
于是桓公便把曹沫三次战败丧失的土地归还给了鲁国。
诸侯听说这件事后，都信服齐国，打算去归附它。

访 名 人

曹刿：或即曹沫，存在争议。曹刿是春秋时期鲁国的军事家。《左传·鲁庄公十年》中提到过他的事迹。有一次齐国攻打鲁国，曹刿请求随庄公出战。他和鲁庄公同乘一辆战车，指挥作战。鲁庄公刚要下令击鼓进军，曹刿让他在齐军三通鼓之后，士气耗尽的时候再进军。双方交战后，齐军大败，鲁庄公又要下令追击，曹刿再次阻止了他，下车查看了齐军的车辙印，确认齐军不是佯装退兵，才同意追击。鲁庄公听从曹刿的计谋，终于大获全胜。

识典故

包茅之贡：春秋前期，南方的楚国日益强大，不断侵扰中原各国。后来，齐桓公率领八国进攻楚国，楚王派大臣屈完率兵抵抗，责问齐桓公。管仲代表齐桓公回应，因为楚国多年不向周王进贡祭祀用的包茅，所以讨伐。包茅是南方的一种茅草，主要用于制作祭祀用的酒。楚国建国之初，周天子规定楚国需要年年进攻包茅。在齐国的压力下，楚王只好让步，派屈完带了包茅去朝见周王，表示对王室的尊重。

 有所思

 齐桓公"首霸春秋"晚景凄惨，是何缘故？

03 齐太公世家第二
景公无德

同学们学过《晏子使楚》吧，其中的晏子就是晏婴。有同学就问了，晏殊是谁呢？他和晏婴有什么关系呢？其实呀，两人相差1000多年呢。晏婴是春秋时齐国人，而晏殊则是北宋的婉约派词人，其词作《浣溪沙》中的一句"无可奈何花落去，似曾相识燕归来"还被称为"千古奇偶"呢。

齐景公名叫杵臼，是齐庄公的弟弟。他之所以当上国君，是由权臣崔杼一手安排的。齐景公早年虚心听取建议，在晏婴等人的辅佐下，平息了齐国的乱局。可是到了晚年，景公变得疏于朝政，贪图享乐，为此不惜一再加重民众的税赋。后来他坚持废长

◎清道光十年刊
《古圣贤像传略》载《晏平仲像》

立幼，将宠爱的幼子荼立为太子，这都为之后田氏夺取齐国政权埋下了隐患。

　　当时齐国有晏婴、崔杼、庆封等老臣，其中崔杼更是拥立了多位齐君。他与齐庄公有私怨，便称病不去上朝。等到齐庄公到相府来探病，崔杼竟纠集家丁杀了庄公。晏婴听说庄公被困在崔家，急匆匆赶来，见到庄公已死，便伏在尸体上恸哭，随后离开了崔家。这时有人提醒崔杼说："一定要杀了他。"崔杼说："晏婴德高望重，放掉他可以赢得民心。"齐国太史则如实地记录了这段历史，写道："崔杼杀死国君庄公。"崔杼大怒，下令处死太史。结果，接连几个太史都不畏强权，依旧这样写，崔杼见难以堵住悠悠众口，只好作罢。

　　之后，崔杼拥立公子杵臼为国君，这便是景公。景公即位后，明白自己能不能做国君全凭崔杼一句话，于是让崔杼做右丞相，庆封为左丞相。然而，崔杼和庆封担心国人因为弑君这件事造反，就下了禁令："不与崔氏、庆氏合作的人，一律处死！"晏婴听说后，仰天长叹："你们颁布这样的命令，今后忠于国君、有利于国家的人就难找了！"庆封听到晏婴这样说，十分恼怒，要杀他。崔杼劝解道：

"晏婴是一代忠臣，杀不得。"

崔杼虽然和庆封勾结作乱，但实际上两人也有矛盾。崔杼一生善于玩弄阴谋诡计，却在齐景公即位这年自杀了。原来，他前妻生的儿子和续弦生的儿子不和，庆封暗地里挑唆，闹得崔家家破人亡。崔杼万念俱灰，便自杀了。齐国人听说崔杼死了，都拍手称快。

就这样，庆封开始独揽大权，不过他无心治理朝政，把政务都交给儿子庆舍代理，自己则沉迷于饮酒打猎，过着骄纵奢侈的生活。后来，田氏、鲍氏、高氏、栾氏四家合谋对付庆封。趁着庆封外出打猎，四家出兵一起攻占了庆封的官邸。等到庆封回来，发现事情不妙，急忙逃离齐国。最后，吴国收留了庆封，还将朱方（今江苏镇江市丹徒区）封给了他。

崔杼和庆封一个死了，另一个逃亡，晏婴成了齐国丞相，齐国的政治开始有所好转。可是晏婴依然忧心忡忡。有一次，他出使晋国，私下对叔向感叹："齐国迟早会落到田氏手里。田氏尽管没什么大功劳，但是擅长借公权收买人心，给民众一些小恩小惠，民众可是相当拥戴他们呢。"

多年以后，景公在柏寝台上接见群臣，感叹道："柏寝台真是富丽堂皇！可是谁能永远地拥有这些呢？"群臣听到景公这样说，都纷纷哭了出来，只有晏婴笑出了声。景公生气地问他有什么好笑的。晏婴说："我是笑群臣拍马屁拍得太过分了。"

景公的神情稍微缓和了一些，说："最近彗星出现，对应的方位正在齐国境内，我担心有不好的事要发生了。"景公治理国家几十年，渐渐喜好上兴建宫殿，走马斗鸡，生活越来越奢侈。为了应付奢华生活的开支，他收的税越来越多，刑罚也越来越重。于是，晏婴就想借这个机会敲打一下他。晏婴说："你住在豪华的宫殿，唯恐赋税收得少，刑罚判得轻。再这样下去，灾祸都要来了，您还担心什么彗星呢？"景公连忙问："那么，可以通过祷告消灾去祸吗？"晏婴说："如果有成千上万受苦受穷的民众，仅凭您一张嘴祷告，怎么能胜过众口的咒骂呢？与其把希望寄托在不切实际的东西上，不如施行仁政。"

晏婴死后，景公越来越听不进劝谏。在景公晚年的时候，他的宠妾芮姬生了儿子荼，他有意立荼为太子，可是遭到了群臣的反对。群臣纷纷进谏说，应该选一位年长且贤明的公子立为太子。然而景公这时候十分忌讳谈继承人的事，就把这件事敷衍了过去。

　　前 490 年秋天，景公病重，命令国惠子、高昭子立荼为太子，将其他公子驱逐出都城，迁移到莱邑。景公死后，太子荼即位，这便是晏孺子。到了冬天，诸公子害怕被杀，都逃亡到了别的国家。

亲近原典

《齐太公世家第二》节选二

　　三十二年，彗星见 现。景公坐柏寝①，叹曰："堂堂②！谁有此乎？"群臣皆泣，晏子笑，公怒。晏子曰："臣笑群臣谀甚③。"景公曰："彗星出东北，当齐分野④，寡人以为忧。"晏子曰："君高台深池，赋敛如弗得，刑罚恐弗胜，茀星将出⑤，彗星何惧乎？"公曰："可禳否⑥？"晏子曰："使神可祝而来，亦可禳而去也。百姓苦怨以万数，而君令一人禳之，安能胜众口乎？"是时景公好治宫室，聚狗马，奢侈，厚赋重刑，故晏子以此谏之。

注释

①柏寝：即柏寝台，齐国境内一处高台建筑。

②堂堂：形容盛大。

③谀：奉承，谄媚。

④分野：古代天文学的一种学说，将星空区域与地上的国、州互相对应。

⑤茀星：一种彗星，古人认为是灾祸的预兆。

⑥禳（ráng）：指祈福消灾。

译文

　　景公三十二年时，彗星出现。景公坐在柏寝台上，叹息道："富丽堂皇啊！谁能长久地拥有这些呢？"大臣们都哭泣流泪，只有晏子在笑。景公恼怒，晏子说："我是笑群臣阿谀逢迎得太过分了。"景公说："彗星出现的东北方正对应齐国的地域，我为这件事而担忧。"晏子说："你身居高台深池，赋税唯恐收得少，刑罚唯恐不严苛，这样下去，茀星都会出现，彗星还有什么可怕的呢？"景公说："可以通过祷告消除灾祸吗？"晏子说："假若神可以祈求来，当然也是可以祷告去的。

但是穷苦怨恨的民众数以万计，而凭你一个人祷告，怎么能胜过众口的咒骂呢？"当时景公喜好修筑宫室，聚养狗马，生活侈靡，赋税沉重，刑法严苛，因此晏子说这些话劝谏他。

探·古·迹

柏寝台：柏寝台位于山东广饶县城以北，始建于齐桓公时期，又称"桓公台"。齐桓公曾在此与诸侯会盟，柏寝台也就成了齐国强盛的象征。据《左传》《晏子春秋》中有关它的记载推测，柏寝台上曾建有宫殿，并栽种了树木，但因为年代久远，如今只剩下基部的土台。1995年，当地文物部门对柏寝台进行了全面的考古钻探与发掘，确定了此台平面近似方形，面积达2.7万平方米。明代会元李舜臣曾作诗吟咏柏寝台，感叹王朝的兴衰变迁。

田和：战国初年，田氏取代姜姓吕氏成为齐侯。田氏原本是齐国大族，晏婴就曾预言齐国早晚会落入田氏手中。从田和的曾祖父开始，田氏四代都任宰相，田氏势力达到鼎盛，才有了讨伐齐康公的实力。齐康公即位后荒淫嗜酒，疏于政事，田和就把齐康公放逐到海岛上，给他一座城作为食邑，然后自立为齐君。

从齐景公抱负远大又贪图逸乐可获何启示？

04 鲁周公世家第三
周公辅政

同学们听过"周公解梦"这四个字吧，其中的周公就是周公旦。同学们还记得曹操的《短歌行》吗，其中一句是"周公吐哺，天下归心"，这里的周公也指周公旦。周公旦是一个非常善良的人，周成王小时候得了病，他还专门写了一篇祈祷文，并且剪掉指甲扔进河里，祈求成王平安。你说他是不是很仁爱呢？

周公旦是历史上著名的贤士，他辅佐周朝两代君王，任劳任怨，从不为自己谋取私利。后世人都尊称他为周公。

周公旦是周文王的儿子，周武王的弟弟。文王在世的时候，周公不仅对文王恭敬孝顺，而且他为人宽厚仁慈，胜过其他的兄

◎台北故宫博物院藏《周公像》

弟。武王即位后，周公毫无怨言，他一方面辅佐护卫武王，另一方面还帮武王处理政事。

周公跟随武王征讨商纣，攻破商都，进入商朝王宫。商纣王死后，周公手持大斧，召公手持小斧，左右护卫武王。武王则当着商朝百姓的面，将纣王的罪孽昭告天下。接下来，武王释放了被囚禁的箕子，又封纣王的儿子武庚禄父为君，派管叔、蔡叔辅佐他。之后，武王开始论功行赏，把曲阜封给周公，封号是鲁公。但周公没有去封地，而是留在京师辅助武王。

武王灭掉商朝两年后，天下还没有安定，这时，武王却病倒了，群臣都很担心。太公、召公要给武王祈福，周公便向上天祷告，愿意用自己的性命顶替武王。后来，武王的病就慢慢痊愈了。

武王去世后，年幼的成王还处在襁褓里。周公担心天下知道武王去世而发生叛乱，于是登上王位暂时摄政。管叔与其他的兄弟看到周公当上王，心里不服气，就在国内散布流言，说："周公没安好心，他今后会对成王不利。"

面对误解和质疑，周公向太公望、召公奭解释道："我之所以不避嫌疑替成王行使王权，是担心天下的人反叛周朝，那样我如何向先王们交代呢？武王去世得早，如今成王又年幼，我是为了完成周朝大业才这样做。”

于是，周公顶住压力，继续辅佐成王，并且让儿子伯禽到封地鲁国去。临行前，周公告诫伯禽说：“我是文王的儿子，武王的弟弟，成王的叔叔，不谦虚地说，我的地位很高。但是为了不错过贤士，我就算正在洗头、吃饭也要停下，起身赶去迎接他们。你到了鲁国，千万不要因为自己是国君就傲慢看不起别人。”

没过多久，商纣的儿子武庚在管叔、蔡叔的拥护下，联合淮夷起兵叛乱。周公就奉成王的命令，发兵东征。结果，周公诛杀了管叔，处死了武庚，流放了蔡叔，收服了商朝的遗民，进而封康叔于卫地，封微子于宋地，安抚东方的淮夷。经过两年的时间，东方终于安定了下来。诸侯都来朝拜周室，尊周王为宗主。

成王长大成人，可以处理国事后，周公毫不迟疑地将国政交还给成王，自己回到臣子的位置，态度十分恭敬谨慎。

成王小时候，有一次得了病。周公为他写了一篇祈祷文，并且剪掉指甲扔进河里，祈求成王平安。等到成王痊愈，这份祈祷文就封藏在了内府。后来成王执掌国政时，有人诬陷周公图谋不轨，周公逃往楚地避难。成王打开内府的档案，见到周公的这篇祈祷文，感动得泪流满面，急忙派人去楚地迎回了周公。

周公回到朝中，对之前的风波只字不提，仍然一心一意辅佐成王。他担心成王年轻气盛，治国会出现错误，于是写了几篇文章来教导他。

◎清道光十年刊《古圣贤像传略》载《周元圣像》

周公在《毋逸》篇中说："做父母的艰苦创业，而子孙们遗忘了父辈创业的不易，贪图享乐，过着骄纵奢侈的生活，致使家业败落。身为人子怎么能不谨记这样的教训呢！从前殷王中宗遵守法度，并且依法治理民众，兢兢业业，不敢有一天荒废国事，因此他主政长达七十五年。到了高宗时，由于他在当上王以前，曾经长时间与民众一起生活，一起劳作，深知民众生活不易，于是他努力让民众过上好日子，就这样，高宗主政长达五十五年。到了祖甲，他也在民间体验生活，因此他不欺侮老弱孤苦的人，推行惠民的举措，所以他能主政长达三十三年。"

周公又在《多士》篇中郑重告诫道："从商汤到帝乙，殷代的王都注意以德政治理天下。纣王继位后，为人骄奢淫逸，弃民众于不顾，就连他的子民都认为他该杀。想当年，文王操劳国事时，每天太阳偏西了还没顾上吃午饭，就是这样勤于国政，他才能主政长达五十年。"

有一年，成王步行到武王庙朝见，而后派遣召公去洛邑考察地理环境。同年，周公再次到洛邑规划建造成周城，选定建都位置，最终将洛邑定为周朝的新都。

成王住在丰京（今陕西西安市西南）的时候，天下已经平定，而周朝的官吏制度和政治制度还不健全，于是周公作了《周官》，明确了各种官吏的职权范围，又作了《立政》，以便民众了解国家的政策。臣民们都心服口服。

周公最终在丰京病倒了，临去世前，他说："等到成周建成，请一定将我葬在那里，以表明我始终是成王的臣子，不敢离开成王半步。"周公死后，成王表现得十分谦恭，将周公葬在了毕邑，随从文王下葬，表明不敢将周公当作自己的臣子。

《鲁周公世家第三》节选一

初，成王少时，病，周公乃自揃其蚤爪沈沉之河①，以祝于神曰："王少未有识，奸神命者乃旦也。"亦藏其策于府②。成王病有瘳③。及成王用事，人或谮周公④，周公奔楚。成王发府，见周公祷书，乃泣，反返周公。

注释

①揃（jiǎn）：剪断。蚤：通"爪"，意为指甲。

②策：编好的竹简，指周公祝祷用的祷文。

③瘳（chōu）：病愈。

④谮：说坏话，诬陷，中伤。

译文

起初，成王年幼，得了病，周公剪掉指甲扔进河里，对神祈祷说："成王幼小不懂事，违背神命的人是我。"这份祈祷文封藏在了内府。成王的病痊愈了。等到成王主掌国政时，有人诬陷周公，周公逃往楚地避难。成王打开内府的档案，见到周公向神祈祷的原文，感动得流泪，便迎回了周公。

访名人

　　太公望：原名姜尚，因为封地在吕，也被人称为吕尚，太公是他的官职，他就是人们常说的姜太公。起初，太公望在渭水之滨垂钓，遇见寻访贤士的西伯侯姬昌。太公望见姬昌心系天下，便答应辅佐他推翻商朝。姬昌听取太公望的建议，广施仁政，宽厚爱民，又暗中联络了对商纣不满的诸侯国，最后大多数的诸侯都愿意跟随姬昌伐纣。周武王即位后，拜太公望为军事统帅。周朝建立后，武王加封他为齐侯，封地在营丘，太公望成了齐国的始祖。太公望前后辅佐了周文王、周武王、周成王、周康王四代周王，促成了成康之治，最终病逝于镐京。

识典故

周公吐哺：周朝建立后，周公旦为了辅佐周武王，日夜操劳，不敢慢待任何一位登门的贤士。有时候正在洗头发，听说有贤士前来拜访，便停下来挽起头发，先去见客人；有时正在吃饭，也要把食物吐掉。该词意思是求贤若渴，礼贤下士。后来，曹操曾在《短歌行》中用到这个典故："周公吐哺，天下归心。"

有所思

周公旦何以未就藩封国？又何以深受推崇？

05 鲁周公世家第三
季友平乱

"庆父不死，鲁难未已"，意思是说，如果庆父不死，鲁国的灾难就不能停止。如此说来，庆父可真是一个恶人，但同学们知道吗，其实"亚圣"孟子还是庆父的第十二代孙子呢。是不是很震惊呢？本节我们将了解到庆父这个人，看看他是如何引起鲁国内乱的，其最后的结局又是怎样的。

  鲁国历史上曾经出现过几次公子争夺王位的事情，并由此引发国家动荡，其中比较有名的就是"庆父之乱"。

  这件事要从鲁桓公讲起。鲁桓公娶了齐国女子为夫人，生下的长子起名为同。同长大后，自然就被立为太子。后来，鲁桓公与夫人前往齐国，和齐襄公发生矛盾。齐襄公便把鲁桓公灌醉，让公子彭生送他上车，趁机暗杀了鲁桓公。

  鲁国人迎接桓公归来，却看到国君已经死在车上，便就这件事和齐襄公交涉说："我们国君慑于你的威势，不敢有丝毫轻慢和失礼，远赴齐国进行友好访问。现在国君却不明不白地死了，鲁国不可能不追究，希望齐国交出彭生。"齐国只好杀了彭生来消除鲁国的怒气。就这样，太子同即位为国君，这便是鲁庄公。

鲁庄公先娶了齐国女子哀姜做夫人。然而哀姜没有生下嫡子，倒是哀姜的妹妹叔姜生了一个儿子名叫开。后来，鲁庄公驾临党氏家，见到党氏的女儿孟任，心生爱慕，又迎娶她做了夫人。孟任生下的儿子取名为斑。斑长大成人后，喜欢梁氏的女儿，就跑去看望她，结果撞见她和养马人荦在嬉戏。斑妒火中烧，将荦鞭打了一顿。鲁庄公知道后对斑说："你这样鞭打荦，就和他结仇了。他那样孔武有力，恐怕后患无穷。"鲁庄公原本想立斑做太子，可是没等这件事定下来，鲁庄公就病倒了。

鲁庄公有三个弟弟，长弟叫庆父，二弟叫叔牙，三弟叫季友。庄公病重时，先和叔牙商量继承人的事情，叔牙有意拥立庆父，庄公转而去问季友。季友说："我愿意拼死拥立斑为国君。"庄公连忙说："可是叔牙打算拥立庆父，该怎么办才好？"季友便设计逼叔牙喝下了毒酒。叔牙死后，鲁庄公立叔牙的儿子为叔孙氏。不久后庄公去世，季友如约拥立公子斑为鲁国国君。

庆父先前与哀姜关系好，就想立公子开为国君。没想到，庄公死后，季友出面支持公子斑即位为国君。庆父心生怨愤，便唆使和斑有过节的荦杀了他。季友听说这件事后，为了避祸逃往陈国。庆父最终立公子开为国君，这便是鲁湣公。

鲁湣公即位后，庆父越来越无法无天，他竟然动了自己当国君的念头。于是，他便和哀姜密谋杀掉湣公，自立为国君。庆父果然说到做到，不久就派人暗杀了湣公。

季友得知庆父如此胆大妄为，找到了湣公的弟弟公子申，要求鲁国将他们迎回国。鲁国人都对庆父作乱恨得咬牙切齿。庆父见到群情激奋，意识到再留在鲁国怕有性命之忧，于是逃到了莒国。哀姜也畏罪潜逃到了邾国。这样一来，阻挠公子申回国的势力一扫而空，季友名正言顺地拥立他为国君，这便是鲁釐公。

釐公即位这年，就委任季友做丞相，还赐给他封地，他的后代被称为季氏。季友回到国内后便开始拨乱反正，他给莒国送去贵重的礼物，要求莒国把庆父遣送回鲁国。然后，季友便派人去处决庆父，庆父苦苦哀求，希望季友饶他一命，把他流放出鲁国。然而季友铁了心要除掉庆父。庆父眼见活命无望，只好自杀了。

齐桓公也听说了鲁国内乱的事。由于哀姜也是祸乱的源头，为了给鲁国一个交代，齐桓公处死了她，将她的尸体送到鲁国。最终，鲁釐公做主将她安葬了。

太史公说：孔子对鲁国的道德风气非常失望。提起庆父那个时候，孔子说鲁国政治真是太混乱了。鲁国人作揖行礼是多么从容大度，然而处理起政事来怎么就这么暴戾呢？

近原典

《鲁周公世家第三》节选二

庄公取_娶齐女为夫人曰哀姜①。哀姜无子。哀姜娣曰叔姜②，生子开。庄公无適_嫡嗣，爱孟女，欲立其子斑。庄公病，而问嗣于弟叔牙。叔牙曰："一继一及③，鲁之常也。庆父在，可为嗣，君何忧？"庄公患叔牙欲立庆父，退而问季友。季友曰："请以死立斑也。"

注释

①取：通"娶"，迎娶。

②娣：妹妹。

③一继一及：意为父死子继，兄终弟及。

译文

庄公娶了齐国女子做夫人，名叫哀姜。哀姜没有儿子。哀姜的妹妹叫叔姜，生下儿子开。庄公没有嫡子，宠幸孟任，打算立她的儿子斑做太子。庄公病重时，向二弟叔牙征询继承人的事情。叔牙说："父死子继，兄终弟及，这是鲁国的常规。庆父还在，可以继承，你忧虑什么呢？"庄公担心叔牙拥立庆父，后又问季友。季友说："请允许我拼死拥立斑为国君。"

识典故

庆父不死，鲁难未已：这个成语典出《左传·闵公元年》。讲的是鲁国公子庆父先后杀死两位国君，齐国大夫仲孙湫说如果不除去庆父，鲁国的灾难是不会终止的。后用来比喻不除掉制造内乱的罪魁祸首，国家就不得安宁，带有贬义。

访 名 人

季友：姬姓，名友，春秋时期鲁国政治家，鲁桓公最小儿子（季子），鲁庄公之弟。因手掌中生成一"友"字，故称季友。鲁庄公死后，季友先后拥立公子般、鲁闵公和鲁僖公为国君，除掉了危害国家的庆父和叔牙，成为国相，受封费（bì）邑。季友死后谥号为成，史称"成季"，其后代立为季孙氏，又称季氏。

有所思

庆父是谁，何以"庆父不死，鲁难未已"？

06 燕召公世家第四
禅让乱国

燕昭王是一个贤明的君主，他以招贤纳士而出名，郭隗、乐毅、邹衍等都曾为他效劳。但燕昭王的父亲燕王哙却有点愚笨，他曾听信谗言，将王位传给了相国子之，为的是获得尧舜一样的美名，结果非但没有如愿，反而引发内乱，而燕王哙也成了历史的笑柄。下面就让我们来看看这一对父子吧。

禅让指的是古代帝王让位给贤能的人。在历史记载中，尧舜时代曾奉行这种制度，但是到禹这里就改为了"父死子继，兄终弟及"，国家的最高统治权开始在家族内传承。然而在战国晚期，燕国却上演了一出国君禅让的闹剧，致使燕国陷入混乱。

燕王哙即位后，任命子之为丞相，由此子之在燕国独断专行，成了最有权势的大臣。早在苏秦任六国丞相时，就和子之结成了亲家，苏秦的弟弟苏代也和子之交往密切。

苏秦死后，齐宣王开始重用苏代。有一次，苏代代表齐国出使燕国。燕王哙问道："依你看，齐王这个人怎么样？"苏代回答说："他肯定不能称霸。"燕王哙追问道："为什么呢？"苏代说："齐王不相信他的臣子。"苏代原本是打算用这句话激一下燕王，让他更加尊敬子之。而燕王果然也听从了苏代的话，对子之愈加信任敬重。子之为了表达谢意，特地送了苏代一百镒黄金。

后来，大臣鹿毛寿对燕王说："您不如将国家禅让给丞相子之。尧将天下让给许由，许由坚决不接受，人们都称赞唐尧是位贤人。这样一来，他既博得了禅让的美名，而实际上并没有失掉天下。如果大王效仿尧帝，将国家让给子之，子之肯定不敢接受，这样大王做出了与尧同样的德行，必然也会收获美名。"燕王哙听信了鹿毛寿，真的将国家托付给了子之，子之的地位更加尊贵了。

这时又有人说："夏禹先立大臣益做继承人，但同时又让儿子启的臣属入朝为官。夏禹年老时，认为启的臣属难堪大用，最终把王位让给了益。可是禹死后不久，启就纠集同党去攻打益，夺得了天下。天下人于是说，夏禹名义上将王位传给了益，实际上给儿子启留了夺回王位的机会。

现在大王表面上是把国家给了子之，可满朝官员全是太子的亲信，这还是想让太子今后即位。"燕王听到众人的议论，为了表示真心实意禅让，将俸禄在三百石以上官吏的印信收回，统统交给子之。没想到，子之毫不推脱，全都一一接受，行使起了君王的权力，而燕王哙反而成了臣子，到死都不能过问国政。

子之管理国事三年，燕国大乱，人心惶惶。将军市被与太子平合谋，打算发动兵变推翻子之。齐国的将领对齐湣王说："如今燕国内乱，正是攻打它的好时机，此时出兵，必定能一举攻破燕国。"齐王因此命人传信给燕太子平说："我听说太子将有义举，打算舍弃私情，秉持正义，匡扶燕国。齐国虽然势单力薄，但是我被您的精神感动，愿意追随太子，听从您的调遣。"

太子平没有接受齐国示好，自行集结军队，派将军市被围攻王宫，攻打子之，可是始终没能攻下。兵变失败后，市被突然反叛，与民众开始围攻太子平，结果市被战死在动乱之中。这次燕国内乱持续了好几个月，死亡了几万人，导致百姓离心离德。

这时，孟轲向齐王进谏说："如今燕国混乱，正是铲除昏君，解救民众的好时机，您可不能失去这个好时机呀。"
齐王便派章子率领五都的军队，又调来北部边境的军队，
合兵一处，攻打燕国。燕国军队群龙无首，既不敢迎战，
也不关闭城门，任由齐军长驱直入。最终，燕王哙和子之
在这场内乱中死去，齐军大胜。两年后，燕人拥立太子平
即位，是为燕昭王。

　　燕昭王即位后，面对的是满目疮痍的国家，不过他没
有气馁，而是振作精神，打算重建燕国。他求贤若渴，用
优厚的待遇来招纳天下贤士。燕昭王对郭隗说："齐国趁我
的国家动乱，虚情假意地要来助我讨奸，实际上是想攻打
燕国。我虽然拒绝了齐国，但还是被他们突袭成功。我很
清楚燕国地域狭小，力量薄弱，还不能复仇。如今我一心
只想得到贤人的辅佐，把燕国治理好，洗雪先王的耻辱。
先生如果发现有才能的贤士，一定要告诉我，我一定亲自
恭迎。"郭隗说："大王如果下定决心招贤纳士，就先从我
郭隗开始。天下贤士看到郭隗都能受到重用了，那些比我
有才能的人一定会不远千里来投奔您。"

　　于是，昭王为郭隗改建房屋，将他当作老师一样侍奉。
后来，果然如郭隗所说，乐毅、邹衍、剧辛等人纷至沓来，

贤士争相赶到燕国。燕昭王也是说到做到，他亲自到民间视察民情，和民众同甘苦。多年以后，燕国逐渐殷实富裕起来，士兵一心报效国家，不畏惧战争。

燕昭王感觉时机成熟了，便任命乐毅为上将军，与秦国、楚国、韩国、赵国、魏国一起谋划攻打齐国。这一仗把齐军打得四散奔逃，齐湣王逃离了国都。燕军则一鼓作气，攻进了齐国的都城临淄，掠走了大量宝物，放火焚烧了齐国的王宫与宗庙，报了当年齐国入侵燕国之仇。

亲近原典

《燕召公世家第四》节选

三年，国大乱，百姓恫恐[①]。将军市被与太子平谋，将攻子之。诸将谓齐湣王曰："因而赴之，破燕必矣。"齐王因令人谓燕太子平曰："寡人闻太子之义，将废私而立公，饬君臣之义[②]，明父子之位。寡人之国小，不足以为先后。虽然，则唯太子所以令之。"太子因要邀党聚众[③]，将军市被围公宫，攻子之，不克。将军市被及百姓反攻太子平，将军市被死，以徇。因构难数月[④]，死者数万，众人恫恐，百姓离志。孟轲谓齐王曰："今伐燕，此文、武之时，不可失也。"王因令章子将五都之兵，以因北地之众以伐燕。士卒不战，城门不闭，燕君哙死，齐大胜。

①恫恐：害怕，恐惧。

②饬：整饬，整治。

③要：同"邀"，邀请，邀集。

④搆（gòu）难：交战。

译文

　　过了三年，燕国大乱，民众惊恐。将军市被与太子平合谋，打算攻打子之。齐国的诸位将领对齐湣王说："乘燕国内乱赶快去攻打它，肯定能攻破燕国。"齐王因此命人对燕太子平说："我听说太子将有义举，打算舍弃私情，树立公义，修整君臣关系，明晰父子地位。我的国家很小，不配追随在你的左右，尽管这样，仍愿意听从太子的吩咐。"太子因此邀集党徒、集合人众。将军市被围攻王宫，攻打子之，没能攻下。

将军市被与民众反而围攻太子平，将军市被战死殉难。因而造成了几个月的动乱，死亡几万人，人人惊恐，民众离心。孟轲对齐王说："如今攻打燕国，这正是周文王、周武王成就事业的时机，不可失去呀。"齐王因此派章子率领五都的军队，并利用北部边境的军队攻打燕国。燕国军队不敢迎战，城门也不关闭，燕王哙死去，齐军大胜。

识典故

千金买骨：典出《战国策·燕策一·燕昭王收破燕后即位》，意思是十分渴望和重视人才。燕国发生子之之乱后，公子平即位为燕昭王。昭王为报齐国人侵燕国之仇，拜访郭隗，向他请教。郭隗便讲了"千金买骨"的故事：古时候有个国王重金求购千里马，可是一直找不到。他的近臣便自告奋勇，终于寻访到了千里马。没想到等他赶到，马已经死了，这个人竟然花五百金买下了千里马的骨头。他将这件事回禀国王，又解释说，我出大价钱买千里马的骨头，就显得您言而有信，而且出手阔绰，很快人们就会争着献马的。

燕国铜鼻钮：这枚印玺高 1.5 厘米，印面
2.1×2.1 厘米，印面有阴线边栏，印文为战国古
文字体"广阴都左司马"。燕国广阳旧地在今北
京市西南郊一带，广阴应在附近。这枚印玺为战
国时期燕国广阴邑负责军政的司马官印，现藏于
故宫博物院。

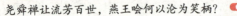
尧舜禅让流芳百世，燕王哙何以沦为笑柄？

07 宋微子世家第八
殷有三仁

导语

孔子说"殷有三仁"，这三人分别是微子、箕子和比干。为了劝诫殷纣王，三个人一个离开，一个做了奴仆，一个丢了性命，所以又有说法是"殷之三仁皆为之不易"。而殷纣王也因为没有听从他们的劝诫，最终国灭身死。下面我们就深入地学习一下"殷有三仁"吧。

商朝最后一个君主纣王倒行逆施，荼毒民众的时候，微子、箕子、比干曾经站出来劝阻他，然而纣王非但不听从他们的建议，反而对他们进行打击报复，甚至是加以残害。

微子名叫开，是殷朝帝乙的大儿子，纣王的庶出之

◎清道光十年刊《古圣贤像传略》载《商微子像》

兄。纣王即位后昏聩无能，荒淫无道，导致政治混乱，民不聊生。微子数次直言进谏，纣王都不听取他的建议。后来，有人向纣王报告，西伯侯姬昌施行德政，非常得民心。纣王却满不在乎地说："我生来就是天子，西伯侯能把我怎么样！"

微子听到纣王这样狂妄自大的言论，明白了他至死也听不进任何忠告，于是感到心灰意冷。眼见劝谏纣王无望，微子考虑着离开纣王。就在他拿不定主意的时候，他去向太师、少师请教。

见到这两人，微子把内心的烦恼一股脑说了出来："我们的先祖早早地建功立业，传到纣王这里，他沉湎于酒色，听信妇人之言，把祖先成汤的好名声都败坏光了。如今看看这些殷朝的王室宗亲，他们整天就想着巧取豪夺。官府的人非但不制止他们，甚至还效仿起他们，一起犯法乱纪。到了民众这里也是你争我夺，互为仇敌。举国上下，人人都有罪。这样的殷朝就像是一叶孤舟在河中飘荡，既找不到渡口，又靠不了岸。再这样下去，殷朝真的就要完了！"他顿了顿，接着说："请问两位，我是该留下来救国，避免殷朝覆灭呢，还是该离开呢？我生怕自己选错了就背上了不义的骂名。请你们指点我。"

太师说："如今天灾频发，纣王竟然一点也不担惊受怕，更不听从长老们的劝告。现在殷朝的民众也肆无忌惮。如果现在有什么方法可以使国家安定下来，那可以将个人的生死置之度外。可如果你死都不能让国家得到治理，那不是白死吗？还不如离去。"于是微子就离开殷朝流亡了。

箕子是纣王的亲戚。箕子忧虑商纣王追逐奢靡，不理政事，上朝劝谏纣王，但纣王听不进去。有人就对箕子说："不如离开纣王吧。"箕子却说："身为臣子，因为君王不听劝谏就离开，这样是把恶名推给君王，而把美名揽在自己身上。我不能这么做。"于是箕子想到了一个办法，他披头散发，装疯卖傻，去做奴隶。之后箕子隐居不出，借弹琴抒发心中的悲愤。后世将他所作的琴曲称为《箕子操》。

王子比干也是纣王的亲属。他见箕子劝谏不成，最终装疯隐居，很不赞同这种做法。比干说："君王有过错而不以死进谏，那不就是明哲保身，弃民众于不顾吗？"于是他面见纣王，直言不讳地指出纣王的种种错误。纣王大发雷霆，就想出了一条毒计来惩罚比干，他说："你不惧我的威严，敢于直言进谏，想必是人们所说的圣人了。我听说圣人的心有七个孔，真是这样吗？"于是，纣王竟然下令杀了比干，剖腹挖心。

后来，周武王讨伐纣王，灭掉了殷朝。不过，武王并没有对殷朝的王室贵族赶尽杀绝，他封了纣王的儿子武庚禄父，让管叔、蔡叔辅佐他。微子听说纣王已死，就带上殷朝的祭器，袒露臂膀，把双手捆在背后，来到周武王的营前，跪着前进，请求周武王饶恕他。周武王听说过微子的大名，知道他是个贤臣，便亲自解开微子的绳索，恢复了他原先的爵位。

接着，武王又去探访箕子。经过一番交谈，武王从箕子这里学到了许多治国的道理，感到受益匪浅。于是，武王对箕子格外敬重，把他封在朝鲜，不将他视为周朝的臣子。

天下安定后，箕子在去朝觐周王的路上，路过了殷都的废墟。他看到宫室荒败，杂草丛生，心中哀伤，想放声大哭，又不得不忍住，就以满心的悲愤作了《麦秀之诗》，借诗歌来抒发心中感伤。诗中说："尖尖的麦芒呀，绿油油的禾黍。那个狡诈的孩子啊，不与我亲近！"这里说的"狡诈的孩子"不是别人，指的正是纣王。殷朝的遗民听到这首诗，无不为之感伤流泪。

亲近原典

《宋微子世家第八》节选

纣始为象箸①，箕子叹曰："彼为象箸，必为玉梧杯；为梧杯，则必思远方珍怪之物而御之矣②。舆马宫室之渐自此始，不可振也③。"纣为淫泆佚④，箕子谏，不听。人或曰："可以去矣。"箕子曰："为人臣谏不听而去，是彰君之恶而自说于民，吾不忍为也。"乃被披发详佯狂而为奴⑤。遂隐而鼓琴以自悲，故传之曰《箕子操》。

注释

①箸：筷子。

②御：使用，享用。

③振：振作。

④淫泆：生活放浪。泆：通"佚"。

⑤被发：披头散发，古人都要束发，而披发则被认为仪态有失。被：通"披"。

译文

　　纣王开始用象牙筷子时，箕子叹息说："他既然用象牙制作筷子，必定再会制作玉杯；制作玉杯，就必定想得到远方的奇珍异物供自己使用。车马宫室逐渐奢华侈靡从此伊始，就再也无法振作了。"纣王沉溺于淫乐，箕子谏阻，还是不听。有人说："可以离开了。"箕子说："做臣子的因为谏诤不听而离开，这是放纵君王的过失，而自己在民众那里博得好名声，我不忍心这么做。"于是披头散发，装成疯子去做奴隶。从此隐居不出，借弹琴抒发心中的悲慨，因此后世将他流传下来的琴曲叫作《箕子操》。

探 古 迹

　　箕子陵：箕子被武王封于朝鲜，朝鲜后来又经历了各种变迁。1102 年，高丽肃宗接受礼部的进谏，访查箕子埋葬的地点。最终认定箕子埋葬于牡丹峰下，并为箕子修筑了陵墓，又在旁边建立箕子庙以进行祭祀。不过，这个箕子陵属于衣冠冢。据《水经注》记载："杜预曰：梁国蒙县北有薄伐城，城中有成汤冢，其西有箕子冢。"可推断箕子墓应在中国。朝鲜半岛历代君主都对箕子陵进行定期祭祀，并进行过数次修缮。箕子陵与乙密台、七星门、浮碧楼毗邻，成为古代平壤著名的景观之一。

格古物

春秋古琴： 春秋战国时期的古琴形制与如今不同。当时古琴用整木雕成，由琴身和一活动底板构成，分音箱和尾板两部分。音箱部分为"半箱式"，岳山、弦轸、雁足等部件齐备。2014年，湖北枣阳郭家庙曾国墓地出土了一张春秋古琴，古琴保存完整，长约92厘米，宽约35厘米。该琴距今已有2700年左右，是我国已出土的最早的琴。

有所思 "殷之三仁"除了微子还有谁？有何事迹？

08 晋世家第九
惠公背信弃义

　　管夷吾和夷吾可不是一个人。管夷吾是管仲，是齐国大臣，而夷吾是晋国国君，即晋惠公。晋惠公和秦穆公之间还有一段纠葛。晋惠公有难时，曾向秦穆公求救，并同意给秦国一块土地，但最后却不兑现诺言。后来，晋国缺少粮食，秦国却借给了晋国粮食。再后来，秦国缺粮，晋国却又不加理会。晋国这样做，对吗？

　　晋国历史上曾闹过公子夺位，当时的国君、夫人、公子、大臣、各诸侯国都卷入其中，持续了几十年之久，闹得沸沸扬扬，天下皆知。

　　事情的开端要从晋献公说起，他即位不久便出兵征讨骊戎，娶回了美丽的骊姬姐妹。献公共有八个儿子，其中太子申生、公子重耳、公子夷吾尤为出色，他们都德才兼备。申生的母亲是齐国公主齐姜，重耳和夷吾的母亲则是翟族狐氏的姐妹。

然而等到骊姬的儿子奚齐长大，晋献公就有了废掉太子的念头，于是，他派太子申生镇守曲沃，公子重耳镇守蒲邑（今山西隰县西北），公子夷吾镇守屈邑（今山西吉县壶口镇），公子奚齐镇守绛城。这样一来，晋国人都感觉太子要被废掉了。

几年后，晋献公组建了两支军队，他亲自统率上军，太子申生统领下军。太子率领军队消灭了三个小国后，封赏封地给手下的将领。这时有人告诫他，这样大行封赏，超越了太子的职责权限，马上就要大难临头了。然而太子并没有当回事。

在晋国王宫里，献公跟骊姬商量说："我想废掉太子，立奚齐为太子。"骊姬听到后，立刻哭着说："申生被立为太子，天下皆知。而且太子战功赫赫，在国内颇得民心。您怎么能废长立幼呢？如果您非要这样做，臣妾就自杀，以表明我们母子丝毫没有觊觎太子的位置。"然而，骊姬只是当着献公的面称赞太子，暗地里却让人毁谤中伤太子，好让自己的儿子奚齐做太子。

等到太子回宫，骊姬对他说："国君梦到了你的母亲齐姜。你赶快到曲沃的齐姜庙祭祀，然后将祭肉带回来，进献给国君。他一定会很高兴。"太子便照着骊姬的话做了。当时献公外出打猎，太子就将祭肉放在宫内。骊姬便让人在祭肉里下毒。

两天后，献公打猎回来，厨师将烹调好的祭肉端上来。献公正准备吃，骊姬提醒他先试一试毒。结果祭肉当时就把狗毒死了。骊姬见状，故作惊恐，趁机构陷太子。太子得知后逃离了国都，最后走投无路，在新城自杀。

恰好重耳、夷吾来朝见献公。骊姬害怕两人因为太子的事恨上自己，于是先下手为强，诬陷两人是下毒的同谋。二位公子得知后十分害怕，逃回了各自守卫的城邑。

献公见两位公子不辞而别，以为他们真的企图谋反，于是发兵攻打蒲邑。重耳翻墙逃跑，逃到了翟国。之后，献公又派兵攻打屈邑，屈邑军队大败。夷吾则逃往梁国。

后来，骊姬的妹妹生下一个儿子叫悼子。不久，献公生了重病。他叫来荀息，希望他能拥立奚齐。荀息当着献公的面，誓死拥护奚齐。于是，献公就任命荀息为丞相，主掌国家政务。

前651年秋天，献公去世。里克、邳郑打算迎回重耳继位，又怕三位公子打起来，闹得晋国大乱，就先去询问荀息的意思。荀息说："我不能辜负先君的嘱托。"意思是依然要拥立奚齐。一个月后，里克动手了，他在守丧的地方杀了奚齐。荀息得知后悲愤交加，只好拥立悼子为国君，而后安葬了献公。可没想到的是，里克接着又杀了悼子。荀息最终也殉主了。

此后，里克等人派人去翟国迎接公子重耳回国，打算让他继承君位。重耳推辞说："我有违国君逃亡国外，父亲死后却没有去守丧送葬，我这样的人怎么敢回国即位！你们还是改立其他的公子吧。"

于是，里克又派人到梁国去迎接夷吾。夷吾接到消息打算立刻回国。吕省、郤芮却阻拦道："国内明明还有可以继位的公子，却来迎立你，恐怕其中有诈。看来这次必须借助秦国的威势了。"夷吾听从了他们的建议，派郤芮给秦国送去了大量财物，并且约定说："假若能使夷吾回国即位，愿将晋国黄河西岸的土地割让给秦国。"又写信给里克说："如果夷吾真能即位，就将汾阳封给你。"一切安排妥当后，夷吾在秦军的护送下启程回国。

齐桓公听说晋国发生了内乱，也率诸侯前往晋国。秦国军队护送夷吾到晋国时，齐桓公刚好赶上，就一起将他送回晋国，拥立为国君，这便是惠公。

　　然而，惠公刚即位就反悔了。他拒绝割让土地给秦国，也不加封里克，反而免去了他的官职。惠公因为重耳在外流亡，害怕里克故技重施，杀了自己，便历数里克杀害两任国君的罪行，让他自杀。里克冷笑着说："要不是我杀了奚齐和悼子，你怎么能当上国君呢？你要杀便杀，何必找这么多借口。"随后拔剑自尽。晋国人知道惠公背信弃义，都对他很不满。

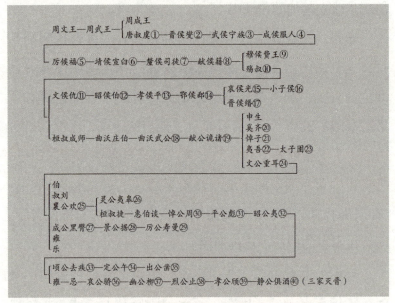

◎《〈史记〉人物大辞典》附录之《晋国君家族世系表》

后来，晋国遭遇饥荒，请求购买秦国粮食。秦穆公不计前嫌，同意把粮食卖给晋国。到了第二年，情况调了过来，惠公不但不卖给秦国粮食，还发兵攻打秦国。秦穆公非常愤怒，便出兵反击。

最终，两国在韩原（今陕西韩城市）展开激战。秦军俘获了惠公，带回秦国，打算杀掉惠公。可是秦穆公的夫人正好是惠公的姐姐，一再替他求情。秦穆公只好和晋惠公在都城签订盟约，并放他回国。惠公回国后，并没有吸取教训，而是同大臣谋划暗杀重耳。重耳得知后逃到齐国。

晋惠公一共治理国家十几年，最终患病而死。太子圉即位为国君，这便是怀公。

亲近原典

《晋世家第九》节选一

二十一年，骊姬谓太子曰："君梦见齐姜，太子速祭曲沃，归厘_胙于君①。"太子于是祭其母齐姜于曲沃，上其荐胙于献公②。献公时出猎，置胙于宫中。骊姬使人置毒药胙中。居二日，献公从猎来还，宰人上胙献公③，献公欲飨之^④。骊姬从旁止之，曰："胙所从来远，宜试之。"祭地，地坟^⑤；与犬，犬死；与小臣，小臣死。骊姬泣曰："太子何忍也！其父而欲弑代之，况他人乎？且君老矣，旦暮之人，曾不能待而欲弑之！"谓献公曰："太子所以然者，不过以妾及奚齐之故。妾愿子母辟之他国^⑥，若早自杀，毋徒使母子为太子所鱼肉也。始君欲废之，妾犹恨之^⑦；至于今，妾殊自失于此。"

注释

①厘：通"赉"（lài），赏赐，赐予，指祭祀用的肉。

②胙（zuò）：祭祀用的肉。

③宰人：掌管膳食的人。

④飨：享用，这里指食用。

⑤坟（fèn）：地面隆起。

⑥辟：回避，躲开。

⑦恨：遗憾。

译文

晋献公二十一年，骊姬对太子说："国君梦到了齐姜,你赶快到曲沃齐姜庙祭祀,然后将祭肉送给国君。"于是太子到曲沃祭祀他的母亲齐姜,将荐享过的祭肉进献给献公。献公当时正出行打猎,太子就将祭肉放在宫内。骊姬让人在祭肉里放了毒药。两天后,献公打猎回来,厨师将祭肉送给献公。献公准备食用时,骊姬从旁边制止,说:"祭肉从远方送来,应先试一下毒。"将祭肉放到地上,地面隆起;给狗吃,狗立刻死去;给小宦官吃,小宦官也即刻死去。骊姬哭着说:"太子怎么忍心这样做!连自己的父亲都想害死并取而代之,更何况他人呢?而且国君年事已高,命在旦夕之间,竟然迫不及待地要害死你!"骊姬对献公说:"太子之所以这么做,无非是因为我跟奚齐的缘故。我情愿我们母子躲避到其他国家去,或早点自杀,免得使我们母子被太子残害。起初国君打算废掉太子,我还感到遗憾;如今,我认为我是完全错了。"

荀息: 姬姓,原氏,名黯,字息,故名原黯,是晋国

有历史记录的第一位相国。荀息曾任晋武公大夫，晋武公灭荀国后，以荀国旧地赐原黯，故称"荀息"。荀息足智多谋，以危如累卵规劝晋献公放弃建造九层高台，还献计假途灭虢，打通了晋国向中原发展的通道。晋献公临终前，任命荀息为相国，随后荀息以股肱之力辅佐新君继位。

行将就木：快要进棺材了，意思是上了年纪，临近死亡。典出《左传·僖公二十三年》。公子重耳流亡国外时，娶了季隗。后来晋惠公追杀重耳，重耳要逃往齐国，临走时劝季隗改嫁。于是季隗说再过二十多年就死了，无意改嫁，愿意等候重耳归来。这个成语多用于自谦，而很少说别人行将就木，因为比较没礼貌。

晋惠公背信弃义，为何被俘后很快被释？

09 晋世家第九
重耳流亡

　　重耳就是晋文公，晋文公文治武功卓著，是春秋五霸中的第二位霸主，他与齐桓公并称"齐桓晋文"。晋文公这个人谦虚好学，善于交朋友，年轻时结交了很多有才能的人，在位期间也善于任用贤明的人。当然，晋文公年轻的时候也曾有过"乐不思蜀"的经历呢，差点酿成大错。

　　晋惠公去世，留给晋国的是一个烂摊子。经过多年的王位之争，晋国王室人才凋敝，政变和阴谋层出不穷，而在诸侯国之间，晋惠公出尔反尔的名声也被各国耻笑。而唯一贤能的晋国公子重耳还在外流亡。

　　重耳从小就喜欢结交贤士，十七岁的时候就有五名贤士追随他，分别是赵衰、重耳的舅舅狐偃咎犯、贾佗、先轸和魏武子。后来晋国发生骊姬之乱，重耳无奈之下出逃翟国。这五位贤士以及其他不知名的随从数十人一路追随护送。

重耳的弟弟夷吾即位后，一直把他当成心头大患，于是秘密派刺客暗杀重耳。重耳得知后便与赵衰等人商量道："当初我逃到翟国，并不是冲着翟国可以助我继位而来的，只是由于它接近晋国，又是我母亲的国家。我在这里待得已经够久了，是时候去投奔大国了。我听说齐桓公善待贤士，推行王道，志在成为霸主。又因为管仲、隰朋等人已死，他正招纳贤士，我们不如去往齐国。"临行前，重耳和妻子道别说："你等我二十五年，如果那时我没回来，你就改嫁吧。"妻子笑着说："我不会改嫁，会一直等你回来。"重耳在翟国一共住了十二年。

抵达齐国后，齐桓公盛情款待重耳一行人，还将宗室的女儿嫁给重耳，又赠给他二十乘马车。没过两年，齐桓公就死了。重耳过着舒适的生活，渐渐打消了回国的念头。然而，齐女则劝说重耳应该尽早回国。重耳说："我如今才知道人生应该享受安乐，我不想考虑其他的事！我死也要死在这里，绝不离开。"齐女义正词严地说："你是一国的公子，迫于无奈才流落异国。你身边这些贤士将性命交托给你，你不想着回国报偿他们，却一味耽于享乐，我为你感到羞愧。"于是齐女就与赵衰等人谋划，将重耳灌醉，用车载他离开齐国。

车队走出很远，重耳才醒过来，发现自己已经离开齐国，不由得大怒，举戈要杀咎犯。咎犯说："如果杀了我，您能成事，那我情愿一死。"重耳气愤地说："如果大事不成，我就吃了你！"咎犯说："我的肉腥臊，不值得吃。"重耳的气这才消了一些。就这样，一行人继续前行，路过了曹国、宋国、郑国，不过都没有留下来。

抵达楚国后，楚成王用接待诸侯的规格招待重耳。重耳推辞了一番，最后用客人的礼节拜见楚成王。楚成王盛情款待重耳，并对他说："公子若能回国继位，用什么酬谢我呢？"重耳说："大王这里多的是珍禽异兽、金玉绸缎，我要送您财物，想必您也不稀罕。这样吧，如果有朝一日与楚军在战场上相见，我愿避让三舍之地。"楚将子玉拍案而起，呵斥道："我们国君以大礼款待你，你却敢如此无礼。请大王杀死重耳。"成王摆了摆手说："晋国公子贤能，跟随他的人也都是治理国家的栋梁之材。他流落在外只是一时，怎么可以说杀就杀呢？"

这时，晋惠公病重，原本在秦国做人质的太子圉逃回国内继位。秦国恼恨他言而无信，听说重耳在楚国，就召他到秦国，要送他回晋国争位。楚成王也赞同重耳由秦国回晋国，给他准备了许多财物，送他去秦国。重耳到了秦国，秦穆公将宗室的五个女子嫁给重耳，答应尽快派兵护送他回国。

太子圉即位为怀公之后，晋国的大夫们听说重耳在秦国，就暗中给他传递消息，表示愿意给他做内应。于是秦穆公就派兵护送重耳，浩浩荡荡地向着晋国而来。晋军听说秦军到来，立刻出兵抵抗秦军。然而晋国人都知道并不是秦军来犯，而是公子重耳要回国了。晋国群臣便正式迎接重耳，随后在高粱杀了怀公。重耳流亡在外十九年才返国，此时他已经六十二岁了，他即位后就是晋文公。

文公施行仁政，广泛推行有利于民众的举措。然后，文公开始犒劳跟随他流亡的功臣，功劳大的封给城邑，功劳小些的升官晋爵。功臣之一的介子推对此冷眼旁观，他说："献公有九个儿子，只有国君健在。惠公、怀公不得民心，晋国内外都不看好他们。而文公能做国君是众望所归。可是这些人却把文公回国即位的功劳都揽到自己身上。我真是看不下去了！"于是带着母亲隐居山林。等到文公想起介子推，他已经进入绵上山中，难以寻觅。于是文公将绵上山及周围的土地一起封给他，取名为介山。

后来，楚军围攻宋国，宋国向晋国求援。先轸（zhěn）想出了围攻曹国、卫国，引楚国去救，来解救宋国的办法。文公依计行事，楚成王果真引兵回救。楚将子玉怒斥文公忘恩负义，竟然偏袒宋国，于是，向楚王要了军队去攻打晋军。

就在楚军与晋军两军对垒的时候，文公却下令晋军后撤。晋军将领问为什么要后退。文公回答说："先前我流亡在楚国，曾经承诺，两国交战，晋军退避三舍，如今怎能违背承诺呢？"这一仗最终以楚军失败告终。

前632年，文公将楚军战俘献给周王，有披甲驷马一百乘，步兵一千人。周王很高兴，赐给晋文公礼器，宣布他为霸主。

《晋世家第九》节选二

赵衰、咎犯乃于桑下谋行①。齐女侍者在桑上闻之，以告其主。其主乃杀侍者，劝重耳趣行。重耳曰："人生安乐，孰知其他！必死于此，不能去。"齐女曰："子一国公子，穷而来此^②，数士者以子为命。子不疾反国^③，报劳臣，而怀女德，窃为子羞之。且不求，何时得功？"乃与赵衰等谋，醉重耳^④，载以行。行远而觉，重耳大怒，引戈欲杀咎犯。咎犯曰："杀臣成子，偃之愿也。"重耳曰："事不成，我食舅氏之肉。"咎犯曰："事不成，犯肉腥臊，何足食！"

注释

①桑：桑树。

②穷：穷途末路，走投无路。

③疾：赶紧。

④醉：使醉倒，灌醉。

译文

　　赵衰、咎犯在桑树下谋议回国的大计。齐女的侍者在桑树上听到二人的谈话，将事情告诉她的主人。主人就杀死侍者，劝说重耳赶快离开齐国。重耳说："我只知道人生有安乐，不知道其他的事！我死也要死在这里，绝不离开。"齐女说："你是一国的公子，无奈来到这里，多位贤士将命运寄托在你身上。你不赶紧回国酬报劳苦的贤臣，却沉湎女色，我为你感到羞愧。而且不谋求回国，什么时候才会成功？"就与赵衰等谋划，将重耳灌醉，用车载他离开齐国。走了很远，重耳酒醒，大怒，举戈要杀死咎犯。咎犯说："杀死我，能成全你，是我狐偃咎犯的心愿。"重耳说："假若大事不成功，我就吃舅舅的肉。"咎犯说："我的肉腥臊，不值得吃！"

访名人

孤偃：晋国重臣，狐突之子。姬姓，狐氏，字子犯，大戎（今山西交城县）人。因他是公子重耳的舅父，故被称为舅犯（一作咎犯）。狐偃和兄长狐毛辅助重耳。骊姬之乱引发晋国混乱，孤偃力劝重耳流亡外国，后随同重耳国外流亡十九年，最终帮助晋文公成就霸业，是晋文公的首席谋士。孤偃遗物有"子犯和钟"，现收藏在台北故宫博物院。

退避三舍：古时行军三十里为一舍，意思是主动退让九十里。比喻退让和回避，避免冲突。典出《左传·僖公二十三年》。宋国因被楚国围困，来向晋国讨救兵。于是晋国出兵抵御楚军。然而在战场上，楚军一进军，晋文公立刻命令往后撤。晋军将士感到不解，说："晋军的统帅是国君，对方带兵的是臣子，哪有国君让臣子的道理？"狐偃解释说："当初楚王在危难中帮助过国君。国君亲口承诺，要是两国交战，晋国情愿退避三舍。今天后撤，是为了显示国君没有食言。"这个成语可以用在正式和非正式的场合。

　　介之推为何拒绝封赏？这是个别现象吗？

10 楚世家第十
齐楚争霸

同学们知道什么是"苞茅"吗？苞茅便是包成捆的菁茅。在当时，人们制作祭酒的时候，会先将酒曲和米饭搅拌在一起，使米饭发酵成酒，然后用菁茅过滤酒糟，称为"缩酒"，这时的酒就是祭酒了。齐桓公时，齐国就是以楚国不进贡苞茅为由攻打楚国。后来，历史上也就留下了"包茅之贡"的说法。

当齐桓公开始称霸的时候，楚国也走上了争霸之路。随着国力日渐强盛，楚国时常欺凌长江、汉水一带的小国，小国都十分惧怕它。楚文王死后，他的儿子即位，被称为庄敖。五年后，庄敖要杀死弟弟熊恽，以绝后患。熊恽逃往随国，联合随国杀了庄敖，夺得君位，这便是楚成王。

成王不像兄长那样残忍刻薄，他即位后，对内广施恩惠，对外不欺凌周边小国，同诸侯修复关系。做好这一切后，成王派人向周天子纳贡，周天子嘱咐楚国要镇守南方，平定夷越叛乱。

就这样，在成王的治理下，楚国人平静地度过了十几年。有一年，齐桓公突然领兵进犯楚国，一路打到了陉山。成王派将军屈完率军抵抗，与齐军展开激战。两军僵持不下，齐桓公才说明讨伐楚国的理由。原来，楚国没有按照规定向周王室进贡，所以齐桓公代替周王来兴师问罪。成王自知理亏，答应以后按时交纳，最终与齐桓公订立盟约。齐桓公这才撤兵。

之后，楚国陆续攻灭了许国、黄国、英国，国土不断扩张。有一年，宋襄公召集诸侯，准备宣布做盟主。成王接到消息，愤怒地说："宋襄公凭什么来召见我。也好，我正要去征讨他。"于是亲自领兵到达盂地，打败宋军，捉住宋襄公后羞辱了他一番，然后放他回国。第二年，成王又攻打宋国，射伤了宋襄公，宋襄公因此一命呜呼。

几年后，鲁僖公请求楚国派兵，攻打齐国。成王还记得当年齐国打到汉水边的耻辱，便派申侯领兵攻打齐国，攻取了谷城。齐桓公的七个儿子纷纷逃到楚国谢罪。成王不计前嫌，将他们全任命为上大夫。

同一年，楚国再次攻打宋国。宋国搬来了晋国的救兵。

原先，晋国公子重耳因为国家内乱而四处流亡。路过楚国时，成王用对待诸侯的礼节招待他，还赠送了丰厚的礼物。楚国的将军子玉因此愤愤不平，认为重耳当上晋文公后，就把楚国的恩情抛到脑后了。成王则认为，重耳流亡多年，能重返晋国执政，这是天意，不如看在和他关系尚好的份上，顺势撤兵。可是子玉非常固执，坚持要和晋军一战，结果在城濮被打得惨败。成王恼怒他不听劝告，白白折损了楚国士兵，便处死了他。

到了晚年，成王也开始考虑继承人的问题。他准备立商臣为太子，并把这个想法告诉令尹子上。子上说："您还不是很老，现在立太子有点早。况且您那些生下公子的宠妾，一旦看到有改立太子的机会，难免要动心思，恐怕会出乱子。再说，商臣面相长得不善，他的两只眼睛像毒蜂，声音像豺狼，看起来是个残暴之人，不能立他做太子。"

成王不听子上的劝告，坚持立商臣做太子。后来他

◎台北故宫博物院藏"者减钟"拓片

又改主意了，打算改立公子职而废了太子商臣。商臣听到风声，想得到确切的消息，就问辅相潘崇。潘崇说："您去宴请国君的宠姬江芈，在席间，不用做出很恭敬的样子。"商臣按照潘崇的话去做，结果激怒了江芈。她气恼地说："国君打算杀你而改立公子职为太子，真是太英明了！"

　　商臣赶紧找到潘崇，说消息是真的。潘崇便给商臣分析局势：事到如今，商臣无法逃离楚国，也不愿意继续忠于成王，看起来，只有一条路可选了。这年冬天，商臣策反了宫廷的卫兵，围攻成王。成王想最后吃一口熊掌再死，被商臣拒绝，于是，没多久成王自缢而死。

《楚世家第十》节选一

　　初，成王将以商臣为太子，语令尹子上。子上曰："君之齿未也①，而又多内宠，绌㸚乃乱也②。楚国之举常在少者。且商臣蜂目而豺声，忍人也，不可立也。"王不听，立之。后又欲立子职而绌㸚太子商臣。商臣闻而未审也③，告其傅潘崇曰："何以得其实？"崇曰："飨王之宠姬江芈而勿敬也④。"商臣从之。江芈怒曰:"宜乎王之欲杀若而立职也。"商臣告潘崇曰:"信矣。"崇曰:"能事之乎?"曰:"不能。""能亡去乎?"曰:"不能。""能行大事乎?"曰:"能。"冬十月,商臣以宫卫兵围成王。成王请食熊蹯而死⑤,不听。丁未,成王自绞杀。

注释

①齿未:指年岁尚小。

②绌:通"黜",废弃。

③审:详查,细究。

④飨:宴请。

⑤熊蹯:熊掌。

译文

　　刚开始,成王准备立商臣为太子,告诉了令尹子上。子上说:"国君还不是很老,而且还有许多宠妾,一旦改立将会出乱子。楚国立太子经常选年轻的。况且商臣的两只眼睛像毒蜂,声音像豺狼,是个残暴之人,不能立他做太子。"成王没听劝告,还是立商臣做太子。后来又打算立公子职而废弃太子商臣。商臣听说了，可无法得到证实，就问他的辅相潘崇说："怎么才能得到确切的消息呢？"潘崇说："宴请成王的宠姬江芈，但不要显示出恭敬的样子。"商臣按照潘崇的话去做。江芈恼怒地说："国君打算杀你而立职为太子，真是有必要呀！"商臣告知潘崇说："消息是真的。"潘崇问："你能侍奉他吗？"回答说："不能。"潘崇问："你能逃离楚国吗？"回答说："不能。"潘崇问："你能做大事吗？"回答说："能。"冬天十月，商臣利用宫廷的卫兵围攻成王。成王请求吃了熊掌以后再死，商臣不同意。丁未日，成王自缢而死。

访名人

潘崇：潘崇是太子商臣的师傅。楚成王当时有意改立其他公子为太子。潘崇私下暗示商臣发动政变夺位，即位为国君。商臣便是楚穆王，他将自己做太子时居住的宫殿赐给潘崇，还封他为太师。在潘崇的辅佐下，楚国变得繁荣安定。

识典故

鱼与熊掌不可兼得： 人不能同时获得鲜美的鱼和稀有的熊掌。典出《孟子·告子上》。讲的是，一个人既想得到鲜鱼，又想得到熊掌，如果二者不能同时拥有，那就放弃鱼，选择熊掌。这篇文章提出人的天性是善良的，也就是"性善说"，认为人们应该修身养性，从而成为道德上完善的人。这个成语常用来说明道理，单独成句或作宾语。

有所思

如何评价退避三舍，这是守信还是诱敌？

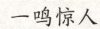

11 楚世家第十
一鸣惊人

在本节中我们可以看到楚庄王与伍举、苏从、王孙满、申叔、郑伯几个人之间的故事。通过楚庄王与这五个人之间的事情，我们能更立体地了解楚庄王这个人。他善于接受别人的建议，重视贤臣，有远大的理想与抱负。而他之所以能成为春秋五霸之一，与他的这些优良品格不无关系。

商臣即位后为楚穆王。穆王尽力改变楚国在城濮之战后的劣势，先后灭亡江国、六国、蓼国等国，进一步控制江淮地区（今安徽中、西部）；攻打并迫使郑国向楚国求和；攻占陈国壶丘；平定斗宜西、仲归叛乱。

前614年，楚穆王去世，他的儿子侣即位为楚庄王。庄王年轻的时候非常荒唐，整天只知道吃喝玩乐，一度让大臣们忧心不已。

庄王即位三年来，不发布治理国家的政令，每天就是

078

纵情玩乐。为了阻止群臣进谏，他下了一道命令，说："有胆敢进谏的，杀无赦！"然而，仍然有耿直忠诚的大臣冒死进谏。有一次，伍举求见庄王。当他见到庄王时，只见国君身旁有郑姬、越女陪伴，正在欣赏钟鼓乐队演奏。伍举说："我只有一句话对您说。有个谜语说：有一只鸟在土山上，三年间不飞也不鸣，这是什么鸟呢？"庄王虽然贪图享乐，却非常聪慧，一下就知道伍举话里有话，于是答道："三年不飞，一飞便会冲天；三年不鸣，一鸣便可惊人。伍举你退下吧，我懂你的意思。"

可是过了几个月，庄王丝毫没有振作起来的样子，反而更加荒唐。大夫苏从又入宫进谏。庄王说："你没有听见禁令吗？"苏从回答说："如果牺牲我能使国君清醒振作，我甘愿赴死。"大臣们的忠心触动了庄王，从此，他不再沉迷玩乐，开始关心国事，诛杀了几百名不称职的官员，任用了几百位贤才，又让伍举、苏从处理政事。楚国人见国君治国有方，都非常高兴。

后来，楚国灭掉了庸国，又攻打宋国，缴获了五百多辆战车。楚国的军事力量越来越强，以至于楚王竟然直接抵达洛阳，在周都的郊外阅兵，向天下夸耀武力。周定王见楚君来者不善，便派出王孙满去慰劳楚军。楚庄王便向王孙满询问九鼎的大小与轻重。这样的举动非常无礼，已经充分显示出庄王的野心。王孙满避重就轻地回答："周朝的传承在于德行，而不在宝鼎。"庄王强横地说："周王室不要仗着拥有九鼎，楚国只需折断兵器的钩尖，就足以铸成九鼎了。"言下之意是楚国拥有雄兵百万，足以扫平天下。

王孙满不卑不亢地说："看来，需要我帮您回忆一下了。当年夏朝正逢盛世之时，诸侯来朝觐，进献的金属铸成了九鼎，上面包罗世间万物，用来启迪民智。后来夏桀昏聩无德，九鼎才传到殷朝。殷朝末年，纣王暴虐成性，九鼎又传到了周朝。总而言之，君王清明有德，鼎就不会流失；君王昏庸无德，鼎就会传到有德之人手上。如今周王室虽然衰微，但未曾失德，所以你不能问鼎的轻重！"王孙满的一番话说得铿锵有力，庄王自讨没趣，只好领兵回国。从此以后，庄王在处理事情时分外注意德行。

几年后，楚国接连灭掉了舒国、陈国。群臣都向庄王庆贺，只有申叔刚出使齐国归来，不去庆贺。庄王问他原因，申叔回答说："俗话说，牵牛抄近路践踏了别人的庄稼，田主就把牛扣下了。践踏庄稼固然不对，可是扣押别人的牛，不是更过分吗？这件事的起因是陈国的夏徵舒弑君，然后您才率领诸侯讨伐。您虽然打着道义的旗号，战胜后却吞并了陈国土地，这是以公谋私。今后还如何号令天下呢？"庄王听后恍然大悟，便恢复了陈国后代的国君之位。

　　紧接着，楚庄王又围攻郑国，用了三个月的时间攻克了郑国。庄王从皇门进入郑都，郑伯则袒露上身来投降，甘愿做庄王的奴隶，请求楚国不要彻底灭掉郑国。楚国群臣说："国君可不要心软，不能答应郑伯。"庄王则说："郑伯为了国家能如此忍辱负重，他一定是爱民如子，这样的国家怎么能灭掉呢！"于是庄王同意与郑国议和，他亲自挥动军旗，指挥左右军队，率军后撤三十里扎营。最后，楚国大夫潘尪（wāng）到郑国订立盟约，郑伯则送他的弟弟子良到楚国去做人质。

　　楚庄王年纪轻轻就继承王位，通过重用忠臣贤士，让楚国的国力日渐强盛。他一生南征北战，与晋国争雄多年，最终大获全胜，拥有了问鼎中原的资格，成为春秋五霸之一。

《楚世家第十》节选二

庄王即位三年，不出号令，日夜为乐，令国中曰："有敢谏者死无赦！"伍举入谏。庄王左抱郑姬，右抱越女，坐钟鼓之间。伍举曰："愿有进。隐曰①：有鸟在于阜②，三年不蜚飞不鸣③，是何鸟也？"庄王曰："三年不蜚飞，蜚飞将冲天；三年不鸣，鸣将惊人。举退矣④，吾知之矣。"居数月，淫益甚。大夫苏从乃入谏。王曰："若不闻令乎⑤？"对曰："杀身以明君，臣之愿也。"于是乃罢淫乐，听政，所诛者数百人，所进者数百人，任伍举、苏从以政，国人大说悦⑥。

①隐：谜语。这一句《史记》点校本作"伍举曰：'愿有进。'隐曰：'有鸟在于阜……'"《史记集解》曰："隐谓隐藏其意。"

②阜（fù）：土山。

③蜚：通"飞"。

④举：指伍举。

⑤若：你。

⑥说（yuè）：通"悦"。

译文

　　庄王即位三年来，不发号施令，日夜纵情玩乐，下令全国说："有胆敢进谏的，杀无赦！"伍举进宫劝谏。庄王左拥右抱，坐在钟鼓乐队中间。伍举说："我希望进献一句话。谜语说：有一只鸟在土山上，三年间不飞也不鸣，这是什么鸟呢？"庄王说："三年不飞，一飞便会冲天；三年不鸣，一鸣便可惊人。伍举你退下吧，我明白你的意思了。"几个月后，庄王更加荒淫无度。大夫苏从便入宫进谏，庄王说："你没有听见禁令吗？"苏从回答说："牺牲自己使国君清明，这是我的意愿。"就这样，庄王不再玩乐，开始关心国事，诛杀了几百个不称职的人，任用贤才几百人，让伍举、苏从处理政事，楚国人都非常高兴。

访 名 人

王孙满：春秋时期周朝大夫。楚国强大起来后，楚庄王动了取代周王室的心思，于是就借朝见周天子的名义，到周朝国都去问九鼎的大小和轻重。这一举动非常无礼，但当时周王室衰微，无法当面斥责庄王。于是，前来迎接的王孙满委婉地表示，庄王还没有资格问九鼎的轻重。庄王被驳得哑口无言。从此以后，人们就将企图夺取政权与觊觎侵占别国称为"问鼎"，也用"问鼎"借指在比赛或竞争中夺取第一名。

识 典 故

一鸣惊人：一声鸣叫使人震惊。比喻一个人平时很一般，突然做出惊人的成绩。这个成语最早见于《韩非子·喻老》。楚庄王亲政三年，没有发布过一条政令。大臣伍举求见庄王，给他出了一条谜语："有一只鸟在南方的土山上，三年间不飞也不鸣，毫无动静，这是什么鸟呢？"庄王说："三年不飞，是它在等待羽翼丰满。不飞不鸣，是它在观察周围人的反应。它虽然没飞过，但必会一飞冲天；虽然不曾鸣叫，但必会一鸣惊人。"后来，果然如庄王所说，他勤于政务，把楚国治理得井井有条。这个成语是褒义词，可以指自己，也可以用来夸奖别人。

有所思

楚庄王开疆万里终成霸主，何以谥作庄？

12 越王句践世家第十一
勾践灭吴

在说到忍辱负重、坚韧不拔、韬光养晦的时候，我们经常会想到勾践。而他卧薪尝胆的故事更是同学们都熟悉的了。本节我们就来全面地了解一下，勾践是如何从一个战争的失败者最终成为成功者的。"咸鱼翻身""留得青山在，不怕没柴烧"这些句子其实都可以用来说勾践呢。

春秋时期吴越争霸的故事非常有名，这两个相邻的国家相互攻伐多年，都想置对方于死地，最终，越王勾践灭掉了吴国。

越王允常死后，他的儿子勾践即位，这便是新的一代越王。当时，越国的老对头吴王阖闾听说允常死了，就派兵攻打越国。面对吴军大军压境，勾践想到了一个置之死地而后生的计策，他派出一支敢死队，排成三行，冲到吴军阵前挑战，高声呼喊，然后一个接一个刎颈自杀。吴军没见过这样的场面，注意力全被吸引了。越军就乘机发动偷袭，打败了吴军，并射伤了吴王阖闾。阖闾箭伤发作，在临死时嘱咐儿子夫差说："一定要向越国报仇。"

勾践听说吴王夫差日夜练兵，准备报复越国，他就想先发制人，在吴国还没有出兵时去攻打它。范蠡劝谏说："常言道，军队是凶器，发动战争有失道义，你争我夺的做法更是不入流。请大王三思，不要挑起战争。"然而勾践心意已决，还是出兵了。夫差听说越军来攻，立即调动所有精兵迎战越军，在夫椒（今江苏无锡市境内）打败了越军。打到最后，越王只剩下五千多名残兵败将，只好退守会稽山。吴军则乘胜追击，把会稽山围得水泄不通。

勾践此时满心悔恨，对范蠡说："我错了，我没有听你的劝告才落到这个境地，现在该怎么办呢？"范蠡回答说："如今只有送上丰厚的礼物，低声下气地去和吴王求和，说您愿意为奴为婢侍奉他。现在最主要的是活下来，之后再考虑今后的事。"勾践说："我听您的。"于是便派大夫文种到吴国去议和。

文种见吴王时跪着前行，向吴王叩头说："您的手下败将勾践派我来投降，勾践甘愿做您的臣仆，妻子愿做您的奴婢，求您饶他们不死。"吴王刚要应允他，伍子胥对吴王说："现在正是吞并越国的大好时机，不能同意他。"

文种回去将伍子胥的话禀告给勾践。勾践万念俱灰，想杀死妻儿老小，烧掉宝器，和吴军决一死战，他仰天长叹说："难道我勾践会命丧于此吗？"文种说："大王不要灰心丧气，想当年，商汤被拘禁在夏台，周文王被拘禁在羑里；如今，晋文公重耳逃奔翟国，齐桓公小白逃亡到莒国，可他们最后都成为一代明君，或是称王称霸。由此可见，灾祸也可能转化为好事。听说吴国太宰伯嚭贪婪，您可以用重金收买他，或许事情还有转机。"

于是，文种准备了美女、宝器，秘密献给太宰伯嚭。伯嚭收了越国的好处，带着文种再次求见吴王。文种叩头说："恳请大王饶了勾践，勾践愿将所有的宝器献给吴国。如果大王不能赦免勾践，他情愿杀了妻妾子女，烧毁所有宝器，率领残余的五千人马和吴军同归于尽，这样吴军也会有损失。"伯嚭趁机从旁劝说："勾践已经投降，甘愿做大王的臣子，何必赶尽杀绝呢？大王赦免了他，正能彰显您贤德的美名。"吴王有些被说动了，想赦免勾践。伍子胥再次劝谏说："如今不灭掉越国，以后一定会后悔的。勾践是贤君，文种、范蠡是良臣，一旦让他们回到越国，后患无穷。"然而吴王到最后也没有听伍子胥的话，还是饶过了越王，撤兵回国。

越王勾践回到越国后，日日深思苦虑，不断磨炼自己。他将苦胆悬挂在座位的旁边，坐着或躺着，时时望着苦胆，吃饭时也尝一口苦涩的胆汁，然后告诫自己说："你忘了在会稽受的耻辱了吗？"勾践亲身耕种劳作，他的夫人则亲自纺织，他们吃饭不放肉，不穿有色彩的华丽衣服，礼贤下士，厚待宾客，他还深入民间，与民众一起劳动，体察民间疾苦。

另一方面，勾践请范蠡治理国家政事。范蠡却推辞道："用兵打仗，文种不如我；治国安邦，抚恤民众，我不如文种。"于是勾践将整个国家的政事委托给文种，派范蠡和大夫柘稽到吴国议和，留在吴国做人质。两年之后吴王放范蠡回国。

勾践回国七年，一直在休养生息，训练士兵，迫不及待地想要报复吴国。这时大夫逢同劝他一定要耐心。逢同说："岂不知猛禽在袭击目标时，会故意隐藏起凶相，因此大王报仇不可急于这一时。越国刚刚脱离困境，如今才恢复一点元气，假若我们修整军备，吴王一定会忌惮我们，然后就会先发制人。如今吴国军队攻打齐国、晋国，又同楚国结下了很深的仇怨，越来越狂妄自大。我们不如暗中联络这些国家，一旦吴国兴兵，我们就可以趁机打败它。"勾践说："好。"

两年后，吴王果然要去攻打齐国。伍子胥根据自己对局势的判断，劝谏吴王说："齐国对于吴国只不过是小病，越国才是吴国的心腹大患。我听说越王勾践每顿饭不超过两道菜，还和民众同甘共苦。我早说过，这个人不死，必会成为吴国的祸患。希望大王放弃进攻齐国的计划，先去进攻越国。"吴王不听伍子胥的话，仍旧出兵进攻齐国，并且得胜归来。正在吴王洋洋得意时，伍子胥泼了他一盆冷水，让他不要高兴得太早，君臣两人闹得不欢而散。

这时，文种来向吴国借粮，表面上是借粮，实际上是试探吴王是否已经放松警惕。吴王果然答应借粮给越国，伍子胥劝不住他，痛心疾首地说："大王不听劝告，三年之后，吴国就会变成一片废墟！"太宰伯嚭听到这话后，趁机向吴王进谗言说："伍子胥只是表面上忠厚，其实残忍奸诈，他连自己的父亲与哥哥都弃之不顾，哪会真正关心大王呢？大王不防范伍子胥，有朝一日，他一定会作乱。"原来，伯嚭早就收了越国大夫逢同的好处，找机会就在吴王面前诋毁伍子胥。

吴王一开始并不相信谗言，后来渐渐心生疑虑，终于派人赐给伍子胥一把剑，叫他自杀。伍子胥悲从中来，怒极反笑地说："夫差，我辅佐你父亲称霸，又立你为王。当初你倚重我的时候，要将吴国的一半分给我，如今你因为听信谗言，却要杀死我。请把我的眼睛放在吴国都城的东门，我要亲眼看着越国军队进城！"伍子胥死后，吴王便任用伯嚭主持国政。

伍子胥的死讯传到越国，勾践问范蠡是否可以攻打吴国。范蠡让他再等等。第二年，吴王率领精兵北上，在黄池与诸侯会盟，国内只剩下老弱残兵和太子留守都城。范蠡说："可以进攻了。"于是勾践派善战的水兵二千人、训练有

◎勾践三战灭东吴

素的军队四万人、君王的卫士六千人、在职军官一千人进攻吴国。吴国军队战败，太子被杀，留守人员急忙给吴王报信。吴王压住消息，直到会盟结束，才派人带上厚礼同越国议和。越王考虑自己还无力吞并吴国，就同吴国讲和了。

四年后，越国再次攻打吴国，并将吴王围困在了姑苏山上。这次局势调转过来，吴王派公孙雄袒露上身，跪地而行，向越王赔罪，连声哀求。勾践想要答应夫差的请求，范蠡劝越王不能心慈手软，并且替越王做主，赶走了使臣，击鼓进军。勾践还是于心不忍，就派人对夫差说："我将你安置在甬东，统治一百户人家。"吴王见大势已去，选择自杀。自杀时，他遮住脸说："我没有脸面去见伍子胥啊！"随后，越王安葬了吴王，诛杀了伯嚭。

勾践灭掉吴国后，和楚国、宋国、鲁国瓜分了吴国的土地，又向周王进献了贡品。当时的周元王承认了勾践的霸主地位。

太史公说：勾践吃苦耐劳，深思苦虑，用了二十三年的时间，最终灭掉了强大的吴国，称霸诸侯，可以说是一代贤王了。

亲近原典

《越王勾践世家第十一》节选一

吴既赦越，越王句践反返国，乃苦身焦思，置胆于坐①，坐卧即仰胆，饮食亦尝胆也。曰："女汝忘会稽之耻邪②？"身自耕作，夫人自织，食不加肉，衣不重采彩③，折节下贤人，厚遇宾客，振贫吊死，与百姓同其劳。欲使范蠡治国政，蠡对曰："兵甲之事，种不如蠡；填镇抚国家④，亲附百姓，蠡不如种。"于是举国政属大夫种，而使范蠡与大夫柘稽行成，为质于吴。

注释

①坐：座位。

②女：通"汝"，你。

③采：同"彩"，颜色。

④填抚：镇抚，镇守。填：同"镇"。

译文

吴王赦免了越王，越王勾践回到越国后，吃苦耐劳，深思焦虑，将苦胆悬挂在座位的旁边，坐着或躺着，时时望着苦胆，吃饭时也尝尝胆汁，并告诫自己说："你忘了在会稽受的耻辱了吗？"他亲身耕种劳作，夫人亲自纺织，吃饭不放肉，不穿有色彩的华丽衣服，谦虚恭敬地对待贤人，厚礼招待宾客，赈济贫苦民众，吊慰死者，与民众一起劳苦。勾践打算叫范蠡治理国家政事，范蠡回答说："用兵打仗，文种不如我；安抚国家，亲附民众，我不如文种。"于是勾践将整个国家的政事委托给文种，派范蠡和大夫柘稽到吴国议和，留在吴国做人质。

卧薪尝胆：躺在草席上，口尝苦胆。形容一个人忍辱负重，发愤图强。春秋时期，越国被吴国打败。越王勾践向吴王夫差投降。勾践回国后，立志发愤图强，准备复仇。他怕自己松懈下来，消磨了报仇的志气，晚上就睡在稻草堆上，还在房子里挂上一个苦胆，每天早上起来就尝尝苦胆，时刻提醒自己，不能忘记被围会稽山的耻辱。他派文种管理国家政事，范蠡管理军事，自己则亲自到田里与农夫一起干活，妻子也纺线织布。经过十几年的艰苦奋斗，越国终于兵强马壮，转弱为强，最终复仇。这个成语作为形容词，具有褒义，可以说自己，也可以形容别人。

越王勾践剑：1965 年，湖北江陵的一座楚国古墓中出土了一柄青铜剑。经专家鉴定，这就是《史书》记载的越王勾践剑。这柄剑长 55.7 厘米，宽 4.6 厘米，重 875 克，剑身上铸有菱形花纹，还有表明越王勾践佩剑的铭文，剑格上则镶有玻璃和绿松石。最为人称道的是，虽然距今已有两千多年，但这柄剑依然锋利无比，可以轻易割开 16 层白纸，显示了我国古代工匠高超的铸剑技艺。

吴王阖闾何不灭了越国，以至养虎遗患？

13 越王句践世家第十一
范蠡归隐

世人曾赞誉范蠡："忠以为国，智以保身，商以致富，成名天下。""至圣"指孔子，"亚圣"指孟子，那"商圣"指的是谁呢？是范蠡。本节我们会了解到范蠡与勾践之间的故事，会了解到范蠡看事情的通透智慧，当然也能弄清楚他为什么会弃官从商，成为"商圣"。

按理说，勾践成为霸主后，应该封赏功臣，任用他们继续治理国家，或者赐给他们财物，让他们衣食无忧地终老。然而，曾经辅佐勾践的文种和范蠡，却落得一个死，一个归隐的下场。

范蠡在越国时，劳心劳力，和越王勾践戮力同心，为他筹划了二十多年，最终灭掉吴国，一雪前耻。勾践称霸后，称范蠡为上将军。可是这时，范蠡却不安起来，他认为威名之下难以久居，而且他看透了勾践的为人，于是写信向勾践辞行说："我听说君王有忧患，臣子就应该为君分忧，君王受辱，臣子就该赴死。先前您在会稽蒙受耻辱，我之所以当时没有去死，是为了留下这条命助您报仇。如今大仇得报，请您赐我死罪。"勾践说："将军这是哪里的话？今后我还要与你分享越国。你不答应，我就要治你的罪。"范蠡说："既然您不杀我，那我就按自己的意愿行事了。"于是他收拾了便于携带的珍宝珠玉，带上贴身随从，偷偷地乘船离去，再也没有返回越国。勾践为表彰范蠡，依然将会稽山封给他作封邑。

◎范蠡归隐江湖

范蠡到了齐国后，给大夫文种写了一封信，信里说："有句话叫，飞鸟尽，良弓藏；狡兔死，走狗烹。越王能忍常人所不能忍，这样的人心志坚忍，但也铁石心肠，只能同他共患难，不能同他共享安乐。你一定要尽早离开啊。"文种看到信后，装病不再去上朝。有人趁机向越王进谗言，说文种居功自傲，有谋反之心。越王就赐给文种一把剑，命他自杀。文种后悔没听范蠡的话，优柔寡断，终于招来杀身之祸，最终还是自杀了。

范蠡在齐国改名换姓，自称鸱夷子皮。他和家人在海边耕种，靠着勤奋劳动和苦心经营，没过多久，积累的财富达到几十万。齐国人听说他如此贤能，请他做丞相。范蠡叹息说："我出身平民，做生意积累千金，做官做到丞相，这都是极限了。现在我盛名在外，时间长了恐怕有祸事。"于是范蠡交还了相印，又散尽家财，把财产都分给朋友与乡亲，他自己则带着贵重的珠宝秘密离去，定居陶地（今河北宁晋县）。

范蠡之所以选择陶地，是因为他认为这里是天下的中心，道路四通八达，做生意能够致富。于是又改名叫朱公，因为住在陶地，所以人们称呼他为陶朱公。范蠡在这里和儿子重操旧业，继续种田、养牲畜，适时地买进卖出，赚取十分之一的利润。没多久，又累积了百万资产。在外人看来，继鸥夷子皮之后，又出了一个经商奇才陶朱公，实际上，都是范蠡本人。

朱公搬到陶地后，生下了小儿子。小儿子成年时，二儿子因为杀了人，被关押在楚国。朱公说："杀人偿命，理所应当。但还是去探望一下他，尽力营救吧。"于是用箱子装了一千镒黄金，装上牛车，并且吩咐小儿子去一趟楚国。正当小儿子要出发时，朱公的长子坚决请求让他去办这件事。长子说："我身为长子，如今要解救二弟，父亲不派我去，却派小弟去，这显得我多无能。"朱公不同意他去，长子吵闹不停，他母亲也在一旁帮腔。朱公无奈，就改派长子去，还写了一封信给昔日的故交庄生，并叮嘱："到了楚国，将千金送到庄生的住所，一切由他处理，什么话都不要多说。"

到了楚国，几经寻找，朱公长子才在城墙根下找到了庄生的房屋。只见庄生家周围长满杂草，生活十分清贫。朱公的长子按照朱公吩咐的，送上书信与千金。庄生看过书信后说："你可以走了，赶紧离开楚国，不要有片刻停留！即使你弟弟被放出来，也别问为什么。"长子依言离开庄生家，可是却私自留在楚国。朱公长子随身也携带了数百镒黄金，他见庄生不像有权势的人，就自作主张贿赂了一个楚国贵族，打听朝廷的消息。

有一天，庄生进宫拜见楚王，借口说天上的星星移动了，楚国要发生不好的事，以此来让楚王广施恩德，赦免囚犯。庄生虽然身居陋巷，然而他却有着廉洁正直的美名，包括楚王在内，楚国人对他都十分敬重，所以对庄生的话深信不疑。很快，楚王就派使臣将府库封存了起来。

那个受贿的楚国贵族连忙把这个消息告诉给朱公的长子，跟他解释说，封闭府库是大赦的预兆，朱公的二儿子很快就能放出来了。朱公的长子认为，楚国只是恰巧大赦，如今他只可惜将千金白白送给了庄生。于是，他又返回庄生家里，讨要黄金。其实，庄生根本不贪图朱公的黄金，他原本打算等事情办成后再原数送还。庄生见朱公的长子竟然这样办事，就让他取走了黄金。此时，朱公的长子沾沾自喜，觉得这次的事情办得很好，却不知道已经把庄生得罪惨了。

庄生思来想去，觉得自己原本是无私帮忙，现在却落得贪图钱财的名声，真是奇耻大辱。于是进宫见楚王说："大王要大赦天下，固然是好事。可是现在人们都在议论，大王要大赦不是为体恤楚国的民众，而是因为富翁朱公的儿子被关在楚国，他家花了重金，才让大王特地为他家网开一面。"楚王听后大怒，当即下令处死朱公的二儿子。最后，朱公的长子只领到了二弟的尸体。

回家后，全家上下哭声震天。只有朱公无奈地苦笑，说："我就知道他去就会给弟弟带来杀身之祸！他并不是不爱自己的弟弟，只是他不舍得花钱。他从小跟我过的是苦日子，知道谋生的艰难，因此太看重钱了。至于他的小弟弟，生在家里富贵殷实的时候，哪里知道钱财是怎么来的，因此挥金如土，一点儿也不吝惜。我之所以派小儿子去，就是因为他不会看重这千金，也就不会得罪庄生。事已至此，哭也没什么用了。"

太史公说：范蠡三次迁徙都功成名就。他看事情如此通透，怎么能不发达呢？

亲近原典

《越王勾践世家第十一》节选二

范蠡遂去，自齐遗大夫种书曰①："蜚飞鸟尽②，良弓藏；狡兔死，走狗烹。越王为人长颈鸟喙，可与共患难，不可与共乐。子何不去？"种见书，称病不朝。人或谗种且作乱③，越王乃赐种剑曰："子教寡人伐吴七术，寡人用其三而败吴，其四在子，子为我从先王试之。"种遂自杀。

注释

①遗（wèi）：寄信，送信。

②蜚（fēi）：通"飞"。

③或：有的。

译文

范蠡离开了越国，从齐国给大夫文种写信说："飞鸟尽，良弓藏；狡兔死，走狗烹。越王脖子很长，嘴尖得如同鸟嘴一样，这样的人只能同他共患难，不能同他共享安乐，你为何还不离去呢？"文种看到信后，装病不再去上朝。有人谗害文种，说文种想谋反，越王赐给文种剑，说："您教给我征讨吴国的七种计策，我用了其中的三种就打败了吴国，还有四种在您那里，您替我到去世的先王那里试试那些计策吧。"文种于是自杀。

楚金币: 我国早在战国时期就已经能够提炼黄金,当时的人们已经认识到黄金的价值,将其作为流通货币。其中楚金币郢爰(yuán)是我国最早的黄金铸币,有着分布广、出土数量大的特点。1949年以来,在安徽、江苏、河南、山西、山东、湖北、浙江7个省54个县市都出土过郢爰,数量共有956块,总重量达51973克。郢爰共有四个类型,有龟板形、长方形、瓦形、圆饼形。这些金币和如今的硬币不同,不是规格统一的一枚枚的,而是在一大块铸好的金板上用模具一排排捶打出印记。用于大额支付时,郢爰可以整块整块地称重使用,而用于小额支付之时,则可以剪切成小块使用。郢爰的单位为爰,一爰即楚制一斤,约今250克。郢爰被今人习称为"爰金"或"币子金"。

识典故

鸟尽弓藏，兔死狗烹： 飞鸟打光了，弓箭就可以收起来了，狡猾的兔子捕完了，忠诚的猎犬就可以拿来煮着吃了。比喻事情成功后，把出过力的人抛弃或杀死。范蠡早年跟随越王勾践，带兵打仗。在吴越争霸中，越国战败，范蠡没有背弃勾践，而是为他出谋划策，助他东山再起。然而等到勾践成为霸主后，范蠡却提出辞官归隐。因为他看出勾践这个人可以共患难，却不能分享富贵。范蠡离开后，便给大夫文种写信，尖锐地指出勾践必然会诛杀忠臣，如果不离开，就是"鸟尽弓藏，兔死狗烹"的结局。这个成语是贬义词，也可以分开单独用，用来批评、讽刺他人。

 有所思

传说范蠡携西施归隐五湖，这是真的吗？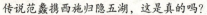

14 郑世家第十二
郑伯克段

自古以来，母亲是最爱自己的孩子的，而孩子也是最爱母亲的。然而在历史上却有这样一对母子，他们之间因为王位之争差点闹得永不相见，也给后人留下了"黄泉见母"的典故和"不及黄泉，无相见也"的千古名言。这里说到的孩子是郑庄公，母亲是武姜。

古代国君之子争夺君位，通常发生在同父异母的兄弟间，然而在郑国历史上，却发生了一出母亲帮着小儿子篡夺大儿子王位的闹剧。

郑武公娶了武姜为夫人。武姜生长子时难产，好不容易把这个孩子生下后，就给他起名叫寤生。随着孩子一天天长大，武姜心里怎么也喜欢不起来这个儿子。后来，她又生了小儿子叔段，因为叔段是顺产的，所以武姜十分喜爱他。太子寤生成年后，武公生病了。武姜请求武公改立叔段做太子，日后就能继位为国君，结果遭到了武公的拒绝。这一年，武公死了，太子寤生即位，这便是郑庄公。

庄公刚一即位，就把弟弟叔段封在了京邑，号称太叔。大臣祭仲说："京邑比郑国的都城还要大，按照礼法，不应当封给弟弟。"庄公说："我们的母亲坚持要这样加封叔段，我不敢违抗母命。"

实际上，武姜仍然没有放弃立小儿子为国君的念头，她竟然和叔段密谋发动政变，袭击郑都。等叔段到了京邑后，立刻就开始修造兵器，操练军队。二十年后，叔段终于派兵攻打郑都，武姜则在城里给他做内应。

庄公忍无可忍，发兵攻打叔段。叔段战败，逃回了封地京邑，于是庄公进军京邑。京邑的民众见到太叔挑起内乱，都反叛了他，叔段只好逃往鄢邑。在鄢邑，叔段又溃败了，于是他逃到了共国。

庄公并没有追到共国对叔段赶尽杀绝，只是永远不许他回到郑国。庄公又将武姜迁到城颖，并发誓说："不到黄泉，永不相见。"可是一年多后，他就后悔了，十分想念母亲。正赶上颖谷的考叔向庄公进献，庄公赐给他王宫里的食物。考叔说："我的母亲没吃过这些美味佳肴，请您将这些食物赐给我的母亲吧。"庄公感慨地说:"你这样惦记你的母亲,我又何尝不想念自己的母亲呢?但是我发过重誓,再不与她相见。我不能违背誓言,现在我该怎么办呢?"考叔说:"掘地到有泉水的地方,你们母子就能相见了。"于是庄公按照考叔的办法,命人挖掘地道,终于见到了母亲。

后来,郑国侵占周王室的土地,把那里种的庄稼都抢割走了。等到庄公去朝觐周桓王。周桓王对他抢割庄稼的事耿耿于怀,没有以礼相待。庄公回国后,心里怨恨周桓王怠慢自己。双方就这样产生了矛盾。

有一年,庄公没有去朝觐周桓王。周桓王就以此为借口,率陈、蔡、虢、卫四国征讨郑国。庄公与祭仲、高渠弥率军奋力抵抗,周王的联军大败。混战中,祝聃一箭射中了周桓王的臂膀,向庄公请求乘胜追击。郑庄公却心生愧疚,赶忙制止他说:"冒犯长辈尚且要遭受责难,何况是箭射天子呢?"于是下令停战。当晚,庄公派遣祭仲去探视周桓王的伤情,向周天子请罪。

一年后,北戎进犯齐国,齐国向郑国求援。郑国派遣太子忽领兵驰援。郑太子忽在此战中表现得有勇有谋,齐釐公非常赏识他,要把女儿许配给他。忽谢绝了,然而祭仲却劝他答应这门婚事。因为在庄公众多的儿子中，除了太子忽，公子突、子亹也有可能成为国君。

祭仲是郑国老臣，被庄公任命为上卿。当年，庄公曾派他去邓国迎亲，后来邓女生了太子忽。正因为有这样一段渊源，祭仲希望太子忽继位。不过，庄公后来又迎娶了宋国雍氏的女儿，生下了公子突，太子从此有了一个劲敌。

郑庄公死后，祭仲拥立太子忽即位，这便是昭公。然而宋庄公却设计将祭仲诱骗到宋国，威胁他拥立公子突，否则就杀了他。祭仲为了活命，只好答应，然后带公子突返回郑国，立为郑君，这便是厉公。昭公忽听说祭仲拥立公子突，只好逃往卫国。

厉公即位后，祭仲把持朝政。为了除掉祭仲，厉公竟然指使祭仲的女婿雍纠去谋杀他。结果，祭仲的女儿泄密，祭仲反过来杀死了雍纠。事情闹出来之后，厉公被赶出国都，住在边城栎邑。于是祭仲迎回昭公忽，再次即位为国君。

没想到，昭公还没来得及大展拳脚就死了。原来昭公在做太子时就与高渠弥有矛盾。高渠弥害怕昭公杀他，便趁打猎的机会，在野外射杀了昭公。最后，祭仲与高渠弥没有迎回厉公，而是立昭公的次弟公子亹为郑君。

亲近原典

《郑世家第十二》节选一

段至京，缮治甲兵，与其母武姜谋袭郑。二十二年，段果袭郑，武姜为内应。庄公发兵伐段，段走。伐京，京人畔[叛]段①，段出走鄢。鄢溃，段出奔共。于是庄公迁其母武姜于城颍，誓言曰："不至黄泉，毋相见也。"居岁馀，已悔思母。颍谷之考叔有献于公，公赐食。考叔曰："臣有母，请君食赐臣母。"庄公曰："我甚思母，恶负盟②，奈何？"考叔曰："穿地至黄泉③，则相见矣。"于是遂从之，见母。

译文

叔段到了京邑后，修理兵器，操练军队，与他母亲武姜密谋袭击郑都。郑庄公二十二年，叔段果然派兵袭击郑都，武姜在城里做内应。庄公发兵攻打叔段，叔段战败逃跑。庄公移兵攻打京邑，京邑民众都反叛了叔段，叔段逃往鄢邑。接着鄢邑的士兵溃败，叔段逃往共国。于是庄公将他母亲武姜迁移到城颍，发誓说："不到黄泉，永不相见。"一年多后，庄公已经后悔，很想念母亲。颍谷的考叔向庄公进献，庄公赐他饭食。考叔说："我有母亲，请你将这些食物赐给我的母亲吧。"庄公说："我非常思念母亲，但不愿背弃誓言，我该怎么办呢？"考叔说："掘地到有泉水的地方，就能相见了。"于是庄公按照考叔的办法，见到了母亲。

访名人

祝聃：春秋时期郑国大将，郑庄公三十七年（前707年），周桓王伐郑，郑庄公抵抗。对战中，祝聃用箭射伤了周桓王的臂膀，令周桓王颜面尽失。祝聃请求前去追赶，但郑庄公认为君子不能欺人太甚，何况对方还是周天子，于是未再追杀。

多行不义必自毙：不义的事情干多了，必然会自取灭亡。这个成语典出《左传·隐公元年》。庄公当上了郑国国君，他的母亲武姜为小儿子叔段求封地，最终要到了京邑。这时祭仲提醒庄公说："都城的规模都是有规定的，现在京邑的大小已经超出了规定，恐怕今后会酿成大祸。"庄公回答说："姜氏坚持要这么做，我又有什么办法？"祭仲则建议庄公尽早处理这件事，避免事情发展到难以控制的地步。庄公说："干多了不仁义的事情，必定会自取灭亡，您就等着看吧。"这个成语是贬义词，用来形容坏人。

有所思

郑庄公听任共叔段一步步坐大用心为何？

15 郑世家第十二
贤相子产

同学们，子产可是与孔子同时的郑国人，孔子曾经盛赞过子产，说他身上有四德。在《论语》中，孔子心目中的君子子产也被多次提及，足见得孔子对子产的重视。在本节中，我们将更具体地了解子产这个人，看看他的贤德主要体现在哪些方面。

郑国是一个小国，从春秋时期以来一直没什么存在感。在郑简公时期，郑国的内政外交趋于平稳，与诸侯国交往密切，这都得益于当时的宰相子产。子产是郑成公的小儿子，郑釐公的弟弟，他不参与夺位之争，恪尽职守，成为郑国的栋梁之臣。

子产从政源于郑釐公暴病身亡，这一年，五岁的公子嘉即位，这便是郑简公。简公刚刚即位，诸位公子就密谋要杀死丞相子驷。原来，釐公并不是暴毙，而是被子驷害死。子驷也是郑国宗室，有一次他朝见釐公，没有受到礼遇，就心怀怨恨，暗中指使厨师在饭菜里下毒，毒死了釐公。然而，还没等郑国的公子们动手，子驷就察觉到风吹草动，反手把参与暗杀的公子全都杀了。

几年后，子驷欺负简公年幼，要废掉他，自立为郑君。公子子孔为了维护正统，派人杀了子驷。等风波平息后，子孔当上了丞相。然而，国君的位子实在太诱人了，子孔也产生了自立为国君的想法。这时候，子产劝他说："子驷这样做不对，所以你杀死了他。可如今你又仿效他，那你该不该死呢？如果一直这样下去，郑国永无宁日。"于是，子孔听从了子产的劝告，打消了自立的念头，依旧担任丞相。

简公长大后，不满丞相子孔长期把持国家大权，下令杀了他，任命子产为卿，又将六邑分封给子产。子产再三推辞，只接受了其中

◎清道光十年刊《古圣贤像传略》载《郑子产像》

三个邑。有一年，吴国派遣季札出使郑国，子产接待了他。两个人同样明理豁达，一见如故，越谈越投缘。季札便对子产说："我见郑国的王公贵族们生活奢侈，迟早要生祸端，执政的重任要落到你的身上了。你如果执掌政权，一定要按照礼法行事，不然的话，郑国很快就会亡国。"子产非常感谢季札提出的意见，盛情款待了他。第二年，郑国果然出了乱子，诸位公子因为争宠，导致相互仇杀，有人提出要杀子产，也有的公子劝阻说："子产是位贤士，是国之栋梁。郑国之所以还能存在，全是因为子产治理朝政。不能杀子产。"最终，这场政治风波没有波及子产。

后来，晋平公生病，简公派遣子产出使晋国，慰问晋平公的病情。平公唉声叹气地说："医官说不出是什么病，占卜说是两个叫实沈、台骀的神作祟，到底是怎么回事啊？"子产回答说："大王您多虑了，这些神灵都不会危害你的身体。对于山川河流，遇上有水旱灾害，应该及时治理。对于日月星辰，遇上有风霜雪雨不合乎时令的，可以祈求风调雨顺。至于你的病，是由饮食、情绪、作息不当造成的，你需要调理自己的身体。"晋平公听说不是鬼神作祟，放下心来，高兴地说："真是太好了，您真是博学多识的君子！"随后，晋平公以厚礼酬谢子产。

简公对子产始终信任，两人没有闹过矛盾。简公出使其他国家，子产经常随行，遇上简公患病，就由子产代替他出席诸侯会盟。简公四十一岁就去世了。子产又辅佐了郑国三位国君才死去。

郑国人得知丞相子产的死讯，无不为之哭泣，伤心得跟自己的亲人死去一样。他为人仁慈宽厚，侍奉君主忠诚，一直劝谏国君要以德治国，共辅佐了郑国五代国君。孔子曾经路过郑国，和子产相谈甚欢，亲如兄弟。得知子产死去的消息后，孔子不由得痛哭，说："子产身上有着古时仁爱的美德呀！"

亲近原典

《郑世家第十二》节选二

釐公五年，郑相子驷朝釐公，釐公不礼①。子驷怒，使厨人药杀釐公，赴诸侯曰"釐公暴病卒"。立釐公子嘉，嘉时年五岁，是为简公。

简公元年，诸公子谋欲诛相子驷，子驷觉之，反尽诛诸公子。二年，晋伐郑，郑与盟，晋去。冬，又与楚盟。子驷畏诛，故两亲晋、楚。三年，相子驷欲自立为君，公子子孔使尉止杀相子驷而代之。子孔又欲自立。子产曰："子驷为不可，诛之，今又效之②，是乱无时息也③。"于是子孔从之而相郑简公。

译文

　　釐公五年，郑国丞相子驷朝见釐公，釐公没有以礼相待。子驷恼怒，让厨师用药毒死了釐公，派人到诸侯国送讣告说："釐公因暴病而死。"接着拥立釐公的儿子嘉，嘉当时五岁，这便是简公。

　　简公元年，众公子密谋要杀死丞相子驷，子驷察觉，反而将众公子全都杀死。二年，晋国攻打郑国，郑国与晋国订立盟约，晋军撤回。冬天，郑国又与楚国结盟。子驷害怕被杀，于是同晋国、楚国都友好。三年，丞相子驷要自立为郑君，公子子孔派尉止杀子驷取代丞相之职。子孔又进而要自立为国君，子产说："子驷这样做不对，你杀死他，如今你又仿效他，这样下去，动乱将不会停息。"于是子孔遵照子产的话，依旧担任简公的丞相。

子产不毁乡校：这个典故出自《左传·襄公三十一年》。春秋时期，各国普遍在乡间设立学校，称为乡校。这里既可以学习知识，也可以议论政治。郑国大夫然明听说民众时常聚在乡校，对执政者施政的措施品头论足，就要取缔乡校。子产说："民众在一天工作劳动之余，到乡校见面聊天，议论一下施政措施的好坏，有何不可呢？他们喜欢的，我们就推行；他们讨厌的，我们就改正。这是在指点我们施政，足以当我们的老师了。为什么要废除掉呢？防止民怨就像防止河水溃决一样，开个小口导流，总好过全部堵住，导致大决口。我们应当听取这些议论，然后把它们当作治国的良药。"孔子听到后说："人们传说子产不行仁政，可是听他说出的这番话，我相信他是个君子。"

郑国车马坑：郑国车马坑位于河南省新郑市，2001年4月发掘出郑公1号大墓，内有多种豪华实用车辆20辆和许多马骨，还出土了众多珍贵文物，由此开始了古代郑国墓群的考古发掘工作。该地至今共发掘春秋墓葬3000余座，大中型车马坑18座，其中6米以上的大型墓近180座，长宽均超过20米的特大型墓4座。

孔子如何评价子产？评语都记录在哪里？

16 赵世家第十三
赵氏孤儿

"赵氏孤儿"指的是春秋时期晋国的政治家赵武，而这一段故事也被现代人多次改编为影视剧和话剧，搬上银幕。赵武在下宫之难后成为孤儿，那么下宫之难的具体情况是什么？赵武后来又是如何成长的？他又是如何夺得王位的？本节将一一为同学们解开这些疑团。

　　在春秋时期，曾经出现过一个赵氏孤儿，他虽然不是国君的公子，却意外陷入了政治斗争的漩涡。围绕着这个孩子，多方势力角逐多年，最终，公理正义战胜了阴谋诡计。

　　赵氏孤儿的故事还要从他的曾祖赵衰说起。当年，晋国公子重耳因为骊姬之乱逃亡翟国，赵衰作为他的臣属始终跟随。在翟国，赵衰又娶了一名女子，生下儿子赵盾。多年以后，赵衰返回晋国，晋国的原配夫人坚持让他接回在翟国的妻子，而且让赵盾做继承人，让自己生的三个儿子听候赵盾差遣。

赵盾继承父亲的爵位后，继续辅佐晋襄公。襄公死后，太子夷皋年少，赵盾就打算拥立襄公的弟弟雍。结果太子的母亲日夜哭泣，连连磕头，对赵盾说："先君有什么罪过啊，为什么不立他的嫡子而另选国君呢？"赵盾无奈，只好让太子继位，这便是灵公。

没想到，灵公为人骄纵，毫无仁爱之心。赵盾屡次劝谏，灵公始终不听。有一次，灵公要吃熊掌，因为熊掌没有蒸熟，竟然一怒之下杀了厨师。仆人们把厨师的尸体抬出去时，碰巧被赵盾看见。灵公既害怕赵盾，又忌恨他专权，就打算杀掉他。赵盾侥幸逃脱，在晋国国内隐匿起来。后来灵公被杀，成公即位，赵盾又返回朝中继续执掌国家政权。于是，士人纷纷讽刺他"身为正卿，逃亡不出国境，返回又不征讨逆贼"，可见他治理朝政有方，但是为人过于软弱了。晋景公时赵盾去世，他的儿子赵朔娶了成公的姐姐，继承了爵位。

几年后，大夫屠岸贾突然发难，要诛杀赵氏宗族。原来，屠岸贾曾受灵公的宠信，此时旧事重提，借着追究杀死灵公的罪犯，打压赵氏。他认为，赵盾当时虽然不知情，但对灵公的死负有不可推卸的责任，而如今赵氏却在朝廷做官，这是枉法，所以号召将领们随他围攻赵家。韩厥则为赵氏辩解说："灵公被杀时，赵盾逃亡在外，当时群臣认为他没有罪过，因此不杀他。如今诸位要诛杀他的后代，这是胡乱诛杀，而且你们还要瞒着国君去做，这不是作乱吗？"然而屠岸贾根本不听韩厥的话。

韩厥只好告诉赵朔，让他赶紧逃走。赵朔知道自己逃不掉，便恳求韩厥能尽力维护赵氏后裔。韩厥答应了他的请求。很快，屠岸贾背着景公，在下宫诛灭了赵氏。在混乱中，赵朔的妻子怀着孩子，逃进王宫藏了起来。

就在赵家遭难的时候，赵朔的门客公孙杵臼找到赵朔的朋友程婴商量怎么办。程婴说："赵朔还有遗腹子，如果生的是个儿子，我就侍奉他；如果是个女孩，我就一死追随好友。"

没多久，赵朔的妻子分娩，生下了一个男孩，取名叫赵武。屠岸贾得知后便到宫里搜查。赵朔的妻子将婴儿藏在裤裆里，躲过了搜查，然后交给了公孙杵臼和程婴。

两人逃出来后，程婴对公孙杵臼说："这次没找到，以后还会再来搜查，怎么办？"公孙杵臼突然问："抚养孤儿，让他继承赵氏与死哪个困难？"程婴说："死容易，抚养赵氏孤儿难。"公孙杵臼说："赵氏对你不薄，你就勉为其难，承担困难的吧。我来做容易的，我去赴死。"于是二人想办法弄来别人的婴儿，裹上华丽的襁褓，躲到山中。

这时追兵赶到，程婴跑出来说："我程婴没出息，无力保护赵氏孤儿，愿以千金换赵氏孤儿藏身地。"诸将大喜，答应了他，派兵跟着程婴攻打公孙杵臼。公孙杵臼恨恨地说："程婴你这个贪生怕死的小人！先前在下宫遇变，你不能以死殉友，而是与我一起藏匿赵氏孤儿，现在竟然出卖赵氏孤儿。"接着，他恳求诸将放过赵氏孤儿。众人不同意，最终还是杀了杵臼与婴儿，回去交差了。就这样，所有人都认为赵氏孤儿已死，然而真正的赵氏孤儿还活着，程婴带着他藏匿在山中生活。

十五年后，晋景公生病，韩厥趁机说："这是国君少了贤臣辅佐导致的。"景公由此想到了赵氏，询问赵氏家族是否还有子孙。韩厥说出实情。于是景公同意召回赵氏孤儿，将他藏匿在宫中。这时，诸位将军入宫探望病情，景公让韩厥的部众控制住诸将，和赵氏孤儿赵武见面。诸将迫不得已，就说："先前下宫事变，全是屠岸贾的主意，他假传国君之命，号令群臣。我们原本就想请求国君扶立赵氏后代。现在国君有命令，这也是我们的心愿呀。"于是诸将与程婴、赵武攻打屠岸贾，灭掉了他的宗族。景公重新将赵氏的封地赐给赵武。

赵武到了二十岁加冠，已经是成年人，程婴便辞别诸位大夫，对赵武说："先前下宫事变，大家先后赴死。我并不是贪生怕死，我是想扶立你直到继承赵氏。现在你已经成年人了，恢复了以前的爵位，我要到九泉之下去给赵朔和公孙杵臼说一声。"赵武哭泣，一再叩头请求，说："我愿意一生受苦来报答您，难道您忍心离开我去死吗？"程婴说："不行。公孙杵臼认为我能够扶立你，所以在我之前赴死；如今我不去报告，他会认为我的事还没有成功。"最终，程婴还是自杀了。赵武为他守丧三年。

《赵世家第十三》节选一

已脱，程婴谓公孙杵臼曰："今一索不得[①]，后必且复索之，奈何？"公孙杵臼曰："立孤与死孰难？"程婴曰：

"死易，立孤难耳。"公孙杵臼曰："赵氏先君遇子厚②，子强为其难者，吾为其易者，请先死。"乃二人谋取他人婴儿负之，衣以文纹葆褓③，匿山中。程婴出，谬谓诸将军曰④："婴不肖，不能立赵孤。谁能与我千金，吾告赵氏孤处。"诸将皆喜，许之，发师随程婴攻公孙杵臼。杵臼谬曰："小人哉程婴！昔下宫之难不能死，与我谋匿赵氏孤儿，今又卖我。纵不能立，而忍卖之乎！"抱儿呼曰："天乎天乎！赵氏孤儿何罪？请活之，独杀杵臼可也。"诸将不许，遂杀杵臼与孤儿。诸将以为赵氏孤儿良已死⑤，皆喜。然赵氏真孤乃反在，程婴卒与俱匿山中。

注释

①索：搜索，搜查。

②遇：对待。

③文葆：花纹华丽的褓褓。文：通"纹"。葆：通"褓"。

④谬：欺骗。

⑤良：确实。

译文

　　脱险后，程婴对公孙杵臼说："如今一次没有找到，以后一定会再来搜查，怎么办？"公孙杵臼说："扶立孤儿继承祖业与死哪个困难？"程婴说："死容易，扶立孤儿难。"公孙杵臼说："赵氏先君对你不薄，你就勉强承担困难的吧，我做容易的，请让我先去死。"于是二人想办法弄来别人的婴儿背着，裹上华丽的襁褓，藏匿在山中。程婴出来，欺骗将军说："我程婴没出息，不能扶立赵氏孤儿。谁能给我千金，我就告诉他赵氏孤儿藏在哪里。"诸将都很高兴，应允了他，派兵跟从程婴攻打公孙杵臼。公孙杵臼假装说："小人程婴！先前在下宫遇变，你不能赴死，与我共谋藏匿赵氏孤儿，现在又出卖我。纵然不能与我扶立赵氏孤儿，怎么能忍心出卖他呢？"公孙杵臼抱着婴儿大喊道："天哪！天哪！赵氏孤儿有什么罪？请让他活下来，只杀我杵臼吧。"诸将不同意，就杀了杵臼与孤儿。诸将认为赵氏孤儿确实已经死去，都很高兴。然而真正的赵氏孤儿还活着，程婴最终和他一起藏匿在山中。

访名人

韩厥：韩厥起初是赵氏家臣，初入政坛就成为赵衰手下一员武将。后来在赵盾执政时期，稳居三军司马。在屠岸贾围攻赵氏的时候，韩厥顾念旧情，不惜与诸将决裂，称病不出门，后来力保赵氏孤儿继承祖业。到晋悼公时，升任晋国执政大夫兼中军元帅，位列晋国八卿之一。韩厥一生侍奉晋灵公、晋成公、晋景公、晋厉公、晋悼公五朝，是位稳健的政治家。

识典故

下宫之难：又称下宫之役、原屏之难、庄姬之乱、孟姬之乱，典出《左传》《史记》，系指前583年，晋国赵氏家族原、屏两支被灭，赵武一系夺回宗主之位的历史事件。

有所思

"赵氏孤儿"得以保全体现了哪种精神？

17 赵世家第十三
胡服骑射

前面讲到赵武，这里又说赵武灵王，同学们会觉得这是一个人，其实并非一个人。赵氏孤儿是赵武，而赵武灵王是赵雍，赵武灵王乃赵氏孤儿的后人。同学们必须把这层关系弄清楚。赵武灵王在位时的主要功绩是推行"胡服骑射"，赵国由此日渐强盛。梁启超先生称赵武灵王为"黄帝之后的第一伟人"。

赵武之后，赵氏的势力再次逐渐壮大，直到瓜分晋国，建立赵国，开始了我国历史的战国时期。赵国第六位君主赵武灵王刚即位时，还不能处理政事，由博学多识的老师三人、左右司马三人辅佐。到了他亲自处理政事时，首先向辅佐过他父亲的肥义请教，并提升他的俸禄。武灵王懂得敬老，对国内年龄满八十岁的老人，都按月送去礼物。

后来，武灵王在信宫举行了盛大的朝会。召见肥义并同他议论天下大事，五天后才谈完。接下来，武灵王向北拓展疆土，向西到达黄河岸边，登临黄华山顶，俯瞰中原大地，内心无限感慨。于是，他召见楼缓商量说："我的先公趁着世事的演变，统治了南边属地，修筑了北部长城，如今赵国周围有外族环伺，又有燕国、秦国、韩国这样的强敌，却没有足以自卫的强大兵力，如何能避免亡国呢？我想的是，国家会受到各种旧俗和陋习的拖累，要建立不世之功，就要敢于抛弃它们。所以，我准备从改穿胡人的服饰开始，建立一支战斗力强悍的军队。"尽管楼缓赞同武灵王的想法，但是群臣都不同意改换胡服。

武灵王又找到肥义请教，说："我推行改穿胡服，练习骑射，就是想尽量少地消耗民力，以达到富国强兵，但世人一定会非议我，怎么办呢？"肥义说："做事犹豫不决就不会成功。君王既然已经决定抛弃旧俗，那就不必再顾虑天下人的非议了。"武灵王说："我心意已决，一定要推行这个政策，直到占有胡地。"

不久后，武灵王派人告诉公子成说："我已经穿上了胡服，准备就这样会见群臣，希望叔父也穿上它。在您这样的宗室贵戚的带领下，穿胡服这件事就变得容易推行了。"公子成恭敬地说："我听说这件事了。都怪我老迈不堪，来不及到君上面前进言。中原各国是礼仪教化之地，是财富汇集的地方，连蛮夷都要不远万里来朝见。现在君上抛弃这些而改穿异族的服饰，如此离经叛道，希望君上三思。"使者回禀武灵王后。武灵王决定亲自去探病，说服公子成。

见到公子成后，他说："服装是为了方便穿用，礼法是为了方便行事。我们如今应该博采众长来完善自身。改穿胡服、练习骑射，是为防卫临近燕国、三胡、秦国、韩国的边疆。从前中山国依靠齐国的强大兵力，侵犯糟蹋我国土地，掳掠我国民众，引水围灌鄗城，这样的奇耻大辱，我们至今没能得报。现在设置骑射防备，正是近可以观察上党形势，远可以报复中山的怨仇。"公子成被说得心悦诚服，向着武灵王跪拜，接受了赐予的胡服。次日，他穿上胡服上朝，群臣震惊。由此开始，赵国发布改穿胡服的诏令。

第二年，赵国军队果然变得强悍起来。武灵王掠取中山国、胡人的土地，直达榆中。林胡王进献马匹议和。回国以后，武灵王派遣代相赵固掌管胡地，征调胡人兵马。后来再次进攻中山国，打得中山国献出四座城邑求和。

赵武灵王还是少数活着就传位的国君。后来，他召集群臣，传位给王子何，就是惠文王。武灵王则自称主父，自己穿着胡服，率兵四处征战，几年后终于灭掉了中山国。

亲近原典

《赵世家第十三》节选二

肥义曰："臣闻疑事无功，疑行无名。王既定负遗俗之虑①，殆无顾天下之议矣②。夫论至德者不和于俗，成大功者不谋于众。昔者舜舞有苗，禹袒裸国，非以养欲而乐志也，务以论德而约功也。愚者暗成事，智者睹未形，则王何疑焉。"王曰："吾不疑胡服也，吾恐天下笑我也。狂夫之乐，智者哀焉；愚者所笑，贤者察焉。世有顺我者，胡服之功未可知也。虽驱世以笑我，胡地中山吾必有之。"于是遂胡服矣。

注释

①负：背负，承担。
②殆：大概。

肥义说："我听说凡事犹豫不决就不会成功，对行动犹豫不决就不会成名。君王既然已经决定承担抛弃世俗的谴责，那就应该不必再顾虑天下人的非议了。追求最高德行的人，不会附和世俗，成就大事业的人，不会谋求和凡夫商议。先前虞舜在苗人中跳舞，夏禹赤膊进入裸国，他们并不是为了贪图快乐，而是致力于讲论道德以便于成功。愚昧的人在事成以后还没弄懂事情的真谛，聪慧的人在事成之前就已洞若观火，那么君王还犹豫什么呢？"武灵王说："我不疑虑改穿胡服，我担心天下人嘲笑我。狂人的欢乐，正是聪明人的哀伤；愚人的嘲笑，正是贤能人的明察。世上有依顺我的人，穿胡服的效用是无法估量的。即使世上的人都来嘲笑我，我也一定要占有胡地同中山国。"于是就改穿胡服了。

明 地 理

黄华山：位于河南省林州市林虑山主峰东侧，山势平缓，风光绮丽，山上保留有赵国古长城。战国时期，赵武灵王为变革图强，大胆学习别族先进，登黄华山议定"谋胡服，习骑射"，并从宗室贵族中开始推行。

访 名 人

肥义：起初辅佐赵肃侯，后来赵武灵王年幼即位，他也不遗余力地教导。武灵王传位给惠文王后，原来的太子章心怀不满，阴谋夺位。李兑劝肥义闭门不出，免受牵连。肥义明知危险，仍然不改其心。后来，武灵王和惠文王出游沙丘，分别住在两个行宫里。公子章等人趁机作乱，假传武灵王的命令召见惠文王，肥义为保护惠文王先进入营帐，不幸被害。

有所思

"胡服骑射"的"骑射"都有哪些说法？

18 魏世家第十四
惠王功过参半

同学们在课本上学过《孟子见梁惠王》这篇课文吧，其中的梁惠王就是魏惠王。在几十年的战争中，魏惠王屡战屡败，屡败屡战，从不气馁，做事很有恒心。而且他还懂得礼贤下士，邹衍、淳于髡、孟子先后来到魏国，与魏惠王畅谈。现在让我们深入了解一下魏惠王这个人吧。

魏惠王又被称为梁惠王，他当政的时期，正是魏国国力雄厚的时期。然而他即位就遇上王位之争，给了韩国、赵国可乘之机。后来在他主政期间，魏国又屡战屡败，失去了大片土地。后来惠王痛定思痛，大力招揽贤士，与孟子会谈，他们的谈话内容在《孟子·梁惠王》中有详细记录。

魏武侯死后，公子罃（yīng）即位为魏惠王，然而公中缓却和他争夺王位。这件事立刻传到了韩国国君耳朵里，有人给韩懿侯出主意说："魏国现在的夺位之争如火如荼，如今魏惠王有王错的辅佐，占有上党，几乎拥有半个魏国。如果我们能趁乱除掉魏罃，必能打垮魏国，良机不可失。"懿侯激动不已，立刻派人联络赵成侯，两国联合攻打魏国。两方交战之后，魏军大败，魏惠王被围。

赵成侯跟韩懿侯说："一不做二不休，我们不如除掉魏君，改立公中缓，割地后撤军。这对我们都有利。"韩懿侯说："不妥。杀了魏君，天下人一定骂我们暴虐；割地后撤军，又落得贪婪的名声。最好将魏国分成两部分。魏国一分为二后不会强过宋国、卫国，这样魏国就再也成不了我们的心头之患了。"然而赵成侯执意不肯。韩懿侯很不高兴，率领他的军队连夜撤走。就这样，因为韩、赵两国的意见不一致，魏国得以保全，魏惠王也回到了自己的国家。

后来的十几年间，魏国与韩国、赵国多次交战，打败了他们，修建了武堵城。然而魏国又被秦军打败，甚至太子与将军公孙痤也被俘虏，还失掉了庞城、少梁地区。

魏军攻打赵国，一度占领了赵国国都邯郸。赵国只好向齐国求援。齐国派田忌、孙膑领兵攻打魏国，在桂陵打败了魏军。之后，魏国只好把邯郸归还赵国，在漳水上与赵国签订盟约。中山君担任魏国的丞相。

又过了十年，魏军卷土重来，再次征伐赵国。赵国还是向齐国恳求援助。齐宣王采取了孙膑的计策，出兵讨伐魏国以救赵国。魏国也不甘示弱，大量发兵，委派庞涓为将，太子申为上将军迎战。

军队经过外黄，外黄的徐子对太子申说："我有百战百胜的计策，特来敬献给太子。"太子申说："请您赐教。"徐子继续说："太子亲自率军攻击齐国，

纵然大胜齐军，吞并莒地，那又算得了什么呢？要论富有怎么比得上拥有魏国，要论尊贵怎么比得上做魏王。可是如果打不赢齐国，那么从此以后，世上就没有魏国了。我的百战百胜之计就是不要和齐国开战。"太子说："您说得对，我听从您的话，现在就率军回国。"徐子说："现在晚了。虽然你想回去，却已经由不得你了。那些怂恿你打仗的人，已经准备好从这场战争中获得巨大的利益。你就是

想回国，恐怕已经办不到了。"果然，太子提出要班师回国，他的赶车人说："将军刚出师便回去，跟打败仗有什么不同。"太子只好硬着头皮与齐军交战，最终在马陵战败了。齐军俘获魏太子申，杀死将军庞涓。魏国一下损失两员大将，在诸侯国之间颜面扫地。

第二年，秦、赵、齐三国联合攻击魏国。秦国领兵的是商鞅，他阵前使诈，俘虏了魏国将军公子卬（áng）。魏军失去指挥，乱作一团，秦军乘胜追击，魏军大败。接着秦国命令商鞅向东边拓地，抵达黄河，而齐、赵两国又多次打垮魏军。魏惠王环视国境，发现由于连连被侵占城池，国都安邑与秦国国境已经很近了，于是下令迁都大梁，改立公子赫为太子。

又过了一年，秦孝公去世。商鞅被指意图谋反，只好逃出了秦国，想要投奔魏国。魏国人愤恨他俘虏了公子卬，拒绝让他进入魏国。商鞅无奈，只好潜回自己的封地。最后被秦军攻打，战败而死，尸身被带回咸阳处以极刑。

在几十年的攻伐中，惠王屡战屡败，不过他并没有灰心，而是更加礼贤下士，以优厚的待遇招揽贤才。就这样，邹衍、淳于髡（kūn）、孟轲先后来到魏国。惠王正襟危坐，诚恳地说："我无能，致使魏军队屡屡遭受挫败，太子被俘，上将又战死，将士更是死伤无数。由此国力空虚，人才凋敝。我玷污了祖先的名声，感到万分羞愧。先生不顾千里路途，屈尊来到魏国，要如何出谋划策，使魏国获取利益呢？"孟轲说："君王不能这样直言不讳地谈利益。君王贪利就会影响大夫，大夫贪利就会影响民众。这样上上下下都只知道抢夺利益，国家便危险了。身为人君，实行仁义就行了，何必逐利呢！"

《魏世家第十四》节选

惠王数被于军旅①，卑礼厚币以招贤者。邹衍、淳于髡、孟轲皆至梁。梁惠王曰："寡人不佞②，兵三折于外，太子虏，上将死，国以空虚，以羞先君宗庙社稷，寡人甚丑之。叟不远千里，辱幸至弊邑之廷，将何以利吾国？"孟轲曰："君不可以言利若是。夫君欲利则大夫欲利，大夫欲利则庶人欲利，上下争利，国则危矣。为人君，仁义而已矣，何以利为！"

注释

①被：遭受。

②不佞：无能，不才，古人自谦之词。佞：才能。

译文

　　在战争中惠王屡次败北，就用谦卑的礼节与优厚的物质待遇招揽贤人。邹衍、淳于髡、孟轲全来到魏国。惠王说："我无能，军队三次在国外遭受挫败，太子被俘，上将又战死，因而国家空虚，玷污了祖先的宗庙社稷，我感到很羞愧。老先生不顾千里路途，屈尊前来我国朝廷，要提供什么谋略使我国获利呢？"孟轲说："君王不能这样谈利。君王贪利就会影响大夫，大夫贪利就会影响民众，上上下下都抢夺利益，国家便危险了。身为人君，实行仁义就行了，何必逐利呢！"

明 地 理

　　大梁：曾为战国时期魏国都城，在今河南省开封市西北。秦始皇二十二年（前225年），王贲攻魏，决黄河及大沟水淹灌大梁，导致城毁人亡，魏国投降，从此灭国。该地宋朝时为开封府，元朝至明朝初期改称汴梁。

仁者无敌：仁者，施行仁政的君王。意思是仁君必然会赢得民众的拥戴，从而无敌于天下。典出《孟子·梁惠王上》。孟子来到魏国后，魏惠王向他请教治国之道，孟子趁机提出了施行仁政的主张。这个词为褒义词。

在《孟子》开篇梁惠王跟孟子都聊了啥？

史记

青少年版

世家二 | 阀阅之泽 |

〔西汉〕司马迁 / 原著

王　昊　王建明 / 编著

SPM 南方出版传媒
广东人民出版社
· 广州 ·

图书在版编目（CIP）数据

史记：青少年版 / 王昊，王建明编著 . — 广州：
广东人民出版社，2022.3

　　ISBN 978-7-218-15419-0

　　Ⅰ . ①史⋯ Ⅱ . ①王⋯ ②王⋯ Ⅲ . ①《史记》—青
少年读物Ⅳ . ① K204.2-49

中国版本图书馆 CIP 数据核字（2021）第 247411 号

SHIJI:QINGSHAONIAN BAN

史记：青少年版

王昊　王建明　编著

出 版 人：肖风华

责任编辑：李力夫
责任技编：吴彦斌　周星奎
装帧设计：智慧树

出版发行：广东人民出版社
地　　址：广州市海珠区新港西路 204 号 2 号楼（邮政编码：510300）
电　　话：（020）85716809（总编室）
传　　真：（020）85716872
网　　址：http://www.gdpph.com
印　　刷：涿州市旭峰德源印刷有限公司
开　　本：880mm×1230mm　1/32
印　　张：36　字　数：835 千
版　　次：2022 年 3 月第 1 版
印　　次：2022 年 3 月第 1 次印刷
定　　价：198.00 元（全 8 册）

如发现印装质量问题，影响阅读，请与出版社（020-85716849）联系调换。
售书热线：（020）85716826

目录

韩世家第十五
宣惠王中计

韩楚结盟，韩看到楚被秦打，怕秦也攻打自己，想与秦讲和。楚知道了，怕韩投靠秦后两国联手攻打自己，便假意出兵帮助韩，让秦以为韩楚没有失和，如此秦韩就不会联合攻楚。后来，韩执意相信楚，跟秦断交。秦韩大战，楚没有来相救。最后，秦韩讲和，又联手攻打楚。"尔虞我诈"在本文体现得淋漓尽致。

韩国的祖先与周国的祖先都姓姬。后来他的子孙服侍晋君，被封到了韩原，此人被称为韩武子。韩武子之后再传三代有了韩厥，他根据封邑的名称改姓韩。在几代人的努力下，韩的版图越来越大，到韩康子的时候，他与赵襄子、魏桓子共同击败知伯，把他的封邑瓜分了，韩的领地就更大了，已经超出了一般诸侯的封地。后来韩被承认为诸侯，但是韩国的实力并不是最强大的，所以总是被别的国家攻打。

韩宣王即位后不久，张仪任秦国丞相。后来，韩国国君不再自称韩侯，而是改称号为王。此后的十几年间，韩国相继被魏国、秦国打败。

　　十五年后，秦军在修鱼击败韩军，在浊泽抓到韩国的将领宦（yí）、申差。宣惠王心急如焚，韩相公仲侈对宣惠王说："盟国是靠不住的。如今，秦国准备攻打楚国很久了，君王最好通过张仪跟秦国讲和，以一座名城贿赂秦国，制造盔甲武器装备到军队中，跟秦军南伐楚国，这是丢一得二的计谋。"宣惠王说："很好。"于是叫公仲侈秘密启程，打算与秦国讲和。

　　楚王得知后十分恐惧，召见陈轸（zhěn），并将情况一五一十地告诉了他。陈轸说："长久以来，秦国都想要攻击楚国，如今又得到韩国的一座名城，还有经过装备的韩国军队的协助，秦国和韩国联合进击楚国，这正是秦国梦寐以求的事。现在它已然得到了机会，楚国必定会遭殃。君王听我的建议，楚国才能转危为安。您下令警戒国境的周围，扬言要发兵救助韩国，让战车布满道路，派遣使臣，多备随行的车辆，并且带上厚礼，让韩王深信楚国真要前往营救。即使韩国不肯完全听从楚国，韩王必定感激楚王的恩德，也就不会追随秦国来进犯。这样秦国与韩国便会失和，他们的联军即使来攻打，对楚国也不会构成威胁。假使韩国听从我们的意见，停止向秦求和，秦王肯定大怒，对韩国痛恨不已。这样韩国到南方结交楚国，必定慢待秦国，随后它应酬秦国必定不会毕恭毕敬。这便是借助秦、韩两国军队的矛盾，消除楚国的祸患。"楚王说："好主意。"于是便按陈轸的计策布置，派遣使臣去韩国。

使臣对宣惠王说："楚国虽小，但我们已将军队全部派出来了。贵国与秦军战斗时，可以随意差遣楚军，我们楚王让楚军为韩国死战。"宣惠王听后兴奋不已，就取消了公仲侈到秦国议和的行动。公仲侈说："不可以。秦国是实打实地侵犯我们，而楚国是以虚名增援我们。君王依仗楚国的虚名，就轻易和强秦为敌，必被天下人嘲笑。况且楚国与韩国既不是兄弟国家，又不是事先约定去攻打秦国。在秦、韩已经有联手伐楚的迹象时，楚国才说要发兵救韩国，这一定是陈轸出的主意。况且君王已经派人把想法告诉了秦王，如今又决定不去，这是欺骗秦国。轻易欺骗强盛的秦国，而相信楚国谋臣的话，恐怕君王要后悔的。"然而宣惠王不听劝告，执意相信楚国，于是跟秦国断交了。

秦王得知后大怒，增派兵力讨伐韩国。双方展开大战，而楚国的救兵却没有赶来救援。三年后，秦军在岸门大败韩军。韩国送太子仓到秦国做人质，秦国这才同韩国讲和。

又过了两年，韩国与秦国一起进攻楚国，打败楚将屈丐，在丹阳斩杀了楚军八万人。宣惠王在这一年死去。

 亲近原典

《韩世家第十五》节选

楚围雍氏，韩求救于秦。秦未为发，使公孙昧入韩。公仲曰："子以秦为且救韩乎？"对曰："秦王之言曰'请道南郑、蓝田，出兵于楚以待公'，殆不合矣。"公仲曰："子以为果乎？"对曰："秦王必祖张仪之故智①。楚威王攻梁也，张仪谓秦王曰：'与楚攻魏，魏折而入于楚，韩固其与国也，是秦孤也。不如出兵以到之②，魏楚大战，秦取西河之外以归。'今其状阳言与韩③，其实阴善楚。公待秦而到，必轻与楚战。楚阴得秦之不用也④，必易与公相支也⑤。公战而胜楚，遂与公乘楚⑥，施三川而归⑦。公战不胜楚，楚塞三川守之⑧，公不能救也。窃为公患之。司马庚三反于郖，甘茂与昭鱼遇于商於，其言收玺，实类有约也。"公仲恐，曰："然则奈何？"曰："公必先韩而后秦，先身而后张仪⑨。公不如亟以国合于齐楚，齐楚必委国于公。公之所恶者张仪也，其实犹不无秦也⑩。"于是楚解雍氏围。

注释

①祖：效。故智：过去用过的计谋。

②到：欺骗，迷惑。

③阳言：表面上假说。

④不用：不为所用，即不为其效力。

⑤相支：相持，相对抗。

⑥乘：凌驾。

⑦施：显示。这里指显示威风。

⑧塞：阻塞。

⑨张仪：这里指的是张仪之"故智"，不是指张仪人。下文"公之所恶者张仪也"同。

⑩无秦：无视秦国。

楚军围攻雍氏，韩国求救于秦国。秦国并没有派救兵，而是派遣使臣公孙昧来韩国。公仲侈说："你以为秦军将援助韩国吗？"公孙昧回答说："秦王这样讲'我即将取道南郑、蓝田，出兵到楚国等候你'，这样看来，秦军恐怕不会与韩军会合呀。"公仲侈说："你认为当真会这样吗？"公孙昧说："秦王必定效法张仪的旧把戏。楚威王当初进攻魏国时，张仪对秦王说：'与楚国一起攻打魏国，魏国战败就会投入楚国的怀抱，本来韩国是它的盟国，这样秦国就被孤立了。秦国不如发兵迷惑他们，使魏国跟楚国大战，秦国就坐收西河以外的土地而归。'如今看秦国的样子，表面上说支持韩国，实际是暗中与楚国和好。你依靠秦军来增援，必定会轻率地和楚军作战。楚军心中明白秦军不会为韩国卖命，一定很容易与你对抗。假若你能战胜楚军，秦军便会与你一起凌驾楚国之上，去三川地区耀武扬威，随后回国。假若你打不过楚军，楚军就会阻塞三川据守，你就不能得到援救。我私下为你担心。秦国司马庚三次来郢都密谋，甘茂与楚相昭鱼相会在商於，表面上看是收回印章，其实如同是在交换密约。"公仲侈担心地说："那该如何呢？"公孙昧说："你务必要先考虑依靠韩国自己的力量，随后再考虑秦国的援助，首先考虑自救的办法，而后再考虑对付张仪的手段。你最好赶快与齐国、楚国联合，齐国、楚国一定会将国事委托给你。你所讨厌的是张仪的诡计，事实上还是不能无视秦国。"楚国于是解除了对雍氏的包围。

修鱼： 在今河南原阳西南。前317年，秦惠王针对五国合纵攻秦，派樗（chū）里疾率秦军迎击。秦军出函谷关（今河南灵宝北），在修鱼与魏、赵、韩三国联军决战，联军大败，伤亡8.2万余人，韩将申差等被俘。第一次五国合纵抗秦以失败告终。此后，秦不断进攻韩、赵、魏三国，迫使韩国屈服，将太子仓送到秦国求和，魏国的内政也受到秦国干涉。秦国在纵横捭阖中越来越强大。

公仲侈：公仲侈是韩国宰相，在韩宣惠王时期得到重用。他一向主张与秦国连横。韩王听信楚国使臣的话，与秦国交恶后，韩军不敌秦军袭击，只得再次投降秦国。后来各国不再听信张仪的连横计策，秦国又派兵进攻韩国宜阳。公仲侈率兵死守宜阳五个月。最终以楚国偷袭秦国，秦国、韩国讲和结束了战争。公仲侈因为参与了韩国公子间的王位之争，在韩釐王即位后不再受重用。

有所思

"三晋"中韩国何以短暂强盛后迅速衰微？

02 田敬仲完世家第十六
威王励精图治

《滥竽充数》一文中的齐宣王的父亲便是齐威王。"虎父无犬子"，这两个君王都是贤明的国君，他们招贤纳士，将国家治理得很强盛。齐威王曾被问拥有万乘兵力的齐国为什么没有宝物，齐威王说檀子、盼子、黔夫、种首等人就是宝珠。齐威王可真是一个重视人才的君王。

历史上的齐国分为吕氏齐国和田氏齐国。齐国原本是太公望的封地，然而田氏逐步崛起，利用职权收买民心，用了几代人的时间壮大宗族势力。传至田和时，终于将齐国从吕氏手中抢了过来，于前386年成为周天子认可的诸侯。田和便是齐太公，这一年在田齐历史上为元年。

自威王继位以来，不理国事，委托卿大夫处置政事，在位九年间，诸侯国全来讨伐，齐国百姓不得安定。威王于是就诏见各县令，奖赏了一个治理有方的官员，又诛杀

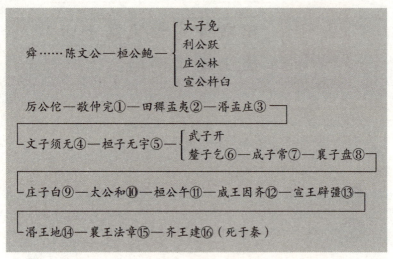

舜……陈文公—桓公鲍—

太子免
利公跃
庄公林
宣公杵白

厉公佗—敬仲完①—田稺孟夷②—湣孟庄③—

文子须无④—桓子无宇⑤—

武子开
釐子乞⑥—成子常⑦—襄子盘⑧

庄子白⑨—太公和⑩—桓公午⑪—威王因齐⑫—宣王辟彊⑬—

湣王地⑭—襄王法章⑮—齐王建⑯（死于秦）

◎《〈史记〉人物大辞典》附录之《田齐先祖、国君世系表》

了一个渎职行贿的官员。随后发兵出城，一举击败魏军，并
包围了魏惠王。各诸侯国感到惊恐，都归还了齐国被侵占
的土地。就这样，齐国举国震惊，人人不敢文过饰非，努
力竭尽忠诚，齐国政治修明，治理得很好。诸侯听说以后，
长达二十余年不敢对齐国用兵。

　　驺（zōu）忌曾经侍奉过齐威王的父亲齐桓公。后来，
驺忌因为善于弹琴而被威王接见，并住在宫中的右室，随
时听候召唤。不久，威王正在弹琴时，驺忌推门进来便说：
"国君的琴弹得真好呀！"威王认为驺忌只看姿势动作，没有用心品味琴音，于是心生不悦，手按宝剑，立有杀意。驺忌则不紧不慢地说，音调的高低象征君臣，摁弦的动作代表发布政令，旋律的和谐则象征着四时调顺。如果威王能把琴弹好，同样地，也能懂得治国之道。威王认为他言之有理。驺忌自见到威王三个月后就被授予相印。一年后，威王就将下邳封给了驺忌，封号为成侯。

多年后，齐威王与魏惠王到郊外一起打猎。魏惠王问道："大王也有宝物吧？"威王说："并没有。"魏惠王说："像寡人这般的小国，还有直径一寸的夜明珠在车前车后映照，这样的车有十二辆，每辆车上有十枚，为何拥有万乘兵力的贵国，反倒没有宝物呢？"威王说："在寡人的眼中，宝物的标准与大王不同。我有位名叫檀子的大臣，派他驻守南城，楚国人就不敢向东方掠夺进犯，泗水一带的十二诸侯全来朝拜。我有位名叫肣（bān）子的大臣，派他驻守高唐，赵国人就不敢去东边的河里捕鱼。我有位名叫黔夫的官吏，派他驻守徐州，燕国人便出北门祭祀求平安，赵国人便出西门祭祀求平安，跟随他迁移的达七千多家。我有位名叫种首的大臣，派他防守窃贼，结果道不拾遗。他们都将光照千里，远远超过十二辆车上的宝珠啊！"魏惠王心中羞愧不已，败兴而去。

《田敬仲完世家第十六》节选一

二十六年，魏惠王围邯郸，赵求救于齐。齐威王召大臣而谋曰："救赵孰与勿救？"驺忌子曰："不如勿救。"段干朋曰："不救则不义，且不利。"威王曰："何也？"对曰："夫魏氏并邯郸，其于齐何利哉？且夫救赵而军其郊，是赵不伐而魏全也。故不如南攻襄陵以弊魏①，邯郸拔而乘魏之弊②。"威王从其计。

其后成侯驺忌与田忌不善，公孙阅谓成侯忌曰③："公何不谋伐魏，田忌必将。战胜有功，则公之谋中也；战不胜，非前死则后北④，而命在公矣。"于是成侯言威王，使田忌南攻襄陵。十月，邯郸拔，齐因起兵击魏，大败之桂陵⑤。于是齐最强于诸侯，自称为王，以令天下。

注释

①弊：疲困。

②乘：利用。

③公孙阅：《战国策·齐策一》作公孙闬（hàn）。

④前死：向前死战。北：败北，败逃。

⑤大败之桂陵：田忌、孙膑用围魏救赵之计，解救了赵国，在桂陵大败魏军，这是古代著名战例之一。详见《史记》卷六十五《孙子吴起列传》，参见《史记》卷四十三《赵世家》、卷四十四《魏世家》。

译文

　　齐威王二十六年，魏惠王包围了邯郸，赵王向齐国求救。齐威王召集大臣商讨说："救赵与不救赵哪个有利？"驺忌子说："最好不救。"段干朋说："不救是不讲道义的表现，而且于我们不利。"威王说："这究竟是为什么呢？"段干朋回答说："魏国吞掉邯郸，这对齐国有何好处呢？假若救赵并且将军队开到邯郸郊外，这样赵国不会被攻伐而魏军得到了保全。因此，不如向南进攻襄陵使魏军疲于奔命，即使魏军攻占了邯郸，我们也可利用魏军的疲惫挫败它。"最后威王采用了他的计谋。

自此以后，成侯驺忌与田忌不和，公孙阅就对成侯驺忌说："你为何不谋划讨伐魏国，那样田忌一定为将。假若战胜有功，那是你的计谋恰当；否则，田忌不是死在前线就是溃败，那他的命便掌握在你手中了。"成侯于是建议威王出兵，派田忌向南攻打襄陵。齐威王二十六年十月，邯郸陷落，齐国借机进攻魏国，在桂陵大败魏军。随后齐国成了诸侯中最强的国家，自称为王，向天下发号施令。

访 名 人

淳于髡：淳于髡是齐国黄县（今山东省龙口市）人，战国时期齐国政治家、思想家。齐威王刚即位时彻夜饮宴，不理国政，群臣都不敢进谏。淳于髡却用机智的讽谏勉励国君振作。齐威王受到触动，勤于政务，并拜他为政卿大夫。在外交上，淳于髡也不辱使命。楚国曾发兵伐齐，齐王让淳于髡到赵国求援。淳于髡到赵国剖析局势，陈明利害关系，说动赵王给了他精兵十万，革车千乘，逼得楚国偃旗息鼓，连夜撤兵。他博学多才、善于辩论，是稷下学宫中最有影响的学者之一。淳于髡主张从实际出发，推行利国利民的政策。他出使魏国，和魏惠王谈论治国之道，在群雄争霸的战国时期，他的学说比孟轲的学说更受欢迎。在他的辅佐下，齐国实现了振兴与强盛。

识典故

文过饰非：文：掩饰，修饰。用动听的话语掩饰自己的过失和错误。"文过"出自《论语·子张》："小人之过也必文。""饰非"出自《庄子·盗跖》："辩足以饰非。"这个成语用来形容那些巧言善辩的人，用作谓语、宾语，含贬义。

有所思

面对齐威王问伐燕，孟子何以曰"可"？

田敬仲完世家第十六
湣王惨败

齐湣王是齐宣王的儿子，齐湣王与齐宣王不一样，他喜欢听独奏，因此"滥竽充数"的南郭先生不得不逃跑了。齐国国力在齐湣王时期空前强大，成为战国时期最强大的诸侯国，于是齐湣王产生了骄纵之心，"骄兵必败"，而他最终身死国灭，也算是付出了惨痛的代价。

齐威王死后，齐宣王即位。这一年，秦国起用商鞅，周王封赠秦孝公霸主的称号。

齐宣王死后，太子地即位，这就是齐湣（mǐn）王。此时楚国已经衰弱，齐国和秦国成为实力最强的两个国家。

前288年，齐湣王称东帝，秦昭王称西帝。苏代从燕国来到齐国，在章华东门谒见湣王。湣王说："先生来得正好！秦国派魏冉前来送帝号，先生怎么看呢？"苏代回答说："大王对我的提问太突然了，况且祸患来的时候并没有什么明显的征兆。我建议大王先接受下来，但不要即刻称帝。秦国称帝之后，假若天下容忍的话，那时大王再称帝也不迟。何况辞让帝名不会有什么损失。秦国称帝之后，假若天下都憎恨，大王就别称帝，以笼络天下的民心，这是对您非常有的。"湣王表示愿意听从苏代的建议。

　　见湣王不急于称帝，苏代便接着说："如果天下两帝共立，大王以为天下会尊重齐国呢，还是会尊重秦国呢？"湣王说："尊重秦国吧。"苏代说："试想，如果放弃帝号，天下是喜爱齐国还是秦国呢？"湣王说："当然是喜爱齐国而憎恨秦国。"苏代说："东西两帝订约进击赵国有利，还是进击宋国的暴君有利呢？"湣王说："征伐宋国的暴君有利。"苏代说："是的，所以希望大王声明放弃帝号来笼络天下民心，不与秦国争高低，利用这个时机攻取宋国。既不急于称帝，又起兵讨伐暴君，这是如同商汤、周武王那样的义举。这样的国家必定受人重视，而大王必定受人尊崇。燕国、楚国会被迫服从，以至天下都不敢不听从齐国。表面上敬重秦国称帝，却让天下人憎恶它，这就是所谓的由卑下变为尊贵的办法。愿大王三思。"于是湣王放弃帝号，重新为王。随后秦国也将帝位取消了。

湣王虽然放弃了帝号，但是他听了苏代的意见，不断讨伐周边国家，齐国往南攻取了楚国的淮北地区，往西入侵三晋，打算吞并周室，自立为天子。泗水地区的诸侯邹、鲁等国君主都向他称臣，各诸侯国无不恐惧。

　　后来，秦军讨伐齐国，攻占了九座城邑。前284年，燕、秦、楚、三晋合谋，各派精锐军队讨伐齐国，在济水以西打败齐军。湣王的军队四散奔逃。燕将乐毅乘胜进入临淄，将齐国的礼器珍宝掠夺一空。

　　湣王没有收拾残兵反攻，而是趁乱出逃，跑到卫国。卫国国君将王宫让给湣王居住，向他称臣并设宴款待。湣王却傲慢无礼，卫国人忍无可忍，就赶走了他。湣王只好逃离卫国，到了邹、鲁，同样表现得十分骄纵，邹、鲁的国君便拒绝收留他，于是他又跑到莒地。最后，楚国派淖（nào）齿率军救助齐国，辅佐湣王，没想到淖齿竟把湣王杀了，与燕国一起瓜分并侵占齐国的土地，掠夺齐国的宝器。

　　湣王死后六十三年，秦军攻入齐都，灭亡齐国，将齐地设为郡县。秦国统一了天下，秦王政立号称皇帝。

亲近原典

《田敬仲完世家第十六》节选二

王建立六年，秦攻赵，齐楚救之。秦计曰："齐楚救赵，亲则退兵，不亲遂攻之。"赵无食，请粟于齐，齐不听。周子曰："不如听之以退秦兵，不听则秦兵不却，是秦之计中而齐楚之计过也①。且赵之于齐楚，扞^捍蔽也②，犹齿之有唇也，唇亡则齿寒。今日亡赵，明日患及齐楚。且救赵之务，宜若奉漏瓮沃焦釜也③。夫救赵，高义也；却秦兵，显名也。义救亡国，威却强秦之兵，不务为此而务爱粟④，为国计者过矣。"齐王弗听。秦破赵于长平四十馀万⑤。遂围邯郸。

注释

①过：错。

②扞（hàn）蔽：屏障。扞：同"捍"。

③奉：捧着。沃：浇水。釜：锅。

④务：致力。

⑤秦破赵于长平四十馀万：长平之役，秦将白

起大破赵军，坑杀赵降卒四十余万。详见《史记》卷七十三《白起王翦列传》。

译文

　　齐王建继位六年后，秦军攻击赵国，齐、楚两国发兵救助赵国。秦国计议说："齐、楚两国出兵救赵国，假若它们的关系密切，我们只好退兵；关系不密切的话，我们便攻打它。"赵国粮食缺乏，恳请齐国支援粟米，齐国不应。周子说："不如答应赵国以便让秦军撤离，不答应赵国秦军就不能撤退，这样秦国的计策将会得逞，而齐、楚两国的计谋将会落败。况且赵国对于齐、楚两国而言是屏障，仿佛牙齿和嘴唇的关系，唇亡则齿寒。今天赵国一旦灭亡，明天灾难就轮到齐、楚两国了。而且救赵国应该像手捧漏瓮去浇烧干的锅那样紧急。援救赵国是崇高的义举；使秦军撤退，能够显扬名声。仗义救助即将灭亡的国家，扬威让秦国撤军，不尽力这样做却斤斤计较粮食，这是为国家出谋划策之人的失误。"齐王没有听从。秦军在长平击败赵国的四十多万军队，随后便包围了邯郸。

识典故

唇亡齿寒：意思是嘴唇没有了，牙齿就会觉得冷，比喻双方关系密切，利害相关。典出《左传·僖公五年》。晋献公声称要去征伐虢国，带着贵重的礼物向虞国借道。虞国国君想要答应，然而大夫宫之奇劝谏道，晋国包藏野心，不能轻信，虞、虢两国像嘴唇和牙齿一样彼此依存，唇亡则齿寒，不能借道给晋国。但虞君未听劝告。晋国灭掉虢国后，回程途中在虞国驻军，趁机灭掉了虞国。这个成语可用作定语、宾语。

访 名 人

君王后：生年不详，卒于前 249 年。太史敫（jiǎo）的女儿，齐襄王的夫人，生下了齐王建。齐王建即位后，尊母亲君王后为太后。当时齐国处在百废待兴的时期，在她的主持下，齐国与诸侯交往讲求诚信，与秦国保持着微妙的平衡关系。有一次秦昭王派使臣出使齐国，送给君王后一副玉连环，想以此为难齐国。齐国群臣都没能解开，就在众人一筹莫展时，君王后拿起锤子砸开玉连环，向使臣复命。

齐国本为姜姓吕氏，何以变为妫姓田氏？

04 孔子世家第十七
早年经历

　　孔子有九尺六寸高，人们叫他"长人"，觉得他非同一般。事实证明孔子真的不一般。孔子年轻时做过管理仓库和牧场的小官，先后在齐、宋、卫等国遭到驱逐，后来却得到齐景公的赏识。他对齐景公说："国君要有国君的样，臣子要有臣子的样，父亲要有父亲的样，儿子要有儿子的样。"那么学生该有什么样呢？

　　孔子出生在鲁国的昌平乡陬（zōu）邑。他的祖先是宋国人孔防叔。孔子出生不久，他的父亲便死了，埋葬在防山。

　　孔子家境贫穷而且社会地位低下。长大后，曾在季氏门下做过管理仓库的小吏，出纳钱粮计量准确公平；又曾担任看管牧场的小吏，牲畜繁殖生长得很好。于是就升为管理营建的司空。不久，他离开了鲁国，在齐国受到排斥，到宋国、卫国又遭到驱逐，在陈国和蔡国之间被围困，随后又返回鲁国。

孔子有九尺六寸高，人们都叫他"长人"，认为他与一般人不同。因为鲁国再次善待他，所以他才返回鲁国。鲁国人南宫敬叔对鲁君说："请允许我与孔子一起到周去。"鲁君就给了他一辆车、两匹马以及一名童仆，跟孔子到周去学礼。孔子在那里见到了老子，分别时，老子送行说："据说富贵的人送别时赠送财物，品德高尚的人赠送言语。我不富贵，只好充当品德高尚的人，送你几句话：'聪明深察的人经常受到死的威胁，这是因为他好议论别人；博学善辩见识广博的人常常遭受厄运危及自身，这是因为他好揭发别人的罪恶。做人子女的要忘掉自己全身心地惦念父母，做臣子的要忘掉自己尽忠于君王。'"孔子从周返回鲁国后，门生逐渐多起来。

鲁昭公二十年（前521年），孔子大概三十岁了。齐景公与晏婴来到鲁国，景公特地见了孔子并向他请教："从前秦穆公的国家不仅小，而且处在偏僻的地方，他能称霸是凭借什么呢？"孔子回答说："虽然秦国小，但秦君的志向却非常大；所处地区尽管偏僻，施政却很得当。穆公不仅用五张羊皮赎回百里奚，还不嫌他出身低微，授予他

大夫的官职，从拘禁中将他解
救出来，跟他深谈三天，随后
叫他执掌国政。以这种精神治
理国家，即便称王于天下也能
做得到，光是让他称霸还不足
够。"景公听罢很高兴。

◎唐吴道子绘
《先师孔子行教像》石刻拓片

　　在孔子三十五岁时，鲁国发
生变乱，他便来到齐国，做了高
昭子的家臣，打算通过高昭子的
关系与景公接触。他与齐国的乐
官探讨音乐，听到《韶》乐后就
学了起来，三个月竟然尝不出肉
的味道来，齐国人对他这种专心
致志的精神赞不绝口。

　　景公问孔子怎样施政，孔子说："国君要有国君的样，
臣子要有臣子的样，父亲要有父亲的样，儿子要有儿子的
样。"景公说："没错！如果人们不能各自尽到职责，纵然
有很多粮食，我怎么能够吃得着呢？"

　　一天，景公又问孔子施政的原则，孔子说："施政最关

键的是控制支出，节约财力。"景公听了非常高兴，准备将尼谿（xī）的田地封给孔子。晏婴劝阻说："儒者能说会道、圆滑，难以用法来制约他们；这些人高傲、妄自尊大，作为臣下很难驾驭；他们看重丧礼，不惜破产追求厚葬，不能使这种做法形成风气；他们还四处游说求官，不能让这样的人治理国家。自从先贤相继死后，周室也随之衰微，礼崩乐坏已经很久了。现在孔子过分讲究仪容服饰，详订烦琐的上朝下朝礼仪，刻意于快步行走的规矩，这些繁文缛节，几代人都研究不尽，一年连礼仪都不能学会。君王要用这一套更换齐国的风俗，恐怕这不是引导民众的良策。"后来，尽管景公很有礼貌地迎见孔子，却不再向他询问礼仪了。

孔子感觉到景公并不热衷于礼教，便萌生了去意。景公挽留孔子说："我给不了您季氏那么高的待遇，但我尽力。"便给孔子介于上卿季氏和下卿孟孙氏之间的待遇。齐国的大夫有人打算陷害孔子，孔子听说了，就去求见景公。景公对孔子说："我年纪大喽，不能任用你了。"孔子便辞行，返回了鲁国。

后来，鲁国自大夫以下全不守本分，违背正道。孔子因此不再做官，远离了仕途，专心整理研究《诗》《书》《礼》《乐》等典籍。他的学生越来越多，有的甚至来自远方，这些学生都虚心地向孔子求教。

《孔子世家第十七》节选一

孔子年十七，鲁大夫孟釐子病且死[1]，诫其嗣懿子曰[2]："孔丘，圣人之后，灭于宋。其祖弗父何始有宋而嗣让厉公。及正考父佐戴、武、宣公，三命兹益恭[3]，故鼎铭云：'一命而偻[4]，再命而伛[5]，三命而俯，循墙而走[6]，亦莫敢余侮。饘于是[7]，粥于是，以糊余口。'其恭如是。吾闻圣人之后，虽不当世[8]，必有达者。今孔丘年少好礼，其达者欤？吾即没[9]，若必师之[10]。"及釐子卒，懿子与鲁人南宫敬叔往学礼焉。是岁，季武子卒，平子代立。

注释

①病且死：病重将要死。且：将要，将近。
②诫：嘱告。嗣：继承人，此处指儿子。

③三命：指三次加官晋爵。兹益：更加。

④偻：曲背，引申为弯腰鞠躬。

⑤伛：义同"偻"，弯腰。

⑥循墙：挨着墙。循：沿着。

⑦饘（zhān）：稠粥。

⑧当世：指做国君。

⑨即没：如果死了。

⑩若：你，指孟懿子。师之：以他为师。

【译文】

在孔子十七岁时，鲁大夫孟釐子病情严重，劝诫嗣子懿子说："孔丘是圣人的后代，先辈败落在宋国。他的祖先弗父何起初本是嗣子，让位给了弟弟厉公。直到正考父时，先后辅助戴公、武公、宣公，三次接受使命，一回比一回恭敬，因此鼎的铭文说：'第一次受命时鞠躬接受，第二次受命时弯腰接受，第三次受命时俯身接受，走路时靠墙根前行，也没有人敢侮辱我。我便用这个鼎煮些稠粥糊口度日。'他正是这样的节俭恭谨。相传圣人的后代尽管不一定能执政当国君，但一定会有才德显达的人出现。现在孔子年少而好礼仪，这不就是要显达的人吗？我的生命即将终结，你务必要拜他为师。"等到釐子死后，懿子便同鲁人南宫敬叔到孔子那里学礼。在这一年，季武子死去，季平子接位。

　　曲阜： 古为鲁国国都，后曾更名为鲁县，如今是山东省的一个县级市。曲阜地处山东省西南部，三面环山，地势平坦，从远古时期就有原始人在曲阜一带生息劳作，考古发掘中发现了大量新石器时代的"大汶口文化"和"龙山文化"遗迹。据古籍记载，这里还是炎帝神农氏的聚居地。

　　"曲阜"得名于《礼记》，又因为中国古代伟大的思想家、教育家、儒家学派创始人孔子出生于此地，从而蜚声华夏。曲阜经过上千年的文化积淀，有孔庙、孔府、孔林等名胜古迹，已经成为儒家文化的圣地。

识典故

三月不知肉味：意为在三个月内，吃肉都不知其味道。形容专心一意，全神贯注，别的事都不放在心上。典出《论语·述而》。孔子精通音律，他在齐国听到《韶》乐，这是一首歌颂虞舜的乐曲，孔子从其中领悟了古朴平和的意蕴，很长一段时间都沉浸在悠扬悦耳的旋律中。他称赞《韶》乐"尽善尽美"。现在这个典故的含义又有了延伸，用来形容清贫，意思是三个月没有吃过肉。

有所思

在孔子教学的前后阶段，内容有何变化？

05 孔子世家第十七
周游列国

孔子曰："君子坦荡荡，小人长戚戚。"意思是君子心胸开阔，神气安定；小人则斤斤计较，患得患失。你看，孔子说的话孔子自己就做到了。每当遇到困难的时候，孔子总能做到"泰山压顶而面不改色"。当有人说孔子狼狈得像一条丧家犬时，孔子知道后反而笑着说"的确如此"。看看，这就是君子之所为。

孔子从齐国回到鲁国，先担任大司寇，后代理丞相之职。孔子参与国政的三个月间，鲁国国政焕然一新，贩卖猪、羊的商人不敢抬高物价；男女全分路行走；在路上掉的东西没有人捡拾；四方的旅客前来鲁国的城邑，不用向有司送礼求情，全部给予接待和照顾，直到他们满意地返回。

齐国得知这些后，担心孔子执政久了鲁国会称霸。于是从齐国精选了八十名漂亮的少女，全都穿着华丽的衣服，

©台北故宫博物院藏《孔子像》

会跳《康乐》舞，另选身带花纹的马三十驷，一同送给鲁定公。季桓子最终接受了齐国送的美女，接连三天不过问政务；郊祭完毕，也没有把祭肉分给大夫们。孔子感到鲁国没救了，于是离开了鲁国。

孔子到了卫国，住在子路妻子的哥哥颜浊邹家中。卫灵公问孔子："在鲁国的俸禄有多少？"孔子回答说："俸粟为六万小斗。"卫国便给他同等的俸禄。居住没多久，有人向灵公诽谤孔子。灵公就派公孙余假带兵暗中监视孔子的出入。孔子担心无端获罪，只待了十个月便离开了卫国。

孔子一行准备去陈国，途经匡城，弟子颜刻赶着车，他用马鞭指向城墙的一处说："以前我来这里，是由那个缺口进去的。"匡地人听说有外人来，还以为是鲁国的阳虎来了。以前阳虎残害过匡地人，因为孔子的长相与阳虎相似，于是他们围困了孔子五天。后来颜回赶到，孔子说："我还以为你死了呢。"颜回说:"先生还活着,颜回哪敢死!"
匡地人的围困越发严密,弟子们都很惶恐。孔子安慰他们
说:"周文王已经死了,可周代的那些礼乐制度不是在我这
里吗?上天如果要灭亡礼乐,就不会有后来者认识它、传
承它。天意既然要让礼乐流传,匡地人又能对我如何?"
孔子派随从向卫国宁武子称臣,然后才得以脱险。

　　离开匡城后,孔子被围蒲地,一个多月以后又回到了
卫国,住在蘧伯玉家中。卫灵公有个夫人叫南子,派人对
孔子说:"各国的君子只要看得起我们国君,想同国君建立
兄弟情义的,一定要来见我们夫人。夫人想见你。"开始孔
子推辞,最后迫不得已才去见她。事后,孔子说:"我原本
不想见她,既然见了,便要按礼节行事。"子路仍然觉得
孔子屈服权势。孔子发誓说:"如果我做得不对,就让上天
厌弃我!"在卫国住了一个多月,灵公与夫人同坐一辆车,
让孔子乘坐第二辆车陪同,大摇大摆地从市上走过。孔子
说:"我没见过喜好德行能像喜好女色那样的人。"孔子对
灵公的所作所为感到厌恶,就离开了卫国,前往曹国。

　　孔子离开曹国到了宋国,在大树下与弟子演习礼仪。
宋国的司马桓魋(túi)打算杀死孔子,便将大树砍掉了。

孔子只得离开。弟子催促说："老师，要快点走了。"孔子说："既然上天赋予我传播道义的使命，桓魋又能够把我怎样！"

　　孔子到了郑国，和弟子走散了，就一个人站在外城的东门口。子贡到处寻找孔子，郑国人就对他说："东门有个人额头像尧，脖子像皋陶，肩膀像子产，然而从腰部以下却比禹短三寸，狼狈得如一条丧家犬。"子贡把这些话如实告诉孔子。孔子笑着说："他形容我的相貌，这并不重要。说我像一条丧家犬，的确如此呀！的确如此呀！"

　　之后孔子为了推行仁道，又带着弟子游历了很多国家，在离开鲁国十四年后，才又回到鲁国。他晚年喜好研究

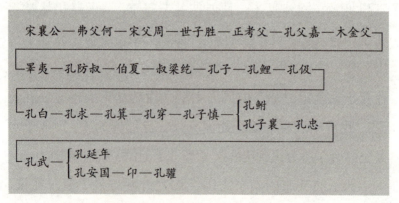

◎《〈史记〉人物大辞典》附录之《孔子家族世系表》

《易》，并详细阐述了《彖》《系》《象》《说卦》《文言》等内容。他读《易》爱不忍释，竟然将串联竹简的皮绳磨断了多次。他说："再叫我多活几年，这样我对《易》的文辞、义理就能了如指掌了。"孔子用《诗》《书》《礼》《乐》当教材，求学的弟子约有三千人，其中精通六艺的达七十二人。至于像颜浊邹这样全面受到孔子的教诲而没在七十二人之列的弟子还有很多。

孔子逝于前479年，享年七十三岁。

《孔子世家第十七》节选二

孔子学鼓琴师襄子①，十日不进。师襄子曰："可以益矣。"孔子曰："丘已习其曲矣，未得其数也②。"有间③，曰："已习其数，可以益矣。"孔子曰："丘未得其志也④。"有间，曰："已习其志，可以益矣。"孔子曰："丘未得其为人也⑤。"有间，有所穆然深思焉⑥，有所怡然高望而远志焉。曰："丘得其为人，黯然而黑，几然而长⑦，眼如望羊⑧，如王四国，非文王其谁能为此也！"师襄子辟席再拜⑨，曰：“师盖云《文王操》也⑩。”

注释

注释

①鼓琴：弹琴。

②数：指演奏乐器的技术、方法。

③有间：过了一段时间。

④志：指乐曲的情感意蕴。

⑤为人：乐曲作者的人品。

⑥穆然：沉默静思的样子。穆：通“默”，沉默。

⑦几然：身长的样子。

⑧望羊：又作“望洋”，远望。

⑨辟：同“避”。再拜：拜两拜。

⑩文王操：相传为周文王所作的琴曲名。

译文

孔子跟师襄学弹琴，一连十天都没学新曲子。师襄说：“能学习新曲了。”孔子说：“我已经熟悉曲子了，但仍旧没有掌握弹奏的要领。”过了一段时间之后，师襄说：“你已掌握了弹奏的要领，能换新曲子了。"孔子说："我仍没有领会到乐曲蕴藏的志向。"过了一段时间之后，师襄说："你已掌握了乐曲的志向，能换新曲子了。"孔子说："我还没有感悟出曲作者是什么样的人。"过了一段时间之后，孔子肃穆凝思，随后又心旷神怡，显露出视野宽阔、志向高远的神态，说："我悟出曲作者是什么样的人了，他皮肤黝黑，身材高大，目光炯然而高瞻远瞩，仿佛统治四方诸侯的王，除了周文王谁能这样呢！"师襄离开座位对孔子拜了两拜说："我的老师曾说过，这首曲子名为《文王操》。"

韦编三绝：本指孔子勤读《易经》，致使编联竹简的皮绳多次脱断，后用来比喻读书勤奋，刻苦治学。典出《史记·孔子世家》。春秋时期，纸张还没有被发明出来，人们就在竹简上写字，再用绳子把一片片竹简编起来。有的竹简用丝线、麻绳编联，用到熟牛皮绳的就叫"韦编"。这个成语可作谓语，是个褒义词。

访 名 人

师襄：春秋时鲁国的乐官，擅长击磬。因为孔子曾向他学习弹琴，所以他也被尊为孔子的老师之一。孔子随师襄学习《文王操》。他苦练多日，师襄多次劝他说："可以了。"可是孔子总是不满意，认为自己弹奏得不够好。于是，孔子又反复钻研，体会乐曲的内涵。最后他弹奏乐曲时，仿佛看见了文王，这首曲子才算学成。

孔子周游列国期间备尝艰辛，都有哪些？

06 陈涉世家第十八
首举义旗

鱼肚子里藏了一块布，布上面写着"陈胜王"；狐狸在嚎叫，好像是说"大楚兴，陈胜王"，你说是不是很奇怪呢？其实，陈胜年轻的时候就将自己比作鸿鹄，且有鸿鹄的志向。由此可见，志向的树立对一个人来说是多么重要啊。因此，同学们也应该从小就树立下远大的志向啊。

陈胜是阳城人，字涉。陈胜年轻的时候曾和别人一同被雇佣耕作。一天，他停止耕作来到田埂上休息，怅然感叹了良久，说："假若将来富贵了，咱们可不要互相忘记啊。"一起受雇佣的伙伴们笑着说："你是受雇替人耕作的人，哪里来的富贵呢？"陈胜叹息说："唉！燕子和麻雀怎能懂得鸿鹄的志向呀！"

秦二世元年（前209年）七月，秦朝征发民众到渔阳戍守，九百人途经大泽乡驻扎于此。陈胜、吴广都在此次征发的队伍中当屯长。适逢天降大雨，道路不好走，估计已经误了期限。过了规定的时间，按照法律全得杀头。陈胜、吴广商量说："如今逃亡会死，举行起义也得死，同样是一死，为国事而死不好吗？"陈胜说："天下苦于秦朝暴政统治已经许久了。据说二世皇帝是始皇的小儿子，不该继位，该继位的为公子扶苏。扶苏由于多次劝谏，始皇派他去外地领兵。现在有的人说他并没有罪过，二世却杀了他。很多民众都听说他贤能，不知道他早已死了。项燕为楚国的将军，屡立战功，爱护士兵，楚国人都敬重他。有的人认为他已经死了，有的人却以为他躲藏起来了。如果我们打着公子扶苏和项燕的旗号，倡导天下人起事，势必会有很多人响应。"吴广认为言之有理。

但是陈胜、吴广又觉得，光靠公子扶苏和项燕的旗号还不够，于是在占卜师的指点下，想到了借鬼神在众人中取得威望。于是他们用朱砂在帛上写下了"陈胜王"三个字，悄悄塞进他人用网捕到的鱼的肚中。戍卒买到鱼烹饪食用，发现了鱼肚中的帛书，感到很奇怪。没想到，怪事接连发生，在夜里，营地外突然燃起篝火，有类似狐狸的叫声呼叫道："大楚兴，陈胜王。"原来也是陈胜、吴广暗地里弄出来的。戍卒们被这些事闹得惶恐不安。次日早晨，戍卒们到处议论这件事，并且都指指点点地看着陈胜。

吴广素来爱护他人，戍卒中多数人甘愿为他效力。押送戍卒的军尉喝得大醉，吴广多次故意扬言要逃跑，以惹怒军尉，使他当众侮辱自己，以此激怒众人。军尉果真鞭打吴广。在军尉拔剑的一刹那，吴广奋起夺剑杀了军尉。陈胜帮助他一起杀死了两个军尉。随后他们召集下属说："诸位遇上这场大雨，都已经延误了时间，误期按法律规定应当杀头。即便不杀，戍边死去的本来就占十分之六七。何况壮士不死便罢，死就要扬名天下，难道王侯将相是天生高贵的吗！"下属异口同声地说："恭敬地听从您的命令。"于是在陈胜、吴广的带领下，这支队伍假借公子扶苏和项燕的名义兴兵起义，以顺应民众的愿望。大家都以裸露右臂为标记，号称大楚。

他们修筑高台盟誓，陈胜自立为将军，吴广做都尉。起义军最先攻占大泽乡，后收兵进攻蕲（qí）县。攻下蕲县之后，便派符离人葛婴率军攻取蕲县以东地区。又攻打铚（zhì）、酂（zàn）、苦、柘（zhè）和谯这几个地方，全都攻克了。他们一面进军，一面不断补充兵员扩大队伍，等来到陈县时，已拥有兵车六七百辆，骑兵千余人，步卒数万人。攻打陈县时，郡守、县令都不在，只有守丞在谯门抵抗。结果守丞抵挡不住起义军，战死了，起义军攻占了陈县。几天以后，陈胜命令召集三老同豪杰们都来开会议事。三老和豪杰们异口同声地说："将军亲自穿着铠甲拿着兵器，征伐无道，诛灭暴秦，再次建立了楚国的政权，论功应当称王。"于是陈胜就自立为王，国号张楚。

亲近原典

《陈涉世家第十八》节选一

陈胜者，阳城人也，字涉。吴广者，阳夏人也，字叔。陈涉少时，尝与人佣耕^①，辍耕之垄上^②，怅恨久之^③，曰："苟富贵^④，无毋相忘^⑤。"庸佣者笑而应曰^⑥："若为庸佣耕^⑦，何富贵也？"陈涉太息曰^⑧："嗟乎^⑨，燕雀安知鸿鹄之志哉^⑩！"

注释

①尝：曾经。佣耕：被雇佣去给人耕田。佣：受

人雇佣的人。

②辍：停止。之：往。垄：田埂。

③怅恨：惆怅恼恨。

④苟：如果。

⑤无：通"毋"，不要。

⑥庸：同"佣"，被雇佣的人。

⑦若：你。

⑧太息：长叹。

⑨嗟乎：感叹的声音，相当于今语"唉"。

⑩燕雀：泛指小鸟。这里比喻见识短浅的人。鸿：大雁。鹄：天鹅。这里用"鸿鹄"比喻志向远大的人。

译文

陈胜是阳城人，字涉。吴广为阳夏人，字叔。陈涉年轻的时候曾和别人一同被雇佣耕作。一天，他停止耕作来到田埂上，怅然感叹了良久，说："假若将来富贵了，彼此不要忘记啊。"一起受雇佣的伙伴们笑着答道："你是受雇替人耕作的人，怎能富贵呢？"陈涉叹息说："唉！燕子和麻雀怎能懂得大雁和天鹅的志向呀！"

探 古 迹

大泽乡：古地名，历史上"西寺坡"与"大泽乡"两名曾交替使用过。在今安徽省宿州市市区东南约20公里处南西寺坡镇的小刘村，隶属宿州市埇桥区。

此地有大泽乡起义旧址——陈胜吴广"为坛而盟"的"涉故台"，台呈覆斗形，上有古井（龙眼井）一口，前有古柘龙树一棵，今存残碑数块。台前建有大理石雕塑，台东南建有"鸿鹄苑"（纪念馆）。

识 典 故

揭竿而起：揭：高举；竿：竹竿，代旗帜。砍了树干当武器，举起竹竿当旗帜，进行反抗。现在指人民起义。

典出汉代贾谊的《过秦论》。贾谊在《过秦论》中描写了陈胜、吴广起义的场景，讲述他们出身微末，率领数百从众揭竿而起，奋起反抗秦朝，从而获得了天下响应。阐述了秦朝不施行仁政，致使国家覆灭的教训。这个成语可用作定语、谓语。

有所思

"大泽乡起义"与"国人暴动"有何区别？

07 陈涉世家第十八
其兴也勃其亡也忽

我们常用"揭竿为旗，斩木为兵"指代陈胜吴广起义。陈胜吴广起义拉开了武装反抗暴秦的序幕，从根本上动摇了秦王朝的统治。可以说，陈胜是历史上的反秦第一人。虽然他仅做了六个月的王，就以失败告终，但是我们应该知道，陈胜称得上是"第一个敢吃螃蟹的人"呢。

陈胜起义时，各郡县遭受秦朝官吏欺压的民众纷纷起义，他们杀掉了官吏以响应陈胜。接着，陈胜任命陈县人武臣、张耳和陈馀攻打赵地；任命汝阴人邓宗攻打九江郡；任命魏人周市向北攻打魏地。此时，规模为几千人的楚地起义军不计其数，可谓是群雄并起。陈胜还任命吴广为假王，率众将领往西攻打荥阳。此时李由担任三川郡守，驻守荥阳，吴广久攻不下。陈胜征召国内的豪杰商讨对策，任命上蔡人房君蔡赐为上柱国。

陈胜派出义军出征各地，这些义军很多却因为能力不足或者内斗而被秦军击败了。周文一路招兵买马，抵达函谷关时已有战车千乘，步兵几十万人，然而却被秦将章邯带着一众被赦免的罪犯打败，最后自刎。武臣到了邯郸自立为赵王。陈胜虽然不高兴，碍于形势，也不得不承认这个王。但是赵王依然没有西进抗秦，而是北上攻打燕地，却没打下来。燕地的韩广看武臣自立为赵王了，便自立为燕王。狄人田儋杀掉了狄县县令，自立为齐王，并且打败了陈胜派来的周市。将军田臧假传陈胜的命令杀了吴广，并将他的头献给陈胜。陈胜无奈，只得派使臣赐田臧楚国令尹的大印，任命他做上将军。结果与秦军交战时，田臧战死，军队战败。接着，章邯在荥阳城下打败了李归他们，李归等人战死。与此同时，陈胜也渐渐失去了部下的信任。

　　章邯打败了伍徐，开始进攻陈县，上柱国房君蔡赐战死。章邯又攻打陈县西边的张贺军。陈胜亲自出城督战，军队被打败，张贺战死。秦二世元年（前209年）十二月，陈胜退至汝阴，到下城父时，车夫庄贾杀了陈胜向秦军投降。陈胜被葬在砀（dàng）县，谥号为隐王。

　　陈胜为王共六个月，称王之后，把陈县作为张楚的都城。曾与他一起佣耕的旧友听说他已为楚王，便来到陈县叩打宫门说："我想见陈涉。"这时，宫门令要将他捆绑起来。经他反复辩解，才把他放了，却仍不肯为他通报。直到陈胜出宫时，他拦路呼喊陈涉的名字。陈胜听到后，就停车召见他，让他上车一起回宫。进到王宫看见殿堂房屋、帷幕帐帘后，客人说："夥（huǒ）颐！陈涉王的宫殿宏大深邃呀！"楚人称多为"夥"。随后天下流传开"夥涉为王"这句话。这些同乡出出进进越来越随便放肆，常与人谈论陈胜的往事。有人向陈胜说："这些客人无知愚昧，胡乱妄言，将损害你的威望。"陈胜便将这些人杀掉了。陈胜的故交看到以后，都主动离去，从此再也没有人亲近陈胜了。

　　陈胜任命朱房当中正官，任胡武为司过官，专门督管群臣的过失。将领们略地攻城，去陈县复命时，稍有不遵从命令的地方就会被他俩抓起来治罪。他们以对群臣过分严苛，来向陈胜表忠心。那些和他俩关系不好的人，若是有过错，他们不交给相关部门审理就动用私刑惩治。但是陈胜却很信任他俩，将领们为此更不亲近陈胜，这正是陈胜失败的原因。

虽然陈胜后来死了，然而他所封立派遣的各路将领最终推翻了秦朝，这是陈胜率先起义反秦的结果。因此，汉高祖在砀县给陈胜安排三十户人家守墓，他们在汉朝时都按时祭奠陈胜。

亲近原典

《陈涉世家第十八》节选二

武臣到邯郸，自立为赵王，陈馀为大将军，张耳、召骚为左右丞相。陈王怒，捕系武臣等家室①，欲诛之。柱国曰："秦未亡而诛赵王将相家属，此生一秦也。不如因而立之②。"陈王乃遣使者贺赵，而徙系武臣等家属宫中③，而封耳子张敖为成都君，趣（促）赵兵亟入关④。赵王将相相与谋曰："王王赵⑤，非楚意也。楚已诛秦，必加兵于赵。计莫如毋西兵，使使北徇燕地以自广也⑥。赵南据大河⑦，北有燕、代，楚虽胜秦，不敢制赵。若楚不胜秦，必重赵。赵乘秦之弊⑧，可以得志于天下。"赵王以为然，因不西兵，而遣故上谷卒史韩广将兵北徇燕地⑨。

注释

①捕系：逮捕，拘禁。

②因而：就此。

③徙：迁移。

④趣：通"促"，催促。亟：急，赶快。

⑤王王：前一个"王"字是名词，指武臣；后一个"王"字是动词，四声，"称王"的意思。

⑥使使：前一个"使"字是动词，"派遣"的意思；后一个"使"字是名词，"使者"的意思。

⑦大河：即黄河。

⑧乘：趁。弊：疲乏。

⑨故：原来。

译文

武臣到达邯郸，就自立为赵王，陈馀做大将军，张耳、召骚任左、右丞相。陈王知道后非常生气，就把武臣等人的家属逮捕囚禁了起来，打算杀死他们。上柱国蔡赐说："秦王朝还没有灭亡就杀了赵王将相的家属，这等于是又生出一个与我们为敌的秦国来。不如就此封立他好些。"陈王于是就派遣使者前往赵国祝贺，同时把武臣等人的家属迁移到宫中软禁起来，又封张耳的儿子张敖做成都君，催促赵国的军队速进军函谷关。赵王武臣的将相们商议说："大王您在赵国称王，并不是楚国的本意。等到楚灭秦以后，一定会来攻打赵国。最好的办法莫过于不派兵向西进军，而派人向北攻取原来燕国的辖地以扩大我们自己的土地。赵国南面据黄河天险，北面又有燕、代的广大土地，楚国即使战胜了秦国，也不敢来压制赵国。如果楚国不能战胜秦国，必定就会借重赵国。到时候赵国趁着秦国的疲敝，就可以得志于天下了。"赵王认为说得有道理，因而不向西出兵，派了原上谷郡卒史韩广领兵北上攻取燕地。

访名人

吕臣： 秦末陈胜起义军的将领。陈胜被自己的车夫庄贾杀害后，吕臣组织苍头军收复陈县，重建张楚政权。后来与当阳君黥布联手抗击秦军。之后投到项梁麾下，与项羽一同驻守彭城。项梁战死后，吕臣投奔刘邦。汉朝建立后，吕臣继承他父亲的新阳侯爵位，直到病死。

夥涉为王： 形容那些地位本来很低的人突然富贵以后排场很大。典出《史记·陈涉世家》。陈胜自称陈王后，那些曾经和他一起当雇农的老乡听说了，就到陈县来投奔他。这些老乡看见华丽的宫殿，惊叹不已。楚地称呼人称多带一个"夥"字，所以"夥涉为王"这句话就传开了。这个成语含贬义。

有所思

首义者吴广、陈胜相继败亡，是必然吗？

08 外戚世家第十九
窦太后姐弟相认

　　窦太后名叫窦猗房，平民出身，入宫之前只是普通的农家女。而就是这样一个出身寒门的女子最后却成了汉文帝刘恒的皇后，并被历史记住。俗话说"一人得道，鸡犬升天"，但窦氏兄弟却恭让谦逊，并没有因地位尊贵而骄横傲慢。这是值得后人铭记和称颂的地方。

　　窦太后是赵国清河观津人。吕太后时，窦姬由良家女被选入宫中伺候太后。太后遣出宫女奖赏给诸侯王，每个王为五人，窦姬便在这次出宫的队伍里。窦姬的家在清河，她打算去赵国，这样能离家近一些，便恳请负责遣送的宦官说："务必将我的名册放到去赵国的行列里。"结果宦官却忘记了这件事，将她的名册放到了去代国的行列里。名册上奏后，太后下诏说可以，应该启程了。窦姬垂泪痛哭，怨恨那个宦官，很不想去。宦官勒令她启程，她才肯前去。

到了代国后，代王只宠爱窦姬，生了一女两男。代王的王后则生有四个男孩，不过代王还没有即帝位时，王后就已经死了。后来代王即帝位，即孝文帝，王后生的四个男孩却相继病死了。孝文帝即位几个月后，公卿大臣恳请立太子，窦姬长子的年龄最大，被立为太子。窦姬也被立为皇后，女儿被立为长公主。第二年，立少子武做代王，不久又迁徙到梁国，这就是梁孝王。

薄太后为窦皇后的双亲追尊封号，又命令清河设置二百家给他们守墓，全部礼仪供品和灵文园相同。窦皇后有个哥哥叫窦长君，有个弟弟叫窦广国，字少君。窦广国在四五岁时，因生活贫困，被人抢走卖掉了，家里人都不知道他被卖到何处。

窦广国被转卖十多家，最终到了宜阳。有一次，他进山为主人烧炭。晚上的时候，大家都睡在山崖下，结果山崖崩塌，很多人都死了，只有窦广国很幸运，没有被石块压死。后来，窦广国辗转来到长安，在长安，他听说新封的皇后和自己是同乡，而且也姓窦。这个时候，窦广国隐隐觉得这个"窦皇后"可能和自己有关系。

其实，这么多年过去了，窦广国还记得自己的家乡，还记得自己曾与姐姐一起采桑叶，从树上摔下来这件事。于是，他以此作为凭证，上书讲述自己的身世。窦皇后将此事告诉文帝，孝文帝召见了他，并询问他种种事情。窦广国详细地说明自己的经历，窦皇后得知后，与窦广国相认。姐弟相认后，窦皇后赏赐了他许多田地、钱财等，又分封了皇后同族的其他兄弟，让他们迁居长安。

　　绛侯周勃、将军灌婴等人见皇后大肆分封外戚，便聚在一起说："我们这些人如果不死，命运就掌握在这窦氏兄弟二人手中。他俩出身低微，必须为他们挑选贤良的师傅和门客，不然的话，恐怕窦氏又会像吕氏一样阴谋叛乱。"随后便挑选年长有德、品行端正的人士跟随他们俩，时时劝谏辅佐。窦长君与窦少君由此成了恭让谦逊的君子，并没有由于地位尊贵而对别人骄横傲慢。

　　窦皇后生病后，双目失明。邯郸慎夫人、尹姬得到文帝宠幸，她们却没有生下子女。孝文帝死后，孝景帝即位，就封广国为章武侯。长君已死去，便封他的儿子彭祖为南皮侯。吴楚七国叛乱时，窦太后堂兄弟的儿子窦婴喜欢打抱不平，于是就由他率兵平乱，因为军功显著被封为魏其侯。窦氏家族共有三人被封为侯。

窦太后爱好黄老学说，皇帝、太子以及窦氏所有人都要读《黄帝》《老子》，十分尊奉黄老学说。

窦太后在前135年死去，比孝景帝晚了六年，与孝文帝合葬在霸陵，遗诏将东宫一切金钱财物全赐给长公主。

 亲近原典

《外戚世家第十九》节选一

窦皇后兄窦长君，弟曰窦广国，字少君。少君年四五岁时，家贫，为人所略掠卖①，其家不知其处。传转十馀家②，至宜阳，为其主入山作炭，暮卧岸下百人③，岸崩，尽压杀卧者，少君独得脱，不死。自卜数日当为侯，从其家之长安。闻窦皇后新立，家在观津，姓窦氏。广国去时虽小，识其县名及姓，又常与其姊采桑堕，用为符信④，上书自陈。窦皇后言之于文帝，召见，问之，具言其故，果是。又复问他何以为验⑤？对曰："姊去我西时，与我决于传舍中⑥，丐沐沐我⑦，请食饭我⑧，乃去。"于是窦后持之而泣，泣涕交横下。侍御左右皆伏地泣，助皇后悲哀。乃厚赐田宅金钱，封公昆弟⑨，家于长安。

注释

①略卖：劫掠出卖。略：通"掠"。

②传：通"转"，转移，辗转。

③岸：山崖。

④符信：凭证。

⑤他：其他。

⑥决：别离。传舍：驿站中的宿舍。传：驿站。

⑦沐沐：前一个"沐"是洗米水的意思，后一个"沐"字的意思是洗头。

⑧请食：要来食物。饭我：给我吃。

⑨公昆弟：同祖的兄弟。

译文

　　窦皇后的哥哥是窦长君，弟弟名叫窦广国，字少君。少君在四五岁时，因生活贫困，被人掠去卖掉了，家里不知道他被卖到何处。被转卖十多家到了宜阳后，少君进山去给买主烧炭，到晚上，百余人睡在崖下，结果山崖崩塌，将睡在崖下的人都压死了，只有少君走运没被压死。他自己占卜断定几天之内会被封侯，便跟从主人家去了长安。听说窦皇后是新立的，家住在观津，姓窦。尽管广国被掠卖时年幼，但仍记得县名和姓，又曾与他姐姐一起采桑叶，从树上摔下来，他以此作为凭证，上书讲述自己的身世。窦皇后将此事告诉文帝，广国就被召见了，文帝询问他，他就详细说明自己的情况，果然与事实相符。再问他以什么做凭证，他回答道："姐姐离开我西去时，同我在客舍驿站分别，姐姐讨来淘米水给我洗头，又要来饭菜让我吃，然后才离去。"于是窦皇后拉住弟弟泣不成声，伤心不已。左右侍从全伏在地下哭泣，增加了皇后姐弟相认的悲哀氛围。于是就赏赐他许多田地、房屋、钱财，又分封了皇后同族的其他兄弟，让他们迁居到长安。

访名人

窦广国：字少君，西汉槐里（今兴平市）人，是汉文帝窦皇后的弟弟。他年幼和家人失散，后来传奇般的与窦皇后相认，一夜之间成为皇亲国戚。群臣担心外戚之乱重演，于是聘请贤士教育他们。窦氏兄弟后来成了德才兼备的君子，他们不参与政事，也不依仗国舅爷的身份胡作非为。文帝想任命窦广国做丞相，窦皇后唯恐天下人议论皇上有私心，极力劝阻皇上。窦广国本人也求见文帝，不肯接受丞相之职。群臣由此对窦氏敬服。

格古物

长信宫灯：1968 年，河北省满城县的一个洞穴中意外发现了一座汉代古墓。经考古专家鉴定，这是中山靖王刘胜和妻子窦绾（wǎn）的合葬墓。其中出土了青铜材质的宫灯，宫灯上有"长信"字样的铭文，因此考古专家判断其曾为长信宫器物，后来由窦太后赐给中山靖王。宫灯主体是一位跪坐、双手执灯的宫女。灯体通高48厘米，重15.85公斤。长信宫灯设计十分巧妙，宫女的一只袖子下垂形成灯罩，实际上是用以吸收油烟的虹管，另一只手托灯，灯盘上还可以调节亮度。这件宫灯的精巧处还在于其可拆卸成六部分，方便清洁。宫灯现藏于河北博物院。

窦氏一族何以未重蹈失势被清算的覆辙？
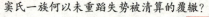

09 外戚世家第十九
卫子夫平步青云

这又是个"飞上枝头变凤凰"的故事。卫皇后出身低下，曾是平阳公主的歌女，因为偶然的机会受到汉武帝赏识，平步青云。本节中的陈皇后其实就是有关汉武帝"金屋藏娇"故事中的"娇"——陈阿娇。最初，汉武帝的皇后为陈皇后，后来怎么变成卫皇后了呢？同学们不妨看一探究竟吧。

卫皇后，字子夫，出生于平阳侯的封邑，她本人出身低下，曾是平阳公主的歌女。武帝即位后，很长时间都没有儿子。于是，平阳公主就选了十几名良家女子，把她们打扮得漂漂亮亮的养在家中。一天，武帝去看望平阳公主，平阳公主叫那十几名女子出来见武帝，结果武帝一个都看不上。喝了一会儿，几个歌女进来了，卫子夫也在其中。武帝一眼便喜欢上了卫子夫。就在这天，武帝离席换衣服，卫子夫便服侍武帝穿衣，并获得宠幸。于是，平阳公主便借机奏请将卫子夫奉送入宫。卫子夫临走的时候，平阳公主轻抚着她的背说："去吧，好好吃饭，尽心尽力做事啊！假若显贵了，可不要忘了我啊。"

子夫入宫有一年多，却再没得到宠幸。后来，武帝要把多余的宫女挑选出来，放她们出宫回家。子夫趁机见到武帝，哭泣着恳请出宫。武帝见她楚楚可怜，便宠爱于她。就这样，卫子夫有了身孕，尊宠一日胜似一日。武帝召见她的哥哥卫长君和弟弟卫青并任命为侍中。后来子夫深受隆宠，共生有三女一男，儿子叫据。

起初，武帝当太子时，娶长公主的女儿做妃子。他即位为皇帝后，便立其为皇后，姓陈。武帝之所以能够继承皇位，大长公主功劳不小，正因为这个原因，陈皇后在宫中高傲骄横。陈皇后没有生育子女。她听说卫子夫很受宠幸，特别气愤，有好几次都要寻死。武帝得知后不高兴，更加疏远皇后。陈皇后被气昏了头，竟然命人用邪术诅咒武帝，这件事不久被察觉了，于是汉武帝就废了陈皇后，改立卫子夫做皇后。

陈皇后的母亲大长公主是景帝的姐姐，武帝的姑姑，因为陈皇后被废，大长公主多次责怪平阳公主说："没有我，武帝根本就不能继位。可他继位没多久便抛弃了我的女儿，没想到他竟然是这样忘本的人！"平阳公主说："陈皇后是由于没有儿子才被废的。"由此陈皇后更加求子心切，所花费的医药费高达九千万，但终究没能生子。

卫卫子夫被立为皇后时，卫长君已经死去，武帝就任命她的弟弟卫青为将军，征讨匈奴。由于抗击匈奴有功，卫青被赐封为长平侯。卫青的三个儿子还在襁褓中时，就已被封为列侯。还有卫皇后的姐姐卫少儿的儿子霍去病，也因军功被封为冠军侯，称为骠骑将军。卫青号称大将军。后来武帝立卫皇后的儿子据做太子。卫氏亲族由军功起家，已有五人被封为侯，成为显赫一时的贵戚。

亲近原典

《外戚世家第十九》节选二

卫皇后字子夫，生微矣。盖其家号曰卫氏①，出平阳侯邑②。子夫为平阳主讴者③。武帝初即位，数岁无子。平阳主求诸良家子女十馀人，饰置家。武帝祓霸上还④，因过平阳主⑤。主见所侍美人⑥，上弗说悦⑦。既饮，讴者进，上望见，独说悦卫子夫。是日，武帝起更衣，子夫侍尚衣轩中⑧，得幸。上还坐，欢甚，赐平阳主金千斤。主因奏子夫奉送入宫。子夫上车，平阳主拊其背曰⑨："行矣，强饭，勉之！即贵，无相忘。"入宫岁馀，竟不复幸。武帝择宫人不中用者，斥出归之。卫子夫得见，涕泣请出。上怜之，复幸，遂有身⑩，尊宠日隆。召其兄卫长君、弟青为侍中。而子夫后大幸，有宠，凡生三女一男。男名据。

注释

①盖其家号曰卫氏：据《史记》卷一百一十一《卫将军骠骑列传》载，卫青之父郑季，在平阳侯家任职，与侯妾卫媪私通，生卫青，因而冒称卫氏。参见该传。

②平阳侯：《史记集解》："徐广曰：'平阳侯曹寿尚平阳公主。'"据《史记》卷五十四《曹相国世家》载，曹参封为平阳侯，其子孙五世承袭封爵，尚平阳公主的是其曾孙曹时。

③平阳主：即平阳公主，武帝之姐。因其夫为平阳侯，故称平阳公主。讴者：歌姬。

④祓：古代除灾求福的仪式。古代民俗，三月第

一个巳日，人们都到水滨去洗濯污垢，称为被禊。

⑤过：顺路看望。

⑥见：使……拜见。

⑦说：同"悦"。

⑧尚衣轩：尚衣，主管皇帝衣服的官；轩，车。

⑨拊：抚摸。

⑩有身：怀孕。

译文

　　卫皇后字子夫，出生于平阳侯的封邑，出身低下。她家号称为卫氏。子夫是平阳公主的歌女。武帝即位后，好几年都没有儿子。平阳公主精挑细选了十几名良家女子，把她们打扮得漂漂亮亮的养在家中。武帝在霸上祭祀完回来的时候，顺便去看望平阳公主。公主叫全部服侍的美人亮相，结果武帝一个都看不上。喝了一会儿酒之后，歌女进来了，武帝看见后，唯独喜欢卫子夫。就在这天，武帝起来换衣服，卫子夫便服侍武帝穿衣，在更衣车里获得亲幸。武帝回到座位，很高兴，赏赐给平阳公主千斤黄金。公主借机奏请将卫子夫奉送入宫。子夫上车的时候，平阳公主轻抚着她的背说："去吧，好好吃饭，尽心尽力做事啊！假若显贵了，可不要忘了我啊。"子夫入宫有一年多，却再没得到宠幸。武帝把多余的宫女挑选出来，都让她们出宫回家。子夫趁机见到武帝，哭泣着恳请出宫。武帝同情她，再次临幸，于是就有了身孕，尊宠一日胜似一日。武帝召见她的哥哥卫长君和弟弟卫青并任命为侍中。后来子夫很受宠幸，共生有三女一男。儿子叫据。

金屋藏娇：意思是以华丽的房屋让所爱的妻妾居住，也指娶妾。典出《汉武故事》。汉武帝刘彻四岁时，做太子的是他哥哥刘荣。刘彻之所以能当上太子，全靠景帝的姐姐长公主的帮助。长公主原想把自己的女儿陈阿娇许给刘荣，将来就是皇后。但是太子的母亲栗姬却不领情，于是长公主把目光转向刘彻。有一次，她问刘彻愿不愿意娶阿娇做妻子，刘彻也很喜欢阿娇，见姑姑问，便大方地说：

以后如果能娶阿娇做妻子，我要亲自造一栋金屋子送给她。汉景帝见儿子有这样的气魄，也同意了这门亲事。后来，刘彻做了皇帝也娶了阿娇，造了富丽堂皇的宫殿实践了小时候的诺言。这个成语可作谓语、宾语、定语。

格古物

错金银云纹铜犀尊：1963年陕西兴平豆马村出土了一件青铜器，经专家鉴定，为战国至西汉时期制作的。这件铜犀尊的犀牛形象写实，躯体各部位有各类装饰花纹，形成丰富多样的美感，既表现出犀牛皮粗糙厚重的质感，又富有艺术装饰性，反映出秦汉时期工匠们高超的造型技术和铸造工艺。尊是古代的一种酒器，也是重要的祭祀用具，这件铜犀尊通高34.4厘米，长58.1厘米，重13.3公斤，现由国家博物馆珍藏。

有所思

汉谣"生男无喜，生女无怒"所指为何？

10 萧相国世家第二十三
萧何留守后方办补给

在刘邦起兵之时，最重要的谋划者和组织者是萧何。对于刘邦来说，萧何便是他的"左右手"。刘邦有回评价群臣，说猎狗能追猎兽跟兔子，群臣是"猎狗"，但是发现兽跟兔子的人却是萧何，其重要性不言而喻。本节我们就来了解一下开国功臣萧何。

相国萧何是沛县丰邑人，由于精通法律，担任沛县掾（yuàn）曹。

高祖刘邦还是平民时，萧何屡次动用职权来保护他。刘邦做亭长后，萧何仍常常帮助他。刘邦以官吏的身份去咸阳服差役，县吏们都资助三百钱路费，只有萧何送他五百钱。

秦朝御史到郡里视察工作的时候，叫萧何协助工作，他都能将事情办得井井有条。于是萧何被提拔为泗水郡的

卒史，考核政绩位居榜首。御史原本打算回朝上言征调萧
何，可是萧何坚持要求留下，这才没被调走。

等到刘邦起事被拥为沛公时，萧何正担任县丞。刘邦
攻到咸阳，将领们全都争相奔往府库，抢夺金银财宝，只
有萧何先入秦宫收集整理丞相、御史掌管的律令图书并封
存起来。刘邦被封为汉王后，委任萧何为丞相。后来，项
王同诸侯将咸阳洗劫一空，又放火焚烧。而唯有刘邦能够
详细地知道各地区的军事要塞、户口多少、地方的强弱、
民众疾苦，这正是因为萧何掌握了秦全部图书资料。

刘邦平定三秦，萧
何在巴蜀留守，安抚民
众，下达命令，让他们供
给军队粮草。汉二年（前
205 年），刘邦攻伐楚军，
萧何在关中留守，服侍太
子，治所在栎阳。无论做
什么事情，萧何总是先报
告给刘邦，得到认可后，
他才施行；要是有来不及

◎台北故宫博物院藏《萧何像》

上报的，萧何就酌情办理。至于关中的日常事务是这样的：萧何按照户口征发粮草、兵丁，从水路运送至前方。刘邦的军队多次被击溃，都是萧何征调关中的兵士补足军队的缺额。所以刘邦对他愈加倚重。

汉三年（前204年），刘邦同项羽在京、索间对峙的时候，刘邦屡次遣使臣慰劳萧何。鲍生对萧何说："主上自己尚且风餐露宿，却多次遣使臣慰劳你，这是对你有戒心。我为你出一计，不如派你能够打仗的子孙、兄弟全都到军中效力，这样主上肯定会更加信赖你。"于是萧何接受了他的建议，刘邦果然非常高兴。

等到刘邦打败项羽，平定天下，当上皇帝后，开始论功封赏。因为群臣争功，功劳的大小一年多都没有确定下来。刘邦认为萧何的功劳是最大的，封他当酂侯，赏给的食邑最多。功臣们都说："我们身披铠甲，手持锐器，多的身经百余场战斗，少的也交战数十回合，攻城略地，功劳的大小各不相同。现在萧何不曾有汗马功劳，仅是舞文弄墨，发发议论，不参与战斗，受到的封赏反在我们之上，这是为什么呀？"刘邦说："各位知晓狩猎吗？"群臣说："知晓。"刘邦又问："知晓猎狗吗？"群臣说："知晓。"刘邦说："打猎时，追猎野兽兔子的是狗，可发现野兽的踪迹，指明野兽所在的是人。现在诸位仅能够猎获野兽而已，功劳犹如猎狗。至于萧何，发现野兽的行踪，指明猎取的目标，功劳就如同猎人。而且诸位仅是一人追随我，最多只不过两三个人。而萧何全族几十人跟随我打天下，功劳是不可以忘记的。"群臣中没人敢再争辩了。

列侯全都得到封赏，到了奏请排位次的时候，群臣全都说："平阳侯曹参身受七十余伤，攻城略地，功劳是最大的，应当排在首位。"群臣想，高祖已经委屈功臣，多封给了萧何土地，至于位次没理由再反驳功臣，可是刘邦仍要让萧何排第一。关内侯鄂君上言说："群臣都说错了。曹参虽有南征北战之功，这仅是一时的事情。皇帝与楚军对抗五年，军队经常被打得七零八落，只身逃跑就有好多次。可萧何总是自关中调动军队补充前线，这都不是皇帝命令他做的，而几万名士兵开赴前线时正能救皇帝于最危急的时刻。汉和楚在荥阳对垒多年，军中没有粮食，萧何自关中水路运送粮草，军粮供应从没断绝。陛下虽多次失去殽（xiáo）山以东的地方，而萧何一直保全着关中以待陛下，这些是万世不朽的功劳。现在虽失去上百个像曹参这样的人，可对汉室有什么损失呢？一个曹参不一定能保全汉室，怎能使一时的功劳凌驾在万世功劳之上呢！理应萧何当第一，曹参居次。"刘邦说："正合我意。"便确定萧何第一，特恩许他带剑穿鞋上殿，上朝时不用按照常礼小步快走。

刘邦说："我听说推举贤人要受到上赏。萧何的功劳本来就很高，经过鄂君的讲解就更加明显了。"于是依据鄂君原受封的关内侯食邑，将其晋封为安平侯。当日，萧何父子兄弟十几人，都有食邑封赏。同时另加封萧何二千户，以报答当年萧何多赠二百钱的恩情。

亲近原典

《萧相国世家第二十三》节选一

汉王引兵东定三秦，何以丞相留收巴蜀，填^镇抚谕告①，使给军食。汉二年，汉王与诸侯击楚，何守关中，侍太子，治栎阳。为法令约束②，立宗庙社稷宫室县邑，辄奏上，可，许以从事；即不及奏上，辄以便宜施行③，上来以闻。关中事计户口转漕给军④，汉王数失军遁去，何常兴关中卒，辄补缺。上以此专属^嘱任何关中事⑤。

注释

①填（zhèn）抚谕告：安抚民众，发布政令。填：通"镇"，安定。谕告：发布政令，告知百姓。

②约束：规章，法度。

③便（biàn）宜：酌情处理。

④转漕：运送粮食。古时车运为"转"，水运为"漕"。

⑤属（zhǔ）：同"嘱"，委托。

译文

汉王统兵东进平定三秦，萧何以丞相的身份在巴蜀留守，安抚民众，下达命令，让他们供给军队粮草。汉二年，汉王统领诸侯军攻伐楚军，萧何在关中留守，服侍太子，治所在栎阳。修定法令、制度，建立宗庙、社稷、宫室、县邑，萧何总是先报告给汉王，得到汉王的认可，他才施行；要是有来不及上报的，总是酌情办理，等汉王回来了再报告。至于关中的日常事务

是这样的：萧何按照户口征派粮草、兵丁，从水路运
送至前方。汉王屡次弃军逃亡，都是萧何征调关中的
兵士补足军队的缺额。所以汉王专门委任萧何处置关
中的事务。

萧何月下追韩信：韩信出身平民，先投在项梁麾下，
后跟随项羽。然而项羽傲慢自大，不采纳韩信的计谋。韩
信自觉志向不得抒发，转投刘邦。然而刘邦见他出身寒微，
在项羽手下也没担任要职，便只任命他管理粮饷。当时萧
何负责汉军后勤，和韩信几番交谈下来，觉得他是可造之
才，便向刘邦举荐韩信，但未被重用。韩信认为，既然萧
何、张良等人的多次举荐都未被刘邦采纳，可见刘邦并不
看重自己，于是趁夜离开军营。萧何听说韩信离去，唯恐
错失良才，来不及报告刘邦就急忙出营追赶。第二天，萧
何带着韩信回营。刘邦先前以为萧何出逃，此时见到他才
放下心，又见萧何如此重视韩信，便答应封韩信做将军。
萧何建议，刘邦不可草率封官，像韩信这样的人才，应当

为其高筑将坛，登台拜将。从此，刘邦文依萧何，武靠韩信，终于夺得了天下。后世多以这个典故比喻求贤若渴，为争取到人才竭尽全力。

访名人

曹参： 字敬伯，泗水郡沛县人，西汉开国功臣、军事家、政治家，汉朝第二位相国，史称"曹相国"。曹参初仕秦朝，起家沛县狱掾，身经百战，反秦灭楚，屡建战功。刘邦定都长安后后，论功行赏，曹参功居第二，赐爵平阳侯。曹参后出任齐国丞相，辅佐齐王刘肥。汉惠帝即位，曹参接续萧何为相国。

一进入咸阳萧何就直奔档案室，为什么？

11 萧相国世家第二十三
萧何治国安邦

　　萧何是汉朝的开国功臣之一，与韩信、张良并称"汉初三杰"。汉朝建立后，陈豨、韩信、黥布等人先后叛乱，萧何却能坚持初心，做自己应该做的事情。但树大招风，萧何也曾因功劳太大而遭遇苦恼，不惜自毁名声以求自保。这节我们就来看看萧何是如何自保的。

　　汉朝建立后，经历过功臣反叛的阶段，这个时期，刘邦四处平叛，而萧何一直在国都治国安邦。

　　先是陈豨（xī）发动叛乱，趁着刘邦平叛未归，淮阴侯韩信又在关中叛乱。吕后采取萧何的计谋，诛杀了淮阴侯韩信。刘邦得知淮阴侯韩信被杀是萧何出的主意，便遣使臣拜丞相萧何做相国，加封五千户，并派五百名兵士和一名都尉当相国的卫队。众人都来表示祝贺，只有召平表示哀吊。

召平原本是秦朝的东陵侯。秦朝灭亡后，沦落成平民，家境贫寒，在长安城东种瓜。他对萧何说："祸患由此开始了。皇上在外风吹日晒南征北战，而你留守关中，未遭战事之险，反倒增加了你的封邑，还给你配备卫队，这是为什么呢？是因为淮阴侯刚刚在京城谋反，皇上对你有了猜忌之心。如今皇上调派卫队护卫你，并不是宠信你。你只有不接受封赏，再将所有家产捐作军费，这样皇上才会高兴。"萧何听了召平的建议，坚决拒绝封赐。于是刘邦非常高兴。

韩信死后第二年，黥布叛乱。刘邦亲率大军去征伐，期间多次让人询问相国在做什么。萧何因刘邦在外统军，就安抚勉励民众，将自己所有的家财捐作军费，同平定陈豨叛乱时一样。此时又有门客劝说萧何道："你离灭族不远了。你位列相国，功劳第一，还能够再提升地位和功劳吗？你从刚入关中便深得民心，到今天十多年了，民众都亲附你，你还在孜孜不倦地办事，使得民众更加爱戴你。皇上之所以多次叫人询问你的所作所为，是怕你窃据关中。现在你不如多买田地，用低价强占土地，来损毁自己的名誉。这样一来皇上才会安心。"于是萧何照做了。

等到刘邦撤回攻打黥布的军队，班师回朝，民众拦路上书，揭发萧何低价强买民众的田地、房宅，价值高达几千万。刘邦回到京城，萧何觐见。刘邦微笑着说："相国真是'利民'啊！"将百姓的上书扔给萧何，说："你自己给民众谢罪吧。"萧何趁机代民众请求说："长安土地狭窄，上林苑里有很多空地，没有得到利用，希望能够让民众进入耕种粮食，剩下禾秆让禽兽吃。"刘邦非常生气地说："相国想必收了商人很多财物，竟敢替他们来要我的上林苑。"便将萧何交给廷尉，给他上了锁枷。

　　几天后，姓王的卫尉服侍刘邦，上前问道："相国犯有什么重罪，陛下如此严酷地拘禁他？"刘邦说："我听说李斯任秦朝丞相时，有了成绩归于主上，差错自己承担。现在萧何收取奸商大量贿赂，而且替百姓请求我的苑林，以此来讨好民众，因此让他戴上刑具治罪。"王卫尉说："在自己职责范围内，如果有利于百姓而为他们请求，这是宰相分内的事，陛下怎么会怀疑相国收受商人的钱物呢？何况陛下与楚争战多年，陈豨、黥布叛乱时，陛下亲率军队征讨，那时相国在关中留守，他只要动动脚，那函谷关往西就不归陛下所有了。相国不在那时候谋利，今天会贪图商人的钱财吗？况且秦始皇因听不见自己的过错而亡国，李斯承担过错，有哪里值得效法呢？陛下怎么会如此轻易就怀疑相国呢！"刘邦听后非常不高兴。当天，遣使臣持节赦免释放了萧何。萧何年纪大了，向来谦恭谨慎，此时进宫见刘邦，光着脚步行来谢罪。刘邦说："相国别说了！相国替百姓请求苑林，我不答应，我不过是桀、纣那样的君主，而相国是贤相。我之所以让相国戴上刑具，是想叫民众知晓我的过错。"

萧何同曹参一向互相瞧不起。等到萧何病重时，孝惠帝亲自去探视萧何的病情，问他说："若你百年之后，谁可以接替你呢？"萧何回答说："了解臣子的人莫过于君主了。"孝惠帝说："曹参如何？"萧何叩头说："皇帝得到了理想的人选，我死也没有什么遗憾了！"

萧何置买田地、房屋，必定在穷乡僻壤，建造自己的家园不修筑围墙，他说："子孙后代若是贤能，就效法我的俭朴，不贤能，也不要被有权势的人夺去。"前193年，相国萧何死去，谥号文终侯。

太史公说：相国萧何在秦朝时只不过是个文职小吏，平平凡凡没立下什么奇功。等到汉朝兴起，他沾了皇帝的光当上相国。萧何谨守着相国的职责，依据民众痛恨秦朝苛政的情况顺应民意、除旧布新。等到淮阴侯、黥布等全都被诛灭，而萧何的功勋也就显得更为卓著。他的地位在群臣中称冠，名声在后世流传，可以跟闳（hóng）夭、散宜生等人争辉比美了。

亲近原典

《萧相国世家第二十三》节选二

何素不与曹参相能①，及何病，孝惠自临视相国病，因问曰："君即百岁后，谁可代君者？"对曰："知臣莫如主。"孝惠曰："曹参何如？"何顿首曰："帝得之矣！臣死不恨矣②！"

注释

①能：和睦。

②恨：遗憾。

译文

萧何同曹参一向互相瞧不起。等到萧何病重时，孝惠帝亲自去探视相国的病情，问他说："若你百年之后，谁可以接替你呢？"萧何回答说："了解臣子的人莫过于君主了。"孝惠帝说："曹参如何？"萧何叩头说："皇帝得到了理想的人选！我死也没有什么遗憾了！"

马王堆汉墓：位于湖南省长沙市马王堆乡，是西汉初期长沙国丞相、轪（dài）侯利苍的家族墓地。1971年，当地驻军在此地修建地下医院，意外发现一座古墓，报告给上级。1972年，考古队开始对墓葬进行分批发掘，陆续发掘出三座墓葬。经专家鉴定，古墓建于西汉时期，距今已有2000多年。

马王堆汉墓规模宏大，结构复杂，保存完整，共出土了3000多件珍贵文物，涵盖了丝织品、漆器、陶器、竹简、印章，还有农具、中草药等。这些珍贵的文物为历史和考古工作者研究西汉初期的社会提供了重要而有力的资料。2013年，马王堆汉墓被国家文物局列入第七批全国重点文物保护单位名单中。

格古物

马王堆帛书：1973年12月，马王堆汉墓三号墓中出土了一批帛书。这些帛书大多写在幅宽48厘米的整幅帛上，少数写在幅宽为半幅的24厘米的帛上，共计28种，12万多字。帛书均整齐折叠，存放在长方形漆盒中。刚发现时破损严重，经修复方可辨别上面的文字。

这批帛书中有《周易》《老子》这样传世经典，还有《战国纵横家书》《养生方》等早已散佚的古书，涵盖了兵法、数术、方术、地图等多个方面。这批陪葬帛书中有大量道家文献，充分印证了史籍中所记载的西汉初年黄老学说盛行的说法。另外，帛书上的字体形似隶书，却又自成一格，在书法上被称为"马王堆体"。这批帛书现藏于湖南省博物馆。

萧何本是秦地方小吏，何以能治国安邦？

12 曹相国世家第二十四
萧规曹随

曹参中的"参"是个多音字，在这里读"cān"，他可是汉高祖刘邦的同乡，也是继萧何萧相国之后汉朝第二位相国，秉承"萧规曹随，休养生息"，原则，为"文景之治"的出现打下了坚实的基础。他既是英勇善战的名将，也是无为而治的名相。这节我们就来了解这位"什么都不干"却彪炳史册的名相吧。

平阳侯曹参是沛县人。在秦朝时担任沛县的狱掾，当时萧何为主吏，他们俩在县里都是非常有权势的官吏。刘邦刚刚起兵的时候，曹参以中涓的身份跟随。曹参领军南征北战，无往不利，于是刘邦封曹参当执帛，号称建成君。后来又升迁为戚县县令，隶属于砀郡。之后，曹参继续跟随刘邦征战，直到打败秦军，到达咸阳，灭亡秦朝。

项羽抵达关中后，封刘邦做汉王。刘邦又册封曹参为建成侯。曹参跟随刘邦到了汉中，升至将军，接着又平定了三秦。曹参自从在汉中做将军中尉以后，一直随同刘邦攻打诸侯与项羽，直至兵败回到荥阳，前后共有两年的时间。

项羽死后，天下平定，刘邦终于当上了皇帝，改封韩信为楚王，齐国被划为郡。曹参交还了汉的丞相印。高祖分封长子肥为齐王，任命曹参做齐的相国。后来高祖论功行赏，封曹参为平阳侯，食邑平阳一万零六百三十户，撤销掉之前封给他的食邑。之后，曹参就以齐国相国的身份平定叛乱。

孝惠帝即位后，废除了诸侯国自行任免相国的法令，改任曹参为齐国的丞相。曹参做齐国丞相时，齐国统治七十座城。那时天下刚刚平定，齐悼惠王年纪轻，曹参将长老、书生都召集来，询问安抚民众的方法，到会的原齐国儒生有好几百人，一人一个说法，曹参无所适从。曹参听说胶西有一位盖（gě）公，精通黄老学说，就让人携带厚礼去邀请他。见到盖公之后，盖公对曹参说，治理国家的方法是崇尚清静无为，使民众自行安定，并且举出这方面的同类事情，一一讲述道理。于是曹参让出正堂，叫盖公居住。曹参治理国家主要是运用黄老学说，因此他当齐相九年，齐国安定，民众都盛赞他是贤能的丞相。

第二年，萧何去世。曹参听说后，告知门客赶紧准备行装，说："我马上就要入朝做相国了。"不久之后，朝廷的使者果然来召见曹参。曹参就要离开时，叮嘱齐国的继任丞相说："要将齐国的狱市当成一种威慑手段，使其成为国家安宁的一种寄托，慎重对待，即便坏人不多也

◎明万历刻本《三才图会》之《曹参像》

不要撤销。"后任丞相问道："治理国家再没有比这更加重要的事了吗？"曹参说："不能这么说。狱市的职能是惩恶扬善，因此善恶并容，现在你若撤销它，那么坏人去哪里容身呢？因此我将它放在首位。"

原先曹参微贱的时候，同萧何关系很好；他们官至将军、相国的时候有了隔阂。可在萧何临终时，仍然向孝惠帝推举了曹参，称他是贤臣。曹参接替萧何当了汉朝的相国，什么事都不改变，一切依照萧何制定的法令制度执行。

曹参从郡国官吏中挑选不善言辞、稳重厚道的长者任用为丞相史。官吏凡是用语矫揉造作，想要致力于名声的人，就会被斥退。安排好手下办事的人之后，曹参就不分昼夜地畅饮醇厚的美酒。卿大夫以下的官吏以及宾客见曹参整天无所事事，上门来的人全都想要进言劝说。然而客人一来，曹参就拿醇厚的美酒让他们饮用，过一会儿，来客想要进言，曹参又递酒叫他们喝，一直到喝醉离开，始终不给来客开口劝谏的机会，如此成为常态。

相国住处的后园紧挨着官吏们的宿舍，官吏宿舍整日饮酒高歌、喧闹欢叫。随从曹参的官吏很讨厌这种情况，可又管不了，于是他们就请曹参到后园里游玩，好让曹参听到官吏醉酒喧闹的声音。随从的官吏原本希望相国能将他们招来问罪，结果曹参反叫随从的官吏拿酒来，摆好座位痛饮起来，放声高歌，跟官吏们遥相应和。这就是曹参宽容随和的一面，他发现别人有了小过错，往往有意隐瞒掩盖，因此相府内一直平安无事。

孝惠帝责怪曹参不办理政事，觉得他有意轻视自己，就对曹窋（zhú）说："你回去私下里闲谈时试着问问你父亲说：'高祖刚刚去世，皇帝还年少，作为相国，你整日喝酒，不管国家大事，是做什么呢？'不要说是我让你问的。"于是，曹窋回家后如实地将孝惠帝的话说了一遍。曹参很生气，打了曹窋二百大板，又说："你只管服侍皇上，天下事用不着你来说。"等到上朝时，孝惠帝把事情的原委说了一遍。曹参谢罪说："陛下与高祖相比，谁更圣明英武？"皇上说："我怎么敢与先帝相比啊！"曹参说："陛下看我的才能同萧何相比，谁更优秀呢？"皇上说："你好像比不上萧何。"曹参说："陛下讲得对。高祖同萧何平定了天下，法令已明确，我等谨守职责，遵行已有的法令制度不改变就可以了。"

曹参当汉朝的相国，前后共三年，死后谥号懿侯，儿子窋继承侯位。民众称颂曹参说："萧何修订法规，明白无误。曹参代替他，遵守他定下的法规不做更改。曹参始终奉行清静无为的政策，因而民众安定统一。"

《曹相国世家第二十四》节选

参子窋为中大夫。惠帝怪相国不治事，以为"岂少朕与"？乃谓窋曰："若归，试私从容问而父曰①：'高帝新弃群臣，帝富于春秋，君为相，日饮，无所请事，何以忧天下乎？'然无言吾告若也。"窋既洗沐归②，闲侍，自从其所谏参。参怒，而答窋二百，曰："趣入侍，天下事非若所当言也。"至朝时，惠帝让参曰："与窋胡治乎③？乃者我使谏君也④。"参免冠谢曰⑤："陛下自察圣武孰与高帝？"上曰："朕乃安敢望先帝乎！"曰："陛下观臣能孰与萧何贤？"上曰："君似不及也。"参曰："陛下言之是也。且高帝与萧何定天下，法令既明，今陛下垂拱⑥，参等守职，遵而勿失，不亦可乎？"惠帝曰："善。君休矣！"

注释

①若、而：都是你的意思。

②洗沐：沐浴，借指假日，又叫"休沐"。汉时规定，官员每五日一休息，用于沐浴等事。

③与：对于。

④乃者：往日。

⑤免冠：脱帽，古人谢罪的一种方式。

⑥垂拱：垂衣拱手，形容无所事事，不费力气，常用来称颂帝王无为而治。

曹参的儿子窋做中大夫。惠帝责怪相国不办理政事，认为"这难道不是轻视我吗"？于是对窋说："你回去，私下里闲谈时试着询问你父亲说：'高帝刚刚去世，皇帝还年少，你作为相国，整日喝酒，不对皇帝请示汇报，靠什么来管理国家的大事呢？'但不要说是我告诉你的。"窋假日回家，闲时陪侍父亲，将惠帝的话改成自己的意思劝曹参。曹参听了很生气，责打了窋二百大板，说："赶紧进宫去服侍皇帝。天下事用不着你来说。"等到上朝时，惠帝责怪曹参说："为何惩罚窋呢？是我让他去劝你的。"曹参脱帽谢罪说："请陛下自己好好想一想，你与高帝相比，谁更圣明英武？"皇上说："我怎么敢与先帝相比啊！"曹参说："陛下看我的才能同萧何相比谁更优秀呢？"皇上说："你好像比不上萧何。"曹参说："陛下讲得对。高帝同萧何平定了天下，法令已明确，现在陛下无为而治，我等谨守职责，遵行已有的法令制度不改变，不也就可以了吗？"惠帝说："言之有理。你不用再说了。"

访 名 人

曹窋：姬姓曹氏，曹国后裔，汉相曹参之子。平阳侯曹窋在吕后时期任御史大夫。孝文帝继位后，曹窋被免官，只留侯位。为侯二十九年死去，谥为静侯。之后曹氏世代袭爵，与宗室联姻，到武帝时期，曹氏被牵扯进"巫蛊之祸"，因涉及太子兵变获罪被处死，封国被收回。

识 典 故

萧规曹随：意思是萧何定下的法规，曹参遵照执行。比喻按照前人的成规办事。出自《史记·曹相国世家》。这个成语可作谓语、定语，有因循守旧的意思，带有贬义。

有所思

萧规曹随，只是因曹参能力不及萧何吗？

13 留侯世家第二十五
张良运筹帷幄

同学们，如果你在路上遇见一个老人，他故意把鞋子脱了让你捡，你会捡吗？捡完之后还要让你给他穿上，你会穿吗？但是张良就这样做了。也正因为此，张良得到了高人的指点，获得了《太公兵法》。这告诉们平时要留心身边的机遇，做人也要做一个善良的人，做一个有心的人。

　　留侯张良的祖先是韩国人，他的祖父、父亲当过五世韩王丞相。韩国灭亡的时候，张良家中有三百奴仆。他的弟弟死后，张良没有厚礼埋葬，而是变卖全部的家产，寻访刺客刺杀秦王，替韩国报仇。

　　张良曾在淮阳学习礼法，到东边拜见仓海君，寻找到一个大力士，给他制成了重一百二十斤（秦时的 1 斤相当于现在的 256.23 克，差不多就是半斤）的铁椎。秦始皇去东部巡游，张良同大力士在博浪沙偷袭秦始皇，结果误中了副车。秦始皇非常愤怒，在全国范围内进行大规模搜捕，紧急缉拿刺客，于是张良改名换姓，逃至下邳躲藏起来。

张良闲暇时曾去下邳桥上散步游玩，有位老人家，身穿粗布短衣，来到张良面前，故意将鞋甩至桥下，看着张良说："小子，下去把鞋给我拿回来！"张良又惊又怒，要揍他，但看他年老，才强忍住怒火，走下去把鞋给他捡了上来。老人

◎台北故宫博物院藏《张良像》

家又说："把鞋给我穿上！"既然给他捡回了鞋，张良就又跪下给他穿鞋。老人家伸出脚来将鞋穿上，就笑着离开了。张良非常惊诧，凝望着老人的身影。老人家走了约有一里，又返回来，说："你这小子可以教导。五天之后的清早，

和我在这里见面。"因为张良觉得这事奇怪，便跪下说："是。"五天之后天刚亮，张良按时前去。那老人已先在那里，生气地说："同老人约会为什么要迟到呢？"老人离去，说："五天后早点儿来。"五天后鸡刚打鸣儿，张良就去了。结果老人又先在那里了，又生气地说："为什么又晚了？"老人离去，说："五天后再早点儿来。"五天后，张良不到半夜便到了。过了一会儿，老人来了，老人高兴地说："就应该这样。"他拿出一卷书，说："读了此书可当帝王的老师。十年后你一定会兴旺发达的。"说完就离开了，没有说什么别的话，从此之后人们再也没有见到过这个老人。天亮后，张良看老人赠送给他的书，原来是《太公兵法》。张良觉得这书不同寻常，便经常诵读学习它。

张良藏在下邳时行侠仗义，项伯因曾杀过人，跟着张良一起躲藏在这里。

十年后，陈涉等举兵反秦，张良也集结了一百多青年。景驹自立为代理楚王，在留县驻守。张良准备去投靠他，在路上碰到了刘邦。此时刘邦带领几千人，攻取下邳以西的地方，张良就投靠了他。刘邦任用张良为厩将。张良多次用《太公兵法》给刘邦献策，刘邦很器重他，经常采用他的计策。

从此，张良认为刘邦是做大事的人，便忠心追随他，不再去见景驹。之后刘邦打败了秦军，直抵咸阳，秦王子婴投降。后来张良又凭借计谋，帮刘邦打败项羽，平定了楚国。

张良经常生病，没有单独挂帅出征过，他始终作为出谋划策的臣子，跟随在刘邦身边。前201年，刘邦封赐功臣。张良拒绝了丰厚的赏赐，只向刘邦讨要当初两人相遇的留地。结果，张良同萧何等人一同受封，被封为留侯。

刘邦封赏了二十几个有功之臣，剩下的人就开始争功。因为将领们担心天下的土地不足以封赏所有人，又怕被翻旧账遭到诛杀，所以私下聚在一起商议，策划叛乱。为了安定人心，张良劝刘邦最先封赏雍齿，他与刘邦往日不和，这事群臣都知道。于是刘邦就大摆酒宴，封赏雍齿做什方侯，并催促丞相、御史赶紧评定功劳，进行封赏。就这样，群臣在酒宴结束后终于放下心来，高兴地说："雍齿都被封为侯了，我们还担心什么呢！"

最终，张良随同刘邦入主关中。由于向来体弱多病，张良到关中后就在家静养，不食用五谷，一年多闭门不出，逐渐从一名谋士变为客卿。

亲近原典

《留侯世家第二十五》节选一

上已封大功臣二十馀人，其馀日夜争功不决，未得行封。上在雒_洛阳南宫，从复道望见诸将往往相与坐沙中语[1]，上曰："此何语？"留侯曰："陛下不知乎？此谋反耳。"上曰："天下属安定[2]，何故反乎？"留侯曰："陛下起布衣，以此属取天下[3]，今陛下为天子，而所封皆萧、曹故人所亲爱，而所诛者皆生平所仇怨。今军吏计功，以天下不足遍封，此属畏陛下不能尽封，恐又见疑平生过失及诛，故即相聚谋反耳。"上乃忧曰："为之奈何？"留侯曰："上平生所憎，群臣所共知，谁最甚者？"上曰："雍齿与我故[4]，数尝窘辱我。我欲杀之，为其功多，故不忍。"留侯曰："今急先封雍齿以示群臣，群臣见雍齿封，则人人自坚矣。"于是上乃置酒，封雍齿为什方侯，而急趣丞相、御史定功行封。群臣罢酒，皆喜曰："雍齿尚为侯，我属无患矣。"

注释

①复道：楼阁间上下两层架空的通道，即天桥。

②属：即将。

③属：类，辈。下文"我属"之"属"同此。

④故：指有故怨。

译文

　　皇上已封赏了大功臣二十几人，剩下的人不分昼夜地争功，功劳的大小不能够决定，没能及时封赏。高帝在洛阳南宫时，在空中阁道看见诸位将领经常坐在沙地上论事。高帝说："他们都在说些什么呀？"留侯说："陛下还不知吗？他们在商量叛乱的事。"皇上说："天下已经属于安定时期，为什么要叛乱呢？"留侯说："陛下以平民身份起兵，靠着这些人夺取了天下，现在陛下当了天子，所封赏的全是陛下亲近的萧何、曹参等一些老朋友，所诛杀的全是陛下平常仇恨的人。现在军吏统计功劳，用天下的土地不足以封赏所有人，这些人怕陛下不能够全都封赏，又怕被怀疑平生的过错而遭到诛杀，所以聚在一起策划叛乱。"皇上于是忧虑地说："这该怎么办？"留侯说："皇上平生所憎恶而群臣又都知晓的，最突出的是谁呢？"皇上说："雍齿跟我有旧怨，曾多次让我窘迫受辱。我打算杀死他，因他的功劳多，又不忍心。"留侯说："现在赶紧先封赏雍齿，群臣看到雍齿受封赏，那样人人对自己受封就会深信不疑了。"于是皇上大摆酒宴，封赏雍齿做什方侯，并赶紧催促丞相、御史评定功劳，进行封赏。群臣都在酒宴结束后高兴地说："雍齿都被封为侯了，我们还担心什么呢！"

探 古 迹

　　博浪沙：位于河南省新乡市原阳县城，现在叫古博浪沙，又叫"张良刺秦处"。秦始皇灭掉韩国后，韩国丞相后裔张良一心复仇，重金寻访刺客，命刺客在此地伏击秦始皇。事情败露后，张良远走他乡避祸。博浪沙因为有这一段过往，遂成为后世文人墨客访古题诗的胜地，东汉班昭、唐代李白、北宋王安石都曾以此为题，作诗赞颂张良。现今，博浪沙已被列为新乡市级重点文物保护单位。

识典故

孺子可教： 意思是小孩子是可以教诲的，现在用来形容年轻人有出息，可以造就。典出《史记·留侯世家》。张良刺杀秦始皇失败，逃到下邳避祸。有一天他散步至桥上，遇到一个穿着粗布衣裳的老人。老人让张良帮自己捡鞋，张良起初不乐意，碍于老人年纪大了，便去捡了并帮老人把鞋穿上。老人穿上鞋便走，过一会儿去而复返，约张良五天后的早上在原地相见。之后又经过一系列考验，老人终于认可张良，说："孺子可教矣。"便将《太公兵法》传授给他。张良认真研读，为刘邦出谋划策，对建立汉朝立下了汗马功劳。这个成语可作谓语、宾语、定语，是褒义词。

有所思

祖上五世相韩的张良何以先立韩后助汉？

14 留侯世家第二十五
张良议储

历史上，有两个人想要刺杀秦始皇，一个是燕太子丹，一个是张良。汉惠帝刘盈是吕雉的儿子，也是西汉的第二位皇帝。张良不仅帮助刘邦平定了天下，也协助刘盈保住了太子之位，功劳是非常大的。这一节，我们会了解到"汉初三杰"之一的张良是如何帮助刘盈登上王位的。

汉朝建立后，张良远离了政治中心，鲜少过问政事，但是在刘邦打算改立太子这件事上，张良还是给吕后提供了一条妙计。

当时刘邦打算废掉太子，立戚夫人生的儿子赵王刘如意为太子。许多大臣进谏劝阻，都不能转变刘邦坚决的态度。吕后忧心忡忡，不知该怎么办。有人对吕后说："留侯善于谋划计策，又深得皇上信任，您不如问问他。"吕后就派遣建成侯吕释之去威逼张良。

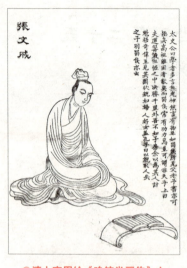

太史公曰学者多言无鬼神然言有物至如留侯所见老父予书亦可怪矣高祖离困者数矣而留侯常有功力焉岂可谓非天乎上曰夫运筹策帷帐之中决胜千里外吾不如子房余以为其人计魁梧奇伟至见其图状貌如妇人好女盖孔子曰以貌取人失之子羽留侯亦云

◎清上官周绘《晚笑堂画传》之《张文成像》

　　吕释之见到张良说："你向来是皇上的谋臣，现在皇上打算另立太子，你怎么可以高枕无忧呢？"张良说："起初皇上屡次身处危难之中，我的谋划才侥幸被采用。现在天下安定，皇上因为偏爱打算更换太子，这是骨肉间的事，即使我们一百多人劝说，又能有什么用？"吕释之强硬地要求说："你一定要给我想出妙计。"张良说："这种事光靠口舌争辩是成不了的。这样吧，普天之下只有四名贤士是皇上不能招揽的。这四个人年事已高，都认为皇上待人傲慢，他们看重道义不肯当汉朝的臣子，因此躲到了山里。但是皇上很尊敬这四个人。如果你现在能够不惜金玉璧帛，叫太子言辞谦恭地写信去请他们，再备好舒适豪华的车辆，派遣说客去恳请，他们应该会来。来了之后，要将他们当成贵宾，叫他们经常随太子上朝，让皇上看见。皇上见到他们，一定会感到惊异而询问他们，因为皇上知道这四个人贤能，那么这对太子将会是一大帮助。"于是吕后叫吕释之派人携带太子的书信，以谦恭的言辞、丰厚的礼物请来这四个人。四个人到来之后，以贵宾的身份被安置在吕释之家中。

几年后，黥布叛乱，皇上生病，打算任命太子做主将前去攻打叛军。这四个人互相商量说："我们来这儿是为了保全太子。太子要是率军平叛，事情就危险了。"于是劝吕释之说："太子领兵出征，假如立了战功，那样权位也不会再高于太子；假如无功而返，那么从此就要引来祸患了。况且与太子一同出征的各位将领，都是曾与皇上一块儿平定天下的猛将，现在让太子统领他们，这无疑是让羊统领狼，他们都不会替太子卖力，太子不能够建立战功是必然的事。我们听说'爱其母必抱其子'，现在戚夫人日日夜夜服侍皇上，赵王如意常常被抱到皇上面前。皇上经常叹息着说'终究不能让不成器的儿子位居爱子之上'。很明显，赵王如意必定会代替太子的位置。你赶快去请吕后找机会向皇上哭诉说：'黥布是当世猛将，善于用兵，现在每个将领都是陛下过去的同辈之人，叫太子统领这些人，无异于让羊统领狼，没人肯听太子指挥。如果黥布知道这些，就一定会大张旗鼓地往西推进。皇上虽患病，但应该振作起来，乘着辎车，躺着统辖军队，这样做众将就不敢不尽力。皇上虽吃些苦，可为了妻子和儿子们还是要勉为其难。'"于是吕释之连夜将这番话转告吕后。吕后果然寻找机会向皇上哭诉，说出了四个人授意的这番话。刘邦说："我就想到这小子不够资格，还是我自己去吧。"

于是刘邦亲率大军东征，群臣留守，都送到灞上。这时张良患病，他强撑着起来，送至曲邮，谒见刘邦说："我本应随驾出征，可病情实在是太重。楚人勇猛敏捷，望皇上不要和楚人争一时的高低。"又趁机劝谏刘邦说："叫太子做将军，监督关中军队吧。"刘邦说："子房虽然病重，但我仍然希望你在卧床养病时不忘辅佐太子。"此时叔孙通当太傅，张良行使少傅职责。

第二年，刘邦从镇压黥布军的前线回来，病情加重，愈加想要更换太子。张良规劝，刘邦没有听从，此时张良因病不再处理事务。太傅叔孙通援引古今事例进行劝说，力保太子。刘邦假装听从他，但仍旧打算更换太子。

等举行宴会，摆设酒席时，太子在一旁服侍。那四位贤士跟随太子，他们的年纪都已八十多岁，须眉雪白，服饰十分奇特。刘邦感到很奇怪，问道："这几个人是做什么的？"四个人走上前，各自说出自己的姓名，名字分别是东园公、角（lù）里先生、绮里季、夏黄公。刘邦不由得大吃一惊，说："我访求你们有很多年了，你们总是躲避我，现在你们为何主动和我儿交往呢？"四个人都说："陛下看轻士人，张口便骂，我们看重道义不愿意受辱，因此惶恐地逃走藏起来。我们听说太子为人仁义孝顺，恭敬有礼，礼爱士人，天下人无不伸长脖子想要替太子拼命效力，因此我们就来了。"刘邦说："烦劳你们一如既往地教导辅佐太子。"

四个人祝福完，快步离开。刘邦目送他们，最终也没能更换太子，这都是张良招来的这四位贤者的功劳。

刘邦去世八年之后张良死去，谥号是文成侯，他的儿子不疑继承侯位。

《留侯世家第二十五》节选二

四人为寿已毕，趋去。上目送之，召戚夫人指示四人者曰："我欲易之，彼四人辅之，羽翼已成，难动矣。吕后真而主矣。"戚夫人泣，上曰："为我楚舞，吾为若楚歌①。"歌曰："鸿鹄高飞，一举千里。羽翮已就②，横绝四海。横绝四海，当可奈何！虽有矰缴③，尚安所施！"歌数阕④，戚夫人嘘唏流涕，上起，罢酒。竟不易太子者，留侯本招此四人之力也。

注释

①若：你。

②翮（hé）：鸟翅。

③矰（zēng）缴：系有丝绳用以射鸟的短箭。

④阕：乐曲每次终止为一阕。

译文

　　四个人敬酒祝福完，快步离开。皇上目送他们，招来戚夫人指着那四个人说："我准备更换太子，那四个人辅助他，太子的羽翼已形成，难以再更换了。吕后真的是你的主人了。"戚夫人哭泣起来，皇上说："你给我跳段楚舞，我为你唱曲楚歌。"于是皇上歌唱道：

"天鹅高飞，翱翔千里。羽翼已满，横穿四海。横穿四海，无可奈何！虽有短箭，还有何用！"皇上连着唱了几遍，戚夫人叹息着流泪，皇上起身离开，酒宴停止。皇上最终也没能更换太子，这都是留侯招来的这四位贤者的功劳。

访名人

商山四皓： 他们是秦始皇时七十名博士官中的四位，分别是东园公唐秉、夏黄公崔广、绮里季吴实、甪里先生周术。他们信奉黄老之学，学识渊博，因不满秦始皇焚书坑儒的暴行而隐居商山。他们后以八十岁高龄出山，因为须发皆白，所以被世人称为"商山四皓"。

刘邦久闻四皓的大名，曾请他们出山为官，但是被拒绝了。后来刘邦想要废掉太子，改立戚夫人所生的儿子。张良被吕后逼迫，只好为其筹划，让她想办法请来这四人辅佐太子，来向皇上证明太子贤能，这才避免了一场皇储之争。后人用"商山四皓"来泛指有名望的隐士。

立锥之地：插锥尖的一点地方。形容极小的一块地方，也指极小的安身之处。典出《史记·留侯世家》。楚汉争霸时，起初项羽占优势，总是打败汉军。有一次，刘邦和谋士郦食其商量如何削弱楚军。郦食其说，秦灭六国后，导致各国王室无处安身。现在刘邦应该恢复六国，立各国国君的后代为王，以此争取到更多民众的拥护。张良听说后大骂郦食其糊涂，因为六国一旦划分，贤士就会为本国效力，各国也会见风使舵，归附项羽。最终刘邦没有采纳郦食其的建议。这个成语作主语、宾语，常用于否定句。

有所思
张良拟请"四皓"出山，是否胜券在握？

106

15 陈丞相世家第二十六
陈平机智过人

汉高祖刘邦身边有两大智囊，他们分别是张良和陈平。陈平最早追随魏王咎，后归了项羽，最后投奔了刘邦，可以说三易其主。陈平的一生充满传奇色彩，秦朝末年，英雄辈出，能被列入"世家"的只有陈胜、萧何、曹参、张良、陈平、周勃等六人。陈平能位列其中，想必功劳不小。

丞相陈平是阳武县户牖（yǒu）乡人，长得又高又大，相貌堂堂。他年少时家中清贫，有三十亩田地。他还有个哥哥名叫陈伯，兄弟俩住在一起。陈伯平常耕种田地，陈平爱好读书，常在外游学。

有一次乡里祭祀，陈平主管分肉，他将祭肉分配得十分均匀。父老们纷纷称赞说："好啊，陈家小子负责分祭肉分得很公平！"陈平说："不要说是分祭肉了，要是让我陈平主宰天下，我也会像分肉一样公平！"陈涉起兵后在陈县称王，扶立魏咎当魏王，同秦军在临济会战。陈平就跟乡里的少年去临济投奔魏王咎。然而陈平向魏王进言，魏王不采纳；又有人谗害他，陈平只得逃走。

过了很长时间，项羽攻城略地至黄河边，陈平前去归附，随他入关，项羽赏赐给陈平卿级爵位。后来刘邦攻占了殷地。项羽得知后非常愤怒，打算处死平定殷地的将军、官吏。陈平担心被诛杀，就封好项羽赏赐的黄金和印绶，派人归还项王，只身一人带剑从小路逃走。渡过黄河时，船夫见他身材魁梧，气质不凡，猜测他是逃亡的将领，又见他一人独行，便疑心他随身带着金玉宝器，就打算谋财害命。陈平见船夫紧盯着自己不放，明白船夫起了歹意，于是解开衣服袒胸露臂帮船夫划船。船夫见他什么也没有，就打消了杀他的想法。

陈平到修武投靠汉军，魏无知引着陈平去拜见刘邦。陈平等七个人一起进去拜见。刘邦同他谈话后，很赏识他，就任命他做都尉，当自己坐车时的陪乘人，主要职责是监护军队。众将领质疑陈平的忠心和能力，于是刘邦带着陈平东去攻打项王。汉军一直攻至彭城，后被楚军击败。

后来周勃、灌婴等都说陈平私下收钱卖官，令刘邦对陈平有了怀疑。于是刘邦招来陈平，斥责他三心二意。陈平说："我服侍魏王，魏王不采用我的策略，因此离开他去服侍项王。项王不能够信任人，他所重用、宠爱的，不是项家宗族就是妻家弟兄，我虽有奇才也不能被任用，于是我就离开楚王。听说汉王您能任用人才，便赶来归附您。我只身前来，两手空空，不收受钱财就没有办事的资金。如果我的计谋可以采纳，望大王采用；若是没有值得采用的，金银都还在，请允许我封好运送到官府，我愿辞官离开。"刘邦听完，赶忙向陈平谢罪，并送给他丰厚的财物，让他做护军中尉，监督所有将领。众将从此不敢再说三道四了。此后，陈平跟随刘邦，总共进献过六回奇计，为刘邦夺取天下立下了汗马功劳。

汉朝建立后，刘邦先平定了黥布叛乱，紧接着燕王卢绾又造反，刘邦派樊哙以相国的身份率兵征讨他。樊哙启程后，有人说他的坏话。刘邦信以为真，大发雷霆，让陈平和周勃去杀樊哙。二人接受了诏命，但是觉得樊哙是刘邦的老朋友，功劳很多，而且又是吕后妹妹吕媭（xū）的丈夫，算得上是皇亲国戚。如今刘邦因为一时愤怒要杀他，只怕将来会后悔。于是最终将樊哙反绑起来装入囚车，一路送往长安，让刘邦自己处决他。

刘邦死后，陈平担心吕媭进谗言惹怒吕太后，便急驾驿站车马先行。路上碰到朝廷的使臣诏令陈平与灌婴驻守荥阳。陈平接受诏令后，便将计就计，马上驱车赶到宫中。他哭得十分哀痛，乘机在刘邦灵前对吕太后上奏奉命出使的过程。陈平怕谗言加身，所以坚持请求留在宫中宿卫。吕太后就让他做郎中令，辅佐孝惠帝。

孝惠帝六年（前189年），相国曹参去世。惠帝让安国侯王陵做右丞相，陈平做左丞相。安国侯当右丞相之后，过了两年，孝惠帝死去。吕太后打算分封吕氏子弟为王，询问王陵，王陵说："不可以。"又询问陈平，陈平说："可以。"吕太后由此记恨王陵，便任命王陵当皇帝的太傅不再重用他。王陵被免去丞相职务后，吕太后就把陈平升为右丞相，让辟阳侯审食其当左丞相。

随后，吕太后大肆晋封各个吕氏子弟为王，陈平佯装听从。等吕太后死后，陈平同太尉周勃合谋，最终诛灭了吕氏家族，拥立孝文帝即位。陈平是整件事情的主谋。然而，孝文帝继位后，认为太尉周勃亲率军队诛灭吕氏家族，应当居首功。陈平对此非但没有心生不满，还打算将右丞相的位置让给周勃，于是称病辞官。

孝文帝刚刚继位，认为陈平病得奇怪，询问原因。陈平说："高祖时，周勃的功劳比不上我陈平。等到诛杀吕氏家族，我的功劳就比不上周勃了。因此我愿意将右丞相的官位让给周勃。"于是孝文帝便任命周勃为右丞相，位次排在第一；陈平调任左丞相，位次排第二。赏赐给陈平黄金千斤，加封三千户食邑。

不久，绛侯周勃推说有病，请求辞去右丞相的官位，陈平成为集左右丞相职位于一身的丞相。

前178年，丞相陈平死去，谥号是献侯，儿子共侯买承袭侯位。

《陈丞相世家第二十六》节选

其后，楚急攻，绝汉甬道①，围汉王于荥阳城。久之，汉王患之，请割荥阳以西以和。项王不听。汉王谓陈平曰："天下纷纷，何时定乎？"陈平曰："项王为人，恭敬爱人，士之廉节好礼者多归之。至于行功爵邑，重之②，士亦以此不附。今大王慢而少礼，士廉节者不来；然大王能饶人以爵邑③，士之顽钝嗜利无耻者亦多归汉④。诚各去其两短，袭其两长，天下指麾<ruby>挥</ruby>则定矣⑤。然大王恣侮人，不能得廉节之士。顾楚有可乱者，彼项王骨鲠之臣亚父⑥、锺离昧、龙且、周殷之属，不过数人耳。大王诚能出捐数万斤金，行反间⑦，间其君臣，以疑其心，项王为人意忌信谗⑧，必内相诛。汉因举兵而攻之，破楚必矣。"汉王以为然，乃出黄金四万斤，与陈平，恣所为，不问其出入。

注释

①甬道：两侧筑墙的通道。

②重：看重，爱惜。这里指吝啬。

③饶：另外增添。这里指舍得。

④顽钝：圆滑没有骨气。

⑤指麾：指点，挥手，形容事情容易办到。麾：通"挥"，招手。

⑥骨鲠：比喻刚直。鲠：直爽。

⑦反间：离间敌人内部，使敌方发生内讧。

⑧意忌：猜忌。意：怀疑。

译文

后来，楚军加紧进攻，截断了汉军的粮道，将汉王包围在荥阳城。包围了很久，汉王非常担心，请求割出荥阳以西地区跟楚军讲和，项王不同意。汉王跟陈平说："天下纷乱，什么时候才可以安定下来呢？"陈平说："项王这人，谦恭有礼，对人爱护，具有清廉节操、喜欢礼仪的士人大多归附他。等到论功行赏授封爵邑时项王却很小气，士人也因此并不真心实意地归附他。现在大王傲慢而缺少礼仪，清廉忠节的士人不来归附，但大王能给人官爵、食邑，那些不顾廉节、好利无耻的士人多数会来归附汉王。如果你们各方都能去掉双方的缺点，吸取双方的优点，那么只要挥挥手，天下就能够安定了。可是大王总是爱随便地侮辱人，不能得到清廉而有节操的士人。不过楚军有可被扰乱的地方，项王左右刚直的臣子亚父范增、锺离眜、龙且（jū）、周殷之类，不过只有几个人而已。大王若能拿出几万斤黄金，运用反间计，离间楚国君臣的关系，让他们互相猜疑，而项王这人猜忌多疑，相信谗言，这样楚国内部必会相互诛杀。汉王趁机挥师攻打他们，击破楚军就是必然的了。"汉王认为他言之有理，便拿出四万斤黄金，听凭陈平开支，不过问他的使用情况。

汗流浃背：汗水流得满背都是，形容非常恐惧或惭愧，现在也用来形容流汗很多，衣服都湿透了。典出《史记·陈丞相世家》。有一次，汉文帝想了解一下政务，于是就把右丞相周勃找来询问。周勃为人正直，但是对政务知之不多，只好低头默不作声。接着汉文帝连连追问，周勃急出了一身冷汗，依然答不上来。汉文帝又问左丞相陈平，陈平说百官各司其职，他们应该清楚自己分内的事，把他们都找来一问就清楚了。汉文帝对这个回答十分满意。事后周勃感到非常羞愧，觉得自己比不上陈平，于是以养病为由，辞去了右丞相的官职。这个成语可作谓语、定语、状语。

访名人

龙且：又名苴，原先是秦朝司马，后来在项羽麾下做将领。曾与项梁在东阿大破秦军。前203年，韩信率军进攻齐国，逼得齐王出逃。项羽派龙且领兵救援。然而龙且傲慢轻敌，韩信的士兵佯装败退，引得龙且渡河追击。这时韩信下令挖开阻塞上游水流的沙袋，水淹楚军。龙且在这一战中死去。

有所思

后贵为丞相的陈平，早先都有哪些劣迹？

16 绛侯周勃世家第二十七
国之干城周勃

周勃又被称为"绛侯",曾帮着汉高祖刘邦平定内乱,剿灭反贼,稳定了汉室天下。同学们知道"汗流浃背"这个典故最早是说谁的吗?说的是周勃,他回答汉文帝的提问时因为答不上来而汗流浃背。大家可以想想当时周勃面对汉文帝提问时的尴尬表情,是不是像极了回答不出来问题的"我们"呢?

绛侯周勃是沛县人。他祖先是卷县人,后来迁居沛县。周勃能拉强弓,为人勇猛,靠编织蚕箔为生,还常常给办丧事的人家吹箫演奏挽乐。

刘邦刚刚起义时,周勃就以中涓的身份随从刘邦攻城拔寨,灭了秦朝,平定了三秦,打败了项羽。打仗的时候,周勃经常是第一个登上城墙,立下很多次头等功。刘邦封赏开国功臣时,赏赐给周勃列侯爵位,许诺他的爵位可以世世代代相传不断,还将绛县八千一百八十户给他做食邑,封号是绛侯。之后，周勃又帮着刘邦平定内乱，剿灭反贼，稳定汉室天下。

周勃为人质朴刚强，憨厚老实，刘邦认为他可托付大事。周勃不爱好文辞学问，每次召见儒生、说客，他都厉声催促道："有什么事快说！"可见他的确缺少文采，不擅长应付文绉绉的事情。

周勃平定了燕地回朝时，刘邦已死，他以列侯的身份服侍孝惠帝。孝惠帝后来让周勃担任太尉。十年后，吕后死去。吕禄以赵王的身份当汉朝的上将军，吕产以吕王的身份当汉朝的相国，他们掌握汉朝的军政大权，准备颠覆刘氏天下。周勃作为太尉，居然不能进入军营的大门；陈平位列丞相，竟不能参议政事。于是周勃同陈平合谋，最终诛杀吕氏宗族，拥立孝文皇帝。

文帝继位以后，让周勃担任右丞相，赐赏五千斤黄金，一万户食邑。过了一个多月的时间，有人跟周勃说："你已诛杀了吕氏宗族，拥立代王当皇帝，威震天下。受到了丰厚的赏赐，处于尊

◎清道光十年刊《古圣贤像传略》载《周绛侯像》）

贵的地位。你如今受到皇帝的宠信，时间长了，恐怕灾祸就要落到你身上了。"周勃感到害怕，也认识到自己处境危险，于是辞职，请求交还相印。文帝同意了他的请求。

一年多后，丞相陈平死去，文帝又让周勃担任丞相。十多个月后，文帝突然说："前些日子我诏令列侯回到自己的封国去，有的人还没有走，丞相是我所看重的人，你带头到封国去吧。"于是免去周勃丞相官职，让他前往封国。

周勃回到封国一年多，每当河东郡守、郡尉例行巡察各县，到绛县时，他总是提心吊胆，害怕遭到诛杀。于是他常常身披铠甲，令家里人手持武器与郡守、郡尉相见。此后有人上书诬告周勃准备反叛，文帝将此事交给廷尉查办。廷尉又交给长安地方负责，逮捕周勃，进行审讯。周勃害怕，不知道应该怎么答辩。就连狱吏也开始欺凌侮辱他。周勃无奈之下，只好以一千斤黄金贿赂狱吏，狱吏才在公文的背面写下一列字"让公主给你作证"。公主指的是孝文帝的女儿，她嫁给了周勃的长子周胜之为妻，因此狱吏提示周勃让公主出面作证。周勃将平日得到的加封、赏赐都送给了薄太后同母弟、汉文帝舅舅薄昭。等案子到了紧要关头时，薄昭替周勃跟薄太后说情，太后也认为周勃不会谋反。文帝朝见太后时，太后顺手拿起头巾投向文帝，说："当年绛侯携带皇帝的印玺在北军统领军队，他不在那时反叛，如今他住在一个小小的绛县里，难道会反叛吗？"文帝也已看到绛侯在狱中的供词，就跟太后谢罪说："狱吏刚刚查明，就要释放他了。"于是便派遣使臣带着节符赦免周勃，恢复他原有的爵位、封邑。周勃出狱后说："我曾率领百万大军，然而怎么能够知道狱吏的尊贵呢！"

周勃回到封国后，在前169年死去，谥号武侯。

《绛侯周勃世家第二十七》节选一

项羽至，以沛公为汉王。汉王赐勃爵为威武侯。从入汉中，拜为将军。还定三秦，至秦，赐食邑怀德①。攻槐里、好畤，最②。击赵贲、内史保于咸阳③，最。北攻漆。击章平、姚卬军。西定汧。还下郿、频阳。围章邯废丘。破西丞④。击盗巴军，破之。攻上邽。东守峣关。转击项籍。攻曲逆⑤，最。还守敖仓，追项籍。籍已死，因东定楚地泗水、东海郡，凡得二十二县。还守雒洛阳、栎阳，赐与颍阴侯共食锺离⑥。以将军从高帝击反者燕王臧荼，破之易下。所将卒当驰道为多⑦。赐爵列侯⑧，剖符世世勿绝⑨。食绛八千一百八十户⑩，号绛侯。

注释

①食邑：即封地。受封者在此征税以供生活之需，所以又称为"食邑"。

②最：上等功。

③保：人名。

④西：地名。丞：县丞。

⑤曲逆：地名。清梁玉绳《史记志疑》认为文字有误，《汉书》作"曲遇"是对的。

⑥颍阴侯：即灌婴。

⑦当：抵御敌人。驰道：古代供皇帝车马行驶的大道。

⑧列侯：秦汉时设置的二十等爵位中最高的就是列侯。

⑨符：古代朝廷传达命令或调兵遣将的凭证，剖

分为二，朝廷与大臣或将官各执其一。这里是说刘邦许诺周勃的爵位可以世代相传，双方剖分一符作为永久的凭证。

⑩食绛：以绛县为食邑。

译文

项羽到了关中，册封沛公为汉王。汉王赏赐给周勃威武侯的爵位。周勃随汉王进入汉中，汉王任命他为将军。回师平定了三秦，到秦地后，汉王将怀德县赐给周勃做食邑。攻打槐里、好畤，周勃立上等功。在咸阳攻打赵贲、内史保，周勃又立有上等功。北上进攻漆县。进攻章平、姚卬的军队。向西平定汧县，还师攻占郿县、频阳。将章邯围困在废丘。击破西县县丞的军队。攻击盗巴的军队，击败了他。攻打上邽。向东镇守峣（yáo）关，转而攻击项籍。攻打曲逆，周勃又一次立上等功。还师据守敖仓，追击项籍。项籍败死，趁机往东平定楚地泗水、东海郡，共夺取二十二个县。还师守洛阳、栎阳，高祖将钟离县作为食邑赏赐给他和颍阴侯灌婴。周勃以将军的身份随高祖讨伐反叛的燕王臧荼,在易县城下击败叛军。他所带领的兵士在驰道上截击叛军,功劳最大。高祖赏赐给周勃列侯爵位,剖分符信让爵位世世代代相传不断。赏赐给他绛县八千一百八十户做食邑,称绛侯。

明 地 理

绛县:位于山西省运城市东北部,东部和南部由中条山环抱,西部和北部以平原为主,地势逐渐平缓。绛县在春秋时期曾是晋国国都,韩、赵、魏灭晋后,绛县归入魏国。秦朝时保留了绛县的设置。到西汉时期,汉高祖刘邦将此地封给功臣周勃。绛县境内文物资源丰富,有国家级文物保护单位10处。

格古物

　　西汉角形玉杯：西汉时期制作的玉器。1983年，广州市在象岗山顶建楼，施工过程中发现一处古墓。经考古专家鉴定是西汉时期的墓葬。经考古工作者发掘，确定古墓为南越王墓。这件角形玉杯由一整块青白玉雕琢而成，通高18.4厘米，口径5.8~6.7厘米，重372.7克。玉杯整体造型像兽角，末端被雕刻成飞卷的浪花。杯身既有阴刻的云纹，又有浮雕的装饰绳索。玉质温和柔润，雕刻线条优美流畅。古人认为用玉器盛酒可让酒的口感更加醇美，但在西汉时期，很少有用玉石做成的酒器，可见这件文物的稀有和珍贵。2002年，西汉角形玉杯被列入《首批禁止出国（境）展览文物目录》。此杯现收藏于广州西汉南越王博物馆。

　　周勃曾两度拜相，何以难免为狱吏所辱？

17 绛侯周勃世家第二十七
周亚夫蒙冤

虎父无犬子，周亚夫是西汉名将、丞相周勃的儿子。周亚夫骁勇善战，带兵打仗纪律严明，抗击匈奴屡立战功，曾在千钧一发之际挽救了西汉王朝，可以说是西汉的"廉颇"和"李牧"。但是他为人自满而不虚心学习，对待景帝不恭顺，最后被逼绝食而死。落得这种下场，真令人悲伤呀。

周勃死后，他的儿子周胜之承袭侯位。过了六年，他与公主感情不和，又犯有杀人罪，导致封国被废。因此，绛侯的爵位断了一年，之后文帝又从周勃的儿子中挑选出贤能的河内郡守周亚夫封为条侯，延续绛侯的爵位。

有一年，匈奴大规模入侵边境。为了抵御匈奴，文帝便任命宗正刘礼为将军，在霸上驻军；任命祝兹侯徐厉为将军，在棘门驻军；任命河内郡守周亚夫为将军，在细柳驻军。文帝亲自去犒劳驻军，通过对比，发现周亚夫治军严明，忠于职守，对他赞不绝口。一个多月以后，三支驻军都被撤防，周亚夫改任中尉。

文帝临死时，告诫太子说："国家一旦发生急变，周亚夫是个真正能够肩负起领兵重任的人。"文帝死后，景帝任命周亚夫当车骑将军。

后来吴、楚等七国作乱。周亚夫以中尉代行太尉的职责，率军东进平定吴、楚叛军。他趁机亲自跟景帝请示说："楚兵勇猛矫捷，难以跟他们正面作战。我建议暂且放弃梁国，派兵截断他们的粮道，这样才可以制服他们。"景帝同意了这个作战方案。过了三个月，吴、楚叛军被打败，局势安定。梁王却因为战时屡屡向周亚夫求援没有获得增援而恨上了他。

周亚夫班师，朝廷为他重新设置太尉一职。五年后，周亚夫升任丞相，深受景帝的器重。到景帝废掉栗太子时，丞相周亚夫为废立皇嗣的事极力争辩，从此遭到景帝

◎台北故宫博物院藏
《周亚夫像》

疏远。而梁王每次朝见，经常对太后说周亚夫的短处。

这时，窦太后想封皇后的哥哥王信为侯。景帝和丞相商议此事，周亚夫说："高祖有规定'不是刘氏子弟不能够被封王，不是有功的人不能够被封侯。谁不遵循这个规定，天下人就一起攻击他'。现在王信虽是皇后的哥哥，可是没有建立功劳，给他封侯，有悖规定。"景帝沉默不语，不再提及此事。

后来匈奴王唯徐卢等五人来投降汉朝，景帝打算册封他们为侯以劝导后人。周亚夫又劝阻道："他们背叛了自己的君主归降陛下，陛下却册封他们为侯。您今后还怎么去指责不遵守节操的臣子呢？"景帝没有听从周亚夫的话，执意封唯徐卢等人为侯。周亚夫便谢罪称病，后来干脆因病辞去丞相之职。

没过多长时间，周亚夫的儿子从制作尚方器物的工官那儿给他买了五百件供殉葬用的盔甲盾牌。运送甲盾的雇工们辛辛苦苦运送货物，可最终没得到工钱。愤怒的雇工们知道他私下买皇家专用的器物是违法的，于是上书诬告周亚夫的儿子要叛乱，这一下事情就牵涉到了周亚夫。景帝看到雇工的上书，就下令交给官吏处理。官吏按上书里的罪状责问周亚夫，结果周亚夫拒绝回答。景帝只好下令将周亚夫交给廷尉查办。廷尉又责问他说："你准备谋反吗？"周亚夫辩解道："我购买的器物都是殉葬品，怎么能说是要谋反呢？"审判官说："你即便不在活着时谋反，也打算在死后谋反吧！"于是审判官变本加厉地逼供。周亚夫无端获罪，最终绝食五天，吐血而死。

太史公说：周亚夫治军威严，坚韧不拔，堪称是一代名将。可惜他为人自满而不虚心学习，尽管能遵守节操，可是对待景帝不恭顺，才落得这种下场。真令人悲伤呀！

亲近原典

《绛侯周勃世家第二十七》节选二

文帝之后六年①，匈奴大入边。乃以宗正刘礼为将军，军霸上；祝兹侯徐厉为将军②，军棘门；以河内守亚夫为将军，军细柳：以备胡。上自劳军。至霸上及棘门军，直驰入，将以下骑送迎。已而之细柳军，军士吏被甲，锐兵刃，彀弓弩③，持满④。天子先驱至，不得入。先驱曰："天子且至！"军门都尉曰："将军令曰'军中闻将军令，不闻天子之诏'。"居无何，上至，又不得入。于是上乃使使持节诏将军："吾欲入劳军。"亚夫乃传言开壁门⑤。壁门士吏谓从属车骑曰："将军约⑥，军中不得驱驰。"于是天子乃按辔徐行⑦。至营，将军亚夫持兵揖曰："介胄之士不拜⑧，请以军礼见。"天子为动，改容式轼车⑨。使人称谢："皇帝敬劳将军。"成礼而去。既出军门，群臣皆惊。文帝曰："嗟乎，此真将军矣！曩者霸上⑩、棘门军，若儿戏耳，其将固可袭而虏也。至于亚夫，可得而犯邪！"称善者久之。月馀，三军皆罢。乃拜亚夫为中尉。

注释

①后六年：指文帝后元六年（前158年）。

②祝兹侯徐厉：清梁玉绳《史记志疑》认为应作"松兹侯徐悼"。

③彀（gòu）：把弓弩张开、张满。

④持满：把弓弦拉满。

⑤壁：营垒。

⑥约：规约，规定。

⑦按辔（pèi）：握紧马缰绳。

⑧介：甲。胄：头盔。

⑨式：手扶车前横木表示敬意。式：同"轼"。

⑩曩（nǎng）：以往，从前。

译文

　　文帝后元六年，匈奴大规模入侵边境。为防备匈奴，文帝任命宗正刘礼为将军，在霸上驻军；任命祝兹侯徐厉为将军，在棘门驻军；任命河内郡守周亚夫为将军，在细柳驻军。文帝亲自去犒劳驻军，到霸上及棘门军营，直接奔驰进入，从将军到下属军官全都骑马迎进送出。之后文帝到达细柳军营，军中的将士们全都披挂铠甲，手拿锋利的兵器，张开弓弩，拉满弓弦。天子的先导跑至军营，没能进去。先导说："天子就要到了！"守卫军门的都尉说："将军有令说'军中只听从将军的命令，不听从天子的诏令'。"过了不长时间，文帝到达，也没能进去。于是文帝就遣使臣拿着符节诏令将军说："我要入军营慰劳兵士。"周亚夫这时才传令打开军营大门。守门的军官对文帝的车骑陪同人员说："将军规定，车马在军营中不得疾行。"于是天子就拉紧缰绳徐徐而行。行至军营中心，将军周亚夫拿着武器拱手说："穿铠甲、戴头盔的将士不能够跪拜，请允许我以军礼拜见皇上。"天子被深深地感动了，脸色变得庄重，倚在车前横木上对官兵致敬。派人向周亚夫表示感谢说："皇帝特来慰劳将军。"慰劳仪式结束后离开。走出了军门，大臣们都感到很惊讶。文帝说："哦，这才是真正的将军啊！之前在霸上、棘门军营遇到的，简直就是儿戏，他们的将军可能遭到袭击而被活捉；至于周亚夫，怎么可能冒犯得了他呀！"对周亚夫赞不绝口。一个多月以后，三支驻军都被撤防。于是文帝就任用周亚夫做中尉。

周亚夫墓： 位于今江苏省徐州市丰县周庙村，墓地周围有数棵柏树，汉碑已经没有了，明碑尚存。周勃、周亚夫死后，均归葬乡土。据《丰县志》载："周勃墓在城东北十二里，周亚夫墓在绛侯之左。明初汉碑犹存，至今子孙世业八十余亩。"

周庙村中有周氏宗祠，从绛侯周勃发端，列有周氏历代宗亲。周氏宗祠金碧辉煌，气势雄浑，且保存完整。现在，周氏后人仍在村中居住。

格古物

西汉皇后之玺玉印：1968年，陕西省咸阳市韩家湾狼家沟村村民在水渠旁捡到这枚玉印，经考古专家鉴定，为西汉时期的皇后印玺。这枚皇后之玺高2厘米，2.8厘米见方，重33克，由新疆和田羊脂白玉雕成，玉质细腻致密。钮的部分雕刻出一只伏在云上的螭虎。螭虎双目圆睁、双耳后垂，体态矫健，盘踞在印玺顶部，蓄势待发。这枚印玺整体造型考究，细节丰富，螭虎背部阴刻出一条柔美的曲线，还仔细雕琢了6颗上齿。玺面阴刻篆书"皇后之玺"4字，字体规整大方，槽内残留部分朱砂。该印现藏陕西历史博物馆。

有所思

功高如周亚夫，何以晚景穷蹙下狱自杀？

18 梁孝王世家第二十八
刘武恃宠而骄

本节写了有关梁孝王刘武的事情。刘武是窦太后的小儿子，备受宠爱，其封地梁国有城池几十座。在当时，梁王刘武可是诸侯王中最为富有的。著名的皇家园林梁园就是梁孝王刘武营造的。可能正是因为这些，他后期慢慢地骄纵了起来。下面我们就来具体了解下刘武这个人，看看他最终的结局如何吧。

梁孝王刘武是孝文皇帝的二儿子，是孝景帝的同母兄弟。他们的母亲是窦太后。刘武起初被封为代王，后来才被改封为梁王。

景帝还没有册立太子时，有一年梁孝王入京朝见。景帝和梁王宴饮，曾不加思考地说："我死后传位于你。"梁王赶忙辞谢。他虽然知道这不是真心话，但心里还是暗暗高兴。窦太后知道后也感到高兴。

这年春天，吴、楚、齐、赵等七国叛乱。吴、楚联军最先攻打梁国的棘壁，杀死了好几万人。梁孝王驻守睢阳城，让韩安国、张羽等做大将军，抵抗吴、楚叛军。吴、楚联军因受到梁军阻挡，不敢跨过梁国而往西进军，同太尉周亚夫等交战三个月。平定叛乱后，梁军所斩杀和俘虏的吴、楚叛军几乎赶上了朝廷。第二年，为了稳定局势，景帝册立了太子。后来梁王因是皇上的亲兄弟，又立有大功，被封于大国，辖区肥沃富饶。梁王封地北到泰山，西到高阳，其中有四十多座城镇，多数为大县。

梁孝王是窦太后的小儿子，非常受宠爱，太后赏赐给他的钱财、宝物不计其数。于是梁孝王修筑东苑，纵横三百多里；增扩睢阳城规模达到方圆七十里；大兴土木，兴建宫殿，建造悬空通道，从宫殿绵延到平台长达三十多里。他还有朝廷赐赏的天子旌旗，外出时有千乘万马陪同。每逢狩猎，一行人东奔西驰地射猎，盛况像天子一样。他出宫时要清道，禁止行人通行，入宫则要层层警戒。

梁孝王还招揽四方豪杰，各地的贤士说客闻讯都赶往梁国，诸如齐国的羊胜、公孙诡、邹阳等人都先后投入梁孝王门下。公孙诡擅长出奇谋邪计，第一次拜见梁孝王，梁孝王就赏赐给他黄金一千斤，官位达到中尉，梁国称他为公孙将军。梁国制造了很多兵器，弩弓、戈矛多达几十万件，且府库的金钱差不多有近万亿，珠玉、宝器比京师的还要多。

梁孝王入京朝见时，景帝遣使臣持符节乘坐着驷马大车，一直到关前迎接。由于他是太后的至亲骨肉，朝见完毕后，只要他开口恳求，就能在京师逗留数日。梁孝王入宫就陪侍景帝一同坐辇车，出宫就同车游猎，在上林苑中射猎鸟兽。梁国的侍中、郎官、谒者出入天子的宫殿也与汉朝的官吏没有什么不同。

等到景帝废黜栗太子后，窦太后原本打算立梁孝王当继承人，然而以袁盎为首的大臣引经据典，极力劝阻景帝，这件事最终作罢了。后来景帝册立胶东王做太子。梁孝王因此记恨袁盎以及参加讨论的大臣们，便跟羊胜、公孙诡等人谋划，暗地里派人刺杀了相关的十几位大臣。这件事惊动了朝廷，景帝派人追查杀人凶手，实际上早就怀疑是梁王指使的。逮捕到凶手后，果然招认了梁王是主谋。于是景帝接连派出使臣，前往梁国捉拿公孙诡、羊胜。

公孙诡、羊胜躲藏在梁孝王的后宫中。眼见朝廷催要真凶，梁相轩丘豹和内史韩安国劝说梁孝王，梁孝王才让羊胜、公孙诡自杀，交出他们抵罪。从此景帝对梁孝王心生怨愤。梁孝王害怕，便让韩安国通过长公主向太后赔罪，这才得到原谅。

景帝的怨气稍稍消解一些后，梁孝王才敢上书请求入京朝见。行至函谷关，茅兰给梁孝王出了一个主意，让他乘坐布车，只带两名随从偷偷入关，藏在长公主的园中。梁孝王依计而行。等到朝廷使臣前来迎接梁孝王时，随从车骑全都在关外停着，却没人知道梁孝王去了何处。太后得知后痛哭不已，连连说："皇上杀死了我的儿子！"景帝找不到梁孝王，为此又惊又怕。正在此时，梁孝王背着刑具，俯伏于宫门前谢罪。太后和景帝见他没死，还诚心悔过，十分高兴，母子三人相对而泣，和好如初。只是景帝逐渐疏远了梁孝王，不与他同乘辇车了。

后来梁孝王又一次入京朝见，上书想留在京师，景帝没有答应。梁孝王回到封国，不久便死了。梁孝王十分孝顺，每次听说太后得病就吃不下食物，睡不好觉，常常请求留在长安服侍太后。太后对这个小儿子也格外宠爱。等到听说梁孝王死了，窦太后痛哭不已。

《梁孝王世家第二十八》节选

故成王与小弱弟立树下①，取一桐叶以与之，曰："吾用封汝。"周公闻之，进见曰："天王封弟，甚善。"成王曰："吾直与戏耳②。"周公曰："人主无过举③，不当有戏言，言之必行之。"于是乃封小弟以应县。是后成王没齿不敢有戏言④，言必行之。《孝经》曰："非法不言，非道不行。"此圣人之法言也⑤。今主上不宜出好言于梁王。梁王上有太后之重，骄蹇日久⑥，数闻景帝好言⑦，千秋万世之后传王，而实不行。

注释

①弱：年少。

②直：只，但。

③过举：错误的、不恰当的举动。

④没齿：没世，一辈子。

⑤法言：格言。

⑥骄蹇（jiǎn）：不顺从，傲慢。

⑦数：多次。

译文

　　昔日周成王同幼小的弟弟站在树下，拿起一片桐叶给他，说："我用它来封你。"周公听说了这件事，进见成王说："天子分封弟弟，这很好。"成王说："我仅仅是跟他开个玩笑罢了。"周公说："人主不该有不得当的行为举止，不应当有开玩笑的话，说了就必须要做到。"成王于是就将应县封给小弟。从此以后，周成王一生都不敢有戏言，说了就会做到。《孝经》上说："不合乎法令制度的话不说，不符合道理的事情不做。"这是圣人的明训。如今皇上不该用好听的话向梁孝王承诺。梁孝王上面有窦太后的重视，骄横傲慢已很长时间了，屡次听到景帝承诺，说等他死后传位于梁孝王，可实际上景帝却并不这样做。

梁园：位于河南省商丘市睢阳区，又名梁苑、菟园、睢园、修竹园，俗名竹园，是西汉时期的皇家园林，由梁孝王刘武下令营造。园中有亭台山水、奇花异草、珍禽异兽，供梁孝王宴请臣属、游猎、休息。现在还留有睢阳城古迹、三陵台、平台遗址等部分遗迹，为省级文物保护单位。

梁园除了是园林，还汇集一批梁孝王的门客，如邹阳、严忌、枚乘、司马相如都曾在此居留，是西汉梁园文学的主阵地。正因如此，后世的李白、杜甫、高适、王昌龄、岑参、李商隐、王勃等都慕名来梁园访古。

四神云气图：1986 年，河南永城市柿园村村民在采石塘爆破采石，偶然发现了一座古墓。1987 年，考古专家开始发掘古墓，随后在墓中发现了一幅壁画，经鉴定，这幅壁画创作于西汉早期，比敦煌壁画要早 600 多年。后来，考古工作者通过科技手段对壁画进行原样切割移至河南博物院，成为河南博物院的"镇院之宝"之一。

《四神云气图》位于墓室顶部，长 5.14 米，宽 3.27 米，主色调为红色。画中间是一条腾飞在云气之中的巨龙，身旁有朱雀和白虎，还装饰有怪兽、灵芝等纹饰。整幅画绘画手法细腻，线条飘逸，气势恢宏，表现手法张扬随意，具有极高的艺术价值，被中外专家、学者赞誉为"敦煌前之敦煌""敦煌外之敦煌"。另外，《四神云气图》还是保存完整、墓葬级别最高的墓葬壁画珍品，填补了中国西汉时期壁画的空白。

吴楚叛军何以止步睢阳？刘武有何功绩？

史记

青少年版

列传一｜群星闪耀

〔西汉〕司马迁 / 原著

王　昊　王建明 / 编著

SPM 南方出版传媒
广东人民出版社

· 广州 ·

图书在版编目（CIP）数据

史记：青少年版 / 王昊，王建明编著 . — 广州：
广东人民出版社，2022.3

ISBN 978-7-218-15419-0

Ⅰ.①史… Ⅱ.①王… ②王… Ⅲ.①《史记》—青
少年读物Ⅳ.① K204.2-49

中国版本图书馆 CIP 数据核字（2021）第 247411 号

SHIJI:QINGSHAONIAN BAN

史记：青少年版

王昊　王建明　编著

出 版 人：肖风华

责任编辑：李力夫
责任技编：吴彦斌　周星奎
装帧设计：智慧树

出版发行：广东人民出版社
地　　址：广州市海珠区新港西路 204 号 2 号楼（邮政编码：510300）
电　　话：（020）85716809（总编室）
传　　真：（020）85716872
网　　址：http://www.gdpph.com
印　　刷：涿州市旭峰德源印刷有限公司
开　　本：880mm×1230mm　1/32
印　　张：36　**字　数**：835 千
版　　次：2022 年 3 月第 1 版
印　　次：2022 年 3 月第 1 次印刷
定　　价：198.00 元（全 8 册）

如发现印装质量问题，影响阅读，请与出版社（020-85716849）联系调换。
售书热线：（020）85716826

目录 列传一

01　伯夷列传第一
夷齐不食周粟

《礼记》中写道："君子不食嗟来之食。"陶渊明说："吾不能为五斗米折腰。"中国现代散文家朱自清宁愿饿死也不吃美国的救济粮。这些都人都有骨气，不趋炎附势，拥有高尚的品格。而本节讲的也是一段坚守气节，宁愿饿死也不愿吃周朝的粮食的故事。

话说当初，周武王承继父命，举兵伐纣时，还发生过一件有趣的事。

前 1046 年初，周武王亲率战车三百乘，虎贲三千人，步兵数万人，出兵讨伐纣王。二月底，周武王抵达孟津，与诸侯会盟，组成伐纣联军。伐纣联军由孟津出发，翻山越岭跨黄河，直插牧野。可过了黄河，军队却突然停滞不前。

原来，是两个衣衫褴褛的老头挡住了军队的去路。挡住军队去路也就罢了，这俩老头还大肆宣扬周武王攻打纣王不合天道。周武王的部下特别生气，要斩杀这两个老头。太公姜尚得到消息，慌忙阻拦，说这俩老头是大圣人，万万杀不得。

那么，这俩老头到底是何方神圣，连姜尚都要尊称他们为圣人？

◎清道光十年刊《古圣贤像传略》载《商清圣像》

他俩呀，一个叫伯夷，一个叫叔齐，是对亲兄弟。别看他俩现在白发苍苍，衣衫褴褛，真要论起来，那可是正儿八经的王公贵族。为啥？因为他俩都是孤竹国国君的儿子。伯夷是老大，叔齐排行第三。

孤竹君最喜欢叔齐，在世时就打算让叔齐继承君位。孤竹君去世后，大臣们遵从孤竹君的遗愿，拥叔齐即位。可叔齐却唱起了反调，他认为自古长幼有序，既然大哥在，就应该让大哥来当国君，于是要把君位让给大哥伯夷。

伯夷推辞道："由您继承君位，这是父亲的遗命。"

叔齐不顾伯夷的推辞，执意让位。为避免手足相残，伯夷偷偷离开了孤竹国。伯夷走了，叔齐还是不愿意即位，又对大臣们说，我们应当遵守规矩，大哥走了，按顺序就应该让二哥即位。为避免兄弟之间出现矛盾，叔齐也效仿伯夷的做法，一走了之。大臣们只好拥老二即位。这就是传说中的"兄弟让国"，因此事，伯夷、叔齐二人声名鹊起。

后来，伯夷和叔齐听说西伯昌治国有方，把周国治理得国泰民安，很适合老年人居住。俩人决定投奔西伯昌。可当兄弟俩赶到周国时，西伯昌已经去世。西伯昌的儿子姬发即位，是为周武王。周武王追谥父亲为周文王，不等发丧下葬，就挥军东进，讨伐纣王。于是，故事就回到了开头。伯夷、叔齐挡住伐纣联军的去路，叩马而谏。

伯夷、叔齐跪拜马前，指责周武王："父亲死了不安葬，却要发动战争，这能说是孝顺吗？作为臣子不为君王分忧，而要去杀害君王，这能说是仁义吗？"

大战在即，可不能让这俩疯老头乱了军心！周武王的部下拔出兵器，要当场斩杀伯夷、叔齐。千钧一发之际，太公姜尚策马赶到："虽然他们俩反对讨伐纣王，但作为纣王的臣子，他们俩尽到了义务，是有道义的人，就放他们走吧！"

说罢，姜尚扶起伯夷、叔齐，并让他们安全离开。

不久，周武王灭商建周，普天之下尽归周王朝。伯夷、叔齐认为周武王的做法非常可耻，决定坚守气节，不吃周朝

◎台北故宫博物院藏宋李唐绘《采薇图》

的粮食。他们隐居在首阳山，靠采摘野菜充饥，过上了食不果腹的生活。人们觉得他俩这样做不值得，他俩却不予理会，还作了一首诗歌，时常在采摘野菜的时候唱起。

　　诗歌里说："登上那西山呀，采摘那里的野菜。用那强暴的手段推翻暴君呀，却不知那是错误的。神农、虞舜、夏禹这样的盛世呀，恐怕不会有了。哪里才是我们的归宿呢？唉，真是太可叹了，我们的命运是这样的不济啊！"就这样，一直到活活饿死在荒山野岭之中，伯夷、叔齐都没有吃过周朝的一口饭菜。

　　这就是伯夷、叔齐饿死不食周粟的故事。大家总说"天道不会偏私，经常帮助好人"。那么像伯夷、叔齐这样积聚仁德、品行高洁，却最终饿死的人算不算好人呢？再比如孔子最得意的门生颜渊，他一生贫苦，连最粗劣的粮食都吃不起，最终早死。而盗蹠（zhí）天天杀害无辜的人，凶残放纵，聚集同党几千人，横行天下，反而享尽天年。这遵循的又是怎样的道德呢？

孔子说"道不同不相为谋"，也就是说，大家按各自意愿行事是没有任何问题的。所以，他特别欣赏伯夷、叔齐，认为他们至死不向周天子妥协的做法是贤德之举。再后来，人们就用"不食周粟"这个成语来比喻忠诚坚定，不因生计艰难为敌方工作的高贵品质。

 亲近原典

《伯夷列传第一》节选

伯夷、叔齐叩马而谏曰①："父死不葬，爰及干戈②，可谓孝乎？以臣弑君③，可谓仁乎？"左右欲兵之④。太公曰："此义人也。"扶而去之。武王已平殷乱，天下宗周⑤，而伯夷、叔齐耻之，义不食周粟⑥。隐于首阳山，采薇而食之。及饿且死，作歌。其辞曰："登彼西山兮，采其薇矣。以暴易暴兮⑦，不知其非矣。神农、虞、夏忽焉没兮，我安适归矣？于嗟徂兮，命之衰矣！"遂饿死于首阳山。

注释

①叩马：勒紧马缰绳。叩：通"扣"，拉住，牵住。

②爰（yuán）：于是，就。干戈：古代常用兵器，干为盾，戈为戟，此处引申为战争。

③弑（shì）：古代下杀上称之为弑，如子女杀死父母，臣杀死君。

④左右：身旁的随从人员。兵之：用武器杀掉他们。

⑤宗周：以周王室为宗主。

⑥义：坚持仁义、气节。

⑦暴：前一个"暴"指暴臣，后一个"暴"指暴君。易：换。

译文

伯夷、叔齐挡住武王的马进谏说："父亲死了不安葬，却要发动战争，这能说是孝顺吗？作为臣子而去杀害君王，这能说是仁义吗？"周武王的部下要杀死他们。太公望说："这是有节义的人。"便扶起来让他们离开。周武王灭了殷商以后，天下都归顺周朝，可是伯夷、叔齐却认为那是耻辱，并坚守气节不吃周朝的粮食，隐居在首阳山，采摘野菜充饥。直到快饿死时，作了一首歌，歌词说："登上那西山呀，采摘那里的野菜。以暴臣换暴君呀，却不知道那是错误的。神农、虞舜、夏禹的时代转眼消失了，哪里才是我的归宿呢？哦，死了算了，我的命是这样不济啊！"于是饿死在首阳山上。

访名人

姜尚：姜姓，吕氏，名尚，字子牙，吕氏齐国的缔造者，齐文化的创始人。商末周初的政治家、军事家，周朝开国元勋。西伯侯姬昌拜其为"太师"，尊称太公望。周武王即位后，尊为"师尚父"，成为周国军事统帅，辅佐武王消灭商纣，建立周朝。成王即位后辅佐周公旦，平定内乱，开疆扩土，促成"成康之治"，后世对其推崇备至。

叩马而谏： 勒住马头进行规劝，形容竭力进行劝谏。三千多年前，纣王荒淫无道，导致百姓怨声载道，各诸侯纷纷反叛。周武王与各诸侯在孟津会盟，挥兵伐纣。孤竹国国君的两个儿子伯夷和叔齐听说后，拦住联军，跪拜在周武王的马前，指责说："你不等父亲下葬就出兵征战是不孝的行为，身为商朝的臣子却发动叛乱是不忠的行为。"周武王没有听取两人的劝告，继续前进，最终推翻商王朝，建立周王朝。这个成语可作谓语、宾语。

《史记》中夷、叔齐何以居"列传"之首？

02

管晏列传第二
管鲍之交

人生最难得的是拥有一个真心的朋友。你的真心朋友是谁呢？在中国的历史上，有一些人因为真诚待人，彼此间建立了令世人赞叹的深厚友谊而被后人铭记。关于友情，有"八拜之交"的说法：管鲍之交是其一，还有知音之交、问津指教、舍命之交、胶漆之交、鸡黍之交、忘年之交、生死之交。

　　如果说伯夷、叔齐"叩马而谏""不食周粟"的名声还不够响亮的话，倒也情有可原，毕竟这兄弟二人也确实如诸家史官所言，未曾干下轰轰烈烈的大事业。那接下来咱们要认识的这个人就相当厉害了。他就是助齐桓公首霸春秋的法家先驱——管仲。

　　管仲，姬姓，管氏，名夷吾，颍上（今安徽颍上县）人。看到这个姬姓，怕是很多人都在猜测，这管仲会不会和周天子是亲戚？还真是，循着管仲的家谱往上翻，我们很快就会发现，管仲是周穆王的后代。只是呀，管家传到管仲手里，基本上就算家道中落了。要不是有个死党好友鲍叔牙，只怕还没撑到见齐桓公，管仲就穷死了。那么，管仲和鲍叔牙的关系到底好到什么程度呢？不妨静下心来，慢慢往下看。

为了改变穷困命运，管仲决定经商。可是，家里穷得响叮当，哪里拿得出经商的本钱？左思右想之下，他找到好朋友鲍叔牙。听说管仲要经商，鲍叔牙二话没说，倾囊相助。拿到本钱，管仲便急着外出做买卖。可实际上，他前脚刚迈出鲍叔牙的家门，后脚就把做生意的事抛到九霄云外去了，一路游山玩水，结交各种各样的人。就算是挣到一些钱，他也会故意隐瞒，将大部分盈利据为己有，只留少部分给鲍叔牙。

很显然，两人合伙做生意最终以失败而告终。虽屡遭管仲欺骗，鲍叔牙却仍然待之如初，从不提起往事。因为他知道管仲才能出众，迟早会取得成功。所以，只要有机会，他就会向有权势的人举荐管仲。后来，管仲侍奉公子纠，鲍叔牙侍奉公子小白。齐国公子为争权夺势，相互倾轧，齐国爆发内乱。最后，公子小白夺位成功，即位为齐桓公，公子纠则被鲁国处死。作为公子纠的拥护者，管仲也没落到好下场，被鲁国押回齐国，囚禁于大牢之中。齐桓公即位后打算请鲍叔牙出任齐相，遭到拒绝。鲍叔牙力荐管仲，称管仲之才远高于他。

齐桓公非常信任鲍叔牙，答应用管仲为相。就这样，险些身首异处的管仲，一跃成为齐国相国。好在他并没有辜负鲍叔牙的期望，掌控国政之后，管仲利用齐国虽小却处在东海之滨的有利条件，扩大商品流通，积累财富，将国家治理得国富民强。管仲处理国政，善于把灾祸转换为福祉，把失败变为成功；注重事物的轻重缓急，并谨慎地衡量事物的利弊得失。齐桓公原本是由于少姬而发怒，并南下袭击蔡国，管仲却趁机讨伐楚国，指责楚国不向周朝进贡包茅。齐桓公原本是北上讨伐山戎，而管仲趁机使燕国遵循召公的政教。在柯地会盟时，齐桓公打算违背跟曹沫的盟约，管仲顺应形势使齐桓公守约，各诸侯国因此都归顺齐国。齐桓公也因此九合诸侯，一匡天下，成为春秋首位霸主。

世人对管仲赞不绝口，管仲却说："这一切，都是鲍叔牙的功劳。我原先贫困的时候，曾经同鲍叔牙一起经商，分配赢利时自己多得，鲍叔牙不认为我贪财，因为他知道我贫困。我曾为鲍叔牙谋事，反倒使他更加艰难，鲍叔牙不认为我愚蠢，因为他知道时机有不利的时候。我曾经数次做官数次都被君王罢免，鲍叔牙不认为我没有才能，因为他知道我没有遇到适当的机会。我曾经屡战屡败，鲍叔牙不认为我胆小畏缩，因为他知道我家有老母。公子纠失败以后，召忽为他自杀了，我遭到囚禁和侮辱，鲍叔牙不认为我无耻，因为他知道我不会因小节不保感到可耻，而是以功名不能显扬于天下为羞辱。生养我的是父母，了解我的是鲍叔牙啊！"

于是，天下人不称赞管仲的贤能，反而赞美鲍叔牙能知人善任。鲍叔牙也非常看重这份友谊，举荐管仲之后，他甘愿屈身管仲之下，同管仲一起勤勉治理齐国。他的子孙世代在齐国享受俸禄，有封邑的延续了十几代人，其中多数人成为著名的大夫。人们为了赞美管仲和鲍叔牙，就将他们俩之间的故事化作成语"管鲍之交"，用来比喻交情深厚的朋友。

亲近原典

《管晏列传第二》节选一

管仲夷吾者，颍上人也。少时常与鲍叔牙游[①]，鲍叔知其贤。管仲贫困，常欺鲍叔②，鲍叔终善遇之，不以为言。已而鲍叔事齐公子小白，管仲事公子纠③。及小白立，为桓公，公子纠死，管仲囚焉④。鲍叔遂进管仲⑤。管仲既用，任政于齐，齐桓公以霸⑥，九合诸侯⑦，一匡天下⑧，管仲之谋也。

注释

①游：交游，来往。

②欺：意为占便宜，指下文"分财利多自与"。

③已而鲍叔事齐公子小白，管仲事公子纠：齐襄公在位的时候昏乱暴虐，鲍叔牙担心齐国终会大乱。为避难，管仲、召忽奉襄公弟弟公子纠出奔鲁国，鲍叔牙拥襄公弟弟公子小白出奔莒国。

④及小白立，为桓公，公子纠死，管仲囚焉：前686年齐襄公被杀。前685年，鲁国派兵保护公子纠赶回齐国争夺王位，并派管仲领兵防守归齐要道，阻止公子小白先回齐国争位。后来，两队人马相遇，管仲射中小白带钩。小白装死脱身，并率先回到齐国，即位为齐桓公。齐桓公派兵击败鲁军，鲁国被迫处死公子纠，召忽自杀，管仲被囚。

⑤进：保举，推荐。

⑥霸：称霸。

⑦合：会盟。

⑧匡：匡正，纠正。

　　管仲名夷吾，是颍上人。年轻时常和鲍叔牙交游，鲍叔牙了解管仲的才干。管仲由于穷困，曾经欺骗鲍叔牙，鲍叔牙却待之如初，从不提起往事。后来鲍叔牙侍奉齐公子小白，管仲侍奉公子纠。等到小白即位为齐桓公，公子纠被杀，管仲遭囚禁，鲍叔牙于是推荐管仲为相。管仲任相后，在齐国执掌国政，齐桓公能够成为霸主，并多次会盟诸侯，一度匡正天下，这都是靠管仲的谋略。

访 名 人

　　鲍叔牙：鲍叔牙和管仲是至交好友，人们将两人合称"管鲍"。鲍叔牙知人善用，他举荐管仲担任齐相，使齐国迅速崛起。在他和管仲的协助下，齐桓公成功会盟天下诸侯，成为"春秋五霸"之首。但鲍叔牙刚正不阿，经常与齐桓公的宠臣发生争论。管仲和公孙隰朋去世后，齐桓公想要鲍叔牙出任相国。鲍叔牙答应了齐桓公，但有个条件，齐桓公必须辞去那些宠臣。齐桓公确实做到了，但没过多久，齐桓公再次启用这些人。最终，鲍叔牙抑郁而亡。

管鲍分金：比喻两人情谊深厚，相互了解知悉。典出《史记·管晏列传》。管仲贫困时与鲍叔牙合伙做生意，每次给自己分的利润多于鲍叔牙，但鲍叔牙并不觉得管仲贪财，因为他知道管仲是因为穷才这样的。这个成语可以用作宾语、定语，含褒义。

管仲助齐桓图霸居功至伟，他有何过失？

03 管晏列传第二
大贤晏子

同学们在《晏子使楚》中已经见识了晏子的机智勇敢和灵活善辩。在这一节，我们会看到晏子三次当面指责齐景公的干脆和利落。晏子的言辞看似有咄咄逼人之势，但是无不体现一代贤臣的忠正和耿介，因此后世也常将他和管仲相提并论。下面我们来感受一下晏子的直言善谏、知才善用的优良品格。

管鲍二人去世后，齐桓公重用开方、易牙、竖刁等佞臣，导致齐国国力衰落。前643年，齐桓公病重，被五公子软禁在高墙之内，齐国重陷诸子争位泥潭。同年十月，齐桓公被活活饿死，陈尸两月有余无人问津。此后，诸子兵戎相见，齐国一片混乱，从此失去霸主地位。到齐惠公、齐灵公在位时，齐国遭诸国轮番讨伐。就在大家都认为齐国大势已去时，齐国又出了个治世能臣，使齐国再度名扬诸侯。他就是治国之才不亚管仲、识才善用不输鲍叔牙的晏婴。

晏婴，晏氏，字平仲，史称"晏子"，是莱地夷维（今山东高密市）人，一生侍奉过齐灵公、齐庄公、齐景公，辅政长达五十余年，是历史上鼎鼎有名的大贤臣。后人常将他与管仲相提并论，并称"管仲、晏婴，功书并作"。晏子勤俭节约，即便做了齐相，仍很少吃肉，也不准侍妾穿着丝织品。面对君王，他敢直言劝谏。国君对他说到的事，他便直言以对；没对他说到的事，他便谨慎小心。国君有道的时候，他便服从命令；无道的时候，他便斟酌而行。齐灵公喜欢看妇女着男装，就让宫中女子着男装，结果宫外女子纷纷效仿，且屡禁不止。灵公不解，问晏子这是为什么。晏子直言灵公"挂牛头卖马肉"，并建议灵公禁止宫中女子着男装，这才平了"灵公好饰"的风波。

齐景公好游山玩水，晏子便想方设法破坏其心情，使景公把更多心思放在治理国家上。一日，景公外出游玩，见山水秀丽，便梦想永生不死，晏子就用周天子也无法长生不老来批评他。不久，梁丘据乘六马大车来见景公，晏子就用大热天快马奔驰会累坏马匹这件事来批评景公。到了晚上，彗星掠过天空，景公要召伯常骞来祭祀，以消除灾星。晏子又横加阻拦，说彗星不用祭祀也会消除，倒是景公身上的坏毛病才要抓紧消除。话说到这份上了，景公哪有心思继续游玩，只得抓紧时间打道回府，按晏子说的，用心打理国事。

在选才任能这方面，晏子更是独具慧眼。有一年，晏子出使晋国，返回途中，在中牟遇到一位衣着破烂，正被囚禁而劳作的越石父。晏子见越石父神态气质非同常人，便解下坐车左边的马，将越石父赎了出来，并带回齐国。回到齐国，晏子没有跟越石父道别，径直回到自己家中。过了一段时间，越石父请求离去，还说要和晏子断绝关系。晏子感到震惊，向越石父道歉，并问："我算不上善良宽厚，可是也曾经将您从危困中解救出来，您为何这么快就请求离去呢？"

越石父说："君子受到不知底细的人的怠慢，是不会生气的；可是，如果不能被知书达理的人真诚相待，肯定会生气。先生既然受到感动，出钱将我赎出来，这就说明先生了解我；了解我却不以礼相待，我还不如继续受人囚禁呢！"

晏子恍然大悟，赶紧将越石父迎进屋，奉为上宾。

又有一年，晏子外出。他车夫的妻子从门缝里偷看，发现丈夫为晏子驾车，顶着大车盖，抽打着驾车的马，得意扬扬，显得非常满足。车夫回家后，他的妻子吵着闹着要离开他。车夫百思不得其解，问妻子这是为何，妻子说："晏子身高不到六尺，却做了齐相，声名传扬于各国诸侯。今天我见他外出时，思虑甚深，总是显出谦逊的样子。你身高八尺，给人做仆役驾车，却神情自满，得意扬扬，所以我要离开你。"

车夫深受教诲，从此不再自满，变得非常谦虚和谨慎。晏子感觉到车夫的改变，觉得很奇怪，就去问车夫发生了什么。车夫就把事情一五一十地讲给晏子听。晏子听后大喜，认为车夫及其妻子是难得的人才，就引荐车夫做了齐国大夫。

正因有了晏子这样重民爱民、知才善用，又敢于直谏君主的能臣巨匠，齐国才迅速走出混乱泥潭，重新成为春秋强国。前500年，晏子去世，齐景公悲痛不已，甚至做出"行哭而往，伏尸而号"这样不合礼数的行为。晏子威望之高，可见一斑！

亲近原典

《管晏列传第二》节选二

越石父贤，在缧绁中[①]。晏子出，遭之涂[②]，解左骖赎之[③]。载归。弗谢，入闺[④]。久之，越石父请绝。晏子惧然[⑤]，摄衣冠谢曰[⑥]："婴虽不仁，免子于厄[⑦]，何子求绝之速也？"

石父曰："不然。吾闻君子诎_屈于不知己而信_伸于知己者⑧。方吾在缧绁中，彼不知我也。夫子既已感寤_悟而赎我⑨，是知己;知己而无礼，固不如在缧绁之中。"晏子于是延入为上客。

注释

①缧绁(léi xiè)：古时捆绑犯人的绳子，借指监狱，囚禁。

②涂：同"途"。

③骖（cān）：古代一车三马或四马，左右两旁的马叫骖。

④闺：内室。

⑤懅（jué）然：惊惧，惊恐的样子。

⑥摄：整理。谢：道歉。

⑦厄（è）：灾难。

⑧诎：通"屈"，委屈。信：通"伸"，伸展，伸张。

⑨感寤（wù）：感动醒悟。寤：通"悟"。

译文

越石父有才干，当时正在囚禁中。晏子外出时，在路上遇到了他，便解下坐车左边的马将他赎出来，并载他回家。回到齐国，晏子没有向越石父告辞，就径自回家。过了一段时间后，越石父请求离去。晏子感到震惊，整理好衣帽道歉说："我晏婴尽管算不上善良宽厚，可是也曾经将您从危困中解救出来，您为何这么快就请求离去呢？"越石父说："不是这样的。君子受到不知底细的人的怠慢，是不会生气的；可如果不能被知书达理的人真诚相待，肯定会生气。我之前是奴隶，囚禁我的人不了解我。先生既然已经受到感动醒悟把我赎出来，这就是了解我；了解我却不以礼相待，我还不如仍在囚禁之中。"于是，晏子请他进屋，待为贵宾。

识典故

挂牛头卖马肉：以好的名义做招牌，实际上却售卖品质低劣的货物。比喻表里不一，弄虚作假。典出《晏子春秋·内篇杂下第六》。春秋时期，齐灵公喜欢看妇女穿男装，就下令宫中的女子都换上男装。结果宫外的女子为了讨好齐灵公也都换上了男装。后来齐灵公禁止宫外的女子穿男装，但几乎没人听从。齐灵公问晏子这是为什么。晏子说："您的这种做法就好比在门口挂着牛头，却在里面卖马肉。您禁止宫内女子穿男装，那宫外自然也就没人敢这样穿了。"后来，"挂牛头卖马肉"逐渐演变成我们今天所说的"挂羊头卖狗肉"。

晏子墓： 关于晏婴的墓葬所在，后世存在不同说法。一说，"晏婴墓"在齐国故城宫城北门外（今齐都镇永顺村东南约 350 米）。该墓高约 11 米，南北 50 米，东西 43 米。不过，该遗址经勘探证实并非墓葬，或为汉代人所修纪念物。一说，"晏子冢"在山东高密，该墓《山东通志》中有载，今墓位于晏王庙村西北 50 米处，系 2015 年 6 月重新修建落成的新墓。一说，"晏子墓"在河南省滑县焦虎乡晏口村东北半公里处。

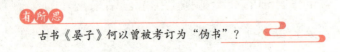

古书《晏子》何以曾被考订为"伪书"？

04 老子韩非列传第三
老庄之道

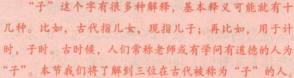

"子"这个字有很多种解释，基本释义可能就有十几种。比如，古代指儿女，现指儿子；再比如，用于计时，子时。古时候，人们常称老师或有学问有道德的人为"子"。本节我们将了解到三位在古代被称为"子"的人。他们分别是老子、孔子、庄子。就让我们来看看这些人为什么能被称为"子"。

  自周平王东迁洛邑起，历史进入了春秋战国时期。在广袤的神州大地上，但凡有一些实力的诸侯都在思考如何逐鹿中原，制霸天下。就在这个群雄逐鹿的时期，思想文化领域也酝酿出许多迥异的思想流派，形成诸子百家争鸣的繁荣局面。说起诸子百家争鸣，那就不得不提道家创始人老子。

  老子姓李，名耳，字聃，楚国苦县厉乡曲仁里人，曾做过周朝掌管藏书室的史官，因博学而闻名天下，被世人尊称为"老子"。有一年，孔子慕名前往周都，向老子请教礼。

临别时，老子对孔子说："富贵的人好赠送财物，仁义的人好说教道理。我不富不贵，没有财宝相赠，就以数言相送。您所说的人，肉和骨头都腐烂了，只有他的言论还在。君子遇到合适的时机便驾车去做官，生不逢时便随遇而安。我听说，善于经商的人会将货物隐藏起来，好像什么也没有；德行高尚的君子却总是显出一副很愚钝的样子。您应该去掉骄气以及过多的欲望、做作的神态以及过大的志向，这些对于您的身体是不利的。我所要告诉您的就是这些。"

孔子回到鲁国，弟子们问老子是怎样的人。孔子对老子赞不绝口。

虽然世人都说孔子问礼于老子是不耻下问，值得大家学习。但从孔子的言语中，我们不难看出，老子学识渊博、志趣高邈也是万中无一的。老子在周都住了很长时间，见证了周王室的逐步衰落。前516年，周王室内乱，周敬王受迫。老子因为受到牵连而辞去官职，打算隐居山林。到了散关，关令尹喜大悦，忙派人清扫道路，迎接圣人。见到老子，尹喜说："您就要隐居了，那就麻烦您为我写本书吧。"老子答应尹喜，伏案著书，写了一本阐述道德的书，这本书分上、下两篇，共五千余字。这本书就是家传户诵的《道德经》。

写下《道德经》之后，老子就离开了。有人说老子最后活了一百六十多岁，还有人说他活了两百多岁。总之，没人知道他最后的去向，世间只留下他"无为而治，使民自化，随心所欲"的道家经典。老子归隐山林之后，道家一派不愠不火，且常常受到各家学派的贬斥。直到二百多年后，出了个名叫庄周的人，才又让道家学说慢慢崛起。

庄周是蒙地（今河南商丘市梁园区）人。他曾经做过蒙地漆园的官吏，是跟梁惠王、齐宣王同时期的人。他学识渊博，研究过诸多领域的学问，然而他的中心思想来自老子的学说。所以他著书十多万字，大多是同类寓言。为反击以孔子为代表的儒家学派，庄周写下《渔父》《盗跖》《胠箧》，深度阐明老子的学说。虽然其著作中也有《畏累虚》《亢桑子》这类空泛的作品，但他尤其擅长编织文字、分析辞句，擅长描摹事物、抒发情感，往往使儒家、墨家学者无法反击。

庄周的言辞洒脱自若、随心所欲，有悖于儒家学说倡导的礼乐制度，所以上至王公大臣全都不器重他。楚威王得知庄周贤能，就派遣使者带厚礼相聘，并许诺让他出任国相。庄周却笑着对楚国的使者说："千金是厚礼，卿相是高位。可是您难道没见过祭祀用的牛吗？喂养它好几年，让它穿上有花纹的绸缎，将它送进太庙杀掉做祭品。此时此刻，它即便想清净自在，还能办到吗？ 您还是快走吧，别再说这些话玷污我！我宁愿在小水沟里游戏，自在快活，也不愿被国君束缚；我宁愿终身不做官，也要使我的心志愉悦。"

就这样，庄周拒绝入朝为官，潜心研究道家学说，留下"子非鱼安知鱼之乐"等道学经典，使道家学说在百家争鸣的战国时代占据一席之地，庄周也因此被人们尊称为庄子。

亲近原典

《老子韩非列传第三》节选一

孔子去，谓弟子曰："鸟，吾知其能飞；鱼，吾知其能游；兽，吾知其能走。走者可以为罔网①，游者可以为纶②，飞者可以为矰③。至于龙吾不能知，其乘风云而上天。吾今日见老子，其犹龙邪！"

老子修道德④，其学以自隐无名为务⑤。居周久之，见周之衰，乃遂去。至关，关令尹喜曰："子将隐矣，强为我著书⑥。"于是老子乃著书上下篇，言道德之意五千馀言而去，莫知其所终⑦。

注释

①罔：同"网"，捕具。

②纶：钓鱼的丝线。

③矰（zēng）：系有丝绳，用以射鸟的短箭。

④道德：此为道家学派的术语。道，事物发展的普遍规律和宇宙精神的本原；德，宇宙万物所含有的特殊规律或特殊性质。

⑤自隐：隐匿声迹，不显露。无名：不求闻达。务：宗旨。

⑥强：勉力。

⑦莫：没有人。

译文

孔子走后，对弟子们说："鸟，我知道它能飞翔；鱼，我知道它能游泳；兽，我知道它能奔跑。能跑的兽能用网去捕获它，能游的鱼能用线去钓它，能飞的鸟能用箭去射它。至于龙，我就不知道它是如何乘着风飞腾升天的。我今日见到的老子，他就如同是龙呀！"

老子研究道德，他的学说以归隐和不求功名为宗旨。他在周都住了很长时间，见周朝衰落便离开了。到了散关，关令尹喜说："您就要隐居了，麻烦您为我写本书吧。"于是老子就写了一本书，分上、下篇，阐述了道德的本意，共五千多字，之后才离开，可谁也不知道他最后的去向。

子非鱼，安知鱼之乐：意思是你不是鱼，怎么知道鱼的快乐？这个典故旨在告诉人们不要总是以自己的主观意识去揣度他人。典出《庄子·秋水》。有一次，庄子和好友惠子在濠水的一座桥上散步。庄子看着水里的鱼说："鱼儿在水里悠然自得，这就是鱼的快乐呀！"惠子说："你不是鱼，怎么知道鱼的快乐呢？"庄子反驳道："你也不是我，怎么知道我不知道鱼的快乐呢？"就这样，俩人展开争辩。

最后庄子总结说："当你问出'你怎么知道鱼的快乐'这个问题的时候，就说明你已经知道我知道鱼的快乐了。而我，就是在河边知道鱼的快乐的。"

格 古 物

《道德经》：也叫《老子》，由老子所著，是春秋战国时期道家学派的代表性经典。由于古时经书的传抄和刊印经常出现错误，《老子》一书的版本问题也很复杂。我们现在能看到的最早期版本是 1993 年在湖北荆门郭店一号楚墓出土的竹简本。现代的通行本是魏晋时期的王弼注本，经文共 5162 字。《老子》对传统哲学、科学、政治、宗教等都产生了重要影响，它被翻译成多种文字，在世界各国广泛流传，是目前被翻译成外国文字发行量第二的文化名著。

有所思

老子真的姓李吗？他跟道教是什么关系？

05 老子韩非列传第三
韩非入秦

我们常说"诸子百家"，比较熟悉的有儒家、道家、墨家、法家等。那么法家的代表人物是谁呢？其一是韩非，也称韩非子。大家可能知道韩非是法家思想的集大成者，但是可能不知道韩非其实是一个天生的"口吃"者。虽有这一天生的缺陷，但是韩非子却能写得一手好文章，且让李斯都自愧不如。这是不是很励志呢。

在风起云涌的战国时代，诸子百家和穷兵黩武的诸侯一样，你方唱罢我登场。庄周以《庄子》助道家崛起不久，法家韩非便崭露头角。他继承了荀子的学说，并在此基础上吸收了慎到的"势"、商鞅的"法"、和申不害的"术"，使法家异军突起，大有执百家牛耳之势。

韩非是韩国的贵族子弟，和那些能言善辩的人相比，他有一个天生的劣势——口吃。但好在他善于著书立说，写得一手好文章，仅凭一杆笔也能在贤士云集的诸侯国占据一席之地。就连后来协助秦王政一统天下的李斯也自认为才能不及韩非。然而韩非虽然有大才，可在自己的国家，韩非的建议往往不被采纳。

前262年，秦将白起率兵攻韩，韩军溃败，连丢五十城。身为爱国志士，韩非开始上书韩桓惠王，规劝韩桓惠王变法革新。结果，一连上书五年，韩桓惠王都对韩非爱答不理。韩非认为，作为君王，和平时应该宠爱有声望的人，危急时就要任用披甲戴盔的武士，而不应该像韩桓惠王这样，身为君王却不修明国家法制，又不凭借权势来驾驭臣下，也不为国家富裕、军队强大去访求人才任用贤能，反而任用浮夸淫侈的"害人虫"，并将他们放在真正有功且务实的人上面。

屡屡上书碰壁之后，韩非愤而离朝，埋头著述，写下《孤愤》《五蠹》《内外储》《说林》《说难》等十多万字著作，期望天下君主都能任用贤能，以法治世。然而，游说君王是何等的困难？即便是他韩非本人也遭遇了"上书五年而不得用"的尴尬。所以，他在《说难》中详细地讲述了游说之难，为后来者表达自我观点，规劝君王指明了道路。为了阐明游说之难，他还创作了许多至今都为人津津乐道的寓言故事。

比如说，在阐述说客会承担巨大风险时，他就讲了这样两个小故事。一个是，宋国有个富翁，有一天下雨，他家的墙壁被毁。富翁的儿子说不修好墙壁，就会被盗，他邻居的父亲也这样讲。夜间，富翁家果然丢了许多财物，他全家都认为他的儿子特别聪明，却怀疑邻居的父亲。另一个是，从前郑武公讨伐胡国的事。郑武公计划讨伐胡国，却将他的女儿嫁给胡国的君主。然后询问群臣："我要用兵，可以攻打哪国呢？"关其思说："胡国可以攻打。"郑武公说："胡国是兄弟国家，而你说攻打它，是何居心？"于是，郑武公就杀了关其思。胡国君主得知此事，认为郑国友好，就不加防备。郑武公乘机偷袭胡国，大获全胜。

　　两个故事讲完，韩非总结道：邻人父和关其思这两个说客的预见都是正确的，然而重则招来杀身之祸，轻则遭到怀疑。所以，知道某些事并不难，难的是如何处理这些事。在教导后人劝谏游说要懂得察言观色，掌握君王的爱憎态度时，他又讲了弥子瑕失宠的故事。

　　弥子瑕是卫国的嬖（bì）大夫，年轻时深受卫灵公宠幸。有一回弥子瑕的母亲病重，弥子瑕探母心切，为了尽快赶到母亲身边，为其寻医治病，便假传君令，让车夫驾驶卫灵公的座驾送他回家。按照卫国法令，私驾君王马车的人是要受断足之刑的。可卫灵公知道后，非但没有责罚弥子瑕，反而还称赞弥子瑕是个大孝子，为了替母寻医，竟然连断足之刑也无所畏惧。又有一回，弥子瑕陪卫灵公到果园游玩。弥子瑕吃到一个甘甜可口的桃子，没吃完便将它献给卫灵公。卫灵公感动不已："你忍住自己不吃，却要把可口的蜜桃献给我，这是真的爱戴我呀！"

然而，等到弥子瑕年老色衰时，卫灵公不再像过去那样迁就弥子瑕。只要弥子瑕稍有得罪，卫灵公就愤愤地说："他曾经假传君令，私自驾驶我的马车，还把吃剩下的桃子给我吃，这已经很过分了，怎么还不知悔改，在做冒犯我的事？"

韩非解释说："弥子瑕的行为和当初并没有不一样，从前被认为贤孝而后来被加罪，这是因为卫灵公的爱憎发生了极大的变化。一个人被君王宠爱时，君王便认为他聪明而愈加亲近；被国君憎恨时，君王便认为他有罪而愈加疏远。所以，说客一定要在考察完君主的爱憎态度之后再进行劝谏。这就好比驯养龙，龙的喉头下端有逆鳞，假若你不小心触碰到逆鳞，就一定会被龙伤害。君主也有这样的逆鳞，游说时能够不触碰君主的逆鳞，差不多就算善于游说了。"

只可惜，韩非著《说难》，为天下志士指明了游说君王的康庄大道，而他自己却始终没能受到韩王的重用。后来，秦王政读到韩非的著作，被韩非的才学所折服，拍案叫绝："假如我能见到这个人，并能和他交往，就是死也没有遗憾了。"

再后来，秦王政举兵伐韩，韩王被迫派韩非出使秦国。韩非到了秦国，果然深受秦王政喜爱。可李斯、姚贾却从旁诋毁，秦王政一时糊涂，下令惩罚韩非。等到秦王政幡然醒悟，要赦免韩非时，韩非已经服下毒药，惨死狱中。这实在令人唏嘘呀！

《老子韩非列传第三》节选二

宋有富人，天雨墙坏①。其子曰"不筑且有盗"，其邻人之父亦云②，暮而果大亡其财③，其家甚知智其子而疑邻人之父④。昔者郑武公欲伐胡，乃以其子妻之⑤。因问群臣曰："吾欲用兵，谁可伐者？"关其思曰："胡可伐。"乃戮关其思，曰："胡，兄弟之国也⑥，子言伐之，何也？"胡君闻之，以郑为亲己而不备郑。郑人袭胡，取之。此二说者，其知皆当矣，然而甚者为戮，薄者见疑⑦。非知之难也，处之则难矣。

注释

①雨（yù）：下雨。

②父：老者，老人。

③暮：晚上。果：果然。亡：丢失，失去。

④知其子：以其子为智。指认为他的儿子很聪明。知：同"智"，以……为智。

⑤子：指女儿。古代男、女都称子。妻（qì）之：嫁给胡君为妻。妻：嫁给男子为妻。

⑥兄弟之国：有婚嫁关系的国家。本指同姓的国家，春秋战国时，两国虽非同姓，但有婚姻关系也叫"兄弟之国"。

⑦甚者：重的。薄者：轻的。这两句意思是说，劝谏者言重则被杀，言轻则见疑。

译文

宋国有个富人，天下雨毁坏了他的墙壁。他的儿子说："不修好墙壁，就会被盗。"他邻居家的老人也这样讲。夜间，富人家果然丢了许多财物，他全家都认为他的儿子特别聪明，却怀疑邻居家的老人。从前郑武公准备讨伐胡国，反而将他的女儿嫁给胡国的君主。然后询问群臣说："我要用兵，可以攻打哪国呢？"关其思说："胡国可以攻打。"郑武公说："胡国是兄弟国家，而你说攻打它，是何居心？"于是就杀了关其思。胡国君主得知此事，认为郑国亲近自己，就不防备它。郑国乘机偷袭，占领了胡国。这两个说客，他们的预见都是正确的，然而严重的被杀死，轻微的被怀疑。所以知道某些事并不难，难的是如何处理这些事。

自相矛盾：比喻一个人说话或做事前后抵触。典出《韩非子·难一》。有个楚国人既卖矛又卖盾。他说："我的矛非常锐利，可以刺穿所有盾牌。我的盾无比坚硬，没有什么东西能刺穿我的盾。"这时，围观的人群里有人说道："那用你的矛刺你的盾会怎样呢？"听完，这个楚国人一时无言以对。

访名人

李斯：生年不详，卒于前208年。战国末楚国上蔡（今河南省驻马店市上蔡县）人。秦朝著名政治家、文学家和书法家。少为郡吏，曾从荀卿学。战国末年入秦，初为秦相吕不韦舍人，旋任长史，拜客卿。秦王政下逐客令时，上书力谏客不可逐，为秦王采纳。又助秦完成统一大业。秦统一全国后，与丞相王绾、御史大夫冯劫等议定尊号。后任丞相，多次随秦始皇出巡，反对分封，建议焚书。又以小篆为标准，整理文字。秦始皇死后，与赵高矫诏迫扶苏自杀，立胡亥为帝。秦末农民起义爆发后，被赵高诬为谋反，后被族灭。

有所思

司马迁何以让老庄和韩非同处一个列传？

06 孙子吴起列传第五
吴宫教战

孙武这个人同学们可能不太熟悉，但是《孙子兵法》和孙子大家应该听过吧。孙子就是孙武，《孙子兵法》便是他写的。孙武也被誉为"兵家至圣""东方兵学鼻祖"。在这一节中，我们会看到孙子是怎样获得吴王阖闾的信任的？又是如何被任命为大将军，统领全军的？而吴国也因为有了孙子而在诸侯中声名显赫。

自管仲礼服天下，辅佐齐桓公九合诸侯起，当初约定要与周天子共存亡的诸侯们都动起了强国治世，统领天下的心思。华夏神州战火四起，群雄争霸，这一晃就到了春秋末年。齐国乐安出了个名叫孙武的人。此人因精通兵法而备受吴王阖闾青睐。

一日，吴王问孙武："您的十三篇兵书我都读了，可以试着练兵给我看看吗？"

孙武回道："没问题。"

吴王又说："用妇女来尝试一下呢？"

孙武拍着胸脯打包票："那也没问题！"

于是，吴王就从宫中挑选一百八十名宫女交给孙武。孙武把这些宫女分成两队，任命吴王的两位宠姜做队长。然后让这些宫女装备长戟。准备妥当之后，孙武问宫女们："你们知道你们的心、左右手和后背在什么位置吗？"

宫女们齐声回答："知道。"

孙武说："那么听清楚了，我说向前看，就是朝心所对的方向看；我说向左转，就是朝左手方向转动；我说向右转，就是朝右手方向转动；我说向后转，就是朝后背方向转动。"

宫女们点头道："是。"

指令宣布完毕，孙武派人摆好斧钺，又三令五申，这才击鼓命令宫女们向右转动。宫女们哪见过这阵仗，哈哈大笑起来。孙武见状，叫停众宫女，说道："纪律不严明，号令不熟悉，这是将领的过错。"

说完，孙武再次三令五申，击鼓命令宫女们向左转。结果，宫女们又大笑起来。

"纪律不严明，号令不熟悉，是将领的过错。既然已经讲明，却还不遵守法令，那就是士兵的过错了。"说罢此话，孙武脸色往下一沉，就要杀两个队长。

"将军刀下留人……"吴王端坐高台，正看得起劲，却见孙武要砍他的侍妾，大吃一惊，慌忙派人传令，"我已经知道将军善于用兵了，但我要是没了这两个侍妾，就会茶饭不思，希望将军不要杀她们。"

"将在军中，君命有所不受。"孙武不应，手起刀落，将那两个侍妾斩首示众。随后，孙武重新挑选两名宫女当队长，继续练兵。这一回，宫女们严格执行鼓点号令，再没人敢把练兵当成儿戏。

等到这些宫女被训练得跟正规军队一样，孙武才派使者报告吴王："队伍已经操练整齐，大王不妨下来检查，任凭大王指挥她们，即便是赴汤蹈火，她们也在所不辞。"

此时吴王不置可否，只说了一句："请将军休息去吧，我不想下去观看。"

孙武面露不悦："看来，大王只是欣赏我的理论，却不能付诸实践。"

吴王听出孙武言外之意——称霸诸侯，首先就是要豁得出去，敢为人先，付诸行动。打从这儿起，吴王任命孙武为大将军，令其统领全军，图谋霸业。在孙武的帮助下，吴王向西进攻强大的楚国，攻占郢（yǐng）都；往北震慑齐国、晋国，在诸侯当中声名显赫。就这样，一度遍交列国，只求一隅安稳的吴国也抬起了头，成为大家眼中的"老虎屁股"，摸不得，碰不得。

孙武也借此一举成为春秋末期最强军事家，被世人尊称为"孙子"，风光一时无二。其传世《孙子兵法》十三篇更是被誉为"兵学圣典"，成为古往今来众王侯将相、权谋兵家眼中的征战法宝。

亲近原典

《孙子吴起列传第五》节选一

吴王从台上观，见且斩爱姬，大骇。趣_促使使下令曰[①]："寡人已知将军能用兵矣。寡人非此二姬，食不甘味[②]，愿勿斩也。"孙子曰："臣既已受命为将，将在军，君命有所不受。"遂斩队长二人以徇。用其次为队长，于是复鼓之。妇人左右前后跪起皆中规矩绳墨[③]，无敢出声。于是孙子使使报王曰："兵既整齐，王可试下观之，唯王所欲用之，虽赴水火犹可也。"吴王曰："将军罢休就舍[④]，寡人不愿下观。"孙子曰："王徒好其言⑤，不能用其实。"于是阖闾知孙子能用兵，卒以为将。西破强楚，入郢，北威齐晋，显名诸侯，孙子与有力焉⑥。

①趣：通"促"，催促。使使：派遣使者，前一个使是派遣的意思，后一个使是使者。

②甘味：感觉到味道的甜美。

③中：符合。规矩：校正圆形和方形的器具。绳墨：木工用以正曲直的墨线。这里均借指军令、纪律。

④就舍：回到宾馆。

⑤徒：只。

⑥与（yù）：参与。

译文

吴王从台上观看，见要杀自己的爱妾，大吃一惊。急忙派使者传达诏令："我已知道将军善于用兵了。我若没有这两个侍妾，就会吃饭不香，希望别杀她们。"孙武说："我既然受命做了将领，那么将领在军中，国君的命令可以不接受。"于是杀了两个队长来示众。然后用另外的人做队长，这时又击鼓发令。妇女们左转、右转、前进、后退、下跪、起立，都符合号令，再没有人敢出声。于是，孙武派使者报告吴王说："队伍已经操练整齐，大王不妨下去看一看，任凭大王的意思指挥她们，即便赴汤蹈火也是可以的。"吴王说："请将军休息去吧，我不想下去观看。"孙武说："大王只是欣赏我的理论，却不能付诸实践。"从此吴王阖闾知道孙武善于用兵，最终任命他为将军。吴国往西打败强大的楚国，攻占郢都；往北威慑齐国、晋国，在诸侯中声名显赫。这些孙武都参加了，而且很有功劳。

将在外，君命有所不受：意思是将帅领兵作战，为了避免受到牵制，可以不接受君主的某些命令。典出《史记·孙子吴起列传》。历史上有不少与此有关的典故，比如"老将军赵充国抗旨不出兵"。汉宣帝年间，羌人作乱，汉宣帝命令镇守边陲的赵充国出兵镇压。赵充国认为出兵镇压弊大于利，应该派遣熟悉羌人习俗的官吏安抚羌民。于是，他违抗圣旨，拒不发兵，并回复汉宣帝"将在外，君命有所不受"。后来，汉宣帝了解到边陲实情，原谅了赵充国。

格古物

《孙子兵法》《孙膑兵法》竹简：孙武和孙膑是两位传奇的军事天才，二人各有兵书流传后世。《汉书·艺文志》把孙武的《孙子兵法》称为《吴孙子》，把孙膑著的兵法称为《齐孙子》，但到了隋朝《齐孙子》就失传了，之后只有《吴孙子》。因此，对于两部兵书的真实性存在很多争论，甚至有人认为两部兵书为一人所著。直到1972年，银雀山汉墓《孙子兵法》与《孙膑兵法》竹简的出土，结束了关于孙子其人其书的千古论争。

有所思

孙子爷爷孙书又叫田书，这是咋回事呢？

07 孙子吴起列传第五
孙庞斗智

孙膑是孙子的后世子孙。在本节，我们会了解到关于孙膑的三个重要的历史故事，分别是田忌赛马、围魏救赵、马陵之战。通过这三个历史故事，同学们能全面地了解孙膑这个人，同时也能了解到他的同学兼对手庞涓。因为庞涓，孙膑被断了双足，脸上还被刺字。总之是非常残忍。

斗转星移，孙武死后一百多年又出了个军事奇才——孙膑。

孙膑出生在阿城与鄄（juàn）城之间，是孙武的后代子孙。他和庞涓是同学，曾经一起在鬼谷子门下学习兵法。庞涓侍奉魏国以后，被魏惠王任命为将军。庞涓自认为才能不及孙膑，就偷偷找来孙膑，希望孙膑能帮他建功立业。孙膑来了，庞涓却又担心孙膑会抢走他的风头。于是，庞涓设计陷害孙膑，断其双足，还在他脸上刺字，想让孙膑既不能行走，又羞于见人。

后来，齐国使者来到魏都大梁，孙膑秘密会见齐国使者。一番长谈，齐国使者觉得孙膑是个难得的人才，便将其藏至车底，偷偷运回齐国。齐国大将田忌以贵宾礼仪款待孙膑，令孙膑大为感动。

田忌经常和齐国的贵族子弟赛马豪赌。孙膑见那些马的脚力相差不远，但仍可以分为上、中、下三等，就对田忌说："您只管下大赌注，我保准让您取胜。"

田忌非常信任孙膑，便与齐威王赛马，押下千金赌注。比赛时，孙膑对田忌说："请您用下等马对他们的上等马，用上等马对他们的中等马，用中等马对他们的下等马。"

三轮过后，田忌两胜一负，赢得齐威王的千金。田忌大喜，当场向齐威王推荐孙膑。齐威王向孙膑请教兵法，也被孙膑的才能折服，便拜其为师。

再后来，魏国进攻赵国，赵国向齐国求救。齐威王想用孙膑做将帅，出兵救赵。

孙膑推辞道："我是个受过刑罚的人，不适合做将帅。"

为顾及孙膑颜面，齐威王决定用田忌为将，用孙膑为军师。得令后，田忌打算带领军队直奔邯郸，驰援赵国。

孙膑说："解开纷乱纠缠的东西，不能使用蛮力；劝解斗殴，不能插手搏击；派兵解围，要避实就虚，直击要害。现在魏国正在攻打赵国，精锐部队必然都在赵国，国内老弱必定疲于防守。您不如率军直捣大梁，迫使魏军撤兵回防。这样一来，我们不但解救了赵国，还使魏国遭受重大挫折，一举两得。"

田忌依计行事。魏军果然撤离邯郸，班师回朝，结果在桂陵与等候多时的齐军狭路相逢，被打了个落花流水，丢兵弃甲。这就是著名的"围魏救赵"。遭此大败，庞涓心有不甘，回到魏国后，他重整旗鼓，誓要报仇雪恨。

十三年后，魏国与赵国结盟，出兵伐韩。韩国向齐国求救，齐王派田忌领兵援韩。田忌如法炮制，再度出兵直捣大梁。庞涓立即撤兵回国，追击齐军。孙膑得到消息后，心生一计，对田忌说："请将军在进入魏国当天建造十万人食用的炉灶，在第二天建造五万人食用的炉灶，在第三天建造三万人食用的炉灶。"

田忌疑惑不解："军师不帮我排兵布阵，却要我建造炉灶，是为什么呀？"

孙膑笑道："魏军骁勇善战，倘若我军刚进入魏国就正

面作战，形势将极其不利。兵书上说：行军百里去争夺利
益的，必定使主帅一蹶不振，行军五十里去争夺利益的，
全军只有半数人能抵达目的地。庞涓熟读兵法，肯定知道
这些。您不妨利用这一点，把不利变为有利……"

接着，孙膑详细地将心中计谋讲给田忌听。田忌听后
拍案叫绝，当即下令依孙膑计谋行事。再说庞涓，从追击
齐军第一刻起，他就派出密探，时刻观察齐军动向。行军
第三天，得知齐军所建炉灶只够三万人用，庞涓喜出望外，
说道："我原来就知道齐国军队畏怯，没想到进入我国才三
天，逃亡的士兵就已经超过半数了。"说罢此话，庞涓就甩
下主力部队，率轻锐士兵急速追赶齐军。

孙膑料定庞涓当晚就会抵达马陵，决定在马陵设伏。
马陵道路狭窄，两侧地势险要，孙膑在最险要的地段找到
一棵大树，削白树皮，上书"庞涓必死于此树下"几个大字。
然后在大树两侧埋伏一万弓箭手，吩咐说："夜晚一见到树
旁有火光亮起，大家就一起搭弓射箭。"

安排妥当后，孙膑便与田忌坐于帐中，静候庞涓自投
罗网。

入夜，庞涓果然来到马陵。见前方大树上隐约写着几个

大字，便策马到树下，取火观看。还没读完树上的字呢，两侧齐军就万箭齐发，片刻便将树下的魏军射成筛子。魏军乱作一团，彼此失去联系。庞涓自知智谋穷尽，已无力回天，便仰天悲叹："孙膑啊孙膑，倒成就了你这小子的名声！"

说罢，庞涓便刎颈自杀。庞涓一死，魏军大乱。田忌乘胜追击，彻底击垮魏军，活捉魏惠王的太子魏申。这就是为世人所津津乐道的围魏救韩。孙膑因为这两次胜利名扬天下，其兵书为世人所追捧。

亲近原典

《孙子吴起列传第五》节选二

田忌信然之，与王及诸公子逐射千金。及临质①，孙子曰："今以君之下驷与彼上驷，取君上驷与彼中驷，取君中驷与彼下驷。"既驰三辈毕，而田忌一不胜而再胜②，卒得王千金。于是忌进孙子于威王。威王问兵法，遂以为师③。

注释

①临质：临场比赛。质：评断，评量。

②再胜：两次获胜。

③以为师：把孙膑当作老师。

译文

　　田忌很相信孙膑的话，与齐王和其他贵族子弟赛马，压下千金赌注。等到临场比赛，孙膑说："现在用您的下等马对他们的上等马，用您的上等马对他们的中等马，用您的中等马对他们的下等马。"三个等级的马轮流比赛之后，结果田忌败了一次，获胜两次，终于赢得齐王的千金。于是，田忌向齐威王推荐孙膑。齐威王向他请教兵法后，便将他当作老师。

访 名 人

　　田忌： 字子期，战国时期的齐国公子。因其封地在徐州（今山东滕州市），所以也叫徐州子期。田忌在选才任能上很有眼光，孙膑就是由他举荐给齐威王的。魏国攻打赵国时，齐威王派田忌和孙膑支援赵国。两人精诚合作，屡立战功。后来，齐相邹忌嫉妒田忌，设计陷害。田忌被迫逃亡楚国，等到齐宣王即位，田忌才沉冤得雪，返回齐国。

围魏救赵： 指袭击敌人后方据点，以迫使敌人撤退的战术。魏军围攻赵国都城邯郸。赵国向齐国求救，齐王派田忌和孙膑领兵支援赵国。田忌打算直接杀向邯郸。孙膑则建议田忌攻击魏国都城大梁。因为魏军精锐都集中在邯郸，魏都大梁必然防守空虚。此时出兵进攻大梁，魏军必会撤兵回防。田忌采纳了孙膑的建议。魏军回防，士兵疲于奔袭，结果在桂陵被齐军击败，邯郸因此得救。后来，这一战例被列入《三十六计》，为历代军事家所欣赏。

有所思
《鬼谷子》真是鬼谷子写的吗？为什么？

08

孙子吴起列传第五
通才吴起

吴起是中国历史上著名的兵家代表人物，著有《吴子兵法》，其成就也是非常高的。但是"人无完人"，历史上也留下了吴起"母亲逝世不回去奔丧""抛妻求将"等骂名。吴起真的这般不仁不孝吗？可当自己的士兵生了恶性毒疮，他又亲自为其吸吮脓液。这到底是怎样一个人物呢？

　　法家除了韩非以外，还有几位代表人物，这些人即便不能称为英雄，那也算得上是万里挑一的奇才，可见法家能量之大。那么，就有人要问了，学贯法家就能在英雄辈出的春秋战国扬名立万，那要是集兵、法、儒于一身呢？历史上还真有这样一号人物，他就是曾师从儒家，在鲁国带兵打仗，又到楚国变法改革的战国通才——吴起。

　　吴起是卫国人，出生于富庶之家，但却是个败家子。为了寻找拜官入仕的机会，他挥霍万贯家财，结果倾家荡产也没弄到一官半职，因此遭乡人讥笑。吴起一气之下，杀了三十多个讥笑他的人。之后，吴起逃离卫国，并发誓一定要当上相国这样的大官才肯回卫国。离开卫国，吴起到曾参门下学习儒术。没多久，他就被曾参赶走。因为他得知母亲去世后不回卫国奔丧，被曾参认为是不忠不孝之人。

被曾参逐出师门，吴起转而学习兵法，并到鲁国侍奉鲁穆公，以寻求扬名立万的机会。前412年，齐宣公攻打鲁国。吴起认为飞黄腾达的机会来了，便向鲁穆公毛遂自荐。鲁穆公知道吴起颇有才干，但考虑到他的妻子是齐国人，就犹豫不决。这可是千载难逢的机会，吴起哪能放过？于是，他斩断与妻子的关系，以表明自己不亲附齐国。鲁穆公这才放心起用吴起，任命他为将帅。吴起领兵抗齐，大败齐军，受到鲁穆公的赞赏。

很快，鲁国有人谈论吴起，说他因为被讥讽就杀了三十多人，因为不回家奔丧被赶出师门，为了谋求功名甚至连自己的妻子都不要了，是个恶贯满盈的坏人。我们鲁国是个小国，现在吴起打败了齐国，很快各诸侯国都会来欺负我们鲁国。况且，鲁国与卫国是兄弟之国，我们的君王重用吴起，就等于背离卫国，这是相当危险的。这些话传到鲁穆公耳朵里，鲁穆公不由得一惊，赶紧找机会辞退了吴起。

于是，刚刚还梦想着纵马沙场、建功立业的吴起又成了孤家寡人。左思右想之后，吴起决定投奔魏国，因为魏文侯贤明，善于用人。魏文侯问李悝（kuī）："这个吴起怎样？"

李悝说："吴起是个贪财好色的人，但要说率兵打仗，即便是齐国大司马司马穰苴也超不过他。"

于是，魏文侯任命吴起为将帅，进击秦国。吴起不负众望，替魏国连取五座城池。要说这个吴起，还真是不世出的良将。在卫国担任将帅时，常常与最底层的士兵同穿同吃。他睡觉不铺席子，出行不骑马乘车，还身体力行背着粮食行军，为士兵分担辛苦。一回，有个士兵生了毒疮，吴起竟不顾地位高低之悬殊，亲自为这名士兵吮吸脓液。士兵的母亲得知后号啕大哭。

有人问："你儿子是士兵，将军却亲自吸吮他的毒疮，你为什么哭呢？"

这位母亲说道："先前吴公替他父亲吮吸毒疮，他的父亲在战斗中一往无前，决不后退，终于死在敌人手下。如今吴公又给我的儿子吸吮毒疮，恐怕我儿子也会以死效忠他了。"

人们这才知道，原来这位母亲是在为自己的儿子哭泣。由此可见，吴起带兵确实有两下子。再后来，吴起出任河西守，力拒强秦侵扰。魏文侯去世后，其子魏击即位，是为魏武侯。吴起继续担任河西守，辅佐魏武侯。在此期间，吴起经常直言进谏，屡受武侯赞赏。渐渐地，吴起的威望上来了，就想着实现自己的伟大抱负——成为相国。

不久，魏国设相。结果，吴起在竞争中败给了田文，这让他耿耿于怀。吴起找到田文，说："您出任相国，我心有不服，请让我和您比比功劳，怎么样？"

田文说："可以。"

吴起问："论统率三军，使士兵们乐于为国而死，敌国不敢图谋我国，您跟我相比谁强？"

田文说："我比不上您。"

吴起又问："管理百官，亲服百姓，充实府库，您跟我相比谁强？"

田文说："我比不上您。"

吴起继续问："镇守西河而秦军不敢东侵，韩国和赵国服从我国，您跟我相比谁强？"

　　田文说："我还是比不上您。"

　　吴起笑了起来："既然这三条您都在我之下，您职位却高于我，这是为何？"

　　田文说："国君年少，国内疑惑，大臣没有依附，民众无法信任。这个时候，将国家托付给您好还是托付给我好？"

　　"原来，魏王是担心我功高盖主呀！"吴起默思良久，说："托付给您好。"

　　田文说："这就是我的职位高于您的原因。"

　　这时，吴起才明白自己比不上田文。

　　田文死后，公叔痤出任魏相。公叔痤惧怕吴起，便设计谗害吴起，使吴起遭到魏武侯的猜忌。此时的吴起早已不是当年那个容易冲动的青年，发现苗头不对劲之后他就果断请辞，立即离开魏国，前往楚国，谋求新的出路。此时的楚国由楚悼王当家做主。楚国祖上是相当阔绰的，但历经几度沉浮，到了楚悼王手里，楚国早已不是当初能以一当百的豪强霸主，常常受到三晋的攻击。

楚悼王是个很有抱负的君王，一心想要强楚图霸。只可惜，他并没有经天纬地之略，身边又没有能堪大任的能人。就在他伤透脑筋时，天上掉下个吴起。吴起一到楚国，就被楚悼王拜为相国。吴起当上了梦寐以求的相国，意气风发，心想定要为楚悼王这位伯乐创一番事业。于是，他大刀阔斧改革变法，还揭穿往来奔走的纵横家的言论。

　　楚国借此重返强国行列，往南平定百越；往北吞并了陈国与蔡国，击退了赵、魏、韩三国；往西征伐秦国。也就是说，吴起在楚国实现了人生理想。然而，在实现伟大抱负的同时，他所定下的那些侵害楚国贵族的变法策略也为自己埋下杀身之祸。前381年，楚悼王去世，楚国贵族发动叛乱攻击吴起。吴起跑到楚悼王尸体旁，叛乱贵族们仍未罢手，万箭齐发，射杀吴起的箭矢甚至把楚悼王的尸体都扎成了刺猬。

　　最后，楚悼王之子熊臧即位，是为楚肃王。下葬楚悼王时，楚肃王下令处死射杀吴起时射中悼王尸体的人。据说，因射杀吴起而遭到灭族的有七十多家。可见吴起在楚国树立了多少敌人，想来也真是可悲呀！

亲近原典

《孙子吴起列传第五》节选三

　　起之为将，与士卒最下者同衣食。卧不设席，行不骑乘，亲裹赢粮①，与士卒分劳苦。卒有病疽者②，起为吮之③。卒母闻而哭之。人曰："子卒也，而将军自吮其疽，何哭为？"母曰："非然也④。往年吴公吮其父，其父战不旋踵⑤，遂死于敌。吴公今又吮其子，妾不知其死所矣。是以哭之。"

注释

　　①赢粮：剩余的军粮。
　　②病疽：患毒疮病。
　　③吮：聚拢嘴唇吸、嘬。
　　④非然也：不是这么说啊。意思说，不是为其子受宠而哭。
　　⑤旋踵：旋转脚跟，后退。旋：旋转。踵：脚跟。

译文

　　吴起担任将帅时，与最底层的士兵同穿同吃。他睡觉不铺席子，出行不骑马乘车，自己包扎背着粮食，为士兵分担辛苦。士兵中有个生了毒疮的，吴起为他吮吸脓汁。士兵的母亲得知后哭了起来。有人说："你儿子是士兵，将军却亲自吸吮他的毒疮，你为什么哭呢？"母亲说："我并不是为我的儿子受宠而哭。先前吴公替他父亲吮吸毒疮，他的父亲在战斗中一往无前，决不后退，最终死在敌人手下。如今吴公又给我的儿子吸吮毒疮，我不知道儿子将会死在哪儿。我这是在为他哭泣呀！"

访名人

楚悼王：芈姓，熊氏，名疑，楚声王之子，战国时期楚国国君，前401年至前381年在位。楚悼王即位时，三晋势力日益强盛，经常兴兵来袭。后来，楚悼王任用吴起变法革新，前后不过七八年，就让楚国由落后挨打的弱国一举成为国富兵强的大国。他能够不计吴起此前的种种恶迹，而加以重用，说明楚悼王是一位胸有抱负，敢于变法维新，值得世人称颂的明君。

魏国山河：指大好河山，亦作"**魏国山川**"。典出《史记·孙子吴起列传》。魏武侯有次乘船沿西河顺流而下，半途中，武侯回头对吴起感叹说："太壮美了，看这山河险固，真是魏国的宝物呀！"吴起回答说："国家的险固在仁德而不在地势险要。如果你不推行仁政，那么这条船上的人也都会成为你的敌人。"武侯赞叹说："好。"后遂以"魏国山河"指大好河山。

曾师事大儒曾参的吴起，何以行事酷烈？

伍子胥列传第六
逃楚奔吴

同学们知道历史上"一夜白头"说的是谁吗？这个人就是被梁启超评为"智勇深沉，真一世之雄也"的伍子胥。春秋名臣伍子胥匡扶吴王阖闾，助其数度攻伐楚国成就春秋霸业，然而，他其实是一个土生土长的楚国人。这到底是为什么呢？这一节，我们就来了解一下这其中的前因后果。

　　春秋名臣伍子胥匡扶吴王阖闾，助其数度攻伐楚国，成就春秋霸业，然而，他竟是土生土长的楚国人。这到底是机缘巧合，还是命中注定？且看这伍子胥到底有何等曲折的离奇人生。

　　伍子胥，名员，字子胥，原本是楚国名门之后。伍子胥的父亲叫伍奢，哥哥叫伍尚，父兄三人在楚国都很有名气。伍奢还被楚平王任命为太子太傅，负责辅佐太子熊建。靠着先辈们攒下的基业，伍员一家本可以在楚国过着幸福的生活。然世事无常，尤其是在君王身边讨生活，难免遭人中伤。伍奢就摊上了这样的麻烦事，中伤他的不是别人，就是他的同事，太子少傅费无忌。

费无忌对太子建不忠诚。楚平王派他到秦国给太子娶妻，他物色到漂亮的秦国女子，不先奏报太子建，反而快马加鞭，偷偷跑去向楚平王献媚，说："秦国的女子十分漂亮，大王可以自己娶了她，给太子另外再娶。"

楚平王听费无忌一通描述，顿时心花怒放，就自己娶了秦国女子，给太子另外娶了个妻子。凭借这个秦国美女，费无忌得到楚平王的宠幸，干脆就离开太子建，专心侍奉楚平王。费无忌浑身都是心眼，成了楚平王的宠臣，就开始诽谤太子建。目的是好让楚平王废除太子建，避免将来太子建即位对自己不利。楚平王本来就不太喜欢太子建的母亲蔡国女子，又经不住费无忌的谗言，便逐渐疏远太子建，并将太子建派至城父，驻守边关。

支开太子建之后，费无忌更加嚣张，成天在楚平王耳边吹风，说太子建因为秦国美女的事，一直记恨楚平王，此去镇守边关，肯定会伺机勾结诸侯，不日就会举兵叛乱。楚平王吓出一身冷汗，慌忙召伍奢到宫中，考查审问。伍奢知道这一切都是费无忌搞的鬼，就责问楚平王："大王难道任由专讲坏话的小人来疏远骨肉亲情吗？"

费无忌说："您瞧瞧，伍奢和太子是一伙的。您如果不及时制止，他的阴谋就会得逞，大王将要沦为阶下囚。"

楚平王被愤怒蒙蔽了双眼，认为伍奢要帮太子图害自己，于是他不假思索，大手一挥就将伍奢关入大牢，还派城父司马奋扬去杀太子建。司马奋扬是个明白人，一边听从楚平王的指挥，一边派人通知太子建。太子建逃到宋国，暂避杀身之祸。

一计不成，费无忌再施一计。他对楚平王说："伍奢有两个儿子，都很贤能，假若不杀了他们，就会成为楚国的祸害。可以把他们的父亲当作人质，引诱他们前来，然后斩草除根！"

于是，楚平王派人对伍奢说："你如果能将你的两个儿子找来，我就留你一命；不能找来，那就死路一条。"

伍奢说："伍尚为人仁慈，我如果叫他来，他一定会来。伍员为人刚正不阿，忍辱负重，能成就大事，他料定来了就会一起被捕，因此肯定不会来。"

楚平王不信，派人召见伍员和伍尚。伍尚救父心切，要前去见楚平王。伍员阻止道："楚王召见我们兄弟，并不是真的想释放我们的父亲，而是担心我们逃脱后留有祸患。所以他把父亲当作人质，假称召见我们。等我们一到，他就会将咱们父子一起杀害。这对于父亲的死有什么帮助？我们去后，父仇便不能报了！还不如逃往别的国家，借助外力来洗刷父亲的耻辱。白白地一同送死，是毫无价值的。"

伍尚说："我也知道即便去了也不能保全父亲的性命。如果不去，以后要是不能洗刷耻辱，最终会被天下人耻笑的。不如你逃走，假若你能够报杀父之仇，我去赴死也算值得了。"

就这样，伍尚慷慨赴死，而伍员则逃往宋国，与太子建汇合。两人在宋国过得不好，还没来得及安顿好呢，宋国就爆发华氏之乱。两人只好离开宋国，逃亡到郑国。好在郑国人对他们俩特别友好。但太子建不甘于流亡，一直想建立自己的势力，伺机杀回楚国，于是就跑到晋国寻求帮助。晋顷公说："你已经受到郑国人的友好对待，说明郑国人信任你。假若你能为我做内应，助我消灭郑国。那么，等消灭郑国之后就将它封给你。"

太子建信以为真，回到郑国，暗中招兵买马为晋顷公谋事。结果东窗事发，郑定公与子产杀死太子建。伍员本想着能在郑国休养一番，没想到太子建被杀。思索再三，伍员带上太子建的儿子胜，再次踏上逃亡之旅。这一次，他们的目的地是吴国。

《伍子胥列传第六》节选一

伍尚曰："我知往终不能全父命。然恨父召我以求生而不往，后不能雪耻，终为天下笑耳。"谓员："可去矣！汝能报杀父之仇，我将归死[1]。"尚既就执[2]，使者捕伍胥。伍胥贯弯弓执矢向使者[3]，使者不敢进，伍胥遂亡。闻太子建之在宋，往从之。奢闻子胥之亡也，曰："楚国君臣且苦兵矣[4]。"伍尚至楚，楚并杀奢与尚也。

065

译文

　　伍尚说："我也知道即便去了还是不能保全父亲的性命。遗憾的是父亲叫我们去以求活命，我们如果不去，以后又不能洗刷耻辱，最终会被天下人耻笑的。"他对伍员说："你逃走吧，假若你能够报杀父之仇，我将去赴死。"使者就势抓住伍尚，又要来逮捕伍子胥。伍子胥张弓搭箭对着使者，使者不敢上前，伍子胥就逃跑了。伍子胥听说太子建在宋国，便前往追随他。伍奢听说伍子胥逃跑了，说："楚国君臣将要陷于苦战了！"伍尚到了楚都，楚王将伍奢与伍尚一同杀害了。

访名人

　　费无忌：也叫费无极，是春秋末年楚国的权臣。楚平王为联合秦国抵抗晋国，派费无忌到秦国迎接秦女孟嬴来与太子完婚。费无忌见孟嬴貌若天仙，便劝楚平王自己迎娶孟嬴，然后再给太子重新选妻。楚平王十分重视秦女，费无忌因此成功得权。他担心太子即位后对自己不利，便不断离间楚平王和太子的关系。太子建被迫逃亡，太傅伍奢被迫害而死，伍子胥和伯嚭（pǐ）也被逼走，为楚国大乱埋下隐患。后来吴楚两国争霸，楚国失败。楚国人因此十分憎恨费无忌，在众多臣民的支持下，令尹囊瓦将费无忌诛杀并灭族。

华氏之乱： 前522年，宋元公因为不守信义、为人自私，与国内的贵族华氏、向氏交恶。华定、华亥、向宁用计将宋国公室的公子们抓获。双方手里都握有人质，局势僵持不下。没过多久，宋元公诛杀人质，双方只能兵戈相见。晋、曹、齐、卫等国相继救援宋国，华氏溃败，只能向楚国求援。楚国派遣使臣向宋元公施压，迫使其赦免华氏。最终，华氏流亡楚国，华氏之乱至此平息。

有所思
楚王室除娶妻于秦，有没有嫁女于秦呢？

10 伍子胥列传第六
残楚复仇

导语

前面说过，因楚平王杀死了伍子胥的父亲和哥哥，伍子胥成为历史上"掘墓鞭尸"的第一人。当然，伍子胥也是历史事件"专诸刺吴王僚"的"始作俑者"，因为是他将专诸推荐给了吴王阖闾。但是，伍子胥的结局并不是太好。吴王夫差听信小人的谗言，派人送了一把宝剑让其自杀。伍子胥的结局充满了悲凉的色彩。

伍员带着胜，徒步逃跑，险些在昭关被官兵抓住。幸得一渔翁相助，这才渡江脱身。伍员解下身上佩剑，递给渔翁，并说："今天您老人家救我一命，我无以回报，就将这把价值百金的剑送给您。"

"依照楚国的法令，捉到伍子胥的，奖励五万石谷子，封赏执珪的官爵，这岂不比价值百金的剑丰厚吗？"说罢此话，渔翁摇船离去。

"看来，我伍子胥命不该绝。此番逃出生天，我一定要博取功名，再杀回楚国，替父报仇！"想到这里，伍员前往吴国的决心更加坚定。伍员抵达吴国时，吴王僚刚刚掌权，公子光做将军。伍子胥就通过公子光求见吴王僚，开启了出仕吴国的道路。

过了很长一段时间，吴楚两国女子因为争夺养蚕的桑叶大打出手。吴王僚知道这件事后大为光火，派公子光讨伐楚国，攻占楚国锺离和居巢两地。公子光打了胜仗，立即班师回朝。伍员认为公子光这样做浪费战机，便对吴王僚说："楚国傲慢，是可以攻破的，请您再派公子光讨伐楚国。"

公子光对吴王僚说："那伍子胥的父兄被楚国杀了，他之所以劝大王进攻楚国，不过是打算借机报私仇而已。"

伍员知道公子光有杀吴王僚自立为王的野心，便不再劝说吴王僚讨伐楚国。他向公子光引荐专诸，又向吴王僚递交辞呈，然后带着胜一起隐居到吴国郊野，靠耕田为生。五年后，楚平王去世。先前被楚平王夺取的那个秦国美女生了个儿子，名叫轸。等到楚平王去世后，轸即位，是为楚昭王。吴王僚趁楚国办丧事之际，派两个公子率军攻打楚国。楚国出兵截断吴国军队的退路，使吴军无法撤退。于是，吴国内部空虚。公子光趁机刺杀吴王僚，自立为王。

这就是吴王阖闾。吴王阖闾达成所愿，立即重用伍员。

　　不久，楚国大臣伯郤（xì）宛（wǎn）和伯州犁遭费无忌陷害，被满门抄斩，伯州犁的孙子伯嚭（pǐ）逃亡到吴国。吴王阖闾也任命伯嚭做大夫。还记得吴王僚之前派出去攻打楚国的那两个公子吗？在听说公子光自立为王之后，他俩直接缴械投降，成了楚国的降臣，受封至舒地。

　　吴王阖闾即位三年，就与伍子胥、伯嚭出兵征伐楚国，攻占了舒地，擒获那两名叛变的公子。阖闾想趁势直捣楚国都城郢都。将军孙武劝阻道："民众疲劳，不可以。暂且等待时机。"

　　于是，吴王阖闾班师回国。休养生息一段时间后，吴王阖闾便拉开了征伐吴越两国的序幕，正式踏上争霸诸侯之路。在伍员和伯嚭的辅佐下，吴王阖闾即位第四年再度征伐楚国，攻占了六和灊（qián）两地。吴王阖闾第五年，吴国出击越国，大胜而归。吴王阖闾第六年，楚昭王耐不住寂寞了，派公子囊瓦率军征伐吴国。伍员领兵出战，在豫章将楚军打得丢盔弃甲。

　　经过这一系列征伐，吴国实力大增。吴王阖闾即位第九年，吴王再度问询伍员和孙武："原先，你们说郢都不可攻入，现在呢？"

俩人回答："楚国将领囊瓦因贪财而得罪了唐、蔡两国。如果大王一定要大举征讨楚国的话，非得取得唐国与蔡国的合作不可。"

吴王阖闾听取两人意见，与唐、蔡两国结盟，一举攻破郢都。楚昭王被迫出逃。吴军攻破郢都，楚国灭，楚人四散而逃。于是，伍子胥"杀回楚国，替父报仇"的心愿得以实现。他想用楚昭王的鲜血祭奠父兄，可翻遍郢都都没有找到楚昭王。找不到楚昭王，他就掘开楚平王的坟墓，搬出他的尸体，一连鞭打三百下才罢休。

听闻此事，楚国大夫申包胥大为震惊，派人责骂伍员："你太过分了，为了复仇居然连楚平王的尸体都不放过，简直到了丧尽天良的地步！"

伍子胥对申包胥的使者说："代我向申包胥表示歉意，我已经到了途穷日暮的地步，因此我只能倒行逆施。"

见无法劝说伍员，申包胥便逃往秦国，希望秦哀公能帮楚昭王复国。秦哀公不答应，申包胥便站在秦国的朝堂上哭泣，七天七夜不停歇。最后，秦哀公被申包胥感动，出兵伐吴。这就是"申包胥哭秦廷"的故事。虽然在秦国的帮助下，楚国最后击败吴国，复国成功，但从此以后，楚国不敢轻易向南用兵，为避免再遭吴国攻伐，楚昭王甚至迁都到鄀（ruò）邑。从此，吴国威震华夏。

亲近原典

《伍子胥列传第六》节选二

始伍员与申包胥为交，员之亡也，谓包胥曰："我必覆楚①。"包胥曰："我必存之。"及吴兵入郢，伍子胥求昭王②。既不得，乃掘楚平王墓，出其尸，鞭之三百③，然后已。申包胥亡于山中，使人谓子胥曰："子之报雠仇，其以已甚乎④！吾闻之，人众者胜天，天定亦能破人。今子故平王之臣，亲北面而事之，今至于僇死人⑤，此岂其无天道之极乎！"伍子胥曰："为我谢申包胥曰，吾日莫暮途远⑥，吾故倒行而逆施之。"

注释

①覆：颠覆，毁灭。

②求：寻找，搜寻。

③乃掘楚平王墓，出其尸，鞭之三百：一说伍子胥掘墓鞭尸，一说伍子胥仅仅鞭打坟墓，本传取前者。

④以：通"已"，已经。

⑤僇(lù)：侮辱。

⑥莫：同"暮"，日落的时候。

译文

原先，伍员同申包胥是知交。伍员逃跑时，对申包胥说："我一定要消灭楚国！"申包胥说："我一定要保存它！"等到吴国军队攻入郢都，伍子胥寻找楚昭王，没有找到，便掘开楚平王的坟墓，搬出他的尸体，鞭打了三百下，然后才罢休。申包胥逃往山中，派人对伍子胥说："您的复仇是不是太过分了！我听说人多能胜天，天一定也能消灭人。您原来是楚平王的大臣，亲自称臣而侍奉过他，现在竟到了欺辱死人的地步，这难道不是伤天害理到了极点吗？"伍子胥说："代我向申包胥表示歉意，我已经到了途穷日暮的地步，因此我只能倒行逆施。"

千金小姐： 伍子胥逃楚奔吴，一路忍饥挨饿，后遇一

浣纱姑娘，把她的饭给伍子胥吃。伍子胥饭后要求姑娘对自己的行踪保密。姑娘觉得人格受辱，愤而投河。伍子胥对此羞愧不已，咬破手指在石头上写道：十年之后以千金报恩。后来，人们把富贵人家的女孩称为千金小姐。现在，"千金"泛指所有未婚的女孩。这个词用作主语、宾语、定语，有时也用于蔑视口吻。

访 名 人

申包胥：楚国的大夫，他还有个好朋友名叫伍子胥。楚平王时，伍子胥遭谗去楚，受吴王重用。前506年，伍子胥助吴破楚，楚昭王出逃，派申包胥到秦国求救。求援被拒后申包胥在秦庭连哭七日夜，秦哀公发兵，秦楚联军赶走吴军。楚复国后，申包胥拒绝封赏，带领一家老小隐居山林。从此申包胥被列为忠贤典范。

有所思

伍子胥开棺鞭尸，争议不断，你怎么看？

11

伍子胥列传第六
白公胜复仇记

一直以来，我们都知道端午节的由来，是为了纪念屈原，其实端午节也是为了纪念被沉入钱塘江的伍子胥。"叶公好龙"这个成语同学们听过，但是同学们知道叶公和白公胜之间发生过什么事情吗？白公胜已死，叶公为得知其尸首所在地，竟然把白公胜的幕僚石乞都残害了。这其中难道有什么深仇大恨吗？

　　击败楚国之后，吴王阖闾制霸天下的野心昭然若揭，和此前的那些霸主一样，他也走上了穷兵黩武的道路。只是好景不长，前496年，吴王阖闾伐越失败，被越国大夫灵姑浮斩断脚拇指，最后葬身虎丘山。此后太子夫差即位，是为吴王夫差。两年后，吴王夫差击败越国。按照伍员的想法，吴王夫差只要趁势追击，就能一举消灭越国。可夫差听了太宰嚭的意见，放了越王勾践。

　　这一放，就等于给自己下了个死套。为啥？因为之后的故事大家都听过——越王勾践卧薪尝胆，奋发图强二十余年，最终攻破吴都，灭了吴国。有人要问了，吴国不是有伍员吗，怎么会被越国击败？其实呀，伍员也挺郁闷的，他千算万算没有算到太宰嚭会三番五次收受越国贿赂，白白葬送吴王阖闾攒下的家底。为了唤醒深受太宰嚭蛊惑的夫差，伍员不惜冒死进谏，结果还真就被夫差赐死。

临死前，伍员仰天长叹："唉，没想到最后着了小人伯嚭的道。想当初我帮先王称霸诸侯时，你还在和公子们争夺太子之位呢。我冒死在先王面前替你说话。你即位后，想奖赏我，我却不敢奢望。可如今，你居然听信小人谗言，来杀害长辈！我的后人们啊，一定要在我的坟墓上种上梓树，使它长大可以用来做棺材；并挖出我的眼睛悬挂在吴都的东门上，来看越寇入侵，灭掉吴国。"

说完这些话，伍员便自刎而死。吴王夫差听说伍员临死前还在咒骂他，怒气冲天，就派人将伍员的尸体装进皮革袋，扔入长江。吴国人同情伍员，便在长江边建造祠堂，还把伍员自杀的地方叫作胥山。

还记得当初和伍员一起逃亡的胜吗？吴王夫差在位时，楚惠王曾想让胜回国，毕竟胜是先王后裔。叶公听说后，向楚惠王进谏："胜喜欢研究格斗武术和领兵作战，又在暗中寻访敢死勇士，只怕有私心，您不能召他回国。"楚惠王没有听取叶公的意见，坚持召回胜，并让他住在楚国边城鄢（yān）邑，号称白公，这就是白公胜。

白公胜回到楚国才三年，吴王夫差就赐死伍员。白公胜怨恨郑国杀死他的父亲，便暗中训练他招募的敢死之士，寻找攻打郑国替父复仇的机会。回国第五年，他就请求讨伐郑国，楚国令尹子西答应了他。白公胜高兴地返回住处，为出征做最后的准备。结果，子西迟迟不出兵。白公胜日夜期盼，结果却等来了晋国攻入郑国，子西领兵支援郑国的消息。击退晋军之后，子西还与郑国定下盟约，全然不记得白公胜要讨伐郑国替父报仇的事。

白公胜怒火中烧，一边磨刀一边自言自语："子西答应我讨伐郑国，帮我报仇。可现在倒好，他竟然和郑国签订了盟约。所以，我的仇敌不是郑国，而是子西！"

有人问他："你磨刀干什么？"

白公胜说："我要用它杀死子西。"

子西得知后笑着说："白公胜如同鸟蛋，能做什么呢？"

这句话深深地刺痛了白公胜，他隐忍不发，时刻关注朝廷的变化，寻找刺杀子西的机会。前479年，白公胜击败吴军，以献战利品为名，乘机发动叛乱，伙同石乞刺死子西和子綦（qí），囚禁楚惠王。叶（shè）公得知白公胜作乱，便带领叶地人攻打白公胜。白公胜兵败逃亡，最后在山中自杀。叶公俘获石乞，问道："白公胜的尸首在什么地方？你若不说，我就要烹煮你。"

"事情成功了就来做卿，不成功就被烹煮，这本来就是我应尽的本分。"石乞不为所动。叶公便烹杀了石乞，然后找回楚惠王再立为王。

唉，怨恨真的会让人们变得可怕呀！像伍员那样贤德的人，也会因仇恨而干下"掘墓鞭尸"这种可怕的事，就更别提白公胜了。

《伍子胥列传第六》节选三

其后四岁，白公胜与石乞袭杀楚令尹子西、司马子綦于朝。石乞曰："不杀王，不可。"乃劫王如高府①。石乞从者屈固负楚惠王亡走昭夫人之宫②。叶公闻白公为乱，率其国人攻白公③。白公之徒败，亡走山中，自杀。而虏石乞，而问白公尸处，不言将亨烹④。石乞曰："事成为卿，不成而亨烹，固其职也。"终不肯告其尸处。遂亨烹石乞，而求惠王复立之。

①劫：劫持。如：往，到……去。

②石乞从者屈固负楚惠王亡走昭夫人之宫：《左传·哀公十六年》载，"负王以如昭夫人之宫"的是"圉者"（养马官）公阳。把楚惠王劫持到高府以后，石乞亲自把守府门，公阳挖宫墙进去才把惠王背出来。这里说"石乞从者屈固"，虽与《左传》略有不同，尚不算为大误。

③国人：指叶公封国的人民。

④亨：同"烹"，用鼎煮杀。

译文

此后四年，白公胜和石乞在朝廷上袭击刺死了楚国的令尹子西和司马子綦。石乞说："非杀掉楚王不

可。"便把楚王劫持到高府去。石乞的仆从屈固背着
楚惠王逃到昭夫人的宫室。叶公得知白公胜作乱，带
领他封地的人攻打白公胜。白公胜一伙人失败，他逃
到山里自杀了。叶公俘获了石乞，就审问白公胜的尸
首在什么地方，假若不说就要烹煮他。石乞说："事情
成功了就来做卿，不成功就被烹煮，这本来就是我应
尽的本分。"他一直不肯说出白公胜尸首所在的地方。
叶公便烹杀了石乞，并找回楚惠王再立他为王。

明 地 理

虎丘山：虎丘山位于苏州古城，被誉为"吴中第一名
胜""吴中第一山"。虎丘山的主要景点有剑池、虎丘塔、
真娘墓，其中剑池尤为著名。按照当地的传统说法，吴王
阖闾葬在这里，并以数千把铜剑陪葬，因此得名剑池。历
史上，秦始皇和孙权都曾经派人在这里挖掘阖闾之墓，但
都没有结果。不过，也有人认为剑池就是被破坏后的墓穴。

访名人

叶公：即沈诸梁，为叶氏始祖，是春秋末期楚国的军事家和政治家，因其封地在叶邑（今河南叶县）而被称为叶公。前479年，楚国发生"白公之乱"。叶公因平乱有功，被楚王任命为令尹兼司马，这在楚国历史上空前绝后。他的故事叶公好龙出自汉朝刘向《新序·杂事五》：叶公非常喜欢龙，家里到处都画着或刻着龙。龙被他感动，就降临他的家里。叶公见到真龙却吓得失魂落魄。后来人们用"叶公好龙"比喻一个人口是心非，嘴上说喜好某件物品，实际上并非真喜欢。

有所思
何以吴王阖闾被斩断脚拇指后伤重而亡？

12 仲尼弟子列传第七

子路死不免冠

孔子有教无类，"弟子三千，贤者七十二"，桃李满天下。孔子的七十二大弟子，个个都具有特殊才能，或能入仕为政，或巧言善辩，或擅著书立说。比如颜回、子路、曾参等都曾是在历史长河中留下耀眼光芒。而现在我们要讲的是"死不免冠"的子路。

子路，名仲由，子路是他的字，鲁国卞地人。他比孔子小九岁，生性粗野，好逞勇斗力，曾经当街羞辱过孔子。这么一看，世间恐怕也只有孔子才能当他的老师了，其他人只怕还没开始说教，就被他揍得鼻青脸肿了。在孔子的耐心教化下，子路的暴烈脾性有所收敛，但还是会隔三岔五顶撞孔子，以致孔子都有些害怕他。孔子周游列国，结交了许多朋友，各诸侯国都有仰慕他的人。有一回卫国卫灵公的夫人南子想见孔子，便发出邀请。这南子的名声不大好，因为长相太过艳丽而常被人指指点点。弟子们本以为孔子不会结交这种人，可没想到的是，孔子竟欣然前往。

子路听说后，跑去责问孔子。孔子解释说，他并没有见到南子的真面目，和她交谈全程都隔着纱帐。子路不信，孔子便发誓，如有半点虚言，就让老天都来惩罚他。子路这才放心。随后，孔子又以此教育子路："你要学会收敛你的戾气，不然是得不到好报的。"子路点头，铭记在心。

后来，子路给季孙氏当家臣。季孙氏问孔子："子路可以说是大臣吗？"

孔子说："可以说具备了做大臣的条件。"

于是，季孙氏派子路去当邵宰，并要他带领民众五月内挖通一条运河。因为工期紧张，子路身体力行，和大家同吃同住同劳作。开掘运河的经费不够了，他就把自己的薪水拿出来，补贴用度，甚至还从家中拿出粮食补贴给大家。孔子知道这个消息后，立即派子贡到工地倒掉做好的饭菜，砸烂做饭用的器具。

子路气呼呼地找到孔子，责问道："你天天教我们做好人好事，教我们行仁义，现在我这样做了，你却要子贡来捣乱，是不是在嫉妒我的能力呀？"

孔子说："子路，你可不要再犯糊涂了！当天子就应该爱天下；当诸侯，就要爱自己的国民；当大夫就只管自己职责以内的事；

◎台北故宫博物院藏《子路像》

当普通人就应该爱自己的家人。超过职责范围的仁义，虽然值得表扬，但是侵犯了别人。"

子路听完大为受用，当场向孔子鞠躬道歉。此后，子路继续收敛脾性，正衣冠，不再轻易做越界的事，逐渐成为大家眼中的贤德之人。再后来，子路到卫国蒲邑任职。在他的管理下，蒲邑田间沟渠纵横，庄稼茂盛；城中房屋完好，商贾繁荣。看起来，一切都在朝着更好的方向发展。但接下来发生的一件事却彻底粉碎这一切。

卫灵公的太子蒉（kuǎi）聩（kuì）得罪了南子，因此触怒卫灵公。蒉聩害怕被杀，就逃亡到别的国家。蒉聩这一躲，就躲到了卫灵公去世。卫灵公去世，南子打算立公子郢为国君。公子郢不从，说："流亡太子的儿子辄还在国内。"

于是，卫国立辄为国君，这就是卫出公。卫出公即位十二年，蒉聩同孔悝作乱，袭击卫出公。卫出公流亡到鲁国。蒉聩则成为新的国君，是为卫庄公。孔悝作乱时，子路在外地，听到消息后，他义愤填膺，匆忙赶回卫国。入城时，他遇到子羔，子羔对子路说："卫出公逃走了，并且城门已经关闭，您回去吧，不要惹上无妄之灾。"

子路却并没有离开。

子羔独自离开后，有个使者进城，子路就跟随使者进入卫都。他找到蒉聩处，恰巧蒉聩与孔悝都在台上。子路说："您怎能任用孔悝？请让我杀死他。"蒉聩不听，子路便要放火烧台。蒉聩害怕，就派人攻击子路，战斗过程中砍断了子路的帽带。

子路抓住帽带，说："君子命可丢，冠不可免。"

就这样，子路在系好帽带的过程中被砍死。而此时，孔子的另一名弟子子贡，正在为鲁国出使齐国。

《仲尼弟子列传第七》节选一

遇子羔出卫城门，谓子路曰："出公去矣，而门已闭，子可还矣，毋空受其祸①。"子路曰："食其食者不避其难②。"子羔卒去。有使者入城，城门开，子路随而入。造蒉聩③，蒉聩与孔悝登台。子路曰："君焉用孔悝？请得而杀之。"蒉聩弗听。于是子路欲燔台④，蒉聩惧，乃下石乞、壶黡攻子路，击断子路之缨⑤。子路曰："君子死而冠不免。"遂结缨而死。

注释

①空：白白地。

②食：第一个食是"吃"的意思，第二个食是"粮食、食物"的意思。

③造：往，到……去。

④燔（fán）：焚烧。

⑤缨：系在颔下的冠带。

遇到子羔从卫国的城门出来，子羔对子路说："卫出公逃走了，并且城门已经关闭，您可以回去了，不要无谓地遭受灾祸。"子路说："拿人家的俸禄，就不能回避人家的灾难。"子羔最终离开了。正赶上有个使者进城，城门打开了，子路就随着进城。他找到蒉聩处，恰巧蒉聩与孔悝都在高台上。子路说："君上怎能任用孔悝？请让我杀死他。"蒉聩没有听从。这时子路要放火烧台，蒉聩害怕，就让石乞与壶黡下来攻击子路，砍断了子路的帽带。子路说："君子可以死而帽子不能丢。"便系好帽带死了。

識典故

　　有教无类：一指不分贵贱贤愚，对各类人都可以进行教育，二指人原本是"有类"的，比如有的智、有的愚、有的孝顺、有的不孝，但通过教育却可以消除这些差别。典出《论语·卫灵公》。这个成语可作主语、定语、宾语，含褒义。

访名人

卫后庄公： 卫后庄公，名蒉聩，亦作蒯聩，春秋时期卫国第三十任国君。蒯聩一生可以用"荒唐"二字概括。他先是谋划暗杀自己的嫡母南子，事败后逃往晋国。之后又与自己的姐姐合谋，抢夺了卫出公的君位，而卫出公正是蒯聩的儿子。蒯聩登位后，是为卫庄公，为了与卫国第十二任国君相区分，后世分别称两人为卫前庄公和卫后庄公。他在位仅三年，就因讨伐卫国大夫石圃失败而逃亡，后来为己氏所杀。

有所思

子路不临难苟免，死不免冠，是迂腐吗？

13 仲尼弟子列传第七
子贡乱五国

子贡善经商，是儒商鼻祖，也是孔子弟子中的首富。但本节学习的可不是他的经商之术，而是他如何利用三寸不烂之舌在鲁、齐、吴、晋、越五国之间斡旋，进而让鲁国得以保存的智谋。由此可知，孔子在识人用人方面也确实有智慧。因为时当鲁国处于危亡之际，子路、子张、子石都被孔子"不允"出使，唯独子贡可以。

子贡，复姓端木，名赐，字子贡，卫国人。子贡比孔子小三十一岁，是孔门弟子中仕途成就最大、财富积累最多的人，因为口齿伶俐、能言善辩，备受孔子喜爱。他善狡辩，孔子知道他有超出常人的能力，所以有意无意间总会打断他的狡辩，引导他走向正道。

子贡还没有完成学业时，就有了出仕的想法。孔子认为这很危险，就去问子贡："你觉得颜回和你相比，谁更加出色？"子贡脑筋灵活，猜出老师这是在教他踏实学习，就回答道："颜回听说一个道理就能推导出十个，我听说一个道理只能推导出两个，高下立判。"

当然了，当子贡学业有成时，孔子又对他不吝赞美之词。比如在子贡结束学业时，子贡问孔子："老师，您说我现在是什么样的人？"孔子说："你现在呀，就好比是一个器物。"子贡问："是什么样的器物呢？"孔子笑了笑，坚定地回答："瑚琏之器。"瑚、琏那可都是摆放在宗庙里的礼器，庄重尊贵，超绝华美。子贡知道，老师这是在夸赞自己是可堪重用的治国大器。

不久，田常打算在齐国兴兵叛乱，但他忌惮高氏、国氏、鲍氏、晏氏这四大家族的势力，就唆使齐君攻打鲁国，以转移四大家族的注意力。孔子得到这个消息后，就对弟子们说："鲁国是祖宗坟墓所在地，是咱们的祖国。如今祖国危险到这个地步，诸位为何不挺身而出？"

子路挺身而出，孔子不允。子张与子石请求出行，孔子仍不允。子贡请求出行，孔子答应了。因为诸多弟子中，就属子贡最能说，最会说，派他去协助鲁君是最好不过的了。就这样，子贡出使齐国，拉开了乱诸侯以救鲁国的大幕。

来到齐国，子贡劝说田常："我们鲁国城墙不够坚固，护城河不够宽阔，君主愚笨不仁，大臣虚伪无能，士兵和民众又讨厌战争，所以我们鲁国是难以攻破的国家；您不妨去攻打吴国，因为吴国城墙固若金汤，护城河又宽又深，士兵精力充足，又有贤明大夫镇守，是很容易被攻破的。"

听完子贡这席话，田常当场就傻了，就像被人狠狠踹了一脚似的，半晌才从嘴里挤出一句话："你小子是不是说胡话上瘾了，怎么还倒着教我用兵？"

子贡料定田常会有这样的反应，因为他这段"废话"就是用来忽悠田常的。现在田常满脑子问号，正好上了他的当。他笑了笑，说道："我听说您在齐国有不少老对手，所以三次请求封爵授地而不成，就计划用攻打我们鲁国来转移内部敌人的注意力。殊不知，我们鲁国太过弱小，您的老对手一定会大获全胜。到时候，他们和齐君都会变得更加骄纵，群臣争权夺利就不可避免。这样一来，您在齐国就更加危险了。倒不如攻打吴国，若不能取胜，百姓战死在国外，大臣削弱于朝内，这样您上无强臣抗衡，下无百姓责备，就可以孤立国君，控制齐国了。"

"妙啊！"田常听完拍案叫绝，可一想到齐君已经发兵攻鲁，他就恨不得扇自己两嘴巴，"只可惜我军已经开赴鲁国了。这个时候我再要求不攻鲁而攻吴是不是太明显了？"

"没关系，您先按兵不动，待我出使吴国，请吴国以救鲁为名攻打你们齐国，您再趁机率军迎战即可！"子贡说道。

"好，就这么办，您果然是天纵奇才啊！"田常大喜过望，与子贡一拍即合，当即派子贡前往吴国。

来到吴国，子贡用出兵伐齐救鲁进可名利双收，退可收获盟友说服吴王出兵。但吴国此前出兵击败过越国，越王时时窥探，早有反击之心。所以吴王想先搞定越国，再来出兵救鲁。子贡一听，那头摇得和拨浪鼓可有一比："万万使不得啊！您要是这个时候出兵攻打越国，那就等于把我们鲁国白送给齐国，那您还怎么称霸诸侯？您不妨先饶过越国，以天子的名义号召诸侯出兵攻齐救鲁，以声威压倒晋国，到时诸侯必定相继来朝见您，霸业岂不水到渠成？如果您担心越国，我请求出使越国，让他出兵追随您，名义上是号召他跟随诸侯讨伐齐国，实际上是让他们国内空虚。"

吴王大喜，当场答应子贡的请求。

于是，子贡又来到越国。越王此前被吴王击败，被困会稽山，隐忍这么久，早就想再度举兵，与吴王同归于尽。子贡劝说道："吴王残暴，穷兵黩武致使天怒人怨不说，还听信谗言杀了伍员，如今太宰嚭执掌国政，他为了保全自己，只知道顺从吴王，这可不是什么好兆头。而且，来此之前，我已经说服吴王出兵攻齐，但他担心您会偷袭他想先攻打你们越国，再出兵伐齐。要真是这样的话，你们越国就危险了。您不妨调动军队帮助吴王攻打齐国，再赠送珍宝来博取他的欢心，那么他肯定会先出兵伐齐。如果吴国赢了，以吴王争霸天下的决心，他肯定会顺势攻打晋国，连续征战，军队必然疲乏；如果输了，吴国的军队就会消耗在齐国和晋国两地。到时候，不论哪种结果，您都可以趁机出兵，一举消灭吴国。"

越王听后备受鼓舞，不仅答应子贡的要求，还相赠金百镒、剑一把、矛两支。子贡拒绝了越王的好意，又马不停蹄地赶回吴国。五天后，越王派使者携重礼拜见吴王，称吴王攻打齐国是正义之举，越王愿举全国之兵相助。越国使者一通马屁之后，吴王喜不自胜，笑眯眯地问子贡："你说我答应还是不答应呢？"

子贡说："不行。让别人的国内空虚，调动别人所有的士兵，还要叫别人的国君跟随您，这是不道德的。大王可以接受它的礼物，吸收它的军队，但要拒绝它的国君随行。"

"对，贤明的君王就应该讲礼！"吴王欣然同意。

于是，吴王调兵遣将，尽出九郡兵力，直奔齐国。子贡拜别吴王之后，又去了趟晋国，给晋君提了个醒，告诉他吴王攻打齐国之后就会举兵攻打晋国。晋君连连道谢，并向子贡保证会严阵以待，给吴王狠狠一击。之后，子贡胸有成竹地回到鲁国，要鲁君作壁上观，等着瞧吴、齐、晋、越四国混战的大戏。

不久，吴王果然如子贡所言，击败齐国之后挥师晋国。结果因为军队疲乏被晋国打败。越王得知此消息，立即率兵偷袭吴国。吴王猝不及防，慌忙撤军回防，结果又在五湖一代被越军击败。最后吴王三战三败，城门失守，身死国灭。三年后，越国称霸东方。

就这样，子贡一次出使，便使鲁国保存，齐国变乱，吴国灭亡，晋国强盛而越国称霸，彻底打乱了五国未来十年乃至数十年的格局。

亲近原典

《仲尼弟子列传第七》节选二

子贡去而之鲁。吴王果与齐人战于艾陵，大破齐师，获七将军之兵而不归①，果以兵临晋，与晋人相遇黄池之上②。吴晋争强。晋人击之，大败吴师。越王闻之，涉江袭吴，去城七里而军。吴王闻之，去晋而归，与越战于五湖。三战不胜，城门不守，越遂围王宫，杀夫差而戮其相③。破吴三年，东向而霸④。

故子贡一出，存鲁，乱齐，破吴，强晋而霸越。子贡一使，使势相破⑤，十年之中，五国各有变。

注释

①获七将军：《左传》谓获齐将国书等五人，非七将。

②与晋人相遇黄池之上：艾陵之战以后，吴王夫差与晋定公争夺霸主，在黄池大会诸侯，史称"黄池之会"。

③杀夫差而戮其相：吴王夫差二十三年（前472年），越王勾践灭吴，欲迁吴王夫差到甬东岛，夫差自缢身亡。相，指太宰嚭。

④东向而霸：勾践平吴之后率兵渡过黄河，与齐晋诸侯会于徐州，成为东方霸主。见《史记》卷四十一《越王勾践世家》。

⑤使势相破：让各国形势发生相应的变化。

译文

　　子贡离开晋国前往鲁国。吴王果然同齐国人在艾陵作战，沉重地打击了齐国军队，俘虏了七个将军的兵马却不肯班师，然后果然统领军队逼近晋国边境，同晋君在黄池相会。吴国与晋国争强。晋国人攻打吴国，大败吴军。越王得知后，渡江袭击吴国，在距离吴国都城七里远的地方驻军。吴王得知后，撤离晋国返回，同越军在五湖一带激战。吴军三战三败，城门失守，越军于是包围了王宫，杀死了吴王夫差与他的相国。灭吴后三年，越国称霸东方。

　　就这样，子贡一次出使，使鲁国保存，齐国变乱，吴国灭亡，晋国强盛而越国称霸。子贡一次出使，打乱了各国局势，十年中间，五个国家的局面各有变化。

识典故

　　黄池之会： 吴国征服越国后，成为南方强国，于是北上与中原诸国争霸。吴王夫差趁齐景公去世，齐国办丧事之机出兵齐国，并大败齐军。前482年，吴王夫差北上，与晋定公在黄池（今河南封丘县南）相会。黄池之会上，先由晋国歃血，吴国在晋国之后歃血，所以吴国成了此次会盟中仅次于晋国的盟主。黄池之会达到了吴国称霸的目的，标志着吴国争霸事业的顶峰，却非但没有给吴国带来实际利益，反而加速了吴国的灭亡。

格古物

吴王夫差青铜矛：吴王夫差青铜矛于1983年出土于湖北马山5号楚墓，现收藏于湖北省博物馆。矛长29.5厘米，最宽的地方约5.5厘米，形状与短剑相似。矛由青铜铸造，中间有脊状突起，刻有血槽，能避免使用者出现刺入无法拔出的情况。血槽的末端有兽头，象征吴王夫差的雄壮威武。矛身上刻有铭文"吴王夫差，自乍用铲"。

有所思

同是战败，何以勾践降吴夫差宁死不降？

14 商君列传第八
三会秦孝公

　　商鞅也叫卫鞅，原是卫国的公子，后来成了魏相公叔痤的宾客，再后来又成为秦国的左庶长。这中间有怎样的艰难险阻？景监将商鞅举荐给秦孝公，商鞅从被秦孝公认识到最后被重用，又经历了怎样的曲折历程？商鞅的仕途一开始就不怎么顺畅，这仿佛也预示着他人生结局的不美好。

　　提起战国时期的变法，相信大多数人都会想到商鞅。他主张的改革实在是太有名了。商鞅，姓公孙，名鞅，是卫国国君姬妾所生的公子，又称卫鞅。他出身贵族，喜好钻研刑名法学，年纪轻轻就熟悉律法。几经周折，他总算成了魏相公叔痤的座上宾，混了个中庶子的职位。而这个公叔痤当年挤走了吴起，如今直到罹患重病，才想起向魏惠王举荐卫鞅。举荐人才就举荐人才嘛，他一张口就要魏惠王把国政全权托付给卫鞅。魏惠王毕竟是一国之君，都没和卫鞅打过几回交道，怎么会信任一个年轻人？于是，魏惠王一口回绝了公叔痤，还逢人就说："这个公叔痤真是老糊涂了，还想要我把国政交给年纪轻轻的卫鞅，这不是胡闹嘛！"

◎点石斋刻《东周列国志》绣像插图《商君像》

公叔痤虽然糊涂，但还是知道卫鞅肚子里有多少货，也懂得"养虎为患"这个道理。既然你魏惠王不想用卫鞅，那就直接将他处死好了，以免他在别的国家扬名立万，成为魏国劲敌。然而魏惠王根本不把这件事放在心上，既不用卫鞅，也不杀卫鞅，就任他不声不响地溜到了秦国。

秦孝公不比魏惠王，他心存大志，早就下令访求贤人，想重振秦穆公的霸业，收复被侵占的国土。卫鞅到了秦国，受到景监的接待。景监知道卫鞅才能出众，就帮他约见秦孝公。很快，卫鞅与秦孝公的第一次会谈就拉开帷幕。可是，秦孝公似乎对卫鞅说的东西不感兴趣，听着听着就打起了瞌睡。谈话结束后，秦孝公很生气，责备景监道："你推荐的是个什么人呀？就知道夸夸其谈。"景监责备卫鞅。卫鞅解释说："我用五帝之道游说孝公，但他好像不感兴趣。"

五天后，景监又请求秦孝公接见卫鞅。这一回，卫鞅谈论的内容更多，但还是没能打动秦孝公。交谈结束后，景监被秦孝公训了一顿，就跑去责备卫鞅。卫鞅说："这一回，我用三王之道游说孝公，看得出来，他还是不感兴趣。请您再帮我约见孝公。"

于是，景监第三次帮卫鞅和秦孝公牵线搭桥。这一次，俩人谈话相当融洽，秦孝公没有睡意，随着谈话的深入，他甚至还不自觉地向卫鞅靠拢。谈话结束后，秦孝公对景监说："你的客人还不错，我可以和他多聊聊了。"

景监问卫鞅是怎样说动秦孝公的。卫鞅说："我用五霸之道来游说孝公，看他的意思是打算采纳了。假如再接见我，我知道该讲什么了。"

此后，卫鞅和秦孝公之间的交流越来越密切，会面的时间也越来越长，以至于连续畅谈几天都不觉得厌倦，就像知根知底的至交好友在聊天似的。景监很纳闷，孝公前天不还板着脸的吗，怎么这么快就把卫鞅当成好朋友了？

他问卫鞅："看起来，大王很兴奋啊！您是靠什么抓住大王心意的？"

卫鞅说："我用五帝、三王之道游说他，劝他跟三代相比，但国君说：'太久远了，我无法等待。况且贤明的国君没有人不打算趁自己在位的时候就扬名天下，怎么能够默默无闻地等待几十年乃至百年之后才来成就帝王事业呢？'于是，我用使国家富强的办法来游说孝公，孝公显得非常高兴。然而却难以和殷、周比较德行了。"

总之，经过这三次会面，卫鞅成功地把自己推销给秦孝公。但建功立业、治国平天下的路还很长。接下来，卫鞅还要克服诸多困难和阻碍。

亲近原典

《商君列传第八》节选一

孝公既见卫鞅，语事良久，孝公时时睡，弗听。罢而孝公怒景监曰："子之客妄人耳，安足用邪！"景监以让卫鞅①。卫鞅曰："吾说公以帝道②，其志不开悟矣。"后五日，复求见鞅③。鞅复见孝公，益愈④，然而未中旨⑤。罢而孝公复让景监，景监亦让鞅。鞅曰："吾说公以王道而未入也⑥。请复见鞅。"鞅复见孝公，孝公善之而未用也。罢而去。孝公谓景监曰："汝客善，可与语矣。"鞅曰："吾说公以霸道⑦，其意欲用之矣。诚复见我，我知之矣。"

秦孝公见到卫鞅以后，谈了很长时间，秦孝公却不时打瞌睡，不听他说的话。谈话结束后，秦孝公生气地对景监说："您的客人是个狂妄的人，哪里值得任用呢？"景监便责备卫鞅，卫鞅说："我用五帝之道游说秦孝公，但他的思想是不能启发、觉悟的。"五天以后，景监又请求秦孝公接见卫鞅。卫鞅又觐见秦孝公，谈得更久，可还是不能符合秦孝公的心思。交谈结束后，秦孝公又责备景监，景监也责备卫鞅。卫鞅说："我用三王之道游说秦孝公，但未被采纳。请他再接见我。"卫鞅又觐见秦孝公，秦孝公认为他说得还可以，却没有采纳。谈话结束后，秦孝公对景监说："你的客人还不错，可以和他交谈了。"卫鞅说："我用五霸之道劝说秦孝公，看他的意思是打算采纳了。假若再接见我，我知道该怎样说了。"

公叔痤：战国时期魏国大臣，担任魏国相国，并娶魏

国公主为妻。吴起在魏国担任西河郡守的时候，曾率军攻打秦国，攻取五座城池，使秦军不敢东出。为此，公叔痤十分焦虑，害怕吴起得势之后会威胁到自己。于是设计排挤吴起，使吴起主动离开魏国。前362年，公叔痤大败韩赵联军，生擒赵国大将乐祚，获赏良田40万亩。前361年，公叔座病重，向魏王举荐商鞅，但魏王并没有采纳，反而成就了秦国。

格古物

《商君书》：又称《商子》，是战国时期法家学派的代表作之一。全书共26篇，详细记录了商鞅变法的指导思想和政策措施。不过这本书并非完全由商鞅所著，根据考证，应为后世学者将部分商鞅的著作和商鞅的言行整合而成。

商鞅所言帝道、王道、霸道，有何区别？

15 商君列传第八
变法强秦

言不信者，行不果。人而无信，不知其可也！无论对一个人还是对一个国家来说，信用都是非常重要的。商鞅为了获得民众的信任，顺利推行政令，于是立木求信。由此可以看出，商鞅此人确实很有智慧。有人曾说商鞅是老天爷送给秦国的"天使"，而商鞅的出现，也确实改变了秦国的命运。

卫鞅一再向秦孝公进言改革变法的好处，秦孝公采纳了他的建议，很快下定决心要任用卫鞅改革法度。但真要迈出第一步，秦孝公心中多少有些打鼓，唯恐天下人议论自己。他决定召集世族群臣，共同商讨这件事。于是，卫鞅的第二波考验来了。

朝堂之上，见秦孝公犹豫不决，卫鞅便说："君子行事犹豫不决，最后肯定会反受其累。况且，才能出众、见解独特的人本来就容易受到世人的责难和厌恶。愚蠢的人往往还没看懂既定事实，聪明的人就已经在探索背后真相了。我们不能在事前和民众讨论，只能在事情成功之后与他们分享。讲究高尚德行的人不迎合世俗，成就大功业的人不需要和众人商量。所以圣人只要能够使国家强盛，就不必效法旧的法规；只要能够有利于百姓，就不必遵循旧的礼制。"

"好！"秦孝公拍手叫好，心中疑虑消去大半。

"不是您这样讲的！"甘龙却唱起了反调，"圣人不用改变民俗就能教化百姓，聪明人不用变更法制就能管理好国家。因循民俗而教化，不费事却能成功；因袭成法来管理国家的，官吏习惯，民众相安。"

卫鞅反驳甘龙道："您也太没见识了吧！夏、商、周三代礼制不同，不都成就了王业？春秋五霸法度不同，不都成就了霸业？聪明的人制定法度，愚蠢的人受法度束缚；贤能的人更改礼制，平庸的人被礼制制约。请问您是哪一种人呢？"

甘龙哑口无言。接着，杜挚站了出来，说道："效法古制，就不会犯错；遵循古礼，可以少走弯路。"

卫鞅笑了起来，说："治理天下不是只有一种方法，每个国家的情况各不相同，所以治理国家根本就不应该一味效法古制。但凡是能够坐在这里的人，都应该知道，商汤、周武王不效法古制却成就了王业，夏桀、殷纣不改革礼制却走向了灭亡。你对此有什么想说的吗？"

杜挚虽然不服气，但却不知如何反驳，最终低下了高傲的头。就这样，卫鞅舌战守旧派大获全胜，顺利搞定第二波考验。朝廷之上，再没人对卫鞅和秦孝公指指点点。秦孝公大悦，命卫鞅在秦国国内颁布《垦草令》，全面拉开变法序幕。《垦草令》大获成功之后，秦孝公任命卫鞅为左庶长，确定了变革法度的诏令，在秦国国内实施第一次变法。变法内容包括：改革户籍制度，实行什伍连坐法；奖励军功，废除世卿世禄制，建立二十等军功爵制；奖励耕织，重农抑商，严惩私斗；改法为律，制定秦律，推行小家庭制。

新法定制后并未直接颁布，卫鞅担心民众不相信，决定先树立威信再颁布新法。那么，如何才能取得民众的信任，树立威望呢？卫鞅思索再三之后，派人在国都南门竖立一根三丈长的木头，下令说谁要是能把这根木头搬到北门去，就奖赏他十金。百姓哪见过这阵仗，都觉得卫鞅在骗人，便没人敢尝试。卫鞅又宣布："能搬过去的赏五十金。"又等了很久，终于有个人愿意试一试。他将信将疑地把这根木头扛到了北门，果然得到五十金。百姓终于开始相信卫鞅，卫鞅这才颁布变法法令。

变法一年，到都城来控诉新法不便的秦国民众数以千计。巧的是，就在卫鞅不知如何应对时，太子触犯了新法。卫鞅大喜，说新法推行不利，就是因为身居高位的人触犯了它。他下令惩处太子。因为太子是未来的国君，不可以施行刑罚，于是，卫鞅对太子的老师下手，或处劓（yì）刑，或处黥（qíng）刑。这下，再没人到国都来控诉新法了。

◎点石斋刻《东周列国志》绣像插图
《说秦君卫鞅变法》

新法实行十年，秦国民众十分喜悦，路不拾遗，山中没有盗贼，家家富裕，人人丰衣足食。民众勇于为国家而战，畏惧为个人争斗，乡村城镇都十分安定。就连之前那些控诉新法不便的人也开始说新法好。卫鞅觉得这些人是扰乱教化的人，就把他们流放至边境。此后再没人敢非议新法。

变法图强后，秦孝公决定对外用兵。前350年，秦孝公任卫鞅为大良造，令其率兵围攻魏国安邑，使安邑投降。三年后，秦国迁都咸阳，卫鞅实施第二次变法。新法实施了四年，公子虔又犯了法，被施以劓刑。五年以后，秦国富强，天子将祭神的肉赐予秦孝公，诸侯都来祝贺。次年，齐国在马陵大败魏军，虏获了魏国的太子申，杀死了将军庞涓。再后来，卫鞅数次领兵击败魏国，迫使魏惠王割地求和。为奖赏卫鞅，秦孝公将於、商等十五座城邑封给他，并称他为商君。

《商君列传第八》节选二

令既具①，未布②，恐民之不信，已乃立三丈之木于国都市南门③，募民有能徙置北门者予十金。民怪之，莫敢徙。复曰"能徙者予五十金"。有一人徙之，辄予五十金④，以明不欺。卒下令。

注释

①具：准备就绪。

②布：颁布，公布。

③国都市南门：指都城后边市场南门。古代国都建制：前朝，后市，左祖，右社。

④辄：就。金：古代货币单位。

译文

新法已经制定，还没有颁布，担心民众不相信，因此就在国都市场的南门竖立一根三丈长的木头，招募民众中有能够把它移动到北门的，奖赏十金。民众对此事感到很奇怪，没有人敢移动它。又宣布说："能移动者，赏五十金。"有一个人移动了它，就赏他五十金，用此种方法表明决不欺骗民众。终于颁布新法。

明 地 理

咸阳： 位于陕西省西安市西北部，是中国历史上首个大一统王朝——秦朝的都城所在地。因此，咸阳又被称为天下第一帝都。咸阳以南有渭河，以北是九嵕（zōng）山，山水都在向阳的方位，故称咸阳。咸阳是秦汉文化的重要发源地，境内名胜古迹数不胜数。

识典故

作法自毙：意思是自己制定法规反而害死了自己。典出《史记·商君列传》。战国时期，秦孝公重用商鞅，开展变法，使秦国富国强兵。秦孝公死后，秦惠文王即位，有人告发商鞅谋反，商鞅无奈只能逃离秦国。商鞅到达秦国边关，被守关军士拦住，声称"商君有令，黄昏后非公事不得出城"，商鞅只得住旅店。到了旅店，旅店老板说"商君有令，住旅店需要出示身份证明"。商鞅也不敢承认自己的身份，只得走出旅店。后来商鞅被抓住，惨遭极刑。

有所思

为什么韩非说"商鞅虽死，秦法未败"？

16 苏秦列传第九
刺股苦读

　　为了专心读书，苏秦曾用锥子刺自己的大腿，鲜血直流到脚跟……古人那种刻苦学习、励志向上的精神值得每个人学习。如果同学们能从中学到十分之一，或许人生就会大不同。当然，"苦心人，天不负"，苏秦最终获得了他想要的荣耀，干出了前无古人后无来者的大事。

　　秦孝公任用商鞅变法，使秦国在战国末期崛起，逐步成为独霸诸侯的超级大国。前343年，周显王册封秦孝公为方伯，正式承认其霸主地位。然而，其余六国仍醉心于权术，互相之间攻城略地，浑然不知秦国正发展为最大的威胁。世人皆醉，独有苏秦和张仪两人心明如镜。

　　苏秦，己姓，苏氏，名秦，东周洛邑人，曾和张仪一起拜师鬼谷子门下，学习纵横捭阖之术。苏秦下山后，没有返回故里从事工商之事，而是周游各国，打算寻求伯乐，创一番事业。结果，游说数年不仅一无所获，反弄得身无分文，不得不返回故里。亲朋好友纷纷讥笑苏秦，说他不好好干周人的老本行，反而到处耍嘴皮子，活该穷困潦倒。

苏秦黯然神伤，从此闭门不出。他认为自己得不到天下诸侯的赏识，完全是因为能力还不够。于是，他打开几十只书箱，翻出里面的书，决定把这些书全部研究透彻，以充实自己。读到昏昏欲睡的时候，他就用锥子刺自己的大腿，来提醒自己集中注意力认真学习。时间一长，鲜血就从他的大腿上渗出。即便如此，他仍不放弃，还自言自语地说："士人已经埋头读书，但不能凭借它取得荣华富贵，虽然书读得不少，但又有何用呢？"苦读一年后，苏秦终于从《周书阴符》中悟出使言辞切合君意的心得。

"现在，我应该能说服各国国君了！"说完这句话，苏秦再次离家，去游说各国国君。他把重新游说的第一站定在自己的故乡——洛邑。只可惜，周显王的部下一向了解苏秦，都轻视他，不相信他说的。就这样，苏秦首战告负。离开洛邑之后，苏秦西游秦国，碰巧秦孝公去世了。于是，苏秦便去游说秦惠王。

可惜秦国刚刚诛杀商鞅，王公大臣都憎恶说客，所以苏秦没有在这里找到建功立业的机会。苏秦再次受挫，愤愤不平地离开秦国，转而向东前往赵国。赵相国奉阳君不欣赏苏秦，也没有任用苏秦。连碰三壁，苏秦相当无奈，只好前往燕国。一般人此时早该敲响退堂鼓了，但苏秦似乎是吃了秤砣铁了心，不干出点什么大事誓不言归。

　　到了燕国，苏秦足足等了一年才见到燕文侯。他对燕文侯说："燕国东临朝鲜、辽东，北临林胡、楼烦，西临云中、九原，南临嘑（hū）沱（tuó）、易水，国土面积方圆两千多里，军队几十万，战车六百辆，战马六千匹，粮食可以维持几年。南部有碣石山、雁门山的富饶物产，北部有枣子和栗子的收益，民众即便不耕种农田，而枣子和栗子方面的收入也够用了。这就是人们所提到的天然府库。如今民众安乐，国家安定，看不见军队被消灭、将领被斩杀，没有任何国家能超过燕国。大王知道为什么会如此吗？燕国之所以不被入侵、没有战争，是由于赵国是它南面的屏障。秦国与赵国五次交战，秦国两次获胜，赵国三次获胜，秦赵双方两败俱伤，而大王凭借完好无缺的燕国，从背后控制了它们，这就是燕国不受侵扰的原因。何况秦国进攻燕国的时候，要穿过云中、九原，通过代郡和上谷，路途几千里，即使占领燕都，秦国估计到时根本无法镇守。秦国不能加害燕国也就一目了然了。假若赵国要攻打燕国，号令一发出，不用十天，就会有数十万军队进驻东垣。进而越过嘑沱河，通过易水，用不了四五天便可到达燕国的首都。所以说秦国进攻燕国，要在千里之外作战；赵国进攻燕国，只在百里之内作战。不担心百里之内的祸患，却重视千里之外的祸患，计策的失误，没有比这更严重的了。所以希望大王和赵国合纵亲善，天下为一统，那么燕国一定没有可担心的了。"

燕文侯说："您言之有理，但是我们国家很弱小，西邻强大的赵国，南邻齐国，齐、赵都是强国。您假若一定要合纵来安定燕国，就请让我以国相从。"

说罢，燕文侯资助苏秦车马、金银、布帛，派他前往赵国。也就是说，苏秦终于获得了诸侯认可。坐在燕文侯资助的马车上，苏秦差点没笑出声。他哼着歌儿，拽着马缰，一路朝赵国方向奔去。他只想尽快抵达赵国，取得赵侯的赏识，进而达成燕赵盟约。却没有想到，他这一路走下去，竟会干出件前无古人后无来者的大事。

亲近原典

《苏秦列传第九》节选一

乃西至秦。秦孝公卒。说惠王曰:"秦四塞之国①,被山带渭②,东有关河③,西有汉中,南有巴蜀,北有代马,此天府也④。以秦士民之众,兵法之教,可以吞天下,称帝而治。"秦王曰:"毛羽未成,不可以高蜚飞⑤;文理未明⑥,不可以并兼。"方诛商鞅,疾辩士⑦,弗用。

注释

①四塞之国:秦国四面有关山之固,形势险要,可为屏障,所以叫四塞之国。

②被山带渭:秦国被群山所环抱,中有渭水流过。被,同"披"。带:带子,流经,穿过的意思。

③关:函谷关。河:黄河。

④天府:地势险要,土地肥沃,物产丰富,自然条件优越的地方。府:府库,仓库。

⑤蜚:同"飞"。

⑥文理:指国家大政方针策略。文:礼乐制度。理,

道理法则。

　　⑦疾辩士：憎恶善于游说的人。

译文

　　苏秦便向西前往秦国，碰巧秦孝公去世了。苏秦于是游说秦惠王道："秦国是一个四面都有天险的国家，背靠华山，渭水环绕其间，东边有函谷关与黄河，西边有汉中，南边有巴郡与蜀郡，北边有代郡与马邑，这真是天然的府库。依靠秦国众多的士兵、民众，军事训练这样普及，足以兼并天下，建立帝业而长治久安。"秦惠王说："鸟的羽毛还没有长好，不可以高飞；国家的政治条例还不够显明，无法吞并天下。"当时秦国刚刚诛杀商鞅，憎恶说客，因此不用苏秦。

格古物

　　阴符与阴书：《六韬》中记载，阴符与阴书是我国古代最早的军队秘密通讯方式。阴符用竹片、木片或铜片制成，上面没有文字也没有图案。一套阴符包括长短不一、形状各异的符，每张符都有其特定的含义，只有收信人和发信人知道其含义，不怕信息泄露。阴符最大的缺点是过于简单，无法表达复杂的信息，于是有了阴书。阴书是一种分成三份的军事文书，由三名信使分别传递。三份阴书都到达目的地后，再按照顺序拼合起来，才能获取完整信息。

苏秦耻妻嫂：典出《战国策·秦策》。苏秦出外游说不被采纳，经济上遭遇困难，只得回家。到家后妻子不下织机，兄嫂不为他做饭，父母不跟他说话，羞愧之余苏秦发奋苦读。后来，人们用这一典故比喻出游不得志而归，遭人耻笑。

苏秦入鬼谷门下多年何以出山后屡屡碰壁？

17 苏秦列传第九
拜相六国

用"三寸不烂之舌强于百万雄师"这句话来形容苏秦是最合适不过的了。苏秦在历史上的最大贡献是提出了"合纵"政策。本节主要讲的就是苏秦如何获得赵肃侯的"倾国相从",以及如何激怒张仪并获得他的帮助,并最终促成了六国缔结合纵盟约,联合抗秦,使秦国十五年不敢出兵函谷关的。

再次来到赵国时,当初那个将苏秦拒之门外的奉阳君已经死了。苏秦受到赵肃侯的热情款待。赵肃侯问苏秦:"听说您是代表燕国来见我的,请问你有何指教呀?"

苏秦来时就在马车上想好了游说之词,就等赵肃侯发问呢!赵肃侯一张口,他马上就精神百倍,滔滔不绝道:"如今天下形势明朗,除一枝独秀的秦国之外,中原各国当中就属赵国最为强盛,秦国最为忌惮的也就是赵国。可是秦国一直不敢出兵攻打赵国,知道这是为什么吗?还不是

◎明刻本《东周列国志》插图
《苏秦说六国合纵》

因为赵国西南边有韩、魏两国这两块大盾牌。只可惜韩、魏两国没有高山长河这种天堑，很容易被秦国攻破。如果韩国、魏国被击败，赵国就危险了。我仔细调查过，中原各国的军队加起来是秦国的十倍，土地加起来是秦国的五倍，只要中原各国联合起来，共同抵抗秦国，那秦国就成了一碟小菜。不论秦国侵犯哪一国，其他五国都可以出兵相助。如果六国各自为政，挨个割地赔款巴结秦国的话，最后的结果一定是秦国逐一吞并六国。所以，我在这里恳请您与其他五国会盟，缔结盟约以抗强秦。"

赵肃侯血气方刚，听完苏秦这席话，非常激动。他拉着苏秦的手，说："我年纪轻，即位时间也不长，不曾听到过国家的长远之计，现在您有心使天下保全，使诸侯安定，我恭敬地倾国相从。"

说完，赵肃侯拜苏秦为相，又赠给他车马百乘、金子千斤、玉璧百双、绸缎千匹，派他去约会其他五国。于是，苏秦拜别赵肃侯，回到客馆，准备前往韩国和魏国。正要动身时，赵肃侯召见他，说出现一件非常棘手的事。苏秦赶紧去见赵肃侯。原来，边疆来报，说秦国击败魏国，魏王为求和平，把位于河北的十座城市送给了秦国。这可真是越担心什么就越来什么！苏秦心中暗暗叫苦："如果秦国攻打赵国，赵国肯定也要割地求和，那么合纵抗秦的计划就会泡汤。好在秦国已经攻打魏国，军队疲乏，最近一段时间应该不会用兵。但谁能保证以后他不会用兵呢？"

　　怎么办？琢磨片刻，苏秦脑海里冒出一个名字，顿时眼前一亮。他想到了同学张仪，这人机智聪明，一定能够阻止秦国攻打赵国。当年学成出山时，鬼谷子问两人如何看待当前局势。苏秦认为联合六国抗秦可行，而张仪则认为秦国连横可逐个击破六国，一统天下。

　　苏秦料定主意，派人悄悄劝说张仪来投。张仪满心欢喜地来到赵国，苏秦却对他不理不睬。张仪问苏秦这是怎么回事，苏秦又当众羞辱张仪。张仪又羞又气，决心报复苏秦。思来想去，他决定前往秦国，因为现在只有秦国才能威胁到赵国。

　　苏秦暗中派人资助张仪到秦国，帮他见到秦惠王。前328年，秦惠王任用张仪，与他商讨攻打六国的大计。这时，资助张仪的人才道出实情，当初苏秦是故意激怒张仪的，为的就是让张仪拥有更好的发展。张仪回想起当初的情景，幡然醒悟，当即许诺在苏秦当权时秦国不攻打赵国。

　　没了秦国这层顾虑，苏秦又可以游说六国合纵抗秦了。此后，苏秦拜别赵肃侯，出使韩、魏、齐、楚等国，向这些国家的君主述说合纵抗秦的好处。大家都被苏秦说服，答应在洹（huán）水会盟。与各国君主约定好会盟时间后，苏秦回到赵国，赵肃侯封他为武安君。

　　前333年，韩、楚、齐、魏、燕、赵六国齐聚洹水。在安排各诸侯的座位时，苏秦犯了难。论建国历史，楚国、燕国是老前辈，其他四国都是后起之秀。论君王地位，楚、齐、魏已经称"王"，燕、赵、韩还称"侯"。苏秦想了想，对大家说道："既然爵位讲究起来这么麻烦，不如就不那么讲究，统统都称王得了！至于座位，赵王是发起人，也是主人，坐主位，其余按国家大小依次排列就可以了。"

　　各国君王全都同意了。之后六国缔结盟约，誓言有难同当。苏秦因奔走六国颇为操劳，被六国推举为"纵约长"，佩六国相印。就这样，苏秦凭着三寸不烂之舌，游说六国合纵抗秦。此后十多年间，秦国都不敢出函谷攻打六国。苏秦也因执掌六国相印而一举成为战国末期最耀眼的"明星"。

亲近原典

《苏秦列传第九》节选二

于是资苏秦车马金帛以至赵①。而奉阳君已死，即因说赵肃侯曰②："天下卿相人臣及布衣之士③，皆高贤君之行义④，皆愿奉教陈忠于前之日久矣。虽然⑤，奉阳君妒而君不任事，是以宾客游士莫敢自尽于前者⑥。今奉阳君捐馆舍⑦，君乃今复与士民相亲也，臣故敢进其愚虑。"

注释

①资：资助，给予。

②因：趁机，趁着。

③布衣之士：尚未做官的读书人。布衣：平民穿的衣服，用以为平民百姓的代称。

123

④高：仰慕，推崇。

⑤虽然：虽然如此。

⑥是以：因此。自尽：畅所欲言。

⑦捐馆舍：抛弃住所，死亡的委婉说法。

译文

　　于是燕文侯资助苏秦车马与金银布帛，叫他前往赵国。这时奉阳君已经死了，苏秦就趁机游说赵肃侯道："天下的卿相大臣与普通读书人，都称颂四贤君能施行道义，都希望接受您的教诲，并在您面前陈述忠言，为时已经很久了。虽然如此，奉阳君还是妒忌您，而您又不理事，所以宾客与游说之士无人敢亲自在您的面前尽忠。现在奉阳君死了，您才又能跟民众亲近起来，我因此冒昧地进言我的一点儿看法。"

访 名 人

　　鬼谷子：原名王诩，战国时期的传奇人物，纵横家的鼻祖。相传王诩前额长有四颗肉痣，一眼看去，有鬼宿之象。再加之王诩精通百家学问，常隐匿在云梦山鬼谷，故得名鬼谷子。王诩弟子众多，且身负匡正天下的才能。其中以孙膑、庞涓、苏秦、张仪四人最为出名，孙膑、庞涓擅长斗智，苏秦、张仪擅长合纵连横，他们被世人合称为"鬼谷四友"。

合纵连横：战国七雄当中齐、秦两国实力强大，形势东西对峙，两国竭力争取其他五国的支持。其他五国也不甘示弱，与齐、秦两国时而对抗，时而结盟。因地理位置原因，七国之间相互拉拢结盟的行为被称为合纵连横。因为秦国在西方，六国在东方且南北相连，故称六国结盟为合纵。秦国在张仪的辅佐下，自西向东与诸侯结交，东西方向为横向，故称连横。

有所思

如若苏秦早生几十年，还能拜相六国吗？

18 张仪列传第十
连横戏诸侯

张仪和苏秦是同班同学，苏秦同学刻苦读书到"刺股"，张仪同学刻苦学习留下了"张仪折竹"的美谈。张仪同学为什么要折竹子？张仪年轻时家中贫穷，靠替人抄书为生，遇到没见过的好句，就把它写在掌上或者脚上，晚上回家后就折竹子重新书写。同学们，张仪的这种学习方法和精神也是值得我们学习的呀。

苏秦游说六国合纵抗秦，佩六国相印这件事在很长一段时间里都被世人奉为经典。其实，很多人并不知道，六国缔结盟约不过一年，合纵联盟就因魏国的率先退出而土崩瓦解。击破合纵联盟的就是苏秦的老同学——张仪。而他使用的策略就是连横。

张仪，魏国人，出身贫寒，年轻时靠替人抄书为生，因勤奋好学而留有"张仪折竹"的美谈。张仪曾与苏秦一起拜在鬼谷子门下，学习游说之术。结业出山后，张仪、苏秦都选择游说诸侯，最初都毫无建树。但相对来说，张仪似乎混得更惨。有一年，张仪到楚国寻找出仕机会。楚相宴请宾客，张仪也受邀参加。宴会结束后，楚相发现丢了一块璧玉。楚相的门下怀疑璧玉是张仪偷走的，就对楚相说："张仪这家伙是个穷光蛋，没什么德行，璧玉肯定是他偷走的。"

于是，楚相将张仪抓起来，严刑拷打。张仪否认偷玉，楚相无凭无据，只好放了他。回到家，张仪的妻子责怪他："你要是不读书，不去游说，怎么会受这皮肉之苦呀？"张仪并不怕皮肉之苦，只担心自己的舌头有没有被打坏。他张开嘴，问妻子："快瞧瞧，我的舌头还在不在？"妻子忍俊不禁："在，好好的呢！"张仪说："那就够了！"

后来，苏秦用计激怒张仪，让其前往秦国。苏秦本意是用张仪游说秦国，让秦国不攻打赵国，为他刚刚建立的合纵基础赢得发展时间。没想到，张仪一入秦国，就好似鱼游大海，迅速崛起。前332年，秦惠王派公子华和张仪攻打魏国，占领蒲阳。张仪劝秦王将蒲阳还给魏国，又派公子繇去魏国当人质。整套戏演下来，就连魏国人都犯了糊涂：魏国到底算赢了还是输了？

张仪要的就是这个效果。待魏国人丈二和尚摸不着头脑之时，张仪这才派人通知魏国："秦王对魏国非常宽厚，魏国可不能不回礼呀！"魏国献出上郡和少梁两个地方。秦惠王很高兴，就任命张仪为秦相。

成为秦相之后，张仪给楚相写了一封信，信中说："当初我们一起喝酒，我没有偷你的璧玉，你不相信，还对我严刑拷打。现在，你可要好好守住你的国家，我马上就来夺走你的城池。"

前324年，张仪成为秦相的第四年，秦惠王效仿山东六国的做法，也宣告称王。此前，秦国国君都只称公。也就是说，秦惠王成为秦国历史上第一位称王的国君。与其父秦孝公一样，秦惠王也有识人善用的本领，并且在处事上更为果断。六国缔结合纵联盟后，他大胆起用张仪。张仪也不负厚望，多次连横六国，击破合纵联盟，使秦国在战国末期始终占据优势地位。

前322年，为了降服魏国，张仪辞去秦相之位，转而到魏国为相。他的计划是让魏国臣服于秦国，给那些不服秦国的诸侯国做个示范。没想到，在他担任魏相的四年间，不论是魏惠王还是魏襄王，都没有听取他的意见，反而三番五次挑衅秦国，致使秦国数度伐魏。

有一年，齐国在观津击败魏国，秦国又想出兵攻魏。此前，秦国刚剿灭韩国十万大军，吓得众诸侯不敢有大动作。

　　张仪借机劝说魏襄王："魏国的东西南北四边，分别与齐国、韩国、楚国和赵国接壤，地势平坦宽广，没有高山险川作为屏障。像这样的国家，注定会成为战场。魏国无论跟哪一边的国家结好或交恶，都会惹来麻烦，真可以说是容易被四分五裂的地方。主张合纵的人，想把天下合为一体，让诸侯相敬如兄弟一般。但就算是同父母的亲兄弟，也都有争夺家产的时候，倚赖苏秦这种虚伪欺诈、反复无常之人的策略，肯定是不会取得成功的。魏国若不臣服于秦国，那么秦国必定出兵攻占河西，阻断赵、魏两国的联络，就算赵国想来援救也无能为力了。秦国若制伏韩国，会进而攻魏。韩国害怕秦国，必与秦国联合为一。到时候，魏国的灭亡只在转瞬之间。秦国最想削弱的国家是楚国，而最有能力削弱楚国的就是魏国。楚国外表强盛，其实内部空虚。魏国只要出击，一定可以得胜。亏损楚国，归顺秦国，把灾祸转嫁给其他国家，让自己的国家安定，这有什么不好呢？"

　　最终，魏襄王被张仪说服，背弃了合纵盟约，利用张仪打通魏国和秦国的关系。张仪回到秦国，重新担任秦相一职。三年后，魏国背叛了秦国，加入合纵联盟。于是秦国攻打魏国，取得河西的曲沃。隔年，魏国再度臣服于秦国。

《张仪列传第十》节选一

而张仪复说魏王曰："魏地方不至千里①，卒不过三十万。地四平，诸侯四通辐凑②，无名山大川之限③。从郑至梁二百馀里，车驰人走，不待力而至。梁南与楚境，西与韩境，北与赵境，东与齐境，卒戍四方，守亭鄣者不下十万④。梁之地势，固战场也。梁南与楚而不与齐⑤，则齐攻其东；东与齐而不与赵，则赵攻其北；不合于韩，则韩攻其西；不亲于楚，则楚攻其南：此所谓四分五裂之道也。"

<u>注释</u>

①地方：纵横面积。

②辐凑：也作"辐辏"，车辐集中于轴心，比喻人或物集聚一处。

③限：阻挡，隔绝。

④亭鄣：古代边塞堡垒。鄣：也作"障"，筑垒阻隔。

⑤与：和……结交，亲附。

译文

　　而张仪再次游说魏王道："魏国土地方圆不到一千里，军队不超过三十万人。地势四面平坦，诸侯四面聚集，没有高山大河的阻隔。从郑国到魏国只有两百多里，车奔驰，人行走，很容易抵达。魏国的南部与楚国交界，西部与韩国交界，北部与赵国交界，东部与齐国交界，兵卒守卫四方，驻守边防堡垒的不少于十万人。魏国的地势本来跟个战场一样。如果魏国在南方与楚国友好而不与齐国友好。那么齐国就要进攻它的东部；东边与齐国友好而不与赵国友好。那么赵国就要进攻它的北部；不与韩国合作，那么韩国就要进攻它的西部；不与楚国亲善，那么楚国就要进攻它的南部：这就是人们所说的四分五裂的困境啊。"

张仪折竹： 因家道衰落，张仪自小就过着清贫的生活。他非常好学，于是靠替人抄书维持生活。在抄书的时候，只要发现没有见过的好句子，张仪就会抄写在手掌中或者腿上。等晚上回到家，他再折竹把这些好句子写下来。久而久之，他写的竹子都能集成册子了。后来，人们就用"张仪折竹"比喻勤奋好学，刻苦学习。

明 地 理

曲沃： 隶属山西临汾，曲沃之名始于西周初期，因境内有沃水并萦回盘旋，得名曲沃。现今的曲沃县有晋国博物馆旅游区、太子滩温泉度假区、景明诗经山水旅游区等景点。

合纵瓦解除张仪善连横，有何深层原因？

19 张仪列传第十
计赚楚怀王

张仪首创了"连横"的外交政策，凭借一张嘴，以"连横"破了苏秦的"合纵"，将各国玩弄于股掌之中。本节，我们将通过还原历史中楚怀王、张仪、陈轸等人之间的对话，来切身感受张仪的能言善辩和机智谋略。而历史上，楚怀王因屡次中了张仪的计谋，弃齐投秦，使得楚国国力大衰，自己最终客死异国，为后人耻笑。

在烽火连天的战国末期，不断强盛的秦国对其他六国造成了严重威胁。而同时，实力不俗的齐、楚两国也时刻威胁着齐国。所以，秦国一直想破坏齐楚联盟。肩负破坏齐楚联盟重任的人就是张仪。

前313年，秦惠文王想出兵攻打齐国。因为齐、楚两国已经缔结合纵盟约，所以秦惠文王不敢贸然出兵。他决定先派张仪去楚国走动走动，挑拨一下齐、楚之间的关系。

楚怀王非常欣赏张仪，听说张仪要来楚国，他喜不自

◎明刻本《东周列国志》插图《张仪计秦说诸侯》

胜，特意空出上等宾馆，并亲自到宾馆给张仪安排住宿。见到张仪，楚怀王问道："楚国偏僻鄙陋，您这样的贵客到来，不知有何指教？"

张仪开门见山道："大王若能听从我的意见，就请和齐国断绝往来，解除盟约，我愿意奏请秦王献出商於一带六百里的土地，让秦国的女子做服侍大王的侍妾，秦、楚之间娶妇嫁女，永远结为兄弟国家，这样向北可削弱齐国，西方的秦国也能得到好处，没有比这更好的策略了。"

和秦国这么强大的国家结盟，还能白得美女和土地，何乐而不为呢？楚怀王十分高兴，应允了张仪。楚国大臣们都来祝贺楚怀王，只有陈轸表示不安。楚王很生气，说："我不出一兵一卒就能获得六百里土地，大家都来祝贺我，您怎么有些不安呢？"

陈轸说："我看并非如此。在我看来，商於地区的土地不仅无法得到，而齐、秦两国倒能联合起来。假若齐、秦两国联合起来，那么祸患一定会临头。"

楚王问陈轸："你说这话有根据吗？"

陈轸说："秦国之所以重视我们楚国，是因为我们楚国有结盟的齐国。如果我们和齐国断绝关系，废除盟约，那么我们楚国就会被孤立。秦国怎会贪图孤立无援的楚国，而送给我们商於六百里的土地呢？张仪回到秦国后，一定会背弃大王，这样，北边断绝了与齐国的交往，西边产生了来自秦国的祸患，因此两国的军队必然一起来攻打楚国。最好的计策，不如暗中与齐国联合，而表面与齐国绝交，并派人跟随张仪去秦国。要是秦国给我们土地，再跟齐国断交也不算晚；要是秦国不给我们土地，那就符合我们的策略了。"

"您不用再说了，等我得到土地你就知道自己有多可笑了！"楚怀王哪里听得进劝告，他要陈轸闭嘴，然后授楚国相印给张仪，并赠予大量财物给他。就这样，齐楚联盟破裂。接着，楚怀王派遣一名将军跟随张仪去秦国接收土地。

张仪回到秦国，假装没拉住车上的绳索，跌下车来受了伤，一连三个月没上朝，楚怀王听到这件事，说："张仪是因为我与齐国断交还不彻底吧？"

于是，楚怀王派人去宋国，借了宋国的符节到齐国辱骂齐宣王，齐宣王一气之下斩断符节，转而与秦国结交。秦国、齐国建立了邦交之后，张仪开口便说："我有秦王赐予我的六里封地，愿把它献给楚王。"

张仪才上朝，楚国使臣就说："我奉楚王的命令，来接收商於之地六百里，从来没听说要收什么六里土地。"楚国使臣并未得到六百里土地。

楚国使臣只得两手空空地返回楚国。楚怀王见未得到土地，一怒之下兴兵攻打秦国。结果秦、齐两国共同攻打楚国，夺取了丹阳、汉中的土地。楚国又派出更多的军队去袭击秦国，楚军大败，于是楚国又割让两座城池和秦国缔结和约，这才结束战争状态。

亲近原典

《张仪列传第十》节选二

秦欲伐齐，齐楚从纵亲，于是张仪往相楚。楚怀王闻张仪来，虚上舍而自馆之①。曰："此僻陋之国，子何以教之？"仪说楚王曰："大王诚能听臣，闭关绝约于齐②，臣请献商於之地六百里，使秦女得为大王箕帚之妾③，秦楚娶妇嫁女，长为兄弟之国。此北弱齐而西益秦也，计无便此者。"楚王大说悦而许之④。群臣皆贺，陈轸独吊之⑤。

注释

①虚上舍：空出上等宾馆。馆之：安排他留宿。

②闭关：闭塞关门。引申为断绝往来。

③箕帚之妾：嫁女谦辞。箕帚：簸箕扫帚，指做洒扫清除之类的事。

④说：同"悦"，高兴，喜欢。

⑤吊：伤悼。

译文

　　秦国准备进攻齐国，齐国便与楚国合纵相亲，于是张仪前往楚国出任国相。楚怀王听说张仪来，特意腾出上等馆舍让他居住。楚怀王说："我们是偏僻落后的国家，您用什么指教我呢？"张仪游说楚怀王道："大王果真能够听从我的意见，就应当跟齐国断绝来往，解除盟约，我请秦王献出商於地区六百里的土地，让秦国女子侍奉大王。秦国与楚国嫁娶通婚，永远结为兄弟国家。这样，北边削弱齐国，西边加强秦国，策略没有比这更好的了。"楚王十分高兴，应允了他。大臣们都表示祝贺，只有陈轸表示不安。

访 名 人

　　陈轸：战国时期有名的纵横家，能言善辩。陈轸先入秦国，受秦惠文王礼待，与张仪争宠。张仪担任秦相后，陈轸离开秦国，到楚国担任令尹，因立功被楚怀王封为颍川侯。前313年，楚怀王被张仪欺骗，罢黜了陈轸和屈原，改任张仪为令尹。陈轸改去齐国发展，齐宣王以迎接鲁侯的规格迎接陈轸。陈轸善于以讲故事的方式游说，画蛇添足、卞庄刺虎、计赚两虎等成语都出自陈轸。

卞庄子刺虎：战国时，陈轸说秦惠王，引卞庄子刺虎为喻，大意是先待韩魏两国交战，乘其两败俱伤时秦再进兵。典出《战国策·秦策二》《史记·张仪列传》。后来又以"刺虎"为一举两得之典实。

有所思
多记载纵横家的《战国策》可信度高吗？

史记

青少年版

列传二 | 贤智各殊

［西汉］司马迁 / 原著

王 昊 王建明 / 编著

SPM 南方出版传媒
广东人民出版社

· 广州 ·

图书在版编目（CIP）数据

史记：青少年版 / 王昊，王建明编著 . — 广州：
广东人民出版社，2022.3
ISBN 978-7-218-15419-0

Ⅰ. ①史… Ⅱ. ①王… ②王… Ⅲ. ①《史记》—青
少年读物Ⅳ. ① K204.2-49

中国版本图书馆 CIP 数据核字（2021）第 247411 号

SHIJI:QINGSHAONIAN BAN

史记：青少年版

王昊　王建明　编著　　　　　　　　　　版权所有　翻印必究

出 版 人：肖风华

责任编辑：李力夫
责任技编：吴彦斌　周星奎
装帧设计：智慧树

出版发行　广东人民出版社
地　　址：广州市海珠区新港西路 204 号 2 号楼（邮政编码：510300）
电　　话：（020）85716809（总编室）
传　　真：（020）85716872
网　　址：http://www.gdpph.com
印　　刷：涿州市旭峰德源印刷有限公司
开　　本：880mm×1230mm　1/32
印　　张：36　字　数：835 千
版　　次：2022 年 3 月第 1 版
印　　次：2022 年 3 月第 1 次印刷
定　　价：198.00 元（全 8 册）

如发现印装质量问题，影响阅读，请与出版社（020-85716849）联系调换。
售书热线：（020）85716826

01 樗里子甘茂列传第十一
"智囊"樗里子

韩樗里子也叫樗里疾，他在临终前曾预言说："100年后，会有天子的宫殿夹着我的坟墓。"后来，他的话真的应验了，长乐宫和未央宫分别在他的坟墓的东西两边。同学们说樗里子这人神不神？下面我们就来认识一下这个有未卜先知的超能力的人吧。

提起秦国的著名宰相，人们常常想到变法的商鞅，多谋善断的范雎，或是在秦始皇时期叱咤风云的吕不韦、李斯等人。其实，在秦国历史上，还有几位聪明果决的宰相。

樗（chū）里子名疾，是秦惠王同父异母的弟弟。他凭着能言善辩、足智多谋，被秦国人称为"智囊"。

秦惠王登基不久，就加封樗里子右更的爵位，派他率兵征伐曲沃（今山西曲沃县）。樗里子占领曲沃后，赶走了当地居民，把土地并入秦国。后来，他先带兵进攻赵国，

俘获了赵国将军庄豹，攻占了蔺邑，又进攻楚国，打败了
楚将屈丐，夺得汉中地区。凭着这些战功，秦惠王给他加
官晋爵，封号为严君。

秦惠王死后，太子武王即位，赶走了张仪与魏章，然
后任命樗里子与甘茂为左右丞相。紧接着，秦国派樗里子
出使周朝。樗里子率领百辆战车，浩浩荡荡地上路，沿途
都能看到这支威风凛凛的车队。周天子听说秦国要来朝觐，
对这件事非常重视，特地派了大批士兵迎接秦国宰相，表
现得十分恭敬。

楚王听说此事后大怒，认为周天子竟然对一个秦国宰
相毕恭毕敬，真是有失体统，便就这件事去责备周天子。
周天子便派游腾当说客，前去安抚楚王。游腾不紧不慢地
说："知伯要攻打仇犹的时候，先声称要给仇犹送去大车，
然后乘机派兵紧随其后。就这样，仇犹最终灭亡了。这是
为什么呢？因为他们没有提防。齐桓公要进攻蔡国时，打
着讨伐楚国的旗号，其实是偷袭蔡国。现在的秦国是虎狼
一样的国家，派遣樗里子率领百辆战车进入周朝的国都，
这是居心叵测。有了仇犹与蔡国那样的前车之鉴，周天子
对这件事早有提防，因此派遣士兵全副武装出来迎接。迎

接队伍是这样的：前边的士兵手执长戟，后边的士兵手握强弩，表面上是护卫樗里子，但事实上是囚禁他。您想想看，周天子怎么会不担忧自己的国家呢？而且他怕一旦亡了国，让大王您跟着一起担忧。"听了这番话，楚王知道了周天子并不是重视秦国来客，而是打心底里不相信他们，这才高兴起来。

秦武王死后，秦昭襄王即位，樗里子更加受到敬重。

樗里子准备征伐蒲邑（今山西隰县）。蒲邑的长官很害怕，请教胡衍该怎么办。胡衍拜见樗里子，为蒲邑求情，说："您如果为了秦国而攻打蒲邑，那就大错特错了。卫国之所以成为卫国，是因为有蒲邑存在。如果您要进攻蒲邑，那么整个卫国就会投降魏国。当初魏国因为兵力薄弱，丧失了西河以外

◎点石斋刻《东周列国志》绣像插图
《赛举鼎秦武王绝胫》

的土地，无法追回。可如果卫国也归顺了魏国，魏国必然强大起来。一旦魏国强大起来，必定要收回西河以外的地方。要知道，秦王也时刻都在注意着您呢，您如果做出损害秦国利益的事情，秦王必定不会放过您的。"樗里子问："那我该怎么办？"

这时胡衍自告奋勇说愿前往蒲邑，向卫君说明此事。樗里子同意了。

胡衍到了蒲邑，对当地的官员夸大其词，说樗里子已经掌握蒲邑的弱点，说樗里子一定会占领蒲邑，但自己有方法可以不让樗里子进攻。官员一听说有办法解围，连连向胡衍行礼，并奉上黄金，说："请先生救救我们。如果您真的能让秦军退兵，我一定上书卫君，给您加官晋爵。"胡衍欣然接受，并且凭着一张嘴化解了一场大战，从此他在卫国的地位尊贵起来。

秦国人有句俗话说："论力气大要算任鄙，论智谋高深要算樗里。"太史公说：樗里子因为是秦国王族而被重用，那是常理，然而秦国人还因为他的才智而称颂他，所以他深受欢迎。

亲近原典

《樗里子甘茂列传第十一》节选一

胡衍为蒲谓樗里子曰："公之攻蒲，为秦乎？为魏乎？为魏则善矣，为秦则不为赖矣①。夫卫之所以为卫者，以蒲也。今伐蒲入于魏，卫必折而从之②。魏亡西河之外而无以取者③，兵弱也。今并卫于魏，魏必强。魏强之日，西河之外必危矣。且秦王将观公之事，害秦而利魏，王必罪公④。"樗里子曰："奈何？"胡衍曰："公释蒲勿攻⑤，臣试为公入言之，以德卫君。"樗里子曰："善。"胡衍入蒲，谓其守曰："樗里子知蒲之病矣，其言曰必拔蒲。衍能令释蒲勿攻。"蒲守恐，因再拜曰："愿以请。"因效金三百斤，曰："秦兵苟退⑥，请必言子于卫君，使子为南面。"故胡衍受金于蒲以自贵于卫。于是遂解蒲而去。还击皮氏，皮氏未降，又去。

①赖：利益，赢利。

②折：屈服，折服。

③亡：失去。

④罪：怪罪，归罪。

⑤释：放弃。

⑥苟：如果。

译文

　　胡衍替蒲邑对樗里子说："您攻打蒲邑，是为了秦国呢，还是为了魏国呢？为了魏国那就好了，为了秦国那就不妙了。卫国之所以成为卫国，是因为有蒲邑存在。假若您要进攻蒲邑使它并入魏国，卫国也一定跟着归顺魏国。当初魏国丧失西河以外的土地而无法追回的原因，在于兵力薄弱。假若将卫国并入魏国，魏国必然强大起来。魏国强大的时候，秦国西河以外的地方肯定就危险了。况且秦王将会观察您的行动，假若危害秦国而有利于魏国，秦王必定会加罪于您。"樗里子说："该怎么办？"胡衍说："您舍弃蒲邑不要攻打它，我试着替您进蒲城游说此事，来感动卫君。"樗里子说："好。"胡衍进入蒲城，对该地的长官说："樗里子已经明白蒲城的弱点了，他说一定要占领蒲城。

不过我可以让他放过蒲城不来进攻。"蒲邑的长官很害
怕，便两次向胡衍下拜，说："我希望就此事请教您。"
便奉献黄金三百斤，说："秦军假若撤退，请允许我一
定向卫君提到您的功劳，让您取得高位。"就这样，胡
衍在蒲城接受了黄金之后，使自己在卫国尊贵起来。
樗里子便舍弃蒲城离开了。他回师进攻皮氏城，皮氏
城还没有降服，就又撤离了。

蒲邑三善：蒲邑，春秋卫地，战国属魏，在
今河南长垣。孔子弟子子路曾治理蒲邑，孔子称
赞他有三善：恭敬、忠信、明察。此事见于《孔
子家语·辨政》。

格古物

戟：一种古代兵器，在木制长杆上安装铜制的武器，
用丝线绑紧，再涂一层漆加固。战国末年的戟呈"卜"字

形，融合了长矛的扎刺功能和长戈的钩划功能，适合中长距离战斗。1978年湖北省随县曾侯乙墓出土了一件三戈铜戟，据考古学家推测，这种长戟是在战车上使用的。

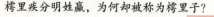

樗里疾分明姓赢，为何却被称为樗里子？

02 樗里子甘茂列传第十一
甘茂受谗

有一部电视剧叫《宰相小甘罗》，其中的主角甘罗是甘茂之孙。甘茂曾被张仪、樗里疾引荐给秦惠文王，后来成为战国中期秦国名将。本节我们将了解到甘茂这个人，了解他在秦、齐、楚都做了什么，为什么会弃秦投齐，又为什么无法回到秦国，死在了魏国。这其中的曲曲折折我们都可以从文中弄明白。

甘茂与樗里子同为秦国丞相，不同的是，樗里子出身贵族，是秦王的亲戚，而甘茂来自民间，他的经历更加曲折。

甘茂是下蔡人，曾经拜在下蔡的史举先生门下，学习百家的学说。秦惠王时，张仪和樗里子把他引荐给秦惠王，后来他当上了秦国的左丞相。

秦惠王死后，秦武王即位。有一次，秦武王对甘茂说："我想乘坐有帷帐的车子去三川看一眼周王都，那么我就死而无憾了。"甘茂说："那么请让向寿跟我同行，我去一趟魏国，和他们约定一同进攻韩国。"

然而，甘茂到了魏国，却对向寿说："您现在回去，这样转告大王：'魏国已经和我约好了，但希望大王不要攻打韩国。'事成以后，功劳全都算在您的身上。"向寿归国后，按照甘茂教的，转告给了秦武王。

秦武王接到消息后，赶到息壤迎接甘茂。甘茂一到，秦武王就问他为什么又不攻打韩国了。他回答说："韩国的宜阳（今河南宜阳县）规模宏大，路途遥远。如今大王让我离开有险要可依的地方，跋涉千里去进攻宜阳，太难了！"

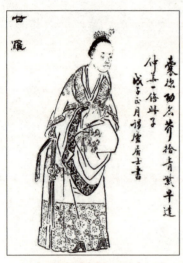

◎点石斋刻《东周列国志》绣像插图《甘罗像》

甘茂顿了顿，接着说："先前曾参住在费邑时，鲁国有一个同名同姓的人杀了人，有人对曾参的母亲说'曾参杀了人'。曾参的母亲正在织布，根本不相信。可是过了一会儿，另有一人也说了同样的话。曾参的母亲仍然若无其事地织布。又过了一会儿，又有一人对她说'曾参杀了人'。这下，曾参的母亲再也坐不住了，她扔掉梭子，走下织机，翻墙逃跑了。像曾参这样的贤者，再加上他们母子之间的信任，遇上三个人造谣，他的母亲还是相信他杀了人，因此畏罪逃跑。再看看我，我既比不上曾参那样贤能，大王对我的信赖不可能像曾参的母亲对他一样。况且，说我坏话的不止三个人，我担心有朝一日，您也会对我心生猜疑。"

甘茂见秦武王没有反驳，继续说道："我在这里是个外来人。如果樗里子、公孙奭（shì）用攻打韩国的事来议论我，大王必定听他们。我真怕领兵出征后，您不履行和魏国的盟约，这不是让我去得罪韩国吗？结果只会引得韩国的公仲侈怨恨我。"秦武王说："我不会听他们的，咱们一言为定。"于是秦武王让甘茂率兵进攻宜阳。

结果，打了五个月，宜阳都没有被打下来，樗里子与公孙奭果然开始议论此事。秦武王就召见甘茂，让他撤兵。甘茂提起两人在息壤达成的彼此信赖的约定，拒绝接受撤兵命令，继续调兵遣将，终于攻克了宜阳。韩国兵败后，派公仲侈到秦国讲和。

秦武王终于得偿所愿，抵达了周王都，并死在了那里。他的弟弟即位，就是秦昭襄王。

后来，甘茂得罪了向寿与公孙奭。他们便在秦昭襄王面前诋毁甘茂。甘茂发觉事情不妙，逃出了秦国。甘茂跑到齐国的时候，遇到了苏代。苏代此时正代表齐国出使秦国。甘茂恳求他说："我在秦国获罪，因为惧怕被抓逃了出来，现在流落异乡。我听说过这样一个故事，穷家女与富家女一起缉麻，穷家女说：'我买不起蜡烛，好在您的蜡烛有多余的亮光。求您分给我一点儿多余的亮光，这既不会妨碍您照明，而我也可以得到一点方便。'现在我落难了，而您正要去秦国掌权。我的妻子儿女还在秦国，希望您能用多余的亮光关照他们。"苏代听了甘茂的话，同意了。

苏代出使秦国，完成使命以后，乘机劝说秦王道："甘茂不是一个平常的士人。他在秦国这么多年，受到几代秦王的重用，对要塞、山谷的地形都了如指掌。如果他投奔齐国，再联合韩国与魏国，反过来图谋秦国，这对秦国可是大大不利的。"秦王说："那该怎么办？"

苏代说："大王不妨备上厚礼，追加俸禄来迎接他，假若他来了，就将他安置在鬼谷，终身不准他出来。"秦王说："好。"便许诺给甘茂上卿的官位，并让人带着相印到齐国迎接他。可没想到甘茂说什么都不肯回秦国。

　　这时，苏代又对齐湣王说："甘茂是一个贤能的人。现在秦国封他做上卿，带着相印来迎接他，可是他感激大王的恩赐，心甘情愿做大王的臣下，因此百般推辞，坚决不肯回秦国。如今大王该怎样厚待他呢？"齐王便也给甘茂安排上卿的官位。而秦国则进一步豁免了甘茂家里的赋税和徭役，和齐国争着收买甘茂。

　　后来，齐国派甘茂出使楚国，楚怀王那时刚刚与秦国通婚，两国关系十分融洽。秦国听说甘茂正在楚国，就派人对楚王说："希望将甘茂送回秦国。"

　　楚王拿不准主意，就问范蜎（yuān）说："我打算在秦国安置丞相，派谁去合适？"范蜎回答说："这我可说不准。"

　　楚王说："我想让甘茂去当丞相，行吗？"范蜎斩钉截铁地回答说："不行。甘茂的老师史举是下蔡的看门人，这个人以卑劣、不廉洁闻名于世，从大的方面来说不能服侍君王，从小的方面来说不能管家，而甘茂却能尽心尽力地侍奉他。再说，秦惠王这样的贤明，秦武王这样的明察秋毫，张仪这样的能言善辩，甘茂却能在秦国历任十个官职，期间竟然没有获过罪。可见他确实是一个贤能的人，不过不能让他在秦国任丞相。"

范蜎解释道："秦国有了贤能的丞相，对楚国来说不是好事。您先前曾让召滑在越国得到任用，搅得越国大乱，楚国才得以乘虚而入。大王如果只知道将它运用于越国，却忘记了同样可以运用于秦国，那可就错了。大王若想在秦国安置丞相，没有谁比向寿合适。向寿和秦王是亲戚，小时候他们同穿一件衣服，长大后同乘一辆车子，君臣议事，向寿都能旁听。所以让向寿在秦国担任丞相，对楚国肯定是有利的。"

就这样，楚王派使者要求秦王让向寿在秦国做丞相。秦王最终照办了。而甘茂却无法再回到秦国，最终死在了魏国。

亲近原典

《樗里子甘茂列传第十一》节选二

甘茂曰:"臣得罪于秦,惧而遁逃,无所容迹①。臣闻贫人女与富人女会绩②,贫人女曰:'我无以买烛,而子之烛光幸有馀,子可分我馀光,无损子明而得一斯便焉③。'今臣困而君方使秦而当路矣④。茂之妻子在焉,愿君以馀光振^赈之⑤。"

注释

①容迹:藏身,容身。

②会:在一起。绩:把麻搓捻成线或绳。

③斯:助词。

④当路:当权。

⑤振:通"赈",救济。

译文

甘茂说:"我在秦国获罪,因惧怕而逃了出来,现在没有容身之地。我听说,有个穷家女跟一个富家女一道缝隙，穷家女说：'我买不起蜡烛，而您的蜡烛的亮光幸好有多余，您可以分给我多余的亮光，在没有妨碍您照明的情况下，我可以得到同样的方便。'现在我受困，而您正要出使秦国去掌权。我的妻子儿女还在秦国，希望您用多余的亮光救济他们。"

访名人

甘罗：甘茂的孙子甘罗曾经跟随吕不韦做事，他机智善辩，小小年纪便被封了上卿，因为上卿位同宰相，他又被称为"十二岁宰相"。当时，秦国和燕国准备联手讨伐赵国，秦始皇指派张唐去燕国做丞相，以便调动两国军队。然而张唐曾攻打过赵国，此行又必须途经赵国，他害怕途中被抓，百般推脱。甘罗则找到张唐，搬出吕不韦逼他上路。张唐只好听命。另一边，甘罗先一步赶到赵国，劝赵王献出五座城池，和秦国结盟攻打燕国。最终，秦国从此战中夺得十一座城池。秦王不但加封甘罗，还将原先甘茂的田地住宅赏赐给他。

识典故

三人成虎：三个人谎报城里有老虎，听的人就信以为真。比喻说的人多了，就能使人们把谣言当事实。典出《战国策·魏策》。有人向国君禀报街上有老虎，国君一开始认为荒谬，但是前来禀报的人多了，国君就信以为真了。这个词可以做谓语，也可以单独做分句，是贬义词。

有所思

甘茂逃秦对天下大势有何影响？为什么？

017

03 穰侯列传第十二
魏冉以权谋私

导语

魏冉是宣太后同母异父的弟弟，也是秦昭襄王之舅。魏冉凭着与秦昭襄王的关系在秦国独揽大权，一生四任秦相，因此党羽众多。他权势太大，气焰嚣张，对秦王权威构成了威胁，最终被罢免，忧郁愤懑而死。本节主要写的是须贾和苏代是如何劝说魏冉退兵，以保全国家的。

秦国历史上曾经出现过一个太后和外戚把持朝政的阶段。秦武王去世后，秦昭襄王即位。因为秦昭襄王年纪尚小，便由母亲宣太后亲理朝政。她因为魏冉拥立有功，便借机封他为将军，还任用其他几个兄弟为军侯，以巩固自己的地位。魏冉也没有辜负宣太后的期望，他奉命保卫咸阳，平定了企图争夺王位的叛乱，从此威震秦国。

后来魏冉做了秦国的丞相，任用白起做将军，让他取代向寿，领兵进攻韩国和魏国，立下了战功。之后，秦昭襄王又给魏冉加封陶邑，封号为穰侯。穰侯受封之后，继续带兵打仗，攻下了魏国大小城池六十多座。他还派遣白起攻占了楚国的郢都（今湖北荆州市），把那里设置为秦国的南郡。白起也因此被封为武安君。由于白起是穰侯一手提拔的，两人之间的关系很好。

前275年，穰侯率军进攻魏国。魏国大将芒卯兵败逃走，穰侯则率兵长驱直入，包围了魏国国都。

就在这危急关头，魏国大夫须贾前来游说穰侯。他一上来并没有急于劝说穰侯，而是先转述了魏国大臣对魏王说的话："当初梁惠王攻打赵国，攻克了邯郸。而赵国宁死不肯割地，最后终于收复了邯郸。后来齐国攻打卫国，也是同样的结果。赵国和卫国之所以能保全国家，东山再起，都是因为他们能忍辱负重，不轻易割让土地。况且秦国是一个贪婪凶暴的国家，不能跟他们走得太近。秦国蚕食魏国，又占据了晋国的全部旧土，刚从韩国割走了八个县，土地还没来得及全部接收，军队又出动了。秦国哪会满足呢？

"如今秦军按兵不动，是要威胁大王割让更多的土地。大王绝不要屈服。假若大王背弃楚国与赵国跟秦国求和，那么楚国与赵国一怒之下也会抛弃您，转而去和秦国结盟，秦国也是乐于接受的。这样一来，秦国要是带领楚国与赵国的军队卷土重来，那么魏国一定会灭亡。所以恳请大王千万不要与秦国讲和。"

说完这番话，须贾说道："侥幸的事是不会经常发生的。秦国能割走韩国八个县，这不是因为兵力精锐，计谋严密，更多的只是巧合。眼下秦军包围魏国国都也是一样的情况。可如果把巧合当作惯例，那可称不上是聪明人。

"我听说魏国调集了一百个县以上的精锐军队来守卫国都，估计不少于三十万人。三十万人守卫大梁五六丈高的城墙，即便是商汤与周武王在世，也难以攻下。如果久攻不破，秦军必然撤退，您的陶邑也就保不住了，这样一来，您就等于前功尽弃了。"

须贾此时话锋一转又说道："如今魏国正在犹豫，想少割让一些土地解了大梁之围。穰侯您应该趁楚、赵两国的军队还没抵达，尽快收服魏国。现在这个情况下，只要您少要一些土地，魏国必定愿意答应。况且您要得到土地，一定要凭借武力吗？只要您一句话，魏国就会拱手献上绛、安两邑。这样就能为您的陶邑开通两条通道。再说了，您手握秦军，有什么要求不能达到，有什么行动不能成功啊！希望您审慎考虑此事，不要冒险行事。"穰侯听了须贾的话，认为有道理，便不再围困大梁。

然而第二年，魏国背叛了秦国，与齐国合纵。秦国便派穰侯再次进攻魏国，夺得魏国三个县。穰侯也因此增加了封地。

再过一年，穰侯与白起等人再次进攻赵国、韩国与魏国，在华阳城下再次击败了芒卯，占据了魏国的卷邑、蔡阳、长社与观津。接着秦国将观津赠予赵国，加派兵力给赵国，让他们进攻齐国。

齐襄王听说秦国要打来，心里很害怕，派苏代暗中送信给穰侯。这一次，苏代仍然没有直接劝说，信上写道："我听有的人说'秦国要加派四万兵力给赵国来进攻齐国'。我一定要对齐王说，'秦王贤明而善于谋划，穰侯明智而善于办事，一定不会这样做'。为什么这么说呢？因为赵、魏、韩三国的联盟才是秦国的大敌。他们对秦国多次背信弃义，既不讲诚信，也不讲道德。

"现在秦国击败齐国，是让赵国变得强大。赵国是秦国的大敌，这对秦国不利。这是第一。我想秦国的谋士一定说'击败齐国，就能削弱三晋与楚国'。可现在齐国国力衰微，诸侯都来进攻齐国，就如同用千钧的弓箭去射穿溃烂的毒疮一样，必死无疑，又如何能削弱三晋与楚国？这是第二。假若秦国少用兵力，那么三晋与楚国就不会相信秦国；假若秦国多用兵力，那么三晋与楚国就会被秦国制伏。齐国害怕了，不投靠秦国，一定会投靠三晋与楚国。这是第三。秦国宰割齐国去投喂三晋与楚国，三晋与楚国就会派兵镇守这些土地，秦国反而受到威胁。这是第四。这样看来，三晋与楚国是利用秦国来对付齐国，又利用齐国来对付秦国，为什么三晋与楚国这样聪明，而秦国与齐国这样愚蠢呢？这是第五。

"因此攻下安邑之后好好地管理它，必定就没有祸患了。秦国一旦占有安邑，韩国就不能控制上党了。夺取天下的要害之地，跟出动军队却害怕它不能回来，哪个有利？所以我说多谋如秦王，明智如穰侯，一定不会加派四万兵力给赵国来进攻齐国。"穰侯果然被苏代劝服，不再前进，带领军队返回了。

后来，当穰侯还在筹划扩张他的陶邑时，魏国人范雎正在游说秦昭襄王，他一语道破宣太后专制，穰侯对外大权独揽，他们家里人生活太奢侈，竟然比王室还富裕的事实。这番话警醒了秦昭襄王，于是下令免去穰侯及其家人的官位，让他们各自回到封邑去。穰侯出关时辎重车有一千辆之多。最终穰侯在陶邑死去，葬在了当地。之后秦国收回陶邑，改设为郡。

亲近原典

《穰侯列传第十二》节选

臣闻魏氏悉其百县胜甲以上戍大梁①，臣以为不下三十万。以三十万之众守梁七仞之城②，臣以为汤、武复生，不易攻也。夫轻背楚、赵之兵，陵七仞之城，战三十万之众，而志必举之，臣以为自天地始分以至于今，未尝有者也。

注释

①悉：尽其全部。戍：戍守，守卫。
②仞：一仞为 1.61～1.84 米。

译文

　　我听说魏国动用了一百个县以上的全部精锐军队来守卫大梁，我估计不少于三十万人。用三十万的人守卫大梁五六丈高的城墙，我以为即便商汤与周武王在世，也是不易攻取的。轻易地背弃楚国与赵国的军队，翻越五六丈高的城墙，跟三十万大军作战，而且心想一定能攻下它，我认为自从开天辟地至今，还没有过这样的事。

访 名 人

　　宣太后：芈氏，楚国人。她是历史上第一个称太后的人，从她之后，一国之君的母亲才被称为太后。她也是第一个母后临朝管理政务的人，因为秦昭襄王即位时年纪尚小，她便以太后的身份治理秦国。为了巩固地位，宣太后还给包括魏冉在内的亲族加官晋爵。

格古物

　　秦军弓弩：机关弓弩比一般的刀枪杀伤力大，比普通弓箭射程远。弓弩由弩弓、轴、弩机等组成。装上箭后，释放弩机部分的摇杆，弓弦就会将箭发射出去。弓弩分为弱弩和强弩，弱弩的有效射程一般在一百米左右，而强弩最多可达七八百米。在秦始皇陵一号俑坑内出土了大量铜弩机，个别弓弩还保留有弩臂，但大多都锈蚀得仅剩弩机部分。

　　何以魏冉舍近求远，越过韩魏袭击齐国？

04 白起王翦列传第十三
战神白起

　　战国时期，各诸侯国涌现出一批用兵如神的大将。其中秦将白起屡战屡胜，有着"战神"的称号。除此之外，白起还有"杀神""屠夫"等不雅的称号。白起为何会有这样的称号呢，本节同学们就从历史上著名的长平之战中了解一下吧。白起这个人，其最终的结局如何，我们也可以从本文中得知。

　　白起是郿邑人，善于用兵。他先是当上了左庶长，经历了大小无数的战役。他在伊阙山（今河南洛阳市的龙门）和韩国、魏国大战，接着又渡过黄河攻下韩国安邑（今山西运城市）附近，占领魏国大小城池六十一座。几年后，白起进攻楚国郢都，逼得楚王出逃，秦国随即把郢都设为自己的南郡。凭着赫赫战功，白起被加封为武安君。

　　成为武安君后，白起继续攻城略地。有一次，他率兵攻占了韩国的野王县（今河南沁阳市），导致韩国通往上党郡（今山西长治市）的通道被阻断，上党郡成了一座孤城。为了自保，郡守冯亭只好归顺了临近的赵国。可是秦国依然没能放过上党，几年后，秦国大兵压境，上党的百姓为了躲避战祸，纷纷逃往赵国。

为了安抚人心，赵国在临近的长平（今山西高平市）驻军，想要震慑秦军。然而，赵国屯兵并没有阻止秦军进攻的步伐，秦将王龁（hé）还是对赵国发起了进攻，赵国则派出老将廉颇应战。两军僵持不下，互有胜负。秦军一通猛攻之后，夺取了赵军的几处壁垒。廉颇没有急着夺回失地，而是继续加固壁垒，和秦军对峙。不论秦军如何挑战，赵军只是据守，坚决不出来应战。这样一来，在旁人看来，赵军是畏惧和秦军正面交锋，这让赵王很没面子，于是他频频催促廉颇出城应战。

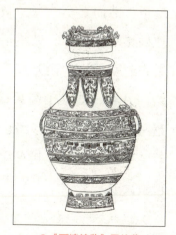

◎《西清续鉴》甲编载"周事父壶"图录

这时，秦国的应侯范雎想出了一个反间计，他派人带着财物秘密潜入赵国，然后四处扬言，说："廉颇容易对付，他就要投降了。秦国最担心的是赵奢的儿子赵括领兵打仗。"赵王已经不信任廉颇了，认为在他的指挥下军队损失惨重，屡战屡败，现在又固守壁垒不敢出战。于是听信了秦国散播的言论，派赵括代替廉颇领兵迎击秦军。

秦军听说赵国换了赵括担任将领，就暗中任命武安君白起做上将军，王龁担任都尉副将，并且传令军中，如果有人胆敢泄露武安君领兵这件事，定斩不饶。

另一边，赵括年轻气盛，一到军营就废除了据守不出的命令，快速调动军队迎击秦军。战斗开始不久，秦军就佯装战败逃跑。赵括喜不自胜，领兵一直追到秦军的壁垒之下。然而秦军的壁垒坚不可摧，赵军再难前进，更别说攻破秦军壁垒了。见赵括已经中计，秦军便不再伪装，部署在赵军后方的两万五千奇兵突然杀出，切断了赵军的后路，另有一支五千骑兵横穿在赵军的营垒之间。就这样，赵军被一分为二，粮路也被断绝了。这时候，秦军再出动轻骑兵攻击赵军。赵军交战失利，只能修筑壁垒坚守，等待救兵前来。

这样一等就是四十六天，赵军军中缺粮，快要撑不下去了，只好分为四队来进攻秦军的壁垒，想要冲开一条路逃出去。可是反复冲击了四五次，都无法突围。赵括调动精锐军队，亲自上阵搏斗，结果被秦军射杀。赵括一死，赵军大败，四十万士兵投降了武安君。然而武安君认为赵国人反复无常，怕他们日后会作乱。只留下未成年的二百四十人放回赵国，杀死了其余的四十万战俘。

长平一战，赵国共死了四十五万人，赵国人又是震惊又是恐惧。可秦国依然不罢休，第二年，秦国兵分两路，攻下了虎牢和太原，直逼韩国和赵国。两国很害怕，于是派苏代带重礼去游说秦国的应侯范雎。

苏代见到范雎问道："武安君擒获了赵括吗？"范雎说："是的。"苏代又说："秦军还要包围邯郸吗？"范雎说："对。"

苏代说："武安君为秦国夺取了七十多座城池，功劳堪比周公旦、姜太公。现在赵国一旦灭亡，秦王称霸天下，那么武安君必定位列三公。到时候，您能够处在他之下吗？就算您不愿处在他之下，也由不得您。秦国灭掉赵国，瓜分了赵国的土地，您又能得到多少呢？依我看，秦国趁机割取韩、赵两国的国土就行了，不要再给武安君增添功劳了。"

范雎并没有在苏代面前表露态度，可是一转脸，他向秦昭襄王进言说："秦军连年征战，太过辛劳了。请您接受韩、赵两国的割地，好让我们的士兵休养。"于是秦王听从了范雎的意见，收下韩国的垣雍和赵国的六座城池，与他们讲和。武安君听说了这件事，从此和范雎有了嫌隙。

这年九月，秦国又一次出兵，派五大夫王陵攻打赵国邯郸。此时武安君生病，不能前往。结果这一仗一直打到第二年正月，王陵损失了大量兵力，即便秦国一再增兵，可就是攻不下邯郸。

◎点石斋刻《东周列国志》绣像
插图《败长平白起坑赵卒》

这时，秦王打算派武安君接替王陵领兵。可是武安君却劝说秦王："要攻克邯郸实在太难了。何况诸侯怨恨秦国已久，这次更是源源不断派来援兵。秦国经过长平一战，死伤过半，国内空虚。现在跋山涉水去攻邯郸，赵军和诸侯的军队里应外合，秦军必败无疑啊。"然而秦王并没有听进去白起的话,依然下令让他出征,结果白起拒绝领命。秦王没办法,只好派范雎去动员,白起还是拿生病做借口,百般推辞。

就这样过了八九个月,战局依然僵持。而楚国派春申君和魏公子领兵几十万进攻秦军,秦军伤亡惨重。武安君知道后,说起了风凉话:"大王不听我的话,偏要强攻邯郸,如今怎么着? 让我说中了吧。"秦王得知后大发雷霆,一怒之下把武安君降为士兵,命他迁往阴密。可是白起的病一直没痊愈,也就没能成行。

三个月后,秦王再次派人催促白起离开咸阳。武安君没办法,只好动身上路。他走后不久,应侯范雎向秦王提起这件事,说:"白起离开的时候,一副不服气的样子,想必满腹怨言。"为绝后患,秦王就派使者赐给白起一把剑,命他自杀。

听到秦王的命令,白起悲愤交加,拔出剑来说:"我何罪之有,凭什么落得这个下场呢? "过了许久,他说:"是呀,我本就该死。长平一战,我杀了赵军几十万俘虏,这就足够让我死了。"说罢自杀而死。秦国人听说白起落得这个下场,都同情他的遭遇。

《白起王翦列传第十三》节选一

武安君病愈，秦王欲使武安君代陵将。武安君言曰："邯郸实未易攻也。且诸侯救日至^①，彼诸侯怨秦之日久矣。今秦虽破长平军，而秦卒死者过半，国内空。远绝河山而争人国都，赵应其内^②，诸侯攻其外，破秦军必矣。不可。"秦王自命，不行；乃使应侯请之，武安君终辞不肯行，遂称病。

注释

①救：援救，救兵。
②应：接应，响应。

译文

武安君说："邯郸实在不容易攻克。何况各诸侯国的救兵正一天天到来，那些诸侯王怨恨秦国由来已久了。尽管秦国击败了长平的赵军，然而秦国士兵死亡的也超过半数，国内空虚。跋山涉水去争夺别人的国都，赵军在里边接应，各国军队从外边进攻，打败秦军是肯定的了。不能那么做。"秦王亲自下令，武安君仍不愿前去，就派应侯去动员武安君，武安君一直推辞不肯出发，便借口生病。

访名人

苏代： 苏秦的弟弟，他虽然没有掌管六国相印，但也是当时的风云人物。苏秦死后，苏代接替他成为燕国重臣。令人意外的是，苏代因为帮着宰相子之说话，导致燕王一时头脑发热，禅位给了子之，搅得燕国大乱。苏代只好逃离燕国，辗转于各诸侯国之间。燕昭王即位后，苏代写信向他分析天下形势，重新博取了信任，得以返回燕国。后来，燕国在苏代的策划下攻打齐国，迫使齐湣王出逃。之后苏代四处游说诸侯国，缔结合纵盟约，让天下人都接受了合纵联盟的观念。

格古物

> **壁垒**：军营四周的墙壁，泛指防御工事，如在军事城镇外修筑的防御工事。"壁垒"不光是字面意思上的高墙，还包括在城外夯土筑成的高台，开挖的壕沟。所以长平之战初始，秦军快速占领了赵国几处壁垒，相当于占据了重要的军事据点，为接下来的长期对峙打下了基础。

有所思

谁应为白起之死负责？秦昭王还是范雎？

05 白起王翦列传第十三
王翦明哲保身

前221年，秦国一统天下，王翦及其子王贲的功劳更加不容小觑。王翦乃秦国名将，在历史上的最大贡献是横扫三晋、攻灭楚国。本文涵盖王翦一门三代辅佐秦王朝的事情，详细讲了秦王嬴政派遣王翦、李信等人攻打楚国，以及王翦如何为子孙置办产业等历史故事。

王翦是频阳（今陕西富平县）东乡人，年轻时就喜欢打仗。他在秦王政时期任将军，多次领兵进攻赵国，最终逼得赵王投降，灭了赵国，将其设置为秦国的一个郡。第二年，出了燕国派荆轲刺杀秦王的事。秦王一怒之下，派王翦进攻燕国。结果，王翦的军队攻下了燕国国都蓟都，逼得燕王姬喜逃往辽东。不仅王翦善于带兵打仗，他的儿子王贲也曾率军打败楚国和魏国。

当时的秦军可谓所向披靡，秦国将领李信年轻气盛，

◎《（浙江）剡北灵芝乡王氏宗谱》
载《王翦像》）

曾经带领几千士兵追击燕太子丹，在衍水边大败燕军，迫使燕王喜斩杀太子丹并献上其首级。秦王认为他算得上是足智多谋的勇将，便问李信："我打算攻占楚国，将军估计需要多少人？"李信说："大王给我不超过二十万士兵，我就能为您扫平楚国。"秦王又问王翦。王翦说："非六十万人不可。"秦王说："王将军真是老了，何必如此谨慎小心！还是李将军少壮勇敢，我赞同他的话。"

于是秦王派李信和蒙恬带领二十万士兵进攻楚国。王翦的建议没有被采用，就托言患病，告老回到频阳。

秦军抵达楚国，李信攻打平与，蒙恬攻打寝邑，大败楚军。李信又攻下鄢郢，接下来便带着军队往西挺进，打算和蒙恬在城父会师。没想到楚军并没有善罢甘休，他们三天三夜不停息，紧追不放，袭击了李信的军队，还攻下两个壁垒，杀死七个都尉，秦军大败而逃。

秦王得知李信战败，又惊又怒。他一刻也不敢耽搁，亲自驾着马车赶往频阳，要请王翦出面领兵。见到王翦，秦王惭愧地说："我没有采用将军的计策，而任用李信带兵，使秦军兵败受辱。如今听说楚军天天向西逼近，眼看李信他们就要撑不住了。您虽然身在病中，但真的忍心弃我和秦国于不顾吗？"王翦推脱说："老臣体弱多病，脑子也糊涂了，请大王另择良将吧。"秦王急忙请求道："请将军不要再推脱了！"

王翦看时机成熟了，就说："大王假若非要起用我，那就非给我六十万人不可。"秦王连忙答应道："一切全听将军的。"

于是王翦率军出发，秦王亲自送行。王翦出发时请求秦王赏赐良田、住宅、园林、池塘。秦王说："将军尽管上路吧，此行如果能立下大功，自然能享受荣华富贵。"王翦说："我即便有功劳，终究也难得封侯，因此趁着大王器重我时，我就及时多求一些田产、庄园，为的是给子孙置办一份安身立命的产业。"秦王听后哈哈大笑，同意了王翦的请求。

王翦到了关口后，仍然不肯善罢甘休，又连续五次派使者回朝廷请求赐予良田。他身边的人劝他说："将军这样请求赏赐，未免过了吧。"王翦说："这就是你不了解秦王了。秦王为人粗暴，生性多疑，如今迫不得已将全国的兵力交托给我一人。我如果不一而再再而三地向他要田地住宅，难道让秦王怀疑我有异心吗？只有我显得特别贪财，对权利毫无兴趣，才能让他放心。"

就这样，王翦代替李信进攻楚国。楚国得知王翦增兵而来，便调动全国军力抵抗秦军。王翦一到，并没有和楚军硬碰硬，而是加固壁垒，采取守势，不肯出战。楚军屡次出兵挑战，秦军始终坚守不出。王翦每天让士兵休息洗浴，还给他们改善伙食，与士兵一同饮食。过了很长时间，王翦问身边的人说："军营中在玩游戏吗？"身边人回报说："士兵们正在玩扔石头和跳远。"这时王翦说："传令下去，全体士兵准备作战。"

在楚军这边，尽管屡次挑战，可秦军就是不出兵，楚军便认为这仗打不起来了，于是开始向东退兵。这时候，王翦突然出动军队，派出精兵勇士追击，杀了楚军一个措手不及。追到蕲县以南时，秦军杀了楚军将领项燕，紧接着乘胜平定了楚国境内的城邑。一年多以后，王翦俘虏了楚王负刍（chú），灭了楚国，将楚国故土设置为郡县。随后，王翦率兵讨伐百越。后来，王翦的儿子王贲同李信最终灭了燕国和齐国。

前221年，秦国吞并各诸侯国，统一天下。王氏和蒙氏在其中的功劳最大，他们的声名流传后世。

秦二世时，王翦和王贲都已死了，蒙恬也被秦二世杀了。当陈胜起兵反抗秦朝时，秦国派王翦的孙子王离带兵，去攻打起义军在邯郸建立的赵国，将赵王和张耳围困在巨鹿城。当时人议论说，王离是名将之后，如今率领强大的秦国军队，去攻打刚建立的赵国，消灭它简直轻而易举。可是也有反对意见，认为世上没有常胜将军，三代人连任将军，迟早有打败仗的一天。果不其然，不久后项羽带兵驰援赵国，攻打秦军，最终俘虏了王离，王离的军队投降了起义军。

太史公说：王翦作为秦国的将军扫平六国。那时候，王翦身为老将，秦始皇都把他尊为老师，然而王翦不能辅佐秦国建立德政，巩固国家的根基，只是一味迎合，苟活到死。结果到他孙子王离这代，终于被项羽俘虏了。

《白起王翦列传第十三》节选二

于是王翦将兵六十万人①，始皇自送至霸上。王翦行，请美田宅园池甚众②。始皇曰："将军行矣，何忧贫乎？"王翦曰："为大王将，有功终不得封侯，故及大王之向臣，臣亦及时以请园池为子孙业耳。"始皇大笑。王翦既至关，使使还请善田者五辈③。或曰："将军之乞贷，亦已甚矣。"王翦曰："不然。夫秦王怚而不信人④。今空秦国甲士而专委于我，我不多请田宅为子孙业以自坚，顾令秦王坐而疑我邪耶？"

注释

①将：率领。

②请：请赏。

③五辈：五次。

④怚（cū）：粗鲁，粗暴。

于是王翦率军六十万出发，秦始皇亲自到霸上送行。王翦临出发时，请求赐予良田、住宅、园林、池塘。秦始皇说："将军尽管上路吧，何必为贫穷担忧呢？"王翦说："作为大王的将军，即便有功劳，终究也难得封侯，因此趁着大王器重我时，我就及时请求赏赐园林、池塘来给子孙置份产业罢了。"秦始皇大笑。王翦到了关口后，又连续五次派使者回朝廷请求赐良田。有人说："将军请求赏赐，也太过分了吧。"王翦说："不是这样。秦王粗暴多疑，如今倾尽全国的军队完全托付给我，我不多请求田地住宅给子孙置份产业来稳固自己，难道反要让秦王平白无故地怀疑我不成？"

各有所短：指人各有各的不足，比喻再优秀的人也存在短处。司马迁曾用这个成语点评白起和王翦，意思是说，白起领兵打仗，算无遗策，可是仍然难防范雎在背后使坏；

而王翦厉害到秦王亲自登门求教，可是不得不委曲求全，不敢直言进谏，可见人的身上有优点，也有缺点。

访名人

王贲：王翦的儿子，被封为通武侯，也是秦国名将。除了故事中提到的大败楚国、韩国，灭亡燕国、齐国，王贲还曾施巧计灭掉魏国。前225年，秦军攻打魏国，王贲下令掘开黄河，引黄河水淹灌魏都大梁。最终，河水漫灌导致大梁城墙坍塌，魏王只好投降，秦军就此灭掉了魏国。

有所思

跟白起相比，王翦的行事作风有何不同？

06 孟子荀卿列传第十四
百家争鸣

　　先秦时期之所以成为一个重要的历史时期，不仅因为风云际会，诸侯争霸，还因为当时各种思想纵横激荡，诞生了无数的思想家。本节主要讲了三个思想家，他们分别是邹国的孟子、齐国的淳于髡、赵国的荀卿。接下来，同学们就来具体了解下这三位为什么被称为思想家的吧。

　　孟轲是邹国人。他跟着子思的弟子学习。学业精通以后，曾游说并侍奉齐宣王，然而齐宣王并没有重用他。于是，孟轲又到了魏国。可是梁惠王不但不听信他讲的道理，反而认为他的主张迂阔空泛不切实情。

　　当时，秦国任用商鞅，推行改革，使国家富裕、兵力强大；楚国和魏国任用吴起，打了胜仗，削弱了强敌；齐威王和齐宣王则举用孙膑、田忌这些人，因而成为强国，使诸侯各国都赶来朝拜齐王。可见，当时天下正在致力合纵连横，以能征善战为本事，而孟轲却讲述唐尧、虞舜的功绩，回顾夏、商、周三代的德政，所以不符合诸侯国的实际需要。

不过孟轲并没有气馁，他回国之后，就和万章这些人讲述讨论《诗经》和《书经》的内容，

◎台北故宫博物院藏《孟子像》

阐述孔子的思想，最终写成了《孟子》七篇。他也被后世尊称为孟子，是儒家学派的代表人物之一。

除了一心钻研儒家学说的孟子，齐国有一位思想家，名为淳于髡（kūn）。他见识广博，记忆力好，所学不专于一家。他之所以进谏游说，是因为仰慕晏婴的为人，然而言行却以秉承旨意、察言观色为主。

门客向梁惠王推荐淳于髡，梁惠王态度恭敬地接见了他两次，但他始终不说话。梁惠王感到很奇怪，就责备门客说："你说连管仲和晏婴都比不上他，等我见到他以后，

我却一点儿收获也没有。这是为什么呢？"

门客将这些话告诉了淳于髡。淳于髡说："正是。我第一次见到梁惠王，他一心想着策马游玩；后一次见到梁惠王，他一心想着音乐娱乐。所以我沉默不语。"于是门客将淳于髡的话全部报告给梁惠王。

梁惠王大为惊讶，说："是的，前一次淳于髡先生来时，有人献上一匹好马，我还来不及相看，恰巧淳于髡先生来了。后一次淳于髡先生来时，又有人进献歌伎，我还来不及欣赏，也恰巧淳于髡先生来了。我虽然喝令左右的人退下，可内心的确还在想着那两件事。"

后来淳于髡又见到梁惠王，两人连续交谈了三天三夜都毫无倦意。梁惠王打算委任他为卿相，淳于髡推辞着离开了。当时梁惠王赠给他一辆四匹马驾的车，成捆的丝绸，还有玉璧，及黄金一百镒。然而淳于髡一辈子都没有做官。

此后，又出了一位思想家荀卿，他是赵国人，五十岁才到齐国游说讲学。当时齐国人已经见识过各位名士的风采，驺衍的学说迂阔广博而能雄辩；驺奭（shì）的文章写得完备却难以施行；淳于髡则时时能给人以忠告。所以齐国人称颂说："善言天事的是驺衍，精雕细刻的是驺奭，智多善辩、议论经旨滔滔不绝的是淳于髡。"

　　齐襄王时，荀卿是资历最深的学者。齐国还在评定谁有资格被封为列大夫时，荀卿已经三度担任稷下学宫的祭酒，地位尊贵。后来，荀卿遭人毁谤，便离开齐国，到了楚国，春申君让他担任兰陵县令。春申君死后荀卿被罢官，于是他就定居了兰陵。后来的秦国丞相李斯曾拜在荀卿的门下求学。

　　荀卿憎恶乱世的政治：亡国之主和昏乱之君接连不断出现，他们不走光明大道，却去信奉装神弄鬼的事情，迷信吉凶征兆。他认为儒生拘泥小节，而庄周等人又过于放荡不羁。于是荀卿研究儒家、墨家和道家的言行得失，编撰成数万字的书后便辞世了。他死后被尊称为荀子，他的学说被归为儒家学派。

亲近原典

《孟子荀卿列传第十四》节选

　　客有见现髡于梁惠王，惠王屏左右^①，独坐而再见之，终无言也。惠王怪之，以让客曰："子之称淳于先生，管、晏不及，及见寡人，寡人未有得也。岂寡人不足为言邪？何故哉？"客以谓髡。髡曰："固也②。吾前见王，王志在驱逐③；后复见王，王志在音声：吾是以默然。"客具以报王④，王大骇，曰："嗟乎，淳于先生诚圣人也！前淳于先生之来，人有献善马者，寡人未及视，会先生至。后先生之来，人有献讴者⑤，未及试，亦会先生来。寡人虽屏人，然私心在彼，有之。"后淳于髡见，壹语连三日三夜无倦。

译文

　　有一个门客向梁惠王推荐淳于髡，梁惠王斥退左右的人，单独坐着两次接见他，但他始终一言不发。梁惠王感到很奇怪，就责备那位门客说："你称赞淳于先生说，连管仲和晏婴都赶不上他，但等他见到我以后，我却一点儿收获也没得到。难道是我不配跟他谈话吗？是什么原因呢？"门客将这些话告诉了淳于髡。淳于髡说："当然喽。我第一次见到梁惠王，他一心想着策马驰逐；后一次见到梁惠王，他一心想着音乐娱乐。所以我沉默不语。"门客将淳于髡的话全部报告给梁惠王，梁惠王大为惊讶，说："哦，淳于髡先生真是个圣人！前一次淳于髡先生来时，有人献上了一匹好马，我还来不及相看，恰巧淳于髡先生来了。后一次淳于先生来时，又有人进献了歌伎，我还来不及欣赏，也恰巧淳于髡先生来了。我虽然喝令左右的人退下，但内心还在想着那两件事，是有这么回事。"后来淳于髡又见到梁惠王，连续交谈了三天三夜都毫无倦意。

稷下学宫：稷下学宫是齐桓公兴办的一所高等学府，相当于现在的社会科学院、国家智库。学宫因在齐国国都

临淄城的稷门附近而得名。这里不仅汇集了上千名才俊之士，更重要的是诸子百家的代表人物都曾在这里讲学，各种思想融汇激荡，形成了百家争鸣的局面。

《孟子》：儒家的经典著作，由孟子及其弟子共同编撰而成。书中共七篇文章，记录了孟子的政治主张、教育理念、哲学思辨。人们可以通过孟子游说诸侯，与其他各家思想的争辩，还有其对弟子的言传身教，全面了解他的思想。南宋时，朱熹将《孟子》列为"四书"之一，确立了其学术地位。明清时期，《孟子》更成了读书人参加科举考试的必读书。

"九流十家"是诸子百家中的哪几家呢？

07

孟尝君列传第十五
好客自喜

战国的时候，诸侯间有一种供养"食客"的风尚。食客的才能五花八门，如出谋游说、唱歌跳舞、行刺暗杀等，甚至连偷窃与学动物叫的人也能当门客呢。"鸡鸣狗盗"这个成语就跟食客有关呢。对待食客，齐国孟尝君能做到无论贵贱皆招致门下。当然，食客也给了孟尝君很多帮助，下面就来看看食客是怎样帮助孟尝君化险为夷的吧。

　　孟尝君本名田文，是齐国丞相田婴侍妾生的儿子。起初，田婴觉得他的生日不祥，并不喜欢他。然而，孟尝君小小年纪就十分聪慧，有一次，他对田婴说："您担任丞相，辅佐了三代君王，齐国疆土没有扩大，而您已经家财万贯，可门下却看不到一个贤能的人。现在府中女眷身穿绸缎，而士人穿不上粗布衣服；府中的人吃着大鱼大肉，而士人连粗茶淡饭也吃不上。如今您不顾国家兴衰，一心想着自己积累财富。我真是奇怪您想干什么。"此时，田婴才知道这个儿子与众不同，于是叫他主持家政，招揽门客。很快，孟尝君的名声传播到各国，田婴也将自己的爵位传给了孟尝君。

孟尝君在封地薛邑招揽天下名士，门下供养着上千食客。孟尝君对待这些食客，无论贵贱，都一视同仁，甚至有的门客谈起自己家境窘迫，孟尝君还会派人送去钱财。每个人都觉得孟尝君最信赖看重自己。

秦昭襄王听说孟尝君贤德，千方百计联络他，想见他一面。后来，孟尝君出使秦国，秦昭襄王想封他做秦国丞相。秦昭襄王身边的人却连忙劝阻说："孟尝君是有才能，可终归是齐国的王族，他要是当了秦国的丞相，凡事都会先考虑齐国的利益，那秦国可就要遭殃了。"秦昭襄王一想是这么个理，周围的人再添油加醋一番，秦昭襄王就动了杀掉孟尝君的心思。

孟尝君听说秦昭襄王要杀他，连忙求秦昭襄王的宠妃说情。秦昭襄王的宠妃提出，有了孟尝君的"狐白裘"才肯帮忙，这下可把他难住了，因为这狐白裘举世无双，来秦国时早已献给秦昭襄王了，现在正躺在秦王的宝库里呢，到哪儿再去找一条狐白裘呢。就在孟尝君一筹莫展的时候，一个平时毫不起眼的门客站出来说："我会'狗盗'之术，能为您取来狐白裘。"

深夜，这位门客溜到秦王宫城外，从墙角下的一个狗洞钻进去，顺利找到宝库，偷回了狐白裘。那秦王宠妃得到狐白裘后，说服了秦昭襄王放孟尝君回国。于是孟尝君一行人拿上通关文书，改名换姓，快马加鞭，赶着出关。然而秦昭襄王很快又反悔了，赶忙派人去拦截。

当孟尝君赶到最后一关函谷关时，已经是半夜。关卡规定，公鸡打鸣才能开关放行。孟尝君害怕秦军追来，急得团团转。这时，有一名门客上前，说自己能学鸡鸣，他一叫果然惟妙惟肖，引得附近的鸡也跟着叫起来，守关士兵也就放他们出关了。等到孟尝君回到齐国，齐湣王就任命他做齐国的宰相，执掌国政。

孟尝君担任宰相后，家臣魏子为他收缴封地的租税，往返三次，却没有一次收到租税。孟尝君问他原因，魏子回答说："我擅自做主，假借您的名义，把收上来的租税给了一位贤士，所以空手而归。"孟尝君听了很不高兴。几年之后，有人在齐湣王面前诽谤孟尝君谋反。孟尝君听说齐湣王怀疑自己，就外逃了。没想到，当年魏子接济过的贤士特地为此上书，申诉孟尝君不会作乱，并在王宫门口以自杀来证明孟尝君的清白。齐湣王大为震惊，就派人细查此事，结果孟尝君果然是清白的。

关于孟尝君的门客，还有个叫冯骥（huān）的。他听说孟尝君在招纳人才，也赶来说要做他的门客。孟尝君打量了这个人一番，只见他身背长剑，脚穿草鞋，于是好奇地问："先生远道而来，请问有何指教？"冯骥乐呵呵地说："指教谈不上，我就是穷得吃不上饭了，听说您这招门客，我来就是想有口饭吃。"于是孟尝君把他安排到了下等门客的住所。

之后，孟尝君向管事的人询问门客的情况。管事小心翼翼地说："这个冯先生三天两头弹着那把破剑，大声抱怨待遇不好，要求饭菜里要有鱼，出门要坐车，您看怎么办才好呢？"尽管孟尝君心里不高兴，可他还是吩咐管事把冯骥调到上等门客的住所，并且满足他的要求。

孟尝君家中养着三千门客，从薛邑收上来的钱都快不够养活这些门客了，于是就在薛邑放贷收利息。可是钱放出去一年多，连本带利都收不回来，这可把孟尝君愁坏了。他问管事有什么人适合去收债，管事说："冯骥闲着也是闲着，不如让他去试试。"孟尝君便把冯骥请来，交代清楚事情的来龙去脉。冯骧满口答应，就启程赶往薛邑去了。

冯骧到了薛邑，先收了一部分利息，然后就买酒宰牛，召集借了孟尝君钱的人来吃饭，他特别要求，不论还不还得起钱，一律都要来，而且需要带上欠条。集会当天，大家酒过三巡，冯骧站起来说道："孟尝君之所以放贷，是为了让大家有一笔干活用的本金；之所以要收利息，是为了供养我们这些食客。孟尝君说了，能还钱的，核对过欠条，可以约定一个期限来还，不能还钱的，当着大家的面，就把欠条烧了。诸位，咱们有这样的主人，能不誓死效忠吗？"大家听了十分感动，都起身下拜，感谢孟尝君的大恩。

消息传回孟尝君耳朵里，他一气之下召回了冯骧，责问他说："冯先生，你怎么把收上来的钱全请客了，收不上来的还把欠条一把火都烧了，你是什么意思？"冯骧立刻解释说："主人请息怒。是这样，我置办酒肉，是为了把借了钱的人都召集来，这样我才能知道究竟哪些人还得上钱，哪些人还不上。对那些还不上钱的人，我就是追债十年，他们依然还不上，而且利滚利越来越多，就会逼得他们外出躲债，这样别人会怎么看您呢？我做主烧了那些还不上的欠条，可是为您赚到了好名声啊。"孟尝君明白了冯骧的良苦用心，连连道谢，从此格外看重他。

后来齐湣王消灭了宋国，愈加骄横，打算除掉孟尝君。孟尝君感觉齐国不宜久留，就到了魏国。魏昭王用他做丞相，西面跟秦、赵两国联合，又跟燕国一起击败齐国。齐湣王逃亡到莒邑，后来死在那里。齐襄王即位后，见孟尝君抱定中立，不偏帮哪一国，就对他百般招揽，不敢惹怒他。

亲近原典

《孟尝君列传第十五》节选

此时孟尝君有一狐白裘，直_值千金①，天下无双，入秦献之昭王，更无他裘。孟尝君患之②，遍问客，莫能对③。最下坐有能为狗盗者，曰："臣能得狐白裘。"乃夜为狗，以入秦宫臧_藏中④，取所献狐白裘至，以献秦王幸姬。幸姬为言昭王，昭王释孟尝君。孟尝君得出，即驰去，更封传，变名姓以出关。夜半至函谷关。秦昭襄王后悔出孟尝君，求之已去，即使人驰传逐之。孟尝君至关，关法鸡鸣而出客，孟尝君恐追至，客之居下坐者有能为鸡鸣，而鸡齐鸣，遂发传出。出如食顷⑤，秦追果至关，已后孟尝君出，乃还。始孟尝君列此二人于宾客，宾客尽羞之，及孟尝君有秦难，卒此二人拔之[6]。自是之后，客皆服。

①直：通"值"，价值。

②患：忧患，为此发愁。

③对：对答，回复。

④臧（zàng）：同"藏"，仓库。

⑤食顷：一顿饭的工夫，指时间短。

⑥拔：解救，解除。

译文

这时孟尝君有一件白狐皮衣，价值千金，天下没有第二件，到了秦国后将它奉送秦昭襄王，再没有其他的白狐皮衣了。孟尝君为此而忧虑，遍问门客，无人能答。最末位有个能跟狗一样善于偷东西的人，他说："我可以得到白狐皮衣。"于是在夜间扮成一条狗潜入秦国王宫的仓库中，偷回了所献的白狐皮衣，将它献给秦昭襄王的爱妾。爱妾为孟尝君向秦昭襄王求情，秦昭襄王便释放了孟尝君。孟尝君得到自由后，立即飞驰离开，更换通行证，为了出关而变换姓名。半夜到了函谷关。秦昭襄王后悔放孟尝君出来，寻找他，已经离开了，秦昭襄王立刻派人乘坐快速车马追赶他。孟尝君到了关口，关口法令规定鸡叫时才能让旅客进出，孟尝君担心追兵赶到，有个位居末座的门客会学鸡叫，他一叫，附近的鸡都啼叫起来，便出示通行证出了关。出关后一顿饭工夫，秦国追兵果然追到关口，然而已经落在孟尝君的后面，只好回去。原先孟尝君安排这两个人在宾客中，宾客都觉得羞与为伍，等到孟尝君在秦国遇险时，最终是这两个人解救了他。从此，宾客都敬佩他们。

鸡鸣狗盗：指微不足道的本领或是偷偷摸摸的行为。孟尝君被困秦国，急于逃脱。其门下有一食客精通盗窃，潜入秦王宝库，偷取了"狐白裘"。孟尝君便以此礼物请求秦昭襄王的宠妃说情。秦昭襄王答应放孟尝君归国，孟尝君一行人昼夜兼程，赶至函谷关。然而秦国法令规定非鸡鸣不得开关放行，于是又有一食客引吭高鸣，骗得秦兵打开城关。此后，这两个会鸡鸣和狗盗的食客备受敬重。

格古物

战国玉璧：战国时期，各国普遍将玉璧作为礼器之一，片状圆形玉器中边较宽大，孔较小的就称为璧。玉璧形制多样，有不经雕饰的素面玉璧，有雕刻云纹、兽面纹的饰纹玉璧，还有勾勒事物轮廓的素面出廓玉璧，以及雕刻精美的镂空饰纹玉璧等。北京故宫博物院收藏有一件战国龙纹玉璧，由和田碧玉雕成，局部浸入黄斑。这枚玉璧孔内透雕有一头螭虎，昂首挺胸，状似行进。璧面布满云纹，整个玉璧精美华丽。

孟尝君门客"鸡鸣狗盗"，说明了什么？

08 平原君虞卿列传第十六
济济多士

本节讲的是"战国四公子"之一的平原君的故事。同学们听过"毛遂自荐"这个成语吧，其实毛遂就是赵国平原君门下的一名食客。毛遂在平原君门下待了三年都不被看好，后来平原君将去楚国签订合纵盟约，毛遂自我举荐。下面就来看看毛遂在楚国到底做了什么，为什么这本来寂寂无名的人会被奉为上宾？

平原君赵胜是赵国诸位公子里最贤能的一个。他担任过赵惠文王和赵孝成王的丞相，曾经三次离开相位，又三次官复原职。当时，齐国有孟尝君，魏国有信陵君，楚国有春申君，他们相互竞争招徕天下贤士。平原君在他的封地东武城，养着几千名食客。

后来赵国国都邯郸被秦军包围，赵王派平原君向楚国请求援助，和楚国签订合纵盟约。平原君决定带领门下智勇双全、文武兼备的食客二十人一同前往。临行前，平原君对赵王说："如果用和平方式能取胜，那当然好。可如果和平方式行不通，那我们就只好歃血为盟，一定要签下合纵盟约再回来。无须到外面寻找贤士，在门下食客中物色便可以了。"结果，平原君挑选了十九个人，竟没有凑满二十人。

这时，有位叫毛遂的食客上前，向平原君自我推荐说："我听说您打算和楚国签订合纵盟约，约定带门下食客二十人一同去，不到外面找人。如今还少一人，希望您将我毛遂作为备用人选带着一起去吧。"

但平原君刚开始不想用毛遂，因为他觉得毛遂在自己门下已经三年了，也未看到他有什么才华。还对毛遂说"贤士在世，如锥子在口袋"，如果有才华，就会立刻显露出来。

毛遂答道："我是今天才请求放在口袋里而已。如果我毛遂早就身处口袋之中，自然会脱颖而出，就不仅仅是只见锥尖了。"平原君最终还是带毛遂一同前往。那十九个人相互挤眉弄眼地嘲笑他，只是没有发出声音来。

等到毛遂到达楚国，和那十九个人谈起话来，十九个人都对他心服口服。平原君和楚国签订合纵盟约时，阐明合纵盟约的利害关系，从早晨便开始谈判，一直到中午了还没有决定下来。那十九个人对毛遂说："先生去吧。"

毛遂紧握剑柄，沿着台阶上前，对平原君说："合纵的利害，三言两语便能决定。现在谈了半天还不能决定，为什么呢？"楚王对平原君说："这个人是干什么的？"平原君说："这是我的家臣。"楚王呵斥着说："为什么不退下！我在跟你主人谈话，你是干什么的！"

◎点石斋刻《东周列国志》绣像插图《平原君像》

毛遂握着剑柄上前说："大王之所以呵斥我，是仗着楚国人多。现在我与大王相距不过十步，大王是不能倚仗楚国人多了，你的性命控制在我手里。我的主人在此，你呵斥什么呢？

"况且我听说商汤依靠方圆七十里的土地统治了天下，周文王依靠百里大小的土地使诸侯臣服，难道是由于他们的士兵多吗？实际上是由于他们善于把握形势而扬威。如今楚国的土地方圆五千里，有上百万持戟的兵士，这就是称霸称王的资本。楚国如此强大，天下谁能抵挡。白起不过是个毛头小子，带领几万军队，发兵和楚国交战，第一仗就攻占了鄢郢，第二仗就烧了夷陵，第三仗就使大王的祖先受到侮辱。这是楚国百世的仇恨，也是赵国的羞耻，可是大王不感到羞愧。签订合纵盟约是为了楚国，而不是为了赵

◎ 平原君合纵于楚

国。我再问你一遍，我的主人在此，你呵斥什么呢？"

楚王这时一点儿气势也没有了，说："是，是，的确如先生所说的，我愿奉上国家来订立合纵盟约。"毛遂接着追问："合纵盟约确定了吗？"楚王回答："确定了。"毛遂对楚王左右的人说："拿鸡、狗、马的血来。"毛遂捧着铜盘，

跪着将它进献给楚王说："大王应当先歃血来确定合纵盟约，下一个是我的主人，再下一个是毛遂。"于是在殿堂上确定了合纵盟约。毛遂左手拿着铜盘，右手招呼那十九个人说："各位陆续在堂下歃血吧。"

平原君和楚国订立了合纵盟约之后便返回。回到赵国后，他对赵王说："我赵胜从此不敢再辨别贤士了。我见过的士人，多说一千人，少说几百人，自认为不会看错、看漏，现在竟然差点把毛先生给漏了。毛先生一到楚国，就使赵国的价值比九鼎和大吕还要贵重。毛先生凭三寸舌头，强过百万军队。"从此平原君将毛遂尊为上客。

平原君返回赵国后，楚国派春申君率领军队来援助赵国，魏国信陵君也假借君命夺取晋鄙的军队，来援助赵国。可是在援军尚未到达时，秦国加紧了对邯郸的进攻，邯郸告急，即将投降，平原君对此万分担忧。

这时，邯郸传舍官员的儿子李同劝说平原君道："您难道不担忧赵国覆灭吗？"平原君说："赵国一覆灭，我赵胜就会沦为俘虏，怎么会不担心呢？"李同说："您后宫的姬妾数以百计，连侍女都穿着绫罗绸缎，府上有余粮，有肉吃。可是邯郸的百姓却连完整的粗布衣服也穿不上，连酒糟米糠都吃不饱。民众困乏，兵器用尽，有的人便削尖木棍当矛矢。而您的各种生活器具却和往常一样丰富。如果秦国攻下赵国，您还怎能保有这些东西？如果赵国能够保全，您又何愁没有这些东西？现在您如果能使夫人以下人员编入士兵队伍，分工做事，散尽家财去犒劳士兵，士兵们正当危急困苦的时候，是很容易感恩戴德的。"

平原君采纳了他的建议，得到敢死的士兵三千人。李同便跟这三千人一起冲向秦军。秦军因此被击退三十里，正巧又碰上楚、魏两国的救兵赶到，秦军便撤走了，邯郸得以保存下来。在此役中，李同战死，他的父亲被封为李侯。

 亲近原典

《平原君虞卿列传第十六》节选一

平原君曰："夫贤士之处世也，譬若锥之处囊中，其末立见现①。今先生处胜之门下三年于此矣，左右未有所称诵，胜未有所闻，是先生无所有也。先生不能，先生留。"毛遂曰："臣乃今日请处囊中耳。使遂蚤早得处囊中②，乃颖脱而出，非特其末见现而已③。"

①末：物体的尖端、顶端。

②蚤：通"早"。

③特：仅，只，不过。

译文

　　平原君说："贤士在世上，就如同锥子在口袋里，它的锥尖立刻就会显现。现在毛先生到我赵胜的门下已经三年了，左右的人还没有谁称赞您，我赵胜也没听说过您什么，这是先生没有什么专长。先生不能去，还是留下。"毛遂说："我是今天才请求放在口袋里而已。如果我毛遂早就被放在口袋里，便会脱颖而出，就不仅仅是锥尖显现了。"

毛遂自荐：比喻自告奋勇，担任某项工作，主要用

在自我推荐的语境里。秦国包围赵都邯郸，平原君要挑选二十名食客一同赴楚国订立合纵盟约。临行时只差一人，门下的毛遂站出来自荐，请求一同前往。他说就算自己是锥子，不被放入囊袋，也无法展现其锋利，如果平原君愿意给他这个机会，他一定会有所表现。于是，平原君同意带他同行。

格古物

青铜盘：河南省新乡市博物馆存有一只战国时期的三足铜盘。铜盘造型简洁大方，直径34.4厘米，平底浅腹，附耳曲折成乙字形，方便人双手端起，平底下有三个兽蹄足。战国以后，青铜盘逐渐演变为洗。"毛遂自荐"中毛遂捧着的正是这种铜盘。

有所思

毛遂自荐风光无限，最后人生结局如何？

平原君虞卿列传第十六
虞卿论割地赂秦

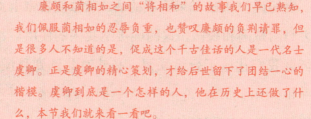

　　廉颇和蔺相如之间"将相和"的故事我们早已熟知，我们佩服蔺相如的忍辱负重，也赞叹廉颇的负荆请罪，但是很多人不知道的是，促成这个千古佳话的人是一代名士虞卿。正是虞卿的精心策划，才给后世留下了团结一心的楷模。虞卿到底是一个怎样的人，他在历史上还做了什么，本节我们就来看一看吧。

　　虞卿是善于游说的贤士。他去游说赵孝成王，脚穿草鞋，手撑雨伞就进了赵国王宫。头一回见面，赵孝成王便赐给他一百镒黄金，一双白璧；第二回见面，就封他作赵国的上卿，因此他被称为虞卿。

　　秦国和赵国在长平交战，赵国在第一战中败下阵来。赵孝成王赶忙召见楼昌和虞卿，商量道："我军初战不利，又牺牲了一名都尉，我准备命令军队整装待发，追击敌军，如何？"楼昌说："这样做没好处，不如派身份尊贵的使臣去求和。"

虞卿则说："楼昌主张求和，是认为再打下去我军必败。可是控制和谈的主动权在秦国一方，那么请大王分析一下秦国的态势，它是否打算击败赵国的军队呢？"赵孝成王说："秦国现在不遗余力地要击败赵军。"

虞卿说："大王如果听我的话，就派使者带上贵重的财宝去归附楚国和魏国。这两国接纳我国的使臣后，秦国就会怀疑我们达成了合纵联盟，必然对此感到恐慌。这样，赵国和秦国的和谈才能进行。"然而，赵孝成王并没有采纳虞卿的建议，而是与平阳君商量，派郑朱到秦国去和谈。

接下来，赵孝成王召见虞卿说："我派平阳君到秦国求和，秦国已经接纳郑朱了，您怎么看？"虞卿回答说："这次和谈成功不了，我军必定会被打败了。天下庆贺秦国初战获胜的人都在，而郑朱身份贵重，秦王和应侯一定向天下人大力宣扬赵求和。楚国和魏国看到赵国向秦国求和，必定不会救援大王。这样一来，和谈是不可能成功的。"后来，事情的发展果然像虞卿预料的一样——赵军在长平大败，邯郸被秦军围困，为天下人所耻笑。

秦国从邯郸撤军之后，赵孝成王不仅亲自到秦国拜访秦王，还派赵郝出面讲和，割让给秦国六个县。这时，虞卿对赵孝成王说："秦军撤退是因为疲惫，还是因为顾念大王呢？"赵孝成王说："秦军当时不遗余力地进攻，必定是由于疲惫才撤回的。"虞卿说："秦军竭尽全力都无法夺取的地方，大王却将其轻易送给秦国，这等于帮助秦国来进攻自己。明年秦军再来进攻大王，大王就无法自救了。"

　　赵孝成王将虞卿的话告诉赵郝。赵郝说："虞卿真的知道秦军兵力的极限吗？即便真的知道秦军的实力，但不将这弹丸之地给秦国，等秦军明年卷土重来，大王难道可以不割地讲和吗？"赵孝成王说："我听您的，还是割地吧。不过，您可以保证让秦国明年不再来进攻我吗？"赵郝回答说："这我可不敢保证。过去韩、赵、魏三国和秦国联盟，相互亲善。如今秦国进攻大王，是因为大王对待韩、魏两国更好。我只能帮您解决眼前的问题，假如明年秦国又来进攻，一定是您做得还不够好。"

　　赵孝成王又将赵郝的话说给虞卿。虞卿回答说："赵郝说不讲和，来年秦国一定会来攻打，可即便讲和，他也不能保证秦国不再进攻。那么如今割让六个县城，又有什么好处！我们还不如用这六个县城来和天下诸侯联合，进攻

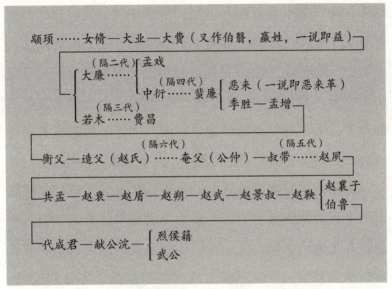

颛顼……女脩—大业—大费（又作伯翳，嬴姓，一说即益）

（隔二代）孟戏

大廉……

（隔四代）

中衍……蜚廉 恶来（一说即恶来革）

季胜—孟增

（隔三代）

若木……费昌

（隔六代）　　　　　　　　　（隔五代）

衡父—造父（赵氏）……奄父（公仲）—叔带……赵夙

共孟—赵衰—赵盾—赵朔—赵武—赵景叔—赵鞅 赵襄子

伯鲁

代成君—献公浣— 烈侯籍

武公

◎《〈史记〉人物大辞典》附录之《赵国君先祖世系表》

秦国。像大王这样每年向秦国进贡六个县，迟早会将城邑都送光。等到秦国又要求割地时，大王拿什么给他们呢？大王的土地有限，而秦国的要求无限，用有限的土地去应付无限的要求，总有一天赵国会灭亡的。"

就在赵孝成王还犹豫的时候，楼缓从秦国回来了。赵孝成王与楼缓商议这件事，说："给秦国土地或不给，哪样对我有利？"楼缓推辞说不知道，而赵孝成王再三追问。楼缓只好说："如今我刚从秦国回来，假若说不给秦国土地，的确不明智；可是说给它吧，恐怕大王认为我向着秦国。如果说是为大王考虑，那还是割地给秦国。"虞卿听说了楼缓的话，立刻上朝面见赵孝成王，劝说赵孝成王千万不要割让土地。

楼缓在赵孝成王面前反驳道："不对。虞卿只知其一，不知其二。秦国和赵国真的打起来，天下诸侯都会高兴，为什么呢？因为他们可以趁机恃强凌弱。因此不如赶快割地讲和，来打消诸侯和秦国的野心。否则，天下诸侯就会趁着秦国发怒，一起瓜分赵国。希望大王就这样决定，不要再犹豫了。"

结果，虞卿又赶来拜见赵孝成王说："太危险了，楼缓提出这样的计策是在为秦国帮忙！他这样做将赵国的弱点昭示给天下。我是说过不能割地给秦国，可是请大王将六个县城送给齐国。齐国是秦国的死对头，他们必然会与大王合力攻打秦国。这样做可以报了齐、赵两国的深仇大恨，还能向天下宣示赵国是有所作为的。大王将此事张扬出去，我敢断言，不久秦国就会送来重礼，向大王求和。到时候大王再和秦国讲和，韩国和魏国听说了，一定都会笼络大王，争先恐后地向大王献上宝物。这样，大王一举就和齐、韩、魏三国结盟亲善，从而跟秦国互换了地位。"赵孝成王说："好。"便派虞卿会见齐王，商议攻打秦国的事情。接下来的事果然和虞卿预料的一样。楼缓听说后，连夜逃离了赵国。事成后，赵孝成王将一个县封赐给虞卿。

不久，魏国请求与赵国订立合纵盟约。赵孝成王召虞卿商议。虞卿见到赵孝成王说："魏国错了。"赵孝成王说："我本来也没答应。"虞卿回答说："大王错了。"赵孝成王被虞卿说糊涂了，便问道："魏国请求合纵，您说魏国错了，我没有答应，您又说我错。这样说来不能缔结合纵盟约吗？"虞卿回答说："小国跟大国合纵的事，假若胜利了就是大国享用它的好处，假若失败了就是小国承担它的灾祸。现在魏国愿意自降身份担受灾难，而大王却推辞合纵带来的好处，所以我说你们都错了。总的来说，我认为合纵对于赵国是有利的。"赵孝成王说："好。"于是跟魏国订立合纵盟约。

虞卿后来离开了赵国，著书立说，写成了《节义》《称号》《揣摩》《政谋》等八篇文章，来讽刺批评国家的得失，这些文章被统称《虞氏春秋》。

亲近原典

《平原君虞卿列传第十六》节选二

是使王岁以六城事秦也，即坐而城尽①。来年秦复求割地，王将与之乎？弗与②，是弃前功而挑秦祸也；与之，则无地而给之。语曰'强者善攻，弱者不能守'。今坐而听秦，秦兵不獘<ruby>獘<rt>弊</rt></ruby>而多得地③，是强秦而弱赵也。以益强之秦而割愈弱之赵，其计故不止矣。且王之地有尽而秦之求无已，以有尽之地而给无已之求，其势必无赵矣。

注释

①坐：不费力。

②弗：不。

③獘：后作"弊"，困乏，疲惫。

译文

这样让大王每年用六个县城侍奉秦国，那么只能坐待城邑全部送光。明年秦国又要求割地，大王会给它吗？不给它的话，这就是枉费前功而挑起秦国的进攻的兵祸；给它的话，又没有土地可给了。俗话说"强者善于进攻，弱者不能防守"。假若听任秦国割地，秦军毫不费力便可多得土地，这是增强秦国而削弱赵国。用越来越强的秦国来割取越来越弱的赵国，秦国的侵略野心自然会无休无止。况且大王的土地有限，而秦国的要求无限，用有限的土地去应付无限的要求，那势必要使赵国灭亡了。

访名人

楼缓：战国时期赵国人，侍奉赵武灵王，深受赵王信任。后来赵王让他到秦国任职，实际上是做卧底。楼缓担心赵王因身边人进谗言而对自己产生不信任，再三与赵王约定。赵王立誓不背弃楼缓。到秦后，楼缓致力于促成秦赵友好。然而几年后，赵武灵王去世，赵国国政被权臣把持，楼缓被弃于秦国，无人问津，由此心生怨恨。赵国在长平之战中惨败，楼缓为秦国游说赵王割地求和，被虞卿识破，无功而返。

识典故

　　三寸之舌：三寸长的舌头，比喻能说会辩，口才好。典出《史记·平原君虞卿列传》。秦军包围赵国国都邯郸后，赵王让平原君去楚国求援。平原君率领二十名门客前往，其中有一名叫毛遂的门客貌不惊人，到楚国后却屡屡为平原君出谋划策，推动楚、赵两国合作。平原君回到赵国大为感慨，称赞其"三寸不烂之舌，强于百万之师"。这个成语作宾语使用，含有贬义，常用来讽刺别人能言善辩。

有所思

　　虞卿的人生浓墨重彩，何以却有姓无名？

10 魏公子列传第十七
窃符救赵

　　前面同学们领略了孟尝君和平原君的风采，魏国同样有一位人品卓越的公子叫魏无忌，也称为信陵君。本文主要写了信陵君礼贤下士、窃符救赵的历史故事。通过这两个历史故事，我们能更加深刻地了解信陵君，也更能懂得在那个战火纷纷、尔虞我诈的年代，人与人之间也有着单纯的仰慕和追随。

　　信陵君魏无忌为"战国四公子"之一，系魏昭王之子，魏安釐王之弟，他不仅广招门客，更有礼贤下士的美名。当时魏都的夷门有个看门人叫侯嬴，这个人七十岁了，家境十分贫寒。信陵君听说此人是位隐士，赶去拜访他，还要送他丰厚的财物。可是侯嬴拒绝了。于是信陵君就大摆酒席，留出上座，亲自驾车，带着大队随从到夷门去迎接侯嬴。这次侯嬴没有拒绝，登上了马车。走到半路，侯嬴说："我有个朋友在市场的屠宰摊，您绕

个路，送我去见他。"侯
赢见到老朋友朱亥后，故
意东拉西扯，拖延时间。

这时，信陵君府上的
宾客都等得不耐烦了，而
跟随信陵君的随从更是暗
骂侯赢不懂事，只有信陵
君的脸色始终不变。侯赢
暗中观察信陵君的神情，
终于告别了朱亥，登上车
子。回到府中，信陵君请

◎点石斋刻《东周列国志》绣像
插图《信陵君像》

侯赢坐到上座，并为他一一介绍宾客，席间又亲自敬酒。

这时，侯赢缓缓对信陵君说："公子不因为我是个看门
人轻看我，屈尊前来迎接我。即使我驱使您驾车去屠宰摊，
让您久等，您也面不改色。我这样做是想成就公子的名声，
让人们都以为我侯赢是小人，而看到公子能礼贤下士。其
实，我所拜访的屠夫朱亥也是一位隐于市井的贤士。"从
此，侯赢成了信陵君的上宾。

后来，秦军在长平大败赵军，接着进兵围困邯郸。信

陵君的姐姐嫁给了赵国的平原君，她数次写信给魏王和信陵君，向魏国求救。于是魏王派将军晋鄙率领十万军队去救赵国。没承想，秦王派使者警告魏王，谁敢援救赵国，秦军拿下赵国后，就调兵攻打谁。魏王怕惹祸上身，便派人拦住晋鄙，让他们在邺县驻扎，采取观望态度。

另一边，平原君的使者络绎不绝地来到魏国，责怪信陵君说："我赵胜之所以要和您攀亲，是因为您重义气，急人所急。如今赵国就快要投降秦国了，而魏国的救兵迟迟不来，您真是名不副实！再说您即使轻视我赵胜，弃我于不顾，难道也不顾念您的姐姐吗？"信陵君心急如焚，屡次请求魏王，还让自己的食客想方设法劝说魏王。然而魏王害怕秦国，始终按兵不动。信陵君估计自己难以说动魏王，又不愿舍弃赵国保全自己，就请食客凑足一百多辆车马，准备率领食客冲进秦军阵地，与赵国一同战死。

临行前，信陵君到夷门去见侯嬴，把要与秦军决一死战的事全都告诉了他。侯嬴只是淡淡地和他道别。信陵君见到侯嬴这个态度，一路上越想越不痛快，于是调转车头，赶回去一问究竟。侯嬴见到他说："我就知道您会回来。在这危急关头，您应该想想别的办法，而不是冲入秦军阵地

◎信陵君战退秦师

送死，这就如同把肉扔给饿虎，有什么用呢？"信陵君恍然大悟，向侯嬴拜了两拜，请教他该怎么办。

侯嬴屏退旁人，悄悄告诉信陵君："能调动晋鄙的兵符就放在魏王的卧室内，而魏王最宠幸的如姬能够自由出入。我听说公子您曾帮如姬报了杀父之仇，想必她能以死报恩。如今您只要开口求她帮忙，她必定会偷出兵符。这样您就可以夺了晋鄙的军权，救援赵国而打退秦军。"

信陵君依计行事，果然拿到了兵符。侯嬴又说："如果您合了兵符，晋鄙却不肯交出兵权，而是要请示魏王，那么事情就麻烦了。我让朱亥随您一同前往，此人是个勇士。如果晋鄙抗命，就让朱亥动手杀了他。"于是信陵君再次辞别侯嬴出发了。

到了邺县，信陵君假传魏王的命令，让曹鄙交接兵权。晋鄙合了兵符，还是起了疑心。眼见事情败露，朱亥从衣袖里抽出藏着的铁椎，杀了晋鄙。信陵君整顿军队后，率领精兵八万人攻打秦军，最终解了邯郸之围。

赵王和平原君大喜之余，亲自到郊界迎接信陵君，还要将五个县城封赏给他。信陵君知道魏王会怨恨自己盗取兵符，于是派一名将领率领魏军返回，自己则和门客留在赵国。在他的再三推辞下，赵王将鄗（hào）邑送给信陵君作封邑，而魏国也奉还了信陵邑。

就这样，信陵君在赵国一住就是十年。秦国听说信陵君在赵国，便开始蠢蠢欲动。魏王为此担忧，就派使者去请他回国。开始，信陵君不愿回国。后来，信陵君在赵国结交的两名门客劝他说："倘若秦军攻克魏国国都大梁，破坏先王的宗庙，公子还有何脸面活在世上呢？"话还没有讲完，信陵君立刻起程回去解救魏国。

魏王和信陵君分别十年再见面，面对面哭了一阵，然后魏王将上将军的印信授予信陵君。各国得知信陵君回到魏国，纷纷派兵来救援魏国。于是信陵君统率五国的军队将秦军驱逐进函谷关，使其不敢出来。

然而，魏王后来中了秦国的反间计，派其他人做了上将军。最终，信陵君郁郁寡欢而死。秦国得知后，派兵进攻魏国，攻占了二十座城池，从此逐步蚕食魏国，十八年后俘虏了魏王，灭掉了魏国。

《魏公子列传第十七》节选

至邺，矫魏王令代晋鄙①。晋鄙合符，疑之，举手视公子曰："今吾拥十万之众，屯于境上②，国之重任，今单车来代之，何如哉？"欲无听。朱亥袖四十斤铁椎③，椎杀晋鄙，公子遂将晋鄙军。勒兵下令军中曰："父子俱在军中，父归；兄弟俱在军中，兄归；独子无兄弟，归养④。"得选兵八万人，进兵击秦军。秦军解去，遂救邯郸，存赵。

注释

①矫：假托，谎称。

②屯：驻扎，驻守。

③袖：把东西藏在袖子里。

④归养：回家赡养父母。

译文

魏公子到了邺县，假传魏王的命令代替晋鄙。晋鄙合了兵符，有些怀疑，举起手来盯着魏公子，说：

"我统帅十万大军，驻扎在边境上，这是国家赋予我的重任。如今您只身驾车来代替我，这到底是怎么回事？"晋鄙正想拒绝接受，朱亥抽出衣袖里藏着的四十斤重的铁椎，用铁椎击杀了晋鄙。魏公子便统率晋鄙的军队。整顿队伍后，魏公子向全军下令说："父子都在军营里的，父亲回家；兄弟都在军营里的，兄长回家；独生子没有兄弟的，回家养亲。"魏公子得到精兵八万人，进军攻打秦军。秦军解除包围撤退了，魏公子救了邯郸，保住了赵国。

识典故

窃符救赵： 前 257 年，秦国围困赵国都城邯郸，赵国求救于魏国，魏国援军在边界观望，不敢出兵救赵。无奈之下，信陵君听取侯嬴之计，借魏王姬妾如姬之手窃得兵符，夺取了魏军兵权，成功击败秦军，救援了赵国。历史剧《虎符》就取材于这段历史，这个故事也成为爱国主义教育素材。

格古物

杜虎符：1975年，西安南郊杜城村附近一位农民发现了一枚形似虎的兵符，被命名为"杜虎符"，现藏于陕西历史博物馆。虎符是古代国君调兵遣将用的兵符，隋唐以前大多做成虎形。虎符由左右两部分组成，左半边交给将军，右半边由帝王保存。杜虎符为左半符，虎作行走状，昂首，尾巴蜷曲。该符背面有槽，颈上有一小孔。虎符上还有9行共40字错金铭文，简要说明了虎符的使用原则。

有所思

先秦器物如虎符使用的"错金"是什么？

11

春申君列传第十八
黄歇当断不断

　　本节说的是"战国四公子"之一的春申君。早年的春申君非常明智，但是后来他却糊涂了——被自己的食客李园控制，终被杀害，且祸及家人，可谓聪明一世，糊涂一时。下面就来看看春申君的"聪明"与"糊涂"吧。这也告诫我们，人生的道路上一定要慎重，千万不能因为一个错误的决定而断送了似锦前程。

　　春申君是楚国人，姓黄，名歇，他曾游学各地，知识渊博。楚顷襄王因为黄歇能言善辩，便让他出使秦国。

　　当时，秦国的白起打败了韩国与魏国，正要带领这两国一起进攻楚国。白起还没出发时，黄歇抵达秦国，恰巧得知了秦国的计划。在此之前，秦国已经先派白起进攻楚国，夺得巫郡和黔中郡，攻占了鄢邑和郢都，逼得楚王迁都。黄歇担心秦国此次出兵会将楚国灭了，于是上书秦昭襄王，说明秦楚两国相争会让齐国强大起来，从而说服了

◎点石斋刻《东周列国志》绣像
插图《春申君像》

秦昭襄王。秦昭襄王不仅停止出兵伐楚，还派遣使臣，带上重礼，和楚国结盟。楚国则答应让太子完和黄歇到秦国当人质。

一晃几年过去，楚顷襄王病重，而太子完却不能回国即位。为此，黄歇找到和太子要好的应侯说："楚王恐怕会一病不起了。如果太子能回国继承王位，他必定厚待秦国，并且对您感恩戴德。可如果太子仍留在秦国，那么他充其量只是咸阳一普通人而已；而楚国也会改立太子，新的楚王肯定不会追随秦国。希望您三思。"

就在应侯和秦昭襄王商量这件事的时候，黄歇为楚太子谋划说："您如今不在楚国，大王一旦辞世，阳文君的儿子就会被立为继承人。您必须赶快离开秦国，让我留下承担罪责，大不了一死。"于是楚国太子换了衣服，装扮成楚国使臣的车夫蒙混出关。秦昭襄王得知后大为恼火，应侯则劝说道:"事已至此,应该放黄歇回国,来表示对楚国亲善。"

就这样,黄歇也回到了楚国。三个月后,楚顷襄王死了,太子完即位,是为考烈王,封黄歇为春申君。当时,齐国有孟尝君,赵国有平原君,魏国有信陵君,他们各为其主,执掌朝政,被称为"战国四公子"。

后来,秦国越来越强大,不断进攻周边国家,各诸侯国只好联合起来,推举楚国为合纵盟主,春申君主持大局,前去讨伐秦国。结果大军到了函谷关,秦国出兵应战,各诸侯国的军队被打得溃不成军,四散奔逃。楚考烈王便归罪于春申君,渐渐疏远了他。

然而,楚考烈王最大的烦恼还不是野心日益膨胀的秦国,而是他没有子嗣。春申君也为这件事发愁,就在他到处物色女子进献给楚王时,赵国人李园请求做春申君的门客。随后,李园请假回家,又故意晚几天才回来。春申君问起他原因,他说齐王派使者求娶他的妹妹,只不过彩礼没有送到。春申君好奇李园的妹妹究竟有何等美貌,便请一见,见到后便将她留在府里。

就这样,李园的妹妹怀了身孕。在李园的怂恿下,她对春申君说:"楚王对您的尊重和宠信,好过亲兄弟。可是楚王没有儿子,一旦他去世,就会由他的兄弟作下一任国君,那么新的楚王就会重用他亲信的人,您又怎么能始终大权在握呢?况且您掌权的时间这么久,难免得罪过楚王的兄弟,一旦新的楚王降罪,您该如何保住相位和封地呢?我在您身边的时间短,我怀上身孕的事旁人不知道。如果您将我进献给楚王,日后我生下儿子,不就是您的儿子当王了,整个楚国就都是您的了。"春申君认为她说得对,在一番准备后,将她送入宫中。

等到孩子降生,是个儿子,楚考烈王大喜,便将其立为太子,封李园的妹妹为王后。原来,李园一开始想的就是把妹妹进献给楚王,一番周折之后,李园也如愿以偿,得到了楚王的重用。然而,李园担心春申君泄密,便暗地里养了一群死士,打算杀死春申君灭口。

后来,楚考烈王病重。春申君的门客朱英对他说:"世上有不期而至的幸福,也有不期而至的灾祸。如今您处在生死无常的时代,侍奉喜怒无常的国君,怎么可以没有不期而至的人呢?"

春申君问:"什么叫不期而至的幸福呢?"朱英说:"您

任楚国国相二十多年了，尽管名义上是国相，事实上就是'楚王'。如今楚王病重，危在旦夕。等到幼主即位，您就会以辅政的名义来掌握国政。这就是不期而至的幸福。"

春申君说："那什么叫不期而至的灾祸呢？"朱英说："李园不执掌国事却是您的仇人，不掌管兵事却早就在收买亡命之徒了。楚王一死，李园必定先入宫夺权，并杀掉您来灭口，这就是所谓的不期而至的灾祸。"

春申君说："什么又是不期而至的人呢？"朱英回答说："您安排我做郎中，楚王一死，李园必定先入宫，我为您杀掉李园。我就是不期而至的人。"春申君听罢，摆手说："先生多虑了。李园为人软弱，我俩关系又向来友好，怎么会到这个地步！"朱英听春申君这样回答，认为他不会听自己的建议，为免惹祸上身，便逃离了楚国。

十七天后，楚考烈王去世，李园果然抢先入宫，在宫门内埋伏了死士。春申君进入宫门后遇刺身亡，随后李园又派人将春申君满门抄斩。

太史公说：当年，春申君先劝说秦昭襄王，又冒着生命危险安排楚国太子回国，那时他多明智呀！没想到后来被李园控制，就糊涂起来了。俗话说："当断不断，反受其乱。"说的正是春申君不听朱英的规劝吧！

《春申君列传第十八》节选

黄歇为楚太子计曰①："秦之留太子也，欲以求利也。今太子力未能有以利秦也，歇忧之甚。而阳文君子二人在中，王若卒大命，太子不在，阳文君子必立为后，太子不得奉宗庙矣②。不如亡秦③，与使者俱出；臣请止④，以死当之。"楚太子因变衣服为楚使者御以出关，而黄歇守舍，常为谢病⑤。度太子已远，秦不能追，歇乃自言秦昭襄王曰："楚太子已归，出远矣。歇当死，愿赐死。"

注释

①计：筹划，谋划。

②奉宗庙：祭祀宗庙。这句意为难以回到楚国。

③亡：逃跑，逃离。

④止：停留，留下。

⑤谢病：称病隐退居家或谢绝客人来访。

译文

　　黄歇为楚太子谋划说:"秦国扣留太子,想借此索取好处。现在太子还没有能力使秦国获取好处,我很忧虑。而阳文君的两个儿子在国内,大王一旦辞世,太子不在国内,阳文君的儿子必定会被立为继承人,太子就不能奉祀宗庙了。不如逃离秦国,和使臣一起出去。我请求留下,用死来承担责任。"楚太子于是换了衣服,装扮成楚国使臣的车夫得以出关,黄歇留守馆舍,常常托言太子生病。估计太子已经走远,秦国追不上了,黄歇就亲自对秦昭襄王说:"楚太子已经回国,出关很远了。我该死,请赐我一死。"

探古迹

　　郢都:位于湖北省荆州市荆州区西北,即今纪南城,楚文王迁都于此。1961 年,国务院公布纪南城为全国重点文物保护单位。当地仍保留有规模宏大的城垣遗迹,在南北土城垣上各立有一块"楚纪南故城"石碑,地下和城外埋有丰富的历史遗迹。

无妄之灾：指平白无故受到的灾祸或损害。典出《周易·无妄》。楚王病危，太子年幼，春申君的门客朱英向他进言，应该把握时机自立为王。此时，李园蠢蠢欲动，有意刺杀春申君夺权。朱英提醒他小心无妄之灾。然而春申君轻信李园，最后被李园养的死士所杀。这个成语用作主语、宾语，含有贬义，用在严肃场合，不能随便用来形容他人。

有所思

为什么许衡于"四公子"只认可春申君？

12 范雎①蔡泽列传第十九
远交近攻

　　范雎是秦国历史上继往开来的一代名相，"远交近攻"外交策略的提出者。尽管是一个富有传奇色彩的人，他早年也曾遭遇诬陷，差点被鞭笞致死。在本节中，我们既能了解范雎是在什么情况下提出"远交近攻"并如何实施的，又能读到范雎的足智多谋和能言善辩。

　　范雎是魏国人，他曾经周游列国，颇有见识。后来因为遭人猜忌，只好化名张禄，跟随秦国使者王稽逃离魏国，到秦国避难。

　　王稽回国后，向秦昭襄王推荐道："魏国有个张禄先生，是一等一的能言善辩之士。他说秦王的国家就好比垒鸡蛋

---

　① "范雎"《史记》原作"范睢"，后经赵生群先生考证，当为"范雎"之误，并在"点校本二十四史修订本"《史记》中改作"范雎"，今从之。——编者注

那样危险，只有听他的计策才会安全，可是他的话不能用书信传达，而是要当面说。因此我把他带回来了。"秦昭襄王本就讨厌这些说客，因此并没有理会范雎，只安排他住在客舍，给他粗劣的饭菜，就这样一年多过去了。

当时，秦国打败齐、楚，围困三晋，风头正劲。在秦国国内，宣太后的弟弟穰侯和华阳君经常率兵出征，权倾朝野，屡受封赏，到了富可敌国的地步。此时，范雎上书说："臣子怎么能比君上富有呢？这是他们要篡夺大王的权势。"秦昭襄王看后，觉得这话说到了自己心坎里，便派人驾车去接范雎。

范雎到了王宫，装作一副什么都不知道的样子走到后宫。宦官吓得连忙驱赶他，说："大王来了！"范雎却故意装糊涂地说："秦国哪来的王？秦国只有太后和穰侯而已。"这番话都被稍后赶到的秦昭襄王听见了。然而秦昭襄王并没有发怒，而是邀请范雎进宫，为之前怠慢他的事郑重道歉。周围的人看到范雎这样受重视，心里都肃然起敬。

接下来，秦昭襄王屏退身边大臣，长跪着向范雎请教。可是他一连问了三次，范雎都只是"嗯"了一声，没说什么。秦王有些着急地说："先生难道不肯赐教吗？"

范雎说："在下不敢。现在我只是一个寄居异国他乡的人，无依无靠，我要说的话是纠正大王的行为，触及大王的骨肉亲情关系的，就算我想尽心效忠，但还不知道大王的心思。倘若大王愿意听我的话，我就算受辱也不足惜，倘若能对秦国有好处，我连死都不怕。

◎范雎脱厕报仇

"我所担心的是我死了以后，天下人看到我忠心耿耿而被杀，从此没有人愿意再来投效秦国。我还担忧您上畏太后的威严，下被奸臣的花言巧语所迷惑，久居深宫而不能分辨忠奸。长此以往，往大了说国家会覆灭，往小了说您会变得孤立无援。除此之外，死反而不值得我忧虑，如果我的死能换来秦国安定，那么我死比活着有意义。"

秦昭襄王听了大为感动，说："先生这是从何说起呢？先生能屈尊来到偏僻遥远的秦国，不嫌我愚钝，这是我三生有幸。恳求先生指教我。"于是范雎对着秦昭襄王跪拜，秦昭襄王也向他跪拜。

范雎说："秦国四面都是坚固的要塞，又占据地理优势，拥有雄兵百万，战车千辆。局势有利时便出兵进攻，不利时便退兵防守，秦国所处的位置可以说是王者之地。再看秦国的民众，他们不敢私斗，却勇于征战，这是王者的子民。大王坐拥这两个条件，再凭借骁勇善战的秦国士兵，众多的车马，去征讨诸侯国，简直无往不利。然而如今秦国闭关已有十五年之久，难以实现称霸大业，这是穰侯没有尽心为秦国效忠，是群臣不够称职，也是大王的失策之处。"秦昭襄王听完，长跪着说："寡人愿闻其详。"

然而秦昭襄王身边耳目众多，范雎先是东拉西扯了一番，观察秦昭襄王的反应后，他才说道："您让穰侯跨过韩国、魏国去进攻齐国的纲邑、寿邑，这就算不得好计策。我猜大王的策略是，秦国少出兵，而让韩国、魏国的士兵全部出动，我认为这样做不合情理。而且如今看来，韩、魏两国并不是真心亲近秦国，大王想要跨过他们的国境，这可行吗？"

范雎接着说道："依我看，大王不如交好距离远的国家而攻打邻近的国家。这样得到的土地都是大王您的，何必舍近求远呢？如今韩国和魏国地处中原，这里是天下的枢纽，大王如果要称霸，一定要亲近中原地区的国家，成为天下的枢纽，以便威慑楚国、赵国。一旦秦国和楚国、赵国结盟，齐国就会害怕。那时候，齐国就会备上厚礼，好言好语地来和秦国交好。这样一来，就能轻松收服韩国、魏国了。"

秦昭襄王说："我想过结交魏国，可魏国实在是反复多变，我该怎么办呢？"范雎给秦王出主意说："大王先用谦卑的话语、贵重的礼物去笼络韩国；不行的话，就割让土地去收买它；再不行的话，就出兵去讨伐它。"秦王说："行，我听您的。"

就这样，秦昭襄王任命范雎为客卿，为秦国出谋划策。秦昭襄王听取了范雎远交近攻的策略，派遣五大夫王绾讨伐魏国，攻取了怀城。

《范雎蔡泽列传第十九》节选一

于是范雎乃得见于离宫，详^伴为不知永巷而入其中^①。

王来而宦者怒，逐之，曰："王至！"范雎缪谬为曰②："秦安得王？秦独有太后、穰侯耳。"欲以感怒昭王。昭王至，闻其与宦者争言，遂延迎③，谢曰："寡人宜以身受命久矣④，会义渠之事急，寡人旦暮自请太后；今义渠之事已，寡人乃得受命。窃闵然不敏⑤，敬执宾主之礼。"范雎辞让。是日观范雎之见者，群臣莫不洒然变色易容者。

注释

①详：通"佯"，假装。永巷：后宫，宫中妃嫔居住的地方。

②缪：通"谬"，装作，假装。

③延迎：迎接。

④受命：领教，受教诲。

⑤闵然：昏聩，昏庸。

译文

于是，范雎得以在离宫与秦昭襄王会面。范雎假装不知道是后宫而进入里面。秦昭襄王来了，宦官很生气，要驱逐他，说："大王来了！"范雎装糊涂地说：

"秦国哪来的王？秦国只有太后和穰侯而已。"打算以此激怒秦昭襄王。秦昭襄王一到，听见他与宦官争论，便邀请他进宫，并向他道歉："我本该早向您请教了，但遇上义渠的事很紧迫，我早晚都要向太后请示；现在义渠的事处理完了，我才能来向您请教。我自知愚昧无能，因此特向您恭敬地履行宾主间的礼节。"范雎辞谢谦让。这天，凡看到范雎被接见时情形的大臣，无不肃然起敬。

明 地 理

义渠： 古国名，位于我国西部。古义渠国的国都在今甘肃庆阳西南，即宁县。义渠以西为古西戎之国，或称义渠之戎。商朝时义渠就已存在；周朝初期，义渠君曾朝拜周王。春秋战国时期，义渠人在这里建立了强大的郡国，与秦国、魏国抗衡，并曾参与中原纵横争夺之战，成为当时雄踞一方的同源异族强国。秦昭襄王三十五年（前272年），义渠被秦国彻底灭掉，后融入中原华夏族。

青云直上：一直飞上青云，形容迅速升到很高的地位。典出《史记·范雎蔡泽列传》。范雎早年投在魏中大夫须贾门下，陪同须贾出访齐国时，受到齐襄王赏识。回国后魏相魏齐怀疑范雎卖国，对其百般折辱。范雎逃到秦国改名张禄并当上相国。后来须贾奉命向秦求和，见到范雎已成为秦国丞相，向他赔罪并恭贺他青云直上。这个成语用作谓语、定语，含褒义。

有所思

范雎相秦，对历史进程产生了什么影响？

13 范雎蔡泽列传第十九
范雎恩怨分明

　　本节主要讲了范雎和须贾之间的恩恩怨怨，从中我们能看到范雎此人恩怨分明。历史上说，由于须贾嫉妒，范雎曾被人用板子和荆条抽打，甚至还被人用席子卷起来扔进了厕所里，更甚者，他还被人在身上撒尿。可正是因为受到了这些侮辱，才有了范雎逃到秦国并成为秦国宰相的事情。所以说，很多时候福祸总是相依的呀。

　　范雎在秦国坐稳了宰相之位，只不过，他仍旧用着张禄的化名。拥有实权之后，范雎开始排除异己，巩固自己在秦国的地位，当然，那些得罪过他或有恩于他的人，他都没忘记。

　　范雎在秦国越来越受到宠信，有一次他对秦昭襄王说："我在山东时，只听说秦国有太后、穰侯、华阳君、高陵君、泾阳君，没听说秦国有秦王。如今太后独断专行，穰侯等人肆无忌惮。再这样下去，秦国岌岌可危，大王的权力也会旁落。听说穰侯打胜仗就把夺取的城池归入陶县，战败就把责任推得一干二净。如今朝廷上上下下都是穰侯的人，我看了暗自为大王担心，等您去世后，恐怕统治秦国的就不是您的子孙了。"秦昭襄王听了这话深感恐惧，于是废了太后，收回穰侯的相印，将穰侯、高陵君、华阳君和泾阳君驱逐出关。穰侯离开咸阳时，装载东西的车子竟有一千多辆，奇珍异宝比王室还多。

范雎不仅为秦昭襄王定下"远交近攻"的策略，还建议他铲除宣太后的势力，秦昭襄王由此更加信任范雎，任命他为宰相，还封他为应侯，赏赐封地。

这时，魏国听说秦国要出兵讨伐韩国和魏国，便派中大夫须贾到秦国做说客。想当年，范雎正是投在须贾门下做门客。后来须贾误会范雎通敌卖国，向魏国宰相魏齐告发。范雎平白遭受魏齐的毒打和羞辱，在一个叫郑安平的人的帮助下躲了起来。如今听说须贾要到秦国来，范雎便换上一身破衣服，抄小路到馆舍去见须贾。

须贾原本以为范雎已经死了，见到他后大吃一惊，问道："范叔是来游说秦国的吗？"范雎说："不是。我是因为避祸逃亡到这里，怎敢来游说呢？"须贾说："那么如今您做什么呢？"范雎说："我给人家当帮佣。"须贾心里怜悯范雎，便请他留下吃饭，见他如此贫寒，便取出自己的一件厚绸袍子送给他。

接着须贾问道："您知道秦国宰相张先生吗？我听说他受秦王恩宠，天下的大事都由他决断，如今我有事要求他，请问您有见到宰相的门路吗？"范雎说："我的主人和他很熟，所以我也能求见他，我可以为您引见宰相。"

恰巧须贾的马车坏了，范雎就回去弄来一辆豪华的大车，亲自驾车，带着须贾进了秦国相府。相府中的人看见他们，都纷纷回避。看到这一幕，须贾感到很奇怪。到了宰相住所门口，范雎下了车，对须贾说："您在这等我，我先进去向宰相通报。"于是须贾便在车上等着。等了很久，他终于忍不住问看门人说："怎么范叔这么久还不出来？"看门人说："这里没有姓范的。"须贾说："就是方才和我一起坐车进来的人。"看门的人说："那是我家宰相大人。"

须贾听到后大惊失色，明白这是范雎设下的局，连忙跪下用膝盖前进，向范雎求饶。这时，范雎已经换上华服，带着众多仆从等候须贾。须贾见到他则是连连叩头，愿意任他发落。范雎面无表情地说："你的罪状有三条。第一，你在魏齐面前诬告我通敌；第二，你任凭我受魏齐折辱；第三，你非但不出手制止，还和他们一同羞辱我。你之所以免于一死，是由于你赠与我一件厚绸袍子，说明你对我还有老朋友的情谊，所以我今天放过你。"

不过这样一来，秦国和魏国就无法和谈了。秦昭襄王知道这件事后，下令让须贾回国。临行前，范雎厉声说道："请替我转告魏王，尽快交出魏齐的头来！否则，我必将踏平大梁城。"须贾回到魏国，将这些话转告给了魏齐。魏齐吓得逃亡到赵国，藏匿在平原君家中。

一年后，秦昭襄王假意邀请平原君到秦国做客。见到他后，秦王开口索要魏齐。平原君说："魏齐是我的朋友，即使在我家中，我也不会交出来，何况眼下他根本不在我家中。"

秦昭襄王看平原君不肯乖乖交人，便扣押了他，并派人通知赵王。赵王急于救回平原君，派兵包围了平原君的府邸。然而魏齐提前听到风声，早就收拾行李，连夜奔回魏国，希望信陵君能帮他逃往楚国。

可是信陵君怕惹祸上身，犹豫再三，不肯接见魏齐。魏齐最终走投无路，一怒之下拔剑自刎而死。赵王得知此事，将魏齐的头送到秦国，换回了平原君。

后来，范雎举荐使臣王稽做河东郡守，又保举郑安平当将军。他还分发家中的财物，用来施舍给困苦的人。在长平之战中，应侯和武安君白起结怨，趁机向秦王进谗言杀了白起。由此天下都知道，秦国的应侯恩怨分明，对于一饭之恩的人必定报答，对于怒目相视的小仇小怨必定报复。

亲近原典

《范雎蔡泽列传第十九》节选二

府中望见，有识者皆避匿①，须贾怪之。至相舍门，谓须贾曰："待我，我为君先入通于相君。"须贾待门下，持车良久②，问门下曰："范叔不出，何也？"门下曰："无范叔。"须贾曰："向者与我载而入者。"门下曰："乃吾相张君也。"须贾大惊，自知见卖③，乃肉袒膝行④，因门下人谢罪。

注释

①避匿：回避，隐匿。

②持车：意为停车。持：保持。

③卖：出卖，背叛。

④肉袒：脱去上衣，露出上身，表示谢罪。膝行：双腿跪着向前挪动。

译文

　　相府中的人看见，有认识范雎的都回避走开了，须贾感到有些异样。到了宰相住所门口，范雎对须贾说："您等等我，我为您先进去向宰相先生通报。"须贾在门口等着，停车等了许久，问看门的人说："范叔还不出来，是怎么回事？"看门的人说："这里没有范叔。"须贾说："就是方才和我一起坐车进来的人。"看门的人说："那是我们宰相张先生。"须贾大惊失色，明白自己上当了，就袒露上身，用膝盖跪着走，通过看门的人传达认罪求饶之意。

　　睚眦必报： 睚眦，瞪眼睛的意思。像瞪一下眼睛那样极小的怨仇也要报复，比喻心胸极狭窄。典出《史记·范

雎蔡泽列传》。范雎为人恩怨分明，他在秦国当上宰相后，回顾以往和人交往，凡从前对他有恩惠的人，即便只是给他吃一顿饭，范雎也重重酬谢；对于从前和他结怨的人，哪怕是当时瞪了他一眼，他也要报复回去。这个成语可以用作定语或宾语，带有贬义，不能用来称赞人。

格古物

秦剑： 秦始皇兵马俑一号、二号坑内出土了大量青铜兵器，其中最著名的是数把秦剑。秦剑以修长著称，与其他诸侯国的有明显差异。秦剑通常长 81~94.8 厘米，而各诸侯国的则在 50~65 厘米。秦剑剑身光亮平滑，刃部磨纹细腻，锋利无比。据专家鉴定，剑身表面的铬盐化合物是其历久弥新的秘诀，证明了中国人早在春秋战国时期，就已掌握了金属物防锈蚀的工艺。

有所思

何以恩怨分明的人如范雎往往睚眦必报？

14 范雎蔡泽列传第十九
蔡泽劝退范雎

有的人上位靠武力，有的人上位靠德行，而本节说的秦国宰相蔡泽上位却靠的是一张嘴。本节我们将看到蔡泽是如何劝说范雎的，其理由的充分、气势的磅礴，让范雎接连称是，最终心服口服，主动隐退。蔡泽此人深谙"月满则亏"的道理，虽然只做了几个月的宰相，但因为善辩多智，最终却在乱世中保全了自身。

  继应侯范雎之后，秦国又迎来了一个能言善辩的人，他凭借一张巧嘴，竟然说动了应侯范雎让位，这就是燕国人蔡泽。蔡泽早年在各国游学，却始终没有混上一官半职。

  此时，应侯向秦王举荐的郑安平和王稽却接连出事了。秦王派郑安平领兵攻打赵国，结果被赵军围困。情急之下，郑安平竟率两万兵马投降了赵国。消息传回秦国，应侯大为惶恐，因为按照秦国的法令，如果被举荐人犯罪，那么举荐人也要论罪，于是应侯就到秦昭襄王面前请罪。不过，秦昭襄王赦免了应侯，还召令全国，有胆敢议论此事的，就同罪论处。可没过多久，王稽在担任河东郡守期间，勾结其他诸侯国，被论罪处死。这两件事闹出来，应侯在秦国的声望大不如前。听说应侯在秦国失势，蔡泽感觉机会来了，便赶到了秦国。

蔡泽为了见到秦昭襄王，就派人四处说："蔡泽为人豪迈俊朗、善辩明智。如果让他见到秦王，秦王就看不上应侯了，肯定会免去应侯的宰相之位。"应侯听后，要找蔡泽一较高下。

蔡泽来后，只向应侯作揖行礼。应侯本来就不高兴，等看到他傲慢的样子，就厉声问道："您曾经扬言要取代我担任秦国的宰相，可有此事？"蔡泽回答说："确实是这样。"应侯说："好，那我就听听您的高见。"

蔡泽说："唉，您怎么就看不透呢！四季的交替这样快，人活着时身体结实，耳聪目明，头脑清晰，这难道不是我们这些士人想要的吗？"应侯说："是。"

蔡泽又说："能实现理想，推行仁政，秉持正义，遵循公道，广施恩德，被天下人敬重爱戴，这不是我等善辩之士所期望的吗？"应侯又回答道："是。"

蔡泽见应侯连连答应，就说："一个人生前能享受荣华富贵，管理天下万事，还能健康长寿；死后天下人愿意继承他的遗志，让他的声名万古流芳，这才算得上建功立业吧？"应侯说："对。"

蔡泽说："说起秦国的商君，楚国的吴起，越国的文种，他们殚精竭虑，忍辱负重，效忠君王，可谓是忠义的榜样。然而，尽管他们都是忠臣，可他们的君王昏聩不明，导致他们没有好下场。世人只会说这三个人建功立业却不得好报，可没有人会羡慕他们的遭遇。"应侯这时点头称是。

蔡泽见应侯态度缓和，就趁势说："商君效力于秦孝公，吴起侍奉楚悼王、文种追随越王。那么您的君王是亲近忠良，厚待故人，不背信弃义的人吗？您是能治国安邦、开疆拓土、助君王成就霸业的人吗？"应侯说："我不知道。"

蔡泽说："您看，如今您的君王不如秦孝公等人亲近忠臣，而您的功绩也比不上商君他们，可您却享有高官厚禄，不知隐退，只怕下场会比他们三个更惨。俗话说'日中则移，月满则亏'。事物到达全盛时期后必然会衰败，这是自然规律。如今您的大仇得报，欠的恩情也已经还清，可是却没有谋划退路，我真替您担心。"

蔡泽最后说:"如今您担任秦国的宰相,身在朝堂便可运筹帷幄,牵制六国,使他们不能合纵相亲,从而让天下都畏惧秦国,秦国国势已经到了盛极之时,您的功劳也到达顶点了。如果这时还不引退,那么便是商君、吴起、文种那种结局了。要我说,您不如交还相印,主动让贤,然后隐居山林。这既能保全性命,还能留下美名。希望您三思!"应侯说:"承蒙先生教导,我恭听从命。"一番交谈过后,范雎请蔡泽入席,待为上宾。

　　几天之后,范雎就上朝面见秦昭襄王,说:"有位从山东来的辩士名叫蔡泽,是个很有口才的人。他对五霸的功业、世事的变化了如指掌。我见过很多人,没有人能赶得上他,就连我也自愧不如。我认为,可以将秦国的政务托付给他。"秦昭襄王听了范雎的话,对蔡泽很感兴趣,便召见了他,交谈之后授予他客卿之位。这时,应侯便趁机托病请求交还相印。尽管秦昭襄王再三挽留应侯,应侯还是执意要离开。

　　范雎走后,宰相之位空置,秦昭襄王就想到了蔡泽,便任命他为秦国的宰相。蔡泽果然不负所望,很快就灭掉了周朝。他在秦国只做了几个月的宰相,就有人恶语中伤,他担心被杀,就托病辞去宰相之位,被封为纲成君。就这样，蔡泽在秦国一住就是十多年，历经昭王、孝文王、庄襄王，最后服侍始皇帝。

亲近原典

《范雎蔡泽列传第十九》节选三

　　将见昭王，使人宣言以感怒应侯曰①："燕客蔡泽，天下雄俊弘辩智士也。彼一见秦王②，秦王必困君而夺君之位。"应侯闻，曰："五帝三代之事，百家之说，吾既知之，众口之辩，吾皆摧之，是恶乌能困我而夺我位乎③？"使人召蔡泽。蔡泽入，则揖应侯。应侯固不快④，及见之，又倨⑤，应侯因让之曰⑥："子尝宣言欲代我相秦，宁有之乎？"对曰："然。"

注释

　　①感怒：触怒，激怒。

　　②彼：他。

　　③恶：古同"乌"，怎么，如何。

　　④固：本来。

112

⑤倨：傲慢，倨傲。

⑥让：责备，责怪。

译文

　　蔡泽打算拜见秦昭襄王，就派人扬言来激怒应侯说："燕国游客蔡泽是天下英俊、善辩、明智的士人。他一见到秦王，秦王肯定会难为您，然后夺取您的官位。"应侯听后说："五帝三代的事情，百家的学说，我是都通晓的；众人的辩言，我都能折服它们。这个人怎能使我难堪并夺取我的官位呢？"应侯派人召见蔡泽。蔡泽进来了，只向应侯作揖。应侯本来就不高兴，看到他又很傲慢，应侯就斥责他说："您曾经扬言要取代我担任秦国的宰相，可有此事？"蔡泽回答说："有的。"

识典故

　　月满则亏：月亮到达满月之后就会逐渐亏损。比喻事物发展到极端，会向相反方向转化，典出《周易·丰》："日中则昃，月盈则食。"这个成语可做谓语、宾语。

访名人

蔡泽：战国时期秦相，燕国纲成（今河北张家口市万全区）人。蔡泽为人机智善辩，深谙"日中则昃，月满则亏"的道理。蔡泽以"狡兔死，走狗烹"说范雎，使其功成身退，后获范雎推荐任秦昭襄王相。最后又辞掉相位，定居秦国做小吏，历经秦昭襄王、秦孝文王、秦庄襄王、秦始皇四朝。蔡泽居留秦国十多年，秦始皇时，曾出使燕国，号为纲成君。

像蔡泽这样急流勇退辞相保身的还有谁？

15

乐毅列传第二十
功亏一篑

　　乐毅曾帅赵、楚、韩、魏、燕、秦六国军队攻齐，破齐后连下齐国城邑七十多座，都划为郡县归属燕国，只有莒和即墨两地负隅顽抗，久攻不下。诸葛亮就非常崇拜乐毅，常常以他自比，可见乐毅这人确实不简单。本节我们就来看看在燕昭王和燕惠王时期，乐毅都说了什么、做了什么，对我们又有什么启发。

　　乐毅的祖先曾是魏国大将。乐毅自幼便喜好军事，擅长领兵打仗。然而，当他被魏昭王委派出使燕国时，却留在燕国做了燕昭王的臣下。原来，燕国偏僻荒远，国土狭小，国力不强，在一次和齐国的战争中吃了败仗，燕昭王便记恨上齐国，发誓要向齐国复仇。为了打败齐国，燕昭王不惜自降身份，礼贤下士，大力招揽天下贤士。乐毅此行也受到了燕昭王的热情款待，一开始，他还推辞了一番，后来终于被燕昭王打动，成了燕国亚卿。

当时，齐湣王风头正劲，与秦昭襄王互不相让。齐国先打败了楚国，接着打垮了三晋。然后，齐国和三晋联手攻打秦国，又帮助赵国灭掉中山国、宋国。几番征战下来，把国土扩展了一千多里。在这种情况下，各诸侯国都盘算着背弃秦国，转而归附齐国。

此时，燕昭王想要攻打齐国，便询问乐毅。乐毅回答说："齐国还有霸主国的余威，国内地广人众，要想单独攻打齐国可不容易。大王非要进攻它的话，不如联合赵国、楚国和魏国。"燕昭王便派乐毅和赵惠文王订立盟约，另外派使臣联合楚国、魏国，再让赵国去游说秦国。各国其实也苦于齐湣王的骄横残暴，争着缔结合纵联盟，和燕国共同讨伐齐国。

乐毅回国报告情况后，燕昭王调动所有军队，派乐毅担任上将军，赵惠文王也将相国印授予乐毅。乐毅便统一指挥赵、秦、韩、魏、燕、楚六国的军队攻打齐国，在济西打败了齐军。齐湣王战败，逃到了莒邑，据城坚守。各国撤兵回国后，乐毅率领燕军孤军深入，在齐国国内攻城略地，一直打到临淄。

乐毅攻入临淄后，将齐国的金银财宝和祭祀用的礼器全部掠走，陆续运回燕国。燕昭王听说乐毅打了胜仗，大喜过望，亲自到济水边慰劳军队，犒赏士兵，还封乐毅做昌国君，最后下令让乐毅继续领兵攻占齐国的大小城池。就这样，乐毅在齐国国内攻城略地长达五年，占领了七十多座城池，把它们都划归燕国。齐国被打得奄奄一息，只剩下莒城和即墨。

◎点石斋刻《东周列国志》绣像插图《燕昭王像》

后来，燕昭王去世，他的儿子即位为燕惠王。燕惠王从做太子时就看不惯乐毅，这件事被齐国的田单得知后，他便派人在燕国实施离间计，造谣说："齐国只有两座城池没有被收服。乐毅之所以迟迟没有攻下莒城和即墨，是因为他和燕国的新君有嫌隙，不想回到燕国，所以才把战事一拖再拖。这样便能一直留在齐国，准备在齐国称王。其实，齐国并不担忧乐毅称王，只是怕燕国换别的将军前来。"燕惠王此前已经对乐毅拖延战事感到不满，如今受到挑拨，便派将军骑劫取代乐毅统兵，让乐毅速速返回燕国。

乐毅接到命令，知道燕惠王临阵换将是起了疑心，眼下让自己返回燕国，明摆着没安好心。他担心回到燕国会被杀，便投降了赵国。赵国意外得到一员大将，为了震慑燕国和齐国，让他们不敢轻举妄动，便对乐毅尊崇有加，将观津封给了他，封号为望诸君。

田单施展离间计成功，眼见乐毅与燕国翻脸，便放心对付骑劫。在后来的交战中，他设局迷惑燕军，在即墨城下大败骑劫，又借着这场胜仗，在士气高涨之时转战各地，陆续收复了齐国全部的城池，最后从莒城迎回齐襄王，回到了临淄。

◎乐毅兴兵复仇

事情闹到这个地步，燕惠王着实后悔让骑劫去替换乐毅，使燕军辛苦打下的城池重新被齐国夺了回去。另一方面，他心里也怨恨乐毅投降赵国，担心乐毅率领赵国军队来攻打燕国。于是，燕惠王派使者去拜见乐毅，想让他回心转意。

　　使者见到乐毅，传达燕惠王的话说："先王将整个国家托付给将军，将军为燕国打败齐国，为先王报仇雪恨，此举震惊天下，寡人怎么敢忘记将军的功劳呢！后来先王辞世，寡人刚刚即位，对政务还不熟悉，是身边的人传谣，才让我误会了您。况且，寡人派骑劫前去替换将军，原本是一番好意，是念在将军长期征战在外，所以召您回燕国休整一下，再与您共同谋划国事。然而将军不知道听了哪里的传言，与寡人有了嫌隙，便抛弃燕国归顺赵国。将军这样做，又该如何报答先王厚待您的情意呢？"

　　乐毅听完有所触动，又怕使者回国以后传错话，便写了一封回信给燕惠王。信上说："我听说，要封赏有功之臣，就要先对他进行考察，要交朋友，就要先观察他的举止品行。我当年出使燕国，留心观察到燕昭王的确是位优秀的君王，这才决定留在燕国。先王待我不薄，后来派我联合其他诸侯国攻齐，我没有辜负他的期望。常言说，君子绝交以后，彼此不说对方的坏话；忠臣离开本国以后，不为自己的名声辩解，所以我就算遭人非议，也不会恶言相向，更不会做对不起燕国的事。我只是担忧大王身边的人又来搬弄是非，因此提醒您多加提防。"

燕王看过信后，与乐毅冰释前嫌，还封乐毅的儿子乐间为昌国君。乐毅则往来于燕、赵两国之间。燕国和赵国都任命他为客卿。最终乐毅死在了赵国。

《乐毅列传第二十》节选

先王以为然①，具符节南使臣于赵②。顾反命，起兵击齐。以天之道，先王之灵，河北之地随先王而举之济上。济上之军受命击齐，大败齐人。轻卒锐兵，长驱至国。齐王遁而走莒③，仅以身免；珠玉财宝车甲珍器尽收入于燕。齐器设于宁台，大吕陈于元英，故鼎反乎历（lì）室，蓟丘之植植于汶篁④，自五伯霸已来，功未有及先王者也。

①以为然：认为是对的。

②具：准备，置备。

③遁而走：逃跑。

④篁：竹田。

译文

先王认为我的主张对，便准备好符节信物派我向南出使赵国。我回国复命后，随即出兵攻击齐国。幸得老天保佑，黄河以北土地上的兵士追随着先王全部到达济水岸上地区。济上的军队接受指令追击齐军，将齐军打得大败。轻装精锐的士兵长驱直入齐国的国都。齐王逃往莒城，仅他一人幸免于难；而珠玉财宝、战车兵甲、珍贵礼器全部被缴获归为燕国。齐国的礼器摆设在宁台，大吕钟陈列在元英宫，原来属燕国的大鼎又取回来放到磨室，燕都蓟丘所种植的竹子是从齐国的汶水移植来的，自五霸以来，功业没有人能比得上先王的。

明地理

即墨：今山东青岛市即墨区。即墨在周朝为夷国封地，后属莱国。齐国灭掉莱国后，即墨成为齐国城邑。战国时期，即墨城富庶繁华，可与齐国都城临淄媲美。秦始皇统一中国后置县，属胶东郡。

访名人

骑劫：战国时期燕国将领。乐毅伐齐，燕惠王中了离间计，对乐毅心生怀疑，临阵换将，任命骑劫接管兵权，进攻齐国。骑劫围困即墨城后，田单设计迷惑燕军，使燕军放松警惕，又以火牛阵奇袭成功，反败为胜，骑劫在此战中阵亡。

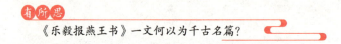

有所思
《乐毅报燕王书》一文何以为千古名篇？

16 廉颇蔺相如列传第二十一
智勇双全蔺相如

与蔺相如有关的著名历史事件有三个：完璧归赵、渑池之会、负荆请罪。本节说的是完璧归赵：蔺相如带着和氏璧来到了秦王的面前，却硬是靠着自己的一张嘴和一身胆又将和氏璧完好无缺地送回了赵国，其大无畏的气魄也确实令人折服。下面我们就来重温一下那个剑拔弩张、惊心动魄的历史场面。

战国末年，赵国和秦国实力相差悬殊，只能对秦国曲意逢迎，生怕惹怒秦国，引来灭顶之灾。

赵惠文王时，意外获得和氏璧。秦昭襄王得知后，派人送信给赵王，表示愿意用十五座城来交换和氏璧。赵王感到为难，于是召集大将军廉颇等大臣商量。众人讨论到，要是将和氏璧给秦国，恐怕秦国不会依照诺言交出城池，那样就是上当受骗；要是不交出和氏璧，又担心秦军以此为借口，发兵来攻打。

一番商议之后，众人也拿不定主意，赵国君臣只好决定找一个足智多谋的人去秦国回复这件事。这时，宦官令缪贤向赵王举荐家臣蔺相如，说此人能认清局势，还有勇有谋，是出使秦国的合适人选。

　　赵王听说后，急忙召见蔺相如，询问是否应该交出和氏璧。蔺相如说："秦国请求用城池换玉璧，如果赵国不答应，那就是赵国理亏。可如果赵国给了玉璧，而秦国不给城池，就是秦国理亏。两相比较下，还是答应秦国，这样赵国总归是占理的。"接着，蔺相如自告奋勇，请求带着和氏璧出使秦国。如果秦国不履行诺言，他承诺会将和氏璧完好地带回赵国。赵王把全部希望寄托在蔺相如身上，再三嘱托，然后送使团西去。

　　秦王听说赵国派人送来和氏璧，在章台接见了蔺相如。蔺相如恭敬地捧出和氏璧，进献给秦王。秦王见到这件稀世珍宝，开怀大笑，将玉璧给妃嫔与身边的人传看观赏，侍从全都高呼万岁。

　　见秦王随意玩赏和氏璧，却绝口不提补偿赵国城池的事，蔺相如觉得秦王毫无诚意。他不动声色地走上前说："玉璧上有瑕疵，让我指给大王看。"秦王便把璧交还给他。

蔺相如接过玉璧，后退几步靠在柱子上，怒发冲冠地质问秦王："大王千方百计地要得到和氏璧，如今却如此对待。原本赵国的大臣都说'秦国惯会仗势欺人，不过是用空话骗取和氏璧，根本不会割地给赵国'。但是我觉得，民间的交往尚且讲究诚信，何况是大国呢！而且两国因为一块玉璧闹得不高兴，这不合适。于是赵王就斋戒了五天，让我捧着玉璧，带着国书而来。可我到秦国，大王只在一般的宫殿里接见我，又只顾赏玩玉璧，丝毫没有主动给赵王十五城的诚意，我这才收回了玉璧。您的人如果再靠近一步，我当场撞碎玉璧！"

说着，蔺相如手持玉璧，做出要

◎蔺相如持和氏璧欲触柱

撞向柱子的动作。秦王怕他真的损坏玉璧，便连忙道歉，还让官员拿来地图，把十五座城池指给他看。然而，蔺相如并没有相信秦王，他觉得这只是秦王的缓兵之计，于是对秦王说："和氏璧是天下公认的宝玉，大王不能这样随随便便就接过去。既然赵王为送和氏璧斋戒五天，那么如今大王也应斋戒五天，在朝堂上举办典礼来接受玉璧。"考虑到获得和氏璧终究不能靠强夺，秦王只好答应了蔺相如的条件，并安排他住在广成馆舍。

五天后，秦王依照约定，在朝堂上安排了典礼，和群臣一起迎接和氏璧。然而蔺相如到来时两手空空，根本不见玉璧的踪影。原来，他早就派随

◎蔺相如完璧归赵

从换上粗布衣，怀揣着玉璧，从小路逃出，将玉璧送回赵国。蔺相如面对秦王，把事情的前因后果交代清楚，并表示甘愿受罚。秦王和大臣们面面相觑，愣在了原地，这时，侍从们反应过来，走上来要抓住蔺相如。秦王无奈地说："就算杀了他，也得不到玉璧，反而会影响到秦、赵两国的友好关系。算了，还是放他回赵国吧。"

就这样，蔺相如平安地回到了赵国，还履行了将和氏璧完好无缺带回来的承诺。不仅如此，他在强大的秦国面前还保全了赵国的颜面。赵王看他果真有勇有谋，于是任命他为上大夫。而关于和氏璧，秦国没有给赵国城池，赵国也没交出玉璧，最后这件事就不了了之了。

后来，秦国连续两年发动战争，夺取了赵国的石城，又杀死两万人。此时，秦王约赵王在渑（miǎn）池（今河南三门峡市）会谈。赵王畏惧秦国，迟迟不肯出发。廉颇、蔺相如则主张赵王应该赴约，否则会显得赵国软弱怯懦。廉颇和赵王约定，这趟去秦国，往返路程加上会见仪式不会超过三十天。如果赵王三十天还不回来，就拥立太子为王，确保赵国安定。而这趟渑池之会，蔺相如会随赵王同行。

在宴会上，秦王得意非凡，就在畅饮美酒的时候，趁着酒劲说道："我听说赵王爱好音乐，请弹奏瑟吧！"赵王迫于无奈，只好弹起了瑟。秦国御史见此情景，连忙记录："某年某月某日，秦王与赵王一起喝酒，命令赵王弹瑟。"

蔺相如见赵王受辱，走上前说："赵王听说秦王善于演奏秦地的乐曲，也请秦王击缶（fǒu），一起奏乐娱乐。"秦王当即拉下脸来，满面怒色。然而蔺相如态度坚决，捧着缶走上前，并跪下请秦王演奏。

秦王拒绝敲缶。蔺相如厉声说："秦王若不击缶，你我相距不过五步，蔺相如必要血溅当场！"秦王的左右侍从恼恨他无礼，纷纷拔剑要杀他。蔺相如双眼圆睁，大声呵退众人。秦王被闹得很没面子，只好敲了一下缶。蔺相如就指示赵国御史做记录："某年某月某日，秦王为赵王击缶。"

秦国的大臣不肯善罢甘休，说："请赵王用十五座城池给秦王祝寿。"蔺相如立刻反击说："请用秦国的咸阳城给赵王祝寿。"就这样，两国针锋相对，秦王每一次出击都被蔺相如驳倒，直到酒宴结束，都没能压倒赵国。赵国蔺相如由此名声大振。

亲近原典

《廉颇蔺相如列传第二十一》节选一

秦王坐章台见相如，相如奉璧奏秦王①。秦王大喜，传以示美人及左右，左右皆呼万岁。相如视秦王无意偿赵城，及前曰："璧有瑕，请指示王②。"王授璧，相如因持璧却立③，倚柱，怒发上冲冠，（略）持其璧睨柱④，欲以击柱。秦王恐其破璧，乃辞谢固请，召有司案图，指从此以往十五都予赵。

注释

①奉：恭敬地捧着。
②指示：指出给某人看。
③却：向后退。
④睨：斜眼看。

译文

秦王坐在章台接见蔺相如，蔺相如捧着和氏璧进献秦王。秦王大喜，将璧递给妃嫔与左右侍从观赏，侍从全都高呼万岁。蔺相如看出秦王没有用城池给赵国补偿的诚意，便走上前说："璧上有瑕疵，让我指给大王看。"秦王将璧交给他。蔺相如就手持玉璧，后退几步站定，身体靠在柱子上，（略）手持玉璧，斜视殿柱，正打算用它撞击殿柱。秦王怕他撞碎玉璧，便连忙道歉，再三请求不要撞碎玉璧，招来掌管图籍的官员察看地图，指着从这里起到那里止的十五座城池要将其划给赵国。

明 地 理

渑池：现今河南省三门峡市渑池县，名字来源于古水池名。春秋时期，渑池先后属虢国、郑国，后归入韩国。秦赵两国曾在此会盟和谈。古秦赵会盟台遗址现位于县城以西。秦时置黾池县，属三川郡。

完璧归赵：将完好的玉璧从秦国带回赵国。比喻把物品完好地归还主人。典出《史记·廉颇蔺相如列传》。秦国得知赵国得到稀世珍宝"和氏璧"，提出用十五座城交换。赵王畏惧秦王，不得不交出和氏璧。蔺相如承诺一定会将和氏璧完好无损地带回赵国。到秦国后，蔺相如不顾自身安危，与秦王斗智斗勇，终于保全和氏璧。回到赵国后，蔺相如获封上卿。这个成语作谓语或宾语，含褒义。

有所思

"将相和"的主角蔺相如是赵国相国吗？

17 廉颇蔺相如列传第二十一
良将廉颇

　　廉颇从历史中走出来，被我们所熟知正是因为"负荆请罪"和"廉颇老矣，尚能饭否"这两个典故，本文讲的也正是这两个故事。从这两个故事中，我们能更全面地了解廉颇这个人。人无完人，金无足赤，纵然是一代名将也会犯错误。好在廉颇能屈能伸，最终书写了他与蔺相如之间"负荆请罪"的千古佳话。

　　蔺相如几次反击秦国，可以说让赵国在诸侯国之间真正地扬眉吐气。赵王因此对他大加赏赐，封他做了上卿，一时风光无限。然而，蔺相如也因此招来了赵国老将廉颇的不满。

　　廉颇屡立战功，被封为上卿，没想到蔺相如后来居上，位次竟然在他之上。他心里想不通，便和身边人抱怨："我为国出生入死，浴血沙场，而蔺相如只不过凭着能说会道，立了一点功劳，凭什么他的地位比我尊贵。况且蔺相如原本身份低微，如今我位居他之下，这真是莫大的羞辱。"于是扬言说："如果让我遇见蔺相如，我一定要教训他。"

◎点石斋刻《东周列国志》绣像
插图《廉颇像》

蔺相如得知后，非但没有生气，而且尽量避免和廉颇碰面。每逢上朝时，他常常推说有病，不愿跟廉颇发生冲突。有一次，蔺相如外出，远远地看到廉颇，便连忙掉转车头回避。

一段时间后，蔺相如的门客感到愤愤不平，向他进言说："我们之所以追随您，就是仰慕您的机智和果敢。可是，现在廉将军屡屡口出恶言，您与他同为上卿，却怕他怕成这个样子。普通人尚且要尊严，何况是您这样地位尊贵的人。您能忍，我们忍不了，请让我们告辞离开吧。"

蔺相如不急不气，好言挽留他们说："诸位认为廉将军与秦王相比谁厉害？"门客们回答说："当然是秦王更厉害。"蔺相如说："威严如秦王，我都敢当面大声呵斥他，并且羞辱秦国群臣。你们只看到我三番五次退让，却没有仔细想过原因。难道我真的是怕廉将军吗？其实，我考虑的是，秦国如此霸道，却不敢对赵国用兵，就是因为有我们二人在呀。如果两只老虎互相争斗，势必不能共存，如果我们二人不和，秦国必然会乘虚而入。我这样做，是把国家的利益放在前面，而我个人的荣辱相比之下就算不上什么了。"

蔺相如的这番话传到廉颇这里，他感到万分羞愧。为了求得原谅，廉颇除去上衣，袒露上身，背上荆条，亲自到蔺相如家中请罪。见到蔺相如后，他下拜说道："我见识浅薄，品格卑下，竟然不知道您如此心系赵国。以往我一再挑衅，您都不与我一般见识。您真是太宽宏大度了。"蔺相如连忙搀扶起廉颇，好言劝慰，二人从此和好，结成了生死与共的朋友。

之后的几年，廉颇和蔺相如数次征战，出兵齐国、魏国，为赵国夺得了不少土地。可是，遇上秦国之后，赵国却遭遇了前所未有的危机。秦军在长平大败赵军，杀死俘虏四十万人。

这一战之后，连燕国都蠢蠢欲动。燕王听从了大臣的建议，认为赵国的青壮年损失殆尽，国内兵力严重不足，便趁机发兵攻了过来。赵国则派廉颇领兵，不仅成功抵御住进犯的燕军，还一口气包围了燕军。赵国打得燕国只好乖乖投降，以五座城池求和，赵国这才答应停战。

人们都觉得廉颇立下如此多的功劳，赵王一定颇为器重他，给他高官厚禄，让他安享晚年。可事实上，廉颇晚年过得并不如意，可以说看透了世态炎凉。在长平之战打到一半时，赵王听信了秦国散播的谣言，临阵换将。廉颇内心又生气又郁闷，可谓五味杂陈，而他的门客见他失势，都离开了他。直到他重新被起用，门客们又闻讯赶了回来。廉颇这下看明白了，这些人看到谁的权势大就会去投奔追随谁，谈不上什么忠诚，于是便冷着脸拒绝了他们。

这时候赵惠文王已经去世多年，王位传到了他的孙子赵悼襄王这里。结果在一次战斗中，赵悼襄王也闹出了临阵换将的事，派乐乘接替廉颇。廉颇一怒之下，和乐乘发生内讧，居然领兵和乐乘打了起来。这一仗打完，廉颇也有点后悔，眼见着赵国待不下去了，便转头投奔了魏国，然而始终得不到信任和重用。

后来，赵国屡次被秦军围困，难以招架，赵王便有了请廉颇回来的想法，于是派使者去探望廉颇，看看他如今的状态还能否委以重任。廉颇得知赵国有意迎他回国，自然是大喜过望。然而，廉颇的对头郭开不希望他回来，于是用重金贿赂使者，嘱咐使者诋毁廉颇。

廉颇接待了赵国使者，当着他的面一顿吃下一斗米的饭、十斤肉，又披甲上马，表示自己依然身强体壮。然而，使者回去向赵王报告时，却换了一套说法，他说廉将军尽管上了年纪，但饭量还是不错，只不过会面这一会儿的工夫，就上了三次厕所。赵王听了不禁摇头，认为廉颇老了，便再也没提召回他的事情。

楚国听说廉颇在魏国，暗中派人接他到楚国，做了楚国将军。然而，廉颇在楚国并没有立下什么战功。他常常遗憾地说："我还是希望能指挥赵国的士兵打仗啊。"最终，廉颇死在了楚国都城寿春（今安徽寿县）。

亲近原典

《廉颇蔺相如列传第二十一》节选二

相如曰："夫以秦王之威，而相如廷叱之①，辱其群臣，相如虽驽②，独畏廉将军哉？顾吾念之，强秦之所以不敢加兵于赵者，徒以吾两人在也③。今两虎共斗，其势不俱生④。吾所以为此者，以先国家之急而后私仇也。"廉颇闻之，肉袒负荆，因宾客至蔺相如门谢罪。曰："鄙贱之人，不知将军宽之至此也⑤。"卒相与欢，为刎颈之交。

①叱：大声呵斥。

②驽：驽钝，不聪明，是一种自谦的说法。

③徒：只是。

④势：势必。

⑤宽：宽厚，宽容。

译文

蔺相如说："像秦王那样威严的人，我都敢在朝堂上大声呵斥他，羞辱他的群臣，相如尽管无能，难道会怕廉将军吗？然而我考虑到，强大的秦国之所以不敢对赵国用兵，就是因为有我们二人在呀。假若两只老虎互相争斗，势必不能共存。我这样做，是因为把国家的急难放在前面，把个人的仇怨放在后面。"廉颇得知后便袒露上身背上荆条，由宾客引到蔺相如家中请罪。廉颇说："我是个浅薄卑贱的人，想不到将军您是如此的宽厚啊。"二人终于和好，结成了生死与共的朋友。

刎颈之交：刎颈的交情。比喻可以同生死、共患难的朋友。该词出自《史记·廉颇蔺相如列传》，词源是《东周列国志》中杜伯和左儒的故事。周宣王时期，杜伯和左儒同为朝廷重臣。有一次，杜伯触怒周宣王，招来杀身之祸。左儒为他求情，周宣王不听劝谏，执意杀死杜伯。左儒回到家中自刎追随好友。这个成语可作宾语。

寿春：先秦称寿地，系楚国最后一个都城。秦国于前278年攻入楚都郢，楚顷襄王迁都于陈（今河南淮阳县）。

前241年，楚考烈王迁都至更东面的寿地。寿地原为六、蓼国地，楚襄王三十年（前622年）楚灭六、蓼，地入于楚；楚景王十六年（前529年）吴国攻占楚国州来，并进占寿地；楚敬王二十七年（前493年）蔡为避楚求吴翼护，迁都州来，州来改称下蔡，寿地属蔡；楚贞定王二十二年（前447年）楚灭蔡，寿地复入于楚。楚考烈王二十二年（前241年），楚迁都寿地。楚国遵循国都以郢为名的惯例，将寿地命名为郢。秦王政二十四年（前223年）秦亡楚；两年后秦划江淮及其以南地区为九江郡，置寿春县，为郡治。

有所思

战国将星廉颇起初是如何在军中扬名的？

史记

青少年版

列传三 | 穷达以时 |

〔西汉〕司马迁 / 原著

王 昊 王建明 / 编著

SPM 南方出版传媒
广东人民出版社

· 广州 ·

图书在版编目（CIP）数据

史记：青少年版 / 王昊，王建明编著 . — 广州：
广东人民出版社，2022.3

ISBN 978-7-218-15419-0

Ⅰ . ①史… Ⅱ . ①王… ②王… Ⅲ . ①《史记》－青
少年读物Ⅳ . ① K204.2-49

中国版本图书馆 CIP 数据核字（2021）第 247411 号

SHIJI:QINGSHAONIAN BAN

史记：青少年版

王昊　王建明　编著

出 版 人： 肖风华

责任编辑： 李力夫
责任技编： 吴彦斌　周星奎
装帧设计： 智慧树

出版发行： 广东人民出版社
地　　址： 广州市海珠区新港西路 204 号 2 号楼（邮政编码：510300）
电　　话： （020）85716809（总编室）
传　　真： （020）85716872
网　　址： http://www.gdpph.com
印　　刷： 涿州市旭峰德源印刷有限公司
开　　本： 880mm×1230mm　1/32
印　　张： 36　**字　　数：** 835 千
版　　次： 2022 年 3 月第 1 版
印　　次： 2022 年 3 月第 1 次印刷
定　　价： 198.00 元（全 8 册）

如发现印装质量问题，影响阅读，请与出版社（020-85716849）联系调换。
售书热线：（020）85716826

01

廉颇蔺相如列传第二十一
虎父犬子

　　常言道："虎父无犬子"，但历史上有不少虎父生犬子的闹剧。战国时期的赵国就有这样一对父子，他们分别是赵奢和赵括。本节主要写了赵奢的秉公执法和善于用兵。与之相对应是，其儿子赵括根本不懂得随机应变，就连赵括的母亲都说他不会带兵打仗。下面我们就来认识下这对虎父犬子吧。

　　赵奢是赵国一个负责征收田租的官吏。有一次平原君家不肯交租，赵奢依法处置，杀了平原君家里九个管事的人。平原君大怒，想要杀赵奢泄愤。赵奢毫无畏惧，对平原君说道："您是赵国的公子，如果您带头不交租，不遵守国家法令，就会使国法削弱，国法削弱就会导致国家衰弱；国家衰弱，各诸侯国就会趁机进兵侵犯；各诸侯国进兵侵犯，赵国就会灭亡；国家灭亡，您的财富还能保得住吗？反过来，如果您身居高位，还能做到奉公守法，就会使全国上下公平；

◎《马氏族谱》载《周受姓始祖奢公像》

上下公平，国家就会强盛；国家强盛，赵国的统治就会稳固。这样，您作为国君的亲戚，也会为天下人所敬仰。"听完这一席话，平原君认为赵奢很有才干，便向赵王推荐赵奢。赵王让赵奢掌管全国赋税。没过多久，赵国便在赵奢的管理下变得赋税公平，民众富足，国库充实。

后来，秦国进攻韩国，军队驻扎在阏与。赵王召见廉颇，问道："有什么办法解救韩国吗？"廉颇回答道："阏与路途遥远，道路险峻、狭窄，想要救韩国很难。"然后，赵王又问乐乘，乐乘的回答与廉颇一样。接着，赵王又召见赵奢询问。赵奢回答说："阏与路途遥远，道路险峻、狭窄，去救援就如同两只老鼠在洞里争斗，哪边勇猛哪边就会获胜。"听完赵奢的回答，赵王很开心，立即派赵奢领兵，前去救援韩国。

赵奢率领军队刚离开邯郸三十里，就向全军下令："从现在开始，谁敢向我提出发兵的言论，就将被处以死刑。"

此时的秦军驻扎在武安西边，击鼓呐喊和训练士兵的声音把武安的屋瓦都震动了。这时，有一名侦察兵建议急速救援武安，赵奢直接把他杀掉了。赵奢的军队坚守营垒，在原地逗留了将近一个月，而且还在继续加筑营垒。秦军的间谍潜入赵军的营地，赵奢用美食款待后又遣送他回去。间谍将这些情况向秦军将领报告，秦将很高兴，说："赵国的军队离开国都三十里就不前进了，只顾着加筑堡垒，看来赵国跟阏与无缘了。"

赵奢遣送走秦军的间谍之后，就下令全军卸下铠甲，轻装向阏（yān）与进发，只用了两天一夜就到了阏与附近，然后在距离阏与五十里的地方扎营，修筑营垒。秦军得到消息，全副武装，倾巢出动。

又有一个名叫许历的军士向赵奢提出建议，说："秦军没想到我们会来到这里，但他们的士气很盛，将军一定要集中兵力严阵以待。否则，我们会失败。"

赵奢说："我接受你的建议。"

许历接着说："我违反了您下的军令，请按军令处死我。"

赵奢回答："等回到邯郸后再处置。"

许历又请求进言："这场战争，只要我军能抢先占领北山，定能取胜。"

　　赵奢采纳了他的建议，派出一万人迅速占据北山。秦军到来后，想要夺下山头却始终攻不上去。赵奢趁机出兵攻打秦军，果然大败秦军。秦军不得不撤军，而韩国的危机也随之解除。回到赵国后，赵奢被封为马服君，品阶堪比廉颇和蔺相如。

　　又过了几年，秦军与赵军在长平对峙。这时候，赵奢已经死了。赵王派遣廉颇率兵攻击秦军，秦军几次击败赵军，赵军便坚守营垒不出战。秦军屡次挑战，廉颇都置之不理。秦国的间谍在赵国散布谣言，说："秦国最害怕的就是马服君赵奢的儿子赵括做将军。"赵王正愁着前线战况没有进展，便听信了谣言，用赵括替换廉颇。蔺相如带着重病劝谏赵王，说："赵括只会读他父亲留下的兵书，并不懂得随机应变。"就连赵括的母亲也上书，说他不会带兵打仗，但赵王还是坚持任命赵括为将。

　　赵括来到军营里，把廉颇下达的命令都改了，还把军吏也都撤换了。秦国大将白起得知后，调遣奇兵，假装败逃，然后切断赵军的运粮道路。赵军被分割成两半，首尾不能相顾，军心很快就涣散了。过了四十多天，赵军全军缺粮挨饿，赵括就出动精兵，亲自率领兵士和秦军搏斗。结果，赵括被秦军射杀，赵军大败，几十万赵军全部投降。

《廉颇蔺相如列传第二十一》节选三

及括将行①，其母上书言于王曰："括不可使将。"王曰："何以？"对曰："始妾事其父②，时为将，身所奉饭饮而进食者以十数，所友者以百数，大王及宗室所赏赐者尽以予军吏士大夫，受命之日，不问家事。今括一旦为将，东向而朝③，军吏无敢仰视之者，王所赐金帛，归藏于家，而日视便利田宅可买者买之。王以为何如其父？父子异心，愿王勿遣。"王曰："母置之④，吾已决矣。"括母因曰："王终遣之，即有如不称，妾得无随坐乎？"王许诺。

注释

　　①及：等到，到了。
　　②事：侍奉。

③东向：面向东方。古代，宾主之间的座次，以东向最尊，南向次之，再次为北向，西向为侍坐。

④母：古代对女性年长者的泛称。

译文

　　到赵括将要起程时，他的母亲上书给赵王，说："赵括不适合派去做将领。"赵王说："为什么？"赵母回答说："当初我侍奉他父亲，那时他父亲是将军，亲自捧着食物饮料招待宾客，所招待的宾客数以十计，被他当作朋友的数以百计，大王与王族赏赐的东西，全部分给军吏与僚属，从接受命令的那天起，就不再过问家事。现在赵括刚一当上将军，就面向东坐着接见部属，军吏没有敢抬头看他的。大王赏赐的金钱、丝织品等，赵括都带回家收藏起来，而且天天留意便宜有利可图的田地房产，能买的就买下它。大王您看这哪里像他父亲？父亲、儿子的心志不同，希望大王不要派遣他。"赵王说："老夫人放心吧，我已经决定了。"赵括的母亲趁机说："大王一定要派遣他，要是他有不称职的情况，我能不受株连吗？"赵王答应了。

识典故

纸上谈兵：比喻空谈理论，并不能解决实际问题。战国时期，赵国名将赵奢有个儿子，名叫赵括。赵括从小学习兵法，谈起用兵，就连他的父亲赵奢也说不过他。但赵奢说："赵国如果任用赵括为将，那么使赵国失败的人就一定是他。"后来秦国与赵国爆发长平之战，赵王听信谣言，任命赵括为将领，将廉颇替换了下来。但赵括只会空谈理论，完全没有实际领兵作战的经验。赵括变守为攻，结果被秦军打败，连自己也被当场射杀。赵国在此战后急剧衰落。

明地理

上党：山西省东南部地区的古称，上党地区因其地理位置成为军事重地。在战国时期，上党归赵国所有，而西面的秦国则对上党地区觊觎已久。只要控制了上党地区，秦国就可以轻易地对四周各国发起攻击。秦国发起多次进攻，但始终被拦在防线之外。前260年，赵国将镇守上党地区的主将廉颇换为赵括，赵括转守为攻。秦军将领白起命令士兵假装败逃，将赵括主力引出防线。又派两路人马绕道赵军防线背后，拦截赵军后勤部队和邯郸方向的援军，成功将赵军主力围困。赵军缺粮断水46天，在赵括突围被杀后全部投降，最终25万人被秦军活埋。秦国历时三年终于夺下上党地区，为之后统一六国打下了坚实基础。

与赵括纸上谈兵相比，项羽是怎么做的？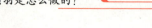

02

廉颇蔺相如列传第二十一
李牧蒙冤

战国末期，李牧是赵国赖以生存的唯一良将，历史上有"李牧死，赵国亡"的说法。本节写了李牧早期镇守赵国北部边疆时，前期养精蓄锐，避敌锋芒，不与匈奴正面对抗，因此匈奴好几年都一无所获；后期李牧练成一支劲旅，大败匈奴，又使匈奴十多年不敢靠近赵国边境。由此不难看出，李牧此人确实称得上是军事家。

战国时期，赵国有两大名将——廉颇和李牧。其中，李牧北击匈奴，西抗强秦，是支撑赵国危局的最后一根支柱，却惨遭陷害，令人惋惜。

早年，李牧负责镇守赵国北部边疆，长年驻扎在代地雁门郡，抵御匈奴。在驻地，他有权任免官吏，处置税收。他将所有的税收收入都用来充当军队的经费。李牧对待手下的士兵非常好，他每天都宰几头牛犒赏士兵，还教士兵骑马、射箭。他命令士兵精心把守烽火台，常常派出间谍

◎点石斋刻《东周列国志》绣像
插图《王敖反间杀李牧》

侦察敌情。

但李牧却从不主张与匈奴正面对抗，他制订出规章说："如果匈奴侵入边境，必须立刻退入营垒坚守，有胆敢出去迎战的一律斩首。"于是，匈奴每次入侵，烽火台就起烽火报警，士兵们随即进入营垒固守，不敢出战。这样过了好几年，都没有什么伤亡和损失。可是也因此，匈奴认为李牧胆小怯战，甚至李牧手下的士兵也有这种看法。赵王责备李牧，李牧却充耳不闻，一如既往。赵王很生气，便召他回京，派别人代替他。

之后的一年多，匈奴每次侵入边境，新任将领就出兵交战。结果大多失败，赵军伤亡很多，还导致边境人民无法按时耕种、放牧。这时，赵王不得不请李牧重新出任边将，李牧则闭门不出，坚持说自己有病。赵王无奈，只能威逼李牧赴任。李牧说："如果大王非要用我，那就得允许我继续像以前那样做，我才敢接受任命。"赵王答应了他。

李牧来到边境，按照原来的策略行事，坚守营垒，拒绝出战，匈奴好几年都一无所获。赵国的军士们都士气高涨，但仍然觉得这种策略过于胆怯。士兵们时常得到奖赏却不想使用，都宁愿和匈奴一战。

而李牧似乎也觉得是时候反击了，他命人精心挑选了一千三百辆战车和一万三千匹战马，又集合了善于冲锋陷阵的步兵五万人和善于射箭的弓兵十万人，将他们全部组织起来进行训练，准备与匈奴决战。李牧派遣牧民放牧，让牧民遍布山野，引诱匈奴出击。匈奴果然派出人马入侵，李牧又命令士兵假装败逃，故意丢下几千人给匈奴。获得胜利后，匈奴开始轻敌，匈奴单于率领大批人马入侵。李牧则布下大量奇兵，从左右包抄反击匈奴，大败匈奴，斩杀匈奴十几万人马。随后李牧灭了襜（chān）褴（lán），击败东胡，迫使林胡投降，打得匈奴单于落荒而逃。此后的十多年里，匈奴都不敢靠近赵国边境上的城池。

后来，廉颇和乐盛相继出逃，赵国没有其他优秀将领可以担当重任。而秦王政即位后，秦国加快了统一六国的步伐。秦王派桓齮（yǐ）攻克了赵国的平阳和武城，斩杀赵军十万人，还杀死了赵将扈辄。第二年，桓齮乘胜进击，深入赵国，攻克了赤丽和宜安，直逼邯郸。赵王便任命李牧为大将军，在宜安阻击秦军。李牧认为秦军连战连胜，士气高涨，与秦军正面对抗很难取胜。于是，李牧命令士兵坚守营垒，等秦军露出疲态再趁机反攻。秦将桓齮知道己方深入赵国境内，不能打持久战，而应当速战速决。他率领秦军主力进攻肥下，企图迫使赵军救援肥下。但李牧一眼便看出了秦军的计谋，趁机攻占了秦军的大本营，俘获了秦军的留守士兵和粮草辎重。秦军不得不回返，这正中李牧下怀。经过激烈战斗，赵军大破秦军。李牧因此被封为武安君。之后，秦军进攻番吾，再次被李牧打败。

　　过了几年，赵国爆发地震和饥荒，秦国趁机大举入侵赵国。秦王派王翦率军进攻赵国，赵王派李牧、司马尚抵御秦军。秦王命人向赵王的宠臣郭开贿赂了很多金钱，实施反间计，说李牧、司马尚打算叛乱。赵王就用赵葱和颜聚接替李牧。李牧拒不奉命，赵王便派人秘密逮捕李牧，将他处死了。三个月后，王翦乘机猛攻赵国，大败赵葱的军队，俘虏了赵王迁，赵国从此灭亡。

近原典

《廉颇蔺相如列传第二十一》节选四

赵悼襄王元年，廉颇既亡入魏，赵使李牧攻燕，拔武遂、方城。居二年，庞煖_暄破燕军，杀剧辛。后七年，秦破杀赵将扈辄于武遂，斩首十万。赵乃以李牧为大将军，击秦军于宜安，大破秦军，走秦将桓齮①。封李牧为武安君。居三年，秦攻番吾，李牧击破秦军，南距_拒韩、魏。

赵王迁七年，秦使王翦攻赵，赵使李牧、司马尚御之。秦多与赵王宠臣郭开金，为反间，言李牧、司马尚欲反。赵王乃使赵葱_葱及齐将颜聚代李牧。李牧不受命，赵使人微捕得李牧②，斩之。废司马尚。后三月，王翦因急击赵，大破杀赵葱_葱，虏赵王迁及其将颜聚，遂灭赵。

注释

①走：赶跑，击退。

②微捕：伺察捕获。微：暗中。

译文

　　赵悼襄王元年，廉颇已经逃到魏国之后，赵国派李牧攻打燕国，攻克了武遂和方城。过了两年，庞煖打败燕军，杀掉其将领剧辛。又过了七年，秦军在武遂打败并杀死赵将扈辄，斩杀赵军十万人。赵国便派李牧为大将军，在宜安进攻秦军，大败秦军，赶走秦将桓齮。李牧被封为武安君。又过了三年，秦军进攻番吾，李牧击败秦军，又向南抵御韩、魏两国的入侵。

　　赵王迁七年，秦国派王翦进攻赵国，赵国派李牧和司马尚御敌。秦国用大笔金钱收买赵王的宠臣郭开，让他做反间的工作，进谗言说李牧、司马尚图谋反叛。赵王便派赵葱和齐国将军颜聚接替李牧，李牧抗旨，赵王派人暗地里趁李牧没有防备捉住了他，并把他杀了。还撤了司马尚的官职。三个月后，王翦乘机猛攻赵国，大败赵军，杀死了赵葱，俘虏了赵王迁和将军颜聚，最后灭掉了赵国。

格古物

　　鹰顶金冠： 鹰顶金冠是迄今为止发现的唯一的"胡冠"实物和"胡冠"标本。鹰顶金冠由冠顶和冠带两部分组成。冠顶呈半球面形，上面雕有四狼吃羊图案，冠顶中央立着一只展翅的雄鹰。冠带由三条半圆形绳索式金带拼合而成，三条金带末端分别雕有老虎、羊和马，而它们的动作都是卧在地上，暗含对雄鹰的臣服。这件鹰顶金冠体现了战国时期北方草原民族贵金属工艺、设计制造的最高水平，反映了匈奴人崇尚勇武和能征善战的民族性格，见证了我国古代北方草原游牧民族灿烂辉煌的文明。

明地理

　　楼烦： 北狄的一支，约在春秋之际建国，其疆域大致在今山西省西北部的保德、岢岚、宁武一带。战国时期，列国间战争频仍，兼并之势愈演愈烈，楼烦国以其兵将强悍，善于骑射，始终立于不败之地，并对相邻的赵国构成极大威胁。于是，赵武灵王萌生了向楼烦等部落学习，推行"胡服骑射"的构想。后楼烦国为赵武灵王所破，归属赵国，楼烦这个地名就在这一带以郡、州、县、镇一直延续至今。

名句"廉颇老矣，尚能饭否"出自哪里？

田单列传第二十二
田单复齐

　　田单是齐国田氏王族的远房亲属，刚开始他只是都城临淄市的一个管理市场的小官，并不被重用。但是金子总会发光的，没承想，田单最后却成了挽救齐国于危亡的最后一张王牌。本节我们就来看看小人物田单是如何凭借着自己的聪明才干收复了齐国沦陷的七十多座城池，并迎来齐襄王的。

　　前286年，齐国吞并宋国，致使齐湣王成了众矢之的，秦、赵、燕等五国发军伐齐，齐国大败，其中四国都相继退军，唯独燕国没有退军。这是为什么呢？原来先前燕国内部发生叛乱，国家虚弱，齐国趁机攻入燕国都城，甚至企图灭掉燕国，因此齐国与燕国结下仇怨。

　　燕国将领乐毅先是攻占齐国都城，又在半年内攻下齐国数十座城池，城内人民争相出逃。在逃亡过程中，很多人因为车轴断裂、车身毁坏而被燕军俘虏。只有田单和自己的族人因为用铁皮罩保护着车轴，而得以逃脱，退守在即墨城中。这时候，齐国只剩莒城和即墨两个城没有被攻下。燕军听说齐王躲在莒城中，便调集兵力猛攻莒城。但此时楚国前来援救齐国的军队到了，楚将淖齿在莒城中杀了齐王以后，就据城坚守，抗击燕军，坚持了好几年，燕军始终无法攻

◎点石斋刻《东周列国志》绣像插图《驱火牛田单破燕》

下莒城。燕军只好转移兵力，去进攻即墨。即墨的守城官吏出城迎战，结果战败身亡。

于是，城里人都推田单当首领，说："之前，田单的族人用铁皮保护车子得以逃脱，由此可见田单很会用兵。"田单被推举为将军，代领即墨城最后的力量抗击燕军。

不久，燕昭王死去，惠王即位，他和乐毅关系不和。田单得知后，便乘机在燕国实施反间计，散布谣言说："齐

王已经死了，齐城没有被攻克的只剩下两个而已。乐毅是怕被国君杀掉，因此不敢回国。他之所以不立即攻下这两座城，其实是想延长战争，在齐国称王。齐国人心尚未归附，才暂缓攻打即墨，以便等待时机成熟在齐国称王。齐国人只担心燕国派遣其他将领来，那样即墨城就必破无疑了。"燕王得知后，就调派骑劫接替乐毅，而乐毅则被迫逃亡赵国。

田单又命令城中的居民在吃饭之前先在庭院里祭祀祖先，天上的鸟儿都在即墨城的上空盘旋，然后下来啄

◎明刻本《东周列国志》插图《田单火牛复齐》

食祭品。燕国人看到这幅情景，都感觉奇怪。田单又乘机扬言说："将会有神仙下界，来指导我打败燕军。"并告诉城里人说："一定会有一个神人来做我的老师。"有个士兵说："我可以当您的老师吗？"说完就转身而去。田单立马起身，拉他回来，请他坐在面向东方的上座，并拜他为师。那士兵说："其实我欺骗了您，我一点儿本领也没有。"田单说："你不要说破就行。"之后，田单每次发号施令，都宣称是神师的旨意。

田单又扬言说："我们最怕的是燕军把所俘虏的齐兵的鼻子割掉，然后把他们放在队伍的前列，来与我们交战，那么即墨就要失败了。"燕国人听到这话，觉得很有道理，就照传言所说的做了。城里的人看到同胞的鼻子都被割掉了，个个义愤填膺，防守得更为严密，生怕被燕军俘虏。田单继续扬言说："我很害怕燕国人挖掘我们城外的祖坟，侮辱我们祖宗。"燕国人闻言果然将城外所有的坟墓挖开，焚烧尸骨。即墨人从城头上看到那情景，都痛哭流涕，极为愤怒，要求出城决战。

至此，田单知道城里的士兵可以出城迎战了，但还需要削弱敌军。田单命令披甲的士兵都藏起来，让老弱残兵

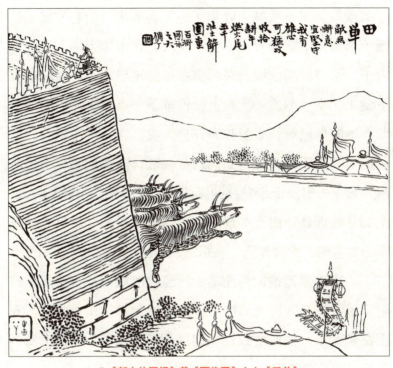

◎《新中外画报》载《百将图》之六《田单》

和妇女儿童上城防守，再派出使者去燕军营地假意投降，燕军得知后非常高兴。田单又命人收集黄金，交给城中有名望的富豪去送给燕国将军，说："即墨就要投降了，希望你们进城之后，不要掳掠我们家族的妻妾，保证她们的安全。"燕军更加高兴，因此放松了戒备。

随后，田单从城中收集了一千多头牛，给它们披上红绸子衣服，上面画着五彩龙形花纹，在牛角上绑上锋利的刀子，又将浸满油脂的芦苇绑在牛的尾巴上，还在城墙脚下凿了几十个洞。一天晚上，田单下令点燃牛尾巴上的芦苇，牛的尾巴被烧得发热，狂性大发，直奔燕军营中。牛尾巴上的火将黑夜照得如同白昼一般，燕军从睡梦中被吓醒，只见一群身上带龙纹的庞然大物闯进来，被触及的人，全都非死即伤。而在牛群后面，则是即墨的守城将士。燕军非常害怕，大败而逃，燕军将领骑劫也在混乱中被杀死。

齐国人紧追逃散的燕军，所经过的城池都背叛燕国归附田单，最终齐国沦陷的七十多座城池都被田单收复。齐王已经死了，他们便到莒城迎接新王齐襄王。齐襄王回到都城，重重赏赐田单，封田单为安平君。

亲近原典

《田单列传第二十二》节选

田单知士卒之可用，乃身操版插[1]，与士卒分功，妻妾编于行伍之间，尽散饮食飨士[2]。令甲卒皆伏，使老弱女子乘城，遣使约降于燕，燕军皆呼万岁。田单又收民金，得千溢^镒③，令即墨富豪遗燕将，曰："即墨即降，愿无虏掠吾族家妻妾，令安堵。"燕将大喜，许之。燕军由此益懈④。

注释

①版：筑墙用的夹板。插：铁锹。

②飨：用酒食款待。

③溢：通"镒"，古代的重量单位，二十两为一镒。

④懈：松懈，松弛。

译文

田单知道士兵可用了，便亲自拿着版筑、铁锹，和士兵们一起修筑防御工事，并把自己的妻妾家人都编在队伍中，拿出所有的食物犒劳将士。田单命令披甲的士兵都埋伏起来，只派那些老弱残兵和妇女、儿童上城防守。田单派出使者到燕军的营地去接洽投降，燕军得知后都高呼万岁。田单把民间的黄金收集起来，得到一千镒，由即墨城中有名望的富豪前去送给燕国的将军，说："即墨将要投降了，希望你们进城之后不要掳掠我们家族的妻妾，使她们能够安全。"燕将非常高兴，答应了他。燕军的戒备因此更加松懈了。

勿忘在莒：意思是比喻不忘本。典出《吕氏春秋·直谏》。春秋时期，齐桓公小白曾去莒国避难，一心成就一番霸业，勤学苦练，广揽贤能。成为国君之后，齐桓公选贤任能，改革齐政，使齐国国富兵强，"九合诸侯，一匡天下"，成为春秋时期的五霸之首。在治理国家过程中，以管仲为首的大臣常提醒齐桓公，毋忘在莒，对齐桓公成就大业起到了很大作用。

战国时期，前431年莒为楚所灭（或言齐先灭莒，后又为楚所取），后为齐所有。前284年，燕将乐毅率五国联军伐齐，攻克齐都临淄，七十余城沦陷，唯莒与即墨二城未被攻占，齐闵王出奔莒城，次年被杀。其子法章在莒被拥立为襄王，率众保莒城以拒乐毅。田单坚守即墨，后来燕军被田单的火牛阵所破，齐国夺回了七十余城，襄王守莒最终复国。

明 地 理

八水过宋： 西周初期，商纣王的兄长微子启被分封，在商丘建立宋国，并且允许他使用天子礼乐奉祀祖宗，宋国成为当时地位最特殊的一个诸侯国。春秋时期，宋国国力强盛，甚至一度称霸诸侯国。宋国是当时的水运交通中心，素有"八水过宋"之称。得天独厚的地理环境、人文环境，以及深厚的殷商文化底蕴，使宋国成为春秋时期百家争鸣、思想家辈出的中枢之国，是儒家、墨家、道家和名家四大思想的发源地，孔子、墨子、庄子和惠子四位圣人皆出自宋国。可惜，到了战国时期，宋国发生内乱，齐国趁机联合楚国、魏国，灭掉了宋国。

有所思
田单之前城濮之战时给马蒙虎皮的是谁？

04

鲁仲连邹阳列传第二十三
义不帝秦

导语 战国时期，群英荟萃，这其中有一群能言善辩之士，如苏秦、张仪、蔺相如等。本文我们要说的鲁仲连又叫鲁连、鲁连子，也是一名辩士。战国时期那么多能言善辩之人中，唐代大诗人李白唯独对鲁仲连表达过敬佩之情，曾作诗"齐有倜傥生，鲁连特高秒"。下面我们就来认识一下这个"倜傥洒脱"的鲁仲连吧。

　　鲁仲连是齐国人，曾经在稷下学宫求学，总是帮助他人。他能想出奇特高妙的计策，却不肯做官任职，始终保持着高风亮节。

　　一次，他游历到赵国。当时的赵国刚与秦国结束长平之战，赵国损失惨重。秦军趁机继续前进，围困了赵国的都城邯郸。赵王很害怕，各诸侯国的援军都不敢攻击秦军。魏王派外籍将军新垣衍从小路进入邯郸城，想通过平原君告诉赵王"秦国只是想称帝，只要赵国派遣使臣尊秦王称帝，秦国就会退军"。平原君听后犹疑不决。

鲁仲连听说魏国的将军打算让赵王尊奉秦王称帝，便通过平原君，见到了魏将新垣衍。鲁仲连看着新垣衍，一言不发。

新垣衍说："我看留在这座围城里的人，都是有求于平原君的；而今我看先生的尊容，不像是有

◎清道光十年刊《古圣贤像传略》载《鲁高士像》

求于平原君的人，为什么还要在此久留而不离开呢？"

鲁仲连说："秦国是个抛弃礼仪而崇尚武功的国家，用权诈之术来驱赶它的士兵，像对待奴隶一样驱使它的民众。如果秦王称帝，开始在天下施行这种错误的政策，那么，我鲁仲连宁愿跳入东海去死，也不能忍受当他的臣民。我来见将军，是打算帮助赵国呀！"

新垣衍说："那先生打算怎么帮助赵国呢？"

鲁仲连说："齐国和楚国本来就帮助它了，我要请魏国和燕国来帮助它。"

新垣衍说："我相信燕国会听从您的，但至于魏国，我

就是魏国人，先生怎么能让魏国去帮助赵国呢？"

鲁仲连说："只要让魏国清楚秦王称帝后会造成祸患，魏国就一定会帮助赵国。"

新垣衍说："那秦王称帝会有什么祸患呢？"

鲁仲连说："从前齐威王奉行仁义，率领天下诸侯去朝觐周天子。那时周朝贫困并且衰弱，诸侯没有谁肯去朝觐，只有齐国去朝觐它。过了一年多，周烈王死去，齐王奔丧迟到了，周朝恼怒，派人到齐国发讣告说：'天子驾崩，是天塌地裂的大事。新即位的天子都要守丧，齐王奔丧竟然迟到，应当斩首！'齐威王勃然大怒，破口大骂。这件事最终被天下传为笑话。齐王在周烈王活着时去朝觐，可周天子死后，周朝竟然过分苛求齐王，这才让他忍不住怒骂。"

新垣衍说："难道先生没见过仆役吗？十个仆人侍奉一个主人，这难道是因为仆人的力气或才智比不上主人吗？是害怕主人呀！"

鲁仲连说："这么说来，魏王与秦王相比，难道如同仆人跟主人一样吗？"

新垣衍说："是的。"

鲁仲连说："那么我就想办法让秦王烹煮魏王，将他剁成肉酱。"

新垣衍很不高兴地说："先生的话说得太夸张了！先生又怎么能让秦王如此料理魏王呢？"

鲁仲连说："当然可以，我慢慢说给您听。当初，九侯、鄂侯和周文王是纣王的三公。九侯有一个女儿，长得非常漂亮，九侯将她进献给纣王，可是纣王却不认为她美，将九侯剁成了肉酱。鄂侯与纣王争论得非常强硬，辩论得非常激烈，因此纣王也将鄂侯杀死做成肉干。周文王得知此事，只是忍不住长叹一声，纣王便将他囚禁在牢狱里一百天，想将他置于死地。为什么和人家一样称王，最后却落到肉干肉酱的地步呢？

"齐湣王前往鲁国，夷维子为他执鞭随行。夷维子问鲁国人：'你们将用何种礼节来接待我们的君主？'鲁国人说：'我们将用十副牛、羊、猪肉来款待你们的君主。'夷维子说：'我们的君主是天子呀！天子到诸侯国去巡视，诸侯就应该让出主寝室，避居在外，交出库馆的锁匙，还要撩起衣襟，安排几席，在堂下侍奉天子用膳，等天子吃完才能退下去处理朝政。'鲁国的官吏听后，关门落锁，始终不肯接纳他们。

"齐湣王无法进入鲁国，便打算前往薛地，中途借路于邹国。这时，邹国的国君死了，齐湣王打算去吊丧。夷维子对邹国的嗣君说：'天子来吊丧，主人一定要把灵柩的位置调换方向，把坐北朝南改为坐南朝北的方位，这样天子才能向南面吊丧。'邹国的群臣说：'假若非要这样，我们宁愿用剑自杀。'因此齐湣王不敢进入邹国。

"邹、鲁两国的大臣，对国君生前不能侍奉供养，死了之后又无力助葬，然而齐湣王想要在邹、鲁两国行天子之礼时，邹、鲁两国的大臣尚且都坚决不接受。如今秦国是拥有万乘兵车的大国，魏国同样是拥有万乘兵车的大国。为什么魏国只是看秦国打了一次胜仗，就要顺从地拥护秦王称帝？这样一来，三晋的大臣还不如邹、鲁两国的奴仆婢妾了。而且，秦王不仅要称帝，一旦称帝就会更换各诸侯大臣。他将罢免他认为不好的人，换上他认为贤能的人；罢免他所憎恨的人，换上他所喜爱的人。他还会派遣他的子女和善进谗言的婢妾，做各国诸侯的妃嫔姬妾，让她们住在魏国的宫殿中。那时，魏王还能安然无恙吗？将军你还能像原先一样得到魏王的宠信吗？"

新垣衍听完，连忙站起来，向鲁仲连拜了两拜，说："先生果真是天下的贤士，我这就离开赵国，从此不再谈论尊秦为帝的事。"秦将得知后，让士兵向后撤退五十里。又赶上魏国的公子魏无忌夺取了军权，率军来救援赵国，秦军只得撤离邯郸。

亲近原典

《鲁仲连邹阳列传第二十三》节选一

鲁连见新垣衍而无言。新垣衍曰："吾视居此围城之中者，皆有求于平原君者也；今吾观先生之玉貌，非有求于平原君者也，曷为久居此围城之中而不去①？"鲁仲连曰："世以鲍焦为无从颂而死者，皆非也。众人不知，则为一身。彼秦者，弃礼义而上尚首功之国也②，权使其士，虏使其民。彼即肆然而为帝，过而为政于天下，则连有蹈东海而死耳③，吾不忍为之民也。所为见将军者，欲以助赵也。"

注释

①曷：怎么，为什么。

②上：通"尚"，崇尚。

③蹈：踩，踏，赴。

鲁仲连看到新垣衍后，一言不发。新垣衍说："我看留在这座围城里的人，都是有求于平原君的；而今我看先生的尊容，不像是有求于平原君的人，为什么还长久地留在这座围城之中而不离开呢？"鲁仲连说："世人认为鲍焦是由于没有博大的胸怀才自杀的，这种看法全错了。一般的人不了解鲍焦的本意，认为他只是为个人打算。像那秦国，是个抛弃礼仪而崇尚武功的国家，用权诈之术来驱赶它的士卒，跟对待奴隶一样来役使它的民众。假若那秦王肆无忌惮地称起帝来，错误地在天下施政，那么，我鲁仲连只有跳入东海去死，我不忍心当他的臣民。我来见将军，是打算帮助赵国呀！"

　　鲁连蹈海：鲁连就是鲁仲连。形容宁死不屈服于强敌的气节、情操。典出《战国策》。战国时期，秦王有称帝的野心，派军队攻打赵国，围困邯郸。齐国人鲁仲连拜见赵国的平原君，劝说魏国的新垣衍，晓之以理，力阻秦王称帝。他预言秦王一旦称帝，会像对待奴隶一样驱使他的臣民，那还不如跳海而死。最终秦军撤兵，赵国的平原君拿出千金酬谢鲁仲连，他拒不接受。

漆木高足豆：豆是一种用来盛放食物的容器，在祭祀场合，豆则是礼器的一种。高足豆就是高底座的豆，外形与现代的高脚杯相似。战国时期，楚国的漆器制造工艺独步天下，能调制出红、黄、蓝、绿、金、银等多种彩漆。出土于秦东陵的漆木高足豆，刻有"八年相邦薛君造"字样，帮助考古专家破解了诸多谜团，印证了齐国人孟尝君（即薛君）曾在秦昭王时在秦国任相邦的史实，佐证了"鸡鸣狗盗"这一历史典故的真实性。

有所思

为什么有人说李白真正的偶像是鲁仲连？

05

鲁仲连邹阳列传第二十三
邹阳善辩

邹阳是西汉文学家，以文辩著称于世。他曾在狱中上书梁孝王，从忠诚和信用入手，广征博引，写下了《于狱中上书自明》一文表明心迹。这篇文章文采斐然，比物连类，情真意切，慷慨激昂，后被收入《古文观止》。也正是这篇千古奇文使得邹阳被梁孝王释放了。

邹阳是齐国人，游历到梁国，与庄忌、枚乘这些人相往来。他上书自荐，受梁孝王宠信的程度在羊胜和公孙诡之间。因此羊胜等人很是忌妒邹阳，就在梁孝王面前说他的坏话。梁孝王一气之下，便将邹阳交给狱吏，想要处死他。邹阳担心死后还背负不清不白的罪名，就从狱中上书给梁孝王说：

以前，总听说忠实的人无不受到赏识，诚信的人不会被怀疑，我对这两句话深信不疑。现在看来，这不过是空话而已。当初荆轲仰慕燕太子丹的大义去刺杀秦王，燕太子丹却担心他害怕不敢前去；卫先生替秦国谋划趁长平之战大捷一举灭赵的良策，然而秦昭王却猜疑他。他们的精诚感动了天地，却无法获得两位君主的信任，多么可悲！我现在竭尽忠诚，献出所有计议，希望大王采用。大王左右的人不了解我的心意，竟把我交给狱吏审讯，让我受世人的误解。这真是比荆轲、卫先生还要冤！希望大王仔细思量这些。

当初卞和进献宝玉，楚王却砍掉他的脚；李斯竭尽忠诚，却被胡亥处以极刑。所以箕子要装疯，接舆要隐居避世，他们害怕忠心被误解，反而惨遭灾祸。希望大王能细细考量卞和与李斯的本意，而不要像楚王、胡亥那样听信谗言，尽管我不像箕子和接舆那样明智地选择避世，但请不要让我成为笑柄。我听说比干被剖取心脏，伍子胥的尸体被装入皮袋沉到江中。我起初不敢相信，现在才明白真有这样的事。希望大王您可怜可怜我，仔细审察此事。

俗话说："有的人相处到老，两人的交情却和刚认识时一样；有的人相处时间尽管短暂，却好像多年的故交。"
这是为什么呢？就在于相知与不相知呀。因此，当初樊於
（wū）期（jī）逃离秦国到燕国不久，就把自己的首级借给
荆轲用来完成燕太子丹刺杀秦王的使命；王奢离开齐国前
往魏国，用登城自杀的方式来退去齐军而保全魏国。王奢、
樊於期与齐、秦两国并不是新交，而与燕、魏之君却更像
老相识，他们之所以离开齐、秦而为燕、魏二君去死，是
因为行为和志趣相投，而对节义无限仰慕呀！因此，苏秦
对各国诸侯不守信义，唯独对燕国守信；白圭战败丢掉六
城，却为魏国夺取了中山。为什么呢？说到底是相知的缘
故。苏秦出任燕国的宰相，有人在燕王面前诽谤他，燕王
发怒，杀了自己心爱的骏马，把肉赐给苏秦吃；白圭在中
山出了名，中山有人在魏文侯面前诽谤他，魏文侯却将夜
光璧赠予白圭。为什么呢？这两对君臣彼此深信不疑，又
怎么会被流言所动摇呢！

　　女子无论美、丑，只要进入官廷就会被人妒忌；士人
无论贤德还是无能，只要入朝做官就会被人嫉恨。原先司
马喜在宋国被凿掉膝盖骨，后来却担任了中山的宰相，范
雎在魏国被折断肋骨打掉牙齿，后来被秦国封为应侯。这

两人都相信必然的谋划，摒弃朋党的私利，处于孤独的地位，所以免不了遭到陷害。申徒狄抱瓮投河自尽，徐衍背着石头跳海。他们不被世俗所宽容，坚持正义而不顾个人取舍，不在朝中结党营私来动摇国君的意志。百里奚在路上行乞，秦穆公却将国政托付给他；宁戚在车下喂牛，齐桓公却将国事交给他治理。这两人难道是借助官宦的保举、凭借左右佞臣的吹嘘才博得那两位国君的重用吗？只要心灵相互感召，行为相互契合，像亲兄弟一样亲密，难道还会被众多的谗言所迷惑吗？听信一面之词，就会做出错误的决断，只任用个别人，就容易酿成灾祸。以前，鲁定公听信季桓子的话赶走了孔子，宋王相信子罕的计谋囚禁了墨翟。像孔子和墨翟这样的辩才，都不可避免地遭受谗言的诽谤，而鲁、宋两国也因此产生危机。这是为什么呢？因为诽谤人的话积聚多了真的能置人于死地呀！所以秦国任用了戎人由余而称霸中原，齐国任用越人蒙而强大了威王、宣王两朝。这两个国家，没有拘泥于流俗、牵累于世风，没有受阿谀偏激的谗言的蛊惑。他们能公正地听取意见，全面地观察事情，因此能在当代流传名声。意气相投，即使是北方的胡人和南方的越人也能够结为兄弟，戎人由余和越人蒙就是这样的；意气不相投，即使是骨肉至亲也会分离，丹朱、象、管叔、蔡叔就是这样的。现在的国君，如果能采取齐、秦两国君主的做法，摒弃宋、鲁两国君主那样偏听的做法，那么春秋五霸的事业也就不值得称颂，三王的功业是容易实现的了。

　　这封信洋洋洒洒，将自己的忠心剖白无余，进献给梁孝王后，孝王派人从牢狱中把邹阳放出来，并拜邹阳为上等宾客。

　　太史公说：邹阳狱中上书，言辞尽管不够谦逊，然而他旁征博引，讲述和自己有类似经历的人物事迹，以表明自己的心志，确实有感人之处，也可以说是耿直不屈了。

亲近原典

《鲁仲连邹阳列传第二十三》节选二

　　是以圣王制世御俗，独化于陶钧之上①，而不牵于卑乱之语，不夺于众多之口②。故秦皇帝任中庶子蒙嘉之言，以信荆轲之说，而匕首窃发；周文王猎泾、渭，载吕尚而归，以王天下。故秦信左右而杀，周用乌集而王。何则？以其能越挛拘之语，驰域外之议^③，独观于昭旷之道也。

今人主沈_沉于谄谀之辞，牵于帷裳之制，使不羁之士与牛骥同皂^{槽④}，此鲍焦所以忿于世而不留富贵之乐也。

注释

①陶钧：制陶器所使用的转轮。

②夺：扰乱，改变。

③驰：放下，除掉。

④皂：通"槽"，牛马等牲口的食槽。

译文

所以圣王治理天下，驾驭风俗，独立掌控着事物的运转，自有法度，而不被下流的议论所牵制，也不被众人的口舌所改变。因此秦始皇听信了中庶子蒙嘉的话，从而相信荆轲的谎话，结果图穷匕见；周文王在泾水、渭河地区狩猎，载了吕尚一起回来，才能称王于天下。因此秦王偏听了近臣的话却险遭谋杀，周文王任用偶然相遇的人却称王于天下。这是为什么呢？因为周文王能超脱左右牵制的言论，抛弃世俗束缚的议论，独自留心观察光明宽阔的世道呀。

现在当君主的，都沉溺在阿谀谄媚的言辞之中，牵制于周围侍妾的包围之下，使旷达不羁的贤士无从显示才能，就跟良马与笨牛同槽一样。这就是鲍焦为什么愤恨世道，宁可抱木独立而死也不留恋富贵的原因呀。

识典故

接舆歌凤：陆通，字接舆，楚人。楚昭王时，接舆见楚政无常，于是假装成疯子。孔子去楚国，接舆在孔子的马车前唱歌，歌词的大意是：凤呀！凤呀！为什么你的德行竟如此衰败？已往的事情不可挽回，未来的却还来得及。算了吧！算了吧！今天的从政人物太危险了！"接舆为什么要唱这样的歌呢？原因是，接舆见楚政无常，而孔子却到处游说自己的政治主张，因而劝说孔子，认为乱世没有拯救的希望。这就是"接舆歌凤"典故的由来。

访名人

白圭：名丹，战国时期洛阳的著名商人，曾师事鬼谷子。白圭先后在魏国、齐国、秦国做官。《汉书》称他是经营贸易发展工商的理论鼻祖，即"天下言治生者祖"。时至今日，商界仍以司马迁的《史记·货殖列传》为经典，奉"治生之祖"白圭为高人。

有所思

与邹阳并称"邹枚"的辞赋名家是谁呢？

06 屈原贾生列传第二十四
屈子沉江

同学们知道端午节我们为什么要包粽子和赛龙舟吗？其实呀，有种说法是为了纪念屈原。屈原在五月初五这一天跳入汨罗江自尽，两岸百姓听闻后悲痛不已，为了不让鱼虾吞噬屈原的身体，他们纷纷往水中投食物。就让我们一起学习下屈原投江这段历史吧。

屈原名平，与楚国王族是同姓一族，担任楚怀王的左徒。屈原学识渊博，记忆力强，擅长辞令，他还了解国家安定与动乱的道理，懂得治国之道。屈原在朝内能与楚怀王讨论国家大事，制订法令；对外能接待宾客，应对诸侯。楚怀王非常信任他。

上官大夫与屈原位阶相同，他暗中争权夺利，对屈原的才能心生嫉妒。有一次，楚怀王命令屈原制订法令，屈原刚完成草稿，还没有定稿，上官大夫就想据为己有。屈原不肯给他，上官大夫就进谗言使怀王疏远屈原。

屈原痛心怀王闭目塞听，被谗言媚语所蒙蔽，更痛心这种奸邪小人伤害公理正道，而品行端正的人却不为世俗所容，所以怀着忧愁深思创作了《离骚》。《离骚》的语言简练，言辞含蓄，志向高洁。屈原用历史来讽刺时政，他擅长以小见大，阐述的思想博大而深远，表达了出淤泥而不染的高尚情操。

屈原被贬后，秦国想要进攻齐国，因为齐国与楚国有合纵盟约，一时难以攻破，秦惠王就派张仪带了丰厚的礼物假装去投靠楚国。张仪到了楚国，游说楚怀王说，如果和齐国绝交，秦国愿意奉献商於地区六百里土地。楚怀王贪心，就真的和齐国绝交，并派使者到秦国去接受土地。没想到张仪翻脸不认账，对楚国的使者说："我与楚王约定的是六里，没有听说过六百里。"楚国使者回国报告楚怀王。楚怀王恼怒秦国言而无信，大举出兵进攻秦国，却被秦国打败了。魏国得知后出兵偷袭楚国，一直深入到邓邑。楚国军队连忙从秦国撤军，救援国内。而齐国终因楚国毁约而不肯救援，使得楚国狼狈不堪。

次年，秦国要割让汉中地区与楚国讲和。楚怀王说：

"我不想得到土地，就想得到张仪才甘心。"张仪得知后，欣然前往楚国，他用丰厚的礼物贿赂楚国的掌权大臣靳尚，让他在楚怀王的宠姬郑袖面前为自己美言。接着，楚怀王又听信了郑袖的花言巧语，将张仪放走。此时，屈原已被疏远，他出使齐国

◎台北故宫博物院藏《屈原像》

归来，就向楚怀王进言说："为什么不杀张仪？"楚怀王感到后悔，派人追赶张仪，然而已经赶不上了。

此后，诸侯各国一起进攻楚国，大败楚军，杀死了楚将唐眜。当时，秦昭王与楚国结为姻亲，打算与楚怀王会面。楚怀王想要前往，屈原不让楚怀王去，可是楚怀王的小儿子子兰劝楚怀王前往。楚怀王最终还是去了。一进入武关，秦国的伏兵就截断了楚怀王的退路。就这样，楚怀王被秦国扣留，死后才归葬楚国。这时楚怀王的长子即位为楚顷襄王，任命他的弟弟子兰为令尹。

屈原此时仍遭到流放，但是他心怀楚国，总想回到朝

廷中，而且他心中还时刻记挂楚怀王，希望君主能够醒悟。除此之外，屈原还记恨着子兰劝说楚怀王赴秦的事，于是他把内心的志向写成文章，批评楚怀王不辨忠奸，受到郑袖的迷惑，张仪的欺骗，信赖上官大夫、令尹子兰这样的人，才导致战败，丧失了楚国六个郡，自己也客死在秦国，为天下人所耻笑。令尹子兰得知后勃然愤怒，指使上官大夫在顷襄王面前诽谤屈原。顷襄王大怒，将屈原流放得更远了。

最终，屈原来到江边，披头散发漫步，边走边吟。他面容憔悴，形体干瘦。一位渔翁看到了便问他说："您不是三闾大夫吗？为何到此？"屈原说："整个世道都混浊不堪，只有我清白；众人都昏迷沉醉，只有我清醒。所以我被流放了。"渔翁说："圣德之人，不会顽固不化，而是能随着世道转变。您为什么不干脆随波逐流呢？为什么一定要抱着高尚的情操，把自己弄到这种境地呢？"屈原说："谁愿意以自己的清白之身，去接触污浊的东西呢？我宁可投入滚滚江水，葬身鱼腹，也不能让高洁的品格蒙受世俗的污垢！"

他写了一篇《怀沙》，便抱着石头，沉入汨罗江而死。

屈原死后，楚国有宋玉、唐勒、景差这些人，都以喜好文学并擅长辞赋著称。然而他们都只会效仿屈原委婉含蓄的言辞，始终无人敢直言劝谏。从此，楚国日渐衰弱，几十年后，最终被秦国灭掉。

亲近原典

《屈原贾生列传第二十四》节选一

长子顷襄王立，以其弟子兰为令尹。楚人既咎子兰以劝怀王入秦而不反返也①。

屈平既嫉之，虽放流，眷顾楚国②，系心怀王，不忘欲反返，冀幸君之一悟③，俗之一改也。其存君兴国而欲反覆之，一篇之中三致志焉。然终无可奈何，故不可以反返，卒以此见怀王之终不悟也。人君无愚智贤不肖，莫不欲求忠以自为，举贤以自佐，然亡国破家相随属，而圣君治国累世而不见者，其所谓忠者不忠，而所谓贤者不贤也。怀王以不知忠臣之分④，故内惑于郑袖，外欺于张仪，疏屈平而信上官大夫、令尹子兰。兵挫地削，亡其六郡，身客死于秦，为天下笑。此不知人之祸也。《易》曰⑤："井泄渫不食⑥，

为我心恻⑦，可以汲。王明，并受其福。"王之不明，岂足
福哉!

令尹子兰闻之大怒，卒使上官大夫短屈原于顷襄王⑧，
顷襄王怒而迁之⑨。

注释

①咎：责怪，归罪。

②眷顾：怀念。

③冀幸：侥幸希望。

④分：职分，本分。

⑤易：书名。也称《周易》或《易经》。是我国古
代有哲学思想的占卜书，也是儒家重要经典。此处引
句见《易经·井卦》，原文作："象曰：井渫不食，行恻
也。求王明，受福也。"

⑥泄：通"渫（xiè）"，淘去污泥。

⑦恻：心中悲伤。

⑧短：说人的坏话。

⑨迁：贬谪，放逐。

楚怀王的长子楚顷襄王即位，并任命他的弟弟子兰为令尹。楚国人都憎恶子兰当初劝楚怀王到秦国去致使楚怀王不得生还。

　　屈原早已痛恨子兰，他尽管身遭流放，但是依然眷念楚国，心里记挂楚怀王，总是不忘记回到朝廷，希望君主能够醒悟，风俗能够改变。他为了维护君主，振兴国家，扭转楚国颓势，在一篇文章中再三表达这种志向。然而他始终不能回到朝中，无可奈何，由此看出楚怀王始终不觉悟。一个君主无论他愚昧还是聪明，贤能还是无能，没有不希望忠臣来维护自己的，选拔贤才来协助自己的，然而国破家亡的事却接连发生，而圣明的君主和安定的国家历代都不曾出现的原因，就在于君主所认为的忠臣并不忠，所认为的贤才并不贤啊！楚怀王因为不知道忠臣的职分，所以在内受到郑袖的迷惑，在外被张仪所欺骗，疏远屈原，而信赖上官大夫、令尹子兰。导致军队受挫败、国土被分割，丧失了楚国六个郡的国土，自己也客死在秦国，为天下人所耻笑。这是不能辨别忠奸所导致的祸患呀!《易经》上说:"水井疏浚后没人来喝水,让我心里难过,这是可以汲取饮用的啊。假若君王圣明,上下都享受他的福祉。"君王不圣明,哪能得到福祉啊!

令尹子兰得知后非常愤怒,便指使上官大夫在顷襄王面前诽谤屈原,顷襄王大怒,将屈原流放得更远了。

明 地 理

汨罗江:汨罗江发源于江西省修水县黄龙山梨树垇,经修水县白石桥,向西流经平江城区,最后汇入洞庭湖。汨罗江分为南北两支,南支叫作"汨水",北支叫作"罗水",在汨罗市屈潭(大丘湾)汇合。前278年,农历五月初五,诗人屈原跳入汨罗江,以身殉国。当地百姓知道后,纷纷引舟抢救,呼唤屈原,并向水中抛撒粽子等食物,祈求鱼儿不要啃噬屈原。后来,为了纪念屈原,在每年的农历五月初五,人们都要在江上举行盛大的龙舟竞赛活动,并且家家户户悬挂艾蒿、菖蒲,放雄黄炮,喝雄黄酒,吃粽子,一直延续至今。

独清独醒：独自清白，独自觉醒，不与世俗同流合污。典出《渔父》："屈原曰：'举世皆浊而我独清，众人皆醉而我独醒，是以见放。'"这个词作谓语、定语，用于处世。

有所思

屈原名平字原，古人的名与字有何关系？

07 屈原贾生列传第二十四
贾生不遇

屈原自沉汨罗江以后过了一百多年，汉朝的贾谊担任长沙王的太傅，路过湘江时，写了一篇文章投到江水中凭吊屈原。其实，屈原和贾谊两个人的身上有很多相似之处，司马迁也曾为这两个人写过合传呢。贾谊的主要作品有《过秦论》《吊屈原赋》《论积贮疏》等。

贾谊是洛阳人，十八岁那年便因能诵诗作文闻名当地。吴廷尉担任河南郡守时，得知贾谊才学优秀，便召见并安排他到自己门下，十分器重他。汉文帝征召吴公担任廷尉，吴廷尉就向汉文帝推荐贾谊，汉文帝便委任贾谊为博士。

当时，贾谊二十多岁，在同僚中年纪最轻。每当汉文帝下达诏令让大臣讨论问题，那些年长的老先生们都无话可说，而贾谊却能一一回答，人人都觉得说出了自己想说的话。博士们都认为贾生才学卓越。汉文帝也非常喜欢他，对他破格提拔，一年之内就升任太中大夫。

贾谊认为，汉朝从开国到汉文帝时二十多年了，国家安定团结，就应该修订历法，变更服饰色彩，确立法令制度，制定官职名称，振兴礼乐。因此起草上述各种仪式法度，汉文帝提议让贾谊担任公卿之职。这样一来，招来了周勃、

◎清道光十年刊《古圣贤像传略》载《贾太傅像》

灌婴、东阳侯、冯敬这些大臣的妒忌，他们诽谤贾谊说："贾谊年轻学浅，只想独揽大权，任由他当权，会把政事弄得一团糟。"这样一来，天子开始疏远他，不采纳他的意见，并改派他去担任长沙王的太傅。

贾谊向文帝告辞之后，前往长沙赴任。他听说长沙地势低洼潮湿，自认为寿命不会很长，又因是受到贬斥而去，心中很不愉快，在渡湘水时，就写了一篇辞赋来凭吊屈原。

贾谊担任长沙王太傅的第三年，依旧郁郁不得志，就

写下一篇赋来自我安慰。

　　一年多之后，贾生被召回朝廷觐见皇帝。这时汉文帝迷信鬼神之说，坐在宣室里接见贾谊。他详细地向贾谊询问鬼神之事，贾谊只好详细地为他讲述、解答。谈到半夜，汉文帝听得入迷，将坐席向前移动。听完之后，文帝说："我很长时间没见贾谊了，自以为超过了他，如今看来还是不如他呀。"不久，任命贾谊为梁怀王的太傅。梁怀王是汉文帝的小儿子，很受宠爱，又喜好读书，因此给他指派了有学问的贾谊。

　　几年以后，梁怀王骑马，从马背上掉下来摔死了，后继无人。贾谊万分自责，认为自己这个太傅做得不称职，哭泣了一年多，也死去了，死时只有三十三岁。

近原典

《屈原贾生列传第二十四》节选二

　　贾生既辞往行，闻长沙卑湿，自以寿不得长，又以适_谪去①，意不自得。及渡湘水，为赋以吊屈原。其辞曰：

　　共_恭承嘉惠兮②，俟罪长沙③。侧闻屈原兮④，自沈_沉汨罗。造托湘流兮⑤，敬吊先生。遭世罔极兮⑥，乃陨殒厥身⑦。呜呼哀哉，逢时不祥！鸾凤伏窜兮⑧，鸱枭翱翔⑨。阘茸尊显兮，谗谀得志⑩；贤圣逆曳兮⑪，方正倒植。世谓伯夷贪兮，谓盗跖廉；莫邪为钝兮⑫，铅刀为铦⑬。于嗟嚜默嚜默兮⑭，生之无故！斡弃周鼎兮宝康瓠⑮，腾驾罢疲牛兮骖蹇驴⑯，骥垂两耳兮服盐车⑰。章甫荐屦兮⑱，渐不可久；嗟苦先生兮，独离罹此咎⑲！

注释

①适：通"谪"，贬斥，谴责。

②共：通"恭"。承：承受，接受。嘉惠：恩惠，此指皇帝的任命。

③俟罪：待罪。这是谦词，意思是自己力不胜任，随时有犯罪受罚的可能。

④侧闻：侧耳而闻的略语，含有对屈原恭敬的意思。

⑤造：来到。托：寄身，指自己到湘江边上来居住。

⑥罔极：混乱无常之意。

⑦陨：通"殒"，丧命。厥：其，指屈原。

⑧鸾凤：传说中的神鸟，此以之比喻贤人。

⑨鸱枭：猫头鹰一类的鸟，古人认为这类鸟是恶鸟，以之喻小人。

⑩谗谀：指进谗言和阿谀奉承的小人。

⑪逆曳：倒拖着走。

⑫莫邪（yé）：春秋时吴国名剑。

⑬铅刀：以铅为刀，极言其钝。铦（xiān）：锋利。

⑭嘿嘿：通"默默"，不得志的样子。

⑮斡弃：转弃，也就是抛弃的意思。周鼎：相传夏禹铸九鼎，以象九州，后来又成为周朝的传国宝鼎。康瓠（hù）：空壶，破瓦器。

⑯腾驾：驾驭。罢：同"疲"。骖（cān）：古代的战车，除去驾辕的马之外，再加的马匹称为骖。这里当动词用。蹇（jiǎn）驴：跛足驴。

⑰垂两耳：马吃力的样子，马拉车吃力就要低垂两耳。服：拉车。

⑱章甫：殷代的一种礼帽。荐：垫。屦（jù）：麻、葛等制成的单底鞋。

⑲咎：灾祸。

贾谊告辞后便起程前往长沙，他听说长沙地方低洼潮湿，自认为寿命不会很长，又因是受到贬斥而去，心中很不愉快。在渡过湘水时，他写了一篇辞赋来凭吊屈原。这篇辞赋说：

　　承蒙皇帝的恩惠，我待罪来到长沙。我曾听说屈原，他在汨罗江自沉。我赶来将自己的心意寄托于湘水，恭敬地凭吊先生。他遭逢无常乱世，就只好自杀。太令人悲伤啦！正赶上那不幸的年代！鸾凤潜伏隐藏，只有恶鸟在飞翔。无能之辈享高禄，谄媚之人愿已偿。圣贤不能顺随行事，耿直刚正的人屈居下位。世人都说伯夷贪，盗跖反被称清廉。莫邪宝剑变钝铁，普通铅刀成利刃。哎呀，先生您真是太不幸了，平白遭此横祸！丢弃周朝的宝鼎，却珍视那大瓦壶！驾着疲惫的老牛和跛驴，却让骏马垂着两耳拉盐车。华贵礼帽当鞋垫，这样的日子怎能长？哎呀，真苦了屈先生，唯您遭受这飞来祸！

探古迹

贾谊故居： 贾谊故居位于湖南省长沙市太平街（解放西路与太平街口交汇处），是长沙王太傅贾谊的府邸。始建于西汉文帝年间，到现在已有2000多年的历史，期间经历多次毁建，但基址始终未变。目前主要景点有：门楼、贾谊井、贾太傅祠、太傅殿、寻秋草堂、古碑亭、碑廊等。

识典故

爽然若失： 爽然，主意不定的样子；若失，像失去依靠。典出《史记·屈原贾生列传》："读《鹏鸟赋》，同生死，轻去就，又爽然自失矣。"这个成语用来形容心中无主、空虚怅惘的神态，作谓语、定语，含贬义。

有所思

贾谊在《过秦论》中是如何评价秦朝的？

08 吕不韦列传第二十五
巧取富贵

吕不韦这个人既是一个政治家也是一个商人，而且是一位眼光非常独到的商人。因为他囤积了异人这一"奇货"，以致后来权倾朝野，获得了至高无上的权力。吕不韦既有智慧也有谋略，其身上有太多值得我们说道的地方啦。本文我们就来了解一下这个政商奇人吧。

吕不韦是阳翟的大商人，他往来各地，低价买入，高价卖出，积累了上千金的家产。

秦昭王四十年（前267年），太子死去，便将第二个儿子安国君立为太子。安国君有一位十分宠爱的姬妾，立她为正夫人，称为华阳夫人，可是她没有儿子。安国君有个排行居中的儿子名叫子楚，子楚的母亲叫夏姬，不被宠幸。子楚被秦国派到赵国去当人质。秦国多次进攻赵国，赵国对子楚也不以礼相待。于是，子楚的吃穿用度并不宽裕，生活过得很窘迫。

吕不韦在赵都邯郸做生意，看到了子楚仿佛看到了机会，于是就去拜见子楚，游说他道："我可以光大您的门庭。"子楚笑着说："你暂且先光大自己的门庭，然后再来光大我的门庭！"吕不韦说："您不知道吧，我的门庭要等您的门庭光大之后才能光大起来。"子楚心知吕不韦所说之意，就和吕不韦坐下来深入交谈。

吕不韦说："秦王已经老了，您的父亲安国君被立为太子。我私下听说安国君宠爱华阳夫人，唯有华阳夫人能够选立嫡子，而她没有儿子。如今你们兄弟有二十多人，您又排行居中，并不受安国君宠爱，一直在诸侯国当人质。一旦大王死去，安国君即位为王，那么您也没有机会和长子或早晚在大王身边的其他兄弟竞争当太子呀！"子楚说："是这样，对此该怎么办呢？"吕不韦说："我看得出您在这里做客，实在拿不出什么可以献给双亲和结交宾客的。我吕不韦虽然不富有，但愿意出千金为您到西方去游说，让安国君和华阳夫人立您为嫡子。"子楚于是叩头说："如果您的计划实现了，我愿意分秦国的土地和您共享。"

◎《（安徽）旌德吕氏续印宗谱》载《秦相国文信侯像》

吕不韦便拿五百金送给子楚，又拿出五百金去采购珍奇和玩赏的物品，然后带上这些东西游历秦国，先去求见华阳夫人的姐姐，并将所带来的礼物献给华阳夫人。吕不韦又乘机让华阳夫人的姐姐劝说华阳夫人，让她在众多儿子中结交有才能并且孝顺的人，立他为嫡子，认作亲儿子。这样的话，即便安国君不在世，所认的亲儿子继承王位，她也不会失势。如今看来，子楚为人贤能，按他的出身并不能立为嫡子，所以也需要依附于华阳夫人。这件事对双方都有利。华阳夫人觉得言之有理，就跟太子委婉地谈到这件事，希望将子楚立为嫡子。安国君应允了她，为此送了很多礼物给子楚，并且请吕不韦当他的老师。因此，子楚的名声在诸侯中越来越大。

吕不韦有个极为漂亮的歌姬叫赵姬，子楚与吕不韦饮酒时，看到那个女子后非常喜欢，便向吕不韦讨要她。吕不韦心里虽然生气，但想到为了扶助子楚，已经破费了大量家财，这时也只有献出姬妾。后来赵姬生了个儿子名叫

不韋西遊說秦

◎不韦西游说秦

政。子楚就立赵姬为夫人。

秦昭王五十年（前257年），秦军围攻邯郸，情况紧急，赵国打算杀掉子楚。子楚与吕不韦谋划，用六百斤黄金向守城的官吏行贿，得以逃脱，然后顺利返回秦国。秦昭王死后，太子安国君即位为秦王，华阳夫人为王后，子楚为太子。赵国也护送子楚的夫人和儿子政返回秦国。

然而安国君即位一年就死了，谥号为孝文王。太子子楚即位，他就是庄襄王。庄襄王所认的母亲华阳王后便成为华阳太后，生母夏姬被尊为夏太后。庄襄王元年（前245年），吕不韦被任命为丞相，封为文信侯，把河南洛阳十万户给他作食邑。庄襄王即位三年就去世了，太子政即位为秦王，尊奉吕不韦为相国，称他为"仲父"。

当时，魏国有信陵君，楚国有春申君，赵国有平原君，齐国有孟尝君，他们都礼贤下士，供养宾客，借此互争高

◎点石斋刻《东周列国志》
绣像插图《吕不韦像》

下。吕不韦认为秦国如此强大，却不如这四个国家，因而
感到羞愧，也招揽文人学士，给他们优厚的待遇，聚集的
食客多达三千人。那时，诸侯中有许多辩才之士，像荀卿
这些人，著书立说，遍布天下。吕不韦让他的门下宾客人
人都记下所见所闻，综合在一起成为八览、六论、十二纪，
总共有二十多万字。这些作品包括了天地万物和古今之事，
书名为《吕氏春秋》。吕不韦将它刊布在咸阳都市的城门，
邀约各诸侯国的游士宾客，说如果有能增删书上一个字的
人，便赏给他千金。

后来，有人告发太后宠信的嫪毐根本不是宦官。嫪毐
知道后就密谋造反，被秦王发觉。秦王政九年（前 238 年）
九月，秦王诛灭了嫪毐的三族，嫪毐家的所有门客都被抄
没家产，并迁往蜀地。此事牵扯到相国吕不韦。秦王打算
杀掉相国，但因他侍奉先王的功劳大，以及宾客辩士为他
求情的人很多，因此秦王不忍心法办他。

秦王政十年（前 237 年），吕不韦被罢免相国的职务。
等到齐人茅焦来劝说秦王，秦王就遣文信侯吕不韦到他河
南的封邑去。

又过了一年多，各诸侯国宾客使者络绎不绝地来拜访

文信侯。秦王害怕文信侯发动叛乱，便写信给文信侯说："你对秦国有何功劳？秦国封你在河南，食邑十万户！你跟秦国有何血缘关系？却号称仲父！你和你的家属全都搬到蜀地去居住！"吕不韦意识到自己逐渐受到逼迫，害怕被处死，便喝鸩酒自杀了。

亲近原典

《吕不韦列传第二十五》节选

吕不韦乃以五百金与子楚，为进用，结宾客；而复以五百金买奇物玩好，自奉而西游秦，求见华阳夫人姊，而皆以其物献华阳夫人。因言子楚贤智，结诸侯宾客遍天下，常曰"楚也以夫人为天①，日夜泣思太子及夫人"。夫人大喜。不韦因使其姊说夫人曰："吾闻之，以色事人者，色衰而爱弛。今夫人事太子，甚爱而无子，不以此时蚤早自结于诸子中贤孝者②，举立以为适嫡而子之，夫在则重尊，夫百岁之后，所子者为王，终不失势，此所谓一言而万世之利也。不以繁华时树本③，即色衰爱弛后，虽欲开一语，尚可得乎？今子楚贤，而自知中男也，次不得为适嫡，其母又不得幸，自附夫人，夫人诚以此时拔以为适嫡，夫人则竟世有宠于秦矣。"华阳夫人以为然，承太子间间，从容言子楚质于赵者绝贤，来往者皆称誉之。乃因涕泣曰："妾幸得充后宫，不幸无子，愿得子楚立以为适嫡嗣，以托妾身。"安国君许之，乃与夫人刻玉符④，约以为适嫡嗣。安国君及夫人因厚馈遗子楚⑤，而请吕不韦傅之，子楚以此名誉益盛于诸侯。

①天：仰赖以为生存者古称之为天。

②蚤：通"早"。

③繁华：花盛，以喻人之盛年。

④玉符：古代朝廷的一种凭证。

⑤馈遗：赠送礼品、财物等。

译文

　　吕不韦便拿五百金送给子楚，作为日常之用以及交结宾客所需；又拿出五百金去采购珍奇和玩赏的物品，自己带上这些东西向西游历秦国，先去求见华阳夫人的姐姐，并将所带来的礼物如数献给华阳夫人。吕不韦乘机谈及子楚贤能聪明，交结的诸侯宾客遍布天下，经常说"我将夫人看成天似的，日夜哭泣思念太子和夫人"。华阳夫人非常高兴。吕不韦就乘机让华阳夫人的姐姐劝说华阳夫人："我听说，用美色来侍奉人的人，一旦容颜衰老，宠爱就会随之减少。如今夫人您侍奉太子，很受宠爱，可没有儿子，不如在此时及早在众多儿子中交结有才能并且孝顺的人，立他为嫡子，认作亲儿子。这样，丈夫在世时就更受到尊重，即便丈夫死后，所认的亲儿子继承王位，终究不会失势，这就是人们所说的一句话就能换取万世的利益。不在繁华时树立根本，那么美色衰退，宠爱失去之后，即使想再说上一句话，还有可能吗？如今子楚贤能，并且自己知道是排行居中的男孙，按次序不能立为嫡子，他的母亲又不受恩宠，自己依附于夫人。夫人假若能在此时提拔他为嫡子，那么夫人一生都能在秦国得到尊宠了。"华阳夫人觉得言之有理，就在侍奉太子的时候，委婉地谈到在赵国当人质的子楚非常贤能，来往的人都称赞他。随后又哭着说："妾有幸得以充列后宫，遗憾的是没有儿子，希望能将子楚立为嫡子，让我日后有个可以依靠的人。"安国君应允了她，就和华阳夫人刻写玉符作为凭信，决定立子楚为嫡子。安国君和夫人为此送了很多礼物给子楚，并且请吕不韦当他的老师。因此，子楚的名声在诸侯中越来越大。

探·古·迹

吕不韦墓：吕不韦墓位于河南省偃师市首阳山镇。首阳山镇的一个名叫大冢头村的村子，就是因吕不韦的墓冢在村边而得名。1994年12月，首阳山镇为吕不韦立了一座纪念碑。吕不韦出身商贾，因为独具慧眼，资助秦国公子子楚，最后封侯拜相。他不仅帮子楚夺得王位，还辅佐秦始皇，组织编写《吕氏春秋》，称得上是一位有作为的政治家。

奇货可居： 奇货指的是稀有货物，意思是把稀有的货物囤积起来，等到价格上升时出售。也比喻拿某种专长为资本来捞取名利地位。典出《史记·吕不韦列传》。吕不韦当时已经身价千金，而子楚生活得不如意。吕不韦到赵国国都邯郸后，听说有一位秦国质子，便大叫此人"奇货可居"，亲自登门求见，和子楚结交。这个词可以用作谓语、宾语、定语，含贬义。

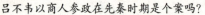

有所思

吕不韦以商人参政在先秦时期是个案吗？

09

刺客列传第二十六
专诸刺王僚

很多人都知道专诸是一名刺客，他刺杀了吴王僚，因此送了性命。但很少有人知道专诸怕老婆，"惧内"这个词就始于专诸。除此之外，专诸还是一名厨师，被誉为"厨师之祖"。本文我们要讲的是专诸刺杀吴王僚的起因、经过和结果，而这才是他真正被后人铭记的原因。

司马迁在《史记》中特别为春秋战国时期的刺客立传，他们有的身怀绝技，有的凭借一颗侠义之心，做出了名垂青史的大事。

专诸是吴国堂邑人。伍子胥从楚国流亡到吴国时，知道专诸有本领。伍子胥见到吴王僚后，用进攻楚国的种种好处来游说吴王。就在吴王僚拿不定主意的时候，吴公子光说："伍子胥的父兄都被楚王所杀。他劝大王进攻楚国，只是想为自己报私仇而已，并不是真正为吴国打算。"吴王便停止进攻楚国。伍子胥知道公子光正打算谋害吴王僚，心里便盘算起来，他认为公子光有在国内夺取王位的企图，现在还不是劝说吴国出兵的时机，就先把专诸引荐给了公子光。

公子光的父亲是吴王诸樊。诸樊有三个弟弟：大弟叫馀祭，二弟叫夷昧，三弟叫季子札。诸樊知道三弟季子札贤能，便不立儿子光做太子，而

◎点石斋刻《东周列国志》绣像
插图《吴季子像》

是依次传位给三个弟弟，打算最终把国家传给季子札。就这样，诸樊去世后，王位传给馀祭；馀祭去世后，王位传给夷昧，夷昧去世后，王位应当传给季子札，季子札却逃避不肯继承王位，吴国人就拥立夷昧的儿子僚为吴王。这个结果让公子光大为不满，他说："假若是按兄弟次序，季子应当即位，假若一定要以儿子嗣位，那么我才是真正的嫡系后代，应当继承王位。"因此暗中招养谋臣，以求立为吴王。公子光得到专诸后，把他奉为上宾。

吴王僚九年（前518年），楚平王去世。那年春天，吴王僚打算趁着楚国有丧事，派他的两个弟弟公子盖馀和公子属庸，率兵包围楚国的灊（qián）地；又派延陵季子前往晋国观察诸侯国的动静。结果楚国出兵截断吴国兵马的后路，致使大军一时之间无法回国。

　　公子光见时机到了，就对专诸说："这个时机万不可失，眼下不争取，哪会有所成呢！何况我是真正的王位继承人，应该即位。即使季子札以后回来，也不会废黜我。"专诸说："是时候除掉吴王僚了。他的两个弟弟带着军队攻打楚国，楚国军队断绝了他们的后路。现在他身边只有老母弱子，而国内没有正直敢言的忠臣。他还能把我们怎么样呢？"公子光叩头说："一切就都拜托您了，您身后的事尽管包在我身上。"

　　当年四月，公子光预先在府里的地下室里埋伏了全副武装的兵士，然后预备好酒席请吴王僚赴宴。吴王僚一路上戒备森严，不敢有一丝疏漏，直到到了公子光府中。酒喝到畅快时，公子光假装脚痛，进入地下室里，让专诸将匕首放在烤鱼的肚子里，将它献上去。专诸来到吴王僚面前，掰开鱼肚，抽出匕首就向吴王僚刺去，吴王僚当时就被刺死了。左

◎汉武氏祠画像石《专诸刺王僚》拓片

右武士也杀了专诸。一时间，吴王僚手下的人混乱不堪。公子光出动他预先埋伏的兵士，攻击跟随吴王僚的部众，全部消灭了他们。就这样，公子光自立为王，这便是吴王阖闾。阖闾在专诸死后，按照约定照顾他的家人。

亲近原典

《刺客列传第二十六》节选一

四月丙子，光伏甲士于窟室中①，而具酒请王僚②。王僚使兵陈自宫至光之家，门户阶陛左右③，皆王僚之亲戚也④。夹立侍，皆持长铍⑤。酒既酣，公子光详伴为足疾⑥，入窟室中，使专诸置匕首鱼炙之腹中而进之⑦。既至王前，专诸擘鱼⑧，因以匕首刺王僚，王僚立死。左右亦杀专诸，王人扰乱。公子光出其伏甲以攻王僚之徒，尽灭之，遂自立为王，是为阖闾，阖闾乃封专诸之子以为上卿。

注释

①甲士：身穿铠甲的武士。窟室：地下室。

②具：备办。

③阶陛：台阶。

④亲戚：此指亲信。

⑤铍（pī）：长矛，一说两刃刀。

⑥详为足疾：假装脚有毛病。详：通"佯"，假装。

⑦鱼炙：烤熟的整条鱼。进：献上。

⑧擘：拆，掰开。

译文

吴王僚十二年四月丙子日，公子光预先在地下室里埋伏了全副武装的兵士，并预备好酒席请吴王僚赴宴。吴王僚派他的兵士排列成队，从宫廷一直到公子光的家里，所有门户台阶左右各处，都是吴王僚自己的亲信。他们夹道站立，手里都举着长矛。酒喝到畅快时，公子光假装脚痛，进入地下室里，让专诸将匕首放在烤鱼的肚子里，将它献上去。到吴王僚面前，专诸掰开鱼肚，就拿那把匕首去行刺吴王僚，吴王僚当时就被刺死了。左右武士也杀了专诸。一时间，吴王僚手下的人混乱不堪。公子光出动他预先埋伏的兵士，攻击跟随吴王僚的部众，全部消灭了他们。就这样，公子光自立为王，这便是吴王阖闾。阖闾于是封了专诸的儿子为上卿。

探 古 迹

专诸巷：专诸巷位于苏州古城西部，紧挨着城墙与内城河，南面通向景德路西边的金门口，北面直抵西中市西边的阊门口。相传专诸刺杀吴王僚被杀后，就葬在这里，这条巷子由此得名专诸巷。后来，专诸巷一带成为玉雕行业的集中之地，所以专诸巷也被传为"穿珠巷"。此外，南京六合城区也有一条纪念专诸的街巷叫专诸巷，因为专诸出生于堂邑，也就是现在的六合。

　　鱼肠剑： 鱼肠剑也被称为鱼藏剑，相传是铸剑大师欧冶子为越王铸造的。之所以叫这个名字，是因为专诸将其藏在鱼腹中，伺机刺杀吴王僚。鱼肠剑也是我国古代十大名剑之一——位列第八的勇绝之剑。

专诸之后的吴国刺客要离有何事迹流传？

10 刺客列传第二十六
豫让击衣

本节我们要说的豫让也是一个有着侠肝义胆的志士，从他的身上我们能读到古代人内心的纯真和良善，也更能明白"士为知己者死，女为悦己者容"这句话的真正含义。在豫让身上，这句话不再是一句空话，而是真的可以为了那个懂自己的人赴汤蹈火，万死不辞。

豫让是晋国人，以前服侍过范氏与中行氏，不过没什么名声。他离开那里去侍奉晋国的智伯，智伯非常尊重宠信他。等到智伯攻打赵襄子，赵襄子和韩、魏合谋灭了智氏。消灭智氏以后，他们三家就分割了晋国的土地。

豫让逃到山里，自叹说："士为知己者死，女为悦己者容。智伯是我的知己，我一定要报答他，哪怕是为了报仇而献出生命。"于是豫让改名换姓，扮成一个犯罪受刑的人，进入赵襄子的宫中粉刷厕所。他身上藏着匕首，准备借此刺杀襄子。赵襄子去厕所时，心里感到不安，就命侍从把粉刷厕所的人捉住并审问，一问才知道是豫让。豫让衣服内藏着匕首，斩钉截铁地说："我要替智伯报仇！"赵襄子左右的人斥责豫让，并要杀了他。襄子却说："他是个有义气的人，我以后小心回避他就是了。况且智伯死时没有后代，他的家臣却能想

◎点石斋刻《东周列国志》绣像插图《豫让击衣报襄子》

着替他报仇，这是贤人啊！"最后放他走了。

　　不久，豫让又将漆涂在身上，让身体长满漆疮，再吞下炭让声音变得嘶哑，使自己的形体容貌无法被人辨认出来。他沿街乞讨，连他的妻子也认不出他了。他去见朋友，朋友好半天才辨认出是他，说："您不是豫让吗？"豫让说："是的。"朋友见他这个样子，流着泪说："凭您的才能，委身去服侍赵襄子，赵襄子一定会宠信您。等他彻底信任您时，您再报仇，这样不是更容易吗？何苦摧残自己的身体，丑化形貌，像这样去报复赵襄子，付出的代价太大了。"豫

让说："既然已经委身侍奉别人，又打算杀他，这就是怀了不忠之心来服侍他的君主。我这样做虽然很艰难，却可以使后世那些怀有异心的臣子们感到惭愧。"

有一次，赵襄子要外出，豫让便潜藏在他必经之路的桥下。襄子骑着马来到桥上，马不肯走。赵襄子说："这一定是豫让在附近。"后来真的找出了豫让。襄子对豫让说："智伯杀了范氏和中行氏，你为什么不报仇？而如今智伯死了，你为何要报仇？"豫让说："范氏和中行氏把我当作一般人看待，所以我像一般人那样报答他们。至于智伯，他像对待国中名士一样对待我，所以我也要像国中名士一样报答他。"襄子感慨叹息，并且流着泪说："你为智伯报仇，已经成名了；而我饶过你一次，也算仁至义尽了。这一次我不会再放过你！"于是命令侍卫围住豫让。

豫让思索片刻说："贤明的君主，不埋没别人的美德；而忠臣有为名节去死的道义。上一次您饶了我，天下无人不称颂您的贤德。这一次，我又被您抓住，本当伏法，但我希望求得您的衣裳刺它几下，以此来表达我为智伯报仇了。如果您肯答应，我即便死了也没有遗憾。"赵襄子非但没有生气，还格外赞赏豫让的义气，就派使者拿衣裳给豫让。豫让拔剑刺这件衣服。这样，他觉得能对智伯有个交代了，于是伏剑自杀了。豫让自杀那天，赵国的志士都为他哭泣。

《刺客列传第二十六》节选二

既去，顷之，襄子当出，豫让伏于所当过之桥下。襄子至桥，马惊，襄子曰："此必是豫让也。"使人问之，果豫让也。于是襄子乃数豫让曰[1]："子不尝事范、中行氏乎？智伯尽灭之，而子不为报仇，而反委质臣于智伯。智伯亦已死矣，而子独何以为之报仇之深也？"豫让曰："臣事范、中行氏，范、中行氏皆众人遇我[2]，我故众人报之[3]。至于智伯，国士遇我[4]，我故国士报之。"襄子喟然叹息而泣曰："嗟乎豫子！子之为智伯，名既成矣，而寡人赦子，亦已足矣。子其自为计，寡人不复释子！"使兵围之。豫让曰："臣闻明主不掩人之美，而忠臣有死名之义，前君已宽赦臣，天下莫不称君之贤。今日之事，臣固伏诛[5]，然愿请君之衣而击之，焉以致报仇之意[6]，则虽死不恨。非所敢望也，敢布腹心^⑦！"于是襄子大义之，乃使使持衣与豫让。豫让拔剑三跃而击之，曰："吾可以下报智伯矣！"遂伏剑自杀。死之日，赵国志士闻之，皆为涕泣。

注释

①数：列举罪过而责之。

②众人遇我：把我当成一般人对待。

③众人报之：像一般人那样报答。

④国士：国内杰出人物。

⑤伏诛：受到应得的死罪。

⑥焉：承接上文，以表示后果，相当于"了""就"。

⑦敢布腹心：敢于披露心里话。

译文

豫让离开后，不久，赵襄子要外出，豫让便潜藏在他必经之路的桥下。襄子来到桥上，马受惊。赵襄子说："这一定是豫让所为。"派人去查问，果然是豫让。于是襄子就指责豫让说："您不是曾经服侍过范氏和中行氏吗？智伯都把他们消灭了，而您并不替他们报仇，反而委身为智伯的臣子。如今智伯已经死了，您为何偏偏死心塌地要为他报仇呢？”豫让说："我服侍范氏和中行氏，范氏和中行氏把我当作一般人看待，所以我像一般人那样报答他们。至于智伯，他像对待国中名士一样对待我，所以我像国中名士一样报答他。"襄子感慨叹息，并且流着泪说："哦！豫先生，您为智伯报仇，已经成名了；而我宽恕您，也足够了。您还是自己想个办法吧，我不能再放过您了！"就命令侍卫围住豫让。豫让说："我听说贤明的君主，不埋没别人的美德；而忠臣有为名节去死的道义。从前您宽恕了我，天下无人不称颂您的贤德。今天的事情，我本当伏法受诛，但我希望求得您的衣裳刺它几下，这样来表达我为智伯报仇的意愿，那么，即便死了也没有遗憾了。我不敢指望您答应我的要求，但还是冒昧地说出了我的心意。"当时襄子非常赞赏豫让的义气，就派使者拿衣裳给豫让，豫让拔剑多次跳起来击刺它，说："我能够报答九泉之下的智伯了！"于是伏剑自杀了。豫让自杀那天，赵国的志士都为他哭泣。

探古迹

赤桥：原名豫让桥，位于山西省太原市的赤桥村，是一座砂石砌成的石桥。相传春秋战国时期，智伯的家臣豫让为了给智伯报仇，潜伏在石桥下行刺赵襄子，刺杀失败，豫让自杀而亡，于是这座桥就改名叫豫让桥。明朝万历年间的《太原府志》中记载：赤桥"初名豫让桥，至宋太祖凿卧虎山有血流成河，故改今名"。赤桥所在的村因此被命名为赤桥村。

识典故

士为知己者死，女为悦己者容：意思是贤士愿意为赏识自己、了解自己的人牺牲，女子愿意为欣赏自己、喜欢自己的人打扮。典出《史记·刺客列传》。春秋战国时期，韩、赵、魏三家灭智氏。豫让为给智伯报仇，不惜吞炭弄哑嗓子以改变自己的声音，还将全身涂漆乔装成乞丐，连自己的妻子都认不出自己。他多次刺杀赵襄子，均以失败告终。在一次行刺中，他被赵襄子手下擒住，留下了"士为知己者死，女为悦己者容"的剖白，最终慷慨赴死。后来，这句话也用来形容知音难得，人们为了报答知己，不惜献出生命的精神气概。

有所思

除了豫让，《史记》中哪些人堪称国士？

11 刺客列传第二十六
聂政剑杀侠累

　　郭沫若先生的历史剧《棠棣之花》赞扬了聂政的侠义精神，中国音乐史上著名的古琴曲《广陵散》其实就是《聂政刺韩王曲》。聂政不但重情重义，而且非常孝顺，为了躲避仇家的报复，曾带着母亲和姐姐隐姓埋名，做了屠夫。本文我们要说的是严仲子请求聂政刺杀韩国宰相侠累的故事。

　　聂政原本是轵县深井里人，因为杀了人，要躲避仇家，就和母亲、姐姐逃往齐国，以屠宰牲畜为业。

　　过了很久，濮阳人严仲子服侍韩哀侯，和韩国宰相侠累结下仇怨，严仲子怕侠累杀他，便逃走了。此后他游历各国，寻访可以替他向侠累报仇的人。到了齐国，有人告诉他聂政是个勇士，为了逃避仇人，眼下做了屠夫，混迹在市场之中。听到这个消息，严仲子觉得聂政就是能帮他报仇的人，于是多次前往聂家拜访，后来他备了酒食，亲自送到聂政的老母面前。酒喝到畅快时，严仲子又奉上黄金一百镒，上前为聂政的老母祝寿。见到严仲子送上这份厚礼，聂政十分惊奇，他再三辞谢说："在下家境贫寒，又客居在齐国，以杀猪宰狗为生，幸好老母健在，我还能够早晚得些美食，来奉养母亲。如今我挣的钱足够供养母亲，不敢接受您的赏赐。"严仲子见聂政严词拒绝，就让其他人避开，对他说道："我因为有仇要报，游历过很多诸侯国。此番来到齐国，私下听说您很重义气，因此献上百金，作为您母亲买粗粮的费用。我只是想和您交个朋友，哪里还敢有其他奢求呢？"聂政说："我之所以放下志向，屈辱自己，在市场里做个屠夫，只是希望借此奉养老母。老母在世，我聂政是不敢用生命来答应为人卖命的。"严仲子不管怎么劝，聂政始终不肯接受。

过了很久，聂政的母亲去世了。安葬完母亲，聂政脱掉丧服，说："我不过是个市井小民，以屠宰牲畜为生，而严仲子却不远千里，屈尊来结交我。我招待他太简朴了，我本人也没有值得称道的功绩，可严仲子却献上百金为我母亲祝寿；尽管我没有接受，可这样足以说明他十分了解我聂政。我怎能默不作声就算了呢！我该为了解我的人去效力了。"

聂政便向西到濮阳，见到严仲子说："如今老母已经去世，您打算复仇的对象是谁？我替您去杀了他。"严仲子感到很欣慰，就详细说道："我的仇人是韩国宰相侠累，他的宗族势盛人多，住所保卫非常严密。如今您肯出马，我愿意加派些车马壮士做您的帮手。"聂政说："如今要杀的人是国相，在这样的情形下，不能去很多人。因为人多了，难免会出岔子。"于是聂政单枪匹马，辞别严仲子而去。

聂政拿着宝剑到了韩国国都，宰相侠累正坐在堂上，他身边的护卫个个手持兵器。聂政径直而入，走上台阶一剑杀了侠累。左右的人大乱，聂政大喝一声，和护卫们打斗起来，被他击杀的有数十人，然后自杀。韩国人将聂政的尸体陈列在街市上，悬赏查问，然而无人知道这是谁家的子弟。于是韩国就悬赏缉拿，凡认出凶手的人，赏他千金，可仍然一无所获。

聂政的姐姐聂荣，听说有人刺杀了韩国的宰相，韩国人正在悬赏千金，征问这个人的姓名来历。她便呜咽着说："大概是我的弟弟吧！"她马上动身，前往韩国，来到市上认尸，死者果然是聂政。聂荣悲痛万分，趴在尸体上说："这是轵县深井里名叫聂政的人！"路上众人都说："这个人杀害了我国的宰相，国王正悬赏千金查询他的姓名，夫人没听说吗？怎么还敢来认尸呢？"聂荣回答说："我知道。但我的弟弟聂政，当初忍辱负重，混迹于市井商贩之中谋生，是因为老母健在，而我也没有出嫁。现在母亲已经过世，我也嫁人了，他也终于为他的知己而死。只不过因为我还活着的缘故，他不得不自我摧残来断绝线索，以免牵连我。而我怎能贪生怕死，永远埋没弟弟的英名呢？"接着她大呼三声"天呀"，最终因为极度悲哀死在聂政的尸体旁。

晋、楚、齐、卫等国的人得知后都说："不仅聂政是能人，连他的姐姐也是烈性女子。如果聂政知道他姐姐不会忍辱偷生，就算越过千里险阻也要来公开他的姓名，最终落得姐弟双双暴尸韩国街头，可能还不敢把性命托付严仲子。严仲子这识人的本领太强了，正因为如此，才能够得到贤士啊！"

《刺客列传第二十六》节选三

久之，聂政母死。既已葬，除服①，聂政曰："嗟乎！政乃市井之人，鼓刀以屠，而严仲子乃诸侯之卿相也，不远千里，枉车骑而交臣②。臣之所以待之，至浅鲜矣③，未有大功可以称者④，而严仲子奉百金为亲寿，我虽不受，然是者徒深知政也。夫贤者以感忿睚眦之意而亲信穷僻之人⑤，而政独安得嘿**默**然而已乎⑥！且前日要**邀**政⑦，政徒以老母；老母今以天年终，政将为知己者用。"遂西至濮阳，见严仲子曰："前日所以不许严仲子者，徒以亲在；今不幸而母以天年终。仲子所欲报仇者为谁？请得从事焉！"严仲子具告曰："臣之仇韩相侠累，侠累又韩君之季父也，宗族盛多，居处兵卫甚设，臣欲使人刺之，终莫能就。今足下幸而不弃，请益其车骑壮士可为足下辅翼者⑧。"聂政曰："韩之与卫，相去中间不甚远，今杀人之相，相又国君之亲，此其势不可以多人，多人不能无生得失，生得失则语泄，语泄是韩举国而与仲子为仇，岂不殆哉⑨！"遂谢车骑人徒，聂政乃辞独行。

注释

①除服：服丧期满。

②枉：屈，委屈。

③鲜：少，稀少。

④称：相比，相抵。

⑤睚眦：发怒时瞪眼睛，借指小的仇恨。

⑥嘿：通"默"，沉默。

⑦要：同"邀"，邀请。

⑧辅翼：助手，辅助。

⑨殆：危险。

译文

　　过了很久，聂政的母亲去世。已经安葬完毕，脱掉丧服，聂政说："哎！我不过是个市井小民，拿着刀屠宰牲畜而已，而严仲子是诸侯国的卿相，却不远千里，屈尊来结交我。我用来对待他的，实在微不足道，我没有大功值得称道，可严仲子却献上百金为我母亲祝寿；尽管我没有接受，可这样足以说明他十分了解我聂政。像他这样一个贤者，为了泄愤，而将一个家贫地僻的人视为亲信，我怎能默不作声就算了呢！况且他从前邀请我，我只是因为有老母在才谢绝；如今老母已经享尽天年，我该为了解我的人去效力了。"

聂政便向西到濮阳，见到严仲子说："以前我没有答应仲子，是由于老母健在，如今不幸老母已经享尽天年了，仲子打算复仇的对象是谁？就请让我办这件事吧。"严仲子就详细告诉聂政："我的仇人是韩国宰相侠累，侠累又是韩国国王的叔父，他的宗族势盛人多，住所保卫非常严密。我打算派人行刺他，一直未能得手。如今承蒙您不嫌弃，我愿意加派些车马壮士做您的帮手。"聂政说："韩国和卫国相距不远。如今要杀别人的国相，这位国相又是国君的亲族，在这样的情形下，不能去很多人。因为人多了，难免会出岔子；出了岔子，就会走漏消息，消息一走漏，那么整个韩国都要与仲子为敌，这难道不是太危险了吗！"聂政于是谢绝车骑人众，辞别严仲子只身去了。

探古迹

聂政台： 聂政台位于河南省禹州市西区古城的西城门外，是战国时期刺客聂政葬身的地方。聂政刺杀韩国相国侠累后，因无法脱身，怕连累家人，毁容自杀。后人为了纪念他，就在这里建祠，是为聂政台。不过，现在的聂政台是明朝正德年间重新修建的。聂政台坐北朝南，由砖石砌成，高度接近 10 米，南面有 34 级台阶，除高台外还有多处后人兴建的建筑，如大殿、拜殿等。登上高台，放眼眺望，颍河流经附近，群山环绕左右，也算是禹州的一大景观。

识典故

白虹贯日： 意思是白色的长虹穿过太阳，用来形容异常的现象。典出《战国策·魏策四》。聂政为报答严遂的知遇之恩，孤身闯入韩国宰相韩傀府中，在层层守卫之中刺杀了韩傀。为了不牵连家人和严遂，他不惜毁容自杀，传说当时有白色的长虹穿日而过。古人认为在发生一些特殊事件时，就会出现异常天象，实际上白虹贯日只是一种日晕现象。这个成语可以用作谓语、定语。

据传说，聂政剑刺侠累时有何异常天象？

12

刺客列传第二十六
易水悲歌

"风萧萧兮易水寒，壮士一去兮不复还。"这是在易水边，燕太子丹、高渐离等人送别荆轲时，荆轲吟唱的诗句，真是既悲壮又苍凉！本文除了写英勇无畏的荆轲，也写了原秦国将军、后自刎而死的樊於期。虽然刺秦的结局以失败而告终，但历史却会铭记这两个人的大无畏精神。

荆轲是卫国人，他的祖先是齐国人，后来迁徙到卫国，卫国人称他为庆卿。到燕国后，燕国人称他荆卿。荆轲喜爱读书和击剑，曾经凭借剑术游说卫元君，然而卫元君没有任用他。

荆轲曾经游历到榆次，和著名的剑客盖（gě）聂谈论剑术。两人争执中，盖聂对荆轲怒目而视，荆轲就出去了。有人劝盖聂把荆轲请回来，盖聂说："我用目光去威吓他，他如果是高手，应该不敢再作逗留。"人们再去荆轲的住处找

◎点石斋刻《东周列国志》
绣像插图《荆轲像》

他，发现他已经乘车离开了榆次。

荆轲到燕国后，结交了一个杀狗的屠夫与一个乐师高渐离。荆轲爱喝酒，天天与屠夫及高渐离在燕国的街市上喝酒，喝到半醉，高渐离击着筑，荆轲便和着节拍在街市上唱歌，彼此都很快乐，不一会儿就旁若无人地相拥而泣。荆轲虽然与酒徒们交游，但是他为人却深沉稳重，喜欢读书，他游历各国，都是和当地一些德高望重的名士相结交。他到达燕国后，燕国的隐士田光先生慕名而来，友好地接待他。

不久，在秦国当人质的燕太子丹从秦国逃回了燕国。想当年，太子丹曾在赵国当人质，而秦王嬴政的父亲那时也在赵国做人质，嬴政从小便和太子丹结交，两人关系很好。然而等到嬴政即位为秦王，对待来秦国做人质的太子丹却没有了昔日的情谊。因此太子丹怀恨在心，寻求报复秦王的办法，可是燕国弱小，力不能及，太子丹为此忧虑。

过了一段时间，秦将樊於期得罪了秦王，流亡到燕国，太子丹接纳了他并让他住下来。太子丹的老师鞠武担心秦国以此为借口出兵，就规劝太子丹，把樊於期送到匈奴去。然而太子丹觉得这样做有违道义，问鞠武还有没有别的办法。鞠武说："燕国有一位田光先生，他智谋深远、勇敢沉着，可以和他商量。"结果，田光前来拜访太子丹，并把荆轲推荐给他。

之后，荆轲前去拜见太子丹，说田光为了保守复仇计划，选择了自刎。太子丹顿时泪流满面，拜了两拜以示敬意。稍后，他跟荆轲分析了当前形势，说出想要劫持秦王或杀死秦王的想法。过了好一会儿，荆轲说："这是国家的大事，我才能低微，恐怕不能胜任。"太子丹又上前叩头，恳请荆轲不要推托，这样荆轲才答应了。当时太子丹尊荆轲为上卿，安排他住上等的馆舍。太子丹每天来到馆舍拜访，所有的吃穿用度都无条件地满足他。

过了很长一段时间，荆轲仍没有动身的意思。秦将王翦攻破了赵国国都，俘虏了赵王，几乎全占了赵国的土地，又往北进兵夺取土地，直达燕国的南部边境。太子丹

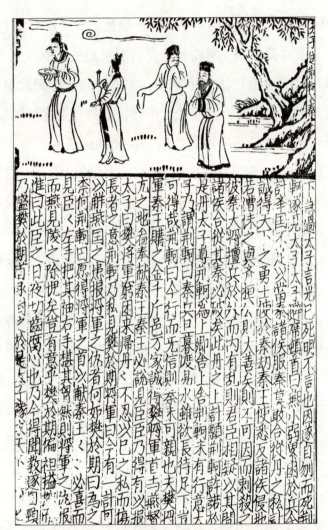

◎元虞氏刊本《全相平话五种》之《秦并六国平话》（别题《秦始皇传》）卷中，插图为《太子送荆轲入秦》

很害怕，于是请求荆轲说："秦军很快就要横渡易水了，就算我愿意一直侍奉您，一旦秦军到来，也不可能了。"荆轲说："太子就是不说这话，我也要去拜见您了。如果眼下去秦国，却没有让秦王相信的东西，那么是无法接近秦王的。如今秦王正以黄金千斤、封邑万户来悬赏樊将军的头。假若可以得到樊将军的头与燕地督亢的地图，进献给秦王，秦王一定高兴地接见我，这样我才能有办法完成使命。"太子丹说："樊将军到了穷途末路之时来投靠我，我怎么能因为一己私利去杀害他呢？请您再想想别的办法吧。"

荆轲明白太子丹不忍心，于是自己去见樊於期，跟他说明了情况。樊於期于是就自杀了。太子丹得知后乘车前往，趴在樊於期尸体上痛哭，十分悲伤。事已至此，就将樊於期的头装入匣子里密封起来。

当时，太子丹访求天下最锋利的匕首，找到赵国徐夫人的匕首，花了百镒黄金买下它，让工匠用毒药浸染在匕首上。于是整理行装，准备送荆轲启程。燕国有个勇士名叫秦舞阳，十三岁就杀过人，人们都不敢和他正视。太子丹就派秦舞阳当荆轲的助手。

临刑前，太子丹和知道此事的人，都穿着白衣戴着白帽去为荆轲送行。送到易水边时，高渐离击着筑，荆轲放声唱歌，发出凄凉的音调，送行的人都泪流满面。荆轲又一边向前走一边唱道："风萧萧兮易水寒，壮士一去兮不复还！"接着又唱出悲壮慷慨的声调，送行的人都受到鼓舞。于是荆轲登车离开了，始终没有回头。

亲近原典

《刺客列传第二十六》节选四

荆轲知太子不忍，乃遂私见樊於期曰："秦之遇将军可谓深矣①，父母宗族皆为戮没②。今闻购将军首金千斤，邑万家，将奈何？"於期仰天太息流涕曰："於期每念之，常痛于骨髓，顾计不知所出耳！"荆轲曰："今有一言可以解燕国之患，报将军之仇者，何如？"於期乃前曰："为之奈何？"荆轲曰："愿得将军之首以献秦王，秦王必喜而见臣，臣左手把其袖，右手揕其匈胸③，然则将军之仇报而燕见陵之愧除矣。将军岂有意乎？"樊於期偏袒搤扼捥腕而进曰④："此臣之日夜切齿腐心也⑤，乃今得闻教！"遂自刭。太子闻之，驰往，伏尸而哭，极哀。既已不可奈何，乃遂盛樊於期首函封之⑥。

注释

①深：残酷，刻毒。

②戮：杀死。没：没入官府为奴。

③揕：(zhèn)：直刺。匈：同"胸"，胸膛。

④偏袒搤（è）捥：脱掉一边衣袖，露出一边臂膀，一只手紧握另一支手腕，以示激愤。搤：同"扼"，掐住，捉住。捥：同"腕"。

⑤切齿腐心：上下牙齿咬紧挫动，愤恨得连心都碎了。

⑥函封：装入匣子，封起来。

译文

荆轲明白太子不忍心，于是自己去见樊於期说："秦国对待将军实在是太残酷了！您的父母和族人，全部被杀死或被收为奴婢。如今又听说用千斤黄金和万户封邑来悬赏求取将军的头，您想怎么办呢？"樊於期抬头向天叹息，流着泪说："我樊於期每当想到这些，就痛入骨髓，只是想不出报仇的办法来！"荆轲说："现在我有一句话可以解除燕国的灾祸，为将军报仇，怎么样？"樊於期上前说："怎么办？"荆轲说："把将军的头献给秦王，秦王一定会高兴而召见我。我用左手抓住秦王的衣袖，右手拿匕首直刺他的胸膛，这样，将军的仇报了，燕国被欺凌的耻辱也消除了！将军对此还有什么想法吗？"樊於期袒露出一边肩膀，用一只手紧紧地握住另一只手腕，走近荆轲说："这是我日夜咬牙切齿痛心疾首的事情，今天才能听到您的教诲！"于是樊於期就自杀了。太子丹得知后乘车前往，趴在樊於期尸体上痛哭，十分悲伤。事已至此，太子丹就将樊於期的头装入匣子里密封起来。

明地理

易水：即易水河，位于河北省易县境内，分南易水、中易水、北易水。战国时期，易水是燕国和赵国的边境。燕太子丹送荆轲刺秦时，在这里作别，高渐离击筑，荆轲和着音乐高歌："风萧萧兮易水寒，壮士一去兮不复还！"
易水因此闻名于世。

访名人

樊於期：原是秦国的将军，曾和王翦等人率
军攻打赵国。他因为听信谣言，参与谋反而得罪
了秦王，畏罪叛逃到燕国，被燕太子丹收留。等
到太子丹谋划刺杀秦王时，秦王正重金悬赏樊於
期首级，于是荆轲将计就计，提出以樊於期的首
级和督亢地图作为进献给秦王的礼物，以便接近
秦王，为刺杀创造机会。樊於期知道后，既想向
秦王复仇，也为了报答太子丹的救命之恩，最终
毅然赴死。

有所思

"樊於期"为什么不能写作"樊于期"？

13 刺客列传第二十六
荆轲刺秦

荆轲刺秦王未能成功却搭上了自己的性命。关于荆轲刺秦王一事，我们大多赞扬荆轲舍生取义，但有人认为荆轲是逞匹夫之勇，还有人认为荆轲被历史记住，不是因为他有多厉害，而是因为他刺杀的是秦王嬴政……仁者见仁智者见智，读了下面的文章，或许同学们也会有自己的理解吧。

一到秦国，荆轲就带着价值千金的礼物，厚赠秦王的宠臣中庶子蒙嘉。蒙嘉先向秦王报告说："燕王确实畏惧大王的声威，不敢出兵抗拒大王派出的军队，全国上下情愿成为秦国的臣子。他们愿意作为秦国的一个郡县，像其他诸侯国一样交纳贡物与赋税，只求保全先王的宗庙。燕王内心畏惧，不敢亲自来陈述，就派使者先献上樊於期的人头和燕地督亢地区的地图，将情况禀报大王，唯大王之命是从。"秦王听了十分高兴，就穿上上朝的礼服，安排了隆重的仪式，在咸阳宫召见燕国使者。

　　荆轲手捧装着樊於期头的匣子，秦舞阳手捧盛着地图的匣子，依次走进秦国王宫。当来到宫殿前时，秦舞阳害怕得发抖。荆轲上前谢罪说："秦舞阳没有见过天子，因此心惊胆战。请大王恕罪。"

　　荆轲取了地图呈上，秦王展开地图，地图展到尽头，

匕首露了出来。荆轲趁机刺杀秦王，这一刺没有刺到身上。秦王大惊，连忙抽身跳起，连衣袖都挣断了。秦王慌忙抽剑抵挡，可剑太长，剑又在剑鞘里套得很紧，因此不能立刻拔出来。此时荆轲手持匕首追赶秦王。大臣们都被突然发生的意外惊呆了，吓得手足无措。因为

◎明刻本《东周列国志》插图
《荆轲入秦行刺》

103

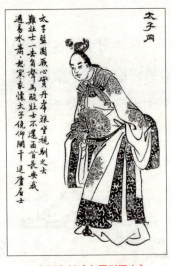

太子鞠國厥心實丹府狼坐視馴之太
難壯士一去有勢為酸壯士不還面首長安或
過易水肅慾寒衷懷太子饒仰闕干退盧居士

太子丹

◎点石斋刻《东周列国志》
绣像插图《太子丹像》

大臣们上殿不被允许携带任何武器；而侍卫们都拿着武器守在殿下，没有命令不能上殿。秦王来不及传唤殿下的侍卫，也没有什么可用来攻击荆轲，群臣只好赤手空拳和荆轲搏斗。

在一片慌乱中，侍从医官夏无且用他所捧的药袋子投击荆轲。左右的人赶忙说："大王，把剑推到背后！"秦王便将剑背到背后，这下终于拔出剑来，反身砍向荆轲，砍断了他的左腿。荆轲负伤倒地，又举起匕首投刺秦王，只投中了铜柱。接着荆轲又被秦王刺伤。这时，他已经知道事情不能成功了，大笑着骂道："事情之所以没能成功，是因为要活捉你，一定要得到你的亲口承诺，我才能向太子复命。"不等他说完，侍卫们一拥而上，杀死了他。

这件事过后，秦王奖惩分明，转而命令王翦的军队去进攻燕国。十个月便攻克了燕都蓟城。燕王姬喜、太子姬丹等人只好带领精锐军队往东退守辽东郡。燕王被秦军追得走投无路，听信了秦军将领的话，派人杀死了太子丹，打算将他的人头献给秦王求和。然而这只是秦军的离间计，秦军并没有依照约定撤军，而是继续派兵攻打燕王。五年之后，秦国终于灭掉了燕国，俘虏了燕王喜。

《刺客列传第二十六》节选五

荆轲奉樊於期头函，而秦舞阳奉地图柙匣，以次进。至陛，秦舞阳色变振恐，群臣怪之。荆轲顾笑舞阳，前谢曰："北蕃蛮夷之鄙人，未尝见天子，故振慑慑。愿大王少假借之①，使得毕使于前。"秦王谓轲曰："取舞阳所持地图。"轲既取图奏之，秦王发图②，图穷而匕首见现③。因左手把秦王之袖，而右手持匕首揕之。未至身，秦王惊，自引而起，袖绝。拔剑，剑长，操其室④。时惶急，剑坚，故不可立拔。荆轲逐秦王，秦王环柱而走。群臣皆愕，卒猝起不意⑤，尽失其度⑥，而秦法，群臣侍殿上者不得持尺寸之兵；诸郎中执兵皆陈殿下，非有诏召不得上。方急时，不及召下兵，以故荆轲乃逐秦王。而卒惶急，无以击轲，而以手共搏之。是时侍医夏无且以其所奉药囊提荆轲也⑦。秦王方环柱走，卒惶急，不知所为，左右乃曰："王负剑！"负剑，遂拔以击荆轲，断其左股。荆轲废，乃引其匕首以擿_掷秦王⑧，不中，中桐柱。秦王复击轲，轲被八创。轲自知事不就，倚柱而笑，箕踞以骂曰⑨："事所以不成者，以欲生劫之，必得约契以报太子也。"于是左右既前杀轲，秦王不怡者良久。已而论功，赏群臣及当坐者各有差⑩，而赐夏无且黄金二百溢_镒，曰："无且爱我，乃以药囊提荆轲也。"

注释

①假借：宽容。

②发图：展开地图。

③穷：尽。见：同"现"，出现。

④室：指剑鞘。

⑤卒：通"猝"，突然。

⑥度：常态。

⑦提：打，投掷。

⑧擿：同"掷"，投掷。

⑨箕踞：两脚张开，蹲坐于地，如同簸箕，以示轻蔑对方。

⑩坐：治罪，办罪。

译文

　　荆轲手捧装着樊於期头的匣子，秦舞阳手捧盛着地图的匣子，按顺序前行。当来到宫殿前的台阶下的时候，秦舞阳脸色突变，害怕得发抖，大臣们都感到奇怪。荆轲转过头来对秦舞阳笑了笑，上前谢罪说："北方藩属蛮夷地区边远的粗野人，没有见过天子，因此心惊胆战。请大王稍微宽容他，使他能在大王面前完成使命。"秦王对荆轲说："递上秦舞阳所带的地图。"荆轲取了地图呈上，秦王展开地图，地图展到尽头，匕首露了出来。荆轲趁机左手抓住秦王的衣袖，右手拿匕首直刺秦王，没有刺到身上，秦王大惊，自己抽身跳起，挣断了衣袖。秦王慌忙抽剑，可剑太长，只是抓住剑鞘未能拔出。当时惊慌失措，剑又套得很紧，因此不能立刻拔出来。荆轲追赶秦王，秦王绕着柱子奔跑。大臣们都惊愕突然发生的意外事变，全都失去了常态。而秦国法律规定，在宫殿中侍奉的大臣们不允许携带任何武器；那些担任侍卫的官吏都拿着武器排列在殿下，没有君上的命令不允许上殿。在这紧急时刻，来不及传唤殿下的侍卫，所以荆轲能够追赶秦王。仓促之间，没有什么可用来攻击荆轲，群臣只好赤手空拳和荆轲搏击。这时，侍从医官夏无且用他所捧的药袋子投击荆轲。秦王正绕着柱子跑，惊惶失措，不知如何是好。左右的人就说："大王，把剑推到背后！"秦王便将剑推到背后，于是拔出剑来攻击荆轲，砍断了他的左腿。荆轲倒地，于是举起匕首投刺秦王，没有击中秦王，投中了铜柱。秦王再攻击荆轲，将荆轲身上八处刺伤。荆轲知道事情不能成功了，便倚着铜柱大笑，张开两腿像簸箕一样坐在地上大骂道："事情之所以没能成功，是因为要活捉你，一定要得到你的承诺才能回报太子。"这时，秦王侍卫就上前杀死了荆轲，秦王很长时间都高兴不起来。后来评论功过，赏赐群臣和惩治应当判罪的官吏都各有差别，并赐给夏无且二百镒黄金，秦王说："无且爱护我，才用药袋子投击荆轲啊！"

识典故

图穷匕见（xiàn）：意思是地图打开到最后，现出藏着的匕首，比喻事情发展到最后，行迹败露，现出真相。典出《战国策·燕策三》。燕太子丹和荆轲定下刺杀秦王的计谋后，他们取得了秦国叛将樊於期的首级，将涂了毒药的匕首藏在燕地督亢地图中，就这样，荆轲带着勇士秦舞阳一起来到秦国。秦王听说燕国主动投诚，非常高兴，便召见荆轲上殿献图。荆轲镇定地拿起地图，缓缓展开给秦王看。直到图卷全部打开，所藏匕首才显露出来。这个成语可以用作谓语、定语，含贬义。

访名人

高渐离： 高渐离是燕国人，他精通音律，擅长击筑。荆轲与他交好，两人时常喝得酩酊大醉。荆轲前往秦国前，众人到易水边送行，高渐离为他击筑伴奏。荆轲刺杀秦王失败，秦王下令通缉其旧识，高渐离只好改名换姓，给别人做酒保打工。后来他听到主人家的宾客击筑，便随口点评，引起众人注意。高渐离厌倦了东躲西藏的日子，也受不了辛苦做工，于是换回乐师装扮，成为主人的座上宾。秦王听说有个擅于击筑的乐师，便召见了他，不料被认识他的人说破身份。秦王爱惜他的才华，并没有杀他，而是弄瞎了他的双眼，把他留在王宫。有一次高渐离趁着秦王不备，用装了铅块的筑砸向秦王，一击不中，最终被处死。

有所思

荆轲刺秦失败骂秦王时为何要箕踞而坐？

14 李斯列传第二十七
上《谏逐客书》

中华文明史上的巨大浩劫"焚书坑儒"的策划者就是李斯。说到这里，同学们会说李斯真是太坏了。对此，司马迁也曾用"惜哉，惜哉"表达了遗憾和痛心。然而，评价一个人，我们应该尽量全面、客观、中立，要知道李斯也做了一些对历史对民族有益的事情，比如废分封，修驰道，统一文字、货币、度量衡等。

李斯是楚国上蔡人，年轻时担任过乡郡的小官吏，他看见办公处厕所里的老鼠吃脏东西，每当有人或狗接近时，总是受惊惧怕。李斯进入粮库，看见库里的老鼠吃储存的粮食，住在大屋子里，却不会遭到人和狗的惊扰。于是李斯叹息着说："人有时就如同老鼠一样，贤能与否关键是看他处在什么样的环境罢了！"

于是，李斯就跟荀子学习帝王治理国家之道，学业完成后，李斯觉得楚王不值得侍奉，而六国都很衰弱，无法建功立业，就打算西去秦国。

李斯来到秦国时，恰逢秦庄襄王死去，李斯便请求成为相国文信侯吕不韦的家臣，吕不韦觉得他贤能，任用他为郎。李斯由此得到机会。他游说秦王政扫平诸侯，完成天下的统一。秦王便任命李斯为长史，采纳他提出的策略，先离间诸侯君臣，随后再派能干的将领前去攻打。之后秦王任命李斯为客卿。

然而，李斯没得意多久就要被秦国赶走了。当时，有个韩国来的工匠以开凿河渠灌溉农田为名，到秦国做间谍，不久被发觉了。秦国的宗室大臣们都上奏秦王，让他将各诸侯国来的客卿们驱赶出秦国。李斯也在被驱赶的名单里。于是李斯给秦王写了一封信，劝秦王不要逐客，这就是有名的《谏逐客书》。

他说："我听说大臣都在议论逐客，这做法是错误的。从前秦缪公访求人才，从西方请来由余，从东方请来百里奚，从宋国迎来蹇叔，从晋国招来丕豹、公孙支。这五个人都不是秦国人，可缪公采用他们的计策，兼并了二十国，称霸西戎。孝公重用商鞅，推行新法，移风易俗，国家富强，打败楚、魏，扩地千里，使秦国强大起来。秦惠王采纳张仪的计谋，拆散了六国的合纵抗秦，迫使各国服从秦国。秦昭王得到范雎，削弱贵戚力量，加强了王权，蚕食诸侯，秦成帝业。这四代王都是由于任用客卿，对秦国才做出了贡献。如果这四位君王也下令逐客，只会使国家没有富裕之实，秦国也没有强大之名。

"如今陛下得到了昆山的美玉，得到随侯的明珠、卞和的宝玉，挂着明月珠，佩着太阿剑，骑着宝马，竖着翠凤旗，立着灵鼍（tuó）鼓。这些宝物，没有一件是秦国出产的，但陛下喜爱这些宝物，为什么呢？假若一定要秦国出产的才可以，那么夜光珠璧就无法用来装饰朝廷，犀角象牙等器物就不能让您欣赏玩乐，郑国、卫国的美女就不能进入后宫，驶（jué）騠（tí）等骏马也不该养在马厩里，江南出产的黄金白锡就不能使用，西蜀出产的丹青颜料也不能使用。假若用来装饰后宫、充作姬妾，使人赏心悦目的都一定要在秦国出产才行，那么宛珠装饰的簪子、嵌着玑珠的耳坠、绸绢做成的衣服、锦绣做成的饰物，就不能进献到大王面前，打扮时兴、娇艳漂亮的赵国女子也不能侍立在大王身旁了。再说敲击着瓦瓮坛，叩打着土酒樽，弹着竹筝，拍着大腿，呜呜叫喊以满足欣赏要求的，才是真正的秦国音乐；而郑声、卫声、《桑间》、《昭乐》、《虞乐》、《武舞》、《象舞》等古乐曲，却都是其他国家的音乐。现在您抛弃敲打瓦坛瓦罐这一套秦国音乐而听郑声、卫声，取消弹竹筝而采用《昭乐》《虞乐》，为什么这样做呢？只不过是图眼前的快乐，以满足耳目观赏需求而已！而现在您用人却不是这样，不问是非，不论曲直，只要不是秦国人就赶他走，只要是客卿就驱赶他。这样看来，陛下所看重的是美女、音乐、珍珠、宝玉，所轻视的是人才。这并不是统一天下、制服诸侯的方法。

　　"物品不是秦国出产的，但值得珍视的很多；士人不是在秦国出生成长的，愿意效忠秦国的也不少。现在却要驱赶宾客去帮助敌国，损害百姓去增强仇敌，造成国内空虚而对外又与诸侯结怨，这样下去，要使国家没有危险，是不可能的。"

　　就这样，秦王取消了驱赶客卿的诏令，恢复了李斯的官职，最终采纳了他的计策。李斯的官位升至廷尉。秦国经过二十多年，终于统一天下，尊崇秦王政为皇帝，任命李斯为丞相。秦国废分封，统一文字，统一度量衡，统一货币，修驰道，车同轨，李斯在这些措施中付出了心血。

《李斯列传第二十七》节选一

臣闻地广者粟多，国大者人众，兵强则士勇。是以太山不让土壤，故能成其大；河海不择细流，故能就其深；王者不却众庶，故能明其德。是以地无四方，民无异国，四时充美，鬼神降福，此五帝、三王之所以无敌也①。今乃弃黔首以资敌国②，却宾客以业诸侯③，使天下之士退而不敢西向，裹足不入秦，此所谓"籍借寇兵而赍盗粮"者也④。

夫物不产于秦，可宝者多；士不产于秦，而愿忠者众。今逐客以资敌国，损民以益仇，内自虚而外树怨于诸侯，求国无危，不可得也。

注释

①五帝：说法不一，一说认为指伏羲、神农、黄帝、尧、舜五人。三王：指夏禹、商汤、周文王三人。

②黔首：庶民，平民。资：资助，给。

③业：成就。

④籍：同"借"。赍：付与，给予。

译文

　　我听说土地广袤粮食就充裕，国家广大人口就众多，军队强大士兵就勇敢。所以太山不排斥土壤，因此能形成它的高大；河海不拒绝细小的溪流，因此能形成它的深广；帝王不摈弃民众，因此能够光大他的盛德。所以土地不分四方，民众不分内外，一年四季充实美满，鬼神就会降临福祉，这是五帝三王无敌于天下的根本原因啊！如今大王却要摈弃百姓，去帮助敌国，排斥宾客而使他们去侍奉其他诸侯，使得天下人才退却而不敢面向西方，止步不再进入秦国，这正是"借兵器给敌人，送粮食给盗贼"呀！

　　物品不是秦国出产的，但值得珍视的很多；士人不是在秦国出生成长的，愿意效忠秦国的也不少。现在却要驱赶宾客去帮助敌国，损害百姓去增强仇敌，造成国内空虚而对外又与诸侯结怨，这样下去，要使国家没有危险，是不可能的。

探·古·迹

　　岱庙：俗称"东岳庙"，位于山东省泰安市泰山南麓，与北京故宫、山东曲阜三孔、承德避暑山庄的外八庙并称中国四大古建筑群。岱庙始建于汉代，经过历代修缮、扩建及重建，是历代帝王举行封禅大典和祭拜泰山神的地方。岱庙的建筑布局采用了三条纵轴线，左右对称的形式，其主体建筑是天贶殿，为东岳大帝的神宫。庙内保存着历代帝王祭祀泰山神的祭器、供品、工艺品等，另外，岱庙还藏有184块历代碑刻和48块汉画像石，其中包括秦相李斯的《泰山刻石》。因此，岱庙成为我国继西安、曲阜之后的第三座碑林。

格·古·物

　　泰山刻石：又称《李斯碑》，属小篆书法作品，与《峄山刻石》《琅琊刻石》《会稽刻石》合称"秦四山刻石"。刻

117

石原立于泰山山顶，现在只剩部分残石，保存在岱庙东御座院内。泰山刻石分两部分，前219年，秦始皇登临泰山，丞相李斯等为歌颂始皇统一中国的功绩而刊刻了前半部分，记录了秦始皇在全国申明法令，充分利用法律来保护刚刚建立起来的各项制度，要求臣民永世遵循法制的事迹。前209年，秦二世效仿秦始皇巡视郡县，经李斯上奏，秦二世在秦始皇所立刻石上补刻诏书，以彰显先帝功德。

大儒荀子的弟子何以一个法家一个焚书？

15 李斯列传第二十七
沙丘之变

　　秦始皇曾叱咤风云，吞并六国，然而却病死于沙丘，尸体被赵高等人置于车上，直到发臭，后用鲍鱼的味道遮挡尸体的臭味，生前的遗诏也被人篡改。而李斯呢，赵高逼迫他参与伪造遗诏，立胡亥为太子。秦始皇和李斯两人最终被赵高欺弄，不免令人唏嘘慨叹。

　　秦始皇三十四年（前213年），李斯向秦始皇进谏，认为各学派的人在官府内口是心非，在官府外随意批评君主和国政，带领百姓毁谤朝廷。因此要把《诗》《书》在内的诸子百家著作全部清除、销毁，只留医药、占卜和种植这类书籍。秦始皇采纳了他的建议，下令焚烧诸子百家的典籍。

　　这时李斯已经位极人臣，他不由得不安起来，心想自己只是上蔡的一个平民，却获得秦始皇的重用，被提拔到

◎秦始皇筑万里长城

如今的位置上，未来还不知道结局如何。

秦始皇三十七年（前210年），秦始皇出巡到会稽山，沿海而上，向北抵达琅邪山。丞相李斯、中车府令赵高等人也都跟随皇帝出巡。秦始皇有二十多个儿子，长子扶苏因多次直言进谏，触怒了秦始皇，被派去上郡做监军，蒙恬担任将军。而小儿子胡亥最得秦始皇的宠爱，请求跟随出巡，于是秦始皇此次出巡只带了胡亥随行。

这年七月，秦始皇抵达沙丘时生了重病，便命赵高写信给公子扶苏说："将兵权交给蒙恬，来咸阳参加丧礼以便安葬。"信已封好，还未交付使者，秦始皇就死了，书信和玺印都在赵高手里。这时只有皇子胡亥、丞相李斯、赵高以及身边的五六个宦官知道秦始皇死了，其他大臣都不知道。李斯认为皇帝死在外面，朝廷又未正式确立太子，应当封锁消息。于是就将秦始皇的遗体放在既通风又隐蔽的"辒（wēn）辌（liáng）车"中，百官禀报政务和进献食物都和往常一样，宦官们则假传秦始皇的诏令，在辒辌车中批阅政务。

赵高截留了秦始皇给扶苏的玺印和书信，劝说胡亥，让他假传秦始皇遗诏，杀掉扶苏，自立为太子。胡亥起初不情愿，后来还是采纳了赵高的建议，赵高就说："要是不与丞相谋划，事情恐怕不会成功，臣愿去与丞相一起谋划此事！"

赵高找到丞相李斯说："皇上临终时，给长子留有书信，命他到咸阳参加丧礼，并立他为皇位的继承人。信还没有发出，皇上就已经死了，此事还没有旁人知道。给长子的信和玺印都在胡亥手里，确立太子的事，就是您和我一句话而已。您看怎么办？"李斯说："你怎么能说出这种大逆不道的话呢！这种事不是我们做臣子的应该议论的！"

赵高冷笑着说："您自己估计一下，和蒙恬相比，谁有本事？谁的功劳更高？谁更谋略深远而不失误？天下百姓更拥戴谁？谁与长子扶苏的关系更好？"李斯说："这五个方面我都不及蒙恬，但你为什么拿这些苛求于我呢？"赵高说："我原本只是宦官的仆役，侥幸凭借熟悉狱法文书而进入秦朝宫廷，管事二十多年来，凡是被皇上罢免的丞相或功臣，结果都是全家遭到诛杀。皇上的二十多个儿子，您都了解。长子扶苏刚毅勇敢，对人信任，又善于激励士人，他即位的话，肯定任命蒙恬担任丞相，您最终就连想告老还乡都不可能了。我受皇上之命教育胡亥，让他学习法令有好几年了，知道他仁慈忠厚，轻视钱财，尊重士人，其他的公子没有能赶得上他的，可立他为皇位继承人。希望您三思。"

李斯严词拒绝说："您还是安分守己一些吧！我李斯遵照皇上的遗诏，一切听天由命。我本是上蔡街巷里的平民百姓，皇上之所以让我担任丞相，封我为通侯，是因为将要把国家存亡安危的重任托付给我。我难道能辜负皇上吗！你不要再胡言乱语了，不要让我李斯也跟着犯罪。"赵高说："聪明的人可以洞察事物的趋向，预测事物的归宿。如今天下的权力和命运都掌握在胡亥手里，我赵高可以揣测出胡亥的意向。其他人如果反对这件事，就是谋逆造反。"李斯说："自古以来有太多争权夺利的事情，最终都落得国破家亡，宗庙无人祭祀。我李斯怎么能参与这些阴谋！"

赵高说："上下齐心协力，大业就可以长久；内外一致，事物就不会有差错。您如果采取我的计策，就可以长期封侯，世代称王称侯。要是您放弃这个好机会而不听从我的意见，一定会祸及子孙。聪明人懂

◎秦始皇坑儒

得因祸得福，您想好该怎么办了吗？"李斯于是仰天长叹，流着眼泪说："可惜我生逢乱世，不能以死尽忠了！"

就这样，李斯听从了赵高的建议，参与策划，伪造了皇上给丞相的遗诏，立胡亥为太子。另外伪造了一封给长子扶苏的信，让他和蒙恬自杀。封好并加盖上皇帝的玺印，让胡亥属下的亲信送到上郡交与扶苏。

使者抵达上郡，逼迫扶苏自杀。扶苏死后，蒙恬觉

得事有蹊跷，不肯自杀，使者就将他交付狱官，关押在阳周。

使者回来报告，胡亥、李斯、赵高都非常高兴。他们回到咸阳，便为秦始皇发丧，太子胡亥即位成为二世皇帝。胡亥任命赵高为郎中令。赵高经常在宫中服侍皇帝，大权在握。

《李斯列传第二十七》节选二

赵高因留所赐扶苏玺书①，而谓公子胡亥曰："上崩，无诏封王诸子而独赐长子书。长子至，即立为皇帝，而子无尺寸之地，为之奈何？"胡亥曰："固也。吾闻之，明君知臣，明父知子。父捐命②，不封诸子，何可言者！"赵高曰："不然。方令天下之权，存亡在子与高及丞相耳，愿子图之。且夫臣人与见臣于人③，制人与见制于人，岂可同日道哉！"胡亥曰："废兄而立弟，是不义也；不奉父诏而畏死，是不孝也；能薄而材谫④，强因人之功，是不能也。三者逆德，天下不服，身殆倾危⑤，社稷不血食⑥。"高曰：

"臣闻汤、武杀其主，天下称义焉，不为不忠。卫君杀其父，而卫国载其德，孔子著之，不为不孝。夫大行不小谨，盛德不辞让，乡曲各有宜而百官不同功⑦。故顾小而忘大，后必有害；狐疑犹豫，后必有悔。断而敢行，鬼神避之，后有成功。愿子遂之！"胡亥喟然叹曰："今大行未发，丧礼未终，岂宜以此事干丞相哉⑧！"赵高曰："时乎时乎，间不及谋⑨！赢粮跃马⑩，唯恐后时！"

注释

①玺书：盖过皇帝印玺的文书。

②捐命：舍弃生命，临终。

③臣人：驾驭群臣。

④谫：浅陋。

⑤殆：近，差不多。倾危：倒覆，即被杀。

⑥社稷：土神和谷神，代指国家。血食：古代杀牲畜取血，用以祭祀，称祭祀为血食。

⑦乡曲：犹言乡下。后引申为乡里。

⑧干：求，麻烦。

⑨间：空隙，指时间，机会。极言时间之紧迫。

⑩赢：携带，背负。

译文

    赵高就截留了始皇给扶苏的玺印和书信，并对胡亥说："皇上去世，没有诏令封诸公子为王，而只给了长子扶苏一封诏书。等长子一到，就会被立为皇帝，而您却没有一寸封地，这该怎么办？"胡亥说："本来就是如此啊！我听说，贤明的君主最了解他的臣子，贤明的父亲最了解他的儿子。父皇临终，不封儿子们，有什么可说的呢！"赵高说："并非如此！如今天下大权，生死存亡都掌握在您、我和丞相李斯手里，希望您能好好考虑。况且叫别人向自己称臣和自己向别人称臣，统治别人和被别人统治，难道能同日而语吗？"胡亥说："废黜长兄而拥立弟弟，这是不义；不遵从父亲的遗命而怕死，这是不孝；才能浅薄，强夺别人君位，这是无能。这三种行为都违反道德，会使天下人心不服，自身危险，国家因此灭亡。"赵高说："我听说商汤、周武王杀掉了他们的君主，天下人都认为应该，不能算是不忠。卫君杀掉了他的父亲，而卫国人颂扬他的功德，孔子还记述了此事，认为不算不孝。做大事的人不能拘泥于小节，行大德不必谦让。乡间习俗各有习惯，而百官的职事也各不一样。所以顾忌小事而忘了大事，日后必生祸害；犹疑不决将来一定后悔。果断大胆地去做，连鬼神都会躲避，将来一定会成功。希望您就按我说的去做。"胡亥深深地叹息道："如今皇上去世，还未发丧，丧礼也未结束，怎么能拿这件事来求丞相呢？"赵高说："时光呀时光，短暂得来不及谋划。就如同背着干粮骑着快马赶路一样，生怕延误了时机！"

探古迹

沙丘宫平台遗址：位于河北省邢台市广宗县大平台村南，是一个长 150 米，宽 70 米的沙丘。广宗县境内地势平衍，土壤是沙质，到处都堆积成丘，因而得名沙丘。这片看似不起眼的土地，却发生了许多历史上著名的事件。战国时期，沙丘在赵国境内。赵武灵王废嫡立庶，其子赵章在沙丘宫发动政变，赵武灵王被困宫中，活活饿死。秦始皇巡游至沙丘宫，病情加重，停驻在沙丘宫，最终病逝。与此同时，赵高秘密篡改遗诏，发动政变。之后，历朝皇帝出行，都会绕行沙丘宫，避之唯恐不及。

黄犬之叹：现多指遭受祸害，后悔莫及，或形容离开官场生活。典出《史记·李斯列传》。李斯对秦国忠心耿耿，却受到陷害。在临刑之前，他想到不能再和自己的儿子一起牵着黄犬去追猎狡兔便非常伤心，于是父子相对大哭。

有所思

何以秦始皇安会排胡亥跟赵高学习法令？

16 李斯列传第二十七
赵高弄权

本节主要写了秦二世的昏庸和无道，也写了赵高擅弄职权、误君误国，还写了李斯最终的结局——判处五刑、夷灭三族。历史上，这三个人的结局都是不好的。这也给我们一定的启发：保有善良之心、做利己利他的事情才是生存之道，如此获得的成功才能经得起考验。

赵高联合李斯害死太子扶苏，拥立公子胡亥即位为秦二世。然而胡亥既没有秦始皇那样的雄才大略，也没有扶苏那样的贤明睿智，实际上，赵高正是看中胡亥平庸，便于操纵，才极力促成由他即位的。

二世皇帝闲居无事，便把赵高叫来商议，询问怎样才能随心所欲地享受。赵高趁机让二世皇帝实行严刑峻法，让有罪的人互相牵连受罚，甚至逮捕整个家族。将先帝任命的原有大臣全部撤职，重新任用二世皇帝所信

任的人，让贫穷的人富足起来，让卑贱的人高贵起来。这样，这些人就会从心底里感激并归附二世皇帝。根除了祸害，杜绝了奸计，这样二世皇帝便能纵情享乐了。二世皇帝觉得赵高言之有理，就重新修订法律。从此凡群臣和公子们有罪，二世皇帝便将他们交付赵高，命赵高

◎点石斋刻《东周列国志》绣像
插图《秦始皇像》

审讯法办。结果，不仅大臣蒙毅等人被杀，秦始皇的十二个公子、十个公主也被杀害，他们的财物全部收归国家，受牵连被治罪的人更是不计其数。

法令刑罚一天天严苛残酷起来，大臣们人人感到自身难保，打算反叛的人很多。二世皇帝又修建了阿房宫，修建直道、驰道，租税越来越重，兵役和劳役无穷无尽。于是来自楚地守边的士卒陈胜、吴广等人就起来反叛，起义从山东一带爆发，英雄豪杰纷纷响应，各自立为侯王，反叛秦朝，起义军一直攻到鸿门才退走。李斯多次想找机会

进谏，二世皇帝都没有允许。二世皇帝反而责备李斯身居三公之位，为什么竟让作乱的盗寇如此猖獗？李斯很害怕，又舍不得爵位俸禄，一时之间左右为难，只好上书谢罪，迎合二世皇帝的意愿，要求重罚自己。

二世皇帝看到李斯的上书非常高兴，从此施行督察责罚更加严厉。于是，向百姓征收重税的才能称为贤能的官吏，杀人多的就是忠臣。

起初，赵高担任郎中令，杀死的人和报私仇的事非常多，唯恐大臣们在入朝奏事时揭发自己，就劝说二世皇帝安心在宫中享乐，把大臣呈奏的公事交给他和几个亲信酌情处理。二世皇帝听从了赵高的建议，赵高便开始独揽大权。

赵高得知李斯准备进言，就趁机离间二世皇帝与李斯，说李斯的儿子李由与反贼勾结，才使得陈胜等人敢公开横行。二世皇帝打算法办丞相，便派人去调查核实赵高举报的事。李斯得到消息后，连忙进宫求见。此时二世皇帝正在甘泉宫欣赏摔跤和杂戏表演。李斯不能觐见，便上书揭发赵高，说他贪得无厌，利欲熏心，提醒二世皇帝要提防赵高反叛。

然而二世皇帝对赵高十分信任，担心李斯杀掉他，便暗中将这些话转告赵高。赵高说："丞相所担忧的只是我赵高，我死后，丞相就可以像田氏篡夺齐国那样夺取天下了。"这时二世皇帝说："就将李斯交给郎中令吧！"

　　李斯被关押在狱中，仰天长叹说："我因尽忠而被杀害，真是咎由自取。二世皇帝治理天下简直如同儿戏。不久之前残杀兄弟而自立为皇帝，又杀害忠臣，重用低贱的人，并且建造阿房宫，对天下横征暴敛。并不是我不进谏，而是他不肯听从我的劝阻。如今天下已经有一半的人起义叛秦了，可他仍然执迷不悟，还要让赵高来辅佐。我要看着反贼攻进咸阳城，天下四分五裂。"

　　二世皇帝派赵高审理丞相李斯一案，给李斯定罪名，查问李斯和李由谋反的情况，将李斯的宗族和宾客全部抓捕。赵高对李斯严刑拷打，李斯无法忍受痛苦，只好违心认下所有罪名。李斯自负能言善辩，在狱中上书，希望二世皇帝醒悟过来，赦免自己。可是赵高却扣下了李斯的上书，命人假扮成御史、谒者、侍中等官员，轮流去复审李斯。李斯翻供，据实回答，赵高就让人再拷打他。后来二世皇帝真的派人去验证李斯的口供。李斯被拷打怕了，终于不敢再翻供，承认了罪状。赵高将判决书呈递上去，二世皇帝高兴地说："没有赵君，我差点儿被丞相出卖了！"秦二世二年（前208年），李斯被判处五刑，在咸阳市上被处死，之后被夷灭三族。

李斯死后，二世皇帝让赵高担任中丞相，事无巨细，都由赵高决断。有一次，赵高献上一只鹿，故意称这是一匹马。二世皇帝问大臣："这是鹿吧？"结果大臣们因为惧怕赵高，很多说这是马。后来，二世皇帝在上林苑狩猎时误杀平民，赵高劝他出宫避祸，搬到望夷宫居住。三天后，

◎山东嘉祥武梁祠画像石《秦始皇泗水捞鼎图》拓片

赵高命人假扮反贼闯入望夷宫，趁机逼死了二世皇帝。

赵高拿过皇帝玉玺带在身上，想要上殿登基，然而群臣一致反对，他只好把玉玺交给秦始皇的弟弟子婴。子婴先是称病不处理政务，后来和宦官韩谈密谋，刺杀了赵高，诛灭了他的三族。

亲近原典

《李斯列传第二十七》节选三

于是二世乃使高案丞相狱，治罪，责斯与子由谋反状，皆收捕宗族宾客。赵高治斯，榜掠千馀①，不胜痛，自诬服②。斯所以不死者，自负其辩，有功，实无反心，幸得上书自陈，幸二世之悟而赦之。李斯乃从狱中上书曰："臣为丞相，治民三十馀年矣。逮秦地之狭隘③。先王之时秦地不过千里，兵数十万。臣尽薄材，谨奉法令，阴行谋臣④，资之金玉，使游说诸侯，阴修甲兵，饰政教，官斗士⑤，尊功臣，盛其爵禄，故终以胁韩弱魏，破燕、赵，夷齐、楚，卒兼六国，虏其王，立秦为天子。罪一矣。地非不广，又北逐胡、貉貊⑥，南定百越，以见现秦之强。罪二矣。尊大臣，盛其爵位，以固其亲。罪三矣。立社稷，修宗庙，以明主之贤。罪四矣。更克刻画⑦，平斗斛度量⑧，文章⑨布之天下，以树秦之名。罪五矣。治驰道，兴游观，以见现主之得意。罪六矣。缓刑罚，薄赋敛，以遂主得众之心，万民戴主，死而不忘。罪七矣。若斯之为臣者，罪足以死固久矣。上幸尽其能力，乃得至今，愿陛下察之！"书上，赵高使吏弃去不奏，曰："囚安得上书！"

注释

①榜掠：严刑拷打。

②诬服：冤屈地招供服罪。

③逮：及，正赶上。

④行：派遣，派出。

⑤官：用作动词，授官给……人。

⑥貉：通"貊"。

⑦克画：指尺度和衡器上刻下的标志。克：通"刻"。

⑧平：统一。斛（hú）：量器，一斛为十斗。

⑨文章：即文字。

于是二世皇帝便派赵高审理丞相李斯一案，给李斯定罪名，查问李斯和他的儿子李由谋反的情况，将李斯宗族和宾客全部抓捕。赵高审讯李斯，拷打他一千多下，李斯无法忍受痛苦，只好冤屈地招供了。李斯之所以不自杀，是因为他自负能言善辩，有功劳，的确没有谋反的动机，希望可以有机会上书为自己辩护，希望二世皇帝醒悟过来并赦免他。李斯便从狱中上书说："我担任丞相，治理民众三十多年了。我刚到秦国时，秦国领土还很狭小。先王的时候，秦国的土地不过千里，士兵不过几十万。我竭尽自己的微薄之力，小心谨慎地执行法令，暗中派遣谋臣，资助他们金银珠宝，让他们到各国游说；又暗中整备武装，整顿政治、教化，任用英勇善战的人为官；尊重功臣，提高功臣的爵位、俸禄，终于胁迫韩国，削弱魏国，击败燕国、赵国，灭亡齐国、楚国，最终兼并六国，俘获了他们的君王，拥立秦王为天子。这是我的第一条罪状。秦国的领土面积并不是不广阔，还要在北边驱逐匈奴、貊族，在南边平定百越，以显示秦国的强大。这是我的第二条罪状。敬重大臣，提高他们的爵禄，用以巩固他们同秦王的亲密关系。这是我的第三条罪状。建立社稷，建造宗庙，以显示君王的贤能。这是我的第四条罪状。更改书写符号，统一度、量、衡和文字，颁布天下，以树立秦朝的威名。这是我的第五条罪状。修建天子专用的道路，兴建游览区，以显示君王的志得意满。这是我的第六条罪状。减轻刑罚，减少税收，以实现君王获取民心的心愿，让万民拥戴皇帝，至死不能忘怀。这是我的第七条罪状。像我李斯这样做臣子的，罪过之大早就该被处死了。幸得皇上叫我在朝廷竭尽所能，才得以活到今日，希望陛下明察！"奏书呈上之后，赵高让官员丢在一旁而不上奏。赵高说："囚犯哪能上书！"

明 地 理

上蔡县：位于河南省东南部、驻马店市东北部，是古蔡国所在地，还是海内外蔡氏的祖地。秦相李斯和汉相翟方进也都是上蔡人。上蔡县内遍布名胜古迹，其中古蔡八景闻名遐迩，还有包括蔡国故城、白圭庙、伏羲画卦亭、蔡侯玩河楼、孔子问津处、孔子晒书台、光武台、魁星楼、李斯墓、蔡侯墓等在内的一大批重点古迹。

探 古 迹

望夷宫：据《史记·秦始皇本纪》记载，望夷宫最早是秦始皇为了防止北方少数民族入侵而建造的。后来，赵高在此地逼迫秦二世胡亥自杀。1989 年 3 月，咸阳市文物普查队结合文献记载对望夷宫遗址进行了一次详细考察和论证，最终确认，望夷宫位于今陕西省泾阳县蒋刘乡五福村、二杨庄之间。该遗址范围东西 600 余米，南北 500 余米，总面积为 30 余万平方米。

有所思
秦为何会二世而亡，收获差评多于好评？

史记

青少年版

列传四 | 显宦名医

[西汉] 司马迁 / 原著

王 昊 王建明 / 编著

SPM 南方出版传媒
广东人民出版社
· 广州 ·

图书在版编目（CIP）数据

史记：青少年版 / 王昊，王建明编著 . — 广州：
广东人民出版社，2022.3

ISBN 978-7-218-15419-0

Ⅰ.①史… Ⅱ.①王… ②王… Ⅲ.①《史记》－青
少年读物Ⅳ.① K204.2-49

中国版本图书馆 CIP 数据核字（2021）第 247411 号

SHIJI:QINGSHAONIAN BAN

史记：青少年版

王昊　王建明　编著

版权所有　翻印必究

出　版　人：肖风华

责任编辑：李力夫
责任技编：吴彦斌　周星奎
装帧设计：智慧树

出版发行：广东人民出版社
地　　　址：广州市海珠区新港西路 204 号 2 号楼（邮政编码：510300）
电　　　话：（020）85716809（总编室）
传　　　真：（020）85716872
网　　　址：http://www.gdpph.com
印　　　刷：涿州市旭峰德源印刷有限公司
开　　　本：880mm×1230mm　1/32
印　　　张：36　字　　数：835 千
版　　　次：2022 年 3 月第 1 版
印　　　次：2022 年 3 月第 1 次印刷
定　　　价：198.00 元（全 8 册）

如发现印装质量问题，影响阅读，请与出版社（020-85716849）联系调换。
售书热线：（020）85716826

目录 列传四

01 蒙恬列传第二十八

忠而被诛

　　蒙恬名将世家出身,被誉为"中华第一勇士"。他又因改良了毛笔被誉为"笔祖"。可就是这样一个秦朝的"顶梁柱",却遭到了赵高等人的杀害,以至满门抄斩。为什么在当时有着大智慧且手握重兵的蒙恬不敢反抗呢?这是因为蒙恬祖上是秦朝名将,历代对秦忠心耿耿,他从小受到的教育就是效忠秦王朝,所以宁死也不敢违抗君命。

　　蒙恬的祖先是齐国人。蒙恬的祖父蒙骜从齐国来到秦国侍奉秦昭王,官至上卿,在秦庄襄王元年(前249年)担任秦国的将军,蒙骜的儿子叫蒙武,父子俩积累下了不少战功。蒙恬是蒙武的儿子,曾学习过刑法,当过狱官,掌管狱讼的文书。蒙恬的弟弟叫蒙毅。

　　秦始皇二十六年(前221年),蒙恬因出身将门得以担任秦军的将军,率军进攻齐国,大败齐军,被任命为内史。当时秦已经吞并天下,就派蒙恬统领三十万大军,到北方驱逐戎族和狄族，收复黄河以南的领土。蒙恬还主持了修建长城的工作，利用地势，控制险要的关塞，建起了绵延一万余里的长城。当时蒙恬的声威震慑匈奴。秦始皇十分尊重推崇蒙氏兄弟。秦始皇还特别信任蒙毅，不仅提拔他为上卿，外出时还允许他同坐一辆车。蒙恬在外担任军职，蒙毅常在朝为谋臣，被称为忠信大臣。所以，即使是其他将相，也没有敢和他们争宠的。

赵高是赵国王族中的远房亲属。赵高兄弟几人都是生下来不久便成为宦官，他的母亲受过刑罚，子孙世代地位低贱。秦始皇听说赵高有很强的办事能力，精通刑狱法令，就提拔他担任中车府令。赵高还负责教导公子胡亥，教他判决案件的方法。赵高曾犯下大罪，秦始皇命令蒙毅依照法令惩治他。蒙毅不敢违背法令，依法判处赵高死刑，取消他的宦官籍。然而秦始皇念在赵高平时办事勤勉，便赦免了他，恢复他原来的官职、爵位。赵高因此对蒙毅怀恨在心。

等到秦始皇死后，赵高假传秦始皇的遗诏，拥立公子胡亥为二世皇帝，并由此深受宠信，但是他担心蒙氏兄弟再次显贵而执掌大权，就日夜中伤诽谤蒙氏兄弟，搜集他们的罪过，检举弹劾他们。

秦始皇的弟弟子婴进言，劝说二世皇帝不能诛杀忠臣。二世皇帝并没有听他的进谏，执意派御史前往代地，把关押在此的蒙毅杀了。又派使者前往阳周，命令蒙恬说："您的罪过太多了，现在您的弟弟蒙毅犯下重罪，已经牵连到了您。"蒙恬说："从我的祖先直到子孙，在秦国建立功业和威信已经三代了。现在我率领三十万大军，尽管身遭囚禁，但我的势力足够反叛。然而我之所以自知必死无疑却遵守节义，是因为不敢辱没祖先的教导，并且不忘先帝。我蒙氏宗族，世世代代忠于朝廷，没有异心，想不到居然落得这种下场，这必定是奸臣倒行逆施，欺君罔上的缘故。纵观古代的君主，犯了过失可以改正，听从劝谏可以警醒，还请陛下效仿圣贤，审慎查明此事。我这么说，并不是想要逃避罪责，而是将要为忠言进谏而死。希望陛下能为千万民众做出表率。"使者说："我受命来对将军施行刑法，不敢把将军的话转告皇上。"蒙恬深深地叹息说："我到底犯了什么罪，无罪也要被处死吗？"良久，他缓缓说道："我蒙恬的罪过在于，从临洮连接到辽东，筑城墙，挖壕沟，长达一万多里，这中间想必是挖断了地脉！这便是我的罪过。"就服毒自杀了。

太史公说：我到北方边疆，从开辟的直道返回，途中看见蒙恬为秦朝修筑的长城、堡垒，这些军事工事劈山填谷，贯通直道，真是劳民伤财。想当年，秦国刚刚灭掉其他诸侯时，天下人心尚未安定，战争的创伤尚未痊愈，而蒙恬身为名将，不在此时极力劝谏，拯救民众于急难，恤养老人，抚育孤儿，致力于维护天下的安定，反而曲意迎合秦始皇的暴政，大兴土木。由此看来，他们兄弟被杀，不也应该吗？怎么能草率地归罪于挖断地脉呢！

《蒙恬列传第二十八》节选

毅还至，赵高因为胡亥忠计，欲以灭蒙氏，乃言曰："臣闻先帝欲举贤立太子久矣①，而毅谏曰'不可'。若知贤而俞愈弗立②，则是不忠而惑主也③。以臣愚意，不若诛之。"胡亥听而系蒙毅于代④。前已囚蒙恬于阳周。丧至咸阳⑤，已葬，太子立为二世皇帝，而赵高亲近，日夜毁恶蒙氏，求其罪过⑥，举劾之⑦。"

注释

①先帝：指始皇。

②俞：通"愈"，越，更加。

③惑：迷惑，蛊惑。

④系：拘禁。

⑤丧：丧车，灵柩。

⑥求：搜罗，寻求。

⑦举劾：列举罪过而弹劾之。劾：揭发罪状。

译文

蒙毅回来后，赵高打算利用为胡亥尽忠献策的机会铲除蒙氏兄弟，就对胡亥说："我听说先帝很久以前就选贤用能，册立您为太子，蒙毅却劝阻说'不可以'。如果他明知道您贤明却拖延不让册立太子，就是对您不忠并且蒙骗先帝。依我愚昧的看法，不如杀死他。"胡亥听信了赵高的话，就将蒙毅囚禁在代地。在此之前已经把蒙恬囚禁在阳周。等到秦始皇的灵柩回到咸阳，安葬完毕，太子胡亥即位为二世皇帝，赵高最受宠信，日夜中伤诽谤蒙氏兄弟，搜集他们的罪过，检举弹劾他们。"

万里长城：长城是中国古代的军事防御工事。春秋战国时期，燕赵等诸侯国为了抵御北方游牧民族或者敌国，开始修筑长城。秦灭六国统一天下后，将各诸侯国在北部边疆修建的长城连接起来，绵延万余里，因此有了"万里长城"的叫法。此后历朝历代，多对长城进行修缮加固，而我们今天所看到的长城主要是明长城，明朝是历史上最后一个大修长城的朝代。长城作为冷兵器时代修筑时间最长、工程量最大的国家军事性防御工程，凝聚着中华民族祖先的血汗和智慧，是中华民族的象征和骄傲。1961 年 3 月 4 日，长城被国务院公布为第一批全国重点文物保护单位。1987 年 12 月，长城被列入世界文化遗产。

指鹿为马：指着鹿，说是马。比喻故意颠倒黑白，混淆是非。典出《史记·秦始皇本纪》。秦二世在位时，赵高独揽大权，想篡夺皇位，又怕大臣们不听从他，就安排了这一出闹剧来试探。他带来一只鹿，说："臣有一匹千里马，想献给陛下。"秦二世笑着说："丞相错了吧？您把鹿说成是马。"就问身边的大臣，大臣们有的沉默，有的故意迎合赵高说是马，还有些耿直的大臣反对赵高说是鹿。后来，这些耿直的大臣都受到了赵高的暗害。这个成语可以用作谓语、宾语、定语，含贬义。

有所思

为什么司马迁说蒙恬兄弟被杀是应得的？

02 张耳陈馀列传第二十九
刎颈之交终反目

张耳、陈馀曾是刎颈之交，友情甚笃，后来却反目成仇，令人唏嘘。司马迁认为，尽管张耳、陈馀的声誉很高，追随他们的宾客也很多，但说到底，他们依旧是为了名利富贵而交往，当发生利益冲突的时候，信义便不复存在了。下面我们就来看看这两个曾经患难与共的人为什么后来却又反目成仇，他们之间到底发生了什么？

说到张耳和陈馀，这俩人可是秦汉时期有名的大贤才，而且他们还是生死之交。

当初秦国灭了魏国之后，曾重金悬赏捉拿张耳和陈馀，他俩就更名换姓一块儿逃到陈县，担任里门看守来维持生活。陈馀被官吏鞭打，想要杀死官吏，张耳便劝他忍辱负重。后来二人加入陈涉的起义大军，但陈涉起先并不采纳他俩的意见，自立为陈王。终于，在陈馀的规劝下，陈涉任命武臣为将军，邵骚为护军，任命张耳、陈馀为左右校

008

尉，拨给他们三千士兵，下令向北出征，夺取赵地。他们一路攻下数十座城池，却听说为陈王攻城略地的各路将领大多被谗言毁谤，获罪被杀，再加上陈王不采纳他们的计谋，不任命他们为将军而任命为校尉，心里难免有些怨恨，就规劝武臣自立门户。武臣觉得张耳和陈馀说得有道理，便自立为赵王。陈馀被任命为大将军，张耳被任命为右丞相。二人至此终于算是在事业上取得了一定成就。

可惜，好景不长。赵王的手下李良被秦将章邯用一封信策反，再加上赵王的姐姐醉酒后只派一名骑士请李良起身，虽然存在误会，但这让李良在部下面前很没面子，一怒之下，李良杀了赵王的姐姐，并统率军队袭击邯郸，杀死了赵王。张耳和陈馀逃走后，重新拥立战国时期赵王的后人赵歇为赵王。李良率军攻打陈馀，却被陈馀打了个惨败，只能灰溜溜地逃走，投靠了秦将章邯。

后来，章邯率军抵达邯郸，毁掉了邯郸的城墙。张耳与赵王歇被迫逃入钜鹿城，却又遭到秦将王离的围攻。而此时的陈馀刚刚收编了常山的几万兵士，驻扎在钜鹿北边。章邯在钜鹿南边的棘原驻军，修筑通道与黄河相连，为王离的军队提供粮草。王离兵多粮足，随时可以攻打钜鹿。而钜鹿城内缺粮少兵，张耳多次派人寻求陈馀部队的援助，但陈馀考虑到自己的兵力与秦军相差较大，不敢前去支援。过了几个月，张耳派张黡（yǎn）、陈泽去质问陈馀，说："当初，我和你结下生死与共的情谊。如今赵王与我危在旦夕，你手握几万精兵，却不肯出手支援，你对得起我们生死与共的承诺吗？只要你出兵，我和赵王就有一丝机会保全性命。"陈馀解释道："我就算出兵也救不了你们，只会跟你们一起送死，白白折损数万将士，有什么用呢？我之所以按兵不动，是为了以后替赵王和张耳报仇啊！"张黡、陈泽说："现在情况如此危急，先拿出同归于尽的气魄证明二人之间的情谊，再谈以后的事情吧！"陈馀说："我是死是活没什么，但我觉得这样做并没有什么用。我就照你的意思去做好啦。"于是，陈馀让张黡、陈泽带着五千人去试探秦军，结果全军覆没。

　　这时，燕、齐、楚三国得知赵国危急，都发兵救援。项羽率军击败了章邯后，各诸侯国的军队进击围困钜鹿的秦军，俘获了王离。这才救下了赵王歇和张耳。

　　张耳和陈馀见面后，就责备陈馀，又追问张黡和陈泽的下落。陈馀发怒说："张黡、陈泽要求我和你们同生共死，我就派他们率领五千人先去试探秦军，结果全军覆没了。"

张耳不相信，认为是陈馀杀害了他们，多次追问陈馀。陈馀愤怒地说："没想到你对我的怨恨竟有这么深！难道你觉得我是舍不得将军之位吗？"于是陈馀解下印信，推给张耳。张耳一脸愕然，不肯接受。但趁着陈馀上厕所的工夫，张耳的门客劝他说："我听说'上天赐予的不接受，反而会遭受灾祸'。如今陈将军要将印信交给您，您不接受的话，这是违反天意，是不吉利的，赶快接受它！"听完这一席话，张耳就佩戴上陈馀的印信，接管了他的部下。陈馀回来后，不敢相信张耳居然真的接受了他的印信，于是快步退出，带着和他最亲近的几百名部属一同到黄河沿岸的湖泽中捕鱼打猎去了。从此之后，陈馀和张耳便产生了嫌隙。

到了汉元年（前206年）二月，项羽分封诸侯，张耳和陈馀功劳差不多，项羽封张耳为常山王，却只给陈馀封侯。这导致陈馀和张耳之间的关系进一步恶化。后来齐王田荣反

◎《西清续鉴》甲编载"汉蟠夔鼎"图录之一

叛，陈馀与齐王达成协议。齐王借兵给陈馀，陈馀突袭张耳。张耳败逃后，投靠了汉王刘邦。

后来汉王刘邦东进，请求赵王出兵支援，陈馀提出条件要张耳的人头。刘邦用假人头骗过了陈馀，但事后陈馀发现受到了欺骗，于是又背叛了汉王。为了解决后顾之忧，汉王派张耳和韩信率兵攻克赵国井陉，在泜水边斩杀了陈馀。

亲近原典

《张耳陈馀列传第二十九》节选

范阳人蒯（kuǎi）通说范阳令曰："窃闻公之将死，故吊①。虽然，贺公得通而生。"范阳令曰："何以吊之？"对曰："秦法重，足下为范阳令十年矣，杀人之父，孤人之子，断人之足，黥人之首②，不可胜数。然而慈父孝子莫敢倳刃公之腹中者③，畏秦法耳。今天下大乱，秦法不施，然则慈父孝子且倳刃公之腹中以成其名，此臣之所以吊公也。今诸侯畔秦矣④，武信君兵且至，而君坚守范阳，少年皆争杀君，下武信君。君急遣臣见武信君，可转祸为福，在今矣。"

注释

①吊：凭吊，慰问。

②黥：中国古代的一种刑罚，在人犯的脸上刺字，然后涂上墨炭，一辈子都无法擦掉。

③傅（zì）：今作"剚"，刺，插入。

④畔：通"叛"，背叛。

译文

范阳人蒯通规劝范阳县令说："我私下听说您将要死了，因此前来慰问。尽管如此，但我恭贺您因为得到我蒯通而有了活路。"范阳县令说："为何来慰问我？"蒯通回答说："秦朝的法律非常严酷，您做了十年范阳令，杀死人家的父亲，让他们的儿子成为孤儿，砍断人家的脚，在人家的脸上刺字，数不胜数。然而，慈父孝子们之所以不敢把刀子刺进您的肚子，只是因为害怕秦朝的法律而已。如今天下大乱，秦朝的法律不能施行，既然这样，那么慈父孝子们就会把刀子刺进您的肚子来成全他们的名声。这就是我来慰问您的原因。现在诸侯都背叛暴秦，武信君的军队即将到来，

而您却要死守范阳城，年轻人都争先恐后要杀您，迎
降武信君。要是您立刻派我去见武信君，便能够转祸
为福，您的生死就看今日了。"

探 古 迹

秦兵马俑坑：秦兵马俑坑是秦始皇的随葬建
筑，位于今天的陕西省西安市临潼区西杨村。目
前出土的兵马俑在装束、神态、姿势上都各有差
异，看起来栩栩如生，形象地展现了秦始皇时代
军队的兵种、编制和武器装备情况，也反映了当
时工匠高超的工艺水平。

格 古 物

秦量三宝：春秋战国时期，各诸侯国度量衡混乱不
一，导致各国交易往来非常麻烦，还很容易出错。秦始皇
统一六国后，颁布诏令，让全国各地都使用秦国的度量衡

标准，极大地便利了人们的日常生活。陕西度量衡文化博物馆收藏有秦始皇诏铜斛、秦始皇诏方升和秦二世诏椭量，合称"秦量三宝"，皆为用来测量容积的器具，在器具的外层还刻有诏令铭文。

 有所思

张耳、陈馀反目是必然吗？如何避免呢？

03 魏豹彭越列传第三十
彭越功高，见疑被诛

本节我们要说的彭越也是西汉的开国功臣、名将，而且后世称彭越为中国古代兵家中最早采用游击战的军事家，"彭越挠楚"便是这一情况的体现。但就是这样一位大功臣，其最终的结局却极惨：被施以酷刑。下面我们就来看看功勋卓著的彭越为何会落得如此悲惨的地步吧。

　　战国末期，有个年轻人叫作彭越，字仲，昌邑人。年轻时，他在巨野泽（今山东菏泽巨野县北）以打鱼为生。他精明强干，有号召力，曾聚集一伙人为强盗，以船为家，义行水上。

　　秦二世元年（前209年）七月，陈胜首先起义，反抗暴秦，随后豪杰纷纷响应。陈胜、项梁先后起兵时，年轻人中有人对彭越说："天下豪杰都争相自立旗号，反抗秦朝，你彭仲可以和他们一样干起来。"彭越说："两条龙刚刚相斗，暂且看一看吧。"

过了一年多，巨野泽的青年人聚集了一百多人，前去追随彭越，说："请你做首领。"彭越推辞不愿意干。青年们执意请求，彭越就答应了，并且跟大家约定明天太阳出来时集合，迟到的要杀头。第二天太阳出来的时候，有十多个人没有到，最后一个人直到中午才来。于是彭越抱歉地说："我年纪大，你们强行推我做首领。今天到了约定的时间很多人都没有到，我不能把他们都杀了，那就只杀最后到的一个。"彭越于是命令队长杀掉那个人。大家都笑着说："何至于这样严厉！以后不敢违令就是了。"这时彭越拉出最后到的那个人杀了，设立土坛，用人头祭祀，对所属部下宣布命令。部属都很惊恐，从此对彭越充满敬畏，不敢抬头看他。后来，彭越便依靠这支队伍，攻城略地，收编诸侯军中逃散的士兵，很快就发展到一千多人。

二世三年（前207年）十月，沛公刘邦率军西进，在昌邑受到秦军拦截，军力不敌。彭越与刘邦是旧识，得知消息后，对刘邦鼎力相助。昌邑没有攻下，刘邦便带兵西进。彭越也率领他的部队留在巨野泽中，收编魏军败退的散兵。

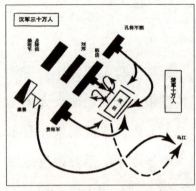

◎《国防》杂志第十二卷第九期载
《楚汉垓下决战态势图》

汉元年（前206年）四月，项羽进入关中，分封各路诸侯为王后，回楚国去了，他看不起这支义军，没给彭越封爵封地，彭越部队一万多人没有归属。秋天时，齐王田荣背叛楚王，汉王刘邦派使者授彭越将军印信，让他从济阴南下攻打楚国，楚国命令萧公角率兵迎击彭越，彭越大败楚军。

汉二年（前205年）春，趁项羽苦战田荣之机，刘邦率领诸侯联军，攻打楚国都城彭城。彭越领军三万，趁机攻下梁地十余座城邑，外黄正式归属刘邦。这时，刘邦封彭越为魏国的相国，执掌兵权，攻略梁地。项羽回军，大败联军。彭越避开项羽军队，不计眼前一城一地的得失，放弃攻下的城池，独自率领他的部队退居黄河沿岸，以保存实力。

汉三年（前204年），彭越常往来作为汉军的游击部队，袭击楚军，在梁地截断楚军的粮草。汉四年（前203年）

冬，项羽与刘邦在荥阳相持，彭越又趁机攻下了睢阳、外黄等十七座城邑。项羽听到这个消息，便派曹咎驻守成皋，自己向东收复彭越所占领的城邑，这些城邑又都归到楚国。彭越率领部队向北退到谷城。汉五年（前202年）秋，项羽向南退到阳夏，彭越又攻下昌邑附近二十多座城邑，获得谷物十多万斛，供给刘邦军队作为军粮。

刘邦战事不利，于是遣使召见彭越想要全力攻击楚军。彭越以魏地刚刚平定、害怕楚军袭击为由，拒绝出战。此时，刘邦又在固陵败给项羽，内心十分焦急，就向张良询问计策。张良向刘邦道破了彭越封王的心愿，建议他给彭越和韩信封地，从而促使他们调动军队。刘邦依计而行，两人果然欣然从命。三路大军会合，在垓下围歼了项羽的军队。项羽已死，刘邦封彭越为梁王，建都定陶。

汉高祖二年（前201年），梁王彭越到陈县朝见刘邦。之后几年，都来长安朝见。

汉高祖六年（前197年）秋，陈豨反叛朝廷，刘邦亲率军队讨伐，经过邯郸，向彭越调兵。彭越称病不去，刘邦大怒，要制裁他。他这才感到事态严重，想面见刘邦请罪。他的部将扈辄说："大王当初不去，受了责备才去，去

了就会被逮捕，不如就此起兵反叛。"无奈彭越不听。此时
正赶上彭越打算责罚太仆并杀掉他，于是那太仆逃到刘邦
那里，控告彭越和扈辄谋反。刘邦立即派出使者，突然袭
击彭越。彭越没有察觉，使者就拘捕了彭越，将他关押在
洛阳。后来，刘邦念其功高，仅将他贬为平民，发往四川
青衣县居住。哪知彭越行至郑县，路遇吕后，便哭诉自己
无罪。吕后假意答应替他说情，将其带回洛阳，却对刘邦
说："彭王是壮士，如今若将他流放到蜀地，这是给自己留
下祸患，不如杀掉他！我让他一块儿到洛阳来了。"接着吕
后便让彭越的家臣密告彭越再度谋反，廷尉王恬开向刘邦
奏请诛灭彭越三族。刘邦批准，于是彭越和他的宗族被杀，
他的封国也被取消了。

亲近原典

《魏豹彭越列传第三十》节选

　　太史公曰："魏豹、彭越虽故贱，然已席卷千里，南面
称孤①，喋喋血乘胜日有闻矣②。怀叛逆之意，及败，不死
而虏囚，身被刑戮，何哉？"中材已_以上且羞其行③，况王

者乎！彼无异故，智略绝人，独患无身耳。得摄尺寸之柄，其云蒸龙变④，欲有所会其度，以故幽囚而不辞云⑤。

①南面称孤：称王，帝王面朝南而坐。孤：古代王侯的自称。

②喋血乘胜：踏着血迹克敌制胜。喋：通"蹀"，踏，踩。

③已：通"以"。

④云蒸龙变：比喻英雄豪杰乘时机而起。云蒸：云气升腾，比喻政治形势急剧变化。龙：传说中能兴云作雨的神奇动物，比喻才智胆略过人的人。

⑤不辞：不逃避。

太史公说："魏豹、彭越尽管出身微贱，然而他们已席卷了千里土地，南面称王，踏着血迹乘胜前进，名声一天比一天大。他们心怀叛逆的企图，等到失败时，不杀身成名，而被捕成为囚徒，自身被杀戮。为什么呢？"中等才智以上的人，尚且以这种行为为耻，何况是称王的人呢！他们没有别的缘故，只是智慧谋略高人一等，只担心不能保全性命罢了。只要能掌握一点儿权柄，他们便呼风唤雨，打算施展自己的抱负，因此被俘虏、囚禁也就在所难免了。

> **彭越扰楚：**也称"彭越闹楚"。楚汉战争时，在楚汉之间的梁地，汉将彭越领兵游击作战，乘虚攻城略地，抢劫军粮，截断粮道，待敌回救时，又弃城撤退，放弃争夺，避入安全地带，使项羽顾此失彼，苦于奔波，有效地支持了刘邦的正面战场斗争。这是一种乘虚而入的疲劳骚扰战术——敌进我退，敌退我追，敌疲我扰，敌累我打。后世认为彭越是中国古代兵家最早采用"游击战术"的军事家。

曹咎：秦汉之际西楚霸王项羽手下的大臣，因营救项梁有功被项羽重用，官至大司马，封海春侯。楚汉战争时期，曹咎奉命坚守成皋，却禁不住汉军骂喊挑衅，贸然出击，兵渡汜水，导致楚军大败，成皋失陷。曹咎自知愧见项羽，于是在河边和塞王司马欣一起自刎而死。

彭越被杀的罪名"反形已具"什么意思？

04 黥布列传第三十一
英武一世被诱杀

黥邢是古代的五种刑罚之一，也被称作墨刑，就像现在的纹身一样，先往犯人的脸上或脑门上刻字或图案，再染上墨。秦末汉初的名将英布就受过这种刑罚，因此也叫作黥布。本文主要写了黥布封王前人生的两次转折——随项反秦、背楚投汉。从这两个事件中，我们能更清晰地了解黥布这个历史人物，进而形成自己的判断。

"我看你命途坎坷，将来是要受刑的，但你面相又极为富贵，受刑后必有大作为，将来是要封王的。"

这话是小时候一位相面的客人对英布说的，那时候英布只当是个笑话，听完就甩到脑后了。然而英布没想到，现在自己竟然真的因犯法受到黥刑，再回想那位客人的话，内心非常激动，心想受刑之后就会遇到功成名就的机会了。因为英布受到黥刑，所以人们也叫他黥布。黥布定罪后被押往骊山给秦始皇修陵，骊山的刑徒有几十万人。黥布到了这儿广泛结交各路头目、豪杰，最终带着那一伙人逃到长江一带，成了盗贼。

陈胜起义时，黥布便去见番阳县令吴芮，和他的部下一起背叛秦朝，聚集了几千人。黥布率兵向北进攻秦军的左、右校尉，在清波击败了他们。不久，黥布得知项梁已平定江东会稽郡，渡过长江向西挺进，而项家世世代代都是楚国大将军，黥布就率领自己的军队归附了项梁。

项梁号令进攻景驹、秦嘉等人，黥布的军队表现得最为勇猛。陈胜死后，项梁拥立楚怀王，项梁号称武信君，黥布号称当阳君。后来项梁在定陶兵败身亡，楚怀王将都城迁到彭城，黥布和将领们也都聚集在彭城守卫。就在这时，秦军加紧围攻赵国，赵国数次派人求救。楚怀王就派项羽、黥布等人前往支援。黥布率先渡河攻击秦军，多次占据优势，于是项羽率领全部人马渡河与黥布会合，终于大破秦军，迫使章邯等人投降。在后续大大小小的战争中，楚国屡战屡胜，诸侯军队纷纷跟随楚国，一个重要原因就是黥布总能以少胜多。

不久后，项羽抵达函谷关外，却始终无法攻入，他派黥布等人先抄小道打败关下的守军，这才得以入关，直取咸阳城。项羽分封诸侯的时候，黥布功劳很高，被封为九江王。分封完毕，诸侯都离开项羽的大本营，各自前往自己的封国。项羽拥立楚怀王为义帝，却做了一件让人不齿的事。他秘密给九江王黥布下令，让黥布去袭击楚怀王。黥布派遣手下袭击，成功将楚怀王杀死。

　　到了楚汉相争时，汉王刘邦进攻楚国，在彭城与项王项羽的军队发生激战，汉军战败。刘邦想让人策反黥布，他的手下随何接下了这个重任。随何见到黥布后，说："你自称像臣子侍奉君主一样对待项王，项王进攻齐国，向你调兵，你却只让部下带领四千人前往。项王与汉王激战，你却选择袖手旁观。在我看来，你归附楚国，只是觉得楚国强大、汉国弱小，想保存实力罢了。"随何的话说到了黥布的心坎里。随何继续说道："事实上，项王背弃盟约杀害义帝楚怀王，已经背负不义的罪名，受到天下人的谴责。汉王虽弱，却是为楚怀王报仇的义军，备受老百姓支持；楚国虽强，但不受老百姓支持。而且现在汉王屯兵荥阳，项王要想打败汉王，必须从梁地运送粮草。梁地的彭越已经与汉王联合，他随时可以切断项王的后勤补给，所以项王必定会失败，汉王必定可以称霸天下。如果汉王能夺取天下，到时候会给你更多的封地。"于是，黥布接受了随何的建议，决定叛楚归汉。之后，黥布又在随何的劝说下，杀死了前来催促出兵的楚国使者。

几个月后，项羽派龙且进攻淮南，击败了黥布的军队，黥布跟着随何抄小道归附汉王。黥布面见刘邦时，刘邦正在洗脚，这让他很愤怒，后悔来到汉国，甚至打算自杀。但黥布从刘邦那里出来回到自己的住处后，发现一切器具用度都和刘邦的住所一样，因而喜出望外。因为黥布背叛楚国，他的妻儿都被楚王杀了，战败后的散兵也被楚王收编，刘邦于是加派军队给黥布，还封他为淮南王。

汉高祖二年（前201年），黥布和刘贾进入九江，诱降大司马周殷，调动九江的军队和汉军一起攻击楚军，在垓下击败楚军，项羽也在这一战中自杀而死。

汉高祖七年（前196年），吕后诛杀了淮阴侯韩信，这使黥布心中非常恐惧。这年夏天，刘邦杀了梁王彭越，警示各位诸侯。黥布心中恐惧更甚，于是暗地里派人部署军队，侦察邻郡的战备。

黥布有个爱妾生病了，曾送去医师处治疗。一次黥布和爱妾谈话，爱妾无意中提到住在医师对门的中大夫贲赫，黥布因而认为爱妾与贲赫有私情，要逮捕贲赫。贲赫于是前往长安上书说黥布有反叛的迹象，应该在他叛乱之前杀掉他。刘邦看到贲赫的报告，决定先派人调查一下。黥布本来就担心贲赫说出他准备谋反的秘密，再加上刘邦派使者来调查，就杀了贲赫全家，决意起兵反叛。

刘邦于是亲自带兵，与黥布交战。黥布战败，最终被人诱骗灭杀。

《黥布列传第三十一》节选

项籍死，天下定，上置酒。上折随何之功①，谓何为腐儒②，为天下安用腐儒。随何跪曰："夫陛下引兵攻彭城，楚王未去齐也，陛下发步卒五万人，骑五千，能以取淮南乎？"上曰："不能。"随何曰："陛下使何与二十人使淮南，至，如陛下之意，是何之功贤于步卒五万人骑五千也。然而陛下谓何腐儒，为天下安用腐儒，何也？"上曰："吾方图子之功③。"乃以随何为护军中尉。布遂剖符为淮南王④，都六,九江、庐江、衡山、豫章郡皆属布。

注释

①折：贬低。

②腐儒：保守迂腐的读书人。

③图：考虑，思量。

④剖符：也叫剖竹，古代帝王分封诸侯、功臣时，以竹符为信证，剖分为二，君臣各执其一，以剖符、剖竹为分封、授官之称。

译文

　　项籍死后，天下平定，汉王设酒宴时，却贬低随何的功劳，说随何是迂腐的书呆子，治理国家哪能用迂腐的书呆子呢？随何跪着说："当陛下率兵攻打彭城时，楚王还没有离开齐国。陛下调动五万步兵、五千骑兵，就能攻取淮南国吗？"汉王说："不能。"随何说："陛下派我和二十个人出使淮南，一去便使陛下如愿以偿。这就表明我的功劳比五万步兵、五千骑兵要高。然而陛下却说我是迂腐的书呆子，治理国家哪用得着迂腐的书呆子，为什么呢？"汉王说："我正在考虑您的功劳。"于是任命随何为护军中尉。黥布就剖符定封为淮南王，建都六县，九江、庐江、衡山、豫章郡都归黥布管辖。

访名人

> **随何：** 原是刘邦军中负责通传禀报的人，因为刘邦想招纳黥布，被派去游说。随何晓之以理，为黥布分析项羽必败，劝他改投刘邦。最终说动黥布，杀了楚军使者。刘邦灭掉项羽后，认为随何只有口舌之利，算不上有功，不能委任他治理天下。随何说，自己虽然是一介儒生，但凭游说却为皇帝拿下淮南，可见儒生也堪大用。随何最终说动刘邦，后官至护军中尉。

识典故

大喜过望： 楚汉相争时，黥布（英布）被西楚霸王项羽封为九江王，因一次战败被项羽革去爵位，随何奉刘邦的命令去劝降黥布。黥布反戈一击，被项羽打败，只身投奔刘邦，刘邦在洗脚时接见他，他后悔投奔，想要自杀，可回到住处，看到用的、吃的、随从官员等跟刘邦住地之规格一样，英布又大为高兴，觉得这超过他原来的想望。今用"大喜过望"形容得到的结果比原来希望的还好，因而感到特别高兴。

有所思

与黥布同时的"季布"是谁？有何事迹？

05 淮阴侯列传第三十二
锋芒初露

"萧何月下追韩信""成也萧何败也萧何",这两句话点明了萧何和韩信之间的关系:韩信最开始投奔项羽不得重用,后投奔刘邦,且被萧何强力推荐,从此韩信受到重用,开始建功立业。但汉朝建立后,韩信因为功高盖主,又被萧何诱骗到吕后处诛杀。可以说,韩信的生死荣辱都与萧何有关。

作为家喻户晓的军事奇才,说韩信是战神都不为过。那么韩信究竟是怎样一个人呢?

和同一时期的大多数人一样,韩信最初也只是个普通的平民,家住淮阴,性格放纵不拘礼节,不能被推选去当官,但他的志向却很远大。即使家里贫穷,母亲去世时穷得无法埋葬,他还是寻找宽敞的坟地,让坟地旁可以安置一万户人家。

韩信不会做买卖,无法维持生活,就经常寄居在别人家吃点儿剩饭。他曾多次到下乡南昌亭亭长家吃住，几个月后，亭长的妻子再也无法忍受他了，于是夫妻两人清早做好饭，在卧室就把饭吃了。开饭时，韩信去了，发现没有准备他的饭食，就生气地走了，再也没有来亭长家。

◎台北故宫博物院藏《韩信像》

韩信在城下钓鱼，有几位妇女在漂洗衣服。有个老大娘见韩信饿了，就拿出饭食给韩信吃，直到漂洗完毕，这样持续了几十天。韩信很高兴，对老大娘说："我将来一定会重重报答您老人家。"老大娘生气地说："你连自己都养活不了，我是可怜你才给你一口饭吃，难道我还图求你的回报吗！"

淮阴屠户里有个青年羞辱韩信，说："你虽然长得高大，喜欢带刀佩剑，内心里却是个胆小鬼。"他还说："你要是不怕死，就刺我一剑；要是怕死，就从我胯下钻过去。"韩信打量了他很久，便俯身从他胯下钻了过去。街上的人都嘲笑韩信，认为他胆小怕事。

等到项梁率军渡过淮水，招募反秦义军，韩信便带着宝剑加入了项梁的军队。但是在项梁的麾下，韩信没有得到任用，没闯出丝毫名气。项梁战败后，韩信归属项羽麾下，项羽让他担任郎中一职。他多次向项羽谏言献策，但项羽并未采纳，他依旧不受重用。

　　后来汉王刘邦入蜀，韩信就脱离楚军转而投靠刘邦。不过到了刘邦这里，韩信依然没什么名气。刚开始他只是担任接待宾客的小官，一次犯了法，被判处斩刑，同伙十三人都已经被斩，轮到韩信时，韩信抬头仰视，正好看见滕公，就说："难道汉王不想成就一统天下的伟业吗？为何要斩杀壮士！"听到这话，滕公很是惊奇，又见韩信相貌堂堂，便释放了他；再通过与他一番交谈，更是欣赏他。滕公向刘邦报告后，刘邦便任命韩信为治粟都尉。但也仅仅如此，刘邦依旧看不出韩信有何奇才。不过，这次任职使韩信有机会见到丞相萧何——改变他命运的人。萧何与韩信交谈过几次后，倍感惊奇。

　　在汉军抵达南郑后，很多将领半路逃跑了，韩信猜测萧何等人已多次向刘邦推荐过自己，但刘邦还是不重用他，便也逃走了。萧何得知韩信走后，来不及报告刘邦，便亲自去追赶韩信。这时，有人报告刘邦说："丞相萧何逃跑了。"刘邦很生气，因为失去了萧何就好像失去了左右手。

一两天后，萧何回来拜见刘邦。

刘邦又生气又高兴，骂萧何说："你为什么要逃走？"

萧何说："我哪敢逃走，我是去追赶逃走的人。"

刘邦说："你追赶的人是谁？"

萧何说："韩信。"

刘邦又骂道："将领们逃走了几十人，也没见你去追哪一个，你说你追韩信，明显骗人。"

萧何说："那些将领失去了很容易再得到类似的人，但像韩信这样杰出的人才，普天之下都找不出第二个。大王若只想在汉中称王，就用不着韩信；但若想争夺天下，除了韩信，没有人可以和您共商此等大业。要不要重用韩信就看大王您如何决策了。"

刘邦说："我当然要往东继续发展呀，我怎么可能永远待在这里呢？"

萧何说："大王要是决意向东发展，并且重用韩信，韩信就会留下来；不能委以重任的话，韩信终究还是会走的。"

刘邦说："那我看在你的情面上，让他当个将军吧。"

萧何说："即便叫韩信当将军，他也肯定不会留下来。"

刘邦说："那就让他当大将军。"

萧何说："这样最好！"

说完，刘邦就要把韩信找来给他发布任命。

萧何连忙阻止，说："大王一向骄傲，不讲礼节，现在任命大将军就像呼唤小孩儿一样，这就是韩信要离去的原因。大王要是打算任命他，就选择良辰吉日，进行斋戒，在广场上设置高坛，举行完整的仪式，那样才可以呀。"

刘邦同意了。

将领们看到刘邦所做的准备，都很高兴，人人都以为自己即将成为大将军。终于等到任命大将军这一天时，将领们发现大将军竟然是韩信，全军上下都感到万分惊讶。

《淮阴侯列传第三十二》节选一

淮阴侯韩信者，淮阴人也。始为布衣时①，贫无行②，不得推择为吏，又不能治生商贾③，常从人寄食饮，人多厌之者。常数从其下乡南昌亭长寄食，数月，亭长妻患之，乃晨炊蓐食④。食时信往，不为具食。信亦知其意，怒，竟绝去。

注释

①布衣：平民。

②无行：品行不好。

③治生商贾：通过做生意维持生计。

④晨炊蓐（rù）食：提前做好早饭，端到垫子上吃掉。蓐：草席。

译文

淮阴侯韩信是淮阴人。当初为平民时，贫穷而没有好的品行，不能被推选去当官，又不会做买卖维持生活，经常寄居在别人家吃点儿剩饭，人们大多厌恶他。他曾多次到下乡南昌亭亭长家食宿，几个月后，亭长的妻子厌恶他，清早做好饭，在席子上就把饭吃了。开饭时，韩信去了，没有给他准备饭食。韩信也明白他们的用意，一怒之下，扬长而去，不再回来。

识典故

　　一饭千金：韩信在从军之前，生活过得异常艰难，经常连饭都吃不上。一天，韩信在河边钓鱼，河边还有几个洗衣服的大娘，其中一个大娘见韩信吃不起饭，便把自己的饭分给韩信吃，这样持续了好长一段时间。韩信立志功成名就之后要报答这位大娘。后来，韩信因战功卓著，被刘邦封为楚王。韩信回到封地，便找到当年分给他饭食的大娘，赐给她一千金。这个故事告诉我们，在困难时，即使只受到小小的恩惠，有能力之后也要重重报答。

探古迹

　　拜将台：位于陕西汉中城南门外，亦称拜将坛，为南北列置的两座方形高台，各高丈许，面积为 7840 平方米。拜将台相传为汉高祖刘邦拜韩信为大将时所筑，南台四周用汉白玉栏杆围砌，台场平坦宽敞，台脚下东西各树立一石碑，东碑阳刻"拜将坛"3个字，碑阴刻《登台对》。西碑阳刻"汉大将韩信拜将坛"8个字，碑阴刻七绝一首："辜负孤忠一片丹，未央宫月剑光寒。沛公帝业今何在，不及淮阴有将坛。"两碑相望，更为古坛增添色彩。北台上建有一亭，顶部是斜山式；斗拱飞檐翘角，下边枋檩竹等均施玄紫彩色和苏式彩画。此亭形体舒展而稳重，气势雄浑而大方，金碧辉煌，十分壮观。

有所思

汉初有两位"韩信"，你分得清是谁吗？

06 淮阴侯列传第三十二
大展拳脚

　　同学们知道"国士无双"这个词最早是用来形容谁的吗？是韩信。韩信投奔刘邦后，起初不得重用，萧何便对刘邦说韩信是国士无双，于是刘邦拜韩信为大将，从此个人才能得以彰显，人生轨迹发生改变。下面我们就来了解下成就韩信英名的平定三秦、伐魏灭赵等历史事件吧。

　　韩信被任命为大将军后，便急不可待地开始展示他的才能。他做的第一件事便是为汉王刘邦谏言献策。

　　韩信问刘邦："现在向东去争夺天下，难道敌人不就是项羽吗？"

　　刘邦说："对。"

　　韩信说："大王自己估计在勇猛、彪悍、仁厚、强大方面与项羽相比，谁强？"

　　刘邦沉默了很久，说："我不如项羽。"

韩信朝刘邦拜了两拜，从性格特征、为人处世、天下民心等多方面分析了项羽的不足，再结合刘邦的优势，得出结论：只要刘邦起兵向东挺近，三秦之地只需一纸檄文就能平定，夺取天下也不是什么难事。刘邦听完非常高兴，只觉得与韩信相见恨晚。

◎清上官周绘《晚笑堂画传》之《淮阴侯像》

汉元年（前206年）八月，刘邦采用韩信的策略，部署各将领的进攻目标，出兵东进平定三秦。

汉二年（前205年），汉军通过函谷关，征服了魏地和河南地区，韩王、殷王全都投降。紧接着刘邦联合齐国、赵国共同进攻楚国。四月，抵达楚国都城彭城，结果汉军兵败，溃散而回。这一次失败导致塞王、翟王背叛刘邦投降楚国，齐国和赵国也跟楚国和解。到了六月，魏王豹也背叛刘邦，与楚国缔约讲和。

过了两个月，刘邦任命韩信为左丞相，进攻魏国。魏王豹将重兵驻扎在蒲坂，以此堵住通过临晋关的路。韩信便将计就计，设置疑兵，摆好船只，装作准备渡河的样子，却暗中派军队从另一个地方用木盆渡河，偷袭安邑。这一招打得魏王惊慌失措，魏王带领军队迎击韩信，却直接被韩信俘虏了。此战结束，魏国被平定。

刘邦派张耳与韩信率兵继续向东挺进，攻击北方的赵国与代国。闰九月，便击败了代军，俘获代相夏说。

接着，韩信和张耳率领几万士兵，打算往东攻占井陉关，攻击赵国。赵国听说汉军要来袭击，就将大量兵力聚集在井陉关，号称二十万。井陉关地势险要，道路狭窄，战车和战马都不能并列前进，可谓易守难攻。广武君李左车向陈馀建议抄小道去阻截汉军的军需物资。这样一来，正面战场只需要坚守军营，拒绝作战，令汉军陷入进退两难的境地，用不了几天，就能将汉军消耗致死。但陈馀是个迂腐的书生，经常号称己方是正义之师，不用阴谋诡计，他坚信兵力上的巨大差距将使汉军没有任何赢的希望，自己绝对不能退避，否则会让其他诸侯以为赵国胆小畏缩。就这样，李左车的策略没有被采纳。

而汉军这边是什么情况呢？

韩信命人暗中侦察，得知李左车的策略没有被采纳，韩信非常高兴，大胆率军进入井陉狭道，在离井陉口还有将近三十里的地方停下来宿营。然后挑选了两千人，让他们每人手拿一面红旗，半夜出发，抄小道上山隐藏起来观察赵军的动向，并约定说："赵军看见我军逃走，一定全军出动去追赶我军，你们就快速冲进赵军营中，拔掉赵军的旗帜，换上汉军的旗帜。"

韩信又下令副将们先给士兵吃点儿食物，说："今天击败赵军后会餐！"将领们都不相信，言不由衷地回答说："遵命。"韩信又对将官们嘱咐了几句，便派一万人出发，经过井陉口，背对河水摆开阵势。天亮时，韩信竖立主将的旗鼓，击鼓命令军队前进。赵军则敞开营垒，攻击汉军，两军交战了很长时间。突然，韩信和张耳假装丢弃了旗鼓，逃进河边的军阵里。赵军果然上当，全军出动，争夺汉军的旗鼓，追赶韩信和张耳。

韩信同张耳已经进入水边的阵地，士兵们背靠河水，无路可退，全军拼死激战。而韩信先前派出的两千人，发现赵军全军出动争夺战利品时，便冲进赵军营垒，将赵军的旗帜全部拔掉，竖起汉军的红旗。赵军发现无法取胜，也无法擒获韩信、张耳等人，准备收兵回营，却发现营垒中插满了汉军的红旗，因此深感惊恐，以为汉军已经俘虏了赵王的将领，于是士兵们四散奔逃，赵军败局已定。此时汉军前后夹攻，彻底击败了赵军，在泜水边斩杀陈馀，俘虏了赵王歇。

这就是历史上著名的井陉之战，成语"背水一战"也出自这里。

《淮阴侯列传第三十二》节选二

闻汉将韩信涉西河，虏魏王，禽<small>擒</small>夏说①，新喋<small>蹀</small>血阏与②，今乃辅以张耳，议欲下赵，此乘胜而去国远斗，其锋不可当。臣闻千里馈粮，士有饥色，樵苏后爨③，师不宿饱。今井陉之道，车不得方轨，骑不得成列，行数百里，其势粮食必在其后。愿足下假臣奇兵三万人④，从间道绝其辎重⑤；足下深沟高垒，坚营勿与战。彼前不得斗，退不得还，吾奇兵绝其后，使野无所掠，不至十日，而两将之头可致于戏<small>麾</small>下⑥。愿君留意臣之计，否，必为二子所禽<small>擒</small>矣。

注释

①禽：通"擒"，捕捉。

②喋血：形容因激战而流血很多。喋：通"蹀"。

③樵：砍柴。苏：割草。爨（cuàn）：烧火做饭。

④假：借。

⑤间道：隐蔽小道。

⑥戏：通"麾"，军中用以指挥的大旗。

译文

听说汉将韩信渡过西河，俘获了魏王，抓住了夏说，最近又血洗阏与；现在又有张耳辅佐，谋划如何夺取赵国，这样乘胜离国远征，其锋芒不可阻挡。我曾听说"从千里之外运输军粮，士兵就会面带饥色；临时取柴草然后做饭，军队便不能经常吃饱"。现在井陉口的道路很狭窄，战车不能并列前进，战马不能排列成行。行军几百里，这样军粮势必落在队伍的后边。希望您暂且拨给我三万精兵，让我抄小道去阻截他们的军需物资。您就深挖战壕，高筑营垒，坚守军营，不要同他们作战。他们向前难以战斗，向后难以撤兵，我出奇兵截断他们的后路，叫他们在野外没有东西可掠夺，用不了十天，韩信和张耳两位将领的首级便能送到将军的军帐前了。希望您考虑我的计谋。不然，我们一定会被他们俩俘虏。

多多益善：汉高祖刘邦曾经跟韩信议论各位将领的才能。刘邦问："你觉得我能统率多少兵？"韩信说："陛下不过能统率十万兵！"刘邦又问："那你能统帅多少兵？"韩信说："我是越多越好（臣多多而益善耳）。"刘邦笑着说："越多越好，可你为什么会被我俘获呢？"韩信说："陛下不善于统兵，却善于驾驭将领，这就是我韩信被陛下俘获的原因。更何况陛下的地位是上天赐予的，不是人力所能做到的。"现在用"多多益善"比喻数量越多越好。

探古迹

　　韩信城遗址：韩信城位于京杭运河南岸的淮安市清浦区城南乡韩城村，在韩母墓北 500 米处。据典籍载，该城系韩信被贬封为淮阴侯以后派人到家乡封地上建立的城堡。该城东西长 1500 米，南北宽 500 米，内有 72 口水井。该城元朝末年战乱后逐渐荒废，城内曾出土不少古代兵器等文物。现城基大部保存完好，为市级文物保护单位。

有所思

　　井陉之战的"井陉"在哪？有何重要性？

07 淮阴侯列传第三十二
兔死狗烹

　　本节主要写了韩信后期的情况。"狡兔死，走狗烹；飞鸟尽，良弓藏；敌国破，谋臣亡。"韩信在临死之前发出了这样的感慨。前202年，刘邦取得天下，然而，这一对昔日患难与共的君臣在国家建立不久就反目成仇了——前196年，韩信被诛。从最开始的不被重用到最后的不被信任，或许韩信的结局一开始就注定了吧。

　　在伐魏破代、东进灭赵后不久，韩信又平定了整个齐国，他派人送信给汉王刘邦说："齐国是个狡诈多变、反复无常的国家，南部边境又与楚国相连，应该设立一个代理王来镇守齐国。"韩信还在信中表明希望刘邦任命自己为这个代理王。此时，楚军正在荥阳围攻刘邦。刘邦看到信后，非常愤怒，骂道："我被围困在这儿，日夜盼着你来帮助我，你倒想自立为王！"张良、陈平暗中提醒刘邦现在最好满足韩信的要求，刘邦才改口道："大丈夫平定了诸侯，就要做真正的王，为什么做代理的王呢！"于是派张良前去封韩信为齐王，并征调他的军队进攻楚国。

项羽派武涉前去游说韩信，希望韩信背叛刘邦，与刘邦、项羽三分天下。韩信以刘邦对其很好很信任为由，拒绝了武涉。

武涉走后，齐国人蒯通明白天下胜负的关键在于韩信，又用相术劝说韩信，认为他功高震主，会很危险。韩信虽然被说动，但依然犹豫不决，不忍心背叛刘邦，又自以为功勋卓著，刘邦不会夺去自己的齐国，便谢绝了蒯通。

等到刘邦被围困在固陵时，他采纳张良的计谋，征召齐王韩信。韩信于是率兵到垓下会合，发动对楚国的总决战。赢得胜利后，刘邦突然袭击，夺取了韩信的军权，并把韩信改封为楚王。而刘邦则即位称帝，史称汉高祖。

项羽逃亡的部将锺离眜一向与韩信交好，项羽死后，他就归附了韩信。刘邦非常讨厌锺离眜，得知锺离眜在楚国，就诏令楚国逮捕他。韩信刚到楚国时，每次外出巡视，都派军队戒严。到了汉高祖二年（前201年），有人上书告发韩信谋反。刘邦采纳陈平的策略，说天子要外出巡视会见诸侯。南方有个云梦泽，刘邦派使者通知各诸侯到陈县集会，说："我要巡视云梦泽。"其实是想袭击韩信，韩信却不知道。刘邦即将到楚国时，韩信打算起兵反叛，又认为自己无罪，想朝见刘邦，又怕被擒。有人劝韩信杀了锺离眜再去朝见。韩信召见锺离眜来商量此事，锺离眜则破口大骂韩信说："你不是一个忠厚的人！"最终自杀了。韩信拿着锺离眜的人头，到陈县朝见刘邦，刘邦立即命令武士把韩信绑了起来。韩信说道："果然像人们说的，'鸟尽弓藏，兔死狗烹'。天下大业已定，我就该被烹杀了！"刘邦说："是因为有人告你谋反！"说完，便给韩信戴上刑具。回到洛阳后，刘邦赦免了韩信的罪，改封他为淮阴侯。

后来，陈豨被任命为钜鹿郡守，来向韩信辞行。韩信拉着他的手，让左右服侍的人退下，和他在院子里散步，说："你所在的地区是天下精兵聚集的地方，而你又是陛下信任宠爱的臣子，要是有人告发说你反叛，陛下肯定不相信；再有人来告发，陛下就该怀疑你了；第三次有人告发，陛下必定会大怒，亲自领兵征讨。如果真到了那一刻，我会在这里协助你，必定可以得到天下。"陈豨了解韩信的才能，对韩信的话非常信任，说："谨遵您的指教！"

到了汉高祖六年（前197年），陈豨果然起兵反叛。刘邦亲自领兵前去平定。韩信以生病为由，没有跟随出征，暗

050

中派人到陈豨的住所说："你只管起兵，我会在这里帮助你的！"韩信于是和家臣们策划，趁着夜色假传诏令，赦免各官府里的囚徒和奴隶，打算领着这伙人去袭击吕后和太子刘盈。一切部署完毕之后，只等陈豨的消息。但这些谋划被一个家臣的弟弟上书报告给了吕后，吕后和萧何商量，派人假装是从刘邦那儿过来，声称陈豨已经被俘获处死了，列侯、群臣都来朝贺。萧何欺骗韩信说："你即使有病在身，也得进宫朝贺。"韩信一进宫，吕后便命令武士把韩信绑了起来，在长乐宫的钟室里杀他，然后诛杀了韩信一家三族。

纵观韩信一生，自从被封为大将军后，为刘邦东征西战，可谓居功至伟，但韩信又似乎从未获得刘邦的信任。当韩信攻占魏国、击败代国时，刘邦便派人调走他的精锐士兵，开往荥阳抵御楚军；张耳和韩信来回往返援救赵国时，刘邦刚逃出楚军包围圈，便趁张耳和韩信还没有起床，直接派使者夺走了他们的印信和兵符，并更换了他们的职务；刚赢得楚汉争霸的胜利，刘邦便夺取韩信的军权。而韩信却在最关键的时刻选择了相信刘邦，或许正如韩信临刑前所说："这就是天意吧！"

《淮阴侯列传第三十二》节选三

信知汉王畏恶其能，常称病不朝从①。信由此日夜怨望，居常鞅鞅②，羞与绛、灌等列。信尝过樊将军哙，哙跪拜送迎，言称臣，曰："大王乃肯临臣！"信出门，笑曰："生乃与哙等为伍！"上常从容与信言诸将能不否③，各有差。上问曰："如我能将几何？"信曰："陛下不过能将十万。"上曰："于君何如？"曰："臣多多而益善耳。"上笑曰："多多益善，何为为我禽擒？"信曰："陛下不能将兵，而善将将④，此乃信之所以为陛下禽擒也。且陛下所谓天授，非人力也。"

注释

①朝从：朝见，从行。

②鞅鞅：通"怏怏"，不快乐的样子。

③不：相当于"否"。

④将：第一个"将"作动词，驾驭，统领。第二个"将"作名词，将领。

译文

　　韩信明白刘邦畏惧和嫉妒自己的才能，因此经常托病不朝见，也不随行。韩信从此日夜怨恨，常常闷闷不乐，耻于跟周勃、灌婴等人处在同等地位。韩信曾经拜访樊哙将军，樊哙跪拜迎送，口口声声自称臣子，说："大王居然肯光临臣下这里！"韩信出门时，笑着说："我这辈子居然与樊哙等人为伍！"刘邦曾经跟韩信议论各位将领有无才能，认为他们各有短长。刘邦问："像我能统率多少兵？"韩信说："陛下不过能统率十万兵！"刘邦问："那么你呢？"韩信说："我是越多越好。"刘邦笑着说："越多越好，那你为什么被我俘获？"韩信说："陛下不善于统兵，却善于驾驭将领，这便是我韩信被陛下俘获的原因。况且陛下的地位是上天赐予的，不是人力所能做到的。"

　　成也萧何，败也萧何：韩信先后加入项梁、项羽军中，都不受重用，后归附刘邦，刚开始依旧不受重用，后官拜

大将军，东征西战，建功无数，最终被刘邦封为楚王。可刘邦做了皇帝，对韩信越来越不放心。最终吕后与萧何将韩信骗入宫中，并杀了他。韩信的成功与失败均因萧何所致，这就是"成也萧何，败也萧何"的由来。后来这个成语比喻事情的成败或好坏都由于同一个人。

格古物

云梦睡虎地秦简：又称"睡虎地秦简""云梦秦简"，1975 年 12 月于湖北省云梦县睡虎地秦墓中出土，是秦朝一位名叫喜的基层官吏在日常工作中抄录的，共计 1155 枚，写于战国末期到秦国统一初期，其中记录了《田律》《厩苑律》《仓律》《金布律》《置吏律》等十八种秦律的内容，为研究秦朝律法的发展历史提供了重要参考依据。其所使用的字体为秦隶，也反映了篆书向隶书的转变。

如何评价韩信在郦食其与齐结盟后袭齐？

韩信卢绾列传第三十三
自陷危境，势穷逃亡

　　卢绾是汉高祖刘邦封的异姓诸侯王之一。卢绾与刘邦从小一起长大，两人之间比亲兄弟还要亲，所以一开始的时候，刘邦还是很向着卢绾的，但是随着刘邦权力的不断扩大，再加上周围人的挑拨，两人之间渐渐有了嫌隙，产生了矛盾。所以说初心很重要，如果每个人都能永保初心，那么世间或许就会少很多无奈和离别。

　　刘邦和卢绾一起长大，一起读书，建立了深厚的友谊。刘邦还是平民的时候，因为吃了官司到处躲藏，卢绾经常陪在他身边。刘邦选择在沛地起兵，卢绾就以宾客的身份追随他。到达汉中后，卢绾担任将军一职，时常在内廷陪伴刘邦。卢绾甚至可以自由进出刘邦的卧室，经常得到各种赏赐，刘邦对卢绾的宠幸无人能比。即使是萧何和曹参，也只是因为图谋天下的事业而受到刘邦的礼遇。

　　刘邦平定天下后分封诸侯，其中非刘姓而被封王的有七个人，他还打算封卢绾为王，但大臣们都觉得卢绾的功劳不足以封王，纷纷反对，刘邦只能作罢。后来，卢绾和刘贾一起攻打临江王，胜利还朝。紧接着燕王臧荼谋反，卢绾跟随刘邦前往平叛。臧荼被平定之后，刘邦提议选拔有功之人担任燕王。大臣们都知道刘邦的心思，便顺水推舟，共同上奏说卢绾是最合适的人

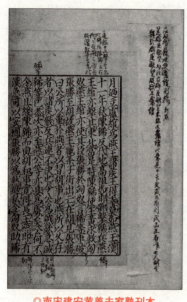

◎南宋建安黄善夫家塾刊本
《史记》卷九十三

选，于是刘邦封卢绾为燕王。不出所料，在诸侯王中，卢绾依旧是最受刘邦宠幸的。

时间到了汉高祖六年（前197年）秋天，陈豨在代地反叛。刘邦亲自率军去邯郸攻打陈豨，燕王卢绾配合攻击陈豨的东北部。同一时间，陈豨派部下王黄向北边的匈奴人请求援助。得知这一消息，卢绾派出自己的部下张胜前往匈奴部落，意欲截和。张胜到了匈奴部落后，遇见了逃亡在此的原燕王臧荼之子臧衍，他对张胜说："你之所以在

燕国受重用，是因为了解匈奴的情况，与匈奴之间的沟通、交战需要你的才能。而燕国之所以能长存，是因为各诸侯国叛乱、战争不断，汉王朝平叛需要借助燕国的力量。现在你想快速消灭陈豨，等陈豨被彻底消灭之后，接下来被消灭的恐怕就是燕国了，到时候你们也会被俘虏。那何不暂缓消灭陈豨，转而与匈奴联合，这样燕国就可以长久地存在。如果有来自汉王朝的紧急情况，也可以借助匈奴的力量来应对。"张胜觉得臧衍说得很有道理，就暗中让匈奴帮助陈豨抵抗燕国。

不久，卢绾察觉到张胜的谋反行为，便向刘邦上书请求诛灭张胜全族。张胜回来后赶紧向卢绾说出自己那么做的缘由。卢绾瞬间明白了张胜的意思，也觉得很有道理，便又向刘邦上书说搞错了，释放了张胜和他的家人，还让张胜去匈奴充当间谍。然后，卢绾暗中派范齐找到陈豨，向陈豨说明他们的计划，以此使陈豨长期流亡，保持燕国战事不断。

不过，世上没有不透风的墙，卢绾等人的计划终究还是败露了。

汉高祖七年（前196年），黥布反叛。刘邦向东进攻黥布，知道陈豨常驻军在代地，就派樊哙击杀了陈豨。陈豨的副将投降后，说燕王卢绾曾派范齐到陈豨那里交换计策。

刘邦得知后，立刻派遣使者召见卢绾，卢绾借口生病拒绝前往。刘邦又派辟阳侯审食其、御史大夫赵尧去请卢绾，顺便问问他身边的人看他到底怎么回事。

见状，卢绾心里更加害怕，藏在家里不敢出去。卢绾对自己宠幸的大臣说："非刘姓而封王的只剩下我和长沙王了。去年春天，陛下诛灭淮阴侯韩信全族；夏天，又杀了梁王彭越。这些都是吕后的阴谋。如今陛下病了，把朝廷政务都托付给吕后。吕后是个妇人，总是找借口诛杀异姓王和有功之臣。"面对第二次召见，卢绾仍然以生病为由拒绝前往，卢绾手下的人也都躲藏起来。但卢绾没有想到，自己的话还是有所泄露。审食其知道后，回朝向刘邦详细禀报，刘邦更加恼怒。

正所谓屋漏偏逢连夜雨，此时，一名投降的匈奴人把张胜在匈奴做燕国使者的事说了出来。刘邦不得不承认卢绾确实谋反了，就派樊哙去进攻燕国。燕王卢绾带着他的所有宫人、家属和几千骑兵，驻扎在长城下，等待机会，希望等刘邦病愈后，自己入宫请罪。

可惜，到了汉高祖八年（前195年）四月，刘邦驾崩，卢绾便带领他的部下逃入匈奴部落，匈奴封他为东胡卢王。在匈奴部落，卢绾经常遭到欺凌掠夺，因而非常思念在汉朝的日子。一年后，卢绾去世。

刘邦死后，吕后总理朝政，开启了高后时代。这期间，卢绾的妻子和儿女从匈奴逃出归降汉朝，恰逢高后生病，不能召见他们，于是将他们安置在燕王官邸，准备过些时日设酒宴接见他们。然而，没过多久高后也死了。到了汉景帝中元六年（前144年），卢绾的孙子卢他之，以东胡王的身份来归降，被封为亚谷侯。

亲近原典

《韩信卢绾列传第三十三》节选一

张胜至胡，故燕王臧荼子衍出亡在胡，见张胜曰："公所以重于燕者，以习胡事也^①。燕所以久存者，以诸侯数反，兵连不决也^②。今公为燕欲急灭豨等，豨等已尽，次亦至燕，公等亦且为虏矣^③。公何不令燕且缓陈豨而与胡和？

事宽，得长王燕④；即有汉急，可以安国。"张胜以为然，乃私令匈奴助豨等击燕。

注释

①习：熟悉，通晓。

②兵：战争，战事。

③且：即将。

④王：称王，统治天下。

译文

张胜抵达匈奴时，原燕王臧荼的儿子臧衍流亡在匈奴。他见张胜时说："您之所以在燕国受重用，是由于熟悉匈奴情况。燕国之所以能长久保存，是由于诸侯多次反叛，战事接连不断。现在您为了燕国，准备快速消灭陈豨等人，等陈豨等人被彻底消灭之后，接着就要轮到燕国了，到那时，你们也将被俘虏了。您为什么不让燕国暂缓消灭陈豨，而与匈奴联合呢？事情留有余地，就可以长时间地统治燕国；要是有来自汉朝的危急情况，便能借此安定国家。"张胜认为言之有理，就暗中要求匈奴帮助陈豨等进攻燕国。

　　刘贾：沛郡丰邑人，与汉高祖刘邦同为一族，或为刘邦的远房堂兄。刘邦平定三秦，刘贾为将军，后随刘邦向东攻打项羽。刘邦攻下成皋，派刘贾进攻项羽，烧毁楚军粮秣，以破坏楚军的根基。后来，刘邦追击项羽至固陵，派刘贾南渡淮河包围寿春。刘贾派人招降项羽大司马周殷。周殷反叛项羽，助刘贾攻下九江，共击项羽。汉高祖六年（前197年），刘贾被封为荆王。汉高祖十一年（前192年），淮南王英布反叛，攻打荆国。刘贾与他交战，被英布乱军杀害。

　　皇后之玺：玺，是一种印章。秦始皇统一六国后，确立了玺印制度，规定皇帝和皇后用的印章称为"玺"，其他的印章称为"印"。收藏于陕西历史博物馆的"皇后之玺"是迄今发现的唯一的汉代皇后玉玺，据推测它很可能是吕后生前所用的玺。玉玺的印面为正方形，顶部雕有一只螭虎做纽，侧面刻有云纹，印面用篆书刻着"皇后之玺"四个字。螭虎是一种神话动物，像龙而有耳无角，用螭虎做纽表示君临天下，威服臣下的绝对权威。

臧衍一番说辞使卢绾反水有哪类人遗风？

09 韩信卢绾列传第三十三
陈豨叛汉

陈豨这个人年轻的时候就非常仰慕魏公子信陵君，于是后来也学信陵君的做法招揽门客，所以当时陈豨的门客也有一千多。对待宾客，陈豨总是谦卑有礼，然而正是这样一个人，最终也反叛了，且自立为代王。下面我们就来了解下陈豨从追随汉高祖刘邦到最终背叛刘邦被樊哙斩杀的全过程吧。

陈豨是宛朐人，今属山东菏泽。史书中没有记载陈豨当初为什么要追随汉高祖刘邦，但毋庸置疑的是，陈豨随刘邦南征北战，可谓一代名将。

汉高祖三年（前 200 年）冬天，韩王韩信[1]背叛刘邦，

---

[1] 韩信（？—前196年），姬姓，韩氏，名信。为免与同时期另一名将，后封淮阴侯的韩信混淆，被通称韩王信。他是秦末汉初将领，西汉初年被刘邦封为韩王，后受到猜疑，戍守太原以北的地区，终投降匈奴，起兵判汉，诱代相陈豨造反。汉高祖十一年（前196年），韩王信与匈奴合兵侵汉，被柴武斩杀。

战败后逃到匈奴。刘邦亲自率军北击匈奴，回来之后，便封陈豨为列侯，赵、代两地的边防军都归陈豨统辖。

陈豨很仰慕战国时期的魏公子信陵君，也像信陵君一样大量供养门客。有一次，陈豨请假回家，路过赵国。赵国的相国周昌发现陈豨随行的宾客坐了一千多辆车子，邯郸官方的馆舍都被住满了。陈豨用平民的礼节来对待宾客，总是委屈自己来礼遇他们。陈豨返回代地后，周昌便请求觐见刘邦。见到刘邦后，他详细地讲述陈豨宾客众多的场景，并提醒刘邦说，陈豨领兵在外已经好几年了，恐怕会有变故，刘邦便派人追查。果然，陈豨住在代地的宾客在财物方面干了很多违法的事情，而且很多事情都与陈豨有关。

这可把陈豨吓坏了，他马上私下派宾客前往王黄、曼丘臣的驻地。到了汉高祖六年（前197年）七月，刘邦的父亲去世，刘邦派人召陈豨进京，陈豨声称自己病重无法前往。又过了两个月，陈豨便和王黄等人发动叛乱，自立为代王，劫掠了赵、代两地。

得到这些消息后，刘邦先是赦免了赵、代两地被陈豨所贻误而进行劫掠的官吏，宽恕他们，然后亲自前往镇压叛乱。抵达邯郸后，刘邦高兴地说："陈豨不占据邯郸，依靠南面的漳水来防守，可以看出他必定无所作为。"

赵国的相国奏请斩杀常山的郡守和郡尉，说："常山有二十五座城，陈豨反叛后，他们就丢掉了其中的二十座城。"

刘邦问："郡守和郡尉反叛了吗？"

赵国的相国回答说："没有反。"

刘邦说："这是因为他们的兵力不够。"便赦免了他们，继续任用他们为常山的郡守和郡尉。

刘邦问周昌说："赵地有能做将军的壮士吗？"

周昌回答说："有四个人。"随后他立刻召这四个人前来。

刘邦辱骂道："你们这些人能当将军吗？"四个人都惭愧地跪伏在地上。最终刘邦封给他们各一千户，任命他们当将军。

左右的人劝谏说："那些跟随陛下进入蜀郡、汉中，讨伐楚国的有功之人尚且没有全部封赏，如今这几个人没有任何功劳，凭什么获得封赏呢？"

刘邦说："事情不像你们所了解的那样！陈豨反叛，

邯郸以北的地区都为陈豨所有，我用紧急文告征召天下的军队，无人前来，现在能依靠的只有邯郸城中的军队，那我为什么要将这四千户封给别的人，而不用来安抚赵国的子弟！"

众人齐呼："陛下英明。"

刘邦问："陈豨任用谁当将军？"

左右的人说："王黄和曼丘臣，这二人原先都是商人。"

刘邦说："我知道了。"便各自悬赏千金来求取王黄和曼丘臣等人的首级。

汉高祖七年（前196年）冬天，汉军在曲逆城下斩杀了陈豨的将领侯敞与王黄，在聊城击败了陈豨的将领张春，斩首敌军一万多人。太尉周勃进军平定太原和代郡。这年十二月，刘邦亲自率兵进攻东垣，未能攻下，刘邦遭到守城士卒的辱骂。等到东垣降服后，辱骂刘邦的士卒都被斩首，没有辱骂的士卒被处以在额头上刺字的刑罚。刘邦又下令将东垣改名为真定。王黄和曼丘臣及他们所有被悬赏求取的部下，全被生擒，陈豨的军队至此完全溃败。又过了约一年，樊哙的军队在灵丘杀死了陈豨。

刘邦返回洛阳后，说："代地位于常山北面，赵国却从山的南面来统治它，太远了。"于是封自己的儿子刘恒为代王，建都中都，代地、雁门隶属代国。

《韩信卢绾列传第三十三》节选二

豨常尝告归过赵①，赵相周昌见豨宾客随之者千馀乘，邯郸官舍皆满。豨所以待宾客布衣交，皆出客下。豨还之代，周昌乃求入见。见上，具言豨宾客盛甚，擅兵于外数岁，恐有变。上乃令人覆案豨客居代者财物诸不法事②，多连引豨。豨恐，阴令客通使王黄、曼丘臣所。及高祖十年七月，太上皇崩，使人召豨，豨称病甚。九月，遂与王黄等反，自立为代王，劫略掠赵、代③。

①常：通"尝"，曾经。

②覆：审察。

③略：通"掠"，掠夺，夺取。

译文

　　陈豨曾请假回家，路过赵国时，赵国的相国周昌见陈豨随行的宾客坐了一千多辆车子，邯郸官方的馆舍都住满了。陈豨用来对待宾客的是平民的礼节，总是委屈自己来礼遇他们。陈豨返回代地后，周昌便请求觐见。见到皇上，就详细讲述陈豨宾客众多，领兵在外已经好几年了，恐怕有变故。皇上便派人追查陈豨住在代地的宾客在财物方面各种违法的事情，很多事情牵涉到陈豨。陈豨很害怕，私下派宾客前往王黄、曼丘臣驻地。到高祖十年七月，太上皇死去，皇上便派人召陈豨进京，陈豨声称病重不去。九月，陈豨便和王黄等人发动叛乱，自立为代王，劫掠了赵地、代地。

素纱禅衣： 西汉初期，长沙国丞相利苍的夫人辛追去世，与辛追一同下葬的有两件素纱禅衣：一件直裾素纱禅衣，重49克；一件曲裾素纱禅衣，重48克。它们是世界上现存年代最早、保存最完整、制作工艺最精细的衣服，代表了西汉初期养蚕、缫丝、织造工艺的最高水平。湖南省博物馆曾经委托某研究所复制重49克的直裾素纱禅衣，但该研究所复制出来的第一件素纱禅衣的重量超过80克。经过研究，才知道原来是现在的蚕经过进化，体形比两千年前的蚕大，吐出来的丝也更粗、更重，织成的衣物也就比较重。研究人员用一种特殊的食料喂养蚕，控制蚕宝宝的体形，再用它们吐出的丝制作素纱禅衣，终于织成了一件49.5克的素纱禅衣，而这耗费了研究者们13年的心血。

识典故

白马之盟： 楚汉之争时，刘邦根据形势需要分封了一些异姓诸侯王，比如齐王韩信（后改封为楚王）、燕王臧荼、梁王彭越等。而刘邦称帝后，始终无法信任这些异姓诸侯王，觉得他们会威胁自己的统治。最终，刘邦以各种理由将大多数的异姓诸侯王除掉了，并与群臣立下盟誓，规定以后只有刘姓的人才能称王，否则就会被天下人共同讨伐。古时候结盟、立誓的时候要杀白马，将血涂在嘴唇上，以表示信守盟约，所以叫"白马之盟"。

有所思

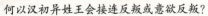
何以汉初异姓王会接连反叛或意欲反叛？

10 田儋列传第三十四
田横五百士

　　秦末汉初的时候，齐国贵族的后代田儋、田荣、田横三个人都曾称过王，本节说的是关于田横的故事：田横自杀，五百壮士为表忠义集体自杀。由此可知，田横确实是一个能人。抗日战争时期，徐悲鸿大师曾创作了《田横五百壮士图》，以此鼓励中国人民坚持抗战。

　　秦朝末年，在一个叫作狄城的地方，有个叫田横的人，和齐王田氏是同族。陈胜起义后，田横跟着堂兄田儋也在齐国举兵反秦。田儋自封为齐王，可惜没多久就在与秦军交战中死掉了。于是田横的哥哥田荣自立为齐王，任命田横为大将军，收复齐国土地。

　　后来秦国被灭掉，项羽大封诸侯，田荣因为先前拒绝出兵帮助楚国而没有被封王。因此，田荣对项羽怀恨在心。没过多久，田荣就联合陈馀反抗项羽。

项羽知道后，非常愤怒，立刻出兵攻打齐国。项羽烧毁了齐国都城的城邑，所过之处大肆屠杀。项羽虽然击败了田荣，却也使齐国人心更加凝聚。田荣战败被杀，田横就收编齐国的残兵，反击项羽。趁着项羽和刘邦对峙的机会，田横收复了齐国的城池，还拥立田荣的儿子田广为齐王，自己则以相国的身份辅佐，独揽大权。

就这样过了大概三年，刘邦派郦食（yì）其（jī）来游说田横，希望齐国能归附刘邦。田横被说服了，就解除了对汉军的防备，放任士兵饮酒，准备与汉军讲和。但韩信并没有因为郦食其的成功游说而停止进攻，他采用蒯通的计策，渡过平原津，消灭了齐国驻扎在历下的军队，并乘胜攻入临淄。

齐王田广和相国田横认为是郦食其出卖了他们，便将郦食其烹杀，然后各自逃命去了。很快，田广就被韩信和曹参的军队虏获。得到消息后，田横就自封为齐王，带兵反击，结果又被击败。无奈之下，田横只能继续逃亡，最后逃到梁地，归附了彭越。这时候的彭越，驻守梁地，保持中立，有时候帮刘邦，有时候帮项羽。而失去了国王和将军的齐国很快被韩信平定，成为韩信的封国。

又过了一年多，刘邦打败了项羽，自立为皇帝，封彭越为梁王。依靠彭越庇护的田横担心有被杀的危险，便和他的部下五百多人逃入东海，住在一座小岛上。刘邦得知后，觉得齐国最开始是被田横兄弟几人平定的，齐国的贤人大多亲附田横，现在让田横住在海岛上而不招抚他，恐怕以后会发生变乱，便派使者赦免田横的罪过并召见他。田横哪能这么轻易地相信刘邦的话，便推托说："我曾经烹杀陛下的使臣郦食其，现在听说他的弟弟郦商是汉朝的将军，并且很贤能，我很害怕，不敢奉诏前往。请让我做一个平民，在海岛上留守。"使者回来禀报，刘邦便下诏对郦商说："齐王田横即将前来，谁敢动他，就要被灭族！"随后再次派使者手持符节将皇上诏令郦商的内容详细告知田横，并说："如果田横奉诏前往，就可以被封为王侯；如果不来，就会遭到讨伐和杀戮。"皇帝都这么说了，田横只得带着两名门客乘着车前往洛阳。

一行人很快就到了距离洛阳不到三十里的一个驿站，田横对使者说："臣子面见皇帝，应当先沐浴。"于是车子停了下来。接着，田横对他的门客说："我田横最初和汉王都是称王的人，现在汉王做了天子，而我却成为亡国的俘虏，要向他俯首称臣，这种耻辱原本就已经很大了。我烹杀了郦商的兄长，现在却要和他同朝侍奉皇帝，即便他惧怕皇帝的诏令，不敢动我，但我心中不感到羞愧吗？何况陛下要见我只不过是要看看我的容貌，现在要是砍下我的人头，快马加鞭，飞驰三十里路程，我的容貌不会发生多大改变，还是可以观看的。"说完田横就自杀了。原来田横是想让门客捧着他的人头，跟随使者乘车前往洛阳面见皇帝。刘邦知道后，很是感慨，还为田横流下了眼泪，然后任命他的两个门客做都尉，并派遣两千名士兵，按照诸侯王的礼节安葬田横。

安葬完田横以后，田横的那两个门客也选择了自杀，他俩在田横的坟墓旁挖了个坑，倒进坑里为田横陪葬。刘邦得知此事后，非常震惊，认为田横的宾客都是贤人，听说田横还有五百个门客留在海岛上，便派使者去召见他们。然而，使者到达之后，门客们得知了田横的死讯，也都自杀了。

田横的高风亮节，使门客仰慕他的高义而选择跟随田横一同死亡，由此可见田横真的是非常贤能的人。天下不是没有擅长画画的人，然而居然没有人去画田横和他的门客慕义死节的事迹，这是为什么呢？

《田儋列传第三十四》节选

项梁既追章邯，章邯兵益盛，项梁使使告赵、齐①，发兵共击章邯。田荣曰："使楚杀田假，赵杀田角、田间_间，乃肯出兵。"楚怀王曰："田假与国之王，穷而归我②，杀之不义。"赵亦不杀田角、田间_间以市于齐③。齐曰："蝮螫手则斩手，螫足则斩足。何者？为害于身也。今田假、田角、田间_间于楚、赵，非直手足戚也，何故不杀？且秦复得志于天下，则龁龊用事者坟墓矣④。"楚、赵不听，齐亦怒，终不肯出兵。章邯果败杀项梁，破楚兵，楚兵东走，而章邯渡河围赵于钜鹿。项羽往救赵，由此怨田荣。

注释

①使使：派遣使者。第一个"使"为动词，派遣。第二个"使"为名词，使者。

②穷：走投无路，处境困窘。

③市：交易，做买卖。
④龁龀：侧齿咬，引申为毁坏。

　　项梁追击章邯之后，章邯的军队反倒日渐壮大。项梁派使者通知赵、齐两国，要求发兵一同攻击章邯。田荣说："要是楚国杀死田假，赵国杀死田角、田间，我才愿意出兵。"楚怀王说："田假是我们盟国的君主，在穷困时归附我们，杀他是很不合道义的。"赵国也不杀田角、田间去跟齐国做交易。齐国使者说："蝮蛇咬了手，便要砍掉手；咬了脚，便要砍去脚。为什么呢？因为有害全身。现在的田假、田角、田间对楚国、赵国来说，不仅是手足之忧吧，为什么还不杀他们呢？何况假若又让秦国的阴谋在天下得逞，发愤抗秦的首领就要走进坟墓了。"楚国和赵国不听，齐国也因此愤怒，始终不肯发兵。章邯果然打败并杀了项梁，击败楚军。楚军向东退却，而章邯渡过黄河，将赵军围困在钜鹿。项羽前去救援赵军，也因此怨恨田荣。

探·古·迹

汉长陵：西汉开国皇帝刘邦与皇后吕雉的陵墓，也是西汉王朝的第一座帝陵。因为所在地的故名为"长平"或"长平坂"，故取名长陵。汉长陵参照西汉都城长安的格局建造，整个陵区由陵园、陵邑和贵戚功臣陪葬墓三大部分组成。汉长陵的一个重要特点就是设置了汉高祖刘邦墓、皇后吕雉墓两座陵冢，而且两座陵冢大小几乎完全相同，这在此后的西汉王朝中再也没有出现过。陵冢规格上的特殊也表明了吕后对稳定汉初政权做出的贡献之大。

识·典·故

不足挂齿：秦朝时期，陈胜起兵举事，消息传到朝廷后，胡亥召集博士儒生商议该如何应对。博士儒生大都表示："犯上作乱该判死罪，应立即发兵讨伐他们。"胡亥听了很生气。叔孙通看到胡亥变了脸色，赶紧说："现在天下统一，且陛下英明，治国有方，人人团结一心，怎么可能有人造反！陈胜这些人只不过是偷鸡摸狗的盗贼而已，区区小事不值得挂在嘴边（何足置之齿牙间）。郡守、郡尉会将他们捉拿归案，无须担忧！"胡亥听完十分高兴，重赏叔孙通。后来人们用"不足挂齿"表示某件事不值得一提。

有所思

夫差自刎，田横伏剑，二者有何相似处？

11 樊郦滕灌列传第三十五
樊哙功高险被杀

　　汉高祖刘邦在起兵反秦的过程中，得到了无数良臣猛将的辅佐和拥护，这其中有一个人不得不提，那就是樊哙。樊哙先前只是个以宰狗为生的屠夫，后来跟随刘邦在丰邑起兵，攻打沛县。刘邦做了沛公之后，就封樊哙为舍人。下面我们就来具体了解下鸿门宴上勇救刘邦的汉王朝开国元勋樊哙的最终结局到底如何。

　　樊哙为汉初猛将，至于为何称樊哙为猛将，看看他的战斗记录就知道了。在濮阳攻击章邯的军队，攻城时，樊哙首先登城，斩杀秦兵二十三人；攻打城阳时，樊哙首先登城，击败李由的军队，斩杀十六人；围攻东郡郡守郡尉时，樊哙击退敌人，斩杀十四人，虏获十一人；在开封以北地区攻击赵贲的军队，樊哙首先登城，斩杀军侯一人，杀死敌兵六十八人，俘获二十七人……攻打武关，抵达霸上时，樊哙斩杀都尉一人，杀死敌兵十人，俘获一百四十六人，降伏敌兵二千九百人。随着樊哙一路斩敌破兵，他的爵位和赏赐也一路高升。

后来刘邦率军避开秦军主力，进入咸阳城。按照约定，刘邦当称关中王。这让与秦军主力正面对抗的项羽非常不满。项羽的大军在戏水之下驻扎，想进攻刘邦。当时双方兵力悬殊，刘邦只得带领一百多骑兵，通过项伯面见项羽，进行申辩。项羽则听从范增的谋略，准备在宴会上设计杀死刘邦。

于是，项庄拔剑在席前献舞，准备借机刺杀刘邦，但项伯一再掩护刘邦。当时只有刘邦和张良可以进入营帐就座，樊哙留在营外，得知刘邦的情况危急，樊哙便拿着铁盾进入营内。军营卫士拦阻樊哙，樊哙却直接闯了进去。项羽盯住他，问他是什么人。张良说："是沛公的陪乘樊哙。"项羽说："壮士！"就赏给樊哙一卮酒和一只猪腿。樊哙喝完酒，拔剑切肉，把它全吃了。项羽问："还能再喝吗？"樊哙说："我连死都不怕，何况只是喝一卮酒呢！再说沛公首先入关平定咸阳，驻扎在霸上等待大王。大王今日一到，便听信小人的谗言，和沛公产生嫌隙，我担心天下分裂，民众怀疑大王。"项羽没有说话。刘邦借机去厕所，并召樊哙出去。出来后，刘邦留下车子，只骑了一匹马，在樊哙等人的陪同下抄小路下山逃回霸上的军营，并让张良向项羽辞谢。项羽也没有杀刘邦的想法了。这天，假若没有樊哙闯进营内，责备项羽，那刘邦的情况就危险了。这就是"鸿门宴"。

第二天，项羽入城血洗咸阳，封刘邦为汉王。刘邦便封樊哙为列侯，称为临武侯，还提升樊哙为郎中，跟随他进入汉中。而在之后刘邦争霸天下、平定诸侯叛乱的过程中，樊哙依旧身先士卒、攻城略地，建立了很多功业，其爵位和食邑也不断提升，被封为舞阳侯，爵位世代相传。樊哙还被任命为左丞相，可谓位极人臣。

吕后还将自己的妹妹嫁给樊哙为妻，与其他将领相比，樊哙与皇室的关系最亲近，可也因此差点丢了性命：

卢绾谋反，刘邦派遣樊哙以相国的身份进攻燕国。当时刘邦病重，有人诋毁樊哙与吕氏结党，要是皇上死了，樊哙就要领兵把戚夫人和赵王刘如意这些人全部杀死。要知道，当年刘邦在外征战，戚夫人时常陪伴左右，很受刘邦的宠幸，而作为戚夫人的儿子赵王刘如意也很受刘邦喜爱，刘邦曾说"如意像我"。刘邦因此十分恼怒，派人代替樊哙的将位，并下令杀死樊哙。但接受命令的陈平很惧怕吕后，因此只是押解樊哙到长安去。抵达长安时，刘邦已经离开人世，樊哙因此侥幸逃脱，被吕后赦免罪名，恢复了爵位和封邑。

直到汉惠帝六年（前 189 年），樊哙死去，他的儿子樊伉承袭侯爵。樊伉的母亲吕媭也被封为临光侯。吕后在位时处理政务十分专断，大臣们都惧怕她。等到吕后去世后，大臣们诛杀了吕氏的宗族和吕媭的亲属，樊伉也没能幸免。因此舞阳侯的爵位中断了几个月。汉文帝即位后，便再封樊哙另一位庶出的儿子樊市人为舞阳侯，恢复原来的爵位和食邑。到樊市人的儿子樊他广承袭爵位时，一位家臣得罪了樊他广，很是憎恨他，便上书说："樊市人有病丧失了生育能力，樊他广并不是他的儿子，不应当继承爵位。"皇帝便下令审理，结果樊他广的侯爵被撤销，贬为平民，封国被取消。

亲近原典

《樊郦滕灌列传第三十五》节选

先黥布反时，高祖尝病甚，恶见人，卧禁中^①，诏户者无得入群臣②。群臣绛、灌等莫敢入。十馀日，哙乃排闼直入③，大臣随之。上独枕一宦者卧。哙等见上流涕曰："始陛下与臣等起丰沛，定天下，何其壮也！今天下已定，又何惫也！且陛下病甚，大臣震恐，不见臣等计事，顾独与一宦者绝乎④？且陛下独不见赵高之事乎？"高帝笑而起。

注释

①禁：官禁，皇帝居住活动的地方。

②户者：看守官门的人。

③排闼：推开门。闼：门。

④顾：难道。

译文

原先黥布反叛时，高祖曾病得很重，讨厌与人见面，睡在内宫，诏令看门人不能让群臣进入。大臣绛侯周勃、灌婴等人谁也不敢进去。过了十多天，樊哙居然推开宫中小门径直闯了进去，大臣们也跟着他进入。皇上正独自枕着一个宦官躺着。樊哙等人见到皇上便流着泪说："当初陛下和微臣等人于丰、沛起兵，平定天下，是何等健壮呀！现在天下已经平定，又是多么疲惫不堪呀！况且陛下病重，大臣惊恐不已。陛下不愿意接见我们商谈国事，却独自同一个宦官诀别吗？况且陛下难道没见到赵高的事吗？"高帝笑着站了起来。

厄：周秦汉晋时期广泛使用的一种盛酒的器皿，主要特点是圆筒形的身子，内壁比较深且直，外侧有环形或半环形的把手供人手持，有些有盖，有些则没有。汉朝较为常见的有铜厄、漆厄，而用玉做成的厄非常罕见，一般用于隆重的场合或酒宴。汉初，长安的未央宫竣工，汉高祖刘邦在未央宫举办宴会，大宴群臣，曾用玉厄向他的父亲敬酒。

识典故

项庄舞剑，意在沛公：秦汉之际，刘邦先于项羽进入咸阳城，还派兵把守函谷关，这让项羽非常生气，决定犒赏三军，攻打刘邦。刘邦自知双方兵力悬殊，只得亲自前往请罪。项羽这边则设下鸿门宴，在宴席上，范增多次暗示项羽动手杀掉刘邦，但项羽一直在犹豫。于是，范增起身，召出项庄，命令他舞剑助兴，趁机杀死刘邦。项庄拔剑起舞，项伯也跟着舞剑，常常张开双臂像鸟儿张开翅膀那样用身体掩护刘邦，使项庄无法刺杀刘邦。最终樊哙闯进营帐，帮助刘邦解开危局，使其成功逃回自己的营地。后来，人们便用"项庄舞剑，意在沛公"比喻一个人的话语或行动别有用心。

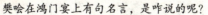
樊哙在鸿门宴上有句名言，是咋说的呢？

12 张丞相列传第三十六
骨鲠之臣周昌

　　在西汉的开国功臣中，有一个人以直言善谏、耿直忠正著称，这就是周昌。周昌堪称西汉最胆大的功臣，他敢当面指责汉高祖刘邦，甚至连一贯气焰嚣张的吕后都曾被他折服。本文主要写了汉高祖刘邦和吕后等人与周昌之间的事情，通过这些我们能更清楚地了解周昌的为人，以及他在当时的地位和作用。

　　在汉朝初年，出现了很多有名的大臣，其中周昌以耿直著称。周昌是沛县人，他的堂兄名叫周苛，秦朝统治时，两人都是泗水郡的卒史。到刘邦在沛县起义，两人便以卒史的身份跟随刘邦。后二人跟随刘邦攻入关中，灭掉秦朝。刘邦被封为汉王后，任命周苛为御史大夫，周昌为中尉。

　　汉四年（前203年），楚军将刘邦围困在荥阳，情况危急，刘邦逃出重围离开了，让周苛留守荥阳城。楚军攻克荥阳城后，准备任命周苛为将领。周苛却说："你赶快向汉王投降！不然的话，等待你们的结果只能是被俘虏！"项羽哪能容忍周苛这番话，立即烹杀了周苛。知道周苛死亡的消息后，汉王便任用周昌担任御史大夫。后来周昌又因为跟随汉王打败项羽，被封为汾阴侯。

周昌最大的特点是为人坚强刚毅，敢于直言不讳，即使是像萧何、曹参这些地位极高的人都要敬他三分。

有一次，正值刘邦休息的时候，周昌有事进宫奏报，看见刘邦搂着戚夫人，周昌扭头就跑。刘邦追上去抓住周昌，骑在周昌的脖子上，问道："你觉得我是什么样的君主呢？"周昌抬头说："陛下是夏桀、商纣那样的君主。"听完这话，刘邦没有发怒，反而笑了，但依旧敬畏周昌。

随着刘邦对吕后越发疏远，对戚夫人越发宠幸，刘邦打算废掉太子刘盈，而改立戚夫人的儿子刘如意为太子。大臣们极力反对，但是并没有什么效果。后来刘邦因为张良的计策，才打消了这一想法。而周昌在朝上谏言时，态度非常强硬。刘邦问他理由，周昌先天口吃，说道："我口才不好，但我心中期期知道这样做是不行的。陛下虽然打算废掉太子，但我期期不能奉命。"刘邦高兴得笑起来。之后，戚夫人的儿子刘如意被封为赵王，但他的年纪只有十岁，刘邦非常担心自己死后刘如意遭到别人迫害。

周昌手下有个人叫赵尧，此人年纪轻轻，担任符玺御史。赵国人方与公对御史大夫周昌说："您的御史赵尧，年纪虽轻，却是个奇才，您一定要重视他，此人将会接替您的官职。"周昌笑着说："赵尧资历尚浅，现在不过是个抄写文书的人而已，怎么可能接替我呢！"

刘邦经常为了刘如意的事闷闷不乐，甚至哀伤得唱起歌来，群臣不知道皇帝为什么会这样。一次，赵尧服侍刘邦。

赵尧上前请安，问道："陛下之所以不高兴，莫非是为赵王年纪小，而戚夫人和吕后二人不和睦，担心陛下万岁之后，赵王不能保全自己吗？"

刘邦说："是的。"又问赵尧有什么锦囊妙计。

赵尧说："陛下应当特地为赵王派去一位尊贵而又刚强的相国，这个人还必须是吕后、太子和大臣们都敬畏的人才行。"

刘邦说："是的，我的想法也是如此，可群臣之中有谁可以担此重任呢？"

赵尧说："御史大夫周昌坚韧不拔、质朴耿直，而且从吕后、太子直到朝臣，大家向来都敬畏他。只有周昌可以担此重任。"

刘邦说："好。"接着立刻召见周昌，对他说："我想不得不麻烦您，请您为我辅佐赵王。"

周昌流着眼泪说："我从陛下刚一起兵就跟随您，您为什么偏偏要在中途把我抛弃给诸侯王呢？"

刘邦说："我深知这是降职，但是我太担心赵王了，思来想去除了您没有更合适的人选。您就勉为其难走一趟吧！"于是调任御史大夫周昌为赵国的相国。周昌走后很久，刘邦将赵尧任命为御史大夫。方与公对周昌说的话应验了。

等到刘邦死后，吕后果然派使臣召赵王进京，周昌让赵王托病不去。使臣多次往返，周昌坚决不送赵王进京。此时吕后担忧起来，便派人召周昌进京。周昌不得已只能进京，觐见吕后。接着，吕后又派人去召赵王进京，没有了周昌出谋划策，赵王果然来了。他来到长安一个多月后，便服毒死了。周昌因此称病，不见吕后，三年之后也离开了人世。

不过事情到这还没有结束。又过了五年，吕后得知御史大夫赵尧在刘邦生前便制订了保全赵王的计策，便将赵尧治罪。

◎清鲍昌熙摹汉"宜子孙"铜镜拓片

《张丞相列传第三十六》节选

嘉为人廉直，门不受私谒①。是时太中大夫邓通方隆爱幸，赏赐累巨万。文帝尝燕宴饮通家②，其宠如是。是时丞相入朝，而通居上傍旁，有怠慢之礼。丞相奏事毕，因言曰："陛下爱幸臣，则富贵之；至于朝廷之礼，不可以不肃！"上曰："君勿言，吾私之③。"罢朝坐府中，嘉为檄召邓通诣丞相府，不来，且斩通④。

注释

①谒：拜见。

②燕：通"宴"，以酒食待客。

③私：偏爱，偏私。

④且：将要。

译文

中屠嘉为人廉洁正直，家里不接待为私事来拜访的人。此时，太中大夫邓通最受宠幸，赏赐的财物累计上万。文帝曾经到邓通的家中宴饮，邓通的受宠达到了这样的程度。一天，丞相申屠嘉上朝，邓通正在皇帝的身旁，礼节有所怠慢。丞相报告政务完毕，顺便说："陛下宠幸臣子，就让他富贵；至于朝廷的礼节，却不能不严肃！"皇上说："你不要说了，我私下就是喜欢他！"退朝后申屠嘉在相府里写了一道手令要邓通前来，邓通不来，就要杀死邓通。

期期艾艾：汉初的周昌为人耿直，敢于直言，但有点口吃。当时，汉高祖刘邦想废掉太子刘盈，立宠妃戚夫人的儿子刘如意为太子。周昌对此坚决反对，刘邦问其理由，周昌回答："我口才不好，但我心中期期知道这样做是不行的。陛下虽然打算废掉太子，但我期期不能奉命。"周昌因为口吃，把本不需重叠的"期"字说成了"期期"。三国时，魏国有个叫邓艾的将军，他也有点口吃。邓艾在说自己名字时，常常连说"艾……艾"。有一次，晋文王和他开玩笑说："你老说'艾……艾'，究竟是几个'艾'？"后来，人们就用"期期艾艾"来形容一个人说话不流利。

格古物

金缕玉衣：金缕玉衣，也叫玉匣，是汉朝皇帝和高级贵族死后穿用的殓尸用具。玉衣用金属丝或丝线将玉片连缀而成。玉片的形状多种多样，厚度仅1毫米左右。汉朝皇室专门在都城长安设立了打磨玉石的部门。在汉朝，玉衣分为金缕玉衣、银缕玉衣、铜缕玉衣和丝缕玉衣等。根据身份地位不同，采用不同的缕属。不过，西汉时期还没有形成严格的等级制度，所以象征地位和等级的玉衣缕质的使用并不严格。西汉诸侯王、列侯的玉衣多数是金缕，但也有使用银缕、铜缕和丝缕的。

唐朝也有位像周昌一样的大臣，是谁呢？

13 刘敬叔孙通列传第三十九

叔孙通曲学阿世

本节主要写了叔孙通投奔刘邦、举荐人才、制定礼仪等事情。叔孙通在投奔刘邦前，曾先后追随过秦二世、项梁、楚怀王、项羽等人，可谓跳槽界的鼻祖。叔孙通频繁跳槽并非追名逐利，而是善于观察局势，把握时机，明哲保身，以求在秦末汉初纷纭扰攘的政治舞台谋求更好的发展，堪称明智之举。

叔孙通是薛县人，秦朝时期凭借文学才能被任命为待诏博士。几年后，陈胜在山东一带起义，使者将此事禀报给朝廷，秦二世赶紧召集身边的博士和儒生们商议。三十多个博士儒生们都谏言说："对于造反的人应火速发兵讨伐他们。"秦二世一听也跟着急了，脸色通红。

这时，叔孙通说："他们刚才说的那些都是谬论。如今天下归为一统，各郡各县的城池都已铲平，民间所有的兵器都已销毁，皇帝英明，法令完备，派出去的官吏都效忠职守，哪里还有什么人敢'造反'呢！那些人不过是一群偷鸡摸狗的盗贼，根本不值一提。更何况各地的郡守郡尉们很快就可以把他们逮捕问罪了！"

秦二世一听转怒为喜，然后又挨个问那些儒生，儒生们有的人说是"造反"，有的人说是"盗贼"。于是秦二世让御史把那些说造反的人都抓起来，投进了监

◎《四库全书荟要》本《史记》
卷九十九

狱；而那些说盗贼的人一律被放回。与此同时，秦二世赐给了叔孙通二十匹丝绸，一套新衣服。

叔孙通离开宫殿之后，回到馆舍，儒生们说："先生为何说话如此阿谀奉承呢？"叔孙通说："大家不明白，我险些不能逃离虎口！"随后，叔孙通收拾行装逃离了秦朝，前往薛郡，那里已经归降楚军。

后来，叔孙通跟随过项梁、楚怀王，又辅佐过项羽。直到汉二年（前205年），刘邦带兵攻入彭城，而叔孙通当时也在彭城，于是投奔了刘邦。叔孙通是读书人，平时总

是一副儒生打扮，不得刘邦喜欢。叔孙通便换了装束，随从楚人的习惯，刘邦这才满意。

叔孙通归降刘邦的时候，跟随他一起来的儒生弟子有一百多人，可是叔孙通并没有向刘邦举荐谁，而是向刘邦推荐以前群盗中的壮士。弟子们埋怨道："我们侍奉先生多年，现在先生为何不推荐我们呢？"叔孙通对他们说："汉王如今正冒着箭林石雨夺取天下，因此我先推荐能斩将拔旗的人。大家请先等待，我一定不会忘记你们的。"刘邦赏识叔孙通的学识，任用叔孙通做博士，号称稷嗣君。

汉五年（前 202 年），诸侯在定陶共同尊奉刘邦做皇帝，由叔孙通制定朝廷的礼仪与官职。刘邦有意彻底取消秦朝苛细的礼仪与法规，力求简易，叔孙通便建议征召鲁国的儒生与弟子一同起草朝廷的礼仪。刘邦问："应该不会繁难吧？"叔孙通说："礼制是顺应时代人情而制定的行为规范，因此夏、商、周三代的礼仪全是依照前朝的礼仪加以增减，从而能叫人分辨它们的不同，使它们不相重复。我建议略微结合古代礼制与秦朝的礼仪来制定朝仪。"刘邦说："可以尝试着做。"

于是叔孙通受命去鲁国征召儒生三十多人，再加上皇帝身边治学的人，还有以前跟随他的儒生弟子一百多人，在野外拉起绳子，树立茅草和其他用具，开始演习，所有的细节都要求简单，完全没有了秦朝苛刻麻烦的礼仪和规定。一个月过后，刘邦前来检阅，感到非常满意，命令群臣来学习，并准备在十月行朝会。朝会上，各路诸侯、群臣都赶来参加仪式，非常隆重，整个朝会过程中一个大声喧哗和失礼的人都没有。刘邦非常高兴，得意地说："我今天才体会到当皇帝的尊贵啊！"于是刘邦任用叔孙通做太常，赏赐他黄金五百斤。叔孙通趁机进言让他的弟子儒生也都做官，刘邦全都任用他们为郎。叔孙通出宫之后，将五百斤黄金全都赏赐给儒生们。儒生们都高兴地说："先生真是个大圣人啊！是最懂时务的大圣人！"

汉高祖五年（前198年），刘邦调叔孙通当太子太傅。汉高祖八年（前195年），刘邦打算让赵王刘如意取代太子，叔孙通冒死进谏："以前晋献公由于宠爱骊姬而废黜太子申生改立奚齐，结果，晋国乱了几十年，受到天下人嘲笑。秦朝由于不早日确立扶苏做太子，使赵高能够假传圣旨立胡亥为帝，导致了国家社稷的灭亡，这是陛下亲眼见到的。如今太子仁慈孝顺，天下人全都知道；吕后又是与您同甘共苦过的，您怎么能背弃她呢？陛下假若要废除太子而改立小儿子，那我就请求死在您的面前。"刘邦听取了叔孙通的谏言，打消了改立太子的想法。

刘邦死后，汉惠帝刘盈即位，对叔孙通说："大臣们对朝拜、祭祀先帝陵墓和宗庙的礼仪还不会。"于是重新任用叔孙通为太常，让他制定祭祀宗庙的仪法。尔后又让他制定汉朝的各种礼仪制度。汉朝修建别庙①、用鲜果祭祀宗庙的章程就是从那时开始的。

亲近原典

《刘敬叔孙通列传第三十九》节选

太史公曰：语曰"千金之裘，非一狐之腋也①；台榭之榱②，非一木之枝也；三代之际③，非一士之智也"。信哉！夫高祖起微细，定海内，谋计用兵，可谓尽之矣。然而刘敬脱挽辂一说，建万世之安，智岂可专邪！叔孙通希世度务制礼④，进退与时变化，卒为汉家儒宗。"大直若诎⑤，道

---

①别庙：太庙之外另立的庙。

固委蛇⑥”，盖谓是乎？

①裘：毛皮衣。腋：腋窝，特指兽腋下的毛皮。

②榭：建在台上的房屋。榱（cuī）：屋椽子。

③三代：指夏、商、周。

④希世：观察世情，看风使舵。希：望。度务：度量事务。

⑤大直若诎：最正直的人好似委曲随和。也作"大直若屈"。

⑥道：事理，规律。委蛇：即"逶迤"，形容弯弯曲曲延续不断的样子。

译文

太史公说：俗话说"价值千金的皮衣，并非一只狐狸腋下的皮可以做成的；楼台亭榭的椽子，并非一棵树的枝条可以筑成的；三代的兴盛，并非一个人的智慧可以成就的"。千真万确呀！汉高祖出身低微，却可以平定海内，谋划大计指挥用兵，应该说是竭尽心力了。但是刘敬离开车前牵拉的横木时所进的一言，便建立了世世代代安定的局面，难道才智可以独自占有吗！叔孙通依世随俗，度量事务，制定礼仪，注意增删，善于随着时势而变化，最终成为汉朝的儒学宗师。古书上说"最直的仿佛是弯曲的，道理原本就是曲折发展的"，也许说的就是这样的情形吧?

集腋成裘：腋，指狐狸腋下的皮毛。意思是狐狸腋下那小小的一块皮毛，积攒起来也能制一件狐裘。比喻积少成多。典出《慎子·知忠》。这个成语作主语、谓语、宾语。

长乐宫：长乐宫是汉高祖时在秦朝宫殿兴乐宫基础上改建而成的西汉第一座正规宫殿，总面积约6平方公里，

位于西汉长安城内东南隅，始建于汉五年（前202年）。刘邦在位时居于此宫，惠帝后，改为太后居地。故址在今陕西省西安市西北郊。长乐宫寓意为"长久快乐"，属于西汉皇家宫殿群，与未央宫、建章宫并称为"汉代三宫"。

有所思

司马迁为何盛赞叔孙通为"汉家儒宗"？

14 袁盎晁错列传第四十一
晁错削藩被杀

　　本节主要写了晁错任太子智囊、建议削藩以及最终被腰斩等事情。晁错这个人聪明且勤奋，对汉王朝忠贞不贰，也确实为汉家王朝的长治久安做出了巨大的贡献，但他所做的一切努力终究没有给他带来一个好结局。更可悲的是，斩杀他的人也正是他效忠的人。

　　晁错是西汉初期的著名政论家，为人严厉刚直。他年轻的时候学过申不害、商鞅的刑名学说，后来依靠自己的文学才能当上了大理寺的一个小官，直到景帝时期才得以施展自己的抱负。

　　汉文帝刘恒在位的时候，全国无人研究《尚书》，听说济南的伏生以前是秦朝的博士，曾经研究过《尚书》，但他已经九十多岁了，无法应征入朝。文帝便命令太常派人去伏生那里学习，于是晁错被遣往济南学习《尚书》。文帝先

后下诏任命晁错做太子舍人、
门大夫、太子家令。在这期
间，晁错依靠他的辩才，深得
太子刘启的喜爱。太子府里的
人都称他为"智囊"。

晁错多次向文帝上书，陈
述削弱诸侯的事情，还提出很
多修改法令的建议。太子很是
赞扬晁错的计策，而多数有功

◎《晁氏家乘》载《汉御史大夫错公像》

之臣都不喜欢晁错。晁错上书了几十次，文帝都没有采纳
他的建议，却也对他的才能感到很惊奇，便提拔他担任中
大夫。

刘启即位为汉景帝后，对晁错非常信任，任命他为内
史。晁错多次与汉景帝密谈政事，汉景帝一向听从，按照
晁错的意见修改了很多法令。丞相申屠嘉虽然心中不服，
却又对晁错无计可施。内史府建在太上庙外的空地上，门
向东开，出入特别不方便。晁错便向南开了两扇门出入，
凿开了太上庙外空地边的围墙。丞相申屠嘉知道后，打算
利用此事请汉景帝诛杀晁错。但晁错提前得到消息，于是

103

连夜进宫面见汉景帝，从头到尾据实向汉景帝讲述此事。第二天，申屠嘉在朝堂上以擅自开凿庙墙为由请汉景帝赐死晁错。汉景帝却说："那不是庙墙，而是庙外空地上的围墙，所以晁错没有触犯法令。"申屠嘉只得谢罪退出。后来，丞相申屠嘉病死，晁错被汉景帝提升为御史大夫，地位更加显贵。

◎明万历刻本《三才图会》
之《汉景帝像》

汉景帝前元二年（前155年），晁错再次上书陈述诸侯的罪行，请求削减诸侯的封地，没收旁郡。奏章呈上去，汉景帝命令公卿、列侯与皇室集会商议，没有人敢公开反对，只有窦婴与晁错争辩，自此二人结下了怨仇。晁错修订的法令有三十章，诸侯都表示强烈反对，对晁错非常憎恨。晁错的父亲得知后，从老家赶来规劝晁错，对晁错说："陛下刚刚即位，你也初次执掌政权，就这般侵犯削弱诸侯的利益，大家都议论怨恨你，你可知道为何？"晁错表示这样做是理所应当的，否则天子不被诸侯尊崇，国家也得不到安宁。晁错的父亲见无法说动晁错，便服毒自杀了。之后过了十多天，吴楚七国就以诛杀晁错的名义反叛了，史称"七国之乱"。

汉景帝得知诸侯反叛后，连忙找来晁错商量对策。晁错建议汉景帝御驾亲征，自己留守京城，这引得众多大臣不满。之后，窦婴和袁盎向汉景帝进言，提议斩杀晁错，以平息诸侯的怒火。汉景帝沉默了很久，最终决定牺牲晁错，换取诸侯退兵。汉景帝派中尉到晁错家中，下诏骗晁错上朝议事，而此时的晁错什么都不知道。车马经过东市，中尉当即停车，向晁错宣读诏书，斩杀了晁错。

晁错被杀后，校尉邓公从前线返回京城，上书奏报军情。

汉景帝问："晁错被斩后，吴、楚是否退兵？"

邓公说："吴王已经谋划反叛几十年了，现在因为削减封地而发怒，诛杀晁错只是借口罢了，他的本意根本不在晁错。而且我担心杀晁错后天下的士人都不敢再进言了。"

汉景帝问："为什么？"

邓公说："晁错担心诸侯强大了就会无法掌控他们，因此请求用削减诸侯封地的方法来使诸侯尊崇朝廷，这是利及后世万代的事情。可计划刚实施，晁错就惨遭杀戮，这么做对内堵住了忠臣的嘴，对外却替诸侯报了仇，叛乱也不会因此平息。"

听完，汉景帝沉默了很长时间，说："你说得很有道理，我也为此事深感悔恨。"然后封邓公做了城阳中尉，并下诏出兵讨伐诸侯国，不到三个月就取得了胜利。

晁错做太子家令时，多次进言国事都不被采纳，后来执掌大权，变更了许多法令。吴楚七国叛乱，晁错不先想着挽救危局，反而想借袁盎曾经收受吴王贿赂的事情趁机杀死袁盎，最终却因袁盎而丧命。古话说"变更古制，搅乱常规，不是身死，便是逃亡"，说的就是晁错这样的人吧。

亲近原典

《袁盎晁错列传第四十一》节选

雒 洛阳剧孟尝过袁盎^①，盎善待之。安陵富人有谓盎曰："吾闻剧孟博徒^②，将军何自通之^③？"盎曰："剧孟虽博徒，然母死，客送葬车千馀乘，此亦有过人者。且缓急人

所有。夫一旦有急叩门，不以亲为解，不以存亡为辞，天
下所望者，独季心、剧孟耳。今公常从数骑，一旦有缓急，
宁足恃乎！"骂富人，弗与通。诸公闻之，皆多袁盎④。

　　①过：访问，探望。
　　②博：赌博。
　　③通：交往，结交。
　　④多：称赞，赞美。

译文

　　洛阳人剧孟曾经拜访袁盎，袁盎友好地对待他。
安陵有个富人对袁盎说："我听说剧孟是一个赌徒，将
军为何要与他来往？"袁盎说："剧孟虽然是一个赌徒，
可是他母亲死的时候，客人送葬的车子达千余辆，这
说明他也有出众的一面。何况急难的事谁都会有的。
一旦有急难的人向他登门求助，他不会以有父母在为
理由而推脱，不用有事或离家外出做借口而拒绝，天
下人所仰望的，唯有季心、剧孟而已。现在您时常叫

几名骑士跟随着，一旦有急难，难道足以倚靠吗？"
袁盎谩骂富人，不与他来往。王公贵人们听说此事，
都对袁盎赞不绝口。

　　不名一钱：汉文帝时期，有个叫邓通的人深受汉文帝宠
爱。有算命先生说邓通会被穷死，汉文帝不信，便将一座铜
山赏给邓通，允许他铸钱，铸的钱名叫"邓氏钱"。有一天，
汉文帝身上生了个疮，不停地流脓血，邓通便用嘴为汉文帝
吮吸脓血。不久，太子刘启来看望汉文帝。汉文帝想起之前
邓通说过天下最爱自己的人是太子，便让太子给自己吮吸脓
血。太子虽然听令做了，但感到很恶心且脸色很难看。后来
太子听说邓通常常为汉文帝吮吸脓血，感到惭愧，心里因此
对邓通很是恼恨。汉文帝死后，太子刘启即位，就把邓通革
职，又借故把他的铜山和家产全部没收，令他负债无数。汉
文帝的姐姐赐给邓通钱财、首饰，立即便被官吏没收抵债。
最终直到邓通死去，他手里始终无法拥有一分钱。后来，人
们便用"不名一钱"来形容一个人身无分文，非常贫穷。

探古迹

未央宫： 未央宫位于今天的陕西省西安市，约前200年，由丞相萧何督建而成。它的名字出自《诗经》中的"夜如何其？夜未央，庭燎之光"，"未央"暗含没有灾祸的意思。未央宫自建成后就是汉朝的政治中心，其面积达5平方公里，是明代紫禁城的6倍，是中国古代面积最大的皇宫，也是中国历史上使用朝代最多、存在时间最长的皇宫。后来，在王莽执政时期，有军队攻入长安城，烧毁了未央宫。虽然后世多次修缮重建，未央宫却再无往日风采，如今的未央宫只剩一片废墟。

有所思

历史上除了晁错，还有谁削藩激起叛乱？

15 张释之冯唐列传第四十二
张释之秉公执法

　　我们在电视剧中经常听到"王子犯法，与庶民同罪"这句话，话虽这么说，但对于高高在上的人犯的法，谁敢检举，谁又敢揭发呢？可历史上就有这么一个人，他公平公正、刚直不阿，敢主动上奏太子过失，这个人就是西汉的法学家、大法官——张释之，堪称现代人"秉公执法"的楷模。

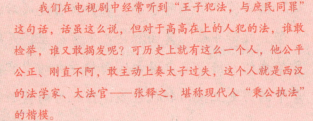

　　张释之，字季，堵阳县人。他原先与哥哥张仲生活在一起。由于家中资财颇多，就捐官做了骑郎，侍奉汉文帝刘恒。十年过去了，他还是任原职，默默无闻。因为耗费了不少钱财，他深感不安，打算辞官回家。中郎将袁盎知道他德才兼备，惋惜他的离去，就向汉文帝竭力举荐。

　　张释之朝见汉文帝后，陈说利国利民的大计，并就秦亡汉兴之事发表了自己的见解。汉文帝听后很满意，就任命他做了谒者仆射。

110

汉代皇帝有专门的狩猎巡游场所，这里养着许多动物。有一次，张释之陪同汉文帝到猎场观虎，汉文帝就虎圈所养动物提了十几个问题，上林尉环顾左右，回答不上来。这时，看管虎圈的啬夫从旁代上林尉回答这些问题，答得极周全，想借此彰显自己。汉文帝认为做官就应该这样，上林尉不合格，下诏命令张释之任命啬夫顶替上林尉。

◎台北故宫博物院藏宋人绘《却坐图》

张释之走上前，问汉文帝："陛下如何看待绛侯周勃和东阳侯张相如？"汉文帝回答说他们是忠厚的长者。张释之就说："周勃和张相如能被称为长者，但二人都不善于言谈，二人都为汉朝立下了大功，看一个人不能光凭口齿是否伶俐。"随后，张释之又以秦朝重用徒具文笔、毫无恻隐之心的文书官吏，终致亡国为例，建议汉文帝不要越级提拔，以免上行下效，树立不正之风。汉文帝采纳了张释之的建议，没有提拔啬夫。

　　出了猎场，汉文帝驾车回宫，让张释之陪乘。路上，汉文帝问张释之秦朝执政的失败之处，张释之据实而言。汉文帝非常满意，就任命张释之做了公车令。

　　汉宫卫令规定：出入司马门要下车，违者罚金。一次，太子刘启与梁王一起乘车进宫朝见，路过司马门没有下车。于是张释之追上太子和梁王，不许他们进殿门，并上奏汉文帝，请求惩治太子过失。汉文帝摘下帽子谢罪说：“是我教导儿子不够严谨。”后来，薄太后也知道了这件事，遣使者秉承诏令赦免了太子、梁王，他们才得以进入殿门。经过这件事后，汉文帝更加器重张释之，任用他做中大夫。不久，又升他为中郎将、廷尉，张释之成为当时掌管司法的最高等级官吏。

　　张释之当了廷尉后不久，汉文帝出行到了渭桥，忽然，有一个人从桥下跑出来，惊动了御马。汉文帝大怒，于是命令骑士抓住那个人，交给张释之定罪。张释之调查审问后，处以罚金。汉文帝生气地说：“此人惊吓了我的马，幸好我的马脾性温和，如果是别的马，不早就摔伤我了吗？而廷尉却只判处罚金！”张释之从容不迫地说：“法律是天子与天下人一起遵守的。现在按照法律是这样判定的，如果要更改加重处罚，法律便不会取得百姓的信任。何况当时，陛下如果马上诛杀了他也就罢了，现在既然交给廷尉处理，廷尉为天下公平之所在，一旦有偏颇，天下使用法律时都任意取轻或取重，那百姓怎么能治理好呢？"汉文帝沉思良久，同意了他的判决。

　　又有一次，有人偷走了高祖庙里神座前的玉环，被抓到。汉文帝将小偷交给张释之判处刑罚，张释之按照法律判处其死刑。汉文帝非常愤怒地说："那人胡作非为，竟敢偷盗先帝宗庙内的器物，我交给廷尉去处置是想让他灭族，但是你不施以严惩，以后还怎么让人对祖庙恭敬呢？"张释之摘下帽子磕头谢罪说："依据法律如此判决已经够重了。如果偷盗宗庙中的器物便杀死他的全族，万一无知的民众偷挖了长陵的一捧土，陛下又该如何为他定罪呢？"汉文帝无言以对。过了很长时间，汉文帝与太后谈论此事，才批准了廷尉的判决。

　　张释之秉公执法，为人正直，不结党营私，受到了许多人的尊敬。汉文帝逝世后，汉景帝继位，张释之担心从前处理的案件会让汉景帝不高兴，就称病打算辞官离开，但又怕汉景帝怪罪，很是为难。后来有一位王先生给他出了个主意，最终进见汉景帝当面谢罪，汉景帝没有责怪他。张释之侍奉汉景帝一年多以后，被贬谪为淮南王相，大概还是因为以前得罪过汉景帝。张释之的儿子张挚，官职一直做到大夫，后被免职。因为张挚不能迎合当时的权贵显要，所以后来直到死也没有再做官。

张释之遵守法律，不阿谀奉承，他的言论可以作为朝廷上的典范。《尚书》说：不有所偏私，不袒护同党，君王的道路才会平坦；不袒护同党，不有所偏私，君王的道路才会通达。张释之差不多做到了。

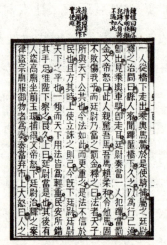

◎同文图书馆印行《归方评点史记》卷一百二

亲近原典

《张释之冯唐列传第四十二》节选一

顷之，上行出中渭桥，有一人从桥下走出①，乘舆马惊②。于是使骑捕，属嘱之廷尉③。释之治问。曰："县人来，闻跸④，匿桥下。久之，以为行已过，即出，见乘舆车骑，即走耳。"廷尉奏当，一人犯跸，当罚金。文帝怒曰："此人亲惊吾马，吾马赖柔和，令他马，固不败伤我乎？而廷尉乃当之罚金！"释之曰："法者天子所与天下公共也。今法如此而更重之，是法不信于民也。且方其时，上使立诛之则已。今既下廷尉，廷尉，天下之平也，一倾而天下用法皆为轻重，民安所措其手足？唯陛下察之。"良久，上曰："廷尉当是也。"

注释

①走：跑。

②乘舆：皇帝、诸侯坐的车。

③属（zhǔ）：通"嘱"，交付。

④跸：古代帝王出行时要先清道，禁止他人通行。

没过多久，皇上出行路过中渭桥，有一个人突然从桥下跑出来，惊吓了拉着皇上车驾的马。于是皇上命令骑士抓住那个人，交廷尉定罪。张释之审问，那人说："我从乡下来到这里，听说清道戒严，便躲在桥下面。过了很长时间，以为皇上已经过去，便出来了，见到皇上的车马与仪仗队，就跑了起来。"廷尉上奏应判的刑罚，说："一个人违反了清道戒严的禁令，应当处以罚金。"汉文帝生气地说："此人惊吓了我的马，幸好我的马脾性温和，如果是别的马，不早就摔伤我了吗？而廷尉却只判处他罚金！"张释之说："法律是天子与天下人一起遵守的。现在按照法律是这样判定的，如果要更改加重处罚，法律便不会取得百姓的信任。何况在当时，皇上如果马上诛杀了他也就罢了。现在既然交给廷尉处理，廷尉为天下公平之所在，一旦有偏颇，天下使用法律时都任意取轻或取重，百姓一举一动怎样处理才好呢？希望陛下明察。"过了好一会儿，皇上说："廷尉应该如此。"

识典故

结袜王生：有一位王老先生，擅长黄帝、老子的学术，是一位隐居不愿做官之人。曾经被召进殿中，当时公卿大臣相聚而立，王先生是老年人，说："我的袜带子松脱了！"回头看着张廷尉说："请给我把袜带子系好！"张释之跪在地上给王老先生系好了袜带子。之后，有人问王先生说："怎么偏偏在朝廷上当众侮辱张廷尉，让他跪下给你绑袜带子呢？"王先生说："我年老并且地位卑贱，自己估计终究不会有什么好处给张廷尉。张廷尉正是当今天下名臣，我姑且委屈他一下，让他跪下给我绑袜带子，是想因这事让人们重视他。"各公卿听了这话，都称贤王先生而赞许张廷尉尊贤敬老。"结袜王生"即指张释之为王老先生系袜带子，表示尊贤敬老。后以此典比喻贤德或敬老。又作"结袜心""结袜""结袜生""王生袜"。

张释之祠：又名张公祠，位于河南省南阳市方城县西关释之路西段北侧，是纪念西汉文帝时著名廷尉张释之的祠堂。始建年代无考，明宣德四年（1429 年）复建，成化十年（1474 年）续修；弘治六年（1493 年）又修，清康熙五十五年（1716 年）再修。民国年间为县门公所占用，1947 年后为农业技术推广站所有。1958 年起为县人民医院家属院，1979 年被列为方城县级文物保护单位。

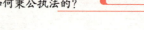

"强项令"是谁？他是如何秉公执法的？

16 张释之冯唐列传第四十二

冯唐一生不遇

导语

唐代的王勃曾慨叹"冯唐易老，李广难封"，这短短八个字包含了两个典故。其中我们常用"冯唐易老"来形容老来难以得志。冯唐历经三朝，汉武帝时期，广征贤良，可此时冯唐已经九十多岁了，也是心有余而力不足了。最终冯唐也没有被任用。下面我们就来详细地了解下这个老人吧。

冯唐的祖父是赵国人，他的父亲带着全家人移居到了代地，汉初，又移居至安陵县。冯唐以孝悌闻名，拜为中郎署长，侍奉汉文帝。

有一次，汉文帝坐车路过中郎官署时，看见了冯唐，很是惊讶。郎官是汉代的初级官吏，职责是担任皇宫侍卫，干这活的一般都是年轻人，而冯唐做郎官时年纪已经不小了。

汉文帝问冯唐说："老人家您怎么做了郎官呢？家在哪里？"冯唐据实回答了。汉文帝说："我居住在代郡的时候，我的尚食监高祛多次对我赞扬赵国将领李齐的贤能，讲他在钜鹿城下作战的故事。现在我每次吃饭，也会想到李齐鏖战钜鹿的故事。老人家知道李齐这个人吗？"冯唐回答说："作为将领，他还不如廉颇、李牧。"汉文帝问："为什么这么说呢？"冯唐说："我祖父在赵国的时候担任过统率士兵的职务，和李牧有很好的交情。我父亲以前做过代王的丞相，与赵将李齐过从甚密，所以能知道他们的为人。"汉文帝听了冯唐讲述廉颇、李牧的为人之后，特别高兴，拍打着大腿说："我偏偏无法获得廉颇、李牧这样的人当我的将领，如果有这样的将领，我还会忧虑匈奴吗！"

冯唐说："陛下，臣斗胆说一句，就算有了廉颇、李牧，陛下也不会任用他们。"汉文帝脸色一沉，怒气冲冲，拂袖而去。大家都为冯唐捏了一把汗。过了很长时间，汉文帝召见冯唐，责怪他说："您为何当众侮辱我，难道就不能私下说吗？"冯唐谢罪说："我这个粗鄙的人不懂得忌讳。"

在这时，匈奴大举进犯汉朝，杀死北地都尉孙卬。汉文帝正为此忧虑，又一次召见冯唐询问："您怎么知道我不能任用廉颇、李牧呢？"冯唐回答说："我听说上古时期君王派遣将领的时候，跪着推车子，说国门以内的事由我来掌控，国门以外的事情请将军来掌控，军功、爵位与赏赐全部由将军在外决定，回来再上奏朝廷。这不是空话呀。我的祖父说，李牧担任赵将保卫边疆，将从军中交易市场上征收到的租税全部拿来犒赏将士，赏赐由将军在外决定，朝廷从不干涉。交给他任务而责令他成功，因此李牧才可以尽他的智慧与才能，命人挑选合格的战车一千三百辆，擅长射箭的骑兵一万三千人，精锐兵士十万人，就这样往北驱逐单于，击败东胡，消灭澹林，往西抑制强大的秦国，往南抗衡韩国、魏国。此时赵国几乎成了霸主。

"后来赵王迁继位，他的母亲原来是个卖唱的艺人。赵王迁继位后听信丞相郭开的谗言，最终诛杀了李牧，让颜聚代替他，所以军败兵逃，被秦国俘获消灭。如今，我私下听说魏尚做云中太守的时候，将军市交易的税收全都拿来犒赏将士，拿出私人的俸钱，每五日杀一次牛，宴请宾客、军吏与属官，所以匈奴远远地逃避，不敢靠近云中要塞。匈奴曾经有一次入侵，魏尚率领车兵、骑兵攻打他们，杀敌无数。那些士兵全是平民百姓的子弟，从田地里来参军，哪里懂得朝廷的军法条令。整日英勇作战，斩杀敌首，捕捉俘虏，但是跟衙门报功的时候，只要有一个字不相符，法官便根据法律来惩治他们。他们的奖赏未能兑现，但司法官所奉行的法令一定要执行。我愚笨地以为陛下的法令太苛细，奖赏太轻，刑罚过重。何况云中太守魏尚因上报斩杀敌人的数目差了六个首级，陛下便交给司法官判罪，剥夺他的爵位，判他一年徒刑。由此说来，陛下即使得到廉颇、李牧，也是不能重用的。"

汉文帝听后很高兴。当天就让冯唐拿着皇帝的节符，出使前去赦免魏尚，重新让魏尚做回云中郡守，并任用冯唐做车骑都尉，掌管中尉与郡国的车兵。

汉文帝后元七年（前157年），汉景帝即位，任用冯唐做楚国的国相，后被罢免。汉武帝即位后，招贤纳士，有人推荐冯唐。冯唐当时已经九十多岁，不能够再做官，便让冯唐的儿子冯遂做郎官。

纵观冯唐一生，他犯颜直谏、持节云中、青史留名，后又被罢官归乡，到汉武帝继位时已是耄耋老人，想要有所作为，却是身不由己了。

亲近原典

《张释之冯唐列传第四十二》节选二

太史公曰：张季之言长者，守法不阿意①；冯公之论将率帅②，有味哉！有味哉！语曰"不知其人，视其友"。二君之所称诵，可著廊庙。《书》曰"不偏不党③，王道荡荡；不党不偏，王道便辩便辩④"。张季、冯公近之矣。

注释

①阿意：曲从、迎合权贵的心意。

②论将率：指谈论任用将帅的话。率：通"帅"。

③书：即《尚书》，儒家经典著作，是上古历史文件及材料的汇编。

④便便：通"辩辩"，明辩意，谓明显地区分开来。

译文

太史公说：张季谈论长者的话，坚守法度而不奉承皇上旨意；冯公对将帅的评说，很有意味呀！有意味呀！俗话说"不了解那个人，便看看他的朋友"。他们二人所称赞长者、将帅的话，应该记录在朝廷上。《尚书》说"不偏心不结党，仁政就能够顺利推行；不结党不偏心，施行的仁政就能够治理有序"。张季、冯公差不多就是这样了。

冯唐易老：汉朝的冯唐身历文、景、武帝三朝，但只做到郎官。到武帝时，冯唐被举为贤良，但年事已高不能为官。后世常用"冯唐易老""冯唐已老""老冯唐""叹冯唐"来感慨生不逢时或表示年寿老迈。

云中郡：中国古代行政区，曾连续存在两个时期。首次为战国时期赵国、秦代、汉代。第二次为唐代，云中郡

取代云州短暂的存在。

战国时期，云中郡属赵国的一部分，由赵武灵王置，治云中城（位于呼和浩特平原中部）。秦代云中郡辖境约是今日的内蒙古土默特右旗以东，大青山以南，卓资县以西，黄河南岸及长城以北。西汉时云中郡辖境缩小，三国曹魏初期云中郡被废除。该地地势平旷，水草丰美，适合耕种放牧，是训练骑兵及放养战马的好地方，为秦汉边防重地，现有云中古城遗址。

唐玄宗天宝元年（742 年）云州（今山西大同市）改称云中郡，辖境仍旧，唐肃宗乾元元年（758 年）云中郡改回云州。

有所思
你知道哪些使用"老冯唐"典故的古文？

17 扁鹊仓公列传第四十五
扁鹊术高遭嫉

同学们熟知古代名医华佗、扁鹊、孙思邈和李时珍吧，其中扁鹊治病救人和李时珍尝百草的故事都被写入了课本中。本节我们要说的就是扁鹊，扁鹊为什么会叫这样一个名字呢？其实"扁鹊"是上古神医的名字，后世人们为了感谢扁鹊的贡献便叫他扁鹊。扁鹊是春秋战国时期的第一名医，也是中医诊断学的鼻祖。

扁鹊是勃海郡郑地人，姓秦，名叫越人。他年轻时担任贵族客馆的主管，有位叫长桑君的客人把自己全部的秘方都交给了扁鹊。扁鹊依此看病，从此成了名医。他行医有时在齐国有时在赵国。赵国的人称他为扁鹊。

扁鹊一直都有悬壶济世的大志，他不仅医术高超，还是个品德高尚的人，所以赢得了人们的普遍尊敬。

扁鹊路过晋国，当时掌握晋国政权的大夫赵简子病了，连着五天昏迷不醒。他的家人和晋国的其他大夫都很害怕，就请扁鹊去给他诊治。扁鹊诊断说："他的血脉正常，你们不必大惊小怪。以前秦穆公也曾得过这种病，七天才醒过来。现在你家主君的病和秦穆公一样，不出三天就会痊愈。"两天半后，赵简子的病果然好了。

有一次，扁鹊行医路过虢国，正赶上虢国太子因病去世，扁鹊来到虢国宫门前，问喜爱方术的中庶子说："太子是什么病，为什么国中举行祝祷超越了所有事情？"中庶子说："太子的病是气血不顺，惊厥而死。"扁鹊说："他死了多长时间了？"中庶子说："从鸡鸣时到现在。"扁鹊说："收殓了吗？"中庶子说："还没有，他死还没到半天。"扁鹊说："那麻烦你帮我通报一声，就说我是齐国渤海郡秦越人，听说贵国太子不幸病死，我能让太子活过来。"中庶子说："先生该不会是开玩笑吧？凭什么说太子能够复活呢！我听说上古时有位名医叫俞跗（fū），给人治病不用汤药，还能给人割皮解肌，决脉结筋，甚至洗涤肠胃，清理五脏。你要是有这个本事，那太子还能够活过来；你要没这个本事，还说要救活太子，那不是在骗小孩子吗？"

过了很长时间，扁鹊仰天长叹，说："先生说的那些治疗方法，简直是以管窥天。我秦越人看病，不用望色、闻声、切脉，就知道病在哪里。先生要是觉得我在说谎，可以进去诊视一下太子，应该能听到太子耳鸣而且还有呼吸，大腿内侧应该还是温热的。越人的医疗方式，不用切脉理、看气色、听声音、察形态，便可以讲出病症之所在。"中庶子听扁鹊说完，目瞪口呆，急忙去禀报虢君。虢君听后大为震惊，赶忙出来迎接扁鹊。扁鹊说："太子得的病叫作'尸蹶'。看起来像是死了，其实没有死。"扁鹊叫弟子子阳磨制针，然后用针刺三阳五会穴（百会穴）。过了一会儿，太子便苏醒了。扁鹊又给太子用药熨，太子竟然可以坐起来了。再令太子服了二十天的汤药，太子便完全恢复了。因此天下人都认为扁鹊可以让死人复活。扁鹊说："我秦越人并非可以让死人复活啊，他本来就没有死，我只是可以让他起来而已。"

扁鹊路过齐国，齐桓侯对他以客礼相待。他走进宫廷拜见桓侯，说："您有小病在皮肤和肌肉之间，假若不治疗，病情就会加重。"桓侯说："我没病。"扁鹊离开宫廷，桓侯对身边的人说："医生喜欢功利，希望通过医治无病的人来显示功绩。"五天后，扁鹊又来拜见，说："您的病在血脉里，不医治就要加重了。"桓侯说："我没病。"扁鹊离开宫廷，桓侯不开心。五天后，扁鹊又来拜见，说："您有病在肠胃中，不加以治疗就要加重了。"桓侯不予理睬。扁鹊离开宫廷，桓侯不开心。五天后，扁鹊又来拜见，看到桓侯便后退跑开了。桓侯遣人去问为何要跑。扁鹊说："病在皮肉之间，汤剂、药熨的效力便可以达到治病的目的；病在血脉里，针刺与砭石的效力便可以达到治病的目的；病在肠胃中，药酒的效力便可以达到治病的目的；病在骨髓，就是掌管生命的神仙也对它没有任何办法了。如今病在骨髓，我因而不敢请求给他治病了。"五天后，桓侯得了重病，命人去召扁鹊，扁鹊已经逃走了。桓侯就这样病死了。

扁鹊行医诸国，名声传遍天下。他途经邯郸，听说当地尊重妇女，便当妇科医生；途经洛阳，听说洛阳人敬爱老人，他便当治疗耳、目、痹病的医生；他来到咸

◎《四库全书》本《史记集解》卷一百五

阳，听说秦国人爱护小孩，便当儿科医生。他随着各地风俗的需要改变自己的医疗范围。秦国的太医令李醯（xǐ）自知医术比不上扁鹊，遣人杀了他。

亲近原典

《扁鹊仓公列传第四十五》节选一

使圣人预知微，能使良医得蚤_早从事①，则疾可已②，身可活也。人之所病，病疾多；而医之所病，病道少③。故病有六不治：骄恣不论于理，一不治也；轻身重财，二不治也；衣食不能适，三不治也；阴阳并，藏气不定，四不治也；形羸不能服药④，五不治也；信巫不信医，六不治也。有此一者，则重难治也。

注释

①蚤：通"早"。

②疾：古时"疾"与"病"的意思有区别。疾指小病、轻病；病指重病。

③病：这一句中的四个"病"字皆为动词，意为

担忧、忧虑。

④羸（léi）：瘦弱。

　　如果圣明的人可以预知疾病的征兆，可以使好的医生及早治疗，那么病就能够治好，病人也可以存活。人们所忧虑的是疾病多，可医生所忧虑的是治病的方法少。因此有六种病不可以医治：骄横放纵，不讲道理，为一不治；轻视身体却重视钱财，为二不治；衣着饮食不适宜，为三不治；阴阳错乱，脏腑精气不协调，为四不治；身体羸弱，不可服药，为五不治；信奉巫术却不相信医术，为六不治。有其中的一种，就难以医治了。

识典故

　　讳疾忌医：隐瞒疾病，不愿医治。比喻怕人批评而掩饰自己的缺点和错误。典出《韩非子·喻老》。这个成语在语法上为连动式，可以作主语、宾语、定语。

格古物

青铜砭针：1978 年，内蒙古达拉特旗曾出土一枚战国时期的青铜砭针，现藏于陕西医史博物馆。这枚砭一端为针尖，腰呈三棱形，另一端为半圆状刃。该砭针长 4.6 厘米，可以针刺，刃宽 0.15 厘米，可用来放血。可见我国针灸技术在春秋战国时期已十分有名，医疗工具有了进步，而且人们还懂得用放血来治疗某些病症。

有所思

你知道岐黄是谁吗？他做出了什么贡献？

18 扁鹊仓公列传第四十五
淳于意遭陷废肉刑

同学们都知道扁鹊是医术高超的名医，其实本节要说的淳于意也是一位著名的医学家。他除了是医学家，还是一位教育家呢。淳于意收了很多弟子，并精心传授他们医术，为医学的传播与发展做出了很大的贡献。本节我们就来看看淳于意和他的女儿缇萦与汉文帝之间到底发生了什么感人的故事吧。

西汉初年，有个人叫淳于意，他是齐国临淄人，因为做过齐国都城掌管粮仓的长官，所以人们都叫他"仓公"。

淳于意年轻的时候喜爱钻研医术，试着用医术方剂为人治病，但许多都没有效果。为了学得真本事，淳于意开始遍访名师。起初，他拜菑川唐里的公孙光为师，学习古典医籍和治病经验。公孙光认为他是个可塑之才，就把他推荐给了临淄的公乘阳庆。高后八年（前180年），他拜师阳庆学习医术。当时阳庆已年过七十，医术高超，膝下没

有儿子，很喜爱淳于意这个徒弟。阳庆让淳于意将他从前的医方全部扔掉，认为那些都是不正确的。然后，阳庆将自己的秘方全部教授给淳于意，并且为他传授黄帝、扁鹊的脉书和通过观察面部不同颜色来诊病的方法，据此了解病人的生死，判断疑难病症，决定能不能医治，还传授给他一些关于药物的精辟理论。学习三年后，淳于意为别人治病，判断死生，大多都应验了。

淳于意特别精于脉象，能识破表象察知重症，常能一见而知人潜在的病症。他诊治病人，必定首先切脉，然后才进行治疗。脉象衰败和病情违背的不能医治，脉象与病情相顺应的才进行医治。因此他能够诊断出病人生死时间，治好的病例有很多。他还是第一位详细记录病人病例的医生。

齐国有位名叫信的中御府长得了病，淳于意告诉他说："您这是热病。暑热多汗，脉稍有衰弱，不至于死亡。"又说："这种病是由于在流水里洗浴的时候，感到特别寒冷，寒冷过后就会身体发热。"信说："噢，是的！去年冬天，我为齐王出使楚国，到达莒县阳周水边，看到莒桥坏得非常厉害，我便揽住车辕不想过河，马受惊，便掉进河中，我也掉进水里，差点儿淹死，官吏立即来救我，从水里出来，衣服都湿了，一会儿身上感觉发冷，冷过之后浑身发热如火，直到现在也不能受寒。"淳于意为他开了液汤火剂祛热，吃一剂后便不再出汗了，吃第二剂热退去了，吃了三剂病就痊愈了。吃药后大概二十天，身体便和没病的人一样了。

齐国有位名叫循的郎中令得病，很多医生都认为是逆气进入胸腹，而以针刺治疗。淳于意诊治后说："这是涌疝，此病让人不能大小便。"他以火剂汤让循服用。吃完三剂后，病就全好了。

齐国有一位名叫成的侍御史说自己患有头疼病，淳于意诊断为"疽病"，判定其是因酒色过度而得病，五天后便会发肿，八天后便会吐脓血而死，果然成第八天就因呕脓而死。

齐国的中郎破石得了病，淳于意为他诊脉，告诉他说："肺脏破伤，不能医治，十日后当尿血而亡。"结果确实像淳于意说的那样。

有一次，济北王让淳于意为他的侍女们治病，诊到一

位名叫竖的女子时，济北王问淳于意："她是否有病？"淳
于意回答说："她病得非常严重，按病理会在春天死掉。"
济北王召她来看，见她的脸色没什么变化，认为淳于意说
得不对。然而到了春天，竖就真的死掉了。

　　随着淳于意的名声越来越大，一些诸侯王和官僚阶层
的人就想方设法让他留在身边，专为自己看病。医者圣人
心，淳于意的理想是为天下人看病，不愿为少数人治病，
所以得罪了不少人。

　　汉文帝四年（前176年）中，有人上书控告淳于意，
官府判处淳于意肉刑。淳于意有五个女儿，全都为此哭泣。
小女儿缇萦决定跟随父亲西行至长安。为了营救父亲，缇
萦上书汉文帝为父求情。她说："齐国的百姓全赞扬我父亲
的廉洁、公正，现在他犯法被判刑。去世的人不可以再生，
受刑致残的人不可以再康复，就算要改过自新，也没有办
法做到了。我愿意入官府当奴婢，来赎我父亲的罪行，让
他能改过自新。"汉文帝感动于她的赤诚之心，下诏赦免了
淳于意，同时颁布诏书废除由来已久的残酷肉刑。

　　太史公说：女人不论美丑，住在宫里便会被嫉妒；士
人不论贤能与否，进入朝廷便会遭人猜疑。扁鹊由于他的

医术而遭殃，而太仓公自愿隐藏形迹却仍被判处刑罚。幸好他的女儿缇萦写信给皇上，太仓公才得以平安。因此老子说"美好的东西皆为不吉祥的器物"，也许说的就是扁鹊和太仓公这样的人吧。

亲近原典

《扁鹊仓公列传第四十五》节选二

　　文帝四年中，人上书言意①，以刑罪当传西之长安。意有五女，随而泣。意怒，骂曰："生子不生男，缓急无可使者！"于是少女缇萦伤父之言②，乃随父西。上书曰："妾父为吏，齐中称其廉平，今坐法当刑③。妾切痛死者不可复生而刑者不可复续，虽欲改过自新，其道莫由，终不可得。妾愿入身为官婢，以赎父刑罪，使得改行自新也。"书闻，上悲其意，此岁中亦除肉刑法。

注释

　　①意：即缇萦之父淳于意，名医。淳于为复姓。

　　②少女：最小的女儿。

③坐法：触犯法律。当刑：判处肉刑。当：判决，判处。

汉文帝四年中，有人上书控告淳于意，依据其罪行，应当用传车押解往西去长安。淳于意有五个女儿，全都为此哭泣。淳于意很生气，骂道："生孩子不生男的，在危难关头无人可用！"小女儿缇萦对父亲说的话十分伤感，便随从父亲西行至长安。她上书朝廷说："我父亲是官吏，齐国的百姓全赞扬他的廉洁、公正，现在犯法被判刑。我非常痛心去世的人不可以再生，而受刑致残的人不可以再康复，就算要改过自新，也没有办法做到了。我愿意入官府当奴婢，来赎我父亲的罪行，让他能改过自新。"汉文帝见到上书，怜悯她的心意，赦免了淳于意，这一年也取消了肉刑。

识典故

缇萦救父：缇萦是西汉时期的人。她住在山东，是淳于意最小的女儿。她凭借自己的毅力和勇气，使父亲免受肉刑，而且也使汉文帝深受感动，因而废除这种残酷的刑罚。"缇萦救父"的行为，在以孝治天下的汉朝被充分宣扬，东汉经学家把它作为奉行孝道的一个标志性事件。

格古物

五十二病方：医方著作，约成书于战国时期，作者失考。为1973年出土于湖南长沙马王堆三号汉墓的帛书，原无书名，整理小组按其目录后题有"凡五十二"字样命名，是我国现存最早的医方著作。该文献的出土，填补了《内经》以来我国未有临床医学著作的空白。该帛书现藏湖南省博物馆，马王堆汉墓帛书整理小组所编《五十二病方》于1979年由文物出版社出版。

有所思
汉末神医扁鹊比淳于意更有名，他是谁？

史记

列传五 | 汉瓦良吏

［西汉］司马迁 / 原著

王 昊　王建明 / 编著

SPM 南方出版传媒
广东人民出版社
·广州·

图书在版编目（CIP）数据

史记：青少年版 / 王昊，王建明编著 . — 广州：
广东人民出版社，2022.3

ISBN 978-7-218-15419-0

Ⅰ . ①史… Ⅱ . ①王… ②王… Ⅲ . ①《史记》－青
少年读物Ⅳ . ① K204.2-49

中国版本图书馆 CIP 数据核字（2021）第 247411 号

SHIJI:QINGSHAONIAN BAN

史记：青少年版

王昊　王建明　编著

出 版 人：肖风华

责任编辑：李力夫
责任技编：吴彦斌　周星奎
装帧设计：智慧树

出版发行　广东人民出版社
地　　址：广州市海珠区新港西路 204 号 2 号楼（邮政编码：510300）
电　　话：（020）85716809（总编室）
传　　真：（020）85716872
网　　址：http://www.gdpph.com
印　　刷：涿州市旭峰德源印刷有限公司
开　　本：880mm×1230mm　1/32
印　　张：36　字　数：835 千
版　　次：2022 年 3 月第 1 版
印　　次：2022 年 3 月第 1 次印刷
定　　价：198.00 元（全 8 册）

如发现印装质量问题，影响阅读，请与出版社（020-85716849）联系调换。
售书热线：（020）85716826

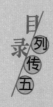

吴王濞列传第四十六
七国之乱

吴王刘濞是汉高祖刘邦的侄子，为人凶猛彪悍，颇有才力，曾立过战功，年纪轻轻就被受封为王，可谓风光无限。在被封王时，汉高祖曾问刘濞是否会造反，他说不敢。但为何后来刘濞又食言，兴兵造反了呢？下面我们就来看看吴王刘濞为何会造反，造反的过程又是怎样的？

吴王刘濞（bì）是汉高祖刘邦的哥哥——刘仲的儿子。刘邦平定天下七年之后，封刘仲做代王。后来匈奴侵犯代国，刘仲未能坚守，丢弃封国逃走了，回到洛阳，向皇帝自首。因是至亲骨肉，刘邦不忍心以法律惩罚，便将他废黜为郃阳侯。

过了几年，淮南王黥布反叛，刘邦亲自率军前去讨伐黥布。刘仲的儿子沛侯刘濞那年二十岁，以骑将的身份跟随刘邦出征。刘邦担心吴地、会稽地方的人轻浮好斗，没

有年富力强的王来镇抚他们，自己的儿子又还小，便封刘
濞在沛地当吴王，统治三个郡五十三个县。

吴王接受印信时，刘邦心中有些后悔，然而任命已经
下发，不能收回，就拍着他的背，告诫他说："汉朝建立后
五十年内东南方有反叛的人，会是你吗？不管怎样，天下
同姓是一家，你千万不能反叛！"吴王叩头说："不敢。"

孝惠帝、高后时期，天下刚刚平定，郡国的诸侯都一
心安抚自己的民众。吴国有豫章郡的铜矿山，吴王便招募
天下亡命之徒私自铸钱，煮海水制盐，由于这个原因不征
收赋税，国家的开支非常富足。

孝文帝在位时，吴太子入京朝见，陪皇太子饮酒、玩
博戏。吴太子的老师全是楚地人，轻浮强悍，并且一向骄
横。博戏时，吴太子与皇太子抢夺博局上的通道，态度不恭
敬，皇太子拿起博戏用的台盘扔向吴太子，打死了他。于是
将他的尸体运回吴国安葬。吴王见到儿子的尸体，又生气又
怨愤，说："既然说天下同姓皆一家，死在长安便应当葬在
长安，何必送回吴国安葬呢！"于是，又将尸体运到长安埋
葬。从这以后，吴王就渐渐丢掉了作为封国王侯的礼仪，经
常称病不入京朝拜。朝廷知道他是因为儿子才称病推脱，又

确认吴王的确没有生病后，就把代替吴王进京的使者全部问罪惩罚了。于是，吴王逐渐动了反叛的心思。

后来，文帝赦免了吴王的使者，还赐给吴王坐几和拐杖，并明令允许吴王不必朝见。因此，吴王又放弃了反叛的想法。但是他的封国由于产铜产盐的原因，民众不必缴纳赋税。士兵去服役，还可以领取津贴。每逢年节，吴王还慰问有才能的人士，赏赐百姓。其他郡国的犯人逃到吴国，吴王统统收留保护起来。吴国的军民俨然成为吴王手中的利剑，随时听候吴王差遣。

而朝堂之上，晁错深得太子的宠信，屡次鼓动太子陈述吴王之罪，应当削减他的封地。然而文帝宽厚，不忍心惩罚吴王，使得吴王日益骄横。到了孝景帝继位，晁错升为御史大夫，他对景帝说："从前，高祖皇帝刚平定天下，兄弟不多，儿子们年少，便广泛地分封同姓的人。其中齐王、楚王和吴王三个旁系亲属就分走了天下的一半。吴王称病不朝见天子，按照法律应该诛杀，文帝不忍心，还赐给他坐几与拐杖，这种恩德非常深厚，吴王应当改过自新。可是他越来越骄横放肆，私自铸钱制盐，还吸纳天下逃亡的人，阴谋叛乱。现在削减他的封地，他会造反；不削减，他也会造反。不如让他提前造反，减轻危害。"

景帝三年（前154年）冬天，楚王来朝见，晁错乘机说楚王去年给薄太后服丧的时候失礼，请求诛杀他。景帝下诏赦免了楚王的死罪，削去了他的封地东海郡，还趁机削减了吴王的豫章郡和会稽郡。前两年，赵王由于有罪，已经被削去了河间郡。胶西王由于卖爵位的时候舞弊，被削去了六个县。

吴王担心皇帝会不停地削减封地，就打算起兵叛乱。但仅仅自己起兵反叛的话，很快就会被镇压，所以他还需要帮手。吴王听说胶西王勇猛好斗、喜好用兵，齐地的诸侯都畏惧他，便派使者前去鼓动胶西王。在使者三寸不烂之舌的劝说下，胶西王答应了吴王的请求。吴王还是不放心，便亲自出使胶西，当面与他结盟。胶西王又命使者邀约齐王、菑川王、胶东王、济南王、济北王，他们全都答应了。

等到削减吴国会稽郡和豫章郡的文书传来，吴王就第一个起兵。胶西王杀了朝廷委派的俸禄在二千石以下的官吏，然后起兵。胶东王、菑川王、济南王、楚王、赵王纷纷效仿，史称"七国之乱"。

亲近原典

《吴王濞列传第四十六》节选

念诸侯无足与计谋者，闻胶西王勇，好气，喜兵，诸齐皆惮畏，于是乃使中大夫应高诮胶西王①。无文书，口报曰："吴王不肖，有宿夕之忧，不敢自外，使喻其欢心。"王曰："何以教之？"高曰："今者主上兴于奸，饰于邪臣②，好小善，听谗贼，擅变更律令，侵夺诸侯之地，征求滋多③，诛罚良善，日以益甚。里语有之，'舐糠及米'。吴与胶西，知名诸侯也，一时见察，恐不得安肆矣。吴王身有内病，不能朝请二十馀年，尝患见疑，无以自白，今胁肩累足，犹惧不见释④。窃闻大王以爵事有适，所闻诸侯削地，罪不至此，此恐不得削地而已。"

注释

①诮（tiǎo）：逗引，诱惑。

②饰：遮掩，蒙蔽。

③滋：益，更加。

④释：释放。

他想到诸侯里没有值得与他筹划的人，听说胶西王勇猛，好斗气，喜好用兵，齐地的诸侯都畏惧他，便派中大夫应高去引诱胶西王。没有书信，口头报告说："吴王不才，有早晚将要降临的灾难，不敢将自己当作外人，命我来传达他的好意。"胶西王说："有何赐教？"应高说："现在皇上提拔奸臣，被奸邪之臣蒙蔽，贪图眼前小利，听信挑拨是非的坏人，擅自更改法令，掠夺诸侯的封地，征求越来越多，杀害惩罚善良的人日益严重。俗话说'吃完米糠便该吃米了'。吴国与胶西国全是有名的诸侯，一旦被察觉，恐怕就不得安宁自由了。吴王身体有暗疾，不可以按春秋两季去朝见已有二十多年了，曾经害怕被怀疑，不能表白自己，现在缩着肩膀小心走路，还担心不被宽恕。私下听说大王由于出卖爵位的事情有罪责，听说诸侯被削减封地，罪过不应该有这么严重，这恐怕不只是削减封地就可以了。"

识典故

间不容发：西汉初期，刘邦把他的亲属分封到各地当诸侯王，并赋予这些诸侯王很大的权力。时间久了，诸侯王和朝廷的矛盾愈加尖锐，成为朝廷的严重威胁。为此，景帝开始削减各诸侯国的封地。刘濞对此不服，阴谋反叛。这引起了他的谋士枚乘的注意。枚乘给刘濞上书分析了反叛的严重后果。他举例说，如果给一根线吊上三十斤的重物，重物悬在空中，下面是无底的深渊，那即使是最笨的人也知道这极其危险。他又说，马刚受惊吓就在马身边击鼓，线将断又吊上更重的东西，结果必然是线在半空断掉无法联结，马坠入深渊无法救援。这种情势的危急程度，就像两个物件非常接近，中间容不下一根头发。请大王深思。但刘濞还是决定谋反。于是枚乘离开刘濞，投奔了梁孝王刘武。后来，人们就用"间不容发"来形容情势危急到极点。

格古物

铜豹镇：汉代流行在室内铺席子，为了避免因起身、落座时折卷席角，人们就用镇压住席子的四角。这种做法在战国时期就已经出现，但到了汉朝，镇的使用更加普遍，质地和形制也更加丰富多彩。用于制作镇的材料有玉、石、铜、铁、琥珀等。镇的形象也分人物、虎、豹、羊、鹿、熊、龟、蛇等多种。汉代流行以豹、虎等较凶猛的动物为形象的席镇，含有辟恶避邪的用意。压席的镇为四枚，大多排列成方形。收藏于徐州博物馆的铜豹镇是汉镇中较为常见的一种。

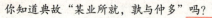

你知道典故"某业所就，孰与仲多"吗？

李将军列传第四十九
李广难封

李广是秦朝大将李信的后代，汉朝名将，人称"飞将军"。李广一生征战数十场，可时运不济，致死未能封侯。本文主要写了李广射石搏虎、被捕得脱等历史故事。通过这些历史故事，我们能更清楚地了解李广的为人。李广最终被迫自杀，很多人都为他痛哭，司马迁称赞他"桃李不言，下自成蹊"。

孝文帝十四年（前166年），匈奴大举侵犯萧关，李广就以良家子弟的身份从军攻打匈奴。由于擅长骑马射箭，李广斩杀、俘虏了很多敌人，被任命为中郎。李广随从文帝出行，经历过冲锋陷阵、搏杀猛兽的事情，文帝说："可惜了，你出生的不是时候！如果你赶上高祖争霸天下的时候，封个万户侯都不在话下！"

文帝死后，孝景帝即位。景帝听从晁错的建议削藩，导致吴、楚发兵反叛。李广跟随太尉周亚夫攻击吴、楚军

◎汉飞将军广公像

队，在昌邑城下夺得敌方军旗，功名得以显扬。但因李广接受梁王私自授予的将军印，导致回朝后没有得到封赏。

之后，李广调任上谷太守，每天与匈奴交战。负责与匈奴沟通交往的公孙昆邪流着泪对景帝说："李广的才气天下无双，但他自恃本领高强，屡次与匈奴交锋，长此以往，他可能会折损在那里。"于是调他去相对平静的上郡做太守。李广历任边境各郡太守，都以英勇作战出名。

有一次，匈奴大举侵犯上郡。皇帝命一名宦官随从李广统率和操练兵马以抵御匈奴。那名宦官带领几十名骑兵纵马奔驰，看到三个匈奴人，便与他们交战。那三个匈奴人转身射箭，射伤了宦官，随从的骑兵也几乎被杀光。宦官逃回李广那里，李广说："这肯定是匈奴的射雕人。"于是，李广率领一百名骑兵去追赶那三个人。那三个人没有马，徒步行走，已经走了几十里。李广让他的骑兵左右分开包抄，自己射杀那三人，射死了两个，生擒了一个，果真是匈奴的射雕人。

　　将那人捆好上马后，李广望见远处有几千名匈奴骑兵，对方也看到了李广，以为是汉军诱敌的骑兵，全吃了一惊，跑上山去列阵。李广的一百名骑兵都非常害怕，打算回撤。李广说："我们距离大部队有几十里远，如果我们逃跑，匈奴很快就会将我们全部射杀。但如果我们不走，匈奴一定以为我们是大军派来诱敌的，不敢轻易攻击我们。"李广命令骑兵："前进！"到了距匈奴阵地还有二里远的地方停了下来，李广下令说："全部下马解下马鞍！"骑兵们说："敌军那么多，又离得这么近，如果有危急情况该怎么应付？"李广说："那些敌人本以为我们会逃跑。现在我们都解下马鞍来表示不逃跑，使他们更加相信我们是诱敌的。"匈奴骑兵果真不敢进攻。

　　有一个骑白马的匈奴将领出阵来督阵，李广上马与十多名骑兵骑马射杀了那个将领，而后又返回来，再次解下马鞍，就地躺下。这时已经到了傍晚，匈奴军队虽然感到奇怪，但依旧不敢进攻。到了半夜，匈奴军队以为汉军有伏兵在附近，可能要趁夜色袭击他们，便率军离去了。第二天清晨，李广才回到他的军营内。

武帝即位后，在马邑城附近埋伏重兵，意图围歼匈奴，李广担任骁骑将军。可惜匈奴单于识破了这一计谋，汉军白忙活一场。之后李广率军由雁门出发攻击匈奴。匈奴兵多，打败了李广的军队，还生擒了李广。匈奴单于早就听说李广有才能，命令说："抓住李广务必要活着送来。"匈奴骑兵捉住了李广，李广当时有伤病，匈奴就将李广放在两匹马中间，编了个网兜，将李广装在里面躺着。这样走了十多里，李广装死，斜眼看见他旁边有一位匈奴少年骑着一匹好马，便突然跃起跳上那少年的马，趁势将少年推了下去，抢了他的弓箭，纵马朝南奔跑了几十里，碰巧遇到他的剩余军队，于是率领他们回到关塞。返回都城后，朝廷将李广交给法官处置。法官认为李广损兵折将过多，又遭敌人生擒，应该被处死。李广付了赎金后才免除死罪，被贬为平民。

不久，匈奴入侵辽西，杀死了辽西太守，还击败了韩安国将军，于是皇帝决定重新起用李广，任命李广为右北平太守。李广守卫右北平，匈奴听说后，称他为"汉朝的飞将军"，好几年都不敢侵犯辽西地区。

有一次，李广出去打猎，看到草丛里有块石头，以为是老虎，便朝它射箭。这一箭射在石头上，连箭头都射了进去，人们走近一看才发现是块石头。接着李广又射了几箭，最终也不能再射进石头里了。后来他驻守右北平的时候，又

◎清道光十年刊《古圣贤像传略》载《李将军像》

去射虎，老虎跃起扑伤了他，可他最终还是射死了老虎。

李广为人清廉，获得赏赐便分给部下，饮食都与士兵们在一起。李广一生当二千石俸禄的官当了四十多年，家中没有剩余的财产，也始终不谈论家产方面的事。李广长得很高，双臂像猿，擅长射箭也是天赋，就算是他的子孙或其他人跟他学习，也无人可以比得上他。李广不善言辞，很少说话，与他人商量战术时，便在地上指画排兵布阵。李广领兵，走到少粮缺水的地方，看到有水，士兵没有喝完，他便不靠近水边；士兵还没有全吃上饭，李广便一点儿也不吃。他对士兵要求宽松而不苛刻，所以士兵都甘愿为他卖命。

后来，李广跟随大将军卫青抗击匈奴。得到匈奴的踪迹后，卫青调开李广，决定自己与单于交锋。李广数次请战，都遭到拒绝，于是他一气之下擅自行动，和大军失散，迷失了方向。事后李广受审，他不堪受辱，拔刀自尽。他属下的将士全都为之痛哭。百姓们听说后，无论老少都为李广落泪。

《李将军列传第四十九》节选

及出击胡，而广行无部伍行陈^阵①，就善水草屯，舍止，人人自便，不击刀斗以自卫，莫幕府省约文书籍事，然亦远斥候，未尝遇害。程不识正部曲行伍营陈^阵，击刀斗，士吏治军簿至明，军不得休息，然亦未尝遇害。不识曰："李广军极简易，然虏卒犯之，无以禁也；而其士卒亦佚逸乐②，咸乐为之死③。我军虽烦扰，然虏亦不得犯我。"是时汉边郡李广、程不识皆为名将，然匈奴畏李广之略，士卒亦多乐从李广而苦程不识④。程不识孝景时以数直谏为太中大夫。为人廉，谨于文法。

注释

①陈：通"阵"，交战时的战斗队列。

②佚：通"逸"，安逸。

③咸：全，都。

④苦：苦于，被……所苦。

译文

待到发兵攻击匈奴的时候，李广部下行军没有队列与阵势，在邻近水草丰富的地方驻扎，筑营停宿，人人自便，晚上也无须打更来自卫，军内幕府简化各类文书簿册，而他也远远地设置哨兵，因此从来没有遇到过危险。程不识对队伍的编制、行军队列、驻营阵势等要求非常严格，夜晚打更，军吏整理文书簿册一直忙至天亮，军队得不到休息，但是他也从没有遇到过危险。程不识说："李广治军十分简便，但是敌人突然袭击他们，他便不能阻挡了；但他的士兵也安逸快活，都甘愿为他效命。我的军队虽然军务烦乱杂扰，然而敌人也无法侵犯我。"那时候汉朝边郡的李广、程不识全是名将，可是匈奴畏惧李广的谋略，士兵也大多喜欢随从李广而不喜欢随从程不识。程不识在孝景帝时由于屡次直言进谏而当了太中大夫,他为人廉洁,谨守法律条文。

李广难封:典出王勃的《滕王阁序》,意思是感叹功劳或才能很高却不被封赏,抱怨命运的不公。汉朝时候,有个将军叫李广。在汉文帝时期,李广就展现了其勇猛的一面,但受限于时代背景,李广无处施展才能。到了汉景帝时期,李广终于在平定"七国之乱"中立下大功,却因私自接受梁王授予的军印,而引起景帝不满,未能获得封赏。汉武帝即位后,李广虽有立功,却又因为自己被俘差点丢掉性命。武帝知道他的才能和心理,命他跟随卫青、霍去病讨伐匈奴。李广又因为自身原因错失了破获匈奴大单于的最佳时机,也失去了封侯的机会。想到以前跟随自己的部下有许多被封侯,甚至自己的小儿子也被封为关内侯,李广羞愧自杀。

格古物

上林三官五铢: 西汉初期,全国各地币制混乱,私铸横行,市场秩序被严重破坏。到了汉武帝时期,废除了半两钱,开始实行五铢钱。从前118年开始,先后出现郡国五铢、赤仄五铢和上林三官五铢。到了前113年,汉武帝收回了各郡国的铸币权,由中央政府统一铸造五铢钱,即"上林三官五铢",同时废除了在这之前的各类铸币。这是中国历史上第一次将铸币权收归国家。五铢钱在此后延续了700多年,成为中国货币史上使用时间最长的铸币。

有所思

李广家族"世世受射"在当地是特例吗?

卫将军骠骑列传第五十一
一代将星

卫青可谓融仁慈与智慧、勇敢与低调于一身，他的成名，始于汉朝对匈奴的作战。在十余年的沙场鏖战中，卫青起了巨大作用，但他从不居功自傲、傲慢自负。正因为他拥有一颗清醒自持之心，汉武帝才敢把自己的姐姐平阳公主下嫁给他。这对卫青来说是无上的光荣。

卫青是西汉著名的大将军，七次率兵出击匈奴，战功赫赫，并且深受将士的爱戴。然而，早年的卫青深受排挤，因为他是父亲和平阳侯府的小妾生下的。在平阳侯府，卫青只是个仆人。而回到父亲那边，父亲前妻的儿子们都把他当奴仆对待，不把他排入兄弟的行列。

长大后，卫青成了平阳侯家的骑兵。恰逢武帝宠幸卫青的姐姐卫子夫，卫子夫入宫后，为武帝怀上了子嗣。皇后是大长公主的女儿，没生下儿子，所以非常嫉恨卫子夫。

大长公主得到消息后，想报复卫氏，便叫人去捉拿卫青，准备杀死他。幸好被朋友公孙敖救了出来，才躲过一劫。武帝知道此事后，立刻召见卫青并委任他做官。跟他有关的很多人都变得显贵起来。同时，武帝开始设立内朝对抗以贵戚为主的外朝，卫青从此被武帝重用。

◎清道光十年刊《古圣贤像传略》
载《卫长平像》

元光五年（前129年），匈奴举兵南下。武帝果断任命初出茅庐的卫青担任车骑将军，同李广、公孙敖、公孙贺等人一起出击匈奴，这也是卫青人生中第一次抗击匈奴。结果只有卫青这一路杀敌七百人返回，其他三路非败即退。武帝对卫青赏识有加，封卫青为关内侯。

元朔元年（前128年）秋天，卫青从雁门出塞，率领骑兵三万再次攻打匈奴，杀死、俘获敌人几千名。

次年，匈奴入侵杀害了辽西太守，掳去了渔阳郡二千多人，打败了韩安国将军带领的军队。卫青奉命从云中出塞，往西一直到高阙。攻占了河南地区，到了陇西，俘虏敌人几千名，牲畜几十万头，赶走了白羊王、楼烦王。武帝随后在河南地区设置朔方郡。卫青因此被封为长平侯，食邑三千八百户。

匈奴人不甘心失败，开始大举反扑。元朔三年（前 126 年），匈奴侵入代郡，杀死了代郡太守，掳掠了雁门郡一千多人。元朔四年，匈奴又侵入代郡、定襄和上郡，杀死、掳走了几千汉人。

终于，武帝忍无可忍。在元朔五年（前 124 年）的春天，武帝命卫青统领三万骑兵自高阙出塞，再由各部汉军十余万配合行动，全力攻打匈奴。匈奴右贤王以为汉军到不了他那里，就喝醉了。没想到卫青出塞后命令全军急速前行，当天晚上就赶到并围住了右贤王，右贤王无力抵抗，带着他的爱妾和数百名精兵连夜逃跑了。此战汉军俘获右贤王的小王十几人，男女匈奴一万五千多人以及数百万头牲畜。武帝非常高兴，派遣使者持大将军的官印，在军中任命卫青为大将军。

回到都城后，武帝说："大将军卫青亲率兵士作战，大获全胜，捕获匈奴小王十多人，应该给卫青加封食邑六千户。"还要给卫青的三个儿子封侯。

卫青坚决辞谢说："我有幸在军中任职，仰仗着陛下的神灵，才取得胜利，这都是各位将军、校尉拼命作战取得的功劳。陛下已经加封了我。而我的儿子们年龄尚小，并没有什么功劳，皇上要割地来分封他们三人为侯，这与我在军队中任职、勉励兵士英勇作战的本意相违背。我那三个儿子怎敢领受封赏呢！"

武帝说："我并没有忘记各个校尉的功劳，接下来本就要封赏他们。"于是下令给御史将卫青手下十一名校尉都封为侯，享受食邑。

这一年秋天，匈奴又一次侵犯代地，杀了都尉朱英。次年春天，卫青率军自定襄出塞，斩杀几千敌人。一个多月以后，又由定襄出塞攻击匈奴，斩杀了敌军一万多人。美中不足的是，右将军苏建、前将军赵信统领的三千多骑兵，单独碰上了匈奴单于的军队，激战了一天多，汉军损失殆尽。

前将军赵信原为匈奴人，见战势不妙，在匈奴诱降下，带领剩下的约八百名骑兵投降了匈奴。右将军苏建所率军队全军覆没，只剩他独自一个人逃回军营。大将军卫青问部下："苏建的罪过该怎么判决？"周霸说："自从大将军出征以来，还没有杀过副将。现在苏建舍去军队，可以杀了他以显示将军的威严。"军正闳和长史安都说："不能那样。苏建以几千人抗击单于的几万人，英勇作战一天多，兵士全部战死，都没有反叛的心思，最终自己归来，却要被斩杀。这是告诉士兵如果战败就不要想着返回汉朝。所以不能杀。"卫青说："我有幸靠皇帝亲戚的身份在军队里任职，不担心没有威严，可周霸劝我显示威严，这非常不合为人臣子的本意。"最终，卫青决定将详情禀告武帝，由武帝裁决。回到都城后，武帝赦免了苏建的罪过，将其贬为平民。

亲近原典

《卫将军骠骑列传第五十一》节选一

其明年，元朔之五年春，汉令车骑将军青将三万骑，出高阙；卫尉苏建为游击将军，左内史李沮为强弩将军，太仆公孙贺为骑将军，代相李蔡为轻车将军，皆领属车骑将军，俱出朔方；大行李息、岸头侯张次公为将军，出右北平：咸击匈奴。匈奴右贤王当卫青等兵，以为汉兵不能至此，饮醉①。汉兵夜至，围右贤王，右贤王惊，夜逃，独与其爱妾一人壮骑数百驰，溃围北去②。汉轻骑校尉郭成等逐数百里，不及，得右贤裨王十馀人，众男女万五千馀人，畜数千百万，于是引兵而还。至塞，天子使使者持大将军印，即军中拜车骑将军青为大将军，诸将皆以兵属大将军，大将军立号而归。

注释

①饮醉：喝酒喝到醉了。

②围：围困。

译文

次年，也就是元朔五年春天，汉朝命车骑将军卫青统领三万骑兵自高阙出塞；命卫尉苏建做游击将军，左内史李沮做强弩将军，太仆公孙贺做骑将军，代国国相李蔡做轻车将军，都归车骑将军统领，都从朔方出塞；命大行李息、岸头侯张次公做将军，自右北平出塞。全去攻打匈奴。匈奴右贤王抵挡卫青等人的军队，他以为汉军到不了那里，就喝醉了。汉军晚上赶到，围住了右贤王，右贤王惊恐，连夜逃跑，独自同他的一个爱妾和数百名精壮骑兵冲锋，突围往北逃去。汉轻骑校尉郭成等人追击了几百里，没能赶上。汉军俘获右贤王的小王十几人，男女匈奴一万五千多人以及数千百万头牲畜，随后班师。行至关塞，天子遣使者持大将军的官印，在军中任命车骑将军卫青做大将军，各位将军都带着自己的军队归大将军调派，大将军确立名号后班师回朝。

识典故

仁安独存： 汉武帝时期，大将军卫青多次统兵出击匈奴，战功赫赫，再加上卫青的姐姐被立为皇后，卫青的地位显赫一时。后来霍去病逐渐崭露头角，没过几年，就地位堪比卫青，甚至更得武帝的宠信和重用。相比之下，卫青的权势就日益衰落了。这时，一些趋炎附势的人就都去巴结霍去病。之前卫青门下的门客也大多改换门庭，去侍奉霍去病，只有一个叫仁安的门客始终留在卫青门下。卫青问："你问什么不离我而去？"仁安回答："我之所以跟随您，是因为您的品行，如今您虽然权势衰落，但高义仍在，那我怎么会离您而去呢？"卫青听完，非常感动。后来，就用"仁安独存"指人讲信义，不趋炎附势。

马踏匈奴石雕：马踏匈奴石雕是霍去病墓石刻中的主体雕刻，高 1.68 米，以汉朝大将霍去病的战马为原型，由花岗岩雕刻而成。雕塑表现了高大、雄健的战马下踏着一个手持弓箭的匈奴武士，使用一人一马对比的形式，构成一个高下悬殊的对抗画面，表现出当时汉军军事实力的强大。这座石雕为歌颂霍去病将军的功绩而雕，体现了西汉抗击匈奴的历史过程，也表达了西汉人民对霍去病的敬意。

你认同"卫青不败由天幸"这一说法吗？

04 卫将军骠骑列传第五十一
少年将军

　　国难当头，英雄们甘愿舍小家，保大家，且留下了很多豪言壮语，比如，宋朝名将岳飞说"直捣黄龙，与诸君痛饮耳"，东汉开国名将马援说"男儿当为国战死边野，马革裹尸而还"，本节的主人公霍去病也说"匈奴未灭，何以家为"。下面我们就来看看少言寡语的霍去病是怎样与匈奴对抗的吧。

　　霍去病是大将军卫青的外甥，十八岁做了汉武帝的侍中。他擅长骑马和射箭，两次随大将军征伐，大将军奉汉武帝的诏命，调给他一些壮士，让他做剽姚校尉。霍去病同八百名轻捷勇猛的骑士，脱离大军几百里远，寻找有利的机会攻杀敌人，斩杀、捕获的敌人数超出了他们所损失的人数。于是汉武帝就封霍去病做冠军侯。

　　霍去病被封侯三年后，元狩二年（前 121 年）春天，汉武帝任用他做骠骑将军，带领一万骑兵自陇西出塞，建立了功勋。汉武帝加封霍去病二千户食邑。

那一年夏天，霍去病同合骑侯公孙敖都自北地出塞，分路进军；博望侯张骞、郎中令李广都自右北平出塞，分路进军，全部去攻击匈奴。霍去病自北地出塞，已深入匈奴领地，同合骑侯公孙敖迷了路，没能会合，霍去病跨过居延山到达祁连山，俘获了许多敌人。汉武帝加封五千户给霍去病，赐给随霍去病到小月氏的校尉左庶长爵位。合骑侯公孙敖因行军滞留、不与霍去病会合，应该被处死，他拿钱赎罪，成了平民。

◎《四库全书》本《史记正义》
卷一百十一

霍去病率领的兵士常常是经过挑选的，而且敢于深入敌人腹地，经常同壮健的骑兵冲锋在大军的前边，军队的运气也很好，没有遇到过什么大危险。从此之后，霍去病越来越受到汉武帝亲近，更为显贵，与大将军卫青不相上下。

这年秋天，单于因浑邪王居守在西面，多次被汉攻破，损失了几万人而生气，这都是霍去病的军队造成的。单于十分气愤，打算招来浑邪王并诛杀他。浑邪王同休屠王等人商议要降汉，就先派人到边界迎接汉人。汉武帝知道后，怕他们以诈降的方法来袭击边疆，于是就令霍去病领军队去迎接。霍去病渡过黄河之后，同浑邪王的部众互相远远地观望。浑邪王的副将们看见汉军，多数不愿归降就逃走了。于是霍去病就打马跑到敌营，同浑邪王相见，杀了想逃走的八千人，让浑邪王一个人乘传车，先到汉武帝的行在所，然后他领着投降的几万人回长安。汉武帝夸赞霍去病的功劳，用一千七百户加封霍去病，减去了陇西、北地和上郡驻扎的一半兵士，以减轻天下民众的徭役。

　　不久，朝廷便迁移投降的匈奴人去边疆五郡原来的关塞之外，不过都在河南一带，沿用他们旧有的风俗，作为汉的属国。第二年，匈奴侵犯右北平、定襄，杀死、掳去了一千多汉人。汉武帝同各位将军商量说："翕侯赵信给单于出谋划策，始终认为汉军不可能穿越沙漠轻易久留，现在如果大举出兵，势必会得到我们想要的。"这一年是元狩四年（前119年）。

　　元狩四年春天，汉武帝命大将军卫青、骠骑将军霍去病分率五万骑兵，几十万步兵以及转运物资的人紧随其后，而那些敢拼敢杀、深入敌营英勇作战的兵士都归属霍去病。霍去病起初要自定襄出塞，迎战单于。被俘获的匈奴人说单于在东面，于是汉武帝改令霍去病自代郡出塞，命卫青自定襄出塞。郎中令李广做前将军，太仆公孙贺做左将军，主爵赵食其做右将军，平阳侯曹襄做后将军，他们全都归属卫青。军队穿越沙漠，连人带马总共五万骑兵，同霍去病一同攻击匈奴单于，这次一共斩获一万九千多敌人。

霍去病也带领着五万骑兵，所带的辎重同卫青的军队一样多，但是没有副将。他便将李敢等人全都任用为大校，担任副将，自代郡、右北平出塞一千多里，碰上了左贤王的军队，所斩获敌人的功劳已大大超出卫青。军队归来后，汉武帝说："骠骑将军霍去病带领军队，总共俘虏及杀敌七万零四百四十三人，汉军损失了大概十分之三。他们由敌人那里获得粮食，能到极远的地方却没断了军粮，用五千八百户加封骠骑将军。"

当卫青与霍去病两支军队出塞的时候，边塞上的官吏统计当时官府及私人马匹总共十四万，可他们进入边塞时，所剩下的马匹不到三万。于是朝廷增设大司马官职，卫青、霍去病都做了大司马。接着朝廷制定法令，使霍去病的官阶、俸禄和卫青的一样。

霍去病为人寡言少语，不露声色，有气魄，敢办事，所以汉武帝越加器重、喜欢他。霍去病自元狩四年领兵出征后三年，也就是在元狩六年死去。汉武帝很悲痛，调遣边疆五郡的铁甲军，自长安到茂陵排列成阵，修建的坟墓如祁连山一样。赐他谥号，取"武与广地"的意思称之为景桓侯。他的儿子霍嬗继承侯爵。

亲近原典

《卫将军骠骑列传第五十一》节选二

其秋，单于怒浑邪王居西方数为汉所破①，亡数万人，以骠骑之兵也。单于怒，欲召诛浑邪王。浑邪王与休屠王等谋欲降汉，使人先要邀边②。是时大行李息将城河上③，得浑邪王使，即驰传以闻④。天子闻之，于是恐其以诈降而袭边，乃令骠骑将军将兵往迎之。骠骑既渡河，与浑邪王众相望。浑邪王裨将见汉军而多欲不降者，颇遁去⑤。骠骑乃驰入与浑邪王相见，斩其欲亡者八千人，遂独遣浑邪王乘传先诣行在所⑥，尽将其众渡河，降者数万，号称十万。既至长安，天子所以赏赐者数十巨万。封浑邪王万户，为漯阴侯。封其裨王呼毒尼为下摩侯⑦，鹰庇为辉（huī）渠侯，禽黎梨为河綦（qí）侯，大当户铜离为常乐侯。

注释

①数：屡次。为：被。

②使：派。要：通"邀"，迎接。边：边境。

③将：率。此言率兵于河上筑城。城：筑城。河上：黄河岸边。

④驰：急奔。传：驿站，此指驿站备用的车驾。闻：传报朝廷知道。

⑤颇遁去：多有逃走者。

⑥行在所：帝王临时驻留的地方。

⑦下摩：《史记》卷二十《建元以来侯者年表》作"下麾"，地名。

这年秋天，单于因浑邪王居守在西面，多次被汉攻破，损失有几万人而生气，这都是骠骑将军的军队造成的。单于十分气愤，打算招来浑邪王并诛杀他。浑邪王同休屠王等人商议要降汉，就先派人到边界迎接汉人。当时大行李息领兵在黄河边上建造城池，见了浑邪王的使者，便立刻命令传车马上向皇帝报告。天子知道后，怕他们以诈降的方法来袭击边疆，于是就令骠骑将军领军队去迎接。骠骑将军渡过黄河之后，同浑邪王的部众互相远远地观望。浑邪王的副将们看见汉军，多数不愿归降就逃走了。于是骠骑将军就打马跑到敌营，同浑邪王相见，杀了想逃走的八千人，让浑邪王一个人乘传车，先到皇帝的行在所，然后他领着所有投降的人渡过黄河，投降的人有几万，号称十万。回长安之后，天子用来赏赐的钱财有几十万。汉朝分封给浑邪王食邑一万户，让他做漯阴侯。封他的小王呼毒尼做下摩侯，鹰庇做辉渠侯，禽梨做河綦侯，大当户铜离做常乐侯。

探·古·迹

霍去病墓：霍去病墓修建于武帝元鼎元年（前116年），位于陕西省兴平市南位镇道常村，在汉武帝陵寝的东面。墓的形状为山形，占地面积超5000平方米，周围既有山石掩映，又有苍松翠柏环绕，墓前排列着石人、石马、石象、石虎等石雕。这些石雕对后世历代陵墓石刻有着深远影响，也是现存的时代最早、保存最完整的成组石雕。由于年代久远，墓前的部分石雕曾被当地乡民搬移使用，历经千百年，墓周围山石树木的样貌也发生了变化，因此后人将这里称作"石岭子"，却将墓北边的小丘当作霍去病墓。清朝乾隆年间，曾专门题碑改正，但当地仍称霍去病墓为"石岭子"。

封狼居胥：狼居胥为山名，即今蒙古国肯特山。这个成语比喻建立显赫功绩。典出《史记·卫将军骠骑列传》。汉武帝时期，曾命卫青、霍去病各率骑兵 50000 人，远赴漠北，征讨匈奴。由于情报失误，本该追击匈奴单于的霍去病遇到了左贤王的部队。两军一番厮杀，左贤王不敌，狼狈逃窜。霍去病乘胜追击，将匈奴逼至狼居胥山，最终歼敌 70000 人。这一战后，霍去病在狼居胥山祭天，又在姑衍山（今蒙古国的宗莫特博克多乌拉山）祭地，将这里纳入汉朝领土。从此之后，"封狼居胥" 便成为中华武将的最高荣誉之一。

为什么后世说汉武帝用人多凭裙带关系？

05 平津侯主父列传第五十二
公孙弘八面玲珑遇良机

公孙弘大器晚成，他本是一个养猪的，四十多岁才开始读书，后来因为孝顺的好名声，被征召做了官。由此可见，善良的人总是幸运的。本节主要写了公孙弘入朝为官后的言行举止，以及与大臣之间的互动，由此我们可以知道历史上的公孙弘到底是一个怎样的人。

公孙弘是齐地菑川国薛县人，表字为季。他家中贫困，曾到海边养猪为生，直到四十多岁的时候才学习《春秋》及各家对《春秋》的解说。

汉武帝刚即位的时候，招纳贤良文学之士。当时公孙弘已经六十岁，因为奉养后母孝顺，被征召做了博士。汉武帝派他出使匈奴，结果他回来作的报告不合乎汉武帝的心意。汉武帝很生气，认为他无能，公孙弘便因病免去官职回家了。

几年后，汉武帝又下诏征聘文学之士，菑川国又一次推举公孙弘。公孙弘连忙推辞说："我曾经到京城去当过官，因为无能被罢免回来，请推举其他人吧。"然而国人坚持推举公孙弘。公孙弘便到了负责此次人才选聘的官员那里。官员叫儒士们撰写对策文章。有一百多人参与，公孙弘的文章排在了最后边。等到官员把对策文章呈献给汉武帝，汉武帝把公孙弘的对策提升为第一名。召他进宫，汉武帝见他品貌端正，就任用他做博士。

这时，汉朝正在修筑通往西南夷的道路，要在当地设郡。由于劳役繁重，巴蜀百姓对此怨声载道。汉武帝就命公孙弘前去视察。公孙弘回来后，历数西南夷的野蛮粗俗，说招抚西南夷毫无用处。不过汉武帝最终没有听他的意见，还是让司马相如出使西南夷。

公孙弘出类拔萃、见多识广，他睡觉盖着布被，吃饭不吃两种以上的肉菜，生活十分简朴。每次在朝廷上共同商议事情时，他总是最先陈述事端，叫汉武帝自己抉择，而不愿当面反驳，当庭争辩。汉武帝由此发现他品行忠厚，擅长辩论，精通律法和官场上的事务，还能用儒学观点解决问题，因此十分赏识他。在两年时间里，他就官至左内史。

不过，公孙弘奏报事情时常留个心眼，就是他事先同公卿大臣商量好某项建议，到了汉武帝那里，他却把约定忘得一干二净，全部顺应汉武帝的旨意。有一次在朝廷上，汲黯怒气冲冲地诘问公孙弘说："齐地的人真是奸诈，嘴里没有一句实话。一开始你同我们提出这个建议，现在全违背了，毫无忠诚可言。"汉武帝问公孙弘是怎么回事。公孙弘谢罪说："了解我的人认为我忠诚，不了解我的人认为我不忠诚。"汉武帝周围的大臣越是诽谤公孙弘，汉武帝反而越加厚待公孙弘，因此公孙弘的地位日益显贵。

几年后，公孙弘出任御史大夫。当时汉朝正沟通西南夷，在东面设立沧海郡，在北面修建朔方郡。公孙弘屡次进谏，认为这样空耗中原的实力，做的都是没有益处的事，希望停下这些工程。于是汉武帝安排了一场辩论，让朱买臣等人与公孙弘辩论，由朱买臣提问设立朔方郡有哪些便利之处。结果十个问题，公孙弘一个也答不出。公孙弘被说得心服口服，向汉武帝谢罪说："我是鄙陋之人，不知道修建朔方郡有这样的好处。不过，还是恳请皇上停止沟通西南夷、设立沧海郡的事，而专一营造朔方郡。"汉武帝这才准许。

汲黯说："公孙弘俸禄丰厚，却盖着布被，这样做是装模作样。"汉武帝把这话告诉给公孙弘。公孙弘谢罪说："汲黯同我关系最好，可他的话的确说中了我的毛病。我的确有沽名钓誉之嫌。我位列三公却盖布被，肯定会让底下的官员都不知道怎么办才好。汲黯的意见提得对，正因为有他这样忠实的人，陛下才能听到实话。"汉武帝见公孙弘如此谦恭礼让，最终让公孙弘当了丞相，封他做平津侯。

其实，公孙弘为人猜疑妒忌，他只是表面宽容，内心却城府很深。他每顿吃一个肉菜，配着糙饭。他的俸禄都用来周济朋友和供养门客了，家中并没积累下什么财富，所以士人都认为他贤明。而那些曾与他有过节的人，公孙弘假装同他们交好，暗地里却设计报复他们。杀死了主父偃，将董仲舒迁徙至胶西，全是公孙弘所为。

后来，淮南王、衡山王谋反，朝廷正四处搜查其党羽。正赶上公孙弘病得非常重，他认为自己官至丞相，又没有功劳而被封侯，理应尽心尽力辅佐君王，做百官的表率。而如今出现诸侯反叛的事，说明他这个丞相做得不够好，生怕到死落个坏名声。于是就给汉武帝上书，请求辞官。

然而汉武帝非但没有怪罪他，反而嘱咐他安心养病，还赏给他许多财物。过了几个月，公孙弘的病痊愈了，便开始办理政事。几年后，公孙弘病死在丞相的任上。

太史公说：公孙弘的德行虽好，然而也是赶上了好机遇。汉朝建立有八十多年了，皇上当时崇尚儒家学说，招选才能卓越的人，来发扬儒家、墨家等诸家学说，公孙弘正是因此被选用的第一人。

亲近原典

《平津侯主父列传第五十二》节选

汲黯曰："弘位在三公，奉禄甚多，然为布被，此诈也。"上问弘。弘谢曰："有之。夫九卿与臣善者无过黯，然今日庭诘弘①，诚中弘之病②。夫以三公为布被，诚饰诈欲以钓名。且臣闻管仲相齐，有三归，侈拟于君，桓公以霸，亦上僭于君。晏婴相景公，食不重肉，妾不衣丝③，齐国亦治，此下比于民。今臣弘位为御史大夫，而为布被，自九卿以下至于小吏，无差，诚如汲黯言。且无汲黯忠，陛下安得闻此言。"天子以为谦让，愈益厚之。卒以弘为丞相，封平津侯。

注释

①诘：诘问。

②诚：的确。

③衣（yì）：穿着。

译文

汲黯说："公孙弘位列三公，俸禄丰厚，却盖着布被，这样做是欺诈。"皇上询问公孙弘。公孙弘谢罪说："有这种事。九卿中同我关系好的没有超过汲黯的了，可他今天在朝廷上诘问我，的确说中了我的毛病。有三公的身份却盖布被，的确是虚伪欺诈、沽名钓誉。何况我听说管仲任齐国国相，住宅有三处，其奢侈可与国君相比，齐桓公靠他称霸，他也有对国君越礼的行为。晏婴任齐景公的国相，吃饭不超过两种以上的肉菜，姬妾不穿丝织品衣服，齐国也被治理得很好，这是晏婴往下跟民众看齐。现在我的职位是御史大夫，却盖布被，这使得自九卿以下一直到小官吏，没有贵贱的分别，的确如汲黯所说的那样。何况如果没有汲黯的忠实，陛下又怎么能够听到这样的话呢！"因而天子认为公孙弘谦恭礼让，越加厚待他。最终让公孙弘当了丞相，封他做平津侯。

朔方郡：汉武帝时期，为抗击匈奴，在阴山以南的河谷地带设置了朔方郡和五原郡。朔方郡位于长安城的正北方，据考证，其治所在今内蒙古巴彦淖尔市的陶升井一带。这座古城现在只剩残垣断壁，大多被风沙湮没，但依旧可分辨出这是一座内外两重城相套的城垣。当年，汉武帝调发六十万人前往朔方屯田，由守卫边境的士卒和内地移民在这里生产生活，保证了新置郡县有重兵驻守，以备随时应战，同时又确保了军粮供应。

朱买臣：字翁子，西汉大臣，会稽郡吴县人。年轻时，朱买臣家中非常贫苦，常常靠卖柴讨生活。虽然家境不好，但他却好学，经过同乡严助推荐，拜中大夫。后来，朱买臣向汉武帝进献计策，获得信任，被任命为会稽太守，也曾位列九卿。前115年，他参与诬陷御史大夫张汤，被处死。"覆水难收"这个成语就跟他有关。

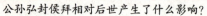

公孙弘封侯拜相对后世产生了什么影响？

06 司马相如列传第五十七
琴挑文君赋动汉武

　　司马相如是辞赋大家，精通音律，称得上是才子。比他的才学更有名的是他与富家女子卓文君的爱情故事。卓文君被司马相如《凤求凰》的琴声打动，不顾身份差异，与司马相如私奔，成就了一段千古佳话。本节我们就来了解一下司马相如这个人，以及他与卓文君之间才子佳人的浪漫故事。

　　司马相如是蜀郡成都人，字长卿。他少年时喜好读书，学习剑术，因此他父母为他取名叫犬子。他完成学业后，仰慕蔺相如的为人，便改名为相如。

　　他靠着资财出任郎官，服侍孝景帝，任武骑常侍，但他并不喜欢当官。恰逢这时梁孝王入京朝见，跟随着梁孝王而来的有邹阳、枚乘、庄忌等人，司马相如遇到这些人便喜欢上了，就以生病为由辞去官职，随同梁孝王旅居梁国。梁孝王让他与众儒生在一块儿居住，司马相如得以同儒生们、游说之士相处了好几年，便写成了《子虚赋》。

后来梁孝王死去，司马相如返回家中，可家境贫寒，没有什么可以作为谋生的职业。他一向和临邛（qióng）县令王吉交好，王吉曾说过："你如果在外面没当上官，就来找我。"于是司马相如前往，居住在城内的都亭里。临邛县令对他礼遇有加，每天都去拜访司马相如。最初司马相如还以礼相见，后来便称病，让随从谢绝王吉的来访，王吉越加谨慎恭敬。

临邛县里有许多富人，卓王孙家有八百奴仆，程郑家也有几百人，他们二人便相互商议说："县令如今接待了一位贵客，我们也备酒宴招待他。"于是请来了县令。县令到后，卓家的客人已上百人了。到了中午，两家派人去请司马相如，司马相如称病不来，临邛县令便一口酒都不敢品尝，亲自登门去请司马相如。司马相如不好驳县令的面子，只好勉强前去。

司马相如出现在卓氏府上，在座的人都敬佩他的风采。酒喝到畅快时，临邛县令走上前送上琴说："我私下听说长卿喜好抚琴，希望能够以此助兴。"司马相如推辞了一番，只弹奏了一两曲。

当时卓王孙有个女儿名叫文君，刚守寡，喜好音乐。司马相如便借为县令弹琴的机会，以琴声来吸引她的注意。司马相如来临邛时，有车马相随，又仪表雍容娴雅，十分英俊，人们早就口口相传"这个人气度不凡"。这时候在卓家宴饮，弹奏琴曲动人心弦。卓文君就从门缝中偷偷观察他，心里一下就喜欢上了他，可是生怕不能同他结成配偶。抚琴过后，司马相如就让人赠给卓文君的侍者很丰厚的礼物，让她转达自己的倾慕之情。没想到，卓文君被爱情冲昏了头脑，连夜逃出家，私奔至司马相如那里。然后两人逃往蜀郡。

　　卓王孙知道女儿和司马相如私奔后，气愤地说："这个女儿真是太不成器了，我一文钱也不会给她。"有人劝卓王孙帮一帮两人，卓王孙始终不听。在蜀郡，司马相如家中穷得空无一物。卓文君跟着他过了一段日子，心生不满，说："你要是同我一块儿回临邛，跟兄弟们借钱都足以维持生活，何必自己为难自己，过这样的苦日子呢！"司马相如便与她一同到了临邛，卖了他们的所有车马，买下一间酒店来卖酒，让卓文君经营炉前的酒铺买卖。司马相如自己则同雇工一同干活，在街市里洗刷酒器。卓王孙得知后感到耻辱，便闭门不出。

卓文君的兄弟们以及临邛的长者轮流劝他说："你有一个儿子两个女儿，缺的不是钱财。现在卓文君已成了司马长卿的妻子，长卿原本只是厌倦做官，不是他没有才能当官。尽管他家世贫穷，但他的才能足可依靠。何况他又是县令的贵客，为什么偏偏这般看不起他呢！"卓王孙终于妥协了，分给卓文君家奴一百人，钱一百万，以及她出嫁时的衣服被褥等，各种财物一起送了过去。卓文君便同司马相如回到蜀郡，购置田地房屋，成了富人。

◎清乾隆三十八年刊《历代名媛诗词》载《卓文君像》

又过了很久，蜀郡人杨得意任狗监，服侍汉武帝。一天，武帝读了《子虚赋》，觉得这篇赋写得很好，于是感慨地说："可惜我与这个人不在同一个时代啊！"杨得意说："我的同乡司马相如自称是他写的这篇赋。"武帝大吃一惊，就招来司马相如询问。司马相如说："这篇赋是我写的。可这是写诸侯的事情，不值得去看。请允许我写《天子游猎赋》，赋作成之后就呈给您看。"武帝应允了，命尚书给他笔和木简。

司马相如在赋中编了一个故事：楚国的子虚先生和齐国的乌有先生聊天，最后由无是公来阐明做天子的道理。他借这三个虚构人物之口，劝谏武帝厉行节俭，不可以奢靡误国。这篇赋做好后呈献给武帝，武帝拍案叫绝，任命司马相如为郎官。

亲近原典

《司马相如列传第五十七》节选一

酒酣，临邛令前奏琴曰："窃闻长卿好之①，愿以自娱。"相如辞谢，为鼓一再行②。是时卓王孙有女文君新寡，好音，故相如缪与令相重③，而以琴心挑之。相如之临邛，从车骑，雍容闲雅甚都④；及饮卓氏，弄琴，文君窃从户窥之⑤，心悦而好之⑥，恐不得当也。既罢，相如乃使人重赐文君侍者通殷勤。文君夜亡奔相如⑦，相如乃与驰归成都。

注释

①窃：私下里。

②鼓：鼓琴，弹琴。一再：一两次。再：两次。

③缪：假装。

④都：优雅，优美。

⑤窃：偷偷地。

⑥好：喜爱。

⑦亡奔：私奔。

译文

　　酒喝得正畅快时，临邛县令走向前送上琴说："我私下听说长卿喜好抚琴，希望能够以此助兴。"司马相如推辞，只弹奏了一两曲。当时卓王孙有个女儿名叫文君，刚守寡，喜好音乐，因此司马相如佯装为县令弹琴，而以琴声向她传情。司马相如来临邛时，有车马相随，又仪表雍容娴雅，十分英俊；待到在卓家宴饮，弹奏琴曲，卓文君偷偷自门缝中观察他，心里高兴并且喜欢上了他，又怕不能同他结成配偶。抚琴过后，司马相如就让人赠给卓文君的侍者很丰厚的礼物，让她转达自己诚恳深厚的情意。卓文君连夜逃出家，私奔至司马相如那里，相如与她一起逃往蜀郡。

枚乘：西汉辞赋家，早年追随吴王刘濞，后来刘濞一心造反，枚乘多次劝谏，失望离去，改投梁孝王刘武。司马相如辞官，与枚乘、邹阳探讨辞赋创作就是在这一时期。武帝即位后，要起用枚乘，然而枚乘在去长安赴任途中去世。枚乘的作品名被收录在《汉书·艺文志》，作品现存三篇。他的辞赋构思精巧，辞藻华丽，旨在批判王公贵族的奢侈生活，具有一定的思想性。

子虚乌有：意思是指假设的、不存在的、不真实的事情。典出《子虚赋》。在这篇赋里，楚国的子虚先生和齐国

的乌有先生互相吹牛，争着夸耀本国的园林富丽堂皇，气势宏伟，最后无是公说大修园林侵占耕地，劳民伤财，不是明君该做的事情。这篇赋的人物和故事都是虚构的，所以后来人们用子虚乌有来指不存在的事物。这个成语可以用作定语修饰其他词，也可以用作谓语，含有贬义。

《白头吟》是谁的作品？背后有何隐情？

07 司马相如列传第五十七
留书劝封禅

司马相如最早不叫"相如"，而叫"犬子"，后来他觉得名字不好听，再加上仰慕蔺相如，便更名为司马相如。司马相如的代表作品有《子虚赋》《上林赋》《大人赋》等。其赋多采用夸张的写法来描写人物和故事，尽管多是虚构的，但是文章的主旨最终都会回到劝勉君王节俭上去。

事实证明，卓文君果然眼光不凡。司马相如以文采卓著而受到汉武帝赏识，被委以重任，赴蜀郡巡察，沟通西南夷。后来，司马相如又多次以辞赋进谏，深受武帝器重。

司马相如当郎官几年，正赶上唐蒙奉命掠取和开通夜郎及其西边的僰（bó）中，征调巴郡、蜀郡上千官吏兵士。两郡还多为他征发了一万多陆路和水路的运输人员。然而，唐蒙治军严厉，他以战时法规诛杀了大帅，使巴、蜀的民众都非常惊恐。武帝得知这些事后，便让司马相如写了一篇檄文，前去责问唐蒙，并且安抚巴、蜀的民众，告诉他们唐蒙所做的并非武帝的原意。

司马相如回到京城禀报了西南的情况。唐蒙已经开辟了通往夜郎的道路，还要趁机开通连接西南夷的道路。为了完成这件事，他征调了数万巴、蜀、广汉的兵士，修桥筑路两年。最终道路没有修成，兵士大多死亡，耗费的钱财数以亿计。蜀地的百姓和汉朝当权的人都说这么干不对。

这时，邛、筰（zuò）的君长听说西南夷同汉朝来往，得到了非常多的赏赐，于是大多希望做汉朝的臣仆，请求像对待西南夷一样给他们设立官吏。司马相如对武帝说："邛、筰、冉等地都邻近蜀郡，秦朝时曾与他们往来并设置郡县，现在如果能再次开通，设置郡县，价值就超出了西南夷。"武帝认为言之有理，便任用司马相如当中郎将，命他持节出使西南夷。司马相如任命王然于、壶充国、吕越人等为副使，乘

◎明万历刻本《琴心记》插图
《杨得意赉金求赋》

着气派的马车前往。司马相如想用丰厚的财物招揽西南夷，再让巴、蜀的官吏去管理他们。

到了蜀郡，蜀郡太守和其属下都前往郊界迎接。这次，司马相如是朝廷派来的御史，可以说是衣锦还乡了。于是卓王孙及临邛诸位父老都争相登门拜访，想和他搞好关系。卓王孙这时候一改以往的态度，连连叹气，后悔没有早一点把女儿嫁给司马相如，这样就能让卓文君分到和儿子一样多的财产了。

就这样，各族的君长纷纷请求做汉朝的臣子。司马相如于是撤除了原边界上的关隘，让疆域扩大了，西面到了沫水和若水，南面到牂牁河，以此作边界。接着司马相如开通零关道，在孙水建桥用来沟通邛都。平定了西南夷后，司马相如回京复命，武帝非常满意。后来，有人上书说司马相如出使时收受贿赂，他因此失去了官职。过了一年多，武帝爱惜他的才华，又召他回朝廷，官复原职。

司马相如口吃，不爱说话，却擅长写作文章和弹琴。他当官的时候，不和公卿大臣们在一起商议国事，更不肯结交权贵，而是称病在家闲居，不追求升官。他侍奉武帝，常常凭借卓越的文采上疏规劝，每每受到武帝赞许。武帝喜好游猎，司马相如就劝他不要靠近地势险峻的地方；武帝经过宜春宫，司马相如就以秦二世的教训劝武帝修明德行。后来，武帝爱好求仙问道，司马相如作了《大人赋》进献给他。武帝读后非常高兴，称赞这篇文章有飘飘然冲上云天的气势，又有在天地间遨游的意境。

司马相如也不是纯粹装病，他本身患有糖尿病，后来干脆因病辞官，迁居到茂陵。武帝说："司马相如病得这样重，让人去将他收藏的书都取过来；若不这样做，以后这些书就都遗失了。"使者找到司马相如家，他已经死了，家中并没有藏书。使者便询问他的夫人。卓文君回答说："长卿原本就不曾有书。他常常写书，却经常被人拿走，所以家里什么书都没留下。长卿在没死时，写成了一卷书，他说有使者来取书时，便将它献给天子。"司马相如在留下的书中，劝说武帝封禅泰山。使者将书献给武帝，武帝啧啧称奇。

太史公说：读《春秋》可以窥见事物极其隐微之处，通过《易经》可以让隐藏的规律显现出来，《大雅》讲的是王公大人们德至百姓，《小雅》讽刺卑小者的得失，这些声音最后甚至影响到了朝廷。因此辞令的外在表现形式尽管不一样，可在道德教化上是相同的。司马相如的赋尽管多采用虚构的人物、故事，以及夸张的说法，但他文章的主旨最终都归于劝勉君王节俭，这与《诗经》的讽谏又有什么区别呢！辞赋家扬雄批评司马相如的辞赋，认为他用了一百分去描写华丽和奢侈，只用了一分来劝谏节俭。这样的观点扭曲了司马相如的原意。

亲近原典

《司马相如列传第五十七》节选二

天子问相如，相如曰："邛、笮、冄舟、駹者近蜀，道亦易通，秦时尝通为郡县①，至汉兴而罢。今诚复通，为置郡县，愈于南夷。"天子以为然，乃拜相如为中郎将，建节往使。副使王然于、壶充国、吕越人驰四乘之传，因巴蜀吏币物以赂西夷。至蜀，蜀太守以下郊迎，县令负弩矢先驱，蜀人以为宠②。于是卓王孙、临邛诸公皆因门下献牛酒以交欢。卓王孙喟然而叹，自以得使女尚司马长卿晚，而厚分与其女财，与男等同。司马长卿便略定西夷，邛、笮、冄舟、駹、斯榆之君皆请为内臣。除边关③，关益临斥④，西至沬、若水，南至牂柯为徼，通零关道，桥孙水以通邛都。
还报天子，天子大说^悦。

注释

①尝：曾经。

②宠：荣宠，尊崇。

③除：撤除，取消。

④益：通"隘"。

译文

　　天子询问司马相如，相如说："邛、筰、冉、駹等都邻近蜀郡，道路也易沟通，秦朝时曾与他们往来并设置郡县，到汉朝建立时才取消。现在真要再次开通，设置郡县，价值便超出了南夷。"天子认为言之有理，便任用司马相如当中郎将，命他持节出使。司马相如的副使王然于、壶充国、吕越人等，乘着四匹马拉的传车，凭借着巴、蜀的官吏和财物来招揽西夷。到了蜀郡，蜀郡太守和其属下都前往郊界迎接，县令背着弓箭走在前面引路，蜀人都将这看作是光荣。于是卓王孙、临邛诸位父老都靠关系来到相如门下，进献牛和酒，用来结好。卓王孙喟然感叹，自认为将女儿嫁给司马相如太晚，就分给他女儿许多财产，跟分给儿子的一样多。就这样，司马相如平定了西夷，邛、筰、冉、駹、斯榆的君长都请求做汉朝的臣子。于是撤除了原边界上的关隘，让边界扩大了，西面到了沫水和若水，南面到牂柯河，以此作边界，开通零关道。随后司马相如在孙水建桥用来沟通邛都，司马相如回京上报天子，天子非常满意。

都江堰：都江堰位于四川都江堰市城西，坐落在成都平原西部的岷江上，始建于秦昭王末年。成都平原自古水旱灾害严重，因此当时的蜀郡太守李冰父子在前人鳖灵开凿的水利工程基础上，组织修建了大型水利工程，以治理岷江水患。两千多年来，都江堰一直发挥着防洪灌溉的作用。

含英咀华：咀嚼仙草，食用琼华。比喻读书时吸取其精华，也比喻细细品味，体会诗文中所包含的精华。典出韩愈的《进学解》，化用了司马相如《大人赋》中的语句："呼吸沆瀣兮餐朝霞，噍咀芝英兮叽琼华。"该词可以做定语修饰其他词语，用于形容读书。

有所思

为什么说司马相如的辞赋"劝百讽一"？

08

循吏列传第五十九
吏良则国治

平时，我们称一个人官当的好，常称之为"好官""清官"，但其实"循吏""良吏"也有好官的意思。同学们经常听到的好官有包拯、海瑞、狄仁杰等。本节也写了几位奉公守法的好官，他们分别是孙叔敖、子产、公仪休、石奢、李离等。下面我们就来具体了解下这五个人为什么会被称为循吏。

孙叔敖是楚国的隐士，非常有才能。宰相虞丘要找继任者，就向楚庄王推荐了他。孙叔敖当了三个月楚国宰相，重在施行教化，引导百姓，移风易俗，使上下和谐同心。他执政宽容而平缓，但令行禁止，从而使官吏不会徇私枉法，国家也不出现盗贼。他秋冬两季发动

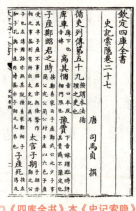

◎《四库全书》本《史记索隐》
卷二十七

百姓进山砍伐林木,春夏两季趁着河流涨水运到外地,百姓由此能得到谋生的门路,全都安居乐业。

庄王认为楚国用的钱币太轻,下令将小币改为大币,民众使用不方便,都抛弃自己的生业。管理市场的官吏向宰相孙叔敖报告说:"市场混乱,民众都不愿住在那里,没有秩序。"孙叔敖说:"像这样有多长时间了?"市令说:"有三个月了。"孙叔敖说:"不用再说了,我现在就让市场恢复原状。"

五日后,孙叔敖上朝,对庄王说:"前些时候更改币制,以为旧币轻。现在管理市场的官吏来禀报说'市场上新币旧币都在流通,没有秩序,民众也不能安心居住'。我请求马上下旨恢复从前的钱币。"庄王准许了,下达命令后三日市场恢复了稳定。

楚国民俗喜欢乘坐矮车,但是庄王认为矮车不便于马行,就想下令将所有的车子加高。孙叔敖劝阻说:"您不可以就一件事多次下达政令,民众会感到无所适从的。大王若是非要加高车子,我有一个办法,叫乡镇的城门加高门槛。坐车的全是有身份的君子,君子不会老是下车来迈过门槛。这样不用大王下令,他们就会自己加高车子。"庄王依他的话下令。果然，半年后人们都改乘高车了。

孙叔敖的执政之道在于不用强制性命令，而是使百姓顺应他的教化，身边的人见到了便会纷纷效仿，远处的人得知了就会跟风行动，政策很快就被推广开了。孙叔敖是一个聪明人，三次得到相位却不沾沾自喜，他知道那是靠自己的才

◎清道光十年刊《古圣贤像传略》载《郑子产像》

能获得的；他三次被罢免相位也不悔恨，他明白那不是自己的过错造成的。

子产是郑国的大夫。郑昭公任用他宠爱的徐挚做宰相，导致国家混乱，官民之间不信任，父子之间不和睦。子期将这个情况告诉昭公，于是改换子产做宰相。子产担任宰相一年，浪荡之人不再嬉戏轻浮，老年人不用手提肩扛重物，儿童不必辛劳地犁田耕种。两年后，市场上不用规定价格。三年后，人们夜里不必关门，道路上没人拾失物。四年后，收工后农具不必带回家。五年后，男子不再服兵

役，亲属能自觉为逝去的亲人守丧。子产管理郑国二十六年后去世，郑国民众知道后，壮年人放声痛哭，老年人如儿童般哭泣，人们都说："丞相子产死了！以后我们指望谁呢？"可见民众对他多么尊敬爱戴。

公仪休原是鲁国的博士，后凭借才学担任了鲁国的宰相。他奉公守法，依理办事，在任期间并没实施大的变革，却使领取俸禄的人不跟民众争抢利益，当大官的不占小便宜，从而使百官的行为自觉地规范起来。

一位客人特地给公仪休送来一些鱼，却遭到了拒绝。客人说："我听说您很喜欢吃鱼，才送给您鱼，为什么不收呢？"公仪休说："正因为我喜欢吃鱼，因此更不能接受。"

石奢是楚昭王的宰相。他坚毅正直，公正廉洁，执法不回避权贵。一次出行巡察各县，途中碰到凶手杀人，石奢追赶上凶手，竟然是他的父亲。最终，石奢放走了父亲，回去将自己囚禁起来。他让人向昭王禀报说："杀人凶手是我父亲。如果我通过惩治父亲来建立政绩就是不孝；我枉顾法律，放走罪犯是不忠。我的罪过应该被处死。"昭王说："你擒拿罪犯，没有追到，不应该判罪，你还是去办理政事吧。"石奢说："大王免除我的罪，是主上的恩惠；受刑而死，是臣下的职责。"于是不接受赦免，便自杀了。

李离是晋文公的法官。他因错判了案子误杀了人，便拘捕自己判自己死刑。文公说："官位有贵有贱，处罚有轻有重。下面的官吏有罪，不是你的过错。"李离说："我身居长官之位，没有将官位让给下属；我的俸禄多，没分给下属好处。如今杀错了人，却将罪过推给下属，这不合理。"于是辞谢文公，不接受赦免。文公又说："你要是自认有罪，那我身为你的国君，按理也有罪吗？"李离说："法官办案有规定，错判刑就要亲自受刑，错杀人就要自己抵命。您以为我能够明察秋毫，判决疑案，因此让我任法官。我如今犯了法，就应该伏法。"于是伏剑而死。

太史公说：法令是用以引导民众的，刑罚是用以惩治奸邪的。如果各级官吏能奉公尽责，遵照原则行事，也可治理好政事，那就不必采用严刑峻法了。

亲近原典

《循吏列传第五十九》节选

公仪休者，鲁博士也。以高弟为鲁相。奉法循理，无所变更，百官自正。使食禄者不得与下民争利，受大者不得取小。

客有遗相鱼者①，相不受。客曰："闻君嗜鱼②，遗君鱼，何故不受也？"相曰："以嗜鱼，故不受也。今为相，能自给鱼；今受鱼而免，谁复给我鱼者？吾故不受也。"

食茹而美③，拔其园葵而弃之。见其家织布好，而疾出其家妇④，燔其机⑤，云"欲令农士工女安所雠售其货乎⑥"？

注释

①遗（wèi）：赠送。

②嗜：喜好，嗜好。

③茹：蔬菜。

④疾：快。

⑤燔（fán）：烧毁。

⑥雠（shòu）：通"售"，贩卖。

译文

公仪休是鲁国的博士。他凭借才学担任了鲁国的宰相。他奉公守法，依理办事，没实施什么变革，百官的行为主动端正。他让领取俸禄的人不跟民众争抢利益，当大官的不准占小便宜。

有一位客人送给宰相公仪休一些鱼，宰相不收。客人说："听说您很喜欢吃鱼，就送给您鱼，为什么不收呢？"宰相说："由于我喜欢吃鱼，因此不能接受。现在我做宰相，自己买得起鱼；如今接受鱼而被罢官，谁又会送鱼给我呢？所以我不接受。"他吃了蔬菜感觉味道很好，便拔了自己园子里种的葵菜扔掉。他看到自己家中织出的布质地好，便立刻将妻子打发走，烧毁自家的织布机，说："要叫农民和织妇到哪儿去出售他们的产品呢？"

道不拾遗：遗，失物。人们走在路上，不会捡走别人遗失的东西。形容社会风气良好。典出《韩非子·外储说左上》。这个成语可以用作定语修饰其他词，也可以用作谓语，含有褒义。

访名人

文翁：景帝、武帝时人，因为在蜀地成功发展教育事业、兴修水利，被载入《汉书·循吏传》。当时蜀地文化水平很低，他为推广文教，不遗余力，用心良苦。他先是亲自选择小吏中较为灵敏有才的十余人，谆谆教诲，然后送到京师学习儒家经典或律令。学成后他量材录用，有当到郡守、刺史的。他还在成都市修造官学招生，招进的免去徭役，学得好的补为吏员。每次外出巡行，他总要带读书好的同行，让大家见而羡慕。后来大家都抢着入学，有些富人还为此出赞助。于是蜀地文教大行，到京城求学的蜀人与文化之邦如齐、鲁等地来的一样多。而且后来郡国效仿文翁，遍立学校。

有所思
"孙叔敖举于海"是谁说的？有何典故？

汲郑列传第六十
汲黯刚直得天子礼敬

本节写了汲黯的刚直不阿、忠正耿介。汲黯是汉武帝时期著名的谏臣，也是历史上有名的谏臣，汉武帝称其为"社稷之臣"。汲黯做事有原则，不趋炎附势，说话从来都是直来直去，汉武帝对他是又敬重又害怕。我们常说的"后来居上"这个成语，其实就是从汲黯对汉武帝抱怨的话语中得来的。

汲黯字长孺，是濮阳县人。他出身世代公卿的家族，凭借着父亲的职务，在孝景帝时任太子洗马，由于为人严肃而被人敬畏。孝景帝去世，太子继位，汲黯任谒者。

有一次河内郡发生火灾，大火烧毁了一千多户人家，汉武帝派汲黯前去视察灾情。他回来禀报说："是民家失火，因房屋相连，致使火势蔓延，不用担心。不过臣途经河南郡时，河南郡遭了洪水干旱灾害，受灾民众有一万多家。灾情紧急，经过慎重考虑，臣用所持符节下令，发放

◎清道光十年刊《古圣贤像传略》
载《汲太守像》

河南郡官仓中的粮食以赈济贫苦灾民。现在臣交回符节，请治臣假托君命之罪。"汉武帝认为他贤良就赦免了他，并升任他为荥阳县令。汲黯对担任县令感到不满，便称病回乡。汉武帝听说后，就召见并命他当中大夫，后来又升任他为东海郡太守。

在东海郡，汲黯学习黄帝、老子的学说，以清静无为的理念治理官吏和百姓。他办理政事，只是求大的纲要，不苛求小节。汲黯多病，常常躺在卧室不出来。他就挑选郡丞和书史，将事情交给他们办。一年多后，东海郡太平安定，人们称颂他治理有方。汉武帝得知后召他来当主爵都尉，位列九卿。他处理政务一直主张清静无为，把握住大的纲要而不拘泥于条文。

汲黯为人耿直，不能容忍别人的过错，常常当面指责对方，与自己合得来的人便对他很好，与自己不相投的便不愿接见，十分意气用事，所以士人都不来投靠他。不过他为人好学，好行侠仗义，重视气节，素行良好。汲黯当京官时，王太后的弟弟武安侯田蚡任丞相，朝中官员见了田蚡，全行跪拜礼，田蚡却不还礼。而汲黯见田蚡则不行大礼，常常只是拱手作揖。就因为汲黯敢于直言进谏，所以不能久居官位。

汉武帝招纳文学之士以及儒生时，在朝廷上侃侃而谈有关设想，汲黯直接说："陛下心里想要的东西很多，却只做表面文章，怎么能够得到如唐尧、虞舜那般的政绩呢！"一句话就把汉武帝气得变了脸色，随后汉武帝下令退朝。公卿大臣们都替汲黯担心。汉武帝退朝后，对左右的人说："汲黯太不会说话了！"群臣中有人责怪汲黯惹恼汉武帝，汲黯就说："皇上设公卿这些辅佐的大臣，难道是叫他们阿谀奉承、迎合旨意，让君主陷入不义的吗？何况我已身处这个职位，又怎能有损朝廷呢！"

汲黯多病，生病快有三个月了，汉武帝经常赐给他休假时间，最终也不能痊愈。汲黯最后一次患病时，庄助代他告假。汉武帝问道："汲黯是怎样的一个人呢？"庄助说："汲黯当官，并没什么过人之处。可是他辅佐年少的君主，能够恪守自己的职责，任何人都不能动摇他的意志。"汉武帝说:"是这样的。古时候有安邦定国的良臣,汲黯就是那样的。"

大将军卫青入宫禀告事情,汉武帝在厕所里接见他。平时丞相公孙弘觐见,有时汉武帝连帽子也不戴。轮到汲黯觐见时,汉武帝定要戴上帽子才接见。有一次汉武帝曾坐在武帐中,正巧没有戴帽子。等到汲黯上前奏事,汉武帝便躲入帐内,并让人准了他的奏请。可见汉武帝对汲黯礼敬有加,甚至到了怕的地步。

张汤因更改刑法条令被任用为廷尉,汲黯多次当着汉武帝的面指责张汤,说他通过惩罚别人来成就自己的功业。两人时常当庭争辩,张汤辩论常好深究条文,苛求小节,汲黯则讲话刚直严肃,志气高昂,不肯屈服。汲黯被气急了就骂张汤是刀笔吏。等到汉武帝重用公孙弘,汲黯便时常攻击儒学,还说公孙弘貌似忠厚,实则内心奸诈,阿谀汉武帝来博得欢心。这下汲黯把张汤、公孙弘都得罪了。这些人心中怨恨汲黯,打算找机会除掉他。公孙弘就推举汲黯为右内史,让他去王公贵族多的地方上任,以便借刀杀人。幸运的是,汲黯当右内史的几年里,并没有出什么乱子。

大将军卫青因屡建战功而越加尊贵，他的姐姐也成了皇后，可汲黯仍跟他行平等礼节。有人规劝汲黯说："自从天子打算让群臣对大将军屈尊自下，大将军更加尊贵显赫，你见到他要行跪拜礼节。"汲黯说："身为大将军，有对他行拱手礼的客人，他难道不敬重吗？"大将军卫青得知后越发认为汲黯贤能，屡次向他请教关于国家朝廷的疑难之事，对汲黯的礼遇高过平生所结交的其他人。

　　起初，汲黯位列九卿，而公孙弘、张汤是小官吏。等到公孙弘、张汤渐渐显贵，与汲黯官位相同时，汲黯又责怪攻击公孙弘、张汤等人。过了不久公孙弘当丞相，被封为侯；张汤官至御史大夫；原汲黯时的丞相史都跟汲黯官位同级，有的比他还受到重用。汲黯对此颇有怨气，觐见汉武帝时说："陛下任用群臣就如堆柴垛一样，后来的居上面。"汉武帝默不

作声。等到汲黯退下，汉武帝说："人的确不能没有学识，听汲黯这些话，可见他的愚直日益加深了。"

◎俄罗斯考古学家还原的蒙古诺因乌拉墓地中的匈奴贵族形象

汲黯一直反对征讨匈奴，认为这样劳民伤财。后来，匈奴浑邪王率领部众来归降，汉朝派两万辆车前去迎接。官府没钱采买，就向民众借马。有人将马藏起来，马的数量凑不足。汉武帝很生气，要斩长安县令。汲黯说："长安县令没有罪，要杀就杀我，民众就愿拿出马匹了。何况匈奴人反叛他们的单于前来归降汉朝，又不是什么光彩的事，汉朝却要由沿途各县依次护送。怎么能让百姓倾尽全力侍奉匈奴人啊！"汉武帝不与他争辩。

等到浑邪王来了，那些同匈奴人做交易的商人，有五百多人犯了罪被判死刑。汲黯求见汉武帝，指出他重金安抚匈奴，而不抚恤死难将士是错的。汉武帝依然缄默不语。几个月后，汲黯犯了小罪，正赶上大赦，被免去官职。于是汲黯在自家的田园里隐居。

过了几年，赶上国家改用五铢钱，民众有很多人偷着铸钱，楚地特别厉害。汉武帝认为淮阳为楚地，于是召见并任用汲黯做淮阳太守。汲黯拒绝接受官印，汉武帝屡次下诏强迫给他官印，他才受诏。后来汉武帝让汲黯在淮阳继续做官，享用诸侯相的俸禄。七年后，汲黯死去。

亲近原典

《汲郑列传第六十》节选

是时，汉方征匈奴，招怀四夷①。黯务少事②，乘上间间③，常言与胡和亲，无起兵。上方向儒术，尊公孙弘。及事益多，吏民巧弄。上分别文法，汤等数奏决谳以幸。而黯常毁儒④，面触弘等徒怀诈饰智以阿人主取容⑤，而刀笔吏专深文巧诋，陷人于罪，使不得反其真，以胜为功。上愈益贵弘、汤，弘、汤深心疾黯，唯天子亦不说悦也，欲诛之以事。弘为丞相，乃言上曰："右内史界部中多贵人宗室，难治，非素重臣不能任，请徙黯为右内史。"为右内史数岁，官事不废。

①招怀：招降安抚。

②务：务求。

③闲：同"间"，有空。

④毁：抨击。

⑤触：触犯。

　　这时汉朝正征伐匈奴，招抚四方的少数民族。汲黯力求省事，趁皇上有时间，常进言劝说同匈奴和亲，不要发兵征战。这时皇上正潜心于儒学，尊重公孙弘。到了事情更多之时，官吏与民众趁机钻空子，皇上才分析法律条文，张汤等人趁机多次上奏所定的案件，来博得宠幸。而汲黯时常攻击儒学，当面责难公孙弘等人内心奸诈而外逞智巧，阿谀皇上来博得欢心，而刀笔吏一味深究法律条文，弄巧诋毁，乱给别人定罪，不能使事实真相大白，拿成功断案当功劳。皇上更加尊重公孙弘、张汤，公孙弘、张汤心中憎恨汲黯，即便天子也不喜欢他，俩人打算找借口杀他。公孙弘当丞相，便对皇上进言说："右内史管治的地区多为显贵之人和皇族，难以管理，不是向来有声威的大臣不能够胜任，请调汲黯为右内史。"汲黯当右内史的几年里，没有废弛荒疏政事。

刀笔吏：指古代文职官员。先秦时期，纸张还没有被发明出来，人们用笔在竹简上写字，一旦写错了，就要用刀刮去重新写。因为刀笔并用，从事文案工作的官员就被称作"刀笔吏"。后来人们用纸张书写，这个词却没有消失，继续沿用为文职官员的别称。人们也把讼师成为刀笔吏，因为他们深谙法律之规则，文笔犀利，用笔如刀，可以杀人不见血，也可以消灾解难。

访名人

郑当时：生卒年月不详，西汉时期大臣，郑桓公二十二世孙，陈（今河南省开封市）人，荥阳郑氏先祖，任侠善交，在梁、楚扬名。汉景帝时，任太子舍人。汉武帝时，历任鲁中尉、济南郡太守、江都相、右内史，后来因在窦婴、田蚡争论中首鼠两端被贬为詹事，之后任大司农、丞相长史、汝南郡太守。

汉武崇儒，为何会赏识学尊黄老的汲黯？

10 儒林列传第六十一
罢黜百家，表彰六经

孔子创立了儒家思想，后来逐渐形成了完整的思想体系，对中国产生了深远的影响。秦始皇时期，因为"焚书坑儒"，儒家思想受到重创。汉武帝时董仲舒提出了"罢黜百家，表彰六经"，又使得儒家思想获得了一定的地位。本文写了孔子和董仲舒等人对儒家思想的创立和发扬。

太史公说：我阅读朝廷考查和选拔学官的法令，读到拓宽鼓励学官成长的道路时，总是禁不住放下书来叹惜。周王室衰落从而使《关雎》出现，周幽王、周厉王统治衰微从而导致礼崩乐坏，诸侯们任意横行，强盛的方国开始发号施令。

孔子伤感王道废弃而邪道兴起，于是论定编次《诗》《书》，修订振兴礼乐。他到齐国听《韶》乐，沉醉其中，三个月尝不出肉味。他自卫国返回鲁国，随后修正音乐，让《雅》《颂》各得其所，有条不紊。由于世道混乱污浊，他周游列国，却没有一个国家任用他。他感慨道："若有一个国家任用我，一年就够了。"到最后，他在鲁国的历史记录的基础上编撰《春秋》，来宣扬天子的王法。由于《春秋》文辞精深而意义博大，后代许多学者都学习传录它。

孔子死后，他的七十多名弟子奔赴各个诸侯国，成就大的做了国君的老师和卿相，成就小的结交和教育士大夫，有的则隐居起来。就这样，子路在卫国，子张在陈国，澹台子羽在楚国，子夏在西河，子贡在齐国直到死去。如田子方、段干木、吴起、禽滑（gǔ）釐等一些人，都曾经受教于子夏等人，成了诸侯国君的老师。那时仅有魏文侯喜欢儒学。

后来儒学逐渐衰落直到秦始皇时期。战国时天下相

◎清同治十三年孔宪兰刻《孔子圣迹图》卷首《圣行颜随》局部

互争战，儒学已受到摈斥，可在齐、鲁地区，学习研究它的人却不放弃。在齐威王、齐宣王时期，孟子、荀子等人都继承孔子的事业并使它发扬光大，依靠各自的学说在当世彰扬名声。

到秦朝末年，烧毁《诗》《书》，坑杀儒生，儒家的典籍"六艺"自此开始残缺不全。陈涉自立称王，鲁地的儒生们带着孔子家传的礼器去归顺陈王。于是孔甲做了陈涉的博士，最后与陈涉一起死去。陈涉自平民起事，率领一帮戍边的兵士，不出一个月便在楚地称王，不到半年便灭亡，他的事业刚刚起步，势力微弱，可士大夫却带着孔子的礼器前去投奔做他的臣子，这是为什么呢？因为秦烧毁他们的书籍，他们积有仇怨，借陈王来发泄愤怒。

直到汉高祖灭掉了项籍，带领军队围困鲁国，鲁国的儒生还在诵讲经书、演习礼乐，乐声歌声不断，难道这不是圣人留传的风范吗？鲁国不是喜好礼乐的国家吗？因此孔子在陈地说："回去吧！回去吧！我们乡里的年轻人志向高远，文采斐然可观，不知该如何去教导他们。"齐鲁地区对文化礼仪自古以来就是如此，这是他们的天性啊。因此汉朝建立，然后儒生们才能开始研修他们的经术，讲授演习大射和乡饮的礼仪。叔孙通制定出汉廷礼仪，所以担任了太常。那些与他一同制定礼仪的儒生弟子们，都成为朝廷首先选用的人，因此人们感叹说儒学开始兴起了。可这时候还有战争，朝廷仍在平定全国，也没时间顾及办学校的事。孝惠帝、吕后当政时期，公卿大臣都是依仗武力起家的功臣。孝文帝时，稍稍起用了儒生，可孝文帝原本就喜欢刑名学说。到孝景帝时，没任用儒生，而且窦太后又爱好道家黄老学说，所以那些博士只能空居官位以备顾问，没有被提拔的。

等到今上继位，赵绾、王臧等人懂儒学，而皇上也倾向于儒学，于是招选方正贤良的文学之士。从此之后，讲《诗》的在鲁有申培公，在齐有辕固生，在燕有韩太傅。讲《尚书》的有济南人伏生。讲《礼》的有鲁地高堂生。讲《易》的有菑川田生。讲《春秋》的在齐地、鲁地有胡毋生，在赵地有董仲舒。等到窦太后死去，武安侯田蚡当丞相，废弃黄老、刑名等百家学说，招纳几百名文学儒生为官，公孙弘因为精通《春秋》由平民升为皇帝左右的三公，封为平津侯。从此天下的学子们如同风吹一边倒似的热衷于儒学。

董仲舒是广川人。他因研究《春秋》，在孝景帝时当博士。他开坛讲解《春秋》，弟子们依据入学时间的长短来依次辗转传授。董仲舒治学非常专心，三年没到后园游玩过。他出入时的仪容举止规范，不做有违礼的事，学者都效法、尊敬他。

　　今上即位时，董仲舒任江都国相。他根据《春秋》中自然灾害与异象的记录来推导天象变化的原因。任职期间他曾被贬为中大夫，在家编写《灾异之记》。这时辽东高帝庙发生了火灾，主父偃妒忌他，窃取他的书上奏天子。天子就召集儒生们，将书给他们看，发现书中有指责当政者的内容。董仲舒的弟子吕步舒不知这是自己老师的书，批评书中的内容愚昧荒诞。最后判董仲舒死刑，皇上又下诏赦免了他，从此董仲舒不敢再谈灾异。

　　董仲舒为人廉洁正直，尤其精通《春秋》。

◎明万历刻本《三才图会》之《董仲舒像》

公孙弘也研习《春秋》，但始终比不上董仲舒。公孙弘这个人更懂得迎合世俗，揣摩皇帝的意思，所以官至公卿。董仲舒认为公孙弘为人谄媚阿谀，不愿与他齐名。公孙弘嫉恨他，就向今上举荐说："只有董仲舒可以派去当胶西王的国相。"于是董仲舒就被调离了中央。胶西王向来听说董仲舒有德行，也好好地待他。董仲舒怕时间久了会获罪，便很快辞职回家了。

到死为止，董仲舒始终不置办家产，一心研究学问、著书立传。因此汉朝建立到第五代皇帝期间，只有董仲舒因精通《春秋》而出名，他传授的是公羊氏一派的学问。而董仲舒的儿子以及孙子都因精通儒学做了高官。董仲舒的弟子中有的做到了大夫，充当郎官、谒者、掌故的数以百计。

亲近原典

《儒林列传第六十一》节选

及高皇帝诛项籍，举兵围鲁，鲁中诸儒尚讲诵习礼乐，弦歌之音不绝，岂非圣人之遗化，好礼乐之国哉？故孔子在陈，曰"归与钦归与钦！吾党之小子狂简，斐然成章，不知所以裁之"。夫齐鲁之间于文学，自古以来，其天性也。故汉兴，然后诸儒始得修其经藝艺，讲习大射乡饮之礼①。叔孙通作汉礼仪，因为太常，诸生弟子共定者，咸为选首，于是喟然叹兴于学。然尚有干戈，平定四海，亦未暇遑庠序之事也②。孝惠、吕后时，公卿皆武力有功之臣。孝文时颇征用，然孝文帝本好刑名之言。及至孝景，不任儒者，而窦太后又好黄老之术，故诸博士具官待问，未有进者。

及今上即位，赵绾、王臧之属明儒学，而上亦向之，于是招方正贤良文学之士。

注释

①大射：为祭祀择士而举行的射礼。乡饮：指乡饮酒礼。

②庠序：学校，引申为办学，开办学校。

译文

到高皇帝灭掉了项籍，带领军队围困鲁国，鲁国的儒生还在诵讲经书演习礼乐，乐声歌声不断，难道这不是圣人留传的风范吗？难道鲁国不是喜好礼乐的国家吗？因此孔子在陈地说"回去吧！回去吧！我们乡里的年轻人志向高远，文采斐然，不知该如何去教导他们"。齐鲁地区对待文化礼仪自古以来就是如此，这是他们的天性啊。因此汉朝建立，然后儒生们才能开始研修他们的经术，讲授演习大射和乡饮的礼仪。叔孙通制定出汉廷礼仪，所以担任了太常，那些与他一同制定礼仪的儒生弟子们，都成为朝廷首先选用的人，因此人们感叹说儒学开始兴起了。可这时候还有战争，仍在平定全国，也没时间顾及办学校的事。孝惠帝、吕后当政时期，公卿大臣都是依仗武力起家的功臣。孝文帝时，稍稍起用了儒生，可孝文帝原本就喜欢刑名学说。到孝景帝时，没任用儒生，而且窦太后又爱好道家黄老学说，所以那些博士只能空居官位以备顾问，没有被提拔。

等到当今皇上继位，赵绾、王臧等人懂儒学，而皇上也倾向于儒学，于是招选方正贤良文学之士。

探古迹

董仲舒墓：位于陕西省西安市碑林区。唐代、明代修城，此墓皆得保存于城内，历代官吏军民至此下马，以示崇敬，故称"下马陵"。墓前有清乾隆年间陕西巡抚毕沅所书"汉董仲舒墓"碑。中华人们共和国成立初期，此墓封土高 6 米，后遭到破坏，现封土残高 2 米。1956 年，董仲舒墓被列为第一批省级重点文物保护单位。

识典故

罢黜百家，表彰六经：汉朝建立之初，汉高祖在政治上主张无为而治，经济上实行轻徭薄赋，在思想上倾向于清静无为的黄老学说。到武帝即位时，汉朝继续实行政治和经济上的中央集权制度。正在此时，董仲舒从《公羊春秋》中找到了"大一统"思想，提出"罢黜百家，表彰六经"，就是把不在六艺之科、孔子之术的各家学说排除出官学。这一政策为以后各代统治者所遵奉，儒学成为主流思想长达两千年之久。

"表彰六经"跟"独尊儒术"有何区别？

11 酷吏列传第六十二
张汤治狱严获武帝尊信

前面说到了循吏，本节我们说的是酷吏。酷吏是古代使用严刑峻法的官吏。历史上有名的酷吏有来俊臣、周兴、义纵、张汤，这一节的主角是张汤。从本节中我们能知道张汤到底是怎样一个人，他在历史上到底做了哪些事情，他最终的结局又是怎样的。

　　张汤是杜县人。他的父亲担任长安县丞。小时候，有一天张汤在家看家。等到他父亲回来，发现老鼠把肉偷走了，十分生气，便拿鞭子责打张汤。事后，张汤挖洞捉到偷肉的老鼠和剩下的肉，便煞有介事地审讯老鼠，然后写下供词，定罪判刑。他父亲见他这样一番折腾，又看了他写的判决文书，文书如同出自老练的法官之手，他父亲非常吃惊，便让他学习刑狱文书。他父亲死后，张汤担任长安的官员，做了很久。

张汤的升迁之路非常平顺，他凭借出色的办事能力，一路被人举荐。田胜刚做卿官时，曾被囚禁在长安监狱，张汤尽力解救。到田胜出狱封为周阳侯后，与张汤关系很密切，将权贵人物都引见给张汤。张汤在内史任职，担任宁成的属官。因张汤才能无人可及，宁成向丞相府推举他，张汤调任茂陵尉，掌管土建工程。武安侯田蚡当丞相时，调用张汤任内史，常常向天子推举他，后来张汤又补任御史，查验处理各种案子。他主持审理陈皇后巫蛊案时，深究同党。于是汉武帝认为他能干，将他逐步提升至太中大夫。

张汤为人狡诈多端，擅长动心眼来掌控别人。他当初做小官时，曾经白白侵吞别人的财产。等到他位列九卿时，就与天下名士大夫结交，尽管内心与他们不合，可表面上却装出一副仰慕恭敬的样子。

张汤之所以深受汉武帝信任和重用，首先因为他懂得投其所好。汉武帝崇尚儒家学说时，张汤办理大案件，都要附会《尚书》《春秋》这些儒家经典上的说法。碰到不敢决断的事就呈报给汉武帝裁决，张汤还会事先替汉武帝分析好事情的原委。汉武帝赞同的，他就记录下来，作为今后判案的规则，然后以廷尉的名义公布，再歌颂一番汉武帝的圣明。上报的事要是受到汉武帝的责怪，张汤也能自圆其说，获得赦免。

其次，他懂得揣摩汉武帝的意思。所审办的案子若是汉武帝想严办的，他就让执法严酷的人办理；若是汉武帝想宽释的，就交给执法较轻的人去办。他处理豪强，常常会仔细地抠法令条文，来给他们定罪；若是普通民众，他就向汉武帝口述案情，请汉武帝裁定。于是，汉武帝一般都会赦免那人的罪。

张汤能当上大官，还由于他自身修养很好。他和门客一同饮食，并会关照贫寒的亲戚，因此张汤虽执法严酷，处事不完全公正，却也得到了好名声。丞相公孙弘更是多次称道张汤的美德。后来，张汤又升为御史大夫。

等到匈奴浑邪王等人来投降汉朝时，汉武帝又兴兵攻伐匈奴，紧接着崤山以东又发生了水灾和旱灾，贫民流离失所，衣食都靠着政府供给。战争加上天灾，官府仓库快要被掏空了。于是汉武帝推行并铸造银钱与五铢钱，垄断天下的盐、铁经营权。张汤根据汉武帝的授意，攻击富商大贾，遏制豪强，用法律惩治不服管教的豪强富绅，确保法律推行下去。这段时期，丞相空居官位，天下的事都由张汤来决断。每次张汤上朝奏事，谈论国家的财用，都要说到傍晚，汉武帝为了听他汇报，连饭都忘记吃了。面对改革，民众骚动不安，各级政府没得到利益，而贪官污吏趁机侵占的，则依法受到严惩。举国上下人心惶惶，都埋怨张汤。

张汤为官多年，仗着汉武帝的宠信，得罪过很多人，于是就有人合谋告张汤的状，说他先向汉武帝奏请政事，然后再给关系好的富商透露消息。商人得到消息后，立刻囤积物资，发财致富，再和张汤分赃，还罗列张汤的其他罪状。汉武帝就拿这件事问张汤："我想去做的事，商人怎么能事前知道，而恰巧去囤积那些货物，似乎有人将我的想法告诉了他们。"张汤假装惊讶地说："是呀，肯定是有人这样做了。"在这时，又有人告张汤犯法。汉武帝终于认为张汤心怀巧诈，当面诓骗君王，让八批使者按记录在案的罪证依次审问张汤。张汤却一一否认了这些罪过。于是汉武帝遣赵禹审问张汤。

张汤和赵禹两个人关系要好，张汤更是将赵禹视为兄长那样对待。两人曾一起制定各种法令，以严刑峻法来管制约束在职的各级官员。赵禹为人廉洁清高。他做官以来，家里从不养食客，从不结交高官。因为只有断绝与知心朋友、宾客的来往，才能秉公执法。赵禹来了之后，责怪张汤说："皇上怎么能不知道情况呢？你处理案件时，被灭族的有多少人呢？现在人家上告你的罪状都有证据，天子难以办理你的案子，打算叫你设法自杀，何必多做辩解呢？"张汤见汉武帝一心要查办他，心灰意冷，便写信谢罪说："张汤寸功未立，起初只是一个小小的刀笔吏。幸得陛下提拔，叫我位列三公，无法推脱罪责，不过张汤的确是被阴谋陷害的。"就这样，张汤在狱中自杀了。

张汤死后，家中的财产只有五百金，都是所得的俸禄与汉武帝的赏赐，没有其他的产业。他的兄弟和孩子们准备隆重地安葬他，他的母亲说："张汤身为天子的大臣，被恶言诬陷而死，怎么能够厚葬啊！"就以牛车拉着棺材下葬。汉武帝得知后，感觉案情有疑点，于是重查此案，发现确实是有人刻意构陷，便处决了诬告的人。汉武帝怜惜张汤，逐步提升他儿子张安世的官位。

孔子说："以行政条令引导人，以刑法制约人，那样人们便没有羞耻心，只会想办法避免犯罪。以道德加以教导，

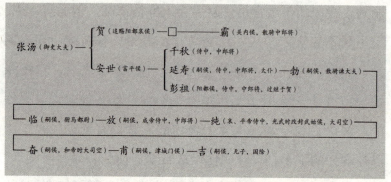

◎《汉书·张汤传》和《后汉书·张纯传》所述张安世家族世系图

以礼仪加以约束，那么人们便会有羞耻心，而且会改过自新。"老子说："法令越是严酷，盗贼就越多。"

太史公说：这些话千真万确啊！法令只是治理的手段，不是把混浊的政治变得清明的根本。以前天下的法网一度很严密，可奸邪欺诈之事还是经常发生，这样的情况最严重时，官吏与民众相互欺瞒，致使国家难以振作。这时官吏的管理就如同负薪救火、扬汤止沸一样毫无作用。汉朝建立后，在法制上做出了重大变革，法律制定得很宽疏，吏治也十分宽厚，也就没有出现什么奸邪之事，民众太平无事。由此看来，国家政治的好坏，在于宽厚，而不在酷刑。

亲近原典

《酷吏列传第六十二》节选

所治即上意所欲罪[1]，予监史深祸者；即上意所欲释，与监史轻平者[2]。所治即豪[3]，必舞文巧诋；即下户羸弱，时口言[4]，虽文致法，上财_裁察[5]。于是往往释汤所言。汤至于大吏，内行修也。通宾客饮食。于故人子弟为吏及贫昆弟[6]，调护之尤厚。其造请诸公，不避寒暑。是以汤虽文深意忌不专平，然得此声誉。

注释

①罪：治罪。

②轻平：轻缓平和。

③豪：豪绅，豪强。

④口言：口述。

⑤财：通"裁"，裁定，裁断。

⑥昆弟：同昆仲，指兄弟。

他所审办的案子若是皇上想严办的，就让执法严酷的监史办理；若是皇上想宽释的，就交给执法轻而平和的监史办理。他所处理的若是豪强，就定会舞弄法令条文，来巧妙攻击；所处理的若是普通民众和赢弱之人，就常亲口向皇上陈述请求裁决，即便按法律条文要判刑的人，也要请皇上裁定。于是，皇上一般都赦免了张汤所说人的罪。张汤当了大官，是由于他自身修养很好。他和宾客交往，与他们饮酒吃饭。对于老朋友子弟当官的和贫穷的弟兄们，他都非常宽厚地给予照顾。他去拜访三公，不避寒暑。因此张汤虽执法严酷，内心妒忌，处事不完全公正，却也得到了这样的好名声。

访 名 人

　　义纵：生年不详，卒于前116年，河东郡（今山西省晋南地区）人。西汉中期的著名酷吏。凭借姐姐义妁有幸于王太后，经胡太后推荐，义纵得任中郎、补上党郡中县令。义纵治政严酷，县中没有逃亡的事。义纵历迁长陵令、长安令、河内都尉和南阳太守、定襄太守，在职时依法办事，不避权贵，娴于杀戮，以严厉手段打击豪强地主。义纵后任左内史。元狩六年（前117年），因破坏告缗法，义纵被杀。

抱薪救火：抱着柴草去救火。比喻用错误的方法去消除灾祸，结果反而使灾祸扩大。典出《史记·魏世家》。魏国受到秦国侵略，总是被夺走城邑，而且秦军直逼魏国国都。安釐王就想以割地来讨好秦国，苏代则劝说他和诸侯国联合抵抗秦国，而不是退让妥协，不然只会助长秦国的贪婪，并不能解除魏国的危机。这个成语可以用作谓语、宾语、定语。

有所思

除了张汤，《酷吏列传》中还有哪些人？

12 大宛列传第六十三
张骞凿空西域

丝绸之路的开通是古代商业贸易和文化交流的一大创举。早在汉朝，中国就已经架起了横跨欧亚大陆，起于长安，直抵欧非的陆上商路。丝绸之路的开通历尽艰辛，无数人为之付出了巨大努力，从而成就了这条连接各国的经济和文化纽带。下面我们就来认识一下开辟丝绸之路的重要人物——张骞。

　　张骞是汉中人，汉武帝建元年间担任郎官。那时武帝询问投降的匈奴人，得知匈奴和月氏（zhī）有仇，便打算派遣使者同月氏联系，联手攻打匈奴。可是去月氏的途中必须穿过匈奴境内，朝廷便招募能充当使者的人。张骞以郎官的身份去应招，最后被派遣出使月氏，和堂邑氏名叫甘父的胡奴一起自陇西出发。

　　然而在途经匈奴境内时，张骞一行人还是被匈奴人抓住。单于扣押了他们十多年，张骞也在匈奴娶妻生子，可他始终不忘使命，从未丢弃标志他身份的汉朝使者节杖。随着张骞被扣留的时间越来越久，匈奴对他的戒备也就松懈了，他便趁机与随从逃往月氏。

他们往西跑了几十天，终于来到了大宛（yuān）。大宛王早就听说汉朝物产丰富，打算交往，但一直没有

◎清金古良绘《无双谱》载《张骞像》

机会。见了汉人模样的张骞，大宛王很高兴地问他："你是谁？要去哪里？"张骞说："我为汉朝出使月氏，却被匈奴人扣留。如今逃出来，希望大王您让人引导我到月氏。要是我能到那里完成任务，再返回汉朝，汉朝定会拿相当多的礼物送给您。"大宛王同意了，便叫人一路送他到康居，再从康居辗转送他到大月氏。

那时大月氏王已被匈奴杀害，他的太子被立为王。使大夏臣服后，大月氏占领了他们全部的国土。大月氏土地肥沃，物产丰富，没什么贼寇。大月氏王终日沉溺于享乐，

丝毫不想替父报仇，又认为距离汉朝遥远，也不想结交汉朝。张骞自大月氏到大夏，最终没能和月氏王结盟。

张骞在大月氏、大夏停留了一年多后归国。他沿昆仑山、阿尔金山的北麓东行，准备经过羌人地区返回长安，没想到再次被匈奴人抓住。这次，张骞被扣留了一年多。老单于死去，左谷蠡王攻击太子而自立为单于。于是趁着匈奴内乱，张骞同他的匈奴妻儿、随从一起逃回汉朝。汉朝任用张骞做太中大夫，他的随从堂邑父做奉使君。

张骞为人坚强有毅力，宽厚，能诚信待人，外族的人都喜欢他。堂邑父原是匈奴人，擅长射箭，窘困时便射猎禽兽以供给食物。当初，张骞出发时带了一百多人，在外十三年之后，仅剩下他与堂邑父二人得以返回。

张骞所经过的地方有大宛、大月氏、大夏、康居，他还从传说中听到在它们周围的五六个大国的情形，他将这些都向汉武帝禀报了。汉武帝听说大宛与大夏、安息之类都是大国，有很多的奇珍异宝，人们定居生活，同汉朝人的风俗差不多，且兵力薄弱，又看重汉朝的商品。这些国家北面有大月氏、康居之类国家，军队强大，可用财物来沟通，给它们好处，让它们来朝见。况且若是真能以道义让它们来归属，就能扩大万里的疆土，招来不同风俗的人们，汉朝天子的声威和恩德就会遍及四海。

后来，张骞以校尉的身份随同大将军卫青攻击匈奴，他了解有水草的地方在哪里，所以军队不会陷入困境，于是张骞被封做博望侯。第二年，张骞当卫尉，同李广将军一起从右北平出发攻击匈奴。张骞的军队却误了军期，导致匈奴军队包围了李广，使李广的军队伤亡惨重。因此张骞被判斩刑，后拿钱赎罪，成了平民。之后两三年，汉军将匈奴单于逼退到大沙漠以北的地区。

此后，汉武帝多次询问张骞关于大夏之类的事情。张骞说，乌孙王和匈奴有世仇，现在匈奴单于被汉打得很疲惫，属于浑邪王的大量领地又没人守卫。若是现在趁机笼络乌孙王，招他来占领浑邪王的土地居住，他应该会同意，这样相当于斩断了匈奴右边的一只臂膀。不仅如此，还可以用善待乌孙招来其他的西域国家，作为汉朝的外臣属国。汉武帝认为言之有理，又再次任用张骞为中郎将出使西域，使团有三百人，每人两匹马，牛羊几万只，带的钱财布帛价值几千万。汉朝还给使节团配备了多名拿节杖的副使，要是通往其他国家的道路畅通，就让他们到周围的国家去。

◎南宋景定年间绘制咸淳年间雕版墨印《汉西域诸国图》

　　张骞到了乌孙之后，乌孙王昆莫以拜见匈奴单于的礼节来款待汉朝使者。席间，张骞感觉乌孙王不是很愿意摆脱匈奴，臣服汉朝。原来乌孙王自己也有继承人的烦恼，他在长子死后立长孙为太子，惹恼了觊觎王位的小儿子。乌孙王给了太子一万多骑兵，自己有一万多骑兵在身旁护卫，小儿子又带走了一部分精兵。这样一来国家一分为三，因此不敢轻举妄动，生怕国内大乱。

　　于是张骞分派副使出使大宛、康居、大月氏、大夏、安息、身毒、于窴（tián）、扜罙（yū）罙（shēn）及周围的国家。乌孙国让向导和翻译送张骞归国。张骞同乌孙派出的使者几十人、几十匹马一起回到汉朝向汉武帝复命，趁机让乌孙使者们了解汉朝，知道汉朝地域广大，物产丰富。张骞回到朝廷后被任命为大行，官位列于九卿，一年后去世。

乌孙的使者们了解到汉朝人口众多，财物富足，回去就禀报了国王，于是乌孙国更加崇敬汉朝。从那之后一年多，张骞派去沟通大夏等国的使者大都跟所去国家的人一起回来，于是西北各国开始与汉朝有了来往。而这种来往是张骞开创的，从那之后出使西域的人都号称博望侯，以此来取信于各国，各国也都相信他们。

《大宛列传第六十三》节选

骞以校尉从大将军击匈奴，知水草处①，军得以不乏，乃封骞为博望侯。是岁元朔六年也。其明年，骞为卫尉，与李将军俱出右北平击匈奴。匈奴围李将军，军失亡多②；而骞后期当斩③，赎为庶人④。是岁汉遣骠骑破匈奴西域数万人，至祁连山。其明年，浑邪王率其民降汉，而金城、河西西并南山至盐泽空无匈奴。匈奴时有候者到，而希^稀矣⑤。其后二年，汉击走单于幕^漠北。

译文

　　张骞以校尉的身份随同大将军卫青攻击匈奴，他了解有水草的地方，所以军队不会陷入困厄之中，于是封张骞做博望侯。那年是元朔六年。次年，张骞当卫尉，同李广将军一起从右北平出发攻击匈奴。匈奴军队包围了李广，李广的军队伤亡众多；张骞的军队却误了军期，他被判处斩刑，经拿钱赎罪，成了平民。那年汉朝遣骠骑将军霍去病在西面击败了匈奴军队几万人，直至祁连山下。次年，浑邪王带领属下民众向汉投降，从此金城、河西的西面直到盐泽地区，再没有匈奴人了。匈奴有时候派侦察兵来，可这种情况已经很少了。之后两年，汉军将匈奴单于逼退到大沙漠以北的地区。

明 地 理

丝绸之路：丝绸之路通常指西汉时期开通的商路，由张骞和东汉时班超出使西域伊始，以长安、洛阳为起点，经甘肃、新疆，到中亚、西亚地区，直至地中海各国。因为由这条路西运的货物中以丝绸的影响最大，故得此名。经由这条线路，中原的丝绸、瓷器销往西域，而葡萄、胡萝卜、胡椒等食物也融入中原地区人民的饮食。其次，丝绸之路起到了文化交流的作用，中国的造纸术由此传往欧洲，西域的雕塑、绘画、音乐、舞蹈等也经此传入中国。

识典故

苏武牧羊：与张骞有相似经历的还有西汉使臣苏武。他的故事被记载在《汉书》中。天汉元年（前100年），苏武被汉武帝委任为中郎将，奉命持节出使匈奴，遭到扣留。匈奴贵族威胁利诱让他投降归顺，后来将他迁到苦寒的北海边牧羊。苏武始终不改心志，手持汉朝符节，艰难度日。留居匈奴十九年后，苏武被放归汉朝。后世对其不辱使命，保持节操赞扬有加。

有所思

为什么司马迁说张骞通西域是"凿空"？

13 游侠列传第六十四
郭解侠义终被诛灭

"侠之大者，为国为民。"汉代的郭解就是这样一位名震江湖的游侠，他在地方上非常有声望，深受老百姓喜爱。郭解一生行侠仗义，但他也不断地违反法律。虽然有着极强的号召力，但终归郭解不被朝廷所容。郭解最终冤死在汉武帝的刀下，或许也是他的性格使然。下面让我们一起来看看郭解的传奇人生。

韩非子说："儒生利用文章扰乱法治，而游侠使用武力触犯禁令。"虽然韩非对两者都加以讥讽，但儒生却多被世人称道。至于以权术来取得宰相卿大夫职位的儒生，他们辅佐当世的君主，功名都被记录在史书中。而游侠就是比较特殊的一群人了，他们的行为虽不合法，可他们说话一定守信用，做事果断，已答应的事一定会办到，不惜以自己的身躯去救助别人的急困，就算经历了出生入死的考验，也不夸耀自己的才能。可见游侠也有值得称道之处。

况且人人都会遇到危急的事，就连孔子、管仲这样的圣人、贤士都会遭遇困厄，更何况乱世中的普通人呢？他们遇到的灾难更是数不胜数了。这时，唯有侠客能够履行诺言，到千里以外去伸张正义，为了道义而死，这样的正义行为又怎么可以轻视呢！

然而我们很少听说古时候平民里的侠客。这是因为儒家、墨家都对他们很排斥，而不记载他们的事迹。秦代以前的民间侠客就这样被埋没不见了。汉朝兴起以来，直到现在，游侠有朱家、田仲、王公、剧孟、郭解等人，尽管他们经常触犯当朝的法律，可一个人的名声不会凭空出现，人们也不会盲目地附和。他们的行为合乎道义，廉洁而懂得谦让，仍然有值得称道之处。至于结成帮派的豪强相互勾结，以钱财驱使贫苦的人，凭着暴力欺凌势弱孤单的人，随心所欲地满足自己，这样做的人称不上是侠客，游侠也羞于与这类人为伍。我惋惜世人不懂得他们之间的区别，错误地将朱家、郭解等人同豪强恶霸视为一类，误解他们，耻笑他们。

郭解是轵县人，字翁伯，他的父亲由于行侠仗义，在孝文帝时被杀。郭解这个人短小精悍，不嗜好喝酒。他从小便心狠手辣，睚眦必报，心里不高兴就与人斗殴，因此杀过很多人。他不惜自身来帮朋友报仇，隐藏亡命之人去抢劫。不干这些的时候便私自铸钱、盗掘坟墓。这些事简直不计其数，可每到危急时刻，他都能脱身。

等到郭解上了年纪后，脾气改了不少，也不再干原来那些营生，改为以德报怨，多做好事，少结仇怨。可他想要仗义行侠的愿望更加强烈了。他救了别人的性命，从不夸耀自己的功劳。

郭解的外甥靠着他的威势，蛮横无理，同人饮酒时逼着别人豪饮。那人不胜酒力，他就强灌对方。那人被激怒，拔出刀来刺伤了郭解的外甥，随后逃跑。最后郭解的外甥不治身亡，郭解姐姐又悲愤又生气，催促郭解报仇。她说："你在外都能行侠仗义，现在人家杀死我的儿子，你竟然抓不到凶手。"于是郭解的姐姐不收葬儿子，而是将尸体扔到路上，想以此来羞辱郭解。郭解便派人暗中打听到凶手的去处。凶手被追得走投无路，只好自己回来，将实情全都告诉郭解。郭解说："你杀他没有错，是我家的孩子没道理。"便放走了那个凶手，将罪责归于他外甥，将其安葬。

人们得知后都称颂郭解讲理，当时的少年们更是仰慕他的行为。

郭解每次外出或回来，人们都小心回避。只有一个人傲慢地坐着直视郭解。郭解的门客认为他无礼，要去杀了他。郭解拦住说："我居住在乡里，而不被人尊敬，这是我的德行不够好，他又有什么罪过呢！"于是私下嘱咐尉史说："这个人是由我关照的，轮到他服役时，请求免去他。"以后每到服役时，轮到这个人县吏都没让他去。这个人觉得奇怪，询问原因，听说是郭解让他免除了很多次的劳役。这个傲慢的人就袒露上身来向郭解谢罪。

洛阳有互相结仇的人，城里的几十个贤人、豪杰从中调解，他们始终都不听从。门客们就来拜见郭解，说明了情况。郭解连夜去见结仇的人家，仇家看在郭解的面子上，答应和解。随后郭解又对仇家说："我听说洛阳的很多尊者都曾为这件事调解，你们大都不听。现在你们给我面子，听了我的话。不过我怎么能跑到别人的地方来，抢夺当地豪杰的权力呢！"于是郭解又连夜离开，不叫别人知道，并嘱咐说："你们不要马上和解，等我离去后，叫洛阳的豪士再从中调解一次，你们就听从他们的。"

郭解谨慎恭敬，从不敢坐车进他们县衙的办公地点。他到周围的郡和王国给别人办事，事情能解决的便解决；不能解决的便让各方满意，然后才敢接受别人的宴请。所以人们非常尊敬他，争相供他驱使。城中少年以及周围县的贤人豪杰来拜访，常常到半夜还有十多辆车在等候。他们都请求将郭解的门客带回自己的房舍供养。

当汉朝迁移各郡国的豪富人家前往茂陵定居的时候，杨季主的儿子任县掾，提名让郭解迁走。这样郭解上了迁移的名单，而办事的官员不敢催促他走。而且郭解家中贫困，实在无力迁移。将军卫青得知后，为郭解向皇上求情说："郭解家中贫困，不够迁移的标准。"皇上说："他区区一届平民，却有势力让将军为他讲话，这就说明他家不穷。"郭解家由此还是被迁移了。乡邻们出资一千多万为他送行。郭解迁入关中之后，关中的贤人豪杰了解与不了解郭解的，听到他的名声，都争相同郭解结交。

郭解的侄子在离开轵县时杀了杨县掾，后来又有人杀了杨季主。杨季主的家人上书告状，又有人将告状人杀死在宫门下。皇上得知后便下令官吏逮捕郭解。郭解逃走，将他母亲一家安顿在夏阳，自己来到临晋。临晋人籍少公没见过郭解，郭解就用假名字，求他帮自己出关。籍少公将郭解送出关后，郭解辗转到了太原，他所到之处，故意透露一点行踪。官吏追捕他，追寻踪迹到了籍少公家。籍少公自杀，口供中断。过了很长时间，官方才捉到郭解。

官府追查郭解所犯的罪行，发现郭解杀过很多罪犯，都赶在他们要被赦免以前。办案的官吏审问郭解的门客，门客们对郭解交口称赞。官吏又拿杨家被杀的事审问郭解，

◎四种侠研究著作的不同版本：1、2、3、为《侠的精神文化史论》；4、5为《中国游侠史》；6、7为《中国侠文化史》；8、9为《侠的人格与世界》。

郭解确实不知是谁杀的人。官吏查不出行凶的人究竟是谁，就回禀皇上说郭解没罪。御史大夫公孙弘评议说："郭解以平民身份行侠弄权，敢于触犯法律，又曾因小怨恨而杀人。此次杨家血案郭解虽然不知，但他造成的恶劣影响比他自己杀人还要严重。应该判处大逆不道罪。"于是汉朝诛灭了郭解全族。

太史公说：我看郭解，相貌比不过中等人，言语也没有什么可取之处。然而天下不论是贤人还是不贤的人，了解还是不了解他的，都仰慕他的声名，很多侠士都借用郭解的名号来提升自己的名声。

亲近原典

《游侠列传第六十四》节选

解出入，人皆避之。有一人独箕倨踞视之①，解遣人问其名姓。客欲杀之。解曰："居邑屋至不见敬，是吾德不修也，彼何罪！"乃阴属嘱尉史曰②："是人，吾所急也③，至践更时脱之④。"每至践更，数过，吏弗求。怪之，问其故，乃解使脱之。箕踞者乃肉袒谢罪。少年闻之，愈益慕解之行。

注释

①箕倨：叉开两条腿坐着。倨：古同"踞"。

②阴：私下。

③急：关注，注意。

④践更：古代的一种徭役，轮到的人可以出钱雇人代替。

译文

郭解每次外出或回来，人们都躲着他。有个人独自叉开双腿傲慢地坐着看郭解，郭解叫人去询问他的姓名。郭解的门客打算杀了他。郭解说："居住在家乡，而不被人尊敬，这是我的德行不够美好，他又有什么罪过呢！"于是私下嘱咐尉史说："这个人是我所关心的，轮到他服役时，请求免去他。"以后每到服役时，多次轮到这个人县吏都没让他去。这个人觉得奇怪，询问原因，得知是郭解让他得到解脱的。这个傲慢的人就袒衣露体来向郭解谢罪。少年们得知后越发仰慕郭解的行为。

识典故

言必信，行必果：意思是说话一定要算数，行动一定要坚决果断。典出《论语·子路》。这句话本含贬义，意为言语一定诚信，行为一定果决的人，是不分是非黑白，只图贯彻自我言行的小人（硁硁然，小人哉），后来演变成褒义词。这个成语可以用作定语、宾语，或者单独成句，含有褒义。

访名人

朱家：鲁国人，他所救助过的豪杰多达几百人，其余普通人受他搭救的数不胜数。但他施恩不图报，总是回避那些帮助过的人。他家中没有剩余的钱财，衣服破旧，每顿饭只吃一道菜，然而他依然倾尽全力救济别人。他最著名的事迹是暗中挡下了刺杀季布将军的人，等到季布将军地位尊贵之后，他从未上门讨要赏赐。于是朱家的侠名天下尽知，人们都盼望见他一面，同他交朋友。

有所思

何以汉武帝要极力摧抑游侠，毫不手软？

14 滑稽列传第六十六
东方朔机智多才受信用

　　东方朔不仅言词敏捷、智慧超群，而且还是一个非常幽默的人。东方朔当时是汉武帝身边的大红人。因为东方朔会一些变戏法的绝活，所以有些人也称他为魔术界的"祖师爷"。关于东方朔还有一个"东方朔偷桃"的神话典故，感兴趣的同学不妨查一查。下面我们就来了解一下历史上真实的东方朔到底是怎样的吧。

　　汉武帝继位时，广招天下贤才，齐地有一位名叫东方朔的人上书自荐。由于喜欢古代的史传书籍，喜好儒家经术，他博览了诸子百家的著作。别人的自荐都很简单，而东方朔整整写了三千片竹简，汉武帝用了两个月的时间才读完东方朔的奏书，觉

◎台北故宫博物院藏《东方朔像》

115

得他是个大有才之人，下诏任用他为郎官，让他常在身边听候差遣。

　　汉武帝经常把东方朔召到面前谈话，他言词敏捷，幽默机智，常与汉武帝谈笑风生，汉武帝每次都很开心，经常下诏赏赐东方朔在他面前吃饭。吃完饭，东方朔将剩下的肉都揣在怀里带回家，衣服全染上了油渍。武帝还多次赏赐给他绸绢，他都扛着、挑着搬回去。东方朔举荐他的儿子做郎官，后升为谒者，经常奉汉武帝之命持节出使。因此，汉武帝身边的郎官有一半人都认为东方朔是"狂人"。汉武帝得知后说："假若东方朔为人处事没有这种作风的话，你们这些人哪能赶得上他呢！"

　　有一次，东方朔行走在殿上，有个郎官对他说："人们都以为先生是狂人。"东方朔说："像我这种人，就是所谓的在朝

◎清上官周绘《晚笑堂画传》之《东方曼倩像》

廷里避世隐居的人。古代的人，只是在深山内避世隐居罢了。"他经常在酒席上海饮，喝醉之后趴在地上唱道："隐居于世俗之中，避世于金马门。在宫殿里可以避世隐居，保全自身，何必要去深山之内，茅庐之下。"金马门是宦官署的大门，大门旁边立有铜马，因此称它为"金马门"。

有一回朝廷召集了学宫的博士先生们共同参与议论国家大事，他们一起为难东方朔说："苏秦、张仪一遇到拥有万辆战车的大国君主，便做到卿相的位置，恩泽惠及后代。现在先生您学到先王的治国之术，仰慕圣人的仁义道德，背诵着《诗经》《尚书》等诸子百家的言论，在竹简丝帛上写作文章，自以为海内无双，也可以说是见闻广博，聪明善辩了。但是您服侍圣明的皇帝，已经有几十年了，官职也不过侍郎，想必是因为您本人行为恶劣，以致如此吧？"

东方朔回答他们说："以前是一个时代，如今又是一个时代，怎么能够同日而语呢！再说张仪、苏秦时期，周朝衰败，诸侯王们只要得到智者，国家便强大，失掉智者的国家便遭灭亡，因此智者能够身居高位，泽被后世，子孙长享荣华富贵。如今皇帝圣明，恩德普及天下，诸侯们朝贡臣服，威势震慑四方夷狄，天下统一和谐。贤与不贤，用什么来区分呢？古书上说：'天下没有灾害，就算有圣人，也没有他展现才能的地方；君王与大臣上下和睦同心，就算有贤人，也没有他立功表现的机会。'因此说时代不同了，事情就会发生变化。《诗经》上说：'在宫中敲钟，钟声传出宫外。''白鹤在幽深的沼泽鸣叫，鸣叫声传到天外。'假若可以修养自身，何必担心不会显荣呢！姜太公践行仁义七十二年，遇到了周文王，才得以实施自己的学说主张，受封在齐国，传国七百年而未曾断绝。这便是士人之所以日日夜夜、孜孜不倦地研究学问、推行道义而不敢停止的原因。现在世上的隐士，目前虽然不被任用，但还是应该保持孤高，安然自得地独处，成为像范蠡、伍子胥那样的忠臣。"一席话说得那些先生们一声不响，哑口无言。

东方朔还善于察言观色，一有机会便直言进谏。一次，建章宫出现了一只长得像麋鹿的动物。汉武帝前去观看，询问身边群臣有谁知道这是什么动物，大家都面面相觑。武帝便下诏叫东方朔去看。东方朔说："我知道这是什么动物，恳请皇上赏赐臣美酒好饭，让我大吃一顿，我才肯说。"汉武帝应允。东方朔吃饱喝足后又说："某地有几顷公田、鱼池和蒲苇地，陛下如果能将它们赐予我，我才说。"汉武帝再次答应。这时东方朔才说："这只动物叫驺牙。当远方有人要来投诚时，驺牙便会出现。驺牙这种动物牙齿前后一样，大小整齐相等，没有臼齿，因此得名。"大约一年后，匈奴浑邪王果真带领了十万百姓前来归顺汉朝。于是，汉武帝又一次赏赐东方朔许多钱财。

到了晚年，东方朔临终前规劝汉武帝说："《诗经》上说：'飞来飞去的苍蝇，落在篱笆上面。慈祥善良的君子，不要听信谗言。''谗言没有止境，四方邻国不得安宁。'希望陛下远离巧言谄媚的人，斥退他们的谗言。"汉武帝说："如今东方朔说话竟如此正经。"并对此感到惊奇。过了不久，东方朔便生病去世了。古书上说："鸟到临死时，

◎清道光十年刊《古圣贤像传略》
载《东方曼倩像》

它的叫声特别悲哀；人到临终时，它的言语非常善良。"说的就是这个意思吧。

亲近原典

《滑稽列传第六十六》节选一

传曰①："天下无害菑灾，虽有圣人，无所施其才；上下和同，虽有贤者，无所立功。"故曰时异则事异。虽然，安可以不务修身乎？《诗》曰："鼓钟于宫，声闻于外。""鹤鸣九皋②，声闻于天。"苟能修身，何患不荣！太公躬行仁义七十二年，逢文王，得行其说，封于齐，七百岁而不绝。此士之所以日夜孜孜，修学行道，不敢止也。今世之处士，时虽不用，崛然独立③，块然独处④，上观许由，下察接舆，策同范蠡，忠合子胥，天下和平，与义相扶⑤，寡偶少徒，固其常也。子何疑于余哉！

注释

①传：泛指古书。

②九皋：幽深遥远的沼泽淤地。

③崛然：高起、突出的样子。

④块然：孤独、静止的样子。

⑤与义相扶：即修身自持。扶：持。

　　古书上说："天下没有灾害，就算有圣人，也没有他展现才能的地方；君王与大臣上下和睦同心，就算有贤人，也没有他立功表现的机会。"因此说时代不同了，事情就会发生变化。尽管这样，怎么能不努力修养自身呢？《诗经》上说："在宫中敲钟，钟声传出宫外。""白鹤在幽深的沼泽鸣叫，鸣叫声传到天外。"假若可以修养自身，还担心有什么不会显荣呢！姜太公体仁行义七十二年，遇到了周文王，才得以实施自己的学说主张，受封在齐国，传国七百年而未曾断绝。这便是士人之所以日日夜夜、孜孜不倦地研究学问、推行道义而不敢停止的原因。现在世上的隐士，目前虽然不被任用，却能孤高突起地自立，安然自得地独处，远观许由，近察接舆，他们谋略比肩范蠡，忠诚堪比伍子胥，在天下安宁时修身自持，虽缺少同道，却也再正常不过。你们还向我质疑问难什么呢!

管窥蠡测:管:竹管;蠡:贝壳做的瓢。从竹管里看天,用瓢测量海水。比喻对事物的观察和了解很狭窄,很片面,含贬义。典出东方朔《答客难》:"以管窥天,以蠡测海,以莛撞钟,岂能通其条贯,考其文理,发其音声哉。"

格 古 物

西汉走马楼竹简:竹质,有两种不同的长度,其中长简长 45~46 厘米,短简长约 23 厘米,呈双面屋脊形状,每片竹简上有两列字,是汉武帝早期的实用文书。竹简文字字体为成熟的隶书,用墨写成,笔画简洁圆润。竹简内容多为通行文书,包括下行、平行、上行文种,其性质大部分属于司法文书。这些文书涉及汉代当时的诉讼制度、法制改革、上计制度、交通邮驿制度及汉长沙国的历史、法律、职官、郡县、疆域等诸多方面内容。走马楼汉简系统地揭示了汉长沙国诸侯王府的行政结构及官员吏属的配置情况，出现的官吏的称谓多与中央朝廷类同，它为人们研究汉代诸侯王国诸官员的职权演变提供了具体资料。这批竹简现收藏于长沙简牍博物馆。

《史记》对东方朔的记载出自谁的手笔？

15 滑稽列传第六十六
西门豹治邺泽被后世

西门豹这个人我们在语文课本上已经知道了。本节我们主要从两个方面来认识西门豹这个人：一是他反对迷信，坚持真理，挽救了无辜的生命；二是他开挖渠道，引水灌田，使邺县农业生产大为便利，老百姓因此而家给户足，生活富裕。下面我们就来了解下西门豹这个人吧。

战国时期，魏国大臣西门豹被派遣到邺地做县令。到了邺地后，西门豹看到这里人烟稀少，百姓生活贫苦，就找来当地人询问原因。一个平民告诉他："这都是被河伯娶妻闹的！"西门豹仔细询问其中的缘由。原来，邺地紧挨漳河，这河伯就是漳河的神。据说，河伯有个规定：如果不给他娶妻，他就发大水把百姓和庄稼全淹了。所以，当地的百姓每年不仅要出钱为河伯办喜事，还要选出一个年轻漂亮的姑娘送给河伯。巫婆专门找那些小户人家里长得

好看的女孩，说这个女子应该当
河神的媳妇。到了河伯娶妻那
天，他们就在河边准备一条苇
席，把女孩打扮好了，让她坐上
去，等到女孩坐着席漂浮到河中
心，女孩就和席子一起沉下去
了。为此，那些有年轻漂亮女孩
子的人家，大都带着女孩逃往远

◎清道光十年刊《古圣贤像传略》
载《古邺令像》

方，所以城中逐渐空虚无人，愈加贫困了。邺县内的三老、
廷掾等官吏就借此为缘由，每年向民众收取赋税，多达数
百万，然后拿出其中的二三十万为河伯娶媳妇，那些剩下
的钱财，就与巫婆共同瓜分。

西门豹听完笑着说："下次河伯娶妻时，记得叫上本
官。"大家都说："好。"

很快，河伯娶妻的日子又到了，西门豹带着手下早早
地等候在河边。不一会儿，负责给河伯娶妻的三老、官吏、
豪绅和巫婆也来了，还来了二三千民众。那巫婆是个老女
人，已经有七十岁，跟随的女弟子有十人左右，都穿着丝
绸做的祭祀礼服，站在大巫婆的身后。西门豹说："把新娘

带给本官看看。"那姑娘是被抓来的，知道自己一会儿就要被推进河中，早已哭成了泪人儿。西门豹对巫婆说："这个姑娘不漂亮，河伯是不会满意的。你下去禀报河伯，说等找到漂亮的姑娘再给他送去。"还没等众人反应过来，巫婆就被西门豹的手下扔进了河中，巫婆在河水中扑腾几下就没影了。

过了一会儿，西门豹转过身对巫婆的弟子说："巫婆怎么去了那么长时间？你去催催她！"说完，又让手下将巫婆的一个弟子投入漳河。又过了一会儿，西门豹说道："弟子怎么去了那么长时间？再命一个人去催催她们！"说着，又把一个弟子投进了漳河。总共投了三个弟子，西门豹说："巫婆与她的弟子都是女子，不懂得禀报事情，麻烦三老代我进去禀报这件事。"又将三老投入漳河。

◎点石斋刻《东周列国志》绣像插图
《西门豹乔送河伯妇》

此时，河边静悄悄的，大家都不敢说话，害怕极了。西门豹在河边站了很久，回过头说："巫婆、三老还没回来，如何是好呢？要再派廷掾与一个豪绅下去催他们吗？"廷掾和豪绅个个吓得脸色苍白，跪在地上求饶，头都磕破了。西门豹说："好吧，暂时留下你们，再等他们一会儿。"又过了一会儿，西门豹望着河水说："这河伯真是好客，去的人都给留下了。不知停止仪式，大家都回家去吧。"站在河岸观看的百姓们这才明白过来，原来河伯娶妻是官绅为了搜刮钱财找的借口！从那以后，再也没有人敢提河伯娶妻的事了。

西门豹接着就征发老百姓开挖了十二条渠道，把黄河水引来灌溉农田，田地都得到灌溉。

到汉朝时，地方官吏认为十二条河渠上的桥梁截断了御道，彼此相距又很近，想要合并渠水。邺地的百姓不肯听从地方官吏的意见，认为那些渠道是经西门先生规划开凿的。地方长官终于听取了大家的意见，放弃了并渠计划。所以西门豹做邺县令，名闻天下，恩德流传后世，没有断绝停止的时候，难道他不是贤大夫吗？

书上说："子产治理郑国，民众不能欺骗他；子贱治理单父，民众不忍欺骗他；西门豹治理邺县，民众不敢欺骗他。"三位先生的才能哪个最为贤明呢？治理国家的人自会区分。

亲近原典

《滑稽列传第六十六》节选二

西门豹即发民凿十二渠①，引河水灌民田，田皆溉。当其时，民治渠少烦苦，不欲也。豹曰："民可以乐成②，不可与虑始。今父老子弟虽患苦我，然百岁后期令父老子孙思我言。"至今皆得水利，民人以给足富。十二渠经绝驰道③，到汉之立，而长吏以为十二渠桥绝驰道，相比近，不可。欲合渠水，且至驰道合三渠为一桥。邺民人父老不肯听长吏，以为西门君所为也，贤君之法式不可更也。长吏终听置之。故西门豹为邺令，名闻天下，泽流后世，无绝已时，几岂可谓非贤大夫哉④！

注释

①发民：征集百姓。

②以：与。乐成：乐享其成，共享成果。

③经绝：横断，截断。

④几：通"岂"，难道。

译文

　　西门豹随即征发民众挖掘十二条渠道，引黄河之水灌溉民众的农田，农田全部得到了灌溉。在挖渠时，民众对治理渠道有点儿感到厌烦劳苦，不愿挖了。西门豹说："可以与民众享受成功的快乐，却不能够与他们谋划事情的开始。如今父老兄弟虽然会憎恨厌恶我，但是百年之后，乡亲父老的子孙们必定会记起我说的话。"直到今日，那里都获得水渠的便利，民众因而丰衣足食。十二条水渠横穿御道，到了汉朝建立，县里的官吏们认为十二条渠上的桥梁阻断了御道，相互之间又离得太近。于是计划合并一些渠道，并且将靠近御道的三条渠道合为一条，再建造一座桥梁。邺县里的民众不肯听从长官们的意见，认为那是由西门先生设计的，贤明君子制定的法式制度不能改变。官吏们最终听从了民众的意见，将合并渠道的打算搁置下来。

因此西门豹担任邺县的县令，名声传遍天下，恩泽惠及后世，永世流传，能说他不是一位贤良的大夫吗！

　　河伯娶妻： 家喻户晓的中国民间传说故事，讲述了先秦牺牲活人的恶习和西门豹拯救百姓的功绩。典出《史记·滑稽列传》。战国魏文侯时，邺地三老、廷掾与巫祝勾结，假托河伯娶妻，每年强选少女投入河中，愚弄人民并榨取钱财。后西门豹为邺县的县令，在河伯娶妻时，他托言所选女子不美，要巫祝、三老去与河伯商量，另行选送，便将巫祝、三老先后投入河中，因而制止了利用迷信虐害人民的恶行。

　　西门豹祠： 属古邺城历史遗迹的一部分，一处位于河

南安阳市安阳县安丰乡北丰村，另一处位于河北省临漳县西南仁寿村。因为西门豹有破除迷信、不畏强权的事迹，所以深受邺地百姓的爱戴。在其身后，漳河沿岸百姓为了纪念他，纷纷建造祠堂。

安丰乡北丰村这处西门豹祠，又名"二大夫祠"，现在是河南省重点文物保护单位，《彰德府志》中有关于这个祠的记载。据考证，当地的西门豹祠建于明朝嘉靖年间。

2008 年，河北省临漳县文物部门在仁寿村这处西门豹祠发现了南北朝时期后赵的西门豹祠奠基石。此基石今收藏于临漳县邺城博物馆。

何以贤臣西门豹会被归入《滑稽列传》？

16 太史公自序第七十
司马迁忍辱负重著《史记》

有关《史记》，鲁迅先生誉其为"史家之绝唱，无韵之离骚"，梁启超先生主张"凡属学人，必须一读"。本节写了有关司马谈和司马迁父子的事情，通过阅读，我们能知道司马谈如何谈论阴阳、儒、墨、名、法与道德六家的要旨，也能知道司马迁为什么要发奋写下《史记》。

司马迁的家族历史悠久。以前，颛顼帝诏令南正重掌管天文，北正黎掌管地理。到唐尧、虞舜时，重、黎的后裔再次受命掌管天文、地理，直至夏、商时期。因此，重、黎氏世代掌管天文、地理。周宣王在位时，重、黎的后裔失掉世代掌管天地的官守而成为司马氏。司马氏世代掌管周史。周惠王、周襄王在位时，司马氏离开周朝去了晋国，之后司马氏一族迁入少梁。

自从司马氏离开周朝到达晋国之后，族人就分散了。

后人中有个叫司马谈的，当了太史公，他便是司马迁之父。

司马谈跟唐都学习天文，跟杨何学习《易》，又跟黄先生学习道家理论。司马谈曾经在汉武帝建元至元封年间当过官。他见当时学者不能通晓众家学说的要义，而且所学理

◎明万历刻本《三才图会》之《司马迁像》

论又混乱、矛盾，感到十分忧虑，于是他专门论述了阴阳、儒、墨、名、法与道德六家的要旨。

在当时，太史公一职只负责掌管天文，不治理民事。司马谈有个儿子名叫迁。司马迁生于龙门，在黄河以西、龙门山以南，过着种田放牧的生活。司马迁年仅十岁便可以诵读古文经书，二十岁起，他遍访名山大川，游览了会稽山，又到齐鲁一带追寻孔子遗风。司马迁年纪轻轻便担任郎中，奉命西征巴、蜀以南，向南经略邛、笮、昆明等地区，立下功劳，并向朝廷报告。

司马迁经略西南这一年，汉武帝开始举行封禅大典，但是司马谈由于有事留在洛阳，不能参加这次空前盛大的典

礼，以致内心愤懑，病入膏肓。这时司马迁正好刚完成西征的使命返回，连忙赶回家拜见父亲。司马谈紧握着司马迁的手，流着泪叮嘱他一定要当太史，继承祖上的事业，不能让史书散失断绝。司马迁也哭着说："孩儿虽然不聪敏，但我一定会详细编纂前人留下的史料逸闻，不敢有所缺略。"

司马谈去世后三年，司马迁做太史令，负责缀集《史记》和各类朝廷藏书。司马迁做太史令第五年，正是汉武帝太初元年（前104年），汉朝改创历法，推行《太初历》。

于是，司马迁按照次序编写那些史文。过了七年，司马迁由于为李陵辩冤而招致大祸，被关入监狱。他在狱中百感交集，自叹身受腐刑成了废人。经过一番深思，他明白了那些流传于世的名著大都是圣人贤士为抒发愤懑而创作出来的，于是下定决心，发奋写作。他的著作记述自黄帝以来直至武帝太初年间的史实，总共一百三十篇，这就是《史记》。

亲近原典

《太史公自序第七十》节选

是岁天子始建汉家之封①，而太史公留滞周南，不得与从事②，故发愤且卒③。而子迁适使反，见父于河洛之间。太史公执迁手而泣曰："余先周室之太史也。自上世尝显功名于虞夏，典天官事。后世中衰，绝于予乎？汝复为太史，则续吾祖矣。今天子接千岁之统，封泰山，而余不得从行，是命也夫，命也夫！余死，汝必为太史；为太史，无忘吾所欲论著矣④。且夫孝始于事亲，中于事君，终于立身。扬名于后世，以显父母，此孝之大者。夫天下称诵周公，言其能论歌文武之德，宣周邵之风，达太王王季之思虑，爰及公刘，以尊后稷也。幽厉之后，王道缺，礼乐衰，孔子修旧起废，论《诗》《书》，作《春秋》，则学者至今则之⑤。自获麟以来四百有馀岁⑥，而诸侯相兼，史记放绝⑦。今汉兴，海内一统，明主贤君忠臣死义之士⑧，余为太史而弗论载，废天下之史文，余甚惧焉，汝其念哉！"迁俯首流涕曰："小子不敏，请悉论先人所次旧闻⑨，弗敢阙⑩。"

注释

①是岁：这年。指汉武帝元封元年（前110年）。封：古代帝王在泰山上筑坛祭天的一种迷信活动。

②与（yù）：参加。

135

③且：将要。

④无：通"毋"，不要。

⑤则之：以之为准则。

⑥获麟：《春秋·哀公十四年》："春，西狩获麟。"《春秋》绝笔于获麟。自鲁哀公十四年（前481）至汉元封元年（前110）凡三百七十一年，此处言四百余年为估算。有：用在整数和零数之间，相当于"又"。

⑦史记：史书的统称。《史记》本名《太史公书》，从三国时期开始，逐渐被称为《史记》，到了唐代，正式定名《史记》，"史记"从此不再泛指史书，而成《史记》专名。放绝：弃置中断。放：散失。绝：中断。

⑧死义：为义而死。

⑨次：按次序编列，排列。

⑩阙：遗漏。

译文

这一年，皇上开始举行汉朝的封禅大典，但是太史公由于有事留在洛阳，不能参加这次典礼，所以内心愤懑发病，将要死去。他的儿子司马迁正好在此时完成西征的使命返回，在黄河、洛水间的地方拜见了他的父亲。太史公紧握司马迁的手流着泪说："我们的祖先，本来是周朝的太史。早在上古唐尧、虞舜时便做过南正、北正，功名显赫，掌管天文历法诸事。后代中途衰落，祖业将要断送在我的手里吗？假若你能再做太史，那便能够继承我们祖先的事业了。如今皇上继承汉王朝千年大业，在泰山举行封禅大典，我却不能随行，这是命运呀！是命运呀！我死后，你一定当太史，当了太史，不可忘记我生前希望完成的论著呀！再说孝道，从服侍父母双亲开始，中间表现为服侍君主，最后落实为立身成就功名。传扬名声于后世，以此来显耀父母，这是孝道里最重要的。天下人称赞周公，说他可以论述与歌颂文王、武王的德业，宣扬周公、邵公的风尚，能够表达太王、王季的思想，再上推至公刘的功业，以此来推尊始祖后稷。周幽王、周厉王之后，治理天下的王道残缺，礼乐衰落，孔子编修旧有的典籍，振兴遭废弃的礼乐，论述《诗》《书》，撰写《春秋》，学者们至今都以此为根据。自鲁哀公十四年捕获麒麟以来四百多年，诸侯互相吞并，史书散失断绝。现在汉朝兴起，海内统一，这四百多年里，明主贤君忠臣丧命于道义的人士，我身为太史却没有对其加以论述记载，废弃了天下的历史文献，我为此感到忐忑不安，你要牢记啊！"司马迁低下头热泪盈眶地说："儿虽不聪敏，请允许我详细论撰先人所编史料逸闻，不所敢有所缺略。"

司马迁墓和祠：坐落于陕西省韩城市芝川镇，系西晋时期所建，距今已经有 1700 多年的历史。历史上曾多次对司马迁墓和祠进行修葺扩建。该祠依山而建，占地面积较广，主要由牌坊、山门、献殿、寝殿、墓冢等组成。其中现存的寝殿和山门是典型的宋代木结构建筑。寝殿内有司马迁坐像。寝殿后就是司马迁的墓，也是全祠的最高处。另外，献殿里藏有保存完好的碑碣 64 通，完整地记录了司马迁墓和祠在不同历史时期的状况。1982 年，国务院将司马迁墓和祠列为第二批全国重点文物保护单位。

访名人

李陵：字少卿，陇西成纪（今甘肃省秦安县）人，是西汉时期飞将军李广的孙子。李陵可谓文武双全，他善于骑马射箭，以仁爱之心对待他人，为人谦逊，因此名声极好。他先被委任为侍中、建章监等官职，后来，跟随李广利出征匈奴，最终因寡不敌众而战败，不得不诈降。汉武帝听信讹传，认为李陵战败投敌，一怒之下诛杀了李陵三族，就连司马迁为李陵申辩，也遭牵连。这一变故导致李陵伤心欲绝，彻底投降匈奴，至死没有回归汉朝。

有所思

司马谈给儿子的遗言有何深意？为什么？